WEGE AUS DEM GLOBALISIERUNGSCHAOS

Veröffentlichung der Stiftung
KULTURKREIS 2000
Band XIV

Gerhoch Reisegger

Wege aus dem Globalisierungs-Chaos

Grundlagen für eine neue Wirtschaftsordnung

H

HOHENRAIN TÜBINGEN

Reisegger, Gerhoch :

Wege aus dem Globalisierungschaos :
Grundlagen für eine neue Wirtschaftsordnung /
Gerhoch Reisegger.- Tübingen : Hohenrain-Verlag 2009
Veröffentlichung der Stiftung Kulturkreis 2000 ; Bd. 14
ISBN 978-3-89180-085-0
NE: Reisegger, Gerhoch; Kulturkreis Zweitausend:
Veröffentlichung des Kulturkreis. . .

ISBN 978-3-89180-085-0
ISSN 0931-640X

Postfach 1611, D-72006 Tübingen
www.hohenrainverlag.de

Gedruckt in Deutschland

Inhaltsverzeichnis

Drittes Kapitel
Zur Lage 87

Viertes Kapitel
Geld, Kapital, Banken 151

Siebtes Kapitel
Ziele und Strategien 357

Achtes Kapitel
Übergang 465

Eine Reihe von Begriffen wurde in der englischen Sprache belassen, einerseits, weil sie im heutigen Sprachgebrauch meist verwendet werden und es somit für das Verständnis besser ist, dabei zu bleiben, als die weniger gebräuchlichen deutschen Übersetzungen zu nehmen, zum anderen, weil sie in der Regel die von uns kritisierten Sachverhalte kennzeichnen, also aus unserer Sicht *negativ besetzt* sind und daher in der dafür zuständigen Sprache – dem *Pidgin* – am besten belassen werden (siehe Glossar ab Seite 479).

ERSTES KAPITEL

Vorbemerkungen aus aktuellem Anlaß

Die Arbeit zu diesem Buch wurde schon vor vier Jahren begonnen, wobei natürlich auf Ereignisse und Beobachtungen zurückgegriffen wurde, die noch weiter zurückliegen. Es ist ja auch so, daß sich grundsätzliche Fragen nicht von einem zum anderen Augenblick ändern und die heutige Lage keineswegs wie ein Blitz aus heiterem Himmel auf uns kam. Im Grunde bestätigen die sich nun überstürzenden Ereignisse nur das, was als logische und unvermeidliche Folge von Anfang an abzusehen war. Einzig über den Augenblick des akuten Ausbrechens der Krise konnte man rätseln. Aber selbst das ließ nur ein enges Zeitfenster möglich erscheinen.

Der Grund, weshalb es überhaupt so lange gedauert hat, bis die gewaltigen Pleiten der größten Banken, Versicherungen und Invest-ment-Häuser offenkundig wurden, scheint einzig und allein darin zu liegen, daß dieses mafiose Kartell von Banken, Federal Reserve, Treasury, Rating-Agenturen, Börsenhändler, Funds usw. – also aller jener, die man als ›*financial industries*‹ bezeichnet – die US-Regierung und die Medien beherrscht und mit diesen Machtmitteln den Rest der Welt praktisch nötigte, das längst durchschaute betrügerische Spiel weiter mitzumachen. Die ›Deckung‹ des Dollars wurde gewährleistet durch interkontinentale Nuklearraketen, Führungskräfte aus Politik und Wirtschaft mordende Geheimdienste und den Besitz der Medien, also der veröffentlichten Meinung. Noch knapper formuliert: Der Dollar ist durch Hiroshima und Dresden gedeckt.

Eigentlich begann der Kollaps bereits mit dem Platzen der Internet-Blase im März 2000. Er setzte sich mit dem 11. September fort, einem ›*inside job*‹,[1] mit dem einerseits vom bevorstehenden Finanzkollaps der USA abgelenkt und andererseits mit den immer noch beängstigenden militärischen Machtmitteln die Zeit der Verteilungskriege um die knapper werdenden Ressourcen, insbesondere das Öl, eingeleitet werden sollte. Inzwischen ist ›*to big to fail*‹ (›zu groß, um zu versagen) keine Versicherung mehr gegen den Bankrott selbst der allergrößten Geldhäuser.

In diesem Buch wollten wir bei der Beurteilung der Lage ursprünglich nur die – wichtigen – Bereiche betrachten, die für unsere Lösungsansätze sozusagen den plastischen Hintergrund abgeben sollten, da-

---

[1] In mehreren Büchern haben wir jenseits jedes Zweifels nachgewiesen, daß ›9/11‹ ein von den höchsten Regierungskreisen geplantes und durchgeführtes Komplott gewesen ist: *Wir werden schamlos irregeführt,* Hohenrain, Tübingen [3]2004, auch in russischer Übersetzung in Moskau erschienen; *11. September – Die Bildbeweise,* Hohenrain, Tübingen [4]2003; *Inside 911 – The shamefull truth;* eine deutsche Ausgabe ist in Vorbereitung.

mit man aus der Gegenüberstellung des gegenwärtigen Zustandes und unserer Vorstellungen den bedeutenden Unterschied um so besser erkennen möge. Die bloße Aufzählung der Pleiten, die Summierung der Verluste oder die Zuschreibung von Schuld (meist an subalterne Angestellte, die angeblich ihre Kompetenzen überschritten oder überhaupt betrügerisch gehandelt haben sollen) erhellen ja nicht, was die wirklichen Ursachen der Misere sind. Aber die Ereignisse haben inzwischen solche Ausmaße erreicht, daß auch eine eher grundsätzliche Behandlung, die unsere erste Absicht war, den aktuellen Einzelfall doch auch beleuchten muß – am konkreten Fall läßt sich nämlich manches auch recht gut verdeutlichen – und daß darüber hinaus aufzuzeigen ist, wie immer noch die tiefsten Ursachen dieser Entwicklungen völlig verschleiert werden. Aus diesem Grund seien einige Bemerkungen zu den aktuellen Ereignissen vorangestellt.

1 Heulen und Zähneknirschen

Der Wirtschaftsteil unserer Provinzzeitung *Oberösterreichische Nachrichten* (OÖN) vom 12. Juni 2008 war es wert, aufgehoben zu werden: Es ging, beginnend mit der Gaunerei der Meinl-Bank und des *sunny boy* KHG,[2] dem Gefasel von »Portfolio-Managern«, das man in anderen Geschäftsfeldern als jenen der »Geldanlage« nur als arglistige Täuschung oder grenzenlose Dummheit bezeichnen würde, über die »Normalisierung der Zinskurve« – was wohl eine Apologie auf höhere Zinsen sein muß – bis zum Artikel über Bear Stearns und war, wie das Orakel des Wiener Börsenvorstands, des Herrn SCHALLER, bemerkenswert.

Dieser ist natürlich in einer bedauernswerten Lage: Sagt er, was er vielleicht weiß, kann er den Hut nehmen; schwätzt er, was die *OÖN* hier wiedergaben, ist es einfach unerhört lächerlich: »Eine Prognose kann niemand *präzise* erstellen.« Die Überraschung, die hier vorgespielt wurde – vergleicht man dies mit den erst vor kurzer Zeit gegebenen Wortspenden –, kann einem Insider ja nicht wirklich abgenommen werden. Als Börsenvorstand wird SCHALLER wohl auch gelegentlich die BIZ- oder OCC-Berichte[3] lesen und müßte somit wissen, daß der Gang ins ›Casino‹ bei den Banken unvermindert anhält. Hier ist der einzige ›Wirtschaftsbereich‹ zu finden, der ungebroche-

[2] ›Markenzeichen‹ des früheren österreichischen Finanzministers und heutigen Seitenblicke-›stars‹ Karl Heinz GRASSER.

[3] BIZ/BIS: Bank für internationalen Zahlungsverkehr, OCC: *Office of the Comptroller & Currency* der USA.

nes Wachstum aufweist, nämlich 20 Prozent und mehr jährlich. Wie sollte sich somit etwas bessern können? Was braucht es noch, um über die Lage ›präzise‹ etwas sagen zu können?

Die ›offenen Derivatkontrakte‹ für OTC[4] sind seit Dezember 2007 von 595 341 auf 684 715 Mrd. Dollar im Juni 2008, das heißt innerhalb von 6 Monaten, um 15 Prozent angewachsen. Die offenen Positionen börsengehandelter ›*financial instruments*‹ (= Derivate: Futures und Optionen) sind mit rund 77 000 Mrd. Dollar etwa gleich geblieben, wobei die Umsätze hier von 1 808 122 Mrd. Dollar (2006) auf 2 292 099 Mrd. Dollar (2007) und 1 834 583 Mrd. Dollar (per 3. Quartal 2008) in astronomische Höhen gestiegen sind.[5]

---

[4] OTC: *Over the Counter*, also über den Tresen der Banken direkt verhökerte Derivat-›Produkte‹.

[5] Stand Feb. 2009: Offene OTC-Kontrakte[1]

(›Notional‹-Wert in Mrd. $)	4. Q. 2007	2. Q. 2008	Differenz
	595.341	**683.725**	**+15%**

Börsengehandelte
offene Derivat-Kontrakte (Mrd. $)

Futures	28.059,7	24.886,4
Options	51.039,4	52.099,2
Gesamt	**79.099,1**	**76.985,6**

Börsengehandelte Derivate[2]

(Umsatz in Mrd. $)	2006	2007	bis 3.Q. 2008
Futures	1,261.649	1,589.929	1,304.963
Options	546.473	702.170	529.620
Gesamt	**1,808.122**	**2,292.099**	**1,834.583**

USA: OCC-Bericht 3. Q. 2008

	12.2007	9.2008	Diff. in %
Derivate Arten:			
Zins (*interest*)	129.574	137.190	78
Wechselkurse (*foreign exch.*)	16.614	18.484	11
Eigenkapital (*equity*)	2.522	2.768	2
Waren (*commodities*)	1.063	1.234	1
Kredit (*credit*)	15.861	16.148	9
Gesamt	**165.645**	**175.842**	**+ 6%**

[1] BIS Derivate Status per 6.2008.

[2] BIZ Bericht 3. Q. 2008 vom 3. Dezember 2008.

Hier ist die Versicherung des FED-Chefs Ben BERNANKE, für »Liquidität« (woher eigentlich?) weiter zu sorgen, nur noch eine gefährliche Drohung. Das ist bereits die Kernschmelze - und das Ende des Kapitalismus.[6]

Damit kommen wir zu Bear Stearns, deren Untergang den Anfang vom Ende bedeutete: Die Verluste, die im *OÖN*-Artikel angedeutet werden, sind im Vergleich zum obigen Betrag fast noch Portokasse. Auch wenn es sich bei den Derivaten um Differenz-›Geschäfte‹ handelt, im Durchschnitt der letzten Jahre beträgt der Marktwert dieser Derivate etwa 2,5 Prozent des *notional value*, was immerhin noch etwa 15 Billionen Dollar hochriskanter ›Geschäfte‹ ohne realwirtschaftlichen Hintergrund bedeutet, mehr als das BIP der USA. Im übrigen meinen Kenner der Lage, daß nicht so sehr Bear Stearns ›gerettet‹ wurden, sondern die mit 90 000 Mrd. Dollar im Derivate-›Geschäft‹ verstrickte JP Morgan Chase (JPM), die längst ihr gesamtes Eigenkapital[7] verjuxt haben dürfte und der zu ihrem ›*bail out*‹ von der FED 30 Mrd. Dollar zugeschoben wurden, zusätzlich zu den zuvor Bears gegebenen 25 Mrd., für die JPMorgan nach dem faktischen Bankrott von Bear Stearns und der Übernahme durch JPM *nicht* haften muß.[8]

[6] U.S. Treasury Secretary, ex-CEO of Goldman Sachs, Henry PAULSON, »Coming Financial Crash Shows Need for Immediate Monetary Reform«, in: *International Herald Tribune*, August 2007.

[7] BIT Triennial Report per Dezember 2007 (wird alle 3 Jahre herausgegeben).

Weltweiter Devisenhandel (Umsätze) in Mrd. $

	1992	1995	1998	2001	2004	2007
Σ ›tradition‹ Umsätze	**820**	**1.190**	**1.440**	**1.200**	**1.900**	**3.210**
Deutschland			94 (4,8)	88 (5,5)	118 (4,8)	99 (2,5)
Österreich			11 (0,6)	8 (0,5)	13 (0,5)	18 (0,5)
England ca. 33%			637	502	753	1.359
USA ca. 15 - 20%			351	254	461	664

Weltweiter Derivatemarkt (Umsatz) in Mrd. $ pro Tag! (Tab. C.1 pg. 14)

	1998	2001	2004	2007
OTC-Devisen-Derivate	959	853	1.303	2.319
OTC-Zins-Derivate.	265	489	1.025	1.686
OTC-Gesamt	1.265	1.385	2.420	4.198
Börse-gehandelte Derivate.	1.382	2.198	4.547	6.173
Total	**2.647**	**3.583**	**6.967**	**10.371**

[8] Wir haben die detaillierte Lage der JPM in unserem Buch *Wir werden schamlos irregeführt* vor sechs Jahren (2003) dargestellt. Seither hat sich die Lage wesentlich verschärft. Das Volumen für OTC-Derivate in den USA ist auf 175 Billionen Dollar gestiegen, der JPM-Anteil auf 87,86 Billionen Dollar.

Wir haben die Lage der JPM vor sechs Jahren (2003) in unserem Buch *Wir werden schamlos irregeführt* ausführlich dargelegt. Seither hat sich die Lage wie folgt verändert:

Die Quartalsberichte über das OTC-Derivat-Geschäft der (nur) US-Banken an das Office of the Comptroller & Currency (OCC) enthalten folgende Angaben:

per 4. Quartal, Gesamtvolumen in Billionen $

2001	2002	2003	2004	2005	2006	2007	3.Q.2008
45,4	56,1	71,1	87,9	101,1	131	165,6	175,8

Ob das für die Rettung des Finanzsektors allerdings ausreicht, ist fraglich. Als wir dies schrieben, wußten wir noch nichts von dem 700 Mrd. Dollar-Paket des US-Finanzministers PAULSON von 2008.

Wer die Einschätzung der tatsächlichen Vorgänge um Bear Stearns nicht kennt, kann sich im nächsten Kapitel informieren.

2 Das Ende des Kapitalismus

Mancher meint, daß mit dem 16. März 2008 der Kapitalismus westlicher Prägung sein Ende gefunden habe. An diesem Tag übernahm JP Morgan den angeschlagenen Konkurrenten Bear Stearns.

Was war geschehen?

Im Zuge der sogenannten Immobilien-Krise, die in Wirklichkeit eine viel tiefer gehende des kapitalistischen Wirtschaftssystems war und ist, wurden Bear Stearns zahlungsunfähig.

Das *Wie* ist allerdings in diesem Fall bemerkenswert. Gerüchte um die Schwierigkeiten von Bear Stearns verursachten einen Sturz der Bear Stearns-Aktien von 156 auf 2 Dollar, so daß sich die FED - angeblich, um Schlimmeres zu verhüten - veranlaßt sah, hier unmittelbar einzugreifen und die Übernahme durch JPM zu ›arrangieren‹. Es kam aber bald die Vermutung auf, ob nicht gezielt gestreute Gerüchte und andere Börsenmanipulationen diesen Kurssturz verursachten, und die Frage entstand, *wer* diese in die Welt gesetzt haben könnte.

Das Vorbild dafür ist jener berühmte Vorgang aus dem Jahre 1815, als der Londoner Finanzier Nathan ROTHSCHILD die britischen Investoren glauben machte, der Herzog VON WELLINGTON habe die Schlacht von Waterloo gegen NAPOLEON verloren. Innerhalb weniger Stunden stürzten die Kurse der britischen Staatsanleihen ab.

ROTHSCHILD, der natürlich durch seine Informanten den tatsächlichen Sachverhalt - den Sieg der Briten - kannte, kaufte dann sämtli-

Dem Londoner Finanzier Nathan ROTHSCHILD gelang im Jahre 1815 mit einer Falschmeldung ein wichtiger Schachzug.

che ins Bodenlose abstürzenden Staatsanleihen zu einem Spottpreis auf. Als wenige Tage später der Sieg über NAPOLEON bekannt wurde, war ROTHSCHILD durch diesen ersten Insiderhandel ein gemachter Mann, und N. M. Rothschild wurde zur größten Bank der Welt. Der ROTHSCHILD zugesprochene Satz: »Wenn ich das Geld einer Nation herausgebe und kontrolliere, dann kümmern mich die anderen Gesetze nicht mehr« bestätigt sich heute auf geradezu dämonische Weise.

Dieses Muster für großangelegte Finanztransaktionen – eigentlich Raubzüge – fand selbstverständlich Nachahmer. John Pierpont MORGAN streute in den USA ein Jahrhundert später ebenfalls Gerüchte aus, daß zwei große Banken vor dem Bankrott stünden. Diese Gerüchte lösten die Panik von 1907 aus, und da die Öffentlichkeit sie glaubte, stürmten die Menschen die Banken, so daß sich der Bankrott tatsächlich ereignete. MORGAN, der sich nun als ›Retter in der Not‹ ausgab, stellte große Mengen an Gold ›zur Rettung der Banken‹ zur Verfügung und schuf, um derartige Krisen in Zukunft zu vermeiden, die Voraussetzungen für jenes Gesetz, den »*Federal Reserve Act*«, das seit 1913 die Verfügungsgewalt über die US-Währung in die Hände der Privatbanken – unter der Kontrolle der Wall Street – gibt.

Der jener künstlich herbeigeführten Panik folgende öffentliche Druck hatte den Widerstand des Kongresses gegen ein solches Gesetz einer ›Bank für Bankiers‹ gebrochen. Dieses Gesetz wurde merkwürdigerweise am Vorabend des Weihnachtsfestes beschlossen, als ein Großteil der Abgeordneten bereits zu Hause fromme Weihnachtslieder im Kreis der Familie sang. Noch am selben Tag wurde dieses verfassungswidrige Gesetz von Präsident WILSON unterzeichnet. Dieses Komplott hatte Paul WARBURG durchgezogen, ein deutscher Einwanderer und Partner von Kuhn, Loeb & Co., dem wichtigsten amerikanischen Bankunternehmen der ROTHSCHILDS seit dem Bürgerkrieg.

Elisha GARRISON vom Bankhaus Brown Brothers schrieb 1931 in dem Buch *Roosevelt, Wilson und das Federal Reserve-Gesetz*:[9] »Paul WARBURG ist der Mann, der das Federal Reserve-Gesetz durchsetzte, nachdem es gegen den ALDRICH-Plan im ganzen Land starken Widerstand gegeben hatte. Der Kopf hinter beiden Plänen war Baron Alfred ROTHSCHILD aus London.« Auch MORGAN gilt aus heutiger Sicht als Vertreter ROTHSCHILDS in den Vereinigten Staaten.

Robert OWENS, Mitverfasser des »Federal Reserve-Gesetzes«, sagte später vor dem Kongreß aus, der Bankensektor habe ein Komplott geschmiedet und eine Reihe von Finanzpaniken erzeugt, damit die aufgebrachte Öffentlichkeit »Reformen« verlange, die den Interessen der Finanziers nutzten. Ein Jahrhundert später hat JP Morgan Chase & Co. offenbar dasselbe wieder durchgezogen. Martin WOLF schrieb in der *Financial Times*: »Vergessen Sie Freitag, den 14. März 2008 nicht; an diesem Tag endete der Traum vom globalen Freimarktkapitalismus.«[10]

Der heimliche Kauf von Bear Stearns erfolgte an einem Wochenende mit einem 55 Mrd.-Dollar-Kredit, den die FED zur Verfügung stellte. Von den 55 Mrd. Dollar bekam Stearns 25 Mrd., besichert mit Stearns-Aktiva, 30 Mrd. erhielt die zur ›Rettung‹ ausersehene JPMorgan Chase. Die Ouvertüre dazu waren massive Aktien-Verkäufe wegen der angeblich bevorstehenden Insolvenz des Unternehmens.

Natürlich sind solche Summen, selbst wenn sie von der FED stammen, ›*fiat money*‹, Geld aus dem Nichts, für das aber letztlich natürlich der US-Steuerzahler gerade stehen muß, wenn die Kreditnehmer – Bear Stearns und JPM – dies selbst nicht können oder die Sicherheiten nicht ausreichend sind. Die scheinbar legale Grundlage für solche Geldschöpfung ist das sogenannte ›Mindestreserve‹-System (auch ›*fractional banking*‹ genannt; wir kommen darauf noch zu sprechen), das den Banken praktisch eine Lizenz zum Gelddrucken gibt. Sie verleihen etwas – Geld, das sie in Wahrheit gar nicht besitzen – gegen wucherische Zinsen! Dies ist nichts weiter als ›legales‹

---

[9] Elisha GARRISON, *Roosevelt, Wilson and the Federal Reserve Law*, 1931.

[10] Nach Ellen BROWN: »Stürzte ›Bear Stearns‹, oder wurde sie gestürzt? Wie der Insiderhandel ›JP Morgan‹ rettete und die Steuerzahler ausplünderte.«

Falschgeld. Dieses von den Rothschild-Bankiers perfektionierte fremdfinanzierte Modell erlaubt mittels bedruckten Papiers die ausgedehntesten Geschäftsübernahmen:[11] im hier betrachteten Fall die Übernahme des Hauptrivalen unter den Investmentbanken, Bear Stearns, durch JPMorganChase. Die fast kabarettistische Note dabei ist der Umstand, daß sich die Haie nun selbst auffressen. (Man ist erinnert an Wolfgang LEONHARDS Buch, *Die Revolution frißt ihre Kinder*, in dem er das Ende der DDR beschrieb.)

Zur Erinnerung:

Die akkumulierte Summe des ›*notional value*‹ der OTC-Derivate und jener an der Börse gehandelten ist trotz des sich ankündigenden Finanzkrachs gestiegen. Die Banken melden auch einen Gewinn von 6 Mrd. Dollar aus diesen ›Geschäften‹. Die ›Berechnung‹ des Netto-Ausfallsrisikos mit weitgehend undurchsichtigen Methoden erweckt den Anschein, als ob alles unter Kontrolle sei. »Gerichtlich durchsetzbare Verträge erlaubten (angeblich) den Banken ihr Gesamtrisiko von 2,8 Billionen (!) Dollar um 84,3 Prozent auf 435 Milliarden Dollar zu verringern.« Nur was setzt man gerichtlich durch, wenn der Vertragspartner bankrott ist? Der Rückgang des OTC-Derivatevolumens im 3. Quartal gegenüber dem 2. Quartal 2008 kam deshalb, weil durch Bankrott, Übernahmen und Fusion diese Positionen aus den Büchern fielen.

In welchem Verhältnis dazu stehen somit die Bear Stearns gegebenen 25 Mrd. Dollar und die von der FED JPMorgan zugeschobenen 30 Mrd. Dollar?

Die Montagsausgabe der *Oberösterreichischen Nachrichten* (12. Juli 2008) berichtete vom Kollaps der IndyMac[12] – als ob sie das oben Gesagte bestätigen wollte. Die nächsten Kandidaten sind die größten US-Hypotheken-Anstalten, Fannie Mae und Freddie Mac.[13] Sie haben ihren Kopf bereits auf dem Block und werden die nächsten sein –

---

[11] Mit eben diesen wertlosen Dollars werden die realen Werte der europäischen Wirtschaft ›aufgekauft‹: für Monopoly-Geld Energieversorgungs-Unternehmen, Infrastruktur, Grund und Boden.

[12] Hypotheken-Bank in Kalifornien, deren Aktien von 36 US-Dollar im Jahre 2007 auf 28 Cent am 12. 7. 2008 fielen. Bis zu diesem Zeitpunkt war das die zweitgrößte Bankenpleite in den USA überhaupt.

[13] Einen Tag, nachdem wir dies schrieben, hat das US-Finanzministerium zusammen mit der FED die Haftung für beide übernommen, um sie vor dem Zusammenbruch zu bewahren. Die Gesamtsumme der von Freddy und Fanny gewährten Immobilien-Darlehen soll 5,5 bis 6 Billionen Dollar (5.500.000.000.000.-) betragen, etwa die Hälfte des US-BIP.

zusammen mit Lehman Brothers, Bank of America, der Schweizer UBS und vielen anderen. Sie sind schon seit einem Jahr im Grunde pleite oder leben nur noch vom Wegschauen oder der Kapitalzufuhr von seiten dubioser fernöstlicher ›Regierungsfonds‹, die ihre wertlosen Dollar-Reserven noch schnell unterbringen wollen.

3 Der ›Count Down‹ der Übernahme von Bear Stearns

Zum ganzen Verlauf dieser Übernahme erschienen verschiedene – kritische – Artikel von kenntnisreichen Fachleuten, die hier einen geschobenen ›Deal‹ glauben beweisen zu können.[14] Rob Kirby schrieb am 30. April 2008 in einem Artikel: »Nach Angaben der NYSE (New Yorker Börse) sind nur 240 Millionen Aktien von Bear in Umlauf. . . [Und doch] wurden allein am 14. März 188 Millionen Bear-Aktien gehandelt.«

Man muß wissen, daß dreißig Prozent der Aktien des Unternehmens in der Hand seiner Angestellten waren, ein weiterer großer Teil in der Hand des Pensionsfonds der Lehrer und anderer Angestellten des Öffentlichen Dienstes. Es ist völlig undenkbar, daß von diesen Aktionären die Masse der Aktien auf den Markt kamen. 30 Prozent von 240 Millionen sind 72 Millionen. Zieht man 72 von 240 ab, dann bleiben etwa 170 Millionen. Es wurden also offensichtlich mehr Aktien gehandelt, als es am Markt gab oder als sie realistischerweise zur Erfüllung solcher Optionen-›Deals‹ zu beschaffen gewesen wären.

Wenn keine realen Aktien gehandelt wurden, dann muß jemand mit ›nackten‹ Baisseverkäufen am Werk gewesen sein – das heißt Aktien verkaufen, *ohne vorher diese Anteile zu borgen oder sicherzustellen, daß diese Anteile geborgt werden können*. Bei einer Baissespekulation – einer von Investoren benutzten Technik, wenn sie vom fallenden Preis einer Aktie profitieren wollen – wird eine Aktie von einem Makler geborgt und anschließend verkauft, in der Annahme, daß diese Aktie später zurückgekauft und an den Makler zurückgegeben werden kann. Nackte Leerverkäufe sind normalerweise[15] verboten, aber

[14] Wir beziehen uns hier auf den Artikel von E. Brown.

[15] Am 22. Juli 2008 berichteten die *OÖN* mit einem Dreizeiler, daß die »nackten Leerverkäufe« (*short sale*) nicht mehr gestattet seien. Waren sie denn jemals legitim? Versuchen Sie doch einmal, drei Häuser, die Sie nicht haben, zu verkaufen. Der Betrug würde beim ersten Versuch bereits aufgeflogen sein. Und welcher Normalleser versteht ohne Erklärung, was ein ›nackter Leerverkauf‹ eigentlich ist? Analog zur Fälschung von Banknoten ist es nichts weiter als die Fälschung von Aktien.

im Interesse ›liquider Märkte‹ gibt es ein scheunentorgroßes Schlupfloch für ›Marktmacher‹[16] (die Leute, die Käufer und Verkäufer zusammenbringen, den Preis festlegen und den Handel durchziehen). Die Frage ist aber, wer denn diese gigantische Menge an ›*puts*‹ – Optionen, die Bear-Aktie zu einem unglaublich niedrigen Preis zu erhalten – verkauft hat.

Selbst Marktmacher sollten aber innerhalb von drei Tagen ihre Positionen ausgleichen und tatsächlich die Aktie präsentieren. Woher aber sollten sie genügend Bear-Stearns-Aktien bekommen haben, um 75 Prozent der ausstehenden Aktien des Unternehmens auszugleichen? Auf jeden Fall sind Leerverkäufe dann verboten, wenn die Absicht besteht, den Preis einer Aktie zu drücken, und genau das war hier der Fall.

Am 10. März 2008 fielen die Aktien von Bear Stearns auf 70 Dollar, – ein Tiefstand, den die Aktie aber nicht zum ersten Mal im Jahre 2008 erreichte, denn sie war bereits acht Wochen zuvor zu diesem Preis gehandelt worden. An diesem 10. März 2008, oder wenige Tage davor, ergingen Anfragen an die Optionsbörsen, eine neue Serie von ›April-*puts*‹ (Verkaufsoptionen im April) zu eröffnen, und zwar mit Basispreisen von 20 und 22,5 Dollar sowie eine neue März-Serie mit einem Basispreis von 25 Dollar. Bei der März-Serie waren es nur noch acht Tage bis zum Ablauf der Frist, das bedeutete, daß die Aktie in dieser kurzen Frist um ganz unwahrscheinliche 45 Dollar fallen mußte, damit die Käufer dieser ›*put*‹-Option ein Geschäft machen konnten. Eine so hochriskante Wette schließt niemand ab, es sei denn, die Käufer wissen darüber Bescheid, was noch kommen soll.

Rob Kirby meinte in seinem Artikel vom 23. April 2008 in LeMetropoleCafe.com – übereinstimmend mit Olagues –,[17] daß nicht Bear Stearns, sondern JP Morgan bankrott sei und mit Hilfe massiver Kredite der Federal Reserve »rekapitalisiert« werden müsse. Kirby verwies auf die riesigen Verluste aus Derivatgeschäften von JP Morgan: »J.P. Morgans Derivatbuch ist zwei- bis dreimal so dick wie das

[16] Wozu braucht man ›Marktmacher‹, wenn ›der Markt‹, die ›unsichtbaren Hände‹, angeblich doch alles so wunderbar regeln? Wenn man einen Markt ›machen‹ muß, dann kann das doch nur bedeuten, daß offenbar weder Angebot noch Nachfrage in nennenswertem Umfang vorhanden sind. Und wie macht man ›Märkte‹? Indem man etwas anbietet und verkauft, was man gar nicht hat.

[17] John Olagues, eine Autorität in Aktienoptionsfragen, schrieb am 23. März 2008 einen Artikel mit der kühnen Überschrift »Übernahme von Bear Stearns. 100% Betrug«.

Das neue Logo von Bear Stearns nach der Übernahme durch JP Morgan.

von Citibank - und diese Derivate bescherten der Citibank Verluste von über 30 Milliarden Dollar. Also sagt einem der gesunde Menschenverstand, daß JP Morgan wohl etwas mehr als ›knietief‹ in demselben Morast steckte wie die Citibank; aber wie bringt man dem Markt bei, daß eine Bank - irgendeine Bank - in der Größenordnung von 50 bis 80 Milliarden Dollar rekapitalisiert werden muß?«

Würde dies - wie im Märchen vom Rumpelstilzchen - laut ausgesprochen, besteht kein Zweifel, daß der momentane JPM-Aktienkurs von 40 Dollar ins Bodenlose fallen würde. Das ›Tier-1‹-Kapital, das laut Geschäftsbericht bei 88 Mrd. Dollar liegt, würde gegen Null tendieren, die Derivate-Blase der JPM einfach platzen - und mit ihr der US-Raubtierkapitalismus.

So wird klar, warum weder die FED noch die Börsenaufsicht die Vorgänge untersuchen will und wohl auch nicht wird. Wie die Panik im Jahre 1907, die eine ›Bank der Bankiers‹ rechtfertigte, um in Zukunft einen Ansturm auf eine Bank zu verhindern, ist der Kollaps von Bear Stearns dazu benutzt worden, um einen Vorschlag zu rechtfertigen, der der Federal Reserve erhebliche zusätzliche Befugnisse zur Förderung der ›Finanzmarktstabilität‹ gibt.

Diesen Plan gab US-Finanzminister Henry PAULSON, der ehemalige Chef von Goldman Sachs, zwei Wochen nach dem Absturz von

Bear Stearns bekannt.[18] Der Plan solle die Arbeit der Landes-Regulierer (die für die 50 Bundesstaaten arbeiten) und die der Börsenaufsicht SEC (die für die US-Regierung arbeitet) unter dem Kommando der Federal Reserve (die für die Banken arbeitet) ›konsolidieren‹. PAULSON mußte dabei eingestehen, daß damit nicht etwa eine stärkere Regulierung erreicht würde, *sondern daß in Wirklichkeit den Landes-Regulierern und der SEC damit Autorität entzogen wird.* Alle Regulierungsmaßnahmen sollen unter der Federal Reserve zusammengefaßt und damit von der Institution im Bankenbesitz kontrolliert werden, die mit Hilfe von J. Pierpont MORGAN 1913 ausdrücklich zum Schutz der Bankeninteressen gegründet wurde.

Die *nackten Leerverkäufe* sind inzwischen so weitverbreitet, daß sie – falls die Hedge-Fonds gezwungen wären, ihre nackten Leerpositionen zu decken – »tatsächlich eine neue Finanzkrise auslösen würden«. Die FED und die SEC schauen bei dieser *Aktienfälschung* deshalb weg, weil dann, »wenn sie es entwirrten, alles wirklich auseinanderfiele«. Offensichtlich heißt »für Marktstabilität sorgen«, daß jeder, der etwas aufdeckt – wie N. Y.s Elliot SPITZER[19] oder die SEC –, zum Schweigen gebracht werden müsse, damit eine völlig illegale Situation fortbestehen könne. Das Verbrechen ist so weit verbreitet, daß das gesamte Finanzsystem auseinanderflöge, wenn man es aufdeckte und die Verbrecher bestrafte. Wie Nathan ROTHSCHILD schon 1838 feststellte: Wenn die Ausgabe und Kontrolle des Geldes einer Nation in privaten Händen liegen, dann werden die Gesetze und diejenigen, die diese Gesetze machen, bedeutungslos.

Man sollte sich aber daran erinnern, daß das Geld, die Währung,

---

[18] Auch Henry PAULSON Jr., der bisherige US-Finanzminister, darf nicht, was er von seinem hohen Verstand her tun möchte, einfach weil er nicht auch als ein GREENSPAN in die Geschichte eingehen will. Dieser wird nun noch beschimpft, obwohl er doch in den sechziger Jahren die Wahrheit erkannt und bekannt hatte: daß wenigstens Gold diesem ganzen Betrug überlegen sei.

[19] Greg PALAST meinte in einem Artikel vom 14. März 2008, bei der »Sünde« des ehemaligen Gouverneurs von New York sei es wohl um etwas Schlimmeres gegangen als um Prostitution. SPITZER beging den ›Fehler‹ zu verhindern, daß die FED den Banken einen Riesenprofit (»*windfall*«) in Höhe von 200 Milliarden US-Dollar zuschustern konnte, mit dem die hypothekengestützten Ramschanleihen derselben Räuber aus der Bankenwelt abgesichert werden sollten, die für das Debakel der zweitklassigen (»*sub-prime*«) Hypotheken verantwortlich waren. Während die Federal Reserve versuchte, den Banken aus der Patsche zu helfen, machte sich SPITZER daran, diese Banken zu regulieren, und erhob im Namen von Verbrauchern sogar Klage gegen sie. Aber er wurde schnell an den Pranger gestellt und abgesetzt.

tatsächlich ein *Rechtstitel* in einem Rechtsstaat, der Gemeinschaft, ist und es diesem zukommt, die Regeln so zu gestalten, daß sie das Gemeinwesen nicht zerstören. Es ist auch neben allen ›technischen‹ Qualitäten, die das Geld nun einmal hat (zeitliche und räumliche Entzerrung des Tauschvorganges, Wert-Indikator, Wert-Aufbewahrer), in erster Linie ein *Schuldschein,* das heißt ein Anrechtsschein, ein ›Kredit-Vertrag‹ für eine erbrachte Leistung (Hingabe eines Produktes oder die Erbringung einer echten Dienstleistung), die gerechte, billige Gegenleistung auch zu bekommen. Es geht, wie es im Englischen heißt, um die ›*equity*‹. Das Recht im Rechtsstaat darf niemandem diese ›*equity*‹, die Billigkeit, vorenthalten. Wo dies nicht mehr der Fall ist, zerfällt ein solches Gemeinwesen.

Am Beispiel des Zusammenbruchs der Sowjetunion haben wir in den vergangenen Jahren die totale Auflösung des Staates und die räuberische Inbesitznahme des Staats- und Volkseigentums durch sogenannte Oligarchen erlebt. Erst als mit Präsident Wladimir PUTIN die Wiederherstellung der staatlichen Souveränität (als oberste Priorität) eingeleitet wurde (wütend angegeifert von den vor allem aus den USA gesteuerten Plünderern und ihren medialen westlichen Lakaien), begann sich die Lage zu bessern.

Horst MAHLER schrieb in einem Kommentar zur gegenwärtigen Finanzkrise, daß viele den Zins abschaffen wollten und mehr oder weniger plausible Wirtschaftsmodelle vorschlügen. Er stellte aber richtig fest, daß jene, die von diesem System profitieren und die Macht über Staaten, Völker und ihre Regierungen ausüben, sich dazu kaum überreden lassen werden. Es geht also darum, das Problem bei den Wurzeln anzupacken, das heißt, die Plutokraten zu entmachten. Daß dies möglich ist, hat Rußland vorgeführt – und der jetzt im Gang befindliche Crash wird dies auch bei uns ermöglichen.

Am 23. Juli 2008 wurde – ganz klein – gemeldet, daß Wachovia, eine jener fünf US-Banken, die zusammen 97 Prozent des Derivate-Schwindelgeschäfts in Amerika halten, mit 8,9 Mrd. Dollar Verlust in Schwierigkeiten sei.

Vor einigen Wochen sagte der Kongreßabgeordnete Ron PAUL im Fernsehen, daß die FED unter ihrem Chef BERNANKE schwindelerregende 4,3 Billionen (US: trillions!) an völlig ungedeckten Papier-Dollars in den beiden vergangenen Jahren gedruckt habe. Die M3-Geldmenge wuchs damit um jährlich rund 17 Prozent, und die sich nun häufenden Mega-Pleiten der US-Großbanken werden anscheinend diesen Trend noch verstärken.

4 Die Summen für die Rettungsmaßnahmen übersteigen eine Billion (US: trillion) Dollar[20]

Die Behörden (Finanzministerium, US-Regierung, Banken- und Börsenaufsicht) und die private (!) Federal Reserve Bank (FED) tanzen auf einem Vulkan, und die Last für die Steuerzahler - nicht nur der USA, sondern auf der ganzen Welt - steigt immer mehr. Im einzelnen sieht die Lage so aus:

- In den USA wurde ein 165 Mrd. Dollar-Programm zur Ankurbelung der Wirtschaft beschlossen, mit dem angeblich 500000 neue Arbeitsplätze geschaffen werden sollten. In Wirklichkeit wurden in den letzten Monaten des Jahres 2008 lediglich Jobs gestrichen, was zu einer Erhöhung der Arbeitslosenrate von 4,7 auf 6,1 Prozent führte. Aber selbst diese Angaben sind ›geschönt‹. Wenn man sie genauer untersucht und die Millionen Mac-Jobs, von denen eine Person oft mehrere zum Überleben hat, sowie die im arbeitsfähigen Alter ausgesteuerten Menschen berücksichtigt, dann ist die Arbeitslosenrate um eine Zehnerpotenz größer.

- Es gab ein ›*bail-out*‹ für Bear Stearns in Höhe von 55 Mrd. Dollar: ungefähr 25 Mrd. verlorener Kredit für Bear Stearns und rund 30 Mrd. für JPMorgan Chase, um Bear Stearns ›übernehmen‹ zu können. Die Begründung war die ›Rettung‹ von Bear Stearns, was wohl eher eine Mittelzuführung für JPM war, die mit über 90000 Mrd. (!) an Derivat-Kontrakten in ihrem Portfolio die meisten Leichen im Keller hat. Für die 158 Jahre bestehende Investmentbank Lehman Brothers war freilich nichts mehr übrig.

- Für FannyMae und FreddieMac wurden 200 Mrd. Dollar[21] locker gemacht, die US-Regierung hat die Haftung für die Hypotheken und sonstigen Schuldverpflichtungen übernommen, was zu einer Erhöhung des Staatsschuldenstandes von 9,5 Billionen (U.S. *trillions*) um 5,4 auf nunmehr 14,9 Billionen Dollar führte. Dies geschah übrigens unter Verletzung von US-Gesetzen, die den staatlichen Höchstschuldenstand mit 10,6 Billionen begrenzen.[22]

---

[20] Die hier wiedergegebenen Informationen beruhen auf einem uns als E-Post zugegangenen Artikel von Richard SUTTMEIER. Ergänzung und Anmerkung von Gerhoch REISEGGER.

[21] William POOLE, ehemaliger Vorsitzender der Distriktnotenbank St. Louis, schätzt die mögliche Kosten für den Steuerzahler auf 300 Mrd. US-Dollar.

[22] Darüber hinaus wurden folgende Gesetze gebrochen: Der *Charter Act* von 1954, der eine Regierungsbürgschaft für Kreditaufnahmen von FannyMaes

• Für den zusammengebrochenen privaten Versicherungskonzern AIG wurden 85 Mrd. Dollar bereitgestellt. Mit welcher gesetzlichen Genehmigung oder Begründung dies die Aufsichtsbehörden duldeten, ist nicht ersichtlich.

• Hinzu kam das von US-Finanzminister PAULSON vorgeschlagene Rettungspaket für die Kapitalmärkte mit 700 Mrd. Dollar. Dieses Rettungspaket ist natürlich nichts weiter als eine Hilfe für die Wall Street. Dabei werden die Genossenschafts- und kleineren Regionalbanken im Regen stehengelassen, so daß ihr Zusammenbruch absehbar ist. Doch hier regte sich Widerstand: Es ging nicht so schnell und ganz so glatt über die Bühne, die Summe wurde halbiert und die Verfügung nicht ausschließlich dem Finanzminister überlassen, sondern einer Kommission des Kongresses. (Das letzte Wort war bei Abfassung dieser Zeilen noch nicht gesprochen.)

Wenn man diese Beträge zusammenzählt, ergibt dies mindestens 1005 Mrd. Dollar. Die Mittel der FDIC-Fonds[23] betragen 45 Mrd. Dollar, die nicht annähernd in der Lage sind, jene 7 Billionen (U.S. *trillions*) an »gesicherten/verbürgten Schuldverschreibungen« zu versichern; dazu fehlt das Geld für die dafür nötigen Prämien, 80,5 Mrd. Dollar.[24] Es gibt 2,5 Billionen (US *trillions*) ungesicherter Schuldverschreibungen, die die Gefahr in sich bergen, daß noch ein Ansturm auf die Banken kommt, mit der Folge weiterer Zusammenbrüche.

All diese ›Rettungs-Maßnahmen‹ des Kapitalmarktes lösen aber in keiner Weise die im Vierteljahres-Bericht des FDIC über die Lage

---

»*secondary market operations*« (Börsengeschäfte mit sogenannten ›*securities*‹, also Schuldverschreibungen staatlicher oder privater Art) verbot. Das sind Geschäfte, die überhaupt erst möglich wurden, indem man für den Kauf solcher ›Wertpapiere‹ selbst einen Kredit aufnahm!

Der *Charter Act* von 1968 teilt FannyMae in zwei Unternehmen: die GinnieMae und die FannyMae, FannyMae blieb eine staatliche Behörde, deren Hypothekarkredite vom Staat garantiert wurden. FannyMae wurde eine »von der Regierung geförderte private Organisation«, die eigenverantwortlich für die Börsengeschäfte war, also dafür ausdrücklich keinerlei Regierungsbürgschaft erwarten durfte.

Diese beiden Gesetze wurden mit dem *bail-out* ebenfalls verletzt.

[23] *Federal Deposit Insurance Company*, Einlagen-Sicherungsfonds.

[24] Dabei bleibt ohnedies offen, woher eine Versicherung die Mittel nehmen soll, wenn die Banken mit Billionen an notleidenden ›*securities*‹ zusammenbrechen. Sie sind schlicht nicht existent, vor allem, weil diese Finanz-›Geschäfte‹ zu über 99 Prozent gänzlich von der Realwirtschaft – die einen Mehrwert und überhaupt jeglichen Wert schafft – abgekoppelt sind.

der Banken angeführten Risiken und Probleme. Der Bankensektor mußte im letzten Quartal in Folge 68,6 Mrd. an Wertberichtigungen machen. Sollten sich die Verluste ähnlich wie im Zeitraum 1988–1992 entwickeln, als sich 4,2 Prozent ihrer Assets in Nichts auflösten, würde diese Summe auf 560 Mrd. Dollar anwachsen, für die noch keinerlei Vorkehrungen getroffen wurden.

Und woher nimmt die FED oder die US-Regierung diese Gelder überhaupt? Aus dünner Luft, es ist ›*fiat money*‹. Es ist, wie gesagt, nichts weiter als legales Falschgeld, das durch nichts gedeckt ist. Die US-Volkswirtschaft ist seit Jahren schon nicht in der Lage, ihre ›normalen‹ Schulden – im Haushalt, im Außenhandel, bei den Unternehmensanleihen und den überschuldeten Privathaushalten– je zu begleichen. Sie haben sich inzwischen auf rund 60 Billionen (US *trillions*) erhöht.

Überhaupt offen ist die Lösung von etwa 175 000 Mrd. (US *trillions*) an Derivat-Kontrakten, von denen ein Drittel auf Hypothekardarlehen Bezug nimmt.[25]

Die letzte uns zur Verfügung stehende Übersicht über die weltweiten Derivat-Geschäfte der BIZ[26] gibt für die OTC und Börsegehandelten Derivate für 2007 ein *tägliches* Volumen von 10 371 Milliarden Dollar an. Zum Vergleich: Die US-Volkswirtschaft, das Bruttoinlandprodukt, leistet rund 13 Billionen, die der gesamten Weltwirtschaft wird mit 56 (ein anderer Wert wird mit 60) Billionen Dollar angegeben. Das bedeutet, daß mehr als das Zwanzigfache der Leistung aller Volkswirtschaften in Casinowetten/Pyramidenspielen verzockt wird, bei denen nicht die geringste reale Wertschöpfung erfolgt.

Der scheinbar legale Betrug ist offensichtlich, und das Geschwätz der Wirtschaftswissenschafter, der *pro domo* brabbelnden Banker, der gekauften Lakaien in der Politik und ihrer ›Weisenräte‹ ist nun als bewußte Täuschung von Scharlatanen und Betrügern entlarvt.

---

[25] Die *interest rate*-Derivate machen weltweit insgesamt 611849 Mrd. US-Dollar aus (Stand 4. Quartal 2007). OCC-Bericht für die USA: 3. Q. 2008.
Die Angaben der BIZ umfassen die über die regelmäßigen Berichte der Banken gemeldeten OTC-Derivate und jene hier nicht enthaltenen börsengehandelten der Nicht-Banken, also Hedge Fonds usw. Die oben genannte Summe des *notional value* des US-Derivat-Geschäfts bezieht sich nur auf die OTC-Derivate und ist daher nur die halbe Wahrheit.

[26] *Triennial Central Bank Survey*, Dezember 2007.

5 Stimmungsbild – Momentaufnahme 27. 9. 2008

Financial Times Deutschland-Stimmungs-Check
Aktuelles Abstimmungsergebnis

Rettet der Plan der US-Regierung die Weltwirtschaft?

Ja	30%
Nein	70%

Fürchten Sie weitere Bankenpleiten auch in Deutschland?

Ja	61%
Nein	39%

Finden Sie die Lohnforderung der IG Metall angemessen?

Ja	44%
Nein	56%

Bis Ende September 2008 hatten rund 9000 Personen abgestimmt.

Am 29. September 2008 meldeten die *ORF*-Nachrichten, daß nun auch in Europa - Deutschland, Belgien und England - Großbanken mit gewaltigen *bail-out*-Summen zwischen 35 und 65 Mrd. Euro vor dem Zusammenbruch »gerettet« werden müßten. In einer einzigen Woche wurden die deutsche Hypo Real Estate, die Benelux-Bank Fortis, der britische Baufinanzierer Bradford & Bingley, die isländische Glitnir Bank und die belgisch-französische Dexia-Bank mit Staatsgeld ›gerettet‹. Die Kurse der Bankaktien sind um 60 und mehr Prozent abgestürzt und für manche Banken zeitweise überhaupt ausgesetzt worden. Der französische Staatspräsident Nicolas SARKOZY fordert ein 300 Mrd. Euro »Rettungspaket« analog dem der USA (vor allem auf Kosten Deutschlands), obwohl die Bank-Chefs unermüdlich beteuern, daß die europäischen Banken »besser aufgestellt« und gar »nicht betroffen« seien. Wer es glaubt, wird selig. Ein Ende ist *nicht* in Sicht.

Von den Medien schamhaft zugedeckt, passierte der KfW[27] angeblich eine peinliche Panne. Ausgerechnet am Tag des Insolvenzantrages von Lehman Brothers überwies die KfW ›irrtümlich‹ noch 300 Mio. Euro aus einem Währungsgeschäft an die zusammengebrochene US-Investmentbank. Die KfW soll bei Lehman mit einem dreistelligen Millionenbetrag engagiert sein. Der Gesamtverlust könnte so bis zu 600 Mio. Euro betragen. So ahnungslos kann auch ein deutscher Bankvorstand nicht sein, in dieser Lage 300 Mio. zu überwei-

[27] Kreditanstalt für Wiederaufbau.

sen. Wahrscheinlicher ist es die von Deutschland üblicherweise durch die USA geforderte Tributleistung, der eine quasi Staatsbank ganz einfach nachzukommen hat.

Die ›angeschlagene‹ (= bankrotte) britische Hypothekenbank Halifax Bank of Scotland (HBOS) wird vom Finanzkonzern Lloyds TSB für 12,2 Mrd. Pfund geschluckt. Mit dieser Fusion ist in Großbritannien ein neuer Bankenriese entstanden. Auch hier wurde die Fusion wegen der drohenden Pleite offenbar von höchsten politischen Stellen arrangiert.

6 Einige zeitgemäße – aber politisch *noch* nicht korrekte[28] – Betrachtungen übers Geld

In mehreren Kapiteln wird die Frage behandelt, was Geld eigentlich ist. Die jüngsten Entwicklungen und der nun offenkundig gewordene, von den USA ausgegangene Zusammenbruch des bisherigen Finanzsystems legen es nahe, ein paar Gesichtspunkte besonders hervorzuheben und zu unterstreichen. Sie sind ja ganz wesentlich und mitursächlich für die heutige Krise. Normalsterbliche haben kaum den Begriff je gehört, noch weniger wissen sie, worum es dabei geht, und die meisten sind ganz gewiß bezüglich der Auswirkungen ahnungslos.

Betrachten wir eine der Geschäftsgrundlagen heutiger Banken, die eng mit dem Geld zusammenhängt: das ›Mindestreserven‹-System oder – im US-Sprachgebrauch – ›*fractional banking*‹.

›*fractional banking*‹ – was ist das?[29] Es gehört zu den Kniffen der vermeintlich ›Cleveren‹, mit für die Allgemeinheit unverständlichen Begriffen ganz entscheidende Vorgänge zu verschleiern. Dahinter verbirgt sich die ungeheuerliche Tatsache, daß Banken etwas verleihen dürfen, was sie in Wirklichkeit gar nicht besitzen, nämlich Kapital, Geld in Form eines – Zins-behafteten – Kredits. Sie verhalten sich damit nicht viel anders als Geldfälscher, die sich mit gefälschten Banknoten – also nur dem Scheine nach Geld – reale Güter und Leistungen aneignen, ohne eine entsprechende Gegenleistung zu erbringen.

---

[28] Diese Einfügung wurde vor den jüngsten Pleiten gemacht. Inzwischen scheint es, daß solche Überlegungen ›salonfähig‹ werden.

[29] *Fractional banking*: ein Fachbegriff für die Tatsache, daß Banken nur wenige Prozent ihrer Bilanzsumme – also ihrer vergebenen Kredite – in Form von (haftendem) Eigenkapital vorhalten müssen. Als BISMARCK Reichskanzler war, mußten die Banken die gewährten Kredite zu 100 Prozent mit Eigenmitteln gedeckt haben – und die deutsche Wirtschaft erlebte einen ungeheuren Aufschwung, der den Neid Englands erregte.

Jene Baron ROTHSCHILD zugesprochene geistige Bemerkung, die aber tatsächlich von Berthold BRECHT stammt, was denn nun das größere Verbrechen sei: eine Bank zu überfallen oder eine zu gründen, drückt genau diesen Sachverhalt mit anderen Worten aus.

Woher kommt dann das auf diese Weise von Banken verliehene Geld? Früher, als Banken noch tatsächlich *volks*wirtschaftliche Funktionen erfüllten und damit eine Leistung erbrachten, motivierten sie die Bevölkerung zum Sparen und übertrugen die Ersparnisse (für geplante größere Anschaffungen, Häuslbau, Vorsorge für Eventualitäten des Lebens) in jenes Kapital, das die leistende Wirtschaft für Investitionen benötigte. Die ehedem einzig gültige Formel lautete:

$$S = I$$

Das bedeutet nichts anderes, als daß die Summe der Sparguthaben (S) jenes Kapital darstellt, das die Wirtschaft investieren (I) konnte, womit diese Spargelder also in Realkapital verwandelt wurden – und damit in ein wertbeständiges, Zusatznutzen schaffendes und tatsächlich reales. Insofern war die Metapher vom Geld, das arbeitet, auch berechtigt.

Heute ist das anders.

Die Niedrigzins-Politik der Zentralbanken im Zusammenwirken mit den Geschäftsbanken hat wohl mehr als nur den Zweck, ›die Wirtschaft anzukurbeln‹. Indem nämlich die Sparzinsen niedrig sind, wird den potentiellen Sparern das Sparen verleidet; sie sollen gar nicht sparen, sondern für ihren Überkonsum Schulden machen, die freilich dann mit hohen Überziehungs- und sonstigen Zinsen[30] teuer zu stehen kommen.

Die Banken sind ja auch keineswegs mehr auf die Ersparnisse angewiesen, die sie dann verleihen könnten. Sie schaffen sich das Geld selbst: ›*Creatio ex nihilo!*‹ – in einer blasphemischen Nachahmung jenes göttlichen Privilegs, wie es in der Genesis über die »Erschaffung der Welt« durch Gott beschrieben wird. Dies ist keineswegs eine an den Haaren herbeigezogene Parabel, denn dieses virtuelle, aus dem Nichts von den Banken ›geschöpfte‹ Geld wird in bewußter Anspielung auf den biblischen Schöpfungsbericht tatsächlich auch ›*fiat money*‹ bezeichnet, angelehnt an das Wort: »*Fiat lux!* – Es *werde* Licht!« . . . und es ward Geld.

Die trotzdem – oder gerade deswegen – hohe Inflationsrate (man sollte nicht die ›geschönten‹ offiziellen Daten hier glauben, die etwa

[30] Auch hier sind die Plastikkarten das ideale Mittel, weil man nicht mehr genau oder gleich sieht, wieviel man bereits auf Kredit gekauft hat.

in den USA so unbedeutende Warengruppen wie Nahrungsmittel und Energiekosten herausnehmen, um einen ›*core*-Index‹ mit einstelligen Inflationswerten zu fabrizieren) bedeutet insbesondere die stille Enteignung des Mittelstandes, aber auch der Einkommen der arbeitenden Menschen.

In diesem Zusammenhang sei auch erwähnt, daß es ja ein Irrglaube ist, daß Geld nur von der Noten- oder Zentral- oder ›National‹-Bank herausgegeben/geschöpft würde. Das tun vor allem über die Kreditgewährung *alle* – privaten – Geschäftsbanken, womit die angebliche Rolle der ›National‹-Bank, die in der Regel ebenfalls eine private, gewinnorientierte Bank (AG) ist, in Wirklichkeit nur ein frommes Märchen ist: Sie kontrolliert weder die Geldmenge, noch ist sie ›Garant‹ der Geldwertstabilität. Auf das Warum kommen wir gleich zu sprechen.

Der Umfang, den diese Art der Geldschöpfung inzwischen angenommen hat, sprengt alle Grenzen. Als die Welt-Reservewährung – der Dollar – bis 1971 noch an eine Golddeckung gebunden war, hatte dies die virtuelle Schaffung neuen Geldes noch begrenzt, weil die Menge des Goldes nicht mit der heutigen Geldausweitung hätte Schritt halten können. Darum wurde von den USA (unter Richard NIXON) das Bretton Woods-Abkommen[31] auch einseitig gekündigt. Seither wurde die Ent*moneti*sierung des Goldes mit allen Mitteln betrieben, unter anderem durch die Manipulation des Goldpreises auf tiefstem Niveau, um den einzigen Vergleichsmaßstab für den tatsächlichen Geldwert aus dem Bewußtsein der Menschen zu verdrängen. Parallel dazu lief die Ent*materiali*sierung des Geldes über allerlei Plastik- und Kreditkarten, bargeldlosen Zahlungsverkehr und virtuelle Konten usw.

Damit wurden die ›technischen‹ Voraussetzungen geschaffen, die Geldmenge – von den Menschen unbemerkt – ins Gigantische vermehren zu können. Man sah es einfach nicht mehr. Bei einem nicht im gleichen Maße wachsenden Güter- und Warenangebot konnte dies nur die rasante Geldentwertung, also den Verlust an Kaufkraft, bedeuten.[32]

---

[31] Es besagte, daß die Außenhandelsüberschüsse oder -defizite jährlich in Gold ausgeglichen werden, wobei der Dollar in einem festen Verhältnis zum Gold stand (1 oz = 35.- Dollar). Mit der Kündigung dieses Abkommens, das gewissermaßen den Dollar zum Goldersatz machte, hatten die USA der Welt mitgeteilt, daß sie weder in der Lage noch willens sind, für ihre Schulden zu bezahlen.

[32] Seit rund zwei Jahren wird die M3-Geldmenge von der US-Federal Reserve Bank nicht mehr mitgeteilt. Damit weiß niemand mehr, welchen Umfang diese verantwortungs- und sinnlose Geldfabrikation inzwischen angenommen hat.

Viel schlimmer aber, und nur für Insider der ›*financial industries*‹[33] erkenn- und wißbar, war die mit diesen Änderungen im Wesen des Geldes (Virtualisierung) und im Wesen des Bankensystems einhergehende Schaffung immer neuer, immer komplexerer und nicht selten betrügerischer Finanz-›Produkte‹, der sogenannten *Derivate*. Hier handelt es sich um gänzlich von jeglicher Bindung an die Realwirtschaft gelöste Casino-Spekulationen oder Pyramidenspiele, die auch dadurch gekennzeichnet sind, daß sie fast immer völlig undurchschaubar sind.

Ein anderes Merkmal ist, daß man hierbei von ›Finanz-Investitionen‹ (im Gegensatz zu solchen in die Realwirtschaft, also in Anlagen, Gebäude, Maschinen, Rohstoffe usw.) spricht, die in den vergangenen Jahrzehnten regelmäßig höhere Erträge (›Zinsen‹) abwarfen als die tatsächliche Schaffung von Gütern und echten Dienstleistungen. Der Begriff ›Investition‹ dafür ist allein schon ein Hohn auf die Realität. Die Folge dieser merkwürdigen Prozesse war und ist, daß die ›*financial industries*‹ unverhältnismäßig die echten Leistungen und den von der Realwirtschaft geschaffenen Mehrwert abschöpften – zu Lasten der langsam verarmenden Bevölkerung, zu Lasten der mittelständischen Wirtschaft und nicht zuletzt zu Lasten des Staates als Garant einer *sozialen* Gesellschaft. Der ungeheure Umfang dieser Pyramidenspiele hat sich ungefähr in den vergangenen zwanzig Jahren mit Wachstumsraten von jährlich über 20 Prozent entwickelt und hält sich gegenwärtig bei den nachfolgend genannten apokalyptischen Beträgen.

7 Derivate – Betrug im größten Ausmaß

Der OCC[34]-Derivate-Report, der auf den Berichten der US-Banken beruht, gab für das vierte Quartal 2007(!) 596 Billionen Dollar (*US-trillions*) als ›*notional value*‹ an. Davon sind rund 96 Prozent OTC-Derivate und ein kleiner Rest andere.

Die BIZ in Basel hat nun auch die »*organized exchanges*«, also an Börsen gehandelten Derivate aufgeführt, um ein besseres Gesamtbild zu haben, da die OCC-Berichte nur Banken, also nicht alle die anderen ›*financial industries*‹ wie Fonds usw. erfaßte. Hier wird nach

[33] Kommerz-, Hypotheken-, ›National‹- usw. Banken, Investmenthäuser, Broker, Hedgefonds, Geldhändler, Börsen, . . . und die dazugehörigen Beratungsfirmen, Rating-Agenturen, Finanz-Blätter.

[34] OCC: *Office of the Comptroller and Currency* – US-Währungsbehörde im Treasury.

Futures und Options – jeweils nach *interest, currency* und *equity index* gegliedert – der gesamte (weltweite) *notional value* mit 486 549,7 Mrd. Dollar bzw. 205 425,2 Mrd. Dollar (Summe = 691 974,9 Mrd. Dollar) angegeben.

Die *interest rate*-Derivate machen dabei insgesamt 611 849 Mrd. US-Dollar aus.

Die Summe aus beiden OTC und Börsenhandel ergibt somit 1288 Billionen Dollar (1,288 Quadrillons), also eintausend-zweihundertachtundachzig (europäische) Billionen.[35]

Die Lage ist ernst, aber nicht hoffnungslos – oder doch: hoffnungslos, aber nicht ernst, wie es im österreichischen Generalstab geheißen haben soll.

Da die Lage nun einmal so ist, wie sie ist, wird es den Leser kaum wundern, wenn er erfährt, daß diese Derivatgeschäfte *gänzlich außerhalb der Bilanzen* geführt werden, und zwar ganz ›legal‹ oder scheinbar legal. Denn hier liegt eine weitere Hauptursache für die gegenwärtige weltweite Finanz- und Währungskrise. In den Medien wird das mit der ›Gier‹ der Bankmanager und Börsianer umschrieben. Das ist gewiß ein entscheidender Grund. Aber versteht aufgrund solch einer Charakterisierung irgend jemand, *wie* dieser Schwindel in Szene gesetzt wird? Offensichtlich nicht, und damit wird klar, daß diese Art der Verschleierung als ›Gier‹ nur dazu dient, das System *nicht* zu ändern. Es versteht ja niemand, wo und wie anzusetzen wäre.

Die falsche oder Nichtverbuchung eines Straßenbahntickets im Rechnungswesen einer Firma ist illegal, verboten und strafbar. Die Nicht-Erklärung von Casinogeschäften in Multi-Milliarden-Höhe ist ›*business as usual*‹, und alle die sogenannten ›*bail-out*‹-Packages, mit denen die privaten Großbanken und deren Derivat-Geschäfte zu Lasten der Steuerzahler saniert werden, sind ›normal‹.

Das ist freilich nicht der Fall, sondern in der Wirkung eine Art Plünderung im Weltmaßstab.

Da diese ›Geschäfte‹ ja ganz ›legal‹ außerhalb der Bilanz getätigt werden, werden sie auch nicht versteuert.

Als wir anläßlich der von einem Yuppie der französischen *Société Générale* angeblich ›geschäftsordnungswidrig‹ verursachten Milliarden-Verluste dies als die Norm des heutigen Bankgeschäfts beschrie-

---

[35] In US-Diktion: 1288 *trillions*. Quelle: OCC *Derivatives Report* (Anklicken: *1Q2008 report* mit den Ergebnissen des 4.Q 2007) unter: http://www.occ.treas.gov/deriv/deriv.htm
BIZ: http://www.bis.org/publ/qtrpdf/r_qa0806.pdf#page=108

ben, druckten die *Oberösterreichischen Nachrichten* – wohl ohne die Brisanz dieser Feststellung zu merken – diesen Leserbrief ab. Die hieraus zu ziehende Schlußfolgerung kann jeder für sich selbst ziehen. Es ist längst unerträglich geworden, wie mit ›*fiat money*‹ und erheblichen Zinsen für dieses gar nicht wirklich existierende (Kredit-) Geld, wie mit praktisch betrügerischen Pyramidenspielen in Billionen-Höhe die leistende Wirtschaft und die Menschen wirtschaftlich erdrosselt werden.

Der Versuch, mit der TOBIN-Tax diese mit Computerprogrammen ohne Unterlaß eingeleiteten Differenzgeschäfte zu besteuern und somit das Übel etwas einzudämmen, ist, wie zu erwarten war, gescheitert.

Die wirtschaftliche Funktion des Geldes sollte nämlich die Ermöglichung von Handel und Wandel, die räumliche und zeitliche Entzerrung sowie die Teilbarkeit der Tauschvorgänge, die Wertbezeichnung für Güter und Dienstleistungen sein, womit es ein schöpferisches Wirtschaftsmittel sein würde. Die gegenwärtige Auffassung, was denn Geld eigentlich ist, bedarf also einer Korrektur: Es ist nicht ein Wert an sich, der sich aus sich selbst – über den Zins – vermehrt (das erkennt man ja an dem im Grunde wertlosen Papierzettel, den eine Banknote darstellt), sondern ein Rechtstitel, ein Schuldschein, der jederzeit und überall (im Geltungsbereich der ›Volks‹-Wirtschaft) mit einer echten *Gegenleistung* zu honorieren wäre. Geld setzt also einen Rechtsstaat und eine stabile Wirtschaftsordnung voraus, ist somit eine ›Leistung‹ der Volksgemeinschaft, die in einem Staat organisiert ist, der Recht, Ordnung, Frieden und Wohlfahrt garantiert. Darum ist es nur recht und billig, daß der Staat die oberste und einzige Instanz ist, die den wahren Charakter des Geldes bestimmt und dieses auch selbst herausgibt.

Aus dem oben Gesagten ergibt sich,

– daß Geld eben nicht vorrangig den besonderen privaten Interessen (der Banken) dienen darf,

– daß Mittel und Wege zu finden sind, wie die Leistungen der Realwirtschaft und der geschaffene Mehrwert vor allem der leistenden realen Wirtschaft und den Menschen als Wirtschaftern zukommen kann und muß, und nicht parasitären Finanzeinrichtungen,

– daß das Geld vom Staat herausgegeben werden muß, und nicht von Privatbanken, und

– daß die kurz angedeuteten Derivat-›Geschäfte‹ als eine Art Glücksspiel verboten werden sollten.

Da dies inzwischen zur praktisch kaum mehr lösbaren Krise im Finanz- und Wirtschaftssystem geführt hat, wurde die ursprüngliche und durchaus notwendige Aufgabe der Banken, die Wirtschaft mit Liquidität zu versorgen, ebenfalls stark beeinträchtigt. Die geschilderte tatsächliche Manipulation der Bankbilanzen – wegen der nicht enthaltenen Derivat-Positionen – bewirkte das Mißtrauen der Banken untereinander bezüglich ihrer tatsächlichen Lage und ist die wichtigste Ursache für den derzeitigen ›*credit crunch*‹ (Kreditklemme). Die Banken leihen sich gegenseitig fast kein Geld mehr. »Diese Kreditklemme, Kreditverknappung tritt ein, wenn die schlechte Finanzsituation Banken dazu zwingt, die Kreditvergabe zu drosseln. Dies wirke »prozyklisch und krisenverstärkend«, hieß es kürzlich in einem Monatsbericht des Bundesfinanzministeriums (BMF) – wie zum Beispiel in Japan seit einem Jahrzehnt. In die gefährliche Situation des Credit Crunch gerät die Wirtschaft, wenn das Kreditangebot des Bankensektors völlig ausbleibt. Einmal gefangen in der Liquiditätsfalle, kann auch eine noch so expansive Geldpolitik der Notenbank die Geldhäuser kaum bewegen, Kredite an Unternehmen (inzwischen auch an Banken untereinander!) zu vergeben, statt Liquidität zu horten. Das Ergebnis ist eine dauerhaft schrumpfende Wirtschaftsleistung.«[36]

Unter dem Dogma der Privatisierung lief in den vergangenen Jahren (›privatisieren‹ kommt von lat. *privare,* ›rauben, stehlen‹) eine Art Enteignung, bei der mit bedrucktem Papier reale Werte – Fabriken, Infrastruktur, Grund und Boden, Schürfrechte usw. – von ›Investoren‹ übernommen wurden. Da es sich dabei ja auch nur um ›*fiat money*‹, um selbstfabriziertes pseudo-legales Geld, handelte, ist mit dem so unbegrenzt hergestellten ›Geld‹ natürlich jeder echte Wert leicht zu ›kaufen‹. Das böse Erwachen folgt aber auf dem Fuß. Die nach Abschluß dieses globalen Raubzugs folgende hyperinflationäre Geldentwertung läßt dann die Besitzer von Dollarguthaben in Milliardenhöhe zwar Herren über große Mengen an Altpapier sein, jene ›Käufer‹ aber als Eigentümer des Volksvermögens. Vor allem die USA entledigen sich so ihrer gigantischen Schulden, indem sie diese auf Europa und andere Wirtschaftszonen abwälzen: Sie sind im Besitz des Realkapitals, den – betrogenen – Verkäufern überlassen sie ihre entwerteten Dollars.

Im geopolitischen Zusammenhang ist die Entwicklung in Rußland sehr aufschlußreich. Der Zusammenbruch der Sowjetunion und die

[36] Universitätsprofessor Dr. Gerhard MERK, Universität Siegen.

folgende ›Liberalisierung‹ ermöglichte es mit Hilfe von ›Vouchern‹ (mit denen angeblich das ›Volk‹ am Volksvermögen beteiligt werden sollte), daß diese Anteilscheine billigst in die mit ausländischem Kapital ausgestatteten Hände der Aufkäufer, der sogenannten ›Oligarchen‹, kamen. Nahezu das gesamte Staatseigentum (= das Volksvermögen) kam auf diese Weise in die Hände ganz weniger. Natürlich war dies eine, von einem Präsidenten, der von US-›Beratern‹ umgeben war, geduldete und organisierte Plünderung und Auflösung des Staates. Erst die Wiederherstellung der Staatsautorität und im gewisser Weise auch der Ordnung und der Rechtsverhältnisse durch Wladimir PUTIN beendete diese Raubzüge und revidierte sie in manchen strategischen Teilbereichen.

Hierzulande, in Deutschland, Österreich und allgemein in der EU, die weitgehend unter der hegemonialen Vorherrschaft der USA stehen, ist die Auflösung des Staates, seiner Autorität, der alten Rechtsordnung usw. noch voll im Gange. Darum werden immer noch existentielle Versorgungseinrichtungen ›privatisiert‹, dubiose ›*cross-border*‹-Leasing-Verträge (grenzüberschreitend) mit verheerenden Rechtsfolgen geschlossen oder ›Investitionen‹ in Derivat-Geschäfte getätigt, wie von der ÖBB, der Oberösterreichischen Energie AG, der ASFINAG und wohl anderen mehr, die damit Hunderte Millionen Euro an ›Abschreibebedarf‹ produzierten. Die Legalität solcher Geschäfte ist natürlich eine nur scheinbare und eine der Folgen einer uns von den USA als Sieger über Europa aufgezwungenen neuen Auffassung des ›Rechts‹. Auch aus diesem Grund wäre es deshalb höchst wünschenswert, daß die europäischen Staaten ihre volle finanzielle und politische Souveränität gegenüber den USA wiedererlangten, sich aus deren einschlägiger Bevormundung lösten und die von dort ausgehenden Glücksspiele, den in vielerlei Hinsicht schon kriminellen Raubtierkapitalismus, in die Schranken wiesen.

Wenn dies nicht gelingt, könnte, wie dies Joachim FERNAU schon 1977 in seinem *Halleluja – die Geschichte der USA* voraussagte, Wahrheit werden: »Gewinnt der Amerikanismus, so wird er in 150 Jahren die Menschheit zugrunde richten, und die Erde wird als erstorbener *Mars* im Weltall weiterkreisen.«

8 Washington ist dabei, seine Staatsschulden nicht anzuerkennen, sprich heimlich loszuwerden

Wird Washington seine Verpflichtungen gegenüber seinen Gläubigern, seien es die eigenen Bürger oder ausländische Investoren, nicht anerkennen (abschütteln)? Die meisten Beobachter würden, ohne zu zögern, verneinen. Aber der Kongreß, in Kumpanei (*complicity*) mit dem Weißen Haus und der FED, hat sich offensichtlich zu einer heimlichen Entsorgung seiner Schulden entschlossen.

In seinem berühmten Werk *Der Reichtum der Nationen* hat Adam SMITH festgestellt, daß es »nie auch nur einen Fall gegeben hätte, bei dem Staatsschulden zurückbezahlt worden wären, wenn sie einen bestimmtes Ausmaß erreicht hatten«. Wir könnten diesen SMITHschen Grenzwert nun erreicht haben.

Die Märkte für Staatsanleihen (*bond market*) schützen eindeutig *nicht* vor der Gefahr, die SMITH – bedingt durch die Inflation – als »vorgetäuschte Zahlung« (*pretended payment*) bezeichnet hatte. Dies passierte weder vor der Großen Inflation der siebziger Jahre noch in den Jahren 1977/1978, als die Märkte für Staatsanleihen die Realität des entwerteten Dollars *nicht* durch entsprechend höhere langfristige Zinssätze voll berücksichtigten.

Wie konnte das geschehen? Von Märkten erwartet man, daß sie vorausschauend und wirkungsvoll alle Risiken im Preis (d.h. hier in höheren Zinsen) berücksichtigen. In der ganzen überlieferten Geschichte haben Herrscher ihre Schulden nie ausdrücklich oder indirekt anerkannt. Vor vielen Jahren hat der österreichische Ökonom Ludwig VON MISES eine Erklärung dafür gegeben. Er vermutete, daß man zwar »nicht alle Menschen für alle Zeiten betrügen könne, aber man könne alle Menschen für eine begrenzte Zeit hinters Licht führen«. Und das gelingt um so leichter, als die Zentralbank in der Vergangenheit Glaubwürdigkeit aufgebaut hatte, die Inflation (tatsächlich) zu bekämpfen.

In den achtziger Jahren arbeiteten R. REAGAN und P. VOLCKER zusammen, um die Inflation unter Kontrolle zu bekommen. Sie wurden dabei sehr von ›Bond-Wächtern‹ unterstützt, Händlern, die zu jener Zeit Disziplin auf den Märkten für Staatsanleihen hielten, indem sie die Zinsraten auf zweistellige Höhen trieben. Das Ergebnis der REAGAN/VOLCKER-Politik des knappen Geldes und niedriger Steuersätze brachte nicht nur großes Wirtschaftswachstum, sondern erhöhte auch das Vertrauen in die FED sehr. Die FED bewies, daß sie fähig und willens war, den politischen Versuchungen bei der Inflationsbekämpfung zu widerstehen.

Alan GREENSPAN baute auf dem Vermächtnis von VOLCKER auf und setzte – zumindest in den ersten Jahren seiner langen Amtszeit – den Kampf gegen die Inflation fort. 1990, als GREENSPAN mit seiner ersten Bankenkrise konfrontiert wurde, konnte er eine Politik der vergleichsweise niedrigen kurzfristigen Zinsen fahren. Die Banken nutzten diese Möglichkeit, billig Geld zu leihen, es einträglich zu verleihen und mit den so wachsenden Geschäften aus der Krise zu kommen. Diese Glaubwürdigkeit ermöglichte es der FED, die wirtschaftliche Erholung zu organisieren, ohne Inflationsängste zu schüren.

Nach dem Kollaps der dot.com-Blase im Jahre 2000 und den Anschlägen vom 11. September und in der Folgezeit verließ sich Greenspan abermals auf die Glaubwürdigkeit der FED, um die Zinsen für ›*federal-funds*‹ (Notenbankkredite) auf 1 Prozent zu senken und sie dann ein Jahr lang auf diesem Niveau zu halten. Aber zu jener Zeit gab es polternde Kritik, da an der Sinnhaftigkeit gezweifelt wurde. Schließlich änderte die FED den Kurs, um ihre Glaubwürdigkeit in Sachen Inflationsbekämpfung nicht zu verlieren, und hob die Zinsen für Notenbankkredite (für Banken) kurzerhand auf 5 Prozent an.

Nun hatte sich FED-Vorsitzender Ben Bernanke für einen ›*hat-trick*‹ entschieden und setzte mit der Glaubwürdigkeit der FED abermals auf eine Politik der leicht zu bekommenden Kredite. Er tut dies jedoch unter erheblich schlechteren Rahmenbedingungen als seine beiden Vorgänger.

Dank Reagan und Volcker und der anfangs selbst erworbenen Glaubwürdigkeit war Greenspan in den neunziger Jahren keinen starken Inflationsgefahren ausgesetzt. Bernanke hingegen begann mit seiner Politik des leichten Geldes zu einer Zeit, als die Inflation schon kräftig im Ansteigen begriffen war. Schlimmer noch, wir haben zusätzlich noch die kumulativen Auswirkungen von sieben Jahren lokkerer Steuer- und Ausgabenpolitik.

Ja, wir hatten die Steuersenkungen von Bush, aber ihr Nutzen und die wachsstumsfördernden Wirkungen sind längst durch die explosionsartig vermehrten Ausgaben der Regierung hinweggefegt worden. Wie auch Milton Friedman uns seit langem lehrte, sind Regierungsausgaben letzten Endes die Steuer, die die Wirtschaft zu zahlen hat; sie entziehen reale Ressourcen (gemeint: Kapital für Investitionen) dem produktiven, privaten Gebrauch und stellen sie dem öffentlichen, unproduktiven zur Verfügung. Und hier liegt der Hase im Pfeffer.

Nicht einmal ein Präsident Obama und ein Kongreß, der vom Sprecher des Hauses, Pelosi, und dem Mehrheitsführer im Senat, Reid, geführt wird, können die Steuern hoch genug anheben, um all die Ausgaben zu finanzieren. Tatsächlich zeigten sich beide auch nicht bereit, eine solide Finanzgebarung wiederherzustellen. Das beste Beispiel ist, wie man sich 500 Mio. Dollar an neuen Staatsgarantien für

Fannie Mae und Freddie Mac – außerhalb des Haushalts – aufgebürdet hatte, um billige Hauskredite zu ermöglichen, und das zu einem Zeitpunkt, als die beiden Unternehmen bereits am Absaufen waren. Wen wundert es, daß die Aktienkurse der beiden ins Bodenlose sanken?

Die Märkte hatten längst die Schulden von Fannie und Freddie wegen der Garantie des US-Finanzministeriums mit AAA bewertet, die nun sogar eine ausdrückliche ist. Aber niemand hatte bisher die Kreditwürdigkeit der Bürgschaft des Finanzministeriums beurteilt, nachdem sie Fannie und Freddie in den Büchern hat. Die öffentliche Garantie ist eine unbegrenzte und auf ›ewige Dauer‹. Der Appetit der beiden Unternehmen, ihre Bilanz aufzublasen und Risken einzugehen, ist nicht eingedämmt worden. Mittlerweile beeilt sich der Kongreß, neue Programme für die Wählerschaft in einem Wahljahr zu schnüren.

Wir haben den SMITHschen Augenblick erreicht, in dem die Versuchung der FED, ihren letzten Heller an Glaubwürdigkeit einzusetzen, sich als unwiderstehlich erweist. Investoren werden inzwischen über die Inflation besteuert, und sie können – recht bedacht – annehmen, daß diese Steuern (die steigende Inflation) sich erhöhen werden. Die Löhne halten hier nicht Schritt. *Main Street* (das heißt die Realwirtschaft) wird zur Kasse gebeten (besteuert), um die Exzesse der Wall Street zu finanzieren. Jeder, der arbeitet, spart und investiert, ist der Beschlagnahmung seines Vermögens und seines Einkommens durch Inflation ausgeliefert.

Falls die FED ihre Unabhängigkeit zu handeln behielte und zur inflationären Finanzierung der Verschwendung des Kongresses Nein sagte, würden wir diesen Punkt nicht erreicht haben. Aber die FED hat diese Unabhängigkeit als Folge völliger Führungslosigkeit aufgegeben.

Vielleicht, was ja selten genug passiert, wird sich Adam SMITHS Prognose als falsch erweisen. Hoffen wir es, denn die Hoffnung ist alles, was wir noch haben.

9 Formeln für den Staatsbankrott

Walter LÜFTL und Paul C. MARTIN haben 1984 das Büchlein *Die Formeln für den Staatsbankrott* herausgebracht.[37] Ein Vierteljahrhundert

[37] Walter LÜFTL u. Paul C. MARTIN, *Formeln für den Staatsbankrott*, Langen-Müller/Herbig, München 1984.

später, 2009, beweist sich nun auch für jene, die weder die Zusammenhänge erkennen noch von mathematischen Formeln etwas verstehen, was es geschlagen hat.

In diesem Büchlein wird nicht gefragt, *wie* der Betrug vonstatten ging, *wer* hier die Fäden gezogen hat, *wofür* das Geld ausgegeben wurde usw. Es werden ganz nüchtern die Tatsachen zur Kenntnis genommen, die Summe der Staatsschulden, wie sie sich Jahr für Jahr darstellen und wie viel dafür als ›Schuldendienst‹ alljährlich aufzuwenden ist. Das sind klare Tatsachen, die zum Beispiel die Nationalbank alljährlich bekanntgibt. Trägt man diese Beträge in einem Zeitdiagramm auf, so ergibt dies eine Reihe von Punkten, die man mit einer Kurve verbinden kann. Mit einem Taschenrechner kann man die am besten passende Kurve berechnen, was LÜFTL getan hat. Vergleicht man die tatsächlichen Schulden mit den ›idealen‹ Werten für die so berechnete Kurve, dann sieht man, daß sie sich sehr genau einer Exponentialkurve annähern. Das Heimtückische daran ist, daß diese Kurve anfangs harmlos, das heißt sehr flach, beginnt und erst, wenn alles zu spät ist, über alle Maßen und steil ansteigt.

Interessant wird es, wenn man die Kurve für das Schuldenwachstum mit jener des BIP, der Wirtschaftsleistung eines Staates, in Beziehung setzt. Dasselbe kann man mit der Kurve für den ebenfalls exponentiell steigenden Schuldendienst (Zinsen plus Tilgung) tun. Die Werte dafür sind aus den Staatshaushalten – wenn auch wegen der Verschleierung dieser unangenehmen Tatsachen nicht immer so leicht – zu entnehmen. Um die gesamten Staatsschulden zu erfassen, muß man natürlich die aus Gründen der Bilanzmanipulation (zur scheinbaren Erfüllung der sogenannten Maastricht-Kriterien anläßlich der Einführung des Euro) in Sondergesellschaften ausgelagerten Schulden und Staatshaftungen hinzurechnen, ebenso die Schulden der Bundesländer und Gemeinden.

Man kann dabei optimistische und ›*worst case*‹-Szenarien durchspielen, also zum Beispiel ausrechnen, wann die Schulden gleich hoch wie das BIP sind. Letzteres wächst angeblich jährlich zwischen 1,5 und 5 Prozent, im Mittel etwa 3,5 Prozent. In Zeiten wie diesen sind aber nicht einmal 1,5 Prozent sicher. Die Schulden hingegen wuchsen in den von LÜFTL untersuchten Jahren zuletzt mit 20 Prozent.

Die Schnittpunkte dieser Kurven geben Aufschluß darüber, wann die Pleite unvermeidlich eintritt: etwa, wenn die Schulden den Umfang des BIP erreicht haben oder wenn das gesamte BIP, die jährliche Wirtschaftsleistung, für zu zahlende Zinsen aufgewendet werden muß. Man kann auch, wie LÜFTL dies untersuchte, das gesamte österreichische Volksvermögen, das etwa dem sechsfachen BIP entspricht, sozusagen aufbrauchen, um die Zinsen zu bezahlen. Dann gehört uns gar nichts mehr, und jeder Einzelne wäre - wie seinerzeit unter JOSEF im biblischen Ägypten - zur unbezahlten, also zur Sklavenarbeit verpflichtet. Alle diese Schnittpunkte hängen davon ab, wie groß das Schulden- und das BIP-Wachstum tatsächlich sind. Nimmt man für die Zunahme der Schulden 10, 12, 14 oder gar 16 Prozent an (was aber nach den von LÜFTL erhobenen Daten eher eine Untertreibung ist) und für das BIP 1½, 2½, 3 ½ und 5 Prozent an, was ebenfalls mehr Traumzahlen in Zeiten der Rezession wären, so ergeben sich die nachfolgenden Kurven und Werte.

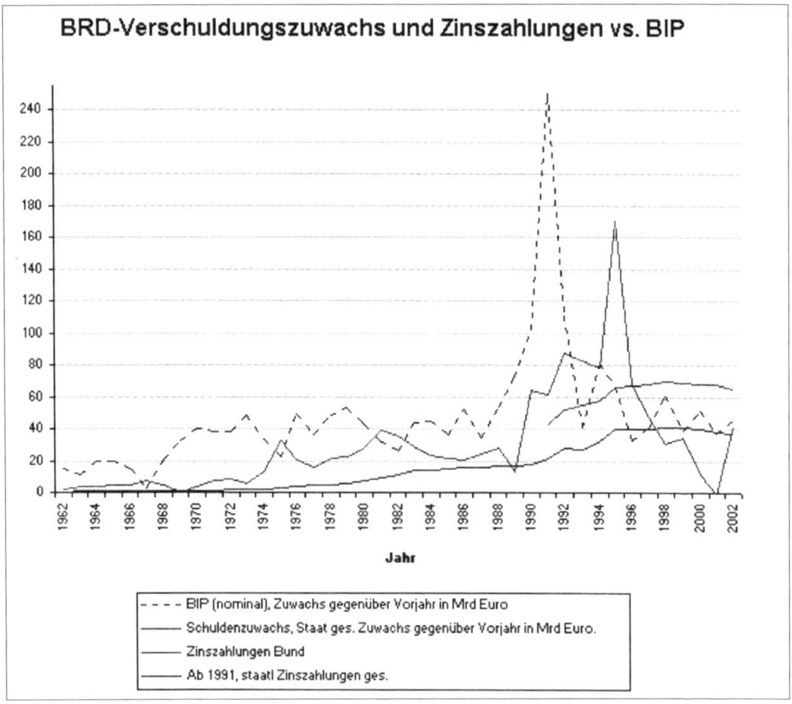

Nimmt man den Schuldendienst mit 10 Prozent des BIP an (zur Zeit liegt er bereits bei 15 Prozent), so wird mit den obigen Annahmen der Staatsbankrott gemäß Tabelle innerhalb weniger Jahre eintreten.

Zuwachsrate des Schuldendienstes je Jahr in %				
Wachstum des BIP in %	10	12	14	16
1,5	28,6	23,4	19,8	17,2
2,5	32,6	26,0	21,7	18,6
3,5	37,8	29,2	23,8	20,2
5	49,5	35,7	28,0	23,1

Anders ausgedrückt: »Wo die öffentliche Schuld einmal eine bestimmte Höhe überschritten hat, ist es meines Wissens kaum gelungen, sie auf gerechte Weise und vollständig zurückzuzahlen. Sofern es über-

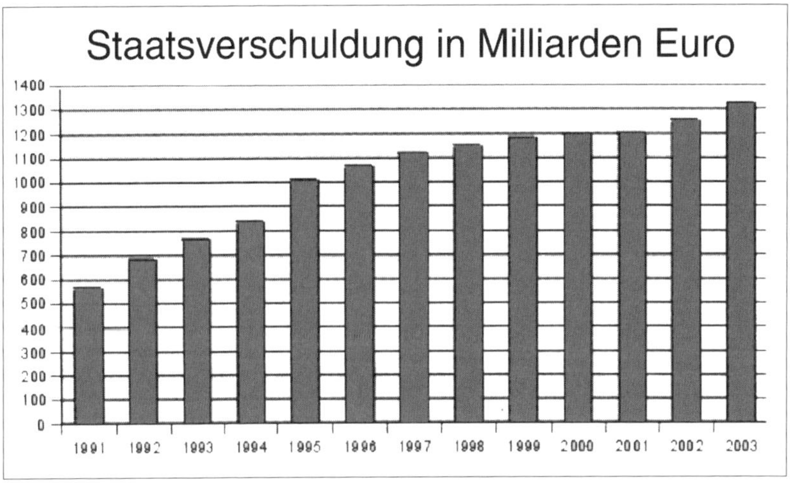

haupt gelang, die Staatsfinanzen einigermaßen in Ordnung zu bringen, bediente man sich stets des Bankrotts, den man bisweilen auch unverholen zugegeben hat.« (Adam Smith)

1. Lüftlsches Axiom: »Hat ein Staat Schulden, tritt der Staatsbankrott in endlicher Zeit ein, sobald die Zuwachsrate der Staatsschuld größer ist als die Wirtschaftswachstumsrate.«

2. Lüftlsches Axiom: »Will man den Untergang eines bereits verschuldeten Staates verhindern, so muß die Zuwachsrate der Staatsschulden *per se,* und nicht der Anteil am BIP unter Kontrolle gebracht werden.«

3. Lüftlsches Axiom: »Der Indikator für das rasche Nahen des Staatsbankrotts wird das rasche Ansteigen der Staatsquote in den nächsten Jahren sein.«

Aus dem oben Gesagten ergibt sich aber noch eine andere Konsequenz. Da es in einer endlichen Welt kein ewiges Wachstum geben kann, also auch nicht das des BIP, ist eine viel grundsätzlichere Frage zu stellen: Ist diese scheinbar ›kanonische Wahrheit‹ vom Wirtschaftswachstum nicht der erste und grundlegende Fehler? Drei Prozent Wachstum bedeuten eine Verdopplung in 25 Jahren, dieses angeblich gesunde Wachstum ergibt also auch eine exponentielle Kurve, die schließlich über alle Grenzen wächst; es ist nicht einmal lineares Wachstum in der Wirklichkeit auf die Dauer möglich. Einzig eine zyklische oder Kreislaufwirtschaft kann langfristig stabil sein.

Der Wachstumszwang ergibt sich schließlich nicht aus einer begründeten Notwendigkeit (von einer steigenden, sich aber notwendigerweise stabilisierenden Anzahl an Menschen einmal abgesehen), sondern aus dem Anwachsen des Kapitals (und damit auch der Schulden) durch die Automatik des Zinseszins-Effektes, der immer mehr zu produzieren zwingt, um mit diesem Mehrwert die ins Uferlose steigenden Zinsen überhaupt aufzubringen. Hier liegt daher der archimedische Punkt: Ohne Beseitigung des Wuchers (Zinses) und ohne die Abkehr vom Wachstumsdogma ist kein Heil möglich.

Die LÜFTLschen Formeln zum Staatsbankrott beweisen die Unausweichlichkeit und erlauben, die Fristen zu berechnen. Wir glauben jedoch, daß in einem kapitalistischen System, wie es heute weltweit herrscht, also mit der Unantastbarkeit der Zinsen, auch das 2. LÜFTLsche Axiom nur eine Kur der Symptome ist, und es scheint uns zweifelhaft, daß sie überhaupt möglich ist.

Österreich erlebte zwischen 1793 und 1811 ein Anwachsen der Staatsschulden von 28 auf über 1000 Mio. Gulden, worauf der Staatsbankrott folgte. Heute erlebten wir zwischen 1960 bis 1990 ein ähnliches Anwachsen von knapp 29 auf 1000 Mrd. ÖS. Der heutige Stand (Oktober 2008) hat sich auf 2262 Mrd. ÖS erhöht.[38]

---

[38] Die Verschuldung der Republik Österreich betrug per 8. 10. 2008, 11:50, insgesamt EUR 164.151.745.635 → ~ 2.262 Mrd. öS. Quelle: Österreichische Nationalbank, Prognose der minimalen Gesamtverschuldung (Bund, Länder, Gemeinden, Versicherungsträger), beruhend auf den gemäß Maastricht gemeldeten Kennzahlen.

ZWEITES KAPITEL

Einführung

1 Anstelle eines Vorworts

1.1 Das Prinzip Verantwortung

Welche Dämonen haben uns geritten, nach Fertigstellung des Manuskriptes über eine neue Wirtschaftsordnung philosophische Bücher und Texte zu lesen? Begonnen hat es ›harmlos‹, nachdem uns ein Freund auf Hans JONAS' *Das Prinzip Verantwortung* hinwies. Für dieses Werk bekam Hans JONAS den Friedenspreis des Deutschen Buchhandels. Dieser Freund meinte, daß die Juroren das Buch wohl nicht gelesen haben dürften, weil JONAS hier den kommunistischen Philosophen Ernst BLOCH (*Das Prinzip Hoffnung*), der früher schon ebenfalls denselben Preis bekam, nicht nur widerlegte, sondern mit Ironie und Sarkasmus abwertete. JONAS habe gewissermaßen das Gegengift zu der andauernden ideologischen Verseuchung geliefert, wie sie von BLOCH und anderen entfacht würde. JONAS erinnerte auch an den in Holland lebenden Philosophen Baruch SPINOZA, der wegen seiner Philosophie[39] mit allen Flüchen ihrer heiligen Bücher auf Betreiben des Amsterdamer Rabbinats aus der Gemeinde ausgestoßen wurde.[40] Erstaunlicher- und wohl klugerweise unterblieb dies bei Hans JONAS.

JONAS schreibt gleich zu Beginn, »daß die hieraus etwa begründbare Ethik nicht bei dem rücksichtslosen Anthropozentrismus stehen bleiben kann, der die herkömmliche und besonders die hellenistisch-jüdisch-christliche Ethik des Abendlandes auszeichnet. Die in der modernen Technologie gelegenen apokalyptischen Möglichkeiten haben uns gelehrt, daß die anthropozentrische Ausschließlichkeit ein Vorurteil sein könnte und zumindest der Überprüfung bedarf«.

JONAS kritisiert mit der »anthropozentrischen Ausschließlichkeit« die Vorstellung, daß alle Natur um des Menschen willen geschaffen sei. Wenn also die Menschen nicht gegenüber der Natur auserwählt sind, kann natürlich auch kein bestimmtes Volk, etwa das jüdische, auserwählt sein, was allerdings nach dem 1. Buch MOSE angeblich der Fall sei, mit dem Auftrag, sich die Erde untertan zu machen.

---

[39] Wohl vor allem sein Bekenntnis, daß er an der Auserwähltheit seines Volkes zweifelte: » . . . daß nichts gegen die Natur geschieht, daß diese vielmehr eine ewige feste unveränderliche Ordnung innehält, denn Gottes Ratschluß, Segen, Spruch und Wort sind nichts anderes als das Wirken und die Ordnung der Natur selbst«.

[40] »Baruch DE SPINOZA verfluchen und verbannen wir dich mit Zustimmung der Ahnen und dieser Heiligen Gemeinde vor den Heiligen Büchern. . .«

Was JONAS also sagt, kommt uns sehr entgegen, weil er auf dem Vernunftweg beweist, was mancher ›nur‹ mit dem »gesunden Menschenverstand« und mit der ihm innewohnenden sicheren Gewißheit der Unterscheidung ›gut/böse‹, ›lebensfördernd/lebensvernichtend‹ auch ahnte oder vermutete. Indem wir die gegenwärtige Entwicklung für apokalyptisch halten, und mit Joachim FERNAU (siehe *Halleluja*[41]) einer Meinung sind, begrüßen wir die von JONAS geforderte, und zwar auch ethisch gebotene Verantwortung.

1.2 Die Logik der Gesellschaftswissenschaften

Zur gleichen Zeit begannen wir, wieder Texte von Gotthard GÜNTHER zu lesen: »Substanzverlust des Menschen«, was gleich eine Kaskade von weiteren Texten von oder über GÜNTHER vor uns brachte. GÜNTHER wird von manchen als ›EINSTEIN der Philosophie/Geisteswissenschaften‹ bezeichnet. Das hat seinen Grund darin, daß er ein weites Feld – Religion, Philosophie, Naturwissenschaften, Mathematik, Logik, Kybernetik – überblickt und schon in den vierziger Jahren in den USA empfand, daß die unser ganzes Denken durchziehende zweiwertige Logik nicht ausreiche, lebendige Organismen oder gesellschaftliche Prozesse zu beschreiben. Es führt zu weit und wäre auch vermessen, hier mit ein paar Sätzen seine Überlegungen zu skizzieren, sie sind aber mehr als bedenkenswert und von erheblicher Konsequenz.

Wenn wir nämlich zur wissenschaftlichen Beschreibung *gesellschaftlicher Vorgänge* einer anderen Logik bedürfen, als sie uns heute zur Verfügung steht, aber alle Philosophie und Erkenntnistheorie nur auf dieser zweiwertigen Logik beruht, könnte es sein, daß wir uns, Gesellschaftsfragen betreffend, doch nur im Blindflug bewegen und zu keinen Lösungen kommen. Dann würde auch das Prinzip Verantwortung noch nicht wirklich ›die‹ Lösung sein. Wenn die moderne Technik außerdem diesen qualitativen Sprung bedingte, der uns auf eine Apokalypse zutreiben läßt, aber die Technik nicht mehr zurückgenommen werden kann, im Gegenteil sie jedoch in einem anderen Gebrauch die (gesellschaftlichen) Prozesse in einer weltumspannenden Weise zu behandeln zwingt, sind die Theorien und praktischen Beispiele früherer Zeiten möglicherweise zwar für diese richtig und angemessen, aber ihnen haftet natürlich die historisch und kulturell bedingte Begrenzung an – ›*Volks*wirtschaft‹, ›Groß*raumordnung*‹–, die vielleicht in Zukunft anders gelagert sein könnte.

---

[41] FERNAU, Joachim, *Halleluja. Die Geschichte der USA,* Herbig, München [5]1984.

Günther hat in seiner *Amerikanischen Apokalypse* eine Abfolge von Zeitaltern beschrieben, wobei die Hochkulturen des 2. Äons – etwa die abendländisch-faustische Kultur – von einer noch nicht einmal in Umrissen erkennbaren ›mondialen‹ abgelöst werden könnte, so wie dies die der 1. Stufe, die noch nicht die Spaltung der Welt in Objekt und Subjekt kannte, erlitten hatte. Auch hier war eine – geistige – Verständigung über die Kulturstufen hinweg unmöglich, weshalb die Kulturen der 1. Stufe auch untergegangen sind. Dies wäre aber *zugleich* ebenfalls das Schicksal *aller* Kulturen der 2. Stufe – der islamischen, der chinesischen. . . und der abendländischen.

Die Vorstellungen Günthers liegen also auf einer völlig anderen Ebene als jene, die mit der heutigen Erkenntnistheorie, dem aristotelischen Denken und unseren methodischen Mitteln nur möglich sind. Entlang Günthers Konzepten, die Wissenschaft neu zu begründen, ist leider noch kaum begonnen worden. Man ahnt aber, welche Folgen dies hätte. Seine vernichtende Kritik an Habermas' *Kritischen Bemerkungen zur gegenwärtigen Wirtschaftstheorie* aus Anlaß von Jürgen Habermas' Werk *Zur Logik der Sozialwissenschaften* ist ja keine »ideologische« oder »politische« (Ab-)Wertung, sondern – an diesem Beispiel – ein Aufweisen, daß der Methoden-Dualismus die Soziologie in die prekäre Lage bringt, sich weder mit der – naturwissenschaftlichen – Analytik noch der – geisteswissenschaftlichen – Hermeneutik abfinden zu können, und daß eine einheitliche Behandlung heute nicht möglich ist. Dies weil »in der heutigen Wissenschaftsauffassung ein unüberwindlicher Abgrund zwischen Zahl und Geist und zwischen quantitativem Registrieren und sinnvollem Verstehen klafft. Solange mit diesem Vorurteil nicht gebrochen wird, besteht keine Möglichkeit, eine exakte Logik aller derjenigen Disziplinen zu entwickeln, die sich jenseits des traditionellen Bereichs der Naturwissenschaft befinden«.[42]

Mit diesen – fast kryptischen – Hinweisen möchten wir schließen, und anmerken, daß ›unsere‹ Wahrheit innerhalb des heute gültigen Denkens wohl zutrifft. In einem 3. Äon – einer »planetarischen Welt-Kultur«, wie dies Günther als Möglichkeit sieht – mag das wieder anders sein, aber wir wissen nicht, *wann* dieses anbricht und *wie lange* solche Übergänge dauern. Angesichts der Lage – Joachim Fernau gibt dem Amerikanismus 150 Jahre bis zum völligen Abgestorben-

---

[42] Gotthard Günther, »Kritische Anmerkungen zur gegenwärtigen Wirtschaftstheorie«, Erstveröffentlichung in: *Soziale Welt* 19, Göttingen 1968. Der gesamte Artikel - 15 Seiten - ist im Internet unter www.vordenker.de abrufbar.

Sein unserer Welt – könnte es auch sein, daß sie bereits tot ist, bevor sich ein 3. Zeitalter ›bilden‹ konnte und eventuell über eine neue Logik zur Behandlung transklassischer Systeme verfügt, wenn wir nicht mit den *heute verfügbaren* Mitteln beginnen gegenzusteuern. Darum trotzdem dieser Versuch.

1.3 Nachdenkliches

Das Buch *Das Prinzip Verantwortung* haben wir inzwischen zu Ende gelesen. Natürlich geben wir Hans JONAS recht, daß die heutigen Möglichkeiten der Technik alles Bisherige gesprengt haben und die Folgen unseres Handelns mitbedacht werden *müssen.*[43] Da wir aber unter gar keinen Umständen abschätzen können, *was* mit den Mitteln der heutigen Technik – und zwar mit unabsehbaren Folgen für die Zukunft – in Gang gesetzt werden kann, darf die ethisch gebotene Maxime nur der Verzicht auf derartige Ingangsetzungen sein. Sei es auf dem Gebiet des Krieges (= der Vernichtung) mit ABC-Waffen, auf dem Gebiet der Genetik – sowohl bei Pflanzen als auch vor allem beim Menschen – oder der Naturzerstörung/-ausbeutung: Wir *müssen* uns wieder Grenzen setzen.[44]

Die Folgen des heutigen Technik für die Zukunft sind oft unabsehbar. Das US-Forschungsprogramm HAARP zum Beispiel bietet die technischen Möglichkeiten, das Klima künstlich und zu militärischen Zwecken zu manipulieren.

[43] Interessanterweise gab es in der ehemaligen kommunistischen ›DDR‹ an den Universitäten Institute für ›Technikfolgen-Abschätzung‹. Es ist uns nicht bekannt, ob es solche Lehrstühle auch beispielsweise in Österreich gab oder gibt – von einem Institut oder einer Kommission der Österreichischen Akademie der Wissenschaften abgesehen.

[44] Dazu ein bemerkenswerter Artikel von OMR Dr. MÜLLER-THALHEIM, Berufliches Bildungs- u. Rehabilitationszentrum Linz, Fachbereich Neurologie und Sozialpsychiatrie: »Wer die Grenzen kennt, weiß sich zu helfen«.

Als Philosoph versucht Hans JONAS, diese an sich auch dem Hausverstand zugängliche Überlegung philosophisch und damit ethisch zu untermauern. Dort, wo er innerhalb seines Gebietes – also am Anfang seines Buches – seine Gedanken ableitete, wird er wohl auf sicherem Grund gestanden haben. Weiter im Text, wo er konkreter auf das Kernthema und sein Anliegen kommt, also die potentiellen Möglichkeiten der Technik auch angesprochen werden, schienen uns die Fundamente nicht mehr so gesichert zu sein. Hier verließ sich JONAS auf das, was »geglaubte Wahrheit« heutiger Naturwissenschaft ist (etwa bei der Kerntechnik), womit er wohl den sicheren Grund verlassen hatte. Das tut aber seinem Anliegen keinen Abbruch, weil er hier eher die verführerischen Schalmeien der Naturwissenschaft zugrunde legte, die, wenn sie tatsächlich weniger positiv sind, seine Schlußfolgerungen nur noch verschärfen.[45]

Von den politischen Utopien diskutiert JONAS dann den Kommunismus, den er zwar auch wegen seiner Befürchtungen angesichts der modernen Technik als ungeeignete Utopie erledigt, und begründet dies damit, daß allein dieser gegenüber anderen Heilsversprechen gewisse Vorzüge aufweise, die bei allen anderen politischen Systemen (Ideologien) entweder gar nicht oder weniger ausgeprägt seien. Hier bewegt sich JONAS auf dem Feld der Ideologien und nicht mehr auf dem der Philosophie. Sein Blick ist damit etwas eingeschränkt.[46]

Es mag sein, daß sich Geschichte nicht wiederholt, aber die möglichen Formen des Gemeinwesens und des menschlichen Zusammenlebens sind nicht so unendlich zahlreich, als daß früher erprobte nicht in anderer Gestalt, aber strukturell doch dieselben seiend, wieder (auf) erstehen könnten.

Wir denken an die These Othmar SPANNS, daß gesellschaftliche Fragen nur von zwei Blickwinkeln her zu analysieren seien: dem *individualistischen* oder dem *ganzheitlichen* (organischen) Paradigma. Bei dieser Betrachtung sind die herrschende kapitalistische wie die kommunistische ›Ordnung‹ aber jeweils Varianten der individualistischen Betrachtung gesellschaftlicher Fragen, also die Vorder- und Rückseite der gleichen Medaille. Wenn wir dann noch annehmen, daß etwa die

---

[45] Friedrich NIETZSCHE: Technik und Wissenschaft wollen die Weltzerstörung! (So zitiert E. JÜNGER F. N.) Der Gegensatz von rechts und links ist längst unbedeutend; er ist heute durch die Bürokratie und Technik überwuchert. Der sogenannte Kampf der Lager ist ein Drehen an dieser Schraube.

[46] Günter MASCHKE über Ernst JÜNGER in 5. *ETAPPE*, S. 21: Totale Mobilmachung, bemerkt: (S. 24) Die NSDAP beruhte auf *freiwilliger* Volksgemeinschaft.

Gedanken Gotthard GÜNTHERS (der eine über die zweiwertige, aristotelische hinausgehende Logik als für alle Fragen des Lebens, also auch der Gesellschaft, notwendig erachtet) zu berücksichtigen sind, könnten gänzlich andere Formen und Organisationen der menschlichen Gemeinschaft die Folge sein. Solche zukünftigen, noch nicht einmal in Umrissen vorstellbaren Entwicklungen lassen ahnen, daß sie noch über den Rahmen von JONAS' Betrachtungen hinaus gehen könnten.

Wir möchten damit nicht sagen, daß sie falsch sind, sondern daß sie erst einen Anfangspunkt markieren, von dem aus sich sehr wohl andere Lösungen als die kommunistische als Unterlage anbieten könnten, über die aber dann erst noch zu reden wäre. Wir glauben auch nicht, daß die Globalisierung - also die Auflösung und Zerstörung der Nationalstaaten - die letzte Antwort auf unser gesellschaftliches Zusammenleben ist, sondern, daß im Gegenteil die Völker in ihren angestammten Territorien nach wie vor Strukturelemente der Menschheit darstellen, wie es - trotz »*Patchwork*«-Familien, Singles und Mütter mit unehelichen Kindern - immer noch die Familien im tradierten Sinn sind, die die Fundamente der Gesellschaft und des Staates ausmachen.

1.4 Ist das alles?

Eine völlig andere Kraftrichtung und -wirkung als die hier diskutierten Gedanken kommt *aus einem heute nicht diskutierbaren* Bereich. Es handelt sich um den Geist der Juden, der offenbar aus dem Lebenstakt der Juden andere Gesetze entwickelt hatte, als dies die seßhaften, kontinentalen, europäischen und nordischen Völker taten. Werner SOMBART stieß bei der Arbeit an seinem großen Werk über den *modernen Kapitalismus*[47] auf den Einfluß der Juden im Wirtschaftsgeschehen,[48]was ihn anregte, dies in einem eigenen Buch zu untersuchen. Die Frage, der er nachspürte, ist, ob es der besondere Geist

Werner SOMBART (1863–1941). Ab 1924 wandelte er sich zum Anhänger der ›Konservativen Revolution‹.

[47] Werner SOMBART, *Der moderne Kapitalismus*, Duncker & Humblot, Berlin 1928, in 6 Bänden,

[48] Werner SOMBART, *Die Juden im Wirtschaftsleben*, Duncker & Humblot, Berlin 1928, Erstveröffentlichung 1911. Das Werk ist heute noch über das Zentralverzeichnis antiquarischer Bücher ZVAB im Internet zu haben.

der Juden ist, der den modernen Kapitalismus prägte und welcher Art dieser sei.[49]

Für SOMBART ist es offenkundig, daß etwa der »amerikanische Geist« (»*the American Way of Life*«) mit jüdischem Geist gleichzusetzen sei und daß »Amerika in allen seinen Teilen ein Judenland« ist.[50] »Damit sind wir [SOMBART] zu der Besprechung der Rolle gekommen, die die Juden in der Entwicklung der amerikanischen Volkswirtschaft gespielt haben. Das heißt aber, um es deutlich zu sagen: bei der Genesis der Vereinigten Staaten von Amerika. Auch diese sind in wirtschaftlicher Beziehung ganz durch den Einfluß jüdischer Elemente zu ihrer endlichen Gestalt gelangt. Was wiederum einer ausführlichen Erläuterung bedarf, da es der landläufigen Auffassung der Dinge (wenigstens in Europa) offenbar widerspricht.«[51] »Denn das, was wir Amerikanismus nennen, ist ja zu einem sehr großen Teile nichts anderes als geronnener Judengeist. Woher aber stammt diese starke

---

[49] Im Vorwort betonte SOMBART, daß dies ein wissenschaftliches Werk sei und er sich jeglicher Wertung enthalten habe, daß er Fakten aufzuzeigen versuche, um dem ›Warum‹, den inneren Antriebskräften auf die Spur zu kommen. Die Frage, ob der Kapitalismus, den die Juden in seiner heutigen Gestalt möglich gemacht haben, eine »dankenswerte Leistung« sei, stellt er nicht, weil sie aus dem persönlichen Verhältnis, das der Einzelne zur kapitalistischen Kultur einnehme, ganz verschieden beantwortet werde. Vorwort S. XIII. Uns scheint, daß dies 1928 noch ohne Polemik möglich war. Heute ist zum Beispiel allein der Hinweis darauf, daß die Federal Reserve Bank der USA eine Privatbank ist und die *kommentarlose* Nennung der den bestimmenden Einfluß ausübenden Banken,

- Rothschild Bank of London,
- Rothschild Bank of Berlin,
- Lazard Brothers of Paris,
- Israel Moses Seif Banks of Italy,
- Warburg Bank of Hamburg,
- Warburg Bank of Amsterdam,
- Lehman Brothers New York,
- Chase Manhattan Bank of New York,
- Kuhn-Loeb Bank of New York,
- Goldman Sachs Bank of New York

Grund, dies als ›Antisemitismus‹ lautstark und wüst zu diffamieren, obwohl es doch eine äußerst bedeutsame und vor der breiten Öffentlichkeit geflissentlich geheimgehaltene Tatasche ist, daß die bedeutendste Zentralbank der mächtigsten Industrienation – wie es die *US-Verfassung* eigentlich fordert – *keine* staatliche Behörde ist.

[50] Werner SOMBART, *Die Juden und das Wirtschaftsleben*, aaO., S. 31.

[51] Ebenda, S. 38.

Tränkung der amerikanischen Kultur mit dem spezifisch jüdischen Geiste? Wie mir [SOMBART] scheint: aus der frühen und ganz allgemeinen Durchsetzung der Kolonistenbevölkerung mit jüdischen Elementen.«[52]

Das ist – wie auch SOMBART feststellte – für Europäer sehr erstaunlich, weil diesen das offenbar entgangen oder jedenfalls nicht bewußt ist, und er spricht hier ja nicht über die heute sichtbaren Lobbyisten, wie die AIPAC oder die merkwürdige Abhängigkeit Amerikas von Israel (wenigstens, soweit dies in den Augen eines früheren israelischen Premiers der Fall war/ist), sondern über viel tiefer liegende, im besonderen Volksgeist liegende Ursachen.

Was aus diesem letztzitierten Werk SOMBARTS aber ins Auge springt, sind zumindest zwei Gesichtspunkte:

- der in älteste historische Perioden zurückreichende Einfluß der Juden auf die jeweilige Gesellschaft[53] (den Staat, die Herrschenden, die Finanzgebarung. . .) und
- die absolute Prägung und Beherrschung aller Aspekte des Geldwesens.

Dies beleuchtet SOMBART (u. a.) an der Entwicklung der Effektenbörse und jener der unpersönlichen Wertpapiere (Obligationen). Wenn man sich vergegenwärtigt, daß die heutige Wirtschaft gänzlich unter der Kuratel der Finanzwirtschaft und Banken steht, daß die Werte-Ordnung – Kultus, Politik, Wirtschaft – auf den Kopf gestellt ist und alles ausschließlich dem ökonomischen Kalkül unterworfen zu sein scheint, dann ist hinter diesen Erscheinungen mehr als nur »Schwindel« und »Betrug« zu sehen.[54] Das heißt aber, daß SOMBART hier eine geistige

---

[52] Ebenda, S. 44.

[53] Siehe dazu der persönliche Hinweis Friedrich ROMIGS auf einen ausführlichen (nicht veröffentlichten) Aufsatz Prof. Robert HICKSONS, der ein Werk Israel NEWMANS erwähnt, in dem dieser den jüdischen Einfluß auf die großen Reformbewegungen im Christentum (und Europa) darstellt.

[54] Werner SOMBART berichtet von jenen Klagen der christlichen Kaufleute über das Wirken und den Einfluß der Juden auf ihr »Geschäft«, von denen er – bei aller Parteilichkeit – aber annimmt, daß sie das Spezifische deutlich machen, das einerseits den jüdischen Geist ausmache und andererseits von den am meisten Betroffenen gerade deshalb treffsicher empfunden und erkannt worden sei. Er erklärt, daß Betrug im engeren Sinn des Wortes in den allerwenigsten Fällen sich als Ursache der Klagen feststellen ließ, diese vielmehr im Nichteinhalten der für die christlichen Kaufleute – und deren Kunden – geltenden Bräuche und Normen lagen, die das Anderssein spürbar machte. Die noch in der alten Tradition befangene Gesellschaft stieß sich an den Neuerungen, die schließlich den modernen Kapitalismus begründeten.

Macht in ihrer ganzen Dimension sichtbar gemacht hat, die bisher nicht wirklich und *in ihrem Wesen* wahrgenommen wurde. Die Gründe sind hierzulande offenbar, daß man sich mit Juden und ihrem Einfluß und den tieferen Ursachen desselben wegen des reflexhaften Antisemitismus-Vorwurfes, der einen trifft, sobald man die Juden thematisiert und irgendwelche kritischen Fragen stellt, *nicht* beschäftigt. Der vordergründige Antisemitismus, der wirtschaftliche, soziale, religiöse usw. Ursachen haben mag, fokussiert immer auf ein angebliches oder tatsächliches Kriterium, oft sehr oberflächlicher Art, so daß der eigentliche *Wesensunterschied* nicht klar oder bewußt wird und vor allem die innere Dynamik sowie die wahren Antriebskräfte – gespeist aus dem jüdischen Geistes – nicht erkannt werden. Dies ist freilich nicht allein ›unserem‹ Komplex in der Judenfrage geschuldet, sondern liegt auch in der den Juden eigenen Abschließung gegenüber Fremden.[55] Sie weisen von sich aus nicht darauf hin, was ihr ›Geheimnis‹ ist, wie sie überhaupt eine Beschäftigung mit ihnen, die von der – wohlgefälligen – Propaganda abweicht, mit Totschweigen oder dem Bann belegen. Siehe etwa das großartige Werk Alexander SOLSCHENIZYNS *Zweihundert Jahre gemeinsam*,[56] das bei uns negativ rezensiert wurde und inzwischen aus der öffentlichen Wahrnehmung verschwunden ist, weil es totgeschwiegen wird.

Aber zurück zum jüdischen Geist. Wenn dieser über Jahrhunderte in der Weise zu wirken imstande war, wie wir es heute feststellen (Friedrich ROMIG, *Das ›Ende der Tage‹ nach jüdischen Vorstellungen, Israel und das Völkerrecht – Wie ein Weltbrand entsteht*; Robert HICKSON, *An essay on the cultural and religious factors of military strategy and grand-strategy*; Israel NEWMAN, *Der jüdische Einfluß auf die christlichen Reformbewegungen*;[57] Yuri SLEZKINE, *The Jewish Century* usw.), dann ist die Diskussion über diese oder jene Gesellschafts-›Philosophie‹ offenbar nur eine akademische Übung. Dann ist die Frage, ob sich das Pro-

[55] Vortrag von Yehezkel DROR beim Theodor HERZL-Symposium im Wiener Rathaus am 24. September 1997, bei dem er die drei Merkmale des jüdischen Volkes so bestimmte: »Drei konstituierende Besonderheiten, die das Bestehen des jüdischen Volkes ausmachten: die Religion, die nach außen praktizierte Ausschließung und die innere Einschließung.«

[56] Alexander SOLSCHENIZYN, Bd. 1: *Die russisch-jüdische Geschichte 1795–1916. Zweihundert Jahre zusammen*; Bd. 2: *Die russisch-jüdische Geschichte 1917–1995*, Herbig, München 2002 u. 2004. Der zweite Band ist – überraschenderweise – vergriffen.

[57] Louis Israel NEWMAN, *Jewish Influence on Christian Reform Movements*, N.Y. AMS Press 1966, Erstveröff. Columbia University Press, 1925.

blem nicht gänzlich anders darstellt, nämlich: Rom oder Jerusalem? oder richtiger: ›*Ex nocte*‹ oder ›*ex oriente lux*‹. Dabei steht ›*nocte*‹ – die Nacht – für den Norden, das terrane Mitteleuropa, und dessen ununterbrochene, aus eigenen Wurzeln entsprossene Kulturtradition von Jahrzehntausenden.[58]

Aber zurück zum Einfluß des jüdischen Geistes. Er ist anscheinend durchaus auf die jüdische Religion und deren rabbinische Exegese zurückzuführen, die den Unterschied auch in der wandernden Lebensweise zu jener der seßhaften europäischen Völker bedingte. SOMBART wies bei der Untersuchung der Entwicklung von neuartigen (entpersönlichten) Wertpapieren und der Börse darauf hin, daß die Besonderheit der Rechtsauffassung bei den seßhaften Deutschen/Europäern den Fortbestand und die Dauer der Besitzverhältnisse zu sichern trachtete, jene der Juden die leichte Wandelbarkeit, den möglichst einfachen Besitzwechsel anstrebt.

Das Wesen solcher neuen, mit dem Geldwesen und dem Kapitalismus innig verbundener ›Innovationen‹ ist für Normalsterbliche kaum erfaßbar. Es wundert daher auch nicht, daß die heutige extreme Entwicklung von immer neuen ›Finanzprodukten‹ (Derivate, Optionen, Hedge Fonds, ›strukturierte Papiere‹ und beliebige Kombinationen all dessen) selbst für ›Fachleute‹ oft gänzlich undurchschaubar geworden ist und nach unserem (Rechts-) Empfinden nur noch schwersten Betrug und organisierte Kriminalität darstellt.

Insofern muten die *Protokolle der Weisen von Zion* oder die *Rakowski-Protokolle*[59] – unbeschadet, ob diese nun Fälschungen, oder poli-

---

[58] Siehe das noch unveröffentlichte, beim Tübinger Grabert-Verlag liegende Manuskript: *Kontinuum Europa* des Verfassers. Inzwischen haben zahlreiche Werke längst nachgewiesen, daß eine sehr hohe Kultur lange vor den Römern hier – in Germanien – bestand und daß unter anderem der Eisenpflug lange vor dessen Gebrauch im Römischen Imperium bei den Germanen üblich war, was bei einer agrarisch ausgerichteten Gesellschaft normalerweise – wegen der besseren landwirtschaftlichen Erträge und damit Voraussetzungen für die gehobenere Lebensweise – als ›höhere‹ Kulturleistung gedeutet wird.

[59] RAKOWSKI-Protokolle: 1950 erschien in Spanien das Buch *Sinfonia en Rojo Mayor*, das vorgeblich die Vernehmungsprotokolle RAKOWSKIS, notiert von dem NKWD-Arzt Dr. Josef LANDOWSKY, enthalten soll. Das Buch kursiert heute auf rechtsextremen Seiten unter dem Titel *Red Symphony* im Internet. Es wird meist zu dem Zweck angeführt, ein jüdisch-freimaurerisches Weltverschwörungskonzept zu belegen. Danach soll neben anderen das Bankhaus Warburg die Finanzierung LENINS wie auch HITLERS betrieben haben. Die Authentizität dieses ›Protokolls‹ ist nicht belegt. Auch ein wissenschaftliches Echo

tisch motivierte Unterstellungen, oder Plagiate von zweitklassigen Romanen, oder was auch immer sind – dennoch sehr ›illuminierend‹ an, weil sie lange vor dem Sichtbarwerden der heutigen Verhältnisse im Bereich der ›*financial industries*‹ gerade dieses Nichtverstehen dessen, was in dem Währungs- und Geldbereich geschieht, im einzelnen beschreiben. Es deckt sich dies schließlich auch mit der Einschätzung des Miterfinders des Bretton Woods-Abkommens von 1944, John M. KEYNES, »daß nicht einer unter einer Million das Wesen des Geldes« verstehe.

Angesichts der hier skizzierten Lage ist zum einen nicht mit einer ›Einsicht‹ in die Problematik von seiten jener herrschenden Leute zu rechnen, die diese gegenwärtige weltwirtschaftliche Lage zu verantworten haben. Zum anderen werden die möglichen Alternativen und Wege zu einer Änderung in der Regel von einer falschen Lagebeurteilung (aufgrund von ideologischen Positionen) her entwickelt, was aber den Erfolg von vornherein in Frage stellt. Dies zu erkennen ist für uns deshalb so schwierig, weil es dem angeblich rationalen, aufgeklärten, (natur-)wissenschaftlichen Denken unter gar keinen Umständen gestattet ist, ›nicht-rationale‹, religiöse Einflüsse auf unsere Wirtschafts- und Gesellschaftsordnung auch nur im Nebensatz anzudeuten oder gar in Rechnung zu stellen.

Eben darum haben wir es *trotzdem* ansatzweise getan.

Wenn über das Grundsätzliche keine Einigkeit besteht, ist es sinnlos, miteinander Pläne zu schmieden, meinte KONFUZIUS.

2 Zur Orientierung des Lesers

Nachfolgend möchten wir einige Überlegungen zum Aufbau einer »Neuen (Wirtschafts-) Ordnung« skizzieren, den wir uns so vorstellen:

- Lage,
- Ziel,
- Detaillierung der Ziele,
- wichtigste Elemente/Inhalte dieser Teilziele,
- Wege zu ihrer Erreichung (Strategie),

existiert nicht. [Mauricio CARLAVILLA: *Sinfonia en Rojo Mayor (capitulo XI.: Radiographia de la Revolución) de José Landowsky*. Editorial NOS, Madrid 1950].
Zit. nach: http://de.wikipedia.org/wiki/Christian_Georgijewitsch_Rakowski#Rakowski-Protokolle
Weiter Internet-Links:
http://www.luebeck-kunterbunt.de/seite3/Rakowski-Protokolle0.htm

- am Schluß deren Begründung und
- als Anhang allfällige ›Literatur‹-Verweise.

Wir lassen uns dabei von der Systematik in Carl VON CLAUSEWITZ' *Vom Kriege* leiten, wo die Strategie nach einer gründlichen Untersuchung

- der Lage,
- der eigenen und gegnerischen Mittel
- und des Ziels,

entwickelt wird, wobei die Durchführung natürlich gemäß der entsprechenden hierarchischen Gliederung und den Prioritäten, das heißt der Wichtigkeit nach, behandelt wird.

Da die Wirtschaft kein isolierter Bereich ist, wird in einem eigenen Hauptteil, der für sich selbst abgeschlossen ist, die Einordnung der Wirtschaft und Wirtschaftspolitik in der Gesellschaftspolitik und -philosophie sowie der Staatsphilosophie und -auffassung dargestellt. Es ist ja einsichtig, daß die Wirtschaft und die Wirtschaftspolitik sich harmonisch in ein Gesamtkonzept der Staatsidee eingliedern müssen, um nicht an allen Ecken und Enden Widersprüche hervorzurufen.

Was die Lage betrifft, ist diese zum Teil offenkundig und treffend beschrieben. Ihre Beschreibung könnte daher entfallen. Allerdings sind die *wahren Ursachen für diese Lage* weit weniger bekannt oder verstanden. Insofern ist aber hier sehr wohl eine Lagebeschreibung nötig, allerdings weniger als Mitteilung (sich schnell ändernder) Wirtschaftsdaten, sondern viel mehr als Analyse der tatsächlichen Ursachen und Zusammenhänge. Hieraus ergibt sich ja erst der in die Zielsetzung einfließende, uns notwendig erscheinende Paradigmenwechsel, also die Überwindung des Liberalismus, Individualismus, Atomismus, Relativismus und Atheismus durch eine *ganzheitliche*, von der Gemeinschaft – dem Volk – ausgehende *organische* Gesellschaftslehre, wie sie Othmar SPANN entwickelt hat, und eine ihr angemessene Wirtschaft.

Wir möchten gleich zu Beginn erklären, daß es eigentlich um nichts Neues geht. Alles ist schon vorhanden, meist vortrefflich dargestellt und manchmal bereits teilweise in der Praxis verwirklicht worden. Der Grund, dennoch einen solchen Versuch zu unternehmen und gegenüber der derzeit praktizierten Wirtschafts- und Gesellschaftsdoktrin eine ›neue‹ Ordnung in ihren wichtigsten Punkten zu skizzieren, liegt darin, daß es heute – zumindest in der ›westlichen Welt‹ – nur Variationen des Gleichen gibt, die allesamt ihre Grundlagen in der Philosophie der Aufklärung haben, die mit dem Schlachtruf der Französischen Revolution – *liberté, égalité, fraternité (ou la mort!* – oder

der Tod!, wie die Parole vollständig lautet) – uns die Ideologie des Liberalismus bescherte.

Eine Diskussion über echte Alternativen gibt es nicht, jedenfalls nicht dort, wo der Zeitgeist herrscht: in den Medien, an den Universitäten, in allen Wirtschafts-, Arbeitnehmer-, Gewerkschaftsorganisationen, den aus Steuermitteln unterhaltenen Wirtschaftsforschungs-Instituten, den ›Weisen-Räten‹ usw.; vor allem nicht in Banken und allen sonstigen Bereichen der sogenannten ›*financial industries*‹ und natürlich nicht in den Regierungen.

Literatur über solche wirklichen Alternativen wird kaum oder nicht zitiert, manchmal geradezu diffamiert, und sie ist in Bibliotheken schwer oder gar nicht aufzufinden. Wir werden aus diesem Grund öfters auf diese Literatur hinweisen und sie ausführlicher zitieren oder Zusammenfassungen dem Leser zur Kenntnis bringen. Unsere Absicht ist es, die wichtigsten Punkte einer neuen Ordnung anzusprechen und diese in ihrem Zusammenhang aus einer ganzheitlichen, organischen Sicht der Dinge darzustellen.

Wir werden hier auf einige Schwierigkeiten stoßen, insbesondere, was die Begriffe betrifft. Alles, was heute über Wirtschaft gesagt oder geschrieben wird, verwendet Begriffe, die ihren Inhalt und ihre Bedeutung auch aus dem selbstumschriebenen Zusammenhang beziehen, also aus der ›weltanschaulichen‹ Betrachtung gesellschaftlicher Erscheinungen, aus der herrschenden Gesellschaftsphilosophie.

Wir erwähnten bereits, daß wir einen Paradigmenwechsel für nötig halten, also eine grundsätzlich andere Gesellschaftsphilosophie, als sie heute alle Bereiche unseres Lebens beherrscht. Damit haben wir meistens ein gänzlich anderes Wertesystem, unter dem wir gesellschaftliche und wirtschaftliche Vorgänge betrachten. Um mit dem Leser in vertrauten Begriffen zu sprechen, müssen wir oft dieselben Wörter verwenden, die aber in der liberalen Ideologie einen ganz anderen Wert und eine ganz andere Bedeutung haben als in unserer ganzheitlich-organischen Auffassung. Das kann oft zu Verwirrung oder Mißfallen führen, wenn scheinbar positiv besetzte Begriffe aus unserer Perspektive alles andere als positiv sind.

So ist etwa die sogenannte ›Marktwirtschaft‹ ein Kind des Liberalismus. Die Aufklärung aber ist das Projekt der Loslösung – der ›Emanzipation‹ – des Menschen von Gott und von jeglicher Autorität, sowohl der kirchlichen als auch der staatlichen, unter Rückgriff auf die als ›mündig‹ angenommene einzelmenschliche Vernunft.

Wer also Agnostiker oder Atheist ist und der Kirche ablehnend gegenübersteht, wird an solchen Worten wenig Freude haben. Und der ›mündige‹ Bürger wird die oben durchschimmernde kritische Frage bezüglich der Vernunft des Einzelnen gar als einen unverschämten Zweifel an ›seiner‹ Vernunft und Mündigkeit entrüstet zurückweisen. Aber: »Mit dem Verlust des Glaubens orientieren sich Vernunft und vernünftiges Handeln nicht mehr an Wahrheit und Weisheit, sondern *am ökonomischen Kalkül* von *pleasure and pain* (William Stanley JEVONS), Nutzen und Aufwand, Kosten und Ertrag. Die Antriebskräfte der wirtschaftlichen und gesellschaftlichen Prozesse sind das Verlangen nach Macht und die Gier nach Profit. Dieses Verlangen stößt auf Konkurrenz, der Markt ist der Ort, an dem sie sich abspielt. Markt und Konkurrenz lösen nach liberaler Auffassung das *eigentliche Problem*[60] der ökonomisierten Gesellschaft, die optimale Aufteilung der Ressourcen. Diese Auffassung ist seit langem als Ideologie *entlarvt,* dennoch ist sie heute tonangebend. Ihre Folgen sind Destruktion (atomisierte Gesellschaft, Naturzerstörung), Verschwendung der Ressourcen und Verdinglichung des Menschen (Entfremdung).«[61]

Wir sehen an diesem Beispiel, daß die Frage nach Kosten-Nutzen zwar für den Manager eines Betriebes eine der wichtigsten Fragen ist, daß es aber *über* dem ökonomischen Kalkül Fragen höherer Wertigkeit gibt. Wer wollte denn, wenn er selbst siebzig Jahre alt geworden ist und die durchschnittliche Lebenserwartung für Männer bei 72 Jahren liegt, eine für ihn lebensrettende oder die Gesundheit verbessernde Behandlung unter Kosten-Nutzen-Gesichtspunkten beurteilt wissen?

3 Aufbau und Zusammenhang

Wie schon erwähnt, versuchen wir, die Gedanken – also die einzelnen Kapitel – in einer analogen Weise wie im Werk *Vom Krieg* des großen Strategen VON CLAUSEWITZ zu ordnen. Für einen *ersten Überblick* sollen einerseits die zu den jeweiligen Themenbereichen – Lage,

---

[60] Es ist bemerkenswert, was in der liberalen Wirtschaft als das ›eigentliche Problem‹, als das Kernproblem, angesehen wird: nicht das gerechte Auskommen einer Gemeinschaft (die Wohlfahrt des Volkes in einem Staat), sozialer Friede überhaupt oder Gerechtigkeit und Ordnung, sondern die ›optimale Ressourcen-Aufteilung‹.

[61] Friedrich ROMIG, aus der Zusammenfassung seines Vortrages »Marktwirtschaft im Gegensatz zur ganzheitlich-katholischen Wirtschaftsauffassung« anläßlich des Symposiums an der katholischen Universität des Hl. Cyrill und Method in Thynau: »Mitteleuropa, die Europäische Union und die Globalisierung« am 23. u. 24. November 2000.

Mittel, Ziele usw. – gehörenden Überlegungen und die diese kennzeichnenden Schlüsselbegriffe eher stichwortartig aufgeführt werden.

Zur Lage gehören bei so einem Unternehmen natürlich auch die vorherrschende geistige Disposition in der Gesellschaft, die Wertehierarchie usw., und nicht nur wirtschaftliche ›Fakten‹, Kennzahlen oder die konkrete Lage der Klein- und Mittelbetriebe (KMUs). Manchmal ist es jedoch unvermeidlich, die von uns so und so gesehene Lage vor dem für wünschenswert gehaltenen Ziel-Zustand zu beleuchten. Dies geschieht aus dem einfachen Grund, weil der Befund des von uns kritisierten heutigen Zustands für viele als die Normalität erscheint, die Kritik daher gar nicht verstanden würde, wenn nicht die Spiegelung an der für richtig gehaltenen Alternative die Problematik anschaulich machte. So ist es oft unvermeidlich, gewisse Aspekte, die eigentlich zu den Zielvorstellungen gehören, bereits bei der Analyse der Lage und der für sie verantwortlichen inneren Antriebskräfte – die geplante Ordnung durchbrechend – ebenfalls zu beleuchten.

Die vorgenommene Abfolge der einzelnen Kapitel stellt den Leser vor ein weiteres Problem, daß die im Grunde miteinander vernetzten und voneinander abhängigen Vorgänge und Ereignisse, die sich natürlich ›gleichzeitig‹ und wechselwirkend beeinflussen, immer erst im nachhinein in ihrer Wechselwirkung erkannt werden.

Um aber einen raschen Überblick auch hierüber zu bekommen, wurde in Abschnitt **3.4** unter der Überschrift »Relation der Feststellung zur Lage mit den einzelnen Zielen oder Teilzielen« gewissermaßen ein Verweis von der Kapitel-/Stichwort-Numerierung des Bereichs »Lage« – Abschnitt **3.1** - zu jener im Bereich »Ziele« – Abschnitt **3.2** und **3.3** – dieser Schnellübersicht gemacht. Dies dient auch gewissermaßen zur Kontrolle, daß die in der Lage-Analyse festgestellten Probleme durch entsprechende Ziele, Maßnahmen,Vorschläge und Strategien behandelt wurden.

3.1 Lage

I. *»Geist«/Paradigma – »renovatio spiritualis«*

(1) Das Ziel der Aufklärung war die ›Emanzipation des Menschen‹ von Gott und jeglicher Autorität, auch dem Staat. »Gott ist tot!«

(2) Aus diesem Geist entstand die politische Ideologie des *Liberalismus* und eine ausschließliche Fokussierung auf eine *›individualistische‹* Gesellschaftsordnung. Ihr gegenüber steht die *ganzheitliche, organische oder universalistische,* die von uns als die anzustrebende Alternative gesehen wird. Das seit 1789 herrschende individualistische Paradigma hatte und hat natürlich in allen Lebens-, Wirtschafts- und politischen Bereichen Folgen, die wir hier zur Übersicht nur stichwortartig charakterisieren.

II. *De-Legitimation* von Politik und Wirtschaft – Räuberhöhle

Die folgenden Beispiele kennzeichnen den in der Überschrift bezeichneten Zustand näher. Sie mögen unvollständig sein, aber es kam uns hier nicht auf Vollständigkeit an, sondern es sind die wichtigsten und in ihren Wirkungen bedeutendsten Erscheinungen, die uns interessieren und die auch die entscheidenden sind.

(1) Chaos: Die heutige Pseudo-Ordnung[62] ist keine Ordnung, sonder das Gegenteil, nämlich das Chaos. Es drückt sich in nicht definierten *›westlichen Werten‹* aus, die im Kern die propagierten ›Ideale‹ des US-Imperialismus sind und sich im Ökonomischen in formellen oder allgemein anerkannten Regelwerken wie dem ›Washington Consensus‹, der WTO, dem IWF usw. niedergeschlagen haben.

Dazu gehören in gleicher Weise die internationalen Organisationen selbst und ihre gänzlich undurchsichtigen Vertragswerke wie EU, WTO, GATS, OECD, Mercosur, NATO usw.

Sie – die sogenannten ›westlichen Werte‹ – erscheinen in der Öffentlichkeit in Gestalt ›ewiger Wahrworte‹ wie ›Demokratie‹, ›Humanität‹, ›Freiheit‹, ›Menschenwürde‹, *›peace making‹ und ›peace keeping‹* usw. Sie sind jedoch nichts als leere Worte, die in der Regel das Gegenteil dessen bezeichnen, was ihrer umgangssprachlichen, allgemeinen Bedeutung entspräche.

Das alles umfassende Schlagwort ist die ›*Globalisierung*‹.

Der in der Überschrift mit »Räuberhöhle« gekennzeichnete Zustand muß etwas genauer erläutert werden. Es handelt sich hier tatsächlich um eine *Verschwörung im Weltmaßstab*. Wer glaubt, daß Politik nur vor oder auf der Bühne stattfindet, ist naiv. Die Kulissen werden hinter der Bühne geschoben. Eine – später noch als Beispiel beschriebene – Befehlsausgabe- und Abstimmungs- (d. h. Verschwörungs-)Organisation ist das ›World Economic Forum Davos‹ mit seinen rund ein Duzend Ablegern. Andere oft genannte sind CFR,[63] Bilderberger, die unzähligen ›Think-Tanks‹ und andere mehr.

---

[62] Um dies besser zu verstehen, was wir hier meinen, empfehlen wir die Lektüre des russischen Philosophen Wladimir SOLOWJOW, *Drei Gespräche - Eine kleine Geschichte vom Antichrist*. Vor über 100 Jahren entstanden, erscheint sie wie eine Analyse heutiger Zustände und Prozesse.

[63] *Council for Foreign Relations* unter der Ägide ROCKEFELLERS.

Die Verunglimpfung jener, die dies thematisieren, als ›Verschwörungstheoretiker‹ hat dasselbe Motiv wie im Märchen, wo jener Dieb »Haltet den Dieb!« schreit und sich so im allgemeinen Tumult aus dem Staub macht.

(2) *Wachstumswahn.* Politiker und Wirtschaftsführer machen das ›Wachstum‹ zur unerläßlichen Bedingung heutiger Gesellschafts- und Wirtschaftspolitik, obwohl dies in einer endlichen Welt auf Dauer unmöglich ist.

(3) *Zins und Zinseszins* sind die eigentliche treibende Kraft hinter diesem Wahn.

(4) Eine Folge obiger Zustände ist die *Vertrustung* der Wirtschaft, nämlich die maßlose Größe und unkontrollierte/-kontrollierbare Macht der ›*virtual enterprises*‹, die darüber hinaus

(5) den *Tod der KMUs*[64] bedeutet.

(6) Eine Lösung dieser beiden Probleme (Pkt. 2 und 3) wäre unter anderem die Finanzierung durch Wagniskapital – im Gegensatz zu ›*venture capital*‹, welcher Begriff heute wucherische Kapitalerträge meint. Was es mit *echtem Wagniskapital* auf sich hat, ist Thema der Lösung (›Ziele‹) und bedeutet erfolgsabhängigen Gewinn anstelle fixer oder garantierter Zinserträge.

Zu dem Thema Zins und Wucher hat unter anderen Papst Benedikt XIV. in »*Vix pervenit*« von 1745 nach wie vor Gültiges gesagt. Der Zins [engl. *usury*, ›Wucher‹] ist übrigens in allen Religionen Todsünde.

(7) *Was ist Geld?* Diese das Geld und die Währung betreffende Frage ist die zentrale jeder Wirtschaftsordnung. Wir müssen dies gut verstehen, um uns über die Lage und die Lösung sowie das Ziel überhaupt verständigen zu können.

(8) Was sind die *modernen Medien?* Horst Mahler meint eine *andere Modalität des Geldes!* Der Volksmund drückt es so aus: »Ums Geld dreht sich die Welt«.

(9) Heute ist Geld aber vor allem ›*fiat money*‹ – die blasphemische ›*imitatio*‹ des ›*creatoris mundi*‹, des Schöpfers der Welt, indem Geld ohne wahren Wert aus dem Nichts geschöpft wird.

(10) Damit zusammenhängend ist zu betrachten, wer die *Geldausgabe*, die Schöpfung, vornimmt. Die meisten glauben, dies sei eine vom Staat oder seiner Notenbank erfüllte Aufgabe. Die *Geldschöpfung* erfolgt jedoch fast ausschließlich über private Geschäftsbanken durch deren Kreditvergabe.

---

[64] Kleine und mittelständische Unternehmen.

(11) Hieraus folgt, daß wir also die Rolle der *Banken* gründlich zu durchleuchten haben. Baron ROTHSCHILD meinte bezeichnenderweise, daß, wenn er (das Privileg) der Geldausgabe habe, die anderen Gesetze ihn nicht mehr interessierten.

Wenn aber die normalen Geschäftsbanken die eigentliche Geldschöpfung betreiben, ist die Rolle der sogenannten *Noten- oder Zentralbanken (Nationalbanken)* und ihre Funktion in bezug auf die Währung, Geldherausgabe, Geldmenge und ihr tatsächliches Verhältnis zum Staat von größtem Interesse. Am Beispiel der Federal Reserve Bank der USA wird sichtbar, wie hier unter Bruch der US-Verfassung eine weltweite Tributleistung mit Hilfe des Reserve-Währungsprivileges (also über den US-Dollar) den Völkern auferlegt wurde. In diesem Zusammenhang ist das

(12) *Bretton Woods-Abkommen* zu sehen, mit dem die US-Währung durch feste Bindung an den Goldpreis gewissermaßen zum Goldersatz und weltweit als ›Deckung‹ der meisten Währungen erklärt wurde.

(13) Auch die Frage der *Europäischen Währungsunion* – sprich die Einführung des Euro – ist unter dem Gesichtspunkt der Herrschaft des Dollars im Welthandel und der inzwischen erkennbaren akuten Gefahr[65] des Zusammenbruches der US-Währung in anderem Licht zu sehen, als dies von den Propagandisten getan wird.

(14) Was bedeutet *›Basel II‹* – die Anforderungen an das Risiko-Management bei Krediten – insbesondere für die KMUs?

(15) Die *Verschuldung* von Staat, Unternehmen, privaten Haushalten ist offensichtlich ein schwerwiegendes Problem. Woher kommt sie, wie kann man dem begegnen, und kann sie überhaupt abgebaut werden? Dieses Problem hängt unmittelbar mit dem Punkt 3, Zins und Zinseszins, zusammen, weniger sichtbar mit den eigens dafür geschaffenen ›Investment-Banken‹, die in immer größerem Umfang entstanden.

(16) Es wurden *›Finanz-Produkte‹* geschaffen, die Abnehmer suchen und finden. Wir kommen darauf noch unter dem Begriff *›Derivate‹* ausführlich zu sprechen.

(17) Das *›ökonomische Kalkül‹* gilt als ›oberster Wert‹. In der abendländischen Kultur – der Begriff ›Kultur‹ zeigt es schon an – wurden bisher eine ganze Reihe von Tugenden gepflegt: Ehre, Treue, Red-

---

[65] Zum Zeitpunkt der Niederschrift dieses Manuskripts – August 2007 – erlebten wir bereits den Beginn einer weltweiten Finanzkrise, die eine Folge der in diesem Buch beschriebenen Mißstände ist. Die als Menetekel schon lange erkennbaren Warnungen vor einem ›drohenden‹ Zusammenbruch des Dollars scheinen nun Wirklichkeit zu werden.

lichkeit, Fleiß, Tapferkeit, Mut, Achtung der Eltern und Älteren, der Sitten und Bräuche, Schutz des Lebens, der Armen und Schwachen usw. Sie sind zum Teil als ›Sekundär-Tugenden‹ verächtlich gemacht worden oder gelten als mangelnde ›Cleverness‹. An deren Stelle traten Egoismus, Hedonismus und das rein materialistische Gewinnstreben, der Tanz ums Goldene Kalb.

(18) Zu den ›kanonischen‹ Wahrheiten zählt heute die ›freie Marktwirtschaft‹. Was bedeutet ›*Markt*‹ und ›*Marktwirtschaft*‹ aber wirklich? Im selben Atemzug wird auch immer die Dreiheit

(19) ›*Liberalisierung*‹, ›*Deregulierung*‹, ›*Privatisierung*‹ genannt, so daß sie geradezu gleichbedeutend für die westliche, also die ›freie Marktwirtschaft‹ steht. Wie aber wirken sich diese drei Forderungen auf die Wirtschaft und ›Gesellschaft‹ (den Staat, die Nation) aus?

(20) Eine ihrer Folgen ist die horrende *Arbeitslosigkeit.*

(21) Eine weitere ist die *Demontage des Wohlfahrtsstaates.*

(22) Und eine dritte sind die *nicht gesicherten Pensionen* und *Renten.*

3.2 Ziele

Wir werden zeigen, daß die Probleme in der vorherrschenden individualistischen Doktrin ihre wesentliche Ursache haben. Damit ist aber klar, daß innerhalb des heutigen Systems Korrekturen oder Verbesserungen nicht möglich sind. Die unerläßliche Bedingung ist

(1) ein *Paradigmenwechsel zur ganzheitlichen, organischen Gesellschaftsphilosophie,* wie sie im Werk Othmar SPANNS dargelegt wird.

(2) Etwas konkreter heißt dies die Schaffung des »*sittlichen Staates*«, wie ihn F. W. HEGEL in seiner Philosophie fordert. Damit meinen wir die Rückkehr zur Transzendenz, einem »Über-sich«, der Wahrheit und Gerechtigkeit.

Hier nehmen wir bezug auf:

J. J. KINDT-KIEFER, *Die Fundamentalstruktur des Staates;*

O. SPANN, *Wirtschaftslehre; Lebendige und tote Wissenschaft* u.a.;

J. G. FICHTE, *Geschlossner Handelsstaat;*

Katholische Soziallehre.

Dies schließt den *Rechtsstaat* → Gerechtigkeit (Freiheit) – Solidarität ein. In der universalistischen, ganzheitlichen Gesellschaftsordnung ist der oberste Wert die Gerechtigkeit, in der individualistischen die Freiheit. Clemens Wenzel Fürst METTERNICH hat in seinem »Politischen Testament« unter anderem folgendes geschrieben:

»Das Wort ›Freiheit‹ hat für mich nicht den Wert eines Ausgangs-, sondern den eines tatsächlichen *Ankunftspunktes*. Den Ausgangspunkt bezeichnet das Wort ›Ordnung‹. Nur auf dem Begriff von ›Ordnung‹ kann jener der ›Freiheit‹ ruhen. Ohne die Grundlage der ›Ordnung‹ ist der Ruf nach ›Freiheit‹ nichts weiter als das Streben irgendeiner Partei nach einem ihr vorschwebenden Zweck. In seiner tatsächlichen Anwendung wird der Ruf sich unvermeidlich als Tyrannei aussprechen. Indem ich zu allen Zeiten, in allen Lagen stets ein Mann der ›Ordnung‹ gewesen bin, war mein Streben der wahren und nicht der trügerischen ›Freiheit‹ zugewendet. ›Tyrannei‹ jeder Art hat in meinen Augen nur den Wert baren Unsinns. Als Mittel zum Zweck bezeichne ich sie als das Schalste, was Zeit und Umstände Machthabern zu Gebote zu stellen vermögen.«

Die weiteren notwendigen Bedingungen (die Ziele des sittlichen Staates) sind, wie KINDT-KIEFER sie darstellt:

- die *Ordnung*,
- die *Wohlfahrt* des Einzelnen und des Ganzen, das heißt das Recht auf Arbeit, Sozialstaat, und
- der *Frieden* im Inneren wie nach außen.

Diese vor allem im Geistigen angesiedelten Oberziele verdeutlichen sich in verschiedenen anzustrebenden Teilzielen, auf die wir im folgenden Abschnitt näher eingehen.

3.3 Teilziele

Wir müssen aus ökologischen, ökonomischen und Gründen, die in den Gesetzen der Natur liegen, wieder zu einer

(1) *Kreislaufwirtschaft* anstatt eines exponentiellen und daher unmöglichen Wachstums zurückkehren.

Fünf Bereiche der Wirtschaftspolitik stehen hier als zu lösende Aufgaben an: *Aufbau-, Dezentralisations-, Selbstverwaltungs-, Stabilitäts- und Innovations-Politik.*

Die *Steuerung* könnte ähnlich wie nach dem Zweiten Weltkrieg durch Ludwig ERHARD und die *Kreditanstalt für Wiederaufbau* erfolgen, wobei diese die Bedürfnisse – also die Größenordnung des Kapitalbedarfs – der einzelnen Wirtschaftsbereiche anhand der Erfahrungswerte aus der Vergangenheit betrachtet und bestimmte Grundsätze – aus der Sicht des volkswirtschaftlichen Nutzens und des Staatsziels – verfolgt:

In der *Agrarpolitik* etwa ist die weitgehende Selbstversorgung anzustreben, um von nicht beeinflußbaren Krisen oder ausländischen Lieferbeschränkungen unabhängig zu sein.

In der *Energiepolitik* ist die langfristige Versorgungssicherheit bei angemessenen Preisen die wichtigste Voraussetzung für alle davon abhängigen Industrie-, Transport-, gewerblichen, land- und forstwirtschaftlichen Bereiche wie auch für die privaten Haushalte.

Die Zielsetzung einer weitgehenden *Autarkie* bedeutet nicht Isolation oder Protektionismus, sondern den Ausbau und die Nutzung der eigenen Ressourcen und Fähigkeiten – auch mit dem Ziel der Vollbeschäftigung der eigenen Staatsbürger –, wobei dem Welthandel auf der Grundlage von ›*ausgeglichenen Handelsbeziehungen*‹ eine ergänzende Rolle zukommt, nämlich jene Grundstoffe oder Produkte bereitzustellen, die im eigenen Land nicht verfügbar sind.

(2) Neben den obigen Grundzielen sind die wichtigsten praktischen Aufgaben und Ziele ein *zinsfreies Geld* und die Wiederherstellung der Souveränität des Staates über die Währung durch die

(3) *Herausgabe des Geldes vom – souveränen – Staat selbst,* und nicht mehr durch von partikularen Privatinteressen bestimmten Einrichtungen wie den Banken. Zwar sind Wertpapiere (Aktien, Obligationen, Treasury-Bonds usw.) und die sogenannten ›Finanzprodukte‹ – vor allem ›derivative Produkte‹ (Derivate) – nicht im eigentlichen Sinn Geld, aber sie hängen mit ›dem Geld‹ unmittelbar zusammen. Worum es tatsächlich bei den

(4) *Derivaten* geht, verstehen die wenigsten. Sie werden von Großkapitalisten wie Warren BUFFET als »finanzielle Massenvernichtungswaffen« bezeichnet. Ihre maßlose Erzeugung durch spezielle Spekulationsbanken (Investment-Banken) ist mit eine der Hauptursachen für die heutige bedrohliche Lage der (Welt-)Wirtschaft. Solche ›Produkte‹ und Geschäfte mit ihnen sind gesetzlich zu verbieten und, wo noch möglich, für ungültig zu erklären und zurück zu entwickeln.

(5) Da so weitreichende Änderungen im politischen und wirtschaftlichen Geschehen die Zustimmung der Bürger bedingen, diese also über Ziele, Chancen und Risiken usw. umfassend informiert sein müssen, um an den öffentlichen Angelegenheiten teilzuhaben, ist eine neue Beurteilung der Rolle der *Medien* nötig, um diese in den Dienst der *res publica* anstelle partikulärer Interessen zu stellen.

(6) Daher ist die *Schaffung eines Mediengesetzes* nötig, weil Information ein allgemeines Gut wie Luft und Wasser ist.

(7) Wie diese Elemente einer *organischen Ordnung* zusammenhängen, soll in einem eigenen Kapitel dargestellt werden.

4.4 Relationen der Feststellungen zur Lage mit den einzelnen Zielen und Teilzielen

(1) Im *Geistigen* ist es die Paradigmen-Änderung – weg von der die Gemeinschaft zerstörenden individualistischen zur ganzheitlichen Gesellschaftsordnung, die ›*renovatio spiritualis*‹ – und, da Deutschland die Mitte und der Kern des christlichen Abendlandes ist, auch die Verfolgung dessen, was Papst JOHANNES PAUL und in Österreich immer wieder Bischof Kurt KRENN als die wichtigste Aufgabe bezeichneten: die Re-Evangelisierung Europas.[66] Dies bedeutet insbesondere auch, daß der Mensch nicht das Maß aller Dinge ist und sich etwa durch Mehrheitsbeschluß über göttliche und Naturgesetze hinwegsetzen kann. Als Beispiele: Das Gebot »Du sollst nicht töten!« steht im unüberbrückbaren Gegensatz zur Abtreibung, die als gesetzlich tolerierter, straffreier ›Unrechtstatbestand‹ ohnedies die Abdankung des Rechtsstaates darstellt; in ähnlicher Weise gilt das für die holländische Euthanasie-Politik. Der Liberalismus und mit ihm der Relativismus und Positivismus und daraus folgend der Materialismus, Atheismus und Nihilismus sind deshalb zu überwinden, weil ersichtlich damit keine Ordnung, sondern nur eine scheinbare und Pseudo-Ordnung, also das Chaos, geschaffen wurde (3.1 I. Pkt. 1 und 2 → 3.2 Pkt. 1).

(2) Die Verwechslung der Zwecke und Mittel führte auf der *Ebene des Staates* dazu, daß man eine theoretisch mögliche Organisationsform[67] des Gemeinwesens mit dessen Ziel und Zweck durcheinander brachte und ›die Demokratie‹ für ein Ziel und einen Wert an sich hielt. Damit einher ging der Verlust der Einsicht in die Notwendigkeit des ›sittlichen Staates‹, und die von der Propaganda an dessen Stelle gerückte ›Demokratie‹ wurde zum ›ewigen Wahrwort‹, Ziel und Wert an sich

---

[66] Uns geht es hier keineswegs um eine ›Missionierung‹ Andersdenkender und -gläubiger zu einer bestimmten Religionsgemeinschaft, sondern um die Rückkehr zu jenen ewigen Wahrheiten und Werten, wie sie *im Dekalog* als kategorischer Imperativ und für das deutsche Volk immer schon – und vor jeder Christianisierung – gültig gewesen sind.

[67] Die Demokratie, von der zwar immer behauptet wird, daß es die beste unter allen schlechten Alternativen sei. Aber das ist ein Dogma, das sich in der kurzen historischen Zeit, in der es angeblich demokratische Staaten gab und gibt, nicht bewahrheitet hat. Im geschichtlichen Rückblick war, von echten Despotien abgesehen, jede andere Staatsform besser, aufbauend, Staaten und Volksgemeinschaften bildend, Kultur schaffend. Die heutige Entwicklung scheint hingegen eher eine alles auflösende zu sein.

erklärt, obwohl sie eine Fiktion ist und nie je in der Geschichte rein existierte.[68] Heute ist sie zur Ochlokratie, zur Herrschaft der Schlechtesten, verkommen und ein bequemes Mittel, dem Stimmvolk und -›vieh‹, den atomisierten Massen, vorzugaukeln, daß es/sie etwas mitzubestimmen hätte(n). Die Wirklichkeit der Brüsseler EU hat diese Farce längst auch den Dümmsten klargemacht, wie man an der europaweiten Ablehnung ihrer despotischen Herrschaft und der Pfründenwirtschaft ihrer Systemerhalter erkennen kann.

Diese keineswegs legitimierten, zentralistischen und zur ›*local global governance*‹ – also den Bausteinen der ›*One World*‹, der Globalisierung, der Weltherrschaft – führenden Strukturen sind durch den »sittlichen Staat« zu ersetzen. F. W. HEGELS Philosophie hat hier die *not*-wendige – die Not wendende – Aufgabe gestellt. Im Werk des Schweizers J. J. KINDT-KIEFER über die Fundamentalstruktur des Staates sind die wesentlichen Aufgaben konkret beschrieben (3.1 II. Pkt. 1 → 3.2 Pkt 2).

(3) Der *Wachstumswahn* folgt unmittelbar aus der Verzinsung des Kapitals. Dieses ist natürlich ein hervorbringendes Wirtschaftsmittel. Das heißt, ohne Kapital – und allgemein das Geldwesen – würde die moderne Wirtschaft nicht möglich sein. Es fließt immer wieder in die Wirtschaft zurück, aber durch seine Vermehrung aus sich selbst – den Zins – *muß* es über alle Maßen wachsen und zwingt damit die Realwirtschaft, im selben Maße mitzuwachsen. Der Zins als heute unumstößliches Dogma ist daher die innerste Antriebskraft des Wachstums und damit einhergehend der Globalisierung, Vertrustung und Verschuldung (3.1 II. Pkt. 2, 3 und 15 → 3.3 Pkt 1, 2 und 4).

(4) Weniger offensichtlich als Ursache und innere Antriebskraft des wirtschaftlichen Wachstums ist die unerhörte Ausweitung des Umfanges der *Finanz-Produkte* sowohl bezüglich der nominalen Menge der sogenannten ›Wertpapiere‹ als auch bezüglich der inzwischen gänzlich undurchschaubar gewordenen Vielfalt der Arten – also der ›Konstruktion‹ – solcher Finanzprodukte. Ihr Zweck ist der spekulative Handel, und zwar ohne Rücksicht darauf, ob es etwa einen Kapitalbedarf für produktive Investitionen gibt. Was früher mit Aktien und staatlichen Schuldtiteln oder Emissionen zur Finanzierung von Großprojekten noch realwirtschaftlich sinnvoll begonnen hatte, hat

---

[68] Man lese dazu Erik VON KÜHNELT-LEDDHIN, *Demokratie, eine Analyse*, Stocker, Graz 1996, der in 199 Paragraphen kein gutes Haar an dieser irrlichtenden Utopie ließ.

sich von der Realwirtschaft völlig gelöst und ist unter dem Begriff ›Derivate‹ zum weltweiten Pyramiden-Spiel, zur› Casino-Wirtschaft‹ verkommen und nur noch als Betrug im Weltmaßstab zu sehen.

Die ständige Erzeugung neuer ›derivativer Produkte‹ durch – private – Finanzeinrichtungen und die Kreditfinanzierung durch das – private – Bankensystem beim ›Handel‹ (also beim Spekulieren mit diesen auf Differenz-Gewinne) haben zu einer weltweiten Dimension dieser Spekulationen geführt, die ein Mehrfaches der globalen volkswirtschaftlichen Leistung darstellt (3.1 II. Pkt 16 → 3.3. Pkt 4).

(5) Wenn der *Zins* als zentrales Übel erkannt wurde, muß dieses beseitigt werden. Die Frage nach der Finanzierung und des legitimen Gewinnes für die Bereitstellung von (privatem) Kapital bedarf einer Lösung. Diese wird im wahren Wagnis-Kapital (›*venture capital*‹) gesehen, das nicht nur Gewinn, sondern auch Verlust mitträgt, wenn eine Unternehmung, wie in früheren Zeiten ein Handelsschiff, ›untergeht‹, und dessen Gewinn sein Maß auch an der allgemeinen volkswirtschaftlichen Leistung eines Gemeinwesens (des Staates) findet (3.1 II. Pkt. 3 → 3.1 II. Pkt 6 und 3.3 Pkt 5).

(6) Die Frage, *was nun eigentlich Geld* ist, versteht nach Ansicht des Mitschöpfers des Bretton Woods-Abkommens, John Mainard KEYNES, nicht einer unter einer Million. Der Fachbegriff für virtuelles Geld (und das ist nicht bloße, nicht ernst gemeinte Karikatur) ›*fiat money*‹ deutet mit der bewußten Anspielung auf den Schöpfungsbericht der Bibel – »*fiat lux!*« – »Es werde Licht!« – den hier nachvollgezogenen Vorgang an. Es wird aus dem Nichts geschöpft, wobei dieser Vorgang noch ins Gigantische verbösert wird, weil diese verantwortungslose Geldschöpfung von Privatbanken erfolgt, das heißt, die Partikularinteressen weniger werden über die der Gemeinschaft, des Staates und dessen Volk gestellt.

Das Geld und alle damit zusammenhängenden Fragen und Bereiche sind daher der *archimedische Punkt* für eine Änderung zum Positiven, der freilich die ›*renovatio spiritualis*‹, die geistige Neuorientierung, vorausgehen muß.

Wir haben auch bei der Lagebeschreibung gesagt, daß die modernen Medien eine ›andere Modalität‹ des Geldes sind. Ums Geld dreht sich die Welt! Damit beherrscht man die Medien und hat mit ihnen praktisch die ausschließliche Verfügungsgewalt über die ›veröffentlichte Meinung‹. Damit ist jede ›demokratische‹ Entscheidung zu schaffen, womit die schon erwähnte Utopie von Demokratie ihre erschöpfende Erklärung findet. Ähnlich wie H_2O, das Wasser, das in verschiedenen Aggregatzuständen existiert, sind Medien faktisch nur *eine andere Form des Geldes* – Macht über Menschen und Gesellschaften (3.1 II. Pkt 7, 8, 9, 10, 11, 12, 13 und 15 →3.3 Pkt 2, Pkt. 3, 4, 5 und 6).

(7) Die Rolle der *Zentralbanken*, insbesondere der US Federal Reserve Bank, ist natürlich zentral, ebenso das Zusammenspiel mit den Geschäftsbanken und anderen Wirkkräften der ›*financial industries*‹. Einige wichtige Elemente in diesem Zusammenhang sind das *Bretton Woods-Abkommen* oder die Strategien, den absehbaren Kollaps des Dollars mit der Gründung der *Europäischen Währungsunion* abzufangen. Hier greifen vor allem das zinsfreie Geld und überhaupt die Neuordnung aller damit verbundenen Fragen ineinander (3.1 II. Pkt. 11, 12, 13, 14 und 16 → 3.2 Pkt. 2, 3, 4 und 6).

›*Basel II*‹ ist ein Schlagwort für die schärferen Kreditbedingungen, die die Banken unter dem Vorwand der Bonitätssicherung für die KMUs beschlossen haben, um diese zugunsten der Vertrustung und globaler Konzerne in Abhängigkeit und letztlich in den Bankrott zu treiben. Dies geht mit dem sogenannten ›*Washington Consensus*‹ einher, der ähnliche Bedingungen für ursprünglich Transformationsstaaten‹ nach dem Zusammenbruch des kommunistischen Ostblocks aufstellte, die aber heute weltweit als ›Standard‹ für alle Staaten unter dem Druck der USA ›akzeptiert‹ sind (3.1 II. Pkt. 14 und 15 → 3.2 Pkt. 2; 3.3 Pkt. 2–6).

(8) Die *Verschuldung* des Staates, der Unternehmen und privaten Haushalte ist eine unmittelbare und unvermeidliche Folge des zinsbehafteten Kreditgeldes (3.1 II Pkt. 15. → 3.1 II. Pkt. 3, 12 und 14!).

(9) Die in den II.-Punkten 17 bis 19 genannten Begriffe: ›*Ökonomisches Kalkül*‹, ›*Markt*‹ und ›*Marktwirtschaft*‹ sowie deren unheilige Dreifaltigkeit ›*Privatisierung, Deregulierung und Liberalisierung*‹ hängen aufs engste zusammen. Man könnte sie geradezu gleichbedeutend verwenden, weil sie die innersten Antriebskräfte dessen kennzeichnen, was man heute mit ›Markt‹ bezeichnet.

Die Umgestaltung der Wirtschaft als Glied im Gliederbau des Staates, das heißt das über der Wirtschaft stehende Teilganze, ist Rahmen und Zielvorgabe für das Nachgeordnete. Mit anderen Worten: Der Wirtschaft werden ihre Ziele, Prioritäten als nationaler Volkswirtschaft von der (legitimierten) Politik des (Volks-)Staates vorgegeben. Das ›ökonomische Kalkül‹ ist kein oberster Wert, sondern hat nur im Rahmen begrenzter Aufgabenstellung seine Berechtigung und Gültigkeit (3.1 II. Pkt. 17, 18 und 19 → 3.3 Pkt. 1, 6 und 7).

Die unmittelbaren Folgen obiger Verhältnisse haben in den vergangenen 15 bis 20 Jahren die Nachteile der bisherigen Wirtschaftspolitik allgemein sichtbar gemacht: steigende *Arbeitslosigkeit, Abbau des Wohlfahrtsstaates,* vor allem die ›*Rentenreformen*‹, sprich Kürzungen. Die Renten scheinen in Zukunft aus vielerlei Gründen nicht gesichert. Dies sind aber Zielvorstellungen des europäischen Abendlandes, die in Jahrhunderten erkämpft und verwirklicht wurden. Die ›*hire & fire*‹-Mentalität der Neuen Welt entspricht nicht europäischen Wertvorstellungen. Es ist dies der »sittliche Staat« mit einer organischen Ordnung, in dem das »*suum cuique*« gilt: »Jedem das Seine«, und nicht »Alle sind gleich« oder »Jedem dasselbe« (3.1 II. Pkt. 20, 21 und 22 → 3.2. 2, 4.3 Pkt. 1, 6 und 7).

3.5 Umsetzung/Strategie

An diesem Punkt müssen wir eingestehen, daß wir keine konkreten Wege sehen, die man planend und absichtsvoll und mit kalkulierbaren Erfolgsaussichten angeben könnte.

Die physische Übermacht und die schier unbegrenzten Mittel der herrschenden Machtelite – Geld, Medien, Machtmittel des Staates, inzwischen auch die Legalisierung des Betruges im Finanzbereich, die Entrechtung der Bürger, die pseudo-legale Möglichkeit, mittels ›Notstandsgesetzen‹ außerhalb von Gesetz und Verfassung zu ›regieren‹, das undurchdringliche Netzwerk an Seilschaften der Begünstigten und Systemerhalter usw. – scheinen eine Strategie zur erhofften Änderung unmöglich zu machen.

Doch auf der Grundlage von Lüge und Gewalt kann auf Dauer keine Macht *über*-dauern. Die Wahrheit, die zündende Idee, der Geist, sind jene Mächte, an denen die heutigen Zustände scheitern werden.

Die Wahrheit steht von allein, nur die Lüge benötigt Krücken, nämlich die mit Sanktionen bewehrten Meinungs- und Verbotsgesetze als Stützen des delegitimierten Staates und seiner landesverräterischen Politiker. Wie harmlos nehmen sich hingegen die früheren Gesetze und Strafen bezüglich ›Majestätsbeleidigung‹ aus. Der Umstand, daß ein ›Gipfeltreffen‹ der G-8 in Heiligendamm an der Ostsee mit Stahlzaun, Polizei in Divisionsstärke, ständiger Luftraumüberwachung und dem Küstenschutz der Bundesmarine beschützt werden muß, läßt tief auf die Kluft zwischen den Beherrschten und ihren führenden Politikern schließen. Für das G20-Treffen in Baden Baden 2009 gilt das Gleiche.

Ein Freund, Universitätsprofessor für Wirtschaftswissenschaften und später Generaldirektor eines verstaatlichten Unternehmens, den wir manchmal zu Management-Vorträgen einluden, trug den Zuhörern einmal seine »Vier-Stufen-Theorie« vor, nach der seiner Ansicht nach Unternehmen zu klassifizieren seien. Er zog den Schluß, daß ein Unternehmen im Grunde nur auf der vierten Stufe erfolgreich sein könne und er selbst als Berater sich vornehmlich diesen zuwenden würde, allenfalls noch jenen, die sich auf der 3. Stufe befänden. Das Wesentliche dieser Theorie war folgendes:

➢ 1. Stufe: Kenntnis des Ist-Zustandes.
Diese ist hinsichtlich des eigentlichen Ziels - als Unternehmen zu überleben - noch längst nicht hinreichend und daher auch wenig befriedigend. Aber es ist ein erster Schritt, zumindest nicht mehr - weil sozusagen blind - etwas ganz Verkehrtes zu tun. Dabei wird bei diesem ersten Hoffnungsschimmer eine ›normale Rationalität‹ des Managements unterstellt.

➢ 2. Stufe: ›Mechanische‹ Anwendung all der so zahlreich angebotenen modernen Management-Methoden.
Das Ziel - der Soll-Zustand - und der innere (= ganzheitliche) Zusammenhang von Lage, Mittel, Ziel und Strategie werden auf dieser Stufe noch immer *nicht* erkannt. Vorhanden sind aber die Kenntnis der Lage, wie im Pkt. 1 beschrieben, und die gute Absicht, den Managementstil zu modernisieren, sprich zu ändern. Das ist ein gewisser Fortschritt, aber im Grunde ist damit eine erfolgreiche Führung eines Unternehmens noch immer ein eher vergebliches Bemühen.

➢ 3. Stufe: Pkt. 1 und 2 sind verwirklicht, und zusätzlich hat das Management eine Vorstellung vom Ziel, dem Soll-Zustand.
Damit ist theoretisch alles vorhanden und an seinem Platz, aber die konsequente Umsetzung, also die Durchführung der Strategie fehlt, ebenso wie der tatsächlich nötige Wille, Veraltetes zu ›entsorgen‹ und das Neue und Notwendige einzuführen.

➢ 4. Stufe: Hier sind die drei vorigen Punkte verwirklicht, gepaart mit der Konstanz, dem Willen und der Fähigkeit, die nötigen Änderungen durchzusetzen.

Wenn wir uns diese unterschiedlichen Grade der Fähigkeit, Veränderungen - erfolgversprechende Strategien - einzuführen, betrachten, so könnten wir leicht resignieren. Wir glauben, die Lage richtig beurteilen zu können, also zu kennen, und wir haben eine konkrete Vorstellung vom Ziel und den nachgeordneten Unterzielen. Aber wir wissen nicht, auf welche Weise wir vom Ausgangspunkt - der gegenwärtigen Lage - zum Endpunkt - einem sittlichen Staat mit einer organischen (Wirtschafts-)Ordnung – kommen. Und da gesellschaftliche Veränderungen von einer Vielzahl von Personen, Einrichtungen usw. abhängen und wegen des Trägheitsmomentes auch die Zeitspanne für die Einführung und das Greifen von Veränderungen eher sehr groß ist, können wir über die Anforderungen, wie sie für die Stufe zwei und vier als nötig erachtet wurden, wenig Positives sagen.

Doch unser Freund betonte auch, sozusagen auf der gleichen Linie wie VON CLAUSEWITZ, daß die Kenntnis des Ist-Zustandes der erste Schritt in die richtige Richtung sei.

Das können wir für die hier dargelegte ›Neue (Wirtschafts-)Ordnung‹ mit ihrer Lageanalyse ebenfalls sagen, die vor allem bereits sehr konkrete Zielvorstellungen beinhaltet und mit den Punkten ›organische Ordnung‹ und ›Mediengesetz‹ heute angesichts der drohenden Wirtschaftskatastrophen erfolgversprechende Ansatzpunkte für eine Umsetzungsstrategie enthält.

Wir sind damit unendlich viel weiter als jene, die heute noch die falschen Dogmen[69] an den Wirtschafts-Universitäten studieren und noch nicht einmal begriffen haben, daß die Wörter und Begriffe, die in ihrer Welt der individualistischen Gesellschaftstheorie und-ordnung eine positive Bedeutung zu haben scheinen, in Wirklichkeit und bei unserer ganzheitlichen Betrachtung sich geradezu ins Gegenteil verkehren. Daß diese Theorie selbst falsch ist, spricht sich inzwischen herum.

Daß das Falsche nicht über das Wahre siegen wird, ist unsere feste Überzeugung. Im übrigen haben wir an anderer Stelle schon öfter deutlich gemacht, daß die heutige Pseudo-Ordnung, der US-Imperialismus und der Raubtierkapitalismus, ob seiner inneren Widersprüche, verlogenen Moral und dem immer weiteren Auseinanderklaffen von arm und reich, am Widerstand der Völker zu einer Implosion dieses Kolosses auf tönernen Beinen führen muß.

Dieser Augenblick des Zerfalls, der Katastrophe, ist zugleich der Augenblick des Neubeginns. Dann nützen die alten Machtmittel nichts mehr, die neue Idee wird zum Wegweiser. Für den Erfolg jedoch auch nötig ist eine hinreichend große Zahl von Menschen, die das neue, hier auch dargelegte Paradigma in all seinen Folgen nicht

[69] Friedrich ROMIG, *Ideologische Elemente der neo-klassischen Theorie*, aaO. Hier entthront ROMIG die heute – noch – ›kanonische‹ Wirtschaftstheorie des US-Nobelpreisträgers Paul Anthony SAMULESON, die aller westlichen Wirtschaftspolitik zugrunde liegt.

nur verstehen, sondern die tatkräftig und zielgerichtet anpacken können und wollen. Die Strategie besteht also unter anderem darin, *jetzt* dafür zu sorgen, daß all jene Menschen zusammenfinden, *die schon gezeigt haben,* daß sie größere Strukturen führen und einsetzen können; Menschen, die die Gewähr dafür bieten, daß das Leben trotzdem weitergehen kann und nicht ewiges Chaos und Anarchie ausbrechen, die wissen, wie man im Katastrophenfall die Ordnung und Sicherheit aufrechterhält, die Verantwortungsbewußtsein haben und als Vorbilder auf die Menschen wirken, die die neuen ›Marschziffern‹ kennen, sich in ihrem Glauben und ihrer Zuversicht bestärken und so neue Mitstreiter vom selben Geist gewinnen können, daß also – mit einem Wort – diese Tatkräftigen und Wissenden sich formieren.

3.6 Übergang

Da der Übergang von der herrschenden Pseudo-Ordnung zu einer organischen Ordnung kein stetiger ist, sondern ein Bruch mit den bisherigen falschen Ideologien und Wirtschaftslehren, ist eine ›Reform‹ innerhalb der heutigen Verhältnisse weder zielführend noch möglich. Andererseits ist klar, daß es keine ›Stunde Null‹ mit einem diskontinuierlichen Sprung in die neue Ordnung geben kann, weil einfach alle Lebensbereiche betroffen sind und nicht alle Voraussetzungen, Menschen, Strukturen, Verfahren an allen Stellen zugleich vorhanden sein können. Es wird daher in einer Übergangszeit Kompromisse und Notmaßnahmen geben müssen. Als Beispiel: Solange ein tatsächlich zinsfreies Geld mit allen Verwicklungen und gesetzlichen Regelungen – etwa auch das Bankwesen betreffend – nicht vorhanden ist, wäre ein Schritt in diese Richtung angemessen, die Zinssätze, ähnlich, wie dies Japan getan hat, auf wenige Zehntel Prozent, also auf praktisch nicht mehr als eine Verwaltungsgebühr für aushaftende Kredite, zu senken. Dies entspräche innerhalb des Zinssystems praktisch einem zinsfreien Geld.

Man muß auch damit rechnen, daß solche Maßnahmen nicht weltweit zugleich stattfinden und Widerstand hervorrufen würden. Man wird bestehende Kreditverträge mit dem Ausland und daher Zinszahlungen nicht einseitig ändern können. Massive Repressalien wären sonst die Folge. Es wäre daher notwendig, Kreditaufnahme im Ausland grundsätzlich zu vermeiden oder der Regierung für die Öffentliche Hand solche überhaupt gesetzlich zu untersagen und die Tilgung bestehender vorrangig zu betreiben. Daß selbst das nicht

Aus Mitteln des MARSHALL-Plans wurden im italienischen Triest Schiffe gebaut. Von den insgesamt 13 Milliarden Dollar des MARSHALL-Plans erhielt Westdeutschland lediglich 10 Prozent. Die Umsetzung des MARSHALL-Planes war letztendlich kein Akt der Nächstenliebe, sondern ein auf kapitalistischen Interessen beruhender politisch-wirtschaftlicher Kalkül.

immer reibungsfrei ist, beweist die Weigerung der ausländischen Kreditgeber der Bundesrepublik Deutschland, die Marshall-Plan-Hilfe vorzeitig tilgen zu lassen (was wegen der hohen Zinsen die damalige deutsche Regierung wollte).[70]

Wenn man sich erinnert, daß allein das Ausscheren des Deutschen Reiches aus dem internationalen Wirtschafts- und Geldsystem in den dreißiger Jahren ein wesentlicher Kriegsgrund für den Zweiten Weltkrieg war, kann man sich die Schwierigkeiten ausmalen - obwohl dieses Abkoppeln damals auf Deutschland beschränkt war, letztlich sogar eine Folge des internationalen Boykotts und der nicht mehr gegebenen ›Kreditwürdigkeit‹ des Reichs im Ausland gewesen ist und die deutschen Kreditverpflichtungen gegenüber dem Ausland nicht in Frage gestellt wurden.

Allerdings waren das auf solchen Grundsätzen gegründete erste deutsche Wirtschaftswunder und die Beseitigung der Arbeitslosig-

[70] Siehe dazu auch: Karl BASSLER, »Der Marshall-Plan-Schwindel und die Zukunft Europas. Richtigstellungen zum 50. Jahrestag, in: *Deutschland in Geschichte und Gegenwart* 4/1997, S. 1–10.

keit in knapp drei Jahren auf das europäische Ausland (das ja wie die ganze Welt sich von dem Börsenkrach 1929 und der folgenden Depression keineswegs erholt hatte) so anziehend, daß ein Großteil der europäischen und sogar überseeischen Staaten und deren politischer Führer sich anschickten, dieses Beispiel nachzuahmen. In jüngster Zeit hatten wir den Fall des Iraks, der sich weigerte, weiterhin Dollar für sein Öl anzunehmen, was der ›Ausstellung des Totenscheins‹ für die Dollar-›Reservewährung‹ durch Saddam HUSSEIN gleichkam. Krieg und Zerstörung des Landes waren die Antwort des Imperiums, um den Abruf des Dollars als ›Weltgeld‹ um jeden Preis hintanzuhalten. Es scheint aber lediglich ein kurzer Aufschub zu werden, denn zahlreiche Länder – zuletzt China im Dezember 2006 – unternahmen ähnliche Schritte, dem US-Betrug durch tatsächlich wertloses Papiergeld ein Ende zu bereiten, indem sie ihre Dollar-›Reserven‹ von einer Billion (viele vermuten, daß es auch doppelt so viel sein können) abstoßen und in Gold, Euro oder Real-Kapital anlegen.

Wie dem auch sei, man wird sich auf den ›*big Crash*‹ einrichten müssen. Was heute als unvorstellbare Strategie erscheint, könnte dann der rettende Ausweg aus dem Chaos sein. Dies mag reichlich utopisch klingen, aber derartige grundlegende Paradigmenwechsel werden ohnedies nicht auf Konferenzen beschlossen,[71] sondern können nur nach einem Zusammenbruch des heutigen Systems erhofft und erwartet werden, wenn die Menschen allgemein erkannt haben, daß die herrschende Pseudo-Ordnung – das Chaos – abgewirtschaftet hat, und die dafür Verantwortlichen keine Glaubwürdigkeit mehr besitzen. Es kommt aber darauf an, daß man dann von der neuen Ordnung eine deutliche Vorstellung hat und daß die Vertreter der Neuen Ordnung voneinander wissen und sich (und ihre Umgebung) in einer Welt der Lüge in ihren Überzeugungen bestärken.

---

[71] Bemerkenswert ist allerdings, daß in Moskau vor einigen Jahren kurz hintereinander zwei Konferenzen im Kreml stattfanden, die die Lage »nach dem Dollar« zum Thema hatten. Moskauer Konferenz über »Börsen und Geldmärkte. Ausweitung der Krisengefahr«. Diese Konferenz wurde am 15. und 16. Mai 2001 von der Diplomatischen Akademie des Staates im Kreml-Palast abgehalten, kurz vor der Konferenz der Akademie der Wissenschaften über die »neue geopolitische Lage Rußlands und Europas«, über die ausführlich berichtet wurde. Die vorangegangene Konferenz – der Internationale Finanz-Kongreß – fand 6./7. März 2001 statt.

4 Grundlegende Elemente einer neuen Wirtschaftsordnung[72]

4.1 Die Lage

Wir müssen also – wie beim Bau eines Hauses – mit den Fundamenten beginnen. Diese sind – weil die menschliche Gemeinschaft vor allem ein geistiges Wesen, und nicht vorrangig oder gar ausschließlich materieller Natur ist – die geistigen (= philosophischen) Grundlagen. Ohne diese wäre eine Einordnung der verschiedenen *Teilganzen* in eine organische, ganzheitliche Ordnung gar nicht möglich.

Damit kommen wir zu folgender Ausgangslage. Die heutige Pseudo-Ordnung hat die Rangfolge der Dinge auf den Kopf gestellt. Zuoberst steht die

- Wirtschaft, also das ***ökonomische Kalkül,*** das auch heute die
- Politik am Gängelband führt, anstatt daß diese der Wirtschaft die ordnungspolitischen Rahmenbedingungen als dienendem Element im gesellschaftlichen Aufbau setzte. Was wir heute mit ›Politik‹ bezeichnen, hält mit ›*panem et circenses*‹ (Brot und Spielen) nach römischem, imperialen Vorbild die Massen im Zaum und erklärt diesen Müll zur
- Kultur.

Damit kommt das nach oben gespülte Häßliche zur Herrschaft über das Gute, Wahre und Schöne. Die tatsächliche und wahre (und ewige) Ordnung der Dinge ist aber gerade umgekehrt:

- Kultur → Kultus → Gottesverehrung,
- Politik → *bonum commune,*
- Wirtschaft,

wobei sich der Begriff ›Kultur‹ von Kultus/Kult = Gottesdienst/-verehrung ableitet. Nach abendländischer Philosophie, der höchsten Ausgipfelung der Philosophie, und den Lehren der Kirchenväter ist ja die erste und eigentliche Bestimmung des Menschen seine Verähnlichung mit Gott, also die Gottesverehrung. Früher war Kultus = Gottesdienst zugleich Staatsdienst. Von hier aus erhielt die Politik, die irdische Gestaltung des gesellschaftlichen Lebens innerhalb und

[72] Dieser die geistige Lage beschreibende Teil wurde als Vortrag anläßlich der Tagung des Konstanzer Kreises am 30./31. Juli 2005 in Radolfzell gehalten. Der zweite, die »Fundamentalstruktur des Staates«, wird im Kapitel »Ziele« behandelt.

außerhalb der jeweiligen Gemeinschaft (dem Stamm, dem Volk oder der Nation), ihre Aufgaben zugewiesen.

Der zur Gottesverehrung erbaute Turm zu Babel.

Hieraus ist auch bereits erkennbar, daß es keine abstrakte und voraussetzungslose, für alle Welt gleiche (egalitäre) Politik geben kann, weil nun einmal die Völker - als Gedanken Gottes, wie dies G. F. HERDER, J. G. FICHTE und auch zahlreiche Enzykliken der Päpste schon sagten - als jeweils verschiedene, einen eigenen Charakter und ein eigenes Wesen besitzende Ganzheiten geschaffen wurden.

Erst aus der Verbindung der Kultur mit der ihr eigenen Politik ergibt sich, *welche* Wirtschaft - in dienender Funktion - dieser organischen Ganzheit entspricht. Zu diesem Schluß kommt man auf der Grundlage der Philosophie des Deutschen Idealismus F. W. HEGELS, die unter anderem den »sittlichen Staat« beinhaltet. Die uns insbesondere hier und heute interessierende organische *Wirtschaftsordnung* wurde vom österreichischen Gelehrten und Gesellschaftsphilosophen Othmar SPANN umfassend entwickelt.

Wenn wir heute die alle Lebensbereiche durchdringende Entwicklung der Globalisierung als bedrohlich, als unsere Existenz gefährdend erkannt haben und wenn wir ebenfalls feststellen müssen, daß sie auf der Grundlage der individualistischen Doktrin entstanden ist, so wird zweierlei klar:

- erstens, daß das herrschende Dogma offensichtlich ein falsches, menschenfeindliches ist, und
- zweitens, daß die Änderungen - zum Besseren - innerhalb dieser individualistischen Gesellschaftsauffassung weder zielführend noch möglich sind.

Dieser zweite Schluß ergibt sich ganz einfach daraus: Ist ein zentrales Axiom einer Theorie/Philosophie (z. B. »Der Mensch ist das Maß aller Dinge!«, folglich und logisch: »Gott ist tot!«) falsch, so stürzt die ganze Theorie und alles, was auf ihr aufbaut, wie ein Kartenhaus ein. Man braucht nicht jede einzelne Verästelung als unrichtig zu erweisen, wenn die Fundamente schon falsch sind. Dies gilt jedenfalls für unsere Wissenschafts- und Erkenntnistheorie.

Es bedarf also einer grundlegenden Neuordnung, nicht bloß einzelner Teilbereiche der heutigen Wirtschaft, sondern auch einer Neufundierung auf einer die neue Ordnung stiftenden Philosophie. Diese ist die ganzheitliche, organische.

4.2 Grundsätzliche Unterscheidung möglicher Gesellschaftsordnungen

Othmar SPANN hat auf der Grundlage des Deutschen Idealismus, dem Gipfel der abendländischen Philosophie, seine ganzheitliche, universalistische Wirtschaftsordnung begründet. In seiner *Gesellschaftsphilosophie*[73] erklärt SPANN, daß es nur zwei grundsätzliche Arten der Erfassung der gesellschaftlichen Erscheinungen gebe: »die individualistische oder atomistische und die universalistische oder ganzheitliche. Ohne einer dieser Arten des Auffassens der gesellschaftlichen Erscheinungen zu folgen, gibt es keine Tatsachenfeststellung und keine Forschung in den Gesellschafts- und Wirtschaftswissenschaften.«[74]

Wenn man nach dem Wesen der Gesellschaft fragt, bleiben die zwei grundsätzlichen Möglichkeiten: ›Gesellschaft‹ ist eine bloße Ansammlung von Erscheinungen, die alle im einzelnen, für sich selbst gedachten Menschen ihren letzten Ursprung haben, oder sie ist eine überindividuelle Wirklichkeit. Anders gefragt: Was ist das Erste, der Einzelne oder die Gesellschaft, das Teil oder das Ganze? Eine dritte Möglichkeit gibt es nicht.

4.3 Individualistische Gesellschaftsordnung

In der individualistischen Auffassung wird vom einzelnen Menschen ausgegangen. Die Menschen sind unabhängige Einzelne, die Gesellschaft ist die Summe dieser Einzelnen, der Staat die Summe der Einzelwillen, die Volkswirtschaft die Summe der jeweiligen Wirtschafter, die Wirtschaftsbeziehungen sind von Eigennutz allein geleitet, womit der Markt als das Zusammentreffen Einzelner gedacht wird, wie auch dies die Grundlage der Wirtschaft ist. Aus dieser Überzeugung kommt Adam SMITHS Behauptung, daß die »unsichtbare Hand« alles zum Besten lenke. Im Grunde ist das eine der atomistischen Doktrin aufgepfropfte, ganz systemwidrige Vorstellung, da sich aus dem Egoismus ja kaum Altruismus ableiten läßt. Andererseits kann es hier auch keinen höheren Willen als den der Einzelnen geben, womit nicht ersichtlich ist, woher denn diese »unsichtbare Hand« kommt und gelenkt wird.

Ähnlich ist es mit A. F. VON HAYEKS Glauben, nach dem in seiner liberalen Wirtschaftstheorie der anfängliche größere Nutzen erst weniger schließlich den größeren Nutzen (Wohlstand) der vielen schaffen würde. Das *bonum commune* – das Allgemeinwohl – ist dann bei den einflußreichsten amerikanischen Gesellschaftsphilosophen »das größere Glück der meisten«. Wobei ›Glück‹ auch noch rein materialistisch verstanden wird: Abgesehen davon, daß dies bisher nicht ein-

[73] Othmar SPANN, *Gesellschaftsphilosophie. Mit einem Anhange über die philosophischen Voraussetzungen der Wirtschaftswissenschaften aus dem Jahre 1928.*

[74] Ebenda, S. 7.

Von links: Der Begründer der Volkswirtschaftslehre Adam SMITH; der Theoretiker der klassischen Nationalökonomie David RICARDO und der bedeutende Theoretiker des Liberalismus Friedrich August VON HAYEK.

getroffen ist, ›die meisten‹ sind nicht das Ganze oder eine Gemeinschaft, sondern immer nur Teil. Diese Auffassung ist eine atomistische. Alles ist bereits im selbstbestimmten Einzelnen begründet, es bedarf und gibt daher logischerweise keine seinsbegründende Macht, kein metaphysisches Über-Dir. Damit landen wir beim Empirismus und Positivismus und mit diesem beim Relativismus und, da es über mir nichts mehr gibt, schließlich beim Atheismus.

Aus all dem ergibt sich, daß, einander begleitend, Egoismus und Hedonismus zu einer selbstverständlichen Einstellung werden, da es eine Ganzheit, eine Gesellschaft als etwas Eigenes, nicht gibt. Diese ist nur Summe, Haufen, Masse und besteht nur aus den Bestandteilen, sie hat – nach dieser Lehre – keinen eigenen Bestand.

Weil dies offenbar zu Schwierigkeiten im Zusammenleben führt, hat man in dieser Gesellschaftslehre die ›Vertragstheorie‹ erfunden. Der Staat leitet sich vom »Krieg aller gegen alle« (*bellum omnium contra omnes*) und »der Furcht vor allen« ab, die nach Thomas HOBBES im Urzustand herrschten. Um diesem Krieg ein Ende zu machen, wird ein Urvertrag geschlossen, in dem die eigene Herrschaftsgewalt an eine übermächtige Zentralstelle übertragen wird, den Leviathan. Alle modernen Volkswirtschaftslehren von J. J. ROUSSEAU, A. SMITH, D. RICARDO usw., der wirtschaftspolitische Liberalismus und die Freihandelsdogmen, die verschiedenen österreichischen, anglo-amerikanischen und romanischen Grenznutzen-Schulen sind Varianten der individualistischen, atomistischen Staats-, Gesellschafts- und Wirtschaftsauffassung.

4.4 Der Universalismus.

Die zweite Möglichkeit, die Fragen nach dem Wesen der Gesellschaft zu beantworten, ist die ganzheitliche oder universalistische. Diese ist jedoch nicht die Umkehrung der individualistischen Betrachtung, daß nun das Ganze absolut gesetzt werde und der Einzelne nichts gelte. Ein so aufgefaßter Universalismus wäre ein schwerer Fehler. Manchmal wird die asiatische oder chinesische Betrachtung des Einzelnen so dargestellt: Er ist nichts, die Gesellschaft ist alles, was zur Folge habe, daß etwa das Oberhaupt einer Sippe für Vergehen eines Mitgliedes unmittelbar zur Rechenschaft gezogen werden kann – und wird. (Ob dies auch heute noch so ist, dürfte aber fraglich sein, weil der europäische Einfluß mittlerweile zu einer Annäherung der Gesellschaftsphilosophien geführt haben dürfte.)

Wenn der Einzelne im Individualismus über dem Staat und der Gesellschaft – dem Ganzen – steht, so ist der Universalismus keine umgekehrte Theorie, die das Ganze über den Einzelnen stellt und diesen für nichtig erklärt. Er behält seinen unverlierbaren inneren Wert und seine Selbstbestimmung.

Das Wesentlichste des Universalismus ist, daß der Mensch als *Teil des Ganzen*, als *Glied eines Organismus* aufgefaßt wird. Seine Geistigkeit kommt nicht aus sich selbst und ist daher auch nicht völlig unabhängig wie im Individualismus, sondern ruht im Ganzen der Gesellschaft, deren Glieder untereinander in geistiger Beziehung stehen. Die Gesellschaft ist das Ganze und das eigentlich schöpferische Prinzip des Einzelnen. Indem dies so vorgestellt wird, kann überhaupt erst die Gesellschaft als ein eigenes Wesen, als Geistwesen, in dem der Einzelne ruht, gedacht werden, ganz anders als im Individualismus, in dem die ›Gesellschaft‹ als Summe atomistischer, nicht zusammenhängender autonomer Individuen aufgefaßt wird. Hier gibt es *per definitionem* keine Gemeinschaft, wie sie die organische, ganzheitliche Gesellschaft ist. Hedonismus und Egoismus bilden vielmehr das einzige ›moralische Gesetz‹, das dem Individualismus angemessen ist, weil es in ihm ein Über-Individuelles ja gar nicht gibt.

Jedoch: »Die ›Gesellschaft‹ als Ganzheit ist... eine eigene Realität. Die Realität der ›Gesellschaft‹ liegt demnach nicht in der Summierung der Einzelnen (wie beim Individualismus) und somit überhaupt nicht eigentlich im Einzelnen als solchem, sondern sie liegt in jener eigenartigen Daseinsweise des menschlichen Geistes, die in dessen geistiger Gegenseitigkeit und wesenhafter Verbundenheit mit dem anderen Geiste, mit dem anderen Menschen, gegeben ist: in der Gemeinschaft.«

Der Einzelne, *für sich betrachtet*, existiert überhaupt nicht und ist auch als geistige Existenz nicht autark. Die Gesellschaft ist kein bloßes Aggregat individueller Punkte, sondern jene Ganzheit, aus der heraus die Einzelnen überhaupt erst leben. Der Individualismus geht vom Begriff des absoluten Einzelnen aus, das heißt, der Mensch beruht in sich selbst und ist allein auf sich gestellt (geistige Autarkie), wobei die Verbindung zur ›Gesellschaft‹ etwa im HOBBESschen Urvertrag nur des äußeren Nutzens wegen – zur Gewährleistung der Sicherheit – besteht. Der Universalismus geht von der Gesellschaft als einer geistigen Ganzheit aus, deren geistige Glieder (Organe) die Einzelnen sind. Das Wesen des menschlichen Zusammenlebens liegt also in der *geistigen Gemeinschaft*, in der *Gegenseitigkeit mindestens zweier Einzelner*. Jede Entwicklung, alles Werden der Menschen beruht auf dieser Urerscheinung der Gesellschaft. »Die gegenseitige Anfeuerung und Auferweckung, die wechselseitige Entwicklung aneinander, welche weit über mechanisch-nützliche Vereinshilfe hinausgeht, wird zum schaffenden Prinzip des Einzelnen, zum geistig-moralischen Geburtshelfer. Die Gesellschaft ist damit das schöpferische Prinzip des individuellen Lebens, die geistige Lebensform des Einzelnen. Von der geistigen Gemeinschaft. . . ist das gemeinsame Handeln zu unterscheiden, das wir ›Genossenschaft‹ nennen.«

Der Individualismus faßt den Menschen innerlich selbständig und autark auf, im Universalismus wird der Mensch überhaupt erst *in und durch* Gemeinschaft. Ohne die Gemeinschaft, in die er hineingeboren wird, ist er nur eine *bloße Möglichkeit*, erst in geistiger Gemeinschaft bringt er seine Individualität und seine sittliche Wesenheit zur Entfaltung.

Im Universalismus sind die Individuen sowie ihre Handlungen in der Wirtschaft Glieder einer Ganzheit. Die Einzelnen *sind* nur in der Gemeinschaft, sie sind Glieder des Ganzen. Die Wirtschaftshandlung ist eine *Leistung* und somit *Glied im Gliederbau der Leistungen.* Darum sind auch wirtschaftliche Handlungen nicht unabhängig voneinander, jede Änderung an einer Stelle verändert das Gesamtgefüge.[75]

---

[75] Aus diesem Grund ist es auch grundsätzlich unmöglich, die Wirtschaft in ökonometrischen Modellen zu erfassen, weil man hier jeweils eine Variable verändert, um so auf die Wirkungen des Ganzen zu schließen. Aber diese eine Änderung ändert alle anderen Variablen sofort und in einer nicht wißbaren Weise. Es ist also nicht nur die schiere Zahl der Parameter, die man – in der Regel – nicht kennt, sondern diese grundsätzliche Unmöglichkeit, die die lebendige, organische Wirtschaft der anorganischen, mathematisch-rationalistischen Methode entzieht.

Das heißt nicht, daß der Mensch oder die Handlung keine innere Freiheit und Selbständigkeit besitzen. Die Glieder haben ein Eigenleben, das Ganze kann ohne die Glieder nicht erscheinen.

Aber das Ganze ist immer *vor* dem Teil und *über* dem Teil. Daraus folgt, daß es ein Höheres gibt, ein gesellschaftliches *Überindividuelles,* und diesem entspricht *ein metaphysisches Überindividuelles.* Die Welt und der Einzelne ruhen (oder *sind*) in Gott. Diese Betrachtung entspricht der Philosophie des Idealismus.

Wesen und Würde der Gesellschaft ist nicht mehr bloße Summation, sondern innere Gegenseitigkeit und Verantwortlichkeit kennzeichnen ihre Aufgabe. Der Staat ist eine sittliche Ganzheit und hat darum auch ein Staats-Ziel und Lebensgesetz, das in gleicher Weise dem geistig-moralischen Werden der Einzelnen zugrunde liegt, im Guten.

Im Individualismus ist der oberste Wirt die Freiheit, im Universalismus die objektive Gerechtigkeit.[76]

Das eine – der Individualismus – wie das andere – der Universalismus – sind in ihren Konsequenzen kraß und erkennbar unterschieden. Die nachfolgende Übersicht stellt die Unterschiede einander gegenüber.

Individualismus	Universalismus (ganzheitliche Ordnung)
materialistisch	idealistisch
positivistisch	besitzt ein ›Über-Sich‹ und eine Rückbindung (*religio*) im Transzendenten, d. h. in Gott;
relativistisch	daher »göttliche Gesetze« (Dekalog)
atheistisch	und eine organische, gegliederte Ordnung:
nihilistisch	»*Suum cuique*« – Jedem das Seine – wie auch der preußische Staatsgrundsatz lautete, und nicht: »Alles sind gleich« oder »jedem dasselbe«.

Die organische Ordnung ist ein Gliederbau, in dem die Wirtschaft Glied des Ganzen ist. Das höhere Teilganze bestimmt die Ziele und Zwecke des niederen.

Wirtschaft ist daher auch nicht die Summe individueller, atomistischer Einzelner, sozusagen eine BROWNsche Molekularbewegung von ›gleichen Wirtschaftsatomen‹, sondern die Gemeinschaft als Vorhe-

---

[76] Nach ARISTOTELES sogenannte »austeilende Gerechtigkeit«.

riges, Erstes gibt den Rahmen und bildet den Zusammenhang der Wirtschaft.

Markt ist nicht allein Wettbewerb, jeder gegen jeden, sondern hier herrscht schon eine Ordnung mit Handelsbräuchen, Gesetzen usw. SPANN bezeichnet dies auch als Kapital »höherer Ordnung«, ohne das das Finanzkapital (für Investitionen) überhaupt wirkungslos bliebe.

DRITTES KAPITEL

Zur Lage

1 Chaos – EU, Euro, ›Dritter Weg‹

Ein Zitat von Friedrich NIETZSCHE sei vorangestellt: »Schlimm, schlimm! – Was man am nachhaltigsten beweisen muß, ist der Augenschein. – Aber es ist so langweilig!«

Dies fiel uns wieder ein, als wir uns endlich daran machten, über die Lage und, warum sie chaotisch ist, zu schreiben: Es ist so langweilig! Ist nicht alles längst bekannt? Oder ist es so, daß das von uns so empfundene Chaos oberflächlich betrachtet einer Ordnung scheinbar ähnlich sieht, es eben eine Pseudo-Ordnung ist? W. SOLOWJOW hat in seiner kleinen Erzählung vom Antichrist[77] dies treffend charakterisiert. . .

Wir wollen anhand einiger Beispiele versuchen darzulegen, daß wir und warum wir die gegenwärtigen Zustände für nichts anderes als das Chaos halten. Mancher wird sich verwundert fragen, warum Einrichtungen wie die Europäische Union, die Währungsunion (Euro-

Ausschnitt aus dem berühmten Fresko im Dom zu Orvieto *Die Taten des Antichrist* von Luca SIGNORELLI.

[77] Wladimir SOLOWJOW, *Drei Gespräche*, Kleine Russische Bibliothek im Verlag Heinrich ELLERMANN, Hamburg–München 1961, S. 200 ff. Diese Geschichte wurde am 26. März 1900 öffentlich in einem Saal der St. Petersburger Duma vorgelesen.

Einführung), WTO, GATT, OECD usw. in diesem Zusammenhang genannt werden. Mit den Korruptionsfällen, der Selbstbedienung der Politiker und Bürokraten und ähnlicher Kleinkriminalität (verglichen mit dem, was wirklich hinter diesen Strukturen steckt) werden wir uns nicht aufhalten. Unsere Anmerkungen zur Lage: EU, Euro, ›Dritter Weg‹ zielen auf die strukturelle, ideologisch-geistige, lebens- und gemeinschaftszerstörende Gewalt, die diesen internationalen und globalen Organisationen innewohnt.

Vor rund zehn Jahren – im Anschluß an eine Podiumsdiskussion über »Toleranz und Identität« – sprachen wir mit Friedrich Romig, dessen Thesen einigen Medienwirbel verursachten. Einige scheinen als Einstieg mehr als geeignet, das Problem und den Gegensatz von Ordnung/Kosmos und Chaos deutlich zu machen.

Die erste These Romigs beruht auf einem Wort von Bischof Kurt Krenn: »Jedes Problem von Relevanz – ob im persönlichen Leben oder in der Gesellschaft – ist ein Gottesproblem.« Er hatte dies dann an den mit *Globalisierung und Arbeitslosigkeit* zusammenhängenden Problemen erläutert. Wie hängen Globalisierung und Arbeitslosigkeit mit Gott zusammen?

Nun selbst diese Probleme lassen sich nicht lösen, wenn es am Willen zu Gemeinschaft, Volk und Staat fehlt. Ohne Staat gibt es ja keine Politik, sondern nur noch die globale Händlergesellschaft mit ihrer Kosten/Nutzenrechnung. Sie läßt dort arbeiten, wo die Erzeugungskosten am niedrigsten sind, und macht die Grenzen auf. Ein Staat ohne Grenzen ist wie ein Körper ohne Haut, er rinnt aus, wird amorph und verschwindet. Wenn er nicht mehr da ist, kann er auch keine Politik mehr machen. An seine Stelle tritt die *World Trade Organisation* oder die *EU*, auf die die Hoheitsrechte des Staates weitgehend übertragen werden. Die Kompetenz des Staates, die eigenen Probleme zu lösen, schwindet, er hat keinen Handlungsspielraum mehr. Der *Euro*, genauer die Übertragung der Währungshoheit, *besiegelt das Ende der staatlichen Souveränität*.

Ähnliche Auflösungserscheinungen erleben wir heute in den Familien oder in der Kulturgemeinschaft des Volkes. Mit Satellitenschüsseln läßt sich Identität nicht erzielen. Identität muß gelebt werden in den Familien, am Arbeitsplatz, in der Heimat, in der Gemeinschaft des Volkes, im Staat, sie alle bestimmen die Identität von Menschen und sozialen Gruppen. Identität ist das, wofür man lebt, aber auch zu sterben bereit ist, letzte Prinzipien, Überzeugungen, aber auch Gemeinschaftsbeziehungen, für die das Wort ›Liebe‹ steht, zum Beispiel eheliche Liebe, Heimatliebe, Vaterlandsliebe.

Zutiefst ist die Identität – und das ist ROMIGS zweite These, der ich mich anschließe – bestimmt durch die Religion, die Art und Intensität der Gottesverehrung, den Kult. Was ein Volk zum Volk macht, ist sein Verhältnis zu Gott. Er hat das gezeigt am Beispiel des jüdischen Volkes, diesem Volk kathexochen. Nicht Rasse, nicht Sprache, nicht Staatsbürgerschaft und Staatsterritorium machen die Juden zum Volk, sondern sein Bund mit Gott, die Treue zu ihm und zu seinen Geboten. In gewissem Sinn ist jedes Volk ›auserwählt‹, eine Facette Gottes, eine besondere Stimme im Chor der Völker, unverzichtbar in seiner Eigenart.

Diese These klingt ja sehr ähnlich, wie J. G. FICHTE es in seinen *Reden an die Deutsche Nation* ausdrückte. Er sagte – als ein Vertreter der Aufklärung (!) –, daß im Kosmopolitismus als herrschendem Willen der Zweck des Menschengeschlechtes erreicht werde, daß aber jeder Mensch wegen der Beschränkung durch die Nation nur in dieser wahrhaft wirken könne und dieser Wille, dieser Zweck zuallererst *in der Nation* erreicht werde, und ferner, daß das Wesen der Menschheit nur in höchst mannigfaltigen Abstufungen des Einzelnen und der Einzelnheit im Großen und Ganzen, den Völkern, dargestellt werden könne. In den Identitäten der Völker tritt die Erscheinung der Gottheit in ihrem eigentlichen Spiegel heraus.

Tatsächlich ist die heutige ›Ordnung‹ schon allein deswegen, weil sie mit dem Herkommen so radikal gebrochen hat, *keine Ordnung.* Zur Zeit der Postkutsche – und noch viel früher –, als noch wirkliche Majestäten herrschten, war jeweils die Thronbesteigung von zwei Staatsakten begleitet:

- der Huldigung (der Anerkennung der legitimen Herrschaft) des neuen Königs und
- mit seiner Bestätigung (d. h. der weiter geltenden Garantie) der hergebrachten Rechte und Freiheiten aller zur Herrschaft gehörenden Länder, Städte und Stände, die alle höchst unterschiedlich waren: »*Suum cuique!*« – Jedem das Seine.

Heute wird alles über einen Leisten geschlagen – in der EU als Musterbeispiel einer Pseudo-Ordnung mit ihrem sogenannten ›gemeinsamen Rechtsbestand‹, weil sie insbesondere die alte, tradierte und bewährte Ordnung auflöst. Sehen wir uns das näher an einem konkreten Beispiel an: der Einführung der EWWU[78] – kurz des *Euro,* der ›gemeinsamen Währung‹.

[78] Europäische Wirtschafts- und Währungsunion.

Dazu ist natürlich auch schon fast alles gesagt worden, *pro* und *contra*. – Alles? Es war eine Scheindiskussion! Jede erdenkliche Propaganda wurde aus allen Rohren und als Dauerfeuer auf eine ›Öffentlichkeit‹ abgefeuert, die die Folgen dieser Frage gar nicht erfassen konnte. Es war eine Mischung aus geweckten, aber trügerischen Hoffnungen, aus Drohung und psychologischer Erpressung (H. KOHL: »Die EWWU bzw. Einführung des Euro ist eine Frage von Krieg oder Frieden!«), aus glatter und direkter Lüge (der Tausender je Monat in der Geldbörse der Staatssekretärin Brigitte EDERER, heute Vorstand von Siemens Österreich), aus Halbwahrheiten (die bekanntlich ganze Lügen sind), Desinformation *und* Verschwiegenem. Letzteres zu erfahren wäre interessant gewesen.

Verschwiegen wurden vor allem zwei Dinge:

- daß »der Staat das Geld ist« und umgekehrt »das Geld der Staat!« und mit dem Verlust der Währungshoheit der Staat aufgehört hat, ein Staat zu sein,

- und daß jener 2 + 4-Vertrag von 1990, der Deutschland nicht nur *nicht* die Souveränität und noch weniger einen Friedensvertrag brachte, sondern die nach dem zweiten Wiederaufbau in 20. Jahrhundert gewonnene wirtschaftliche und damit natürlich daraus folgende politische Potenz den Deutschen wieder und endgültig raubte.

Wie geschah das? Es geschah unter Mitwirkung der Deutschen, unterstützt durch landesverräterische Politiker, die der Abschaffung der DM als Schacherpreis für die aus geopolitischen Gründen ohnedies unaufhaltsame Wiedervereinigung der beiden Besatzungszonen BRD und DDR zustimmten.

In *diesen* beiden Punkten liegen wesentliche Gesichtspunkte zur Beantwortung der Fragen zum Euro. Punkt 1 ist die knappste Formulierung, *worum* es bei jeglicher Währung im Grunde geht. Sie wurde von Friedrich ROMIG immer wieder gebraucht, als es in Österreich noch um Für und Wider des Beitritts zur EU ging. Völker, die sich *als Staaten* – den heutigen komplexen gesellschaftlichen, sozialen, kulturellen, wirtschaftlichen, rechtlichen usw. Aufgaben entsprechend – organisiert und konstituiert haben, können nach Verlust der Souveränität über ihre Währung zugleich ihre bisherigen Vorstellungen von eigener Identität in den Wind schreiben, ebenso den Glauben, Herr des eigenen Geschicks zu sein.

Wenn Punkt 2 – die Aufgabe der DM – der ›Preis‹ für die deutsche Wiedervereinigung war, so bedeutet dies im Klartext: »Wiedervereinigung ja, *aber nicht in Freiheit!*« Wenn die Souveränität über die eigene

Währung in der heutigen zivilisatorischen, also ökonomischen Welt letztlich über die Frage der wirtschaftlichen Selbstbestimmung entscheidet, so ist Deutschland – aber alle anderen europäischen Völker nicht minder! – nach Aufgabe der Währung in *allen* existentiellen Fragen von äußeren Mächten und Zwängen abhängig geworden, das heißt nicht mehr souverän, also unfrei!

Was immer zugunsten des Euro gesagt wurde, hatte unter anderem den Zweck,[79] diesen *für Deutschland wichtigen und wirklichen* Zusammenhang zu verschleiern, ja überhaupt zu verdecken. Welchen Wert hätten auch ein paar Krämerargumente oder ›volkswirtschaftliche Nutzenrechnungen‹ – zweifelhafter Richtigkeit –, wenn die politische Freiheit der Völker, über ihr eigenes Schicksal souverän entscheiden zu können, weggefallen ist?

Insofern war alles Widerlegen der Argumente für den Euro, so zutreffend sie im einzelnen auch sein mochten, nur die Schlacht auf dem Nebenkriegsschauplatz, also völlig vergeblich und daher sinnlos.

Das ›Euro-Projekt‹ war ja zu keinem Zeitpunkt eine Frage der ökonomischen Rationalität oder der technischen Abläufe und Probleme, auch wenn dieser Anschein erweckt wurde: Terminpläne, logistische Fragen der ›Geldversorgung‹ oder des Umtausches usw. Alle diese Scheinprobleme waren ein aufgeblasener Popanz, der nur zur Ablenkung von der eigentlichen Frage dienen sollte: dem Souveränitätsverlust der europäischen Nationen, indem man kindische ›Probleme‹ zu scheinbar schwerwiegenden und *den einzigen* hochstilisierte!

Damit ist eigentlich alles gesagt, was noch eventuell dazu zu sagen war. Mehr lohnt sich nicht – und es wäre auch wirklich zu langweilig. Und es ist ohnehin auch zu spät, wenn man die Sache unter den *herrschenden Bedingungen* betrachtet. Nur ein Kollaps einer Währung, oder eine ›Revolution‹, oder beides zusammen könnte den Lauf der Dinge noch aufhalten.

Um aber trotzdem an dieser Thematik eine vielleicht vergessene oder als nicht dazugehörig angesehene Nutzanwendung anzuknüpfen, möchten wir dies zum Anlaß nehmen, den ganzen Komplex weiter aufzuspannen.

Übrigens titelten am 24. Juni 2007 die Zeitungen über den »Durchbruch« beim EU-Gipfel, der den »Stillstand« bei der sogenannten EU-»Verfassung« mit einer Einigung »überwunden« habe. Man versucht,

---

[79] Einen weiteren wichtigen Zweck behandeln wir an anderer Stelle im Zusammenhang mit dem Reservewährungsprivileg des US-Dollars und der heutigen Dollar-Krise.

diesen schon 2005 vom französischen Volk und den Niederlanden abgelehnten Anschlag auf die Existenz des Nationalstaates durch die Hintertüre zu erreichen: Man setzt ein anderes Etikett über dieselbe Ungeheuerlichkeit und läßt es nicht mehr zu einer Volksabstimmung kommen. Zur Zeit ist eine Klage beim Verfassungsgerichtshof Karlsruhe gegen den umetikettierten, inhaltlich aber gleichgebliebenen ›Vertrag‹ anhängig, und Präsident KÖHLER hat bisher den Bundestagsbeschluß nicht unterschrieben. Auch von Irland ist die Ratifikation noch ausständig. Hier wird mit Zuckerbrot - weiteren Zugeständnissen - und Peitsche versucht, ihn durchzudrücken. In Irland ist freilich eine - weitere - Volksabstimmung zur Inkraftsetzung nötig.

Die Lakaien der Anonyma haben offenbar Befehl, ›den Sack zuzumachen‹. Die Pseudo-Ordnung, wie dies SOLOWJOW prophetisch beschrieb, soll über uns kommen.

2 Ordnung gegen Chaos

Wir wissen, daß alle materiellen Fragen letztlich auf einem geistigen Urgrund stehen. Wollen wir sie also beantworten, müssen wir die Grundlagen bereiten. Tun wir dies nicht, wäre es wie der Bau eines prächtigen Palastes - ohne Fundamente.

Wir betrachteten bereits einige solcher Maximen, wie sie Friedrich ROMIG darlegte. Es geht darum, auf welchem Grund wir zur Zeit stehen. Wir möchten bei diesem Punkt aber noch etwas verweilen.

Die prophetischen Vorahnungen in George ORWELLS *1984* oder H. G. WELLS Darstellung in seinem Buch *Die offene Verschwörung: Pläne für eine Weltrevolution* erscheinen wie ein Massenappell für eine Eine-Welt-Regierung. Wir wollen hier nur kurz auf einen in einer materialistisch gewordenen Welt meist übersehenen Gesichtspunkt eingehen, wie wir ihn schon lange unter verschiedenen Etiketten, etwa im »Welt-Ethos« des Tübinger Theologen Hans KÜNG oder den in letzter Zeit sich häufenden »Ökumenischen Begegnungen« wie in Assisi, beobachten können.

»Es wird nur *eine Religion* zugelassen sein, und zwar in der Form einer Eine-Welt-Regierungs-Kirche, welche bereits. . . seit 1920 existiert. Satanismus, Luziferismus und Hexerei werden legitimer Bestandteil des Lehrplans der Eine-Welt-Regierung sein, private und kirchliche Schulen werden nicht mehr existieren. Sämtliche christlichen Kirchen wurden bereits untergraben. Unter der Eine-Welt-Regierung wird das Christentum der Vergangenheit angehören.«

Solche Einschätzung erklärte auch den lahmen Widerstand des Vatikans und der örtlichen Bischöfe, ganz im Gegensatz zu 1683, als der Papst die Abwehr der europäischen Fürsten gegen den Angriff des Osmanischen Reiches auf Wien und das Abendland organisierte. Warum es eine solche Veränderung der Haltungen gab, entzieht sich unserem Wissen, aber eine mögliche Erklärung könnte jene sein, die in einem scheinbar anderen Zusammenhang vor wenigen Monaten in Feldkirch von einem Amerikaner vorgetragen wurde.

In einem Essay über die kulturellen und religiösen Faktoren der Militärstrategie und der ›*Grand Strategy*‹ zitierte beim Kongreß »Mut zur Ethik« (2004) Prof. Robert HICKSON[80] aus den USA aus einem wichtigen Buch, erstmals als eine Studie der Columbia-Universität über Orientfragen 1925 veröffentlicht, in der Rabbi Louis Israel NEWMAN offen über den jüdischen Einfluß in den verschiedenen Jahrhunderten auf die *verschiedenen Häresien* spricht. Zur Erklärung des Titels seines Buches sagte er selbst im Klappentext über den »jüdischen Einfluß auf christliche Reformbewegungen«:

»Diese Arbeit ist eine Studie einiger typischer ›Reformbewegungen‹ oder Häresien in der Geschichte des Katholizismus während des Mittelalters und des Protestantismus während der Reformationszeit. Sie wurde im Hinblick auf eine Beschreibung und Analyse der Beiträge von Juden und des Judaismus auf die Entstehung und Entwicklung dieser Bewegungen unternommen.«[81]

Indem diese jüdischen Einflüsse eher als *Beiträge* denn als eine *Subversion* betrachtet werden, wird Rabbi NEWMAN schließlich doch deutlicher über den Schwerpunkt dieser Studie:

»Ich habe eine Reihe detaillierter Untersuchungen der ›Ikonoklastischen Kontroverse‹ des 9. Jhdts., der Katharer, Waldenser, parragianischen und der judaisierenden Häresien des 11., 12. und 13. Jhdts. ausgewählt. . . Ich habe die Hussiten-Bewegung im 15. Jhdt. ausgesucht, die Prä-Reformationszeit, die Lutherische Bewegung in Deutschland und die Schweizer Revolte, die von ZWINGLI angeführt

---

80 Prof. Robert HICKSON ist Absolvent der US-Militärakademie West Point. Er hatte zahlreiche Positionen an verschiedenen militärischen Colleges und Universitäten, u. a. Professor am Joint Military Intelligence College, an der Air Force Academy, an der Joint Special Operations-Universität in Florida, hatte den William Simon-Lehrstuhl für Strategie und Kultur inne u. a. m. Seine Doktorarbeit machte er auf dem Gebiet der vergleichenden Literatur und der griechisch-römischen Klassik.

81 Louis Israel NEWMAN, *Jewish Influences on Christian Reform Movements*, aaO., S. ix.

wurde, beide während der Reformationszeit; die unitaristische Bewegung, befördert von Michael SERVETUS im 16. Jhdt., und die puritanische Bewegung in England und Amerika, beide in der Nach-Reformationszeit. Jedes Jahrhundert in der christlichen Geschichte würde eine gleicherweise reiche Ernte an Informationen erbracht haben, aber jene, die ich auswählte, sind die kennzeichnendsten.«[82]

Zusätzlich zur Betonung dieser verschiedenen gnostischen, ikonoklastischen und antinomischen Heräsien der Gewalt und Unordnung und des Stolzes verwendete Rabbi NEWMAN immer wieder die Redewendung »judaisierende Häresien«, wo »judaisierend« der Begriff für »jüdischen Einfluß« bedeutete.[83]

Rabbi NEWMANS Buch ist sehr erhellend bezüglich »jüdischer Dialektik« – in welcher Weise jüdischer Geist die Geschichte mit seinem geschickten Gebrauch der Ideen und seinem besonderen Geschick in Propaganda und Organisation beeinflußte – und, wie wir hinzufügen, mit seiner Ausdauer und Intensität. Und tatsächlich scheint die »jüdische Dialektik« eine Art ›neo-messianische Glut‹ und Energie zu haben und mit ihr weiterzuwirken, eine besondere Manifestation, die James BILLINGTON ein »Feuer im menschlichen Geist« nannte, als er die »Ursprünge des revolutionären Glaubens« behandelte.[84]

Aus der Sicht dessen, was Rabbi NEWMAN so unnachahmlich beschrieben hatte, können wir folgerichtig sagen, daß der nachchristliche Judaismus selbst der »Glaube der Revolution« ist, mit seinem eigenen Sauerteig an Unruhe und Unzufriedenheit und mit seiner eigenen Dialektik der Zersetzung, die eine fortdauernde »Negation der Negation« bedingt und auch eine »Negation des Prinzips des Widerspruchs«.[85]

»Nationalistischer Judaismus« ist in den Worten General Yehoshafat HARKABIS eine mächtige Gewalt der Geschichte, ein »revolutionärer Sauerteig« in der Tat.[86]

---

[82] Ebenda.

[83] Ebenda, S. 3.

[84] James H. BILLINGTON, *Fire in the Minds of Men: Origins of the Revolutionary Faith,* Basic Books, Inc., New York 1980. Bei BILLINGTON bedeutet ›Feuer‹ in Wahrheit ›Fieber‹, und ›Glaube‹ meint einen fiebrigen Irrationalismus, den man besser mit dem Begriff ›*fideism*‹ (religiöser Wahn) übersetzt.

[85] NEWMAN, *Jewish Influences on Christin Reform Movements*, aaO., S. ix.

[86] Yehoshafat HARKABI, *Israel's Fateful Hour,* ergänzte und überarbeitete Neuausgabe (Harper and Row Publishers, New York 1988). Sein wichtiges und langes Kapitel 5, überschrieben mit »Nationalistischer Judaismus« (S. 138–193), zeigt unwiderlegbar jene Dinge auf, die üblicherweise nicht in Englisch erscheinen, sondern nur auf Hebräisch.

In diesem Zusammenhang würde es unser Verständnis des gegenwärtigen strategischen Denkens auch sehr fördern, wenn Rabbi NEWMAN seine Erkenntnisse, seinen scharfen Verstand und seine ehrenwerte Redlichkeit auch auf den historischen und andauernden »jüdischen Einfluß« auf »apokalyptisches politisches Denken«, auf »protestantischen jüdischen Zionismus« und seine »Theologie der (göttlichen) Fügung« und auf den »amerikanischen Neo-Messianismus«, den Neo-Konservatismus selbst angewandt hätte. Es würde besonders nützlich sein, zum Beispiel etwas mehr über den Einfluß *heutiger Einpeitscher* zu erfahren.

Es bedarf also keiner ›Verschwörungstheorien‹, um Manipulation auch hinter diesen Geschehnissen zu vermuten. Es wird dies von den Wissenden (hier beispielhaft Rabbi NEWMAN) an über Jahrhunderte reichenden Beispielen ausdrücklich erklärt und dokumentiert. Erstaunlich ist nur, wie sehr sich die Menschen ein X für ein U vormachen lassen, heute trotz der vermeintlichen Aufgeklärtheit (Prof. LEO nannte dies schon vor bald 200 Jahren »Auf-*klävicht*«) mehr als in früheren Jahrhunderten.

Der offenbar mangelnde Wille, sich als eigenständige Kultur auf geistig-religiöser Ebene zur Wehr zu setzen, wird von einem ziemlich expansiven religiösen und politischen Willen des Islams, der von den kapitalistischen USA instrumentalisiert wird, für *unsere* Situation zusätzliche, sehr negative Wirkungen haben. Es ist jedoch gut, wenigstens zu wissen, daß, aus welchen Gründen auch immer, die geistig-ideelle (= religiöse) Front diesmal wahrscheinlich *nicht halten* wird, wenn wir nicht umdenken.

Für uns ist auch wichtig zu erkennen, daß die muslimischen Gruppen in religiösen Fragen überdies Doppelstrategien fahren: Der Zentralrat der Muslime versucht, mit seiner Charta sich einen westlich-liberalen Anstrich zu geben – wie der kreidefressende Wolf, der mit den in Mehl getauchten Pfoten und sanfter Stimme die sieben Geißlein zu täuschen versuchte. Dieser modernistischen Interpretation widersprachen aber offenbar ›orthodoxe‹ Muslime heftig und sofort, und sie betonten geradezu die Vorherrschaft des Islams über unsere westliche ›demokratische Lebensweise‹, die ihnen nur als eine zu überwindende erscheint. Das deckt sich vollkommen mit unserer Einschätzung. Alles das sind keine guten Nachrichten, aber der erste Schritt zum Besseren ist ganz im Sinne von Carl VON CLAUSEWITZ die klare Erkenntnis und Beurteilung der *wahren* Lage. Illusionen und falsche Hoffnungen wären tödlich.

Neben diesen mehr religiös motivierten Kräften, die auf die politischen Prozesse einwirken, gibt es aber noch andere, nicht vordergründig religiöse, geistige Strömungen, die als *politische Ideen* jedoch nicht minder wirksam sind. Interessanterweise sind die Methoden, diese Ideen politisch wirksam zu machen, den priesterlich-religiösen zum Verwechseln ähnlich. Nicht umsonst spricht man daher auch von ›Zivilreligion‹, die wie wirkliche Religionen auch ihre Dogmen, Propheten, Götzen, Tabus und Riten hat. Solche Zivilreligionen – die wichtigste heute ist der Liberalismus, der jedoch in sehr unterschiedlichen Varianten und Verkleidungen (darum die Mehrzahl) auftritt – sind selbstverständlich genauso unduldsam, was die Einhaltung ihrer Dogmen betrifft, wie die anderen Wahrheit beanspruchenden Religionen.

Erst wenn man zwei Mosaiksteine – die religiöse Dimension (Islam und Christentum) und demgegenüber COUDENHOVE-KALERGIS *Praktischer Idealismus* als diabolische ›Zivilreligion‹ – *scheinbar* ohne inneren Zusammenhang nebeneinanderstellt, erkennt man den inneren Gegensatz. In dem vor einigen Jahren erschienenen Buch über die BENESCH-Dekrete[87] haben wir die These vertreten, daß es tiefere Ursachen für dieses Verbrechen an den Deutschen geben muß und daß dieser konkrete Fall nur *ein* Ereignis in einer langen Kette ganz ähnlicher existentieller Angriffe auf unser Volk war. Als eigentliche innerste Antriebskraft eines derartig bestialischen Verbrechens schien uns nur der metaphysische und niemals endende Kampf zwischen dem Prinzip der *Ordnung* und dem des *Chaos* eine ausreichende Erklärung zu sein. Es ist daher nicht überraschend, daß man dieselbe Polarität auch bei Fragen über die Währung, den Zins und die Banken wiederfinden kann.

Die eine Kraft, die schon mehrmals existentielle Abwehrkämpfe des Abendlandes für sich entschied, war das *christliche* Deutschland mit Österreich, die antagonistische andere, die seit über zweihundert Jahren zerstört, der *jakobinische, illuminierte Atheismus*, instrumentalisiert, wie Israel NEWMAN darlegte, *vom »jüdischen Einfluß auf... Reformbewegungen«*. Wir interpretieren dies als unversöhnlichen Kampf zwischen Ordnung und Chaos, das heißt zwischen den sich hinter diesen Begriffen verbergenden Wesenheiten.

In der Tradition des abendländischen Geschichtsdenkens hat der innerzeitliche Endzustand durchweg den Namen *Herrschaft des Antichrist*. Auch wenn es für viele in unserer säkularisierten Welt befremd-

---

[87] Gerhoch REISEGGER, *Die Benesch-Dekrete müssen weg! – Das ungesühnte Jahrhundert-Verbrechen*, Grabert, Tübingen 2004.

lich klingt, so ist dieser Name wohlbekannt, jedenfalls dem, der die jüngst vergangenen Ereignisse (totalitäre Regime, der ›totale‹ Krieg...) wachen Sinnes miterlebt hat. Wenn man sich auf eine solche Deutung einläßt, muß man aber auch die fundamentalen Realitäten der Heilsgeschichte richtig auffassen. Man muß akzeptieren, daß es ›den Bösen‹ als geistiges Wesen gibt, und zwar als geschichtsmächtiges Wesen, als ›Fürsten der Welt‹. Es ist also vorausgesetzt, daß es dämonische Geschichtsmächte gibt, nicht bloß in einem aphoristischen Sinne. »Gibt es wohl einen, der zwar glaubt, daß es ›Pferdesachen‹ gibt, nicht aber, daß es Pferde gibt – oder ›dämonische Dinge‹ zwar, aber keine Dämonen?« – auf diese Frage des SOKRATES könnte man antworten: Ja, es gibt zwar Leute, die von dämonischen Dingen und Menschen reden, aber niemals zugestehen würden, daß es Dämonen gibt. Man muß das aber und sie als reine Geistwesen mit allen Konsequenzen denken, um Rang und seinsmäßige Unvergleichlichkeit bezüglich der Intelligenz und Willensenergie dieser Geschichtsmächte zu verstehen, in deren Dienst der Antichrist zu denken ist.

Hierzu paßte die bekannte Erzählung des russischen Philosophen Wladimir SOLOWJOW, *Die Erzählung vom Antichrist*. Sie ist schon vor längerer Zeit erschienen, aber erscheint wie auf den heutigen Tag gemünzt. Am Ende der Geschichte (nicht jenem FUKUYAMAS) gibt es ein mit ungeheurer Macht ausgestattetes Herrschaftsgebilde, das freilich *keine* echte Ordnung begründet. Es ist eine auf Macht beruhende Pseudo-Ordnung (= das Chaos). Daß der Nihilismus, weil ihn, anders als der Anarchismus, »die Beziehung zur Ordnung« auszeichne, »schwerer zu durchschauen, besser getarnt« sei, – diese scharfsichtige Bemerkung des Diagnostikers Ernst JÜNGER hat durchaus einen verborgenen eschatologischen Bezug. Die Kennzeichnung ›Pseudo‹-Ordnung ist auch zutreffend, weil die Täuschung Erfolg hat, sie ist geradezu ein Element der Prophetie vom Ende, daß die »Ordnungswüste« des Antichristen ein echtes, wahres Ordnungsgebilde enthalten wird. Ein rein *technisches* Sozialgebilde, in dem alles Technische, von der Gütererzeugung bis zur Hygiene, ›funktioniert‹. Vielleicht wird diese Pseudo-Ordnung nach den vorangehenden Wirren größten Ausmaßes, die nach TOYNBEES Meinung der Errichtung des Universalstaates vorausgehen, wie eine Erlösung begrüßt werden, worin sich wiederum der Charakter des Antichristen als eines falschen Erlösers bestätigen würde.[88]

[88] Das auf Seite 89 eingefügte Bild ist von SIGNORELLI und ein Detail des berühmten Freskos *Die Taten des Antichrist* im Dom zu Orvieto.

Es ist auch nicht uninteressant, was einer der mächtigsten Geldfürsten, der 92 Jahre alte Multibillionär und oberste Pate der globalen Finanzelite David ROCKEFELLER, sagte. Der ausführliche Beitrag über ROCKEFELLER auf Wikipedia gibt die folgende Version einer gefeierten Aussage wieder, die er angeblich in einer Eröffnungsrede bei der Bilderberg-Konferenz in Baden-Baden in Deutschland im Juni 1991 gemacht hat:

»Wir sind der *Washington Post*, der *New York Times*, dem *Time Magazine* und anderen großen Medien dankbar, deren Direktoren unseren Treffen beiwohnten und sich an ihr Versprechen, Diskretion zu wahren, beinahe vierzig Jahre lang gehalten haben. Es wäre uns unmöglich gewesen, unseren Plan für die Welt zu entwickeln, hätten wir alle diese Jahre im hellen Scheinwerferlicht der Öffentlichkeit gestanden.

Aber die Welt ist jetzt entwickelter und vorbereitet, sich in Richtung auf eine Weltregierung zu bewegen, die niemals wieder Krieg kennen wird, sondern nichts als Frieden und Wohlstand für die ganze Menschheit. Die supranationale Souveränität einer intellektuellen Elite und der Bankiers der Welt ist der in den vergangenen Jahrhunderten praktizierten nationalen Selbstbestimmung sicherlich vorzuziehen.«

Diese Rede wurde vor 18 Jahren gehalten, als in den USA die Regierung CLINTON ihre Amtszeit gerade begonnen hatte. ROCKEFELLER spricht von »wir« und »uns«. Diese »wir«, so sagt er, haben seit annähernd vierzig Jahren Treffen abgehalten. Wenn man die 18 Jahre dazurechnet, die seit der Rede vergangen sind, heißt das, daß solche Treffen seit 58 Jahren stattfinden – die Zeitspanne zweier ganzer Generationen. Den ›Erfolg‹ sehen wir heute.

Bei SOLOWJOW geht die Geschichte am Schluß aber doch *nicht* mit dem Sieg des Antichristen aus. Das läßt auch uns hoffen.

Wir wollen uns aber nun heute eher wenig bekannten (wenn überhaupt) wirtschafts- und ordnungspolitischen Überlegungen widmen.

3 Globalisierung – auch »meta-ökonomisch«[89]

Über allen Wipfeln ist Ruh'? Mitnichten: Über allen Wipfeln toben die Stürme der ›Ein-heit‹. Der ›Einheit‹, dieser wundersam verheißungsvollen Nachricht der einschlummernden Entzweiung. Mitnich-

[89] Wir baten einen Freund, unseren *hospes catholicus*, uns seine Gedanken zur *Globalisierung* mitzuteilen. Sein selbst gewähltes Pseudonym deutet an, daß der emeritierte Univ.Prof. DDr. R. P. katholisch ist und er die geistige Dimension des Chaos zu beleuchten sich vornahm.

Der berühmte Holzschnitt aus dem 19. Jahrhundert (ein Gelehrter durchbricht das mittelalterliche Weltbild) veranschaulicht ebenso das Zeitalter des Globalismus.

ten zum Zweiten: der ›Vereinheitlichung‹ einer in Vielfalt gewachsenen Welt. Wie unsere zeitkritischen Denker feststellen, wird der Mensch »im Einklang mit der Schöpfung und Natur« dem verlokkenden Pseudo-Vernunftbild der sogenannten ›Aufklärung‹ entgegengestellt. Das Experiment wird *über* Gott und dessen Kreatur in das Zentrum einer zunächst anspruchslos erscheinenden Vernunftreligion der ›Unverbindlichkeit‹ gestellt, die zum ungeheuren Blutbad der Französischen Revolution führte, gesteuert von der *einen* mit Diskussionsverbot belegten Wahrheit des Freimaurertums: daß es eben neben dieser masonischen »einen Wahrheit« keine andere mit Absolutheitsanspruch geben dürfe und daß nur diese »eine« Wahrheit Gotthold Ephraim LESSINGS, dargestellt in seinem *Nathan dem Weisen* und der verschleiernden »Ring-Parabel«, die *eine Welt*, die zukünftige eine Welt gestalten und durchwalten solle.

Die blutige Dialektik der Französischen Revolution, Dezentralisierung um einer neuen Zentrale willen, läßt sich wie ein roter, blutiger Faden durch das demokratisierende 19. Jahrhundert bis in die letzten Jahrzehnte des autoritätsvernichtenden 20. Jahrhunderts verfolgen. So sind heute, um die Jahrtausendwende, unschwer aus den masonischen Zentralen der angelsächsischen wie der frankophonen Brüsseler Welt Signale wahrzunehmen, die sämtliche bisherigen kulturellen, sprachlichen, nationalen, geistigen, religiösen Ordnungen zerstören möchten, um sie in einer ›Ökumene des Winkelmaßes und des Zirkels‹ durch Unterordnung zu vereinheitlichen. Dieser Prozeß hat eine endzeitlich-verborgene wie offenkundig-einschaubare religiöse Dimension.

Die künstlich gesteuerte Entfremdung des Menschen von seinem Schöpfergott, von den Völkern der Menschheit, ihren Kulturen und Familien, ihren gewachsenen und tief verwurzelten nationalen Eigenarten und Eigenheiten schafft nun eben die Voraussetzung für eine über Anarchie, Gewalt, Chaos und Willkür angestrebte ›Neue Weltordnung‹,[90] in der die Menschen über ein totales Streben nach Bindungslosigkeit – unterscheide davon ›Freiheit‹ – zu versklavten kleinbürgerlichen Hampelmännern anonymer, legitim bis mafios vernetzter Machtgruppen werden und darüber hinaus zu Lakaien ihrer Werkzeuge in Politik, Medien, Banken und multinationalen industriellen Konzernen. Eine Dauerberieselung, subtiler als grobfließende Überschwemmungen, durch Satellitenfernsehen, Internet-Surfing, Hörfunkkanäle, Printerzeugnisse und Monster-Shows, transportiert durch ›In-Stars‹, vermittelt unterschwellige Botschaften, über die der Psychologe Bescheid weiß. Diese Methodik schließt die lichtspielartig gleißende Welt der Diskotheken ein, in denen zerstörende, fremde Töne – von Melodien, Rhythmen und ›Weisen‹ kann wirklich nicht mehr die Rede sein –, enthemmende, fremde Phonien zutiefst das Unterbewußtsein junger Menschen besetzen und zerstören. Der Gastkommentator, der diese Zeilen schreibt, weiß umfänglich Bescheid über die einschlägige Verknüpfung mit Drogenkonsum, Unterwerfung im Evokationskegel satanischer Sekten-Kulte bis zu Ritualmorden an Kleinkindern. 700 Kleinkinder werden gegenwärtig in Deutschland vermißt, ohne daß in jedem Falle das Bundeskriminalamt in Wiesbaden Bescheid weiß – eher schon die ›*First Church of Satan*‹ mit ihrem schon traditionellen Zentrum in der Quendlinburger Straße des wiedervereinigten Berlin.

Die beiden Preßbohr-Piloten, die unsere betonierte Konsum-Glücksgesellschaft dem Zusammenbruch, dem ›Auf-*Bruch*‹ nahebringen, heißen ›Demokratisierung‹, anstelle von ›Demokratie‹, und ›Autonomie‹, anstelle von Selbstbestimmung in Freiheit. Demokratisierung ist im Gefüge von Recht und Ordnung des Staates ein illegitimer Gesellschafts-Vernichtungsprozeß. Denn Autoritäten, ursprüngliche Wertordnungen fallen der Zersplitterung, der Zerstörung zum Opfer. Weiß doch der Staatswissenschaftler darüber genau Bescheid, daß ›Demo-

[90] Man betrachte die *One Dollar*-Note und ihre freimaurerische Symbolik, die tief in der schwarzmagischen Esoterik wurzelt.

kratie‹ ein Modell für ein Regierungssystem darstellt und sonst nichts weiter. Und daß ›Selbstbestimmung in Freiheit‹ allemal bleibenden Werten verpflichtet wird, während ›Autonomie‹ sich als eigene, der totalen Willkür hingegebene ›Unabhängigkeit‹ versteht.

Die Globalisierungswelle, gegen die der Heilige Stuhl wie islamisch-gläubige Vertreter auf UNO-Weltkonferenzen ankämpfen, heißt ›Heiligkeit des Lebens im Out‹. Die Vernichtung des ›christlichen Abendlandes a. D.‹ (= ›außer Dienst, aber nicht in Ruhe) mittels Pille, Abtreibung und Altenabschiebung (Euthanasie z. B. in den Niederlanden 30000 im Jahr?) ist von niemanden mehr ernsthaft zu übersehen. Millionen Mütter und Ärzte bringen Millionen ungeborene Kinder um! Während eines Jahres werden mehr Kinder durch Abtreibung ermordet, als im gesamten Zweiten Weltkrieg Menschen ihr Leben ließen, und dies waren zumindest 55 Millionen. Man spricht bereits davon, wie ein Wissender festhält, daß in Österreich und Deutschland jedes zweite Kind abgetrieben wird und im Jahr mehr keimendes Leben bewußt ausgelöscht wird als bei den Atombombenabwürfen über Hiroshima und Nagasaki. Weltweit werden täglich 150000 Kinder von ihren eigenen Eltern verleugnet und ermordet.

Erst die schwerwiegende Erschütterung der Familie in Verbindung mit den aus dem Untergrund geschürten Konflikten zwischen den Generationen und Geschlechtern – etwa die feministische Welle als strategischer Anteil der Gesellschaftszerstörung, gefördert durch ›Grüne‹ und ›Autonome blutrot‹ – ermöglichte die massenhafte Tötung von ungeborenen Leben und alten Menschen. Hinzu kommt: Eine Flut von Gesetzen und Steuerbelastungen verunsichert die meisten bereits schwer in Mitleidenschaft gezogenen jungen Menschen zwischen 17 und 30 Jahren, eine eigene Familie zu gründen.

Die ›Anti-Haltungen‹ wertfeindlicher Art sind Egoismus und Materialismus. Sie sind Früchte der veröffentlichten Meinung, die als pervertierte öffentliche Meinung unsere Konsum-Idiotie verursachen. Meinungsbildner werden zu Meinungs-Umbildnern, Medien von ehemals werden nunmehr ihre Mittlerrolle los und Quellen des Unheils. Die naturrechtlich alles eher als sittlich wertvolle sogenannte ›Emanzipation‹ von Frauen zerschlägt als wichtigste Waffe nicht nur die Familie, sondern auch die gesellschaftlichen Modelle der Infrastruktur, wie Haus und Hof, Heim und Heimat, Sitte, Brauchtum, geistige Umwelt. Wir leben in gesellschaftlichen Rhythmen weltweiter Analogie von ›Brot und Spiele‹, ›Zuckerbrot und Peitsche‹.

Die Parallelen von Französischer Revolution im Jahre 1789, der russischen Revolution Wladimir Iljitsch Lenins von 1917 und der leisen freimaurerischen ›Eine-Welt‹-Bewegung in den neunziger Jahren werden in der Erinnerung an den 24. Juni 1717 verdeutlicht, als sich britische Logen in London zur ersten Großloge zusammenschlossen. Sie ist auch ›Mutter‹, wiewohl ihre Kinder verstoßen zu sein scheinen, des französischen Großorients, der wiedererwachten Rosenkreuzer oder der Illuminatenbewegung. Theodor FONTANE würde sagen, wie zum Schicksal der Effie Briest: »Aber dies ist ein weites Feld. . .«

4 Globalisierung – politisch

Bei jeder x-beliebigen internationalen Konferenz, jedem Gipfeltreffen. . . werden die alten Schalmeien breitgetreten, etwa: »Privatisieren, weil man dem Staat nicht alles machen lassen könne«. Aber gerade in Phasen der Umorientierung, verbunden mit völligem Bruch des Bisherigen, ist ein gewisses Chaos[91] nahezu unvermeidlich. In solchen Lagen wäre ein lenkender Wille notwendiger denn je, und jenes Dogma von der Privatisierung, De-Regulierung und Liberalisierung ist nur *Wortkreide*, die verschleiern soll, daß es um etwas anderes geht.

Es ist ja nur zu bemerkenswert, daß einer der bekanntesten amerikanischen Vordenker, Samuel HUNTINGTON, für geschwächte Volkswirtschaften das genaue Gegenteil dessen empfahl, was üblicherweise aus den USA als Dogma für deren Satelliten verkündet wird.

Erste Sporen im Dienste der Macht erwarb sich Samuel HUNTINGTON durch seine Modernisierungstheorie,[92] in der er *demokratische* Willensbildung als für eine ökonomische Aufholjagd hinderlich und kontraproduktiv hinstellte. *Autoritäre Staatssysteme* könnten dagegen – so seine Schlußfolgerung – jenes Maß an politischer Stabilität und Ordnung garantieren, die für eine nachholende Modernisierung vonnöten sei.

Die Gründe für einen relativen Machtverlust der USA lagen für ihn in *der Demokratie selbst*, das heißt in ihrer die US-Vorherrschaft gefährdenden politischen Instabilität (»*democratic distemper*«).[93]

---

[91] Dies selbst aus der Perspektive einer Pseudo-Ordnung, die nach unserer Auffassung selbst das Chaos ist. Anschaulich ist die ›Wende‹ in Rußland: Dem Zusammenbruch der kommunistischen Herrschaft (= Chaos) folgte die Anarchie unter JELZIN, so daß für den Betroffenen sogar der frühere Zustand als die noch weniger schlimme Alternative und ›Ordnung‹ erschien.

[92] Vgl. Samuel P. HUNTINGTON, *Political Order in Changing Societies*, New Haven–London 1968.

[93] Michel J. CROZIER, Samuel P. HUNTINGTON u. Joji WATANUKI, *The Crisis of Democracy*, New York 1975, zitiert von der Titelseite, S. 106.

Bürgerprotest vor der Börse in New York, von wo aus die Welt regiert wird; ein Protest gegen die Zocker von der Wall Street, die den neoliberalistischen Terror der Märkte fördern.

Die von den USA – *ex cathedra* – verkündeten Glaubenssätze, die beiden herrschenden Paradigmen – *Kampf der Weltkulturen* und *Globalisierung der Weltwirtschaft* –, nehmen als historische Prozesse den Charakter von Naturereignissen an, die sich scheinbar menschlicher Kontrolle entziehen. Der *clash of civilisations*[94] verschiebt die durch den Globalisierungsdruck hervorgerufenen Probleme einer tiefen sozialen Spaltung der Weltgesellschaft, hervorgerufen durch die Diktatur des Weltmarktes, in die Sphäre *zeitloser kultureller Gegensätze.* Damit soll vergessen gemacht werden, daß es der neoliberalistische Totalitarismus der Märkte mit seinem ruinösen Verdrängungswettbewerb und seiner Vergötzung profit-orientierter Rentabilität ist, der sich daran macht, die ›westlichen Werte‹ aufzufressen: Die von einer transnationalen Elite aus Wirtschaft, Politik und Medien gewollten und durchgesetzten Prozesse einer umfassenden Deregulierung und Privatisierung, eine Art von Zwangsglobalisierung, beschleunigen auch die soziale und kulturelle Spaltung und Zersetzung der US-Gesellschaft.

Die oben beispielhaft zitierten Ansichten sind manchmal Wortkreide, aber auch wieder das ›unbefangene‹ Ausplappern der wahren Ansichten. Der nachfolgenden Definition des Globalismus – laut der Zeitung *Le Monde diplomatique* – ist auch kaum etwas hinzuzufügen.

[94] *Clash of Civilisations* = Kampf der Kulturen.

4.1 »Drei Fronten« des Globalismus[95]

Die Bürger sollen es wissen: Der Globalismus greift die Gesellschaften nunmehr an drei Fronten an. An der ersten Front betrifft es die gesamte Menschheit: an der Front der Wirtschaft. Sie wird beherrscht von jener Dreifaltigkeit, die als wirkliche ›Achse des Bösen‹ zu bezeichnen wäre: dem Internationalen Währungsfonds (IWF), der Weltbank und der Welthandelsorganisation (WTO). Sie zwingen die Welt unter die Diktatur des Markts, unter die Vorherrschaft der Privatwirtschaft und den Kult des Profits und richten auf dem gesamten Planeten unermeßlichen Schaden an.

Die zweite Front, an der heimlich, still und leise agiert wird, ist die Ideologie. Die dritte – militärische – Front ist neueren Datums. Eröffnet wurde sie unmittelbar nach den traumatischen Ereignissen vom 11. September in der Absicht, die neoliberale Globalisierung in aller Form mit einem eigenen Sicherheitsapparat zu flankieren.

Vasallen haben sich zu verbeugen. Amerika aber strebt inzwischen nach absoluter politischer Vorherrschaft. William PFAFF von der *International Herald Tribune* stellt fest: »Die Vereinigten Staaten sind in gewisser Weise der erste Proto-Weltstaat. Sie sind imstande, sich an die Spitze der modernen Version eines Imperiums zu setzen, dessen Mitglieder sich freiwillig der spontan entstandenen Autorität unterwerfen.«

Dieses Imperium strebt danach, den Globalismus tatsächlich zu verwirklichen. Alle *Gegner* dieses Projekts, alle Abweichler und Widerstandskämpfer müssen wissen, daß sie fortan an allen drei Fronten bekämpft werden: wirtschaftlich, ideologisch und militärisch.

4.2 Liberalisierung, Privatisierung, Deregulierung

In unserer Vorstellung steht eigentlich jeder dieser Begriffe schon gleichbedeutend für die anderen, und sie werden, wie eine neue Dreifaltigkeit auch, immer in einem Atemzug genannt. Die Liberalisierung fiel unmittelbar nach dem Zweiten Weltkrieg nicht negativ auf, weil im Zuge des Wiederaufbaus natürlich keine Beschäftigungsprobleme bestanden hatten. Heute – und bereits beginnend mit der Rezession von 1967/68 und in den frühen siebziger Jahren – gab und gibt es immer wieder rezessive Entwicklungen und immer stärker werdende strukturelle Beschäftigungsprobleme, jedoch wegen der weitgehenden Integration der internationalen Wirtschaft *keine* ernsthaften Bedenken über mangelnde Öffnung.

---

[95] Ignacio RAMONET, in: *Le Monde diplomatique*, 15. März 2002, S. 1.

Heil den Heilern . . . den Wirtschaftsweisen, den Parteiführern, den Experten, den Medienzaren – allen Rattenfängern von Hameln, die die *liberté, égalité, fraternité* verkünden!

Andererseits gibt es die ›*global players*‹, jene internationalen Konzerne, denen die Liberalisierung eine ungehinderte Dispositionsfähigkeit über Güter- und Kapitaltransfer ermöglichte, *ohne* daß sie irgendeiner Kontrolle unterworfen sind. Daraus erwächst aber die Schädigung der (nationalen) Volkswirtschaften und ihrer Beschäftigungspolitik. Jedenfalls würde »eine Option, auch handelspolitische Maßnahmen zur Bekämpfung der Arbeitslosigkeit *rational* in Betracht ziehen zu können, ein taugliches Instrument sein und die schrankenlose und dogmatische Forderung nach immer mehr Liberalisierung in anderem Licht erscheinen lassen«.[96]

Mit obigen Schlachtrufen ist es den Konzernen erst möglich geworden, zu jenen global operierenden Netzwerken zu wachsen, die sich mittlerweile jeder Kontrolle und jeder Verantwortung entziehen. Liberalisierung meint Wegfall von technischen, administrativen oder legistischen Handelshemmnissen. Das hört sich gut an. Es ist aber in erster Linie eine Voraussetzung, daß *große* Unternehmen Märkte außerhalb des nationalen Marktes erschließen können. Wichtiger noch ist die Wirkung auf dem Gebiet des Geld- und Kapitalverkehrs. Die Kapitalbewegungen finden dabei auf drei wesentlichen Feldern statt:

---

[96] Univ.-Prof. Dr. K. W. ROTHSCHILD, »Beschäftigung und Außenhandelspolitik«, in: Festschrift für Stephan KOREN, *Empirische Wirtschaftsforschung und monetäre Ökonomik*. Diese Ansichten sind deshalb so interessant, weil sie 1979 geäußert wurden, also 15 Jahre vor dem EU-Beitritt Österreichs und lange vor den schweren Wirtschaftsproblemen der jüngsten Vergangenheit und der inzwischen sichtbar gewordenen übermächtigen Rolle der globalen Konzerne.

- Geld und Finanzströme, die mit dem Handel von Produkten und Dienstleistungen verknüpft sind (Export/Import, Ausgaben für den Fremdenverkehr),
- ausländische Direktinvestitionen, die heute nicht allein den Finanzbereich betreffen, sondern auch in Form von Technologie- und Know How-Transfer (Fachleute), in Maschinenausrüstungen usw. bestehen können,
- Portfolio-Investitionen und andere Finanztransaktionen, zum Beispiel spekulative Anlagen und Angriffe auf nationale Währungen.[97]

Die Globalisierung, das heißt die *Ent*-fesselung der Finanzströme, und die Freiheit des Kapitalverkehrs, eine der vier EU-Freiheiten, sind sozusagen der Motor und die Nervenbahn der Globalisierung, ihre notwendige und beinahe hinreichende Voraussetzung.[98]

4.3 Globalisierung: die Umleitung des Geldes

Mit dem Trick Globalisierung wurden die Gelder der arbeitenden Massen im Westen, selbst in Rußland, umgeleitet auf die Konten von ein paar wenigen Strippenziehern. Der größte Raubzug der Menschheitsgeschichte vollzog sich hauptsächlich auf drei Ebenen:

---

[97] K. W. ROTHSCHILD, in: *Empirische Wirtschaftsforschung und monetäre Ökonomik*: »Ein Großteil der heutigen Wechselkursschwankungen sind eine Folge massiver spekulativer Kapitalbewegungen. Um eine dem Handel und der Beschäftigung förderliche Beruhigung des Währungssystems zu erreichen, wären gewisse Beschränkungen des freien Kapitalverkehrs notwendig.«
In diesem Zusammenhang ist es bemerkenswert, daß der Anteil grenzüberschreitender interner Transaktionen von multinationalen Konzernen auf nicht weniger als ein Viertel bis ein Drittel des Welthandels geschätzt wird. Siehe G. EDGREN, »Employment Adjustment to Trade under Conditions of Stagnating Growth«, in: *International Labor Review*, Vol. 117, Nr. 3, 1978, S. 293.
Da solche Intra-Unternehmens-Transaktionen ja keinesfalls den ›Gesetzen‹ eines freien und auf offener Information beruhenden Marktes unterworfen sind, könnte man die Frage stellen:
a. Wie frei ist der Markt wirklich, und wie glaubwürdig ist jener orthodoxe Dogmatismus der unbegrenzten Liberalisierung (der vor allem immer von den Begünstigten beschworen wird)?
b. Und wenn so wesentliche Teile der Weltwirtschaft in den offiziellen Statistiken gar nicht erfaßt werden, wie zutreffend sind unsere Analysen und unser Verständnis der wirtschaftlichen und gesellschaftlichen Zusammenhänge und damit die Schlüsse und Maßnahmen der Wirtschaftspolitik?

[98] Die technische ist die Beherrschung der Informationstechnologie.

- durch einen quasi Zwangsumtausch von richtigem Geld in Wertlospapiere (Aktien des sogenannten ›neuen Marktes‹), verursacht durch eine einzigartig organisierte Medienhysterie,
- durch das Absaugen der Geldbestände der arbeitenden Bevölkerungen in Form von Milliardenkrediten der Banken an Global-Unternehmen.
- durch Verpfändung der Steueraufkommen der arbeitenden Bevölkerungen an die Global-Unternehmen in Form totaler Steuerbefreiung und Milliardenzuschüsse für sie unter dem Vorwand der sogenannten ›Standortsicherungen‹.

Die Globalisierungsidee entstammt den ›Think-Tanks‹ der Ostküsten-Machtzentren. »Keiner hat wie Henry KISSINGER die Gedanken Raymond ARONS in praktische Politik umgesetzt: eine Weltordnung, die global war.«[99] Selbst die *Jerusalem Post* bestätigte, daß man bei der Globalisierung eine jüdische Beteiligung erkenne: »Tatsache ist, daß es eine beträchtliche Zahl von Juden im Globalisierungsgeschäft gibt.«[100] Der alte Traum dieser Machtzentren, mit Hilfe des Geldes den Bibelauftrag, die ganze Welt zu beherrschen, zu verwirklichen, scheint mit dem Instrument Globalisierung in greifbare Nähe gerückt zu sein: »Dann wird der Herr, dein Gott, dich segnen, wie er dir verheißen hat. Du wirst vielen Völkern ausleihen können, selber aber nichts zu entleihen brauchen. Du wirst über viele Völker herrschen, über dich aber soll keines die Herrschaft ausüben.«[101]

Nochmals: Bei der Globalisierung werden die Wertbestände der arbeitenden Bevölkerungen auf die Konten der Globalisierer umgeleitet: »Mir gehört das Silber und das Gold«,[102] sagt JAHWE, der Gott der Juden, gemäß *Talmud*. Das will heißen, das Silber und das Gold der Menschheit sollen dem Judentum gehören.

4.4 Durch neue Gesetze Megabetrügereien ermöglicht

Um die heilige Mission zu erfüllen und das ›Gold und Silber‹ der Menschheit zu bekommen, mußten die Gesetze in der ganzen Welt gleichgeschaltet werden. Was früher als Großbetrug geahndet wurde, gilt heute vielfach als ehrenwertes globalistisches Geschäftskonzept: »Die Manager des Energiekonzerns Enron blähten die Bilanzen auf

---

[99] *Die Welt*, 14. Juli 2001, S. 9.

[100] *The Jerusalem Post*, 9. März 2001.

[101] *Deuteronomium* 15: 6 (5. Buch MOSE).

[102] *Der Talmud*, Goldmann, München 1988, S. 132.

und bereicherten sich selbst. Der Wirtschaftsprüfungskonzern Arthur ANDERSEN deckte über Jahre mit Gefälligkeitsgutachten die Schwindelwirtschaft von Enron. Die größte Investmentbank der Welt, Merrill Lynch, hat wider besseres Wissen Aktien überbewertet – zum Schaden der Anleger. Staatsanwalt Eliot SPITZER stieß beim Aktenstudium auf eine Reihe E-Mails, die seine Leute neben unzähligen Dokumenten bei Merrill Lynch beschlagnahmt hatten und die unter anderen von Henry BLODGET stammten, einem der einflußreichsten Wall-Street-Analysten.

BLODGET klagte darin über ›das Stück Müll‹, das er gerade zu bewerten habe, an anderer Stelle war von diesem Stück Mist, die Rede. . . Denn was BLODGET und seine Kollegen drastisch, aber dafür wahrheitsgemäß als *shit* oder *crap, bull-shit, . . .* bezeichneten, empfahlen sie oft kurze Zeit später in ihren Berichten als goldene Kaufgelegenheit. Für die Analysten und ihren Arbeitgeber war diese Art von Falschspiel eine lohnende Geschichte: Mehrere Milliarden Dollar hat allein Merrill Lynch an Gebühren von jenen Firmen kassiert, die sie nicht nur bewerteten, sondern eben auch beim Einsammeln von Kapital berieten. Noch nie zuvor hat das gezielte Verbreiten von Fehlinformationen so viele Anleger so viel Geld gekostet. Zudem steht mit Merrill Lynch nicht irgendeine Bank im Zentrum der Ermittlungen, sondern das größte und einflußreichste Investmenthaus der Welt. Und wie es aussieht, ist erst der Startschuß für weitere peinliche Enthüllungen gefallen. Mittlerweile hat SPITZER seine Ermittlungen auf Salomon Smith Barney, Morgan Stanley Dean Witter und drei andere Finanzinstitute ausgeweitet.«[103]

Drei Top-Manager von Enron versprachen nicht nur den Menschen in Amerika (was an Aron SOMMER mit der Telekom in der Bundesrepublik erinnert) hohe Gewinne durch Enron-Aktien, sondern überredeten auch ihre Angestellten, einen Großteil ihres Gehalts in Enron-Aktien als Altersversorgung anzulegen. Somit arbeiteten die Enron-Beschäftigten für ein Butterbrot und büßten obendrein alle Rentenansprüche ein. Drei Top-Manager waren für die Enron-Pleite verantwortlich, die Zehntausende ihre Renten und ihre Ersparnisse gekostet hat:

»Während in der Öffentlichkeit die ehemaligen Enron Manager Kenneth LAY und Jeffrey SKILLING das Bild des Konzerns prägten, blieb der Strippenzieher Andy FASTOW im Hintergrund. FASTOW leitete unterdessen 30 Millionen US-Dollar aus Tochtergesellschaften

---

[103] *Der Spiegel,* 20/2002, S. 78 f.

in seine eigenen Taschen um. Alles mit dem Segen des Enron-Aufsichtsrats.«[104]

Diese Raff- und Geldgier überraschte selbst FASTOWS Rabbiner: »Andy FASTOWS Rabbi war sprachlos. Er erkennt den Mann nicht mehr, nachdem, was er über ihn seit dem Enron-Kollaps in den Zeitungen las. Die Karikatur eines kratzbürstigen und gierigen Finanzgenies, das die Enron-Bücher frisierte, Profite künstlich aufblähte und Verluste verschwieg, wodurch er sich selbst bereicherte.«[105]

Sobald nichts mehr zu holen ist, bricht das Kartenhaus zusammen. Enron ist nur eines von vielen Beispielen der Globalisierung. Sobald von den Menschen nichts mehr zu holen ist, wird das ganze Kartenhaus des Globalismus zusammenbrechen. Denn alles Geld, das von den arbeitenden Menschen erwirtschaftet wird, fließt in die Kassen der Globalisierer: »Großkonzernen droht neue Pleitewelle. Zwei Dutzend große amerikanische und europäische Unternehmen stehen offenbar am Rand des Konkurses.«[106]

Ob staatliche Rentenversicherungsträger oder private Lebensversicherer, alle legen das Geld ihrer gutgläubigen Sparer in Aktien der Globalisierer an (zum Beispiel in die Riester-Rente). Dieses Sparvermögen wird von Globalisierern rücksichtslos abgesaugt, und am Ende stehen die Lebensversicherungssparer ebenso wie die Rentenanwärter als die Geprellten da (wie auch die Enron-Beschäftigten in Amerika): »Reserven der Lebensversicherer schrumpfen. Im Schnitt haben die deutschen Assekuranzen inzwischen 80 Prozent ihrer Ende 2000 angehäuften Bewertungsreserven aufgebraucht.«[107]

Argentinien ist das erste Land der Welt, das von den Globalisierern kahlgefressen und weggeworfen wurde. Die anderen westlichen Länder stehen bereits in der Warteschlange und starren in den gähnenden Abgrund der Währungszusammenbrüche.

5 ›Probleme‹, die sich aus der Globalisierung ergeben

Prof. Yehezkel DROR ist der Verfasser des Buches *Ist die Erde noch regierbar?*, in dem er einen Entwurf über die seiner Ansicht nach notwendigen Bedingungen und Änderungen in unseren Vorstellungen von Demokratie, Souveränität, Freiheit usw. macht. Er analysiert auch zutreffend, daß praktisch *wenige Hundert* die wirklichen *Welt*entschei-

---

[104] *Washington Post*, 8. Februar 2002.

[105] Ebenda.

[106] *Die Welt*, 18. Mai 2002, S. 9.

[107] *Die Welt*, 3. Mai 2002, S. 1.

dungen treffen. Es ist für ihn klar, daß weder die nötige Handlungsfähigkeit, noch die Schnelligkeit von Entscheidungen, noch die Komplexität der Materie es erlaubten, diese einem »demokratischen« Verfahren zu unterwerfen.[108, 109]

DROR erwähnte, daß er jeweils allen israelischen Regierungen als Berater gedient hat, den sozialistischen ebenso wie den nationalen. Das ist bemerkenswert: Nicht die vordergründig ideologischen Unterschiede sind für sein Denken bestimmend, sondern die ›globale‹ Agenda. Wenn sich ein Berater bei so ganz verschiedenen ideologischen Positionen der jeweiligen Regierung halten kann (oder sind sie es gar nicht?), so bedeutet dies unter anderem aber auch, daß es jenseits der vordergründigen Unterschiede eine klare übergeordnete Gemeinsamkeit hinsichtlich der *obersten Ziele* und Werte gibt. Für DROR ist offenbar die »Regierbarkeit« der Welt, der *»One World«*, von Bedeutung.

Weil sich in einer globalen Welt Probleme ergeben, macht er sich Gedanken über die Steuerung der Massen. DROR sprach darüber in der Weise, daß man die Psychologie und dergleichen Verfahren einsetzen müsse, um sie zu lenken. Es ist selbstverständlich keine Rede davon, daß sie überhaupt gefragt werden. Dies wundert nicht, denn zum Beispiel auch die Analysen E. KUEHNELT-LEDDIHNS[110] (*Demokratie – eine Analyse*) sagen im Grunde dasselbe. Was sollte auch herauskommen, wenn die Blinden über die Farben diskutieren? Ein Hauptteil des Vortrages betraf die Lage und innere Verfassung Israels, die bemerkenswerte Einschätzungen über den Staat und die Globalisierung sichtbar werden ließen.

Wir bringen sie zum einen als Beispiel, wie ein Insider Staat und Globalisierung zweifellos sieht, zum anderen, weil gerade Israel und die Juden in der Diaspora, insbesondere in den USA, wesentlichen Anteil an jenen geo- und wirtschaftspolitischen Entwicklungen ha-

---

[108] Notizen des Autors aus dem Gedächtnis über einen Vortrag von Prof. Yehezkel DROR anläßlich des Theodor Herzl-Symposiums 1997 im Rathaus in Wien am 24. Sept. 1997.

Prof. Y. DROR stammt aus Wien, er ist 1938 bereits nach Palästina ausgewandert und hatte früh enge geistige Beziehungen zu Theodor HERZL. Er ist Prof. em. für Politikwissenshaften der Hebrew University of Jerusalem und war/ist Berater der verschiedenen israelischen Regierungen (zuerst unter Ministerpräsident SHAMIR), aber auch der OECD. DROR ist Mitglied des *Club of Rome*.

[109] Ähnliches sagte schon HUNTINGTON. Siehe das Kapitel 4 über »Globalisierung – politisch«, S. 104.

[110] Erik KUEHNELT-LEDDIHN, *Demokratie – eine Analyse*, aaO.

ben, die uns hier beschäftigen. An den Bemerkungen DRORS wie auch in seinem erwähnten Buch erkennt man, daß er zwar die uns vertrauten Begriffe verwendet, damit aber etwas ganz anderes meint. Von ›Demokratie‹ zum Beispiel zu reden und zugleich festzustellen, daß die Weltentscheidungen ohnedies nur von wenigen Hundert getroffen werden, zeigt, daß Demokratie für ihn nur eine leere Phrase ist. Mit der meist unbemerkten Änderung der Bedeutung der Begriffe werden Ziele verschleiert, wird die Verwirrung gefördert - mit einem Wort: Es wird Chaos im Geistigen und in der Folge im Leben hervorgerufen. Was sagte nun DROR?

Er erwähnt *als nächsten, kommenden Begriff* nach der *›raison d´état‹* (Staatsräson) die *›raison d'humanité‹*.[111] Von hier aus entwickelt er die Idee, daß die Juden der Welt sozusagen *neue Werte* geben könnten. Seine rhetorische Frage ist, ob *das* nicht ihre Bestimmung sei. Klingt hier nicht ein Anspruch, wenn auch verhüllt, durch, daß sie die Weltherrschaft antreten sollten und wohl werden?[112] Er weist ausdrücklich darauf hin, man möge auf das Paradox achten, daß die Juden noch nie in der Geschichte solche Macht besessen hätten und noch nie von solcher geopolitischen Vernetzung ausgegangen wären. DROR spricht nur aus, was klar ist: Die USA sind ihr mächtiger Verbündeter, ja der Machtarm der Juden aus der Perspektive des ›Judaism‹, ihrer eigenen und nur sie umfassenden Kultur.

6 Heute gehört uns die Börse, morgen die Welt!

Dies ist eine Ansage von der Ostküste. Wir wollen uns hier einmal Klarheit verschaffen.

Die *International Herald Tribune* (*IHT*) muß als Zentralorgan der Weltrevolution und -subversion angesehen werden, und sie ist es in der Tat. Was sie bringt, ist nicht einfach eine ›Nachricht‹ und ein politischer oder ökonomischer Kommentar. Es sind ›Botschaften‹, die

---

111 Näheres aus dem zitierten Buch DRORS. Der Unterschied scheint der zu sein, daß die erstere Räson eine »nationalstaatliche« ist. Diese aber ist unter den globalen Gesichtspunkten hinfällig, es gelte, neue Wertetafeln aufzustellen, die dem Konzept der (einen) Menschheit gerecht werden. Unserer Ansicht nach geht es aber nicht um die »Menschheit«, sondern um die Regierung und Regierbarkeit der *›one world‹*. Von diesem Bezugspunkt, der *›raison d'humanité‹*, werden dann alle bisherigen Begriffe grundsätzlich aufgelöst. Siehe dazu auch die grundlegenden Anmerkungen C. SCHMITTS: Auflösung der Begriffe durch den Liberalismus.

112 Friedrich ROMIG hat dazu in jüngster Zeit verschiedene Artikel verfaßt, die das »jüdische Zeitalter« (SLEZKINE) zum Thema haben.

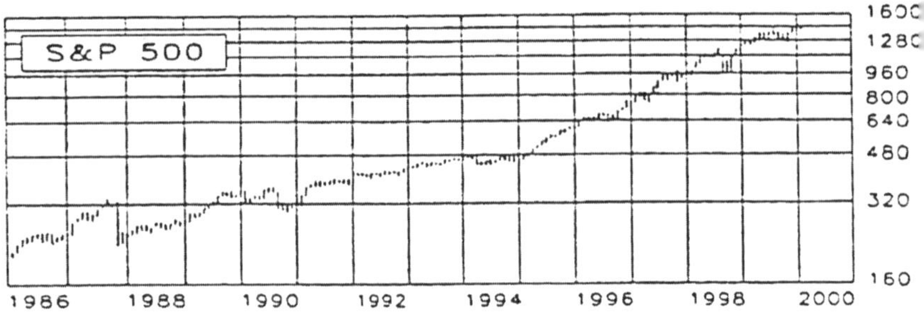

Entwicklung des S&P-Index.

»Today the stock-market, tomorrow the world!«

per »*broadcast*«[113] den Empfängern übermittelt werden, Parolen, die angeben, *was Sache ist*, und die der *Unterscheidung von Freund und Feind* dienen.

Am 19. November 1987 hat die *IHT* in einem eher einfachen Bild den Welteroberungsplan *Libinterns* angekündigt. Am Bildschirm eines stilisierten, primitiven PCs, den es damals ja noch kaum gab, steht der Text: »Today the stock-market, Tomorrow the world!« »Heute (gehört uns) die Börse, morgen die Welt!«

Unter dieses Bild hatte man *heute* – gewissermaßen als Beweis – eine Graphik der Entwicklung des S&P[114]-Index dazugestellt, die diesen Spruch inzwischen als Faktum erweist. Es ist jene die ganz wunderbare Geldvermehrung vorgaukelnde Exponentialkurve, die von allen Finanz-, Börsenmaklern und anderen Schwindlern als ›Beweis‹ für dieses Wunder unterschoben wird.

Man beachte den semi-*logarithmischen* Maßstab, der die Exponentialkurve nur ›sanft‹, nahezu linear ansteigen läßt.

Mit welcher subtilen Anspielung, ja geradezu mit dem gleichen Rhythmus und Maß dieser Spruch an ein Lied der dreißiger Jahre

[113] Der Begriff steckt auch in der BBC – *British Broadcasting Corporation*; also der Radio-Gesellschaft, deren Wesen darin besteht, die einseitig gerichtete, breite Verteilung von Nachrichten zu besorgen.

[114] Standard & Poors, ein breit gestreuter US-Aktien-Index, der 500 börsennotierte Unternehmen berücksichtigt. Die Graphik über die Jahre 1986 bis 2000 ist in logarithmischem Maßstab dargestellt, was optisch den exzessiven (= exponentiellen) Zuwachs der Aktienkurse mäßig und ›linear‹ erscheinen läßt.

Jahre erinnert, dürften die wenigsten merken. Er lautete – mit Bezug auf die mit 1933 beginnende, dramatisch verringerte Arbeitslosigkeit: »Heute *hört* uns Deutschland, morgen die ganze Welt«. Um genau zu sein: Es ist ein Lied der *katholischen* Jugendbewegung aus den zwanziger Jahren und hieß *dort*: »heute *ge*hört uns Deutschland. . .« Es wurde offenbar in kluger Bescheidung vom Jesuitenschüler Joseph GOEBBELS in »heute *hört* uns. . .« abgemildert und durfte nur so gedruckt werden. Es brauchte freilich kaum der britischen Propaganda, um von den tumben Massen mit *»gehört«* gesungen zu werden, womit sie freilich der antideutschen Propaganda einen willkommenen Slogan[115] lieferten.

Abermals nachgeäfft, dient es in unserer Zeit den Mammonsdienern zur Erklärung des Spekulationskapitals in der oben erwähnten Karikatur der *IHT*. Zwar ist diese Botschaft nicht für »uns« bestimmt, aber auch für den, »der Ohren hat zu hören und Augen zu sehen«, ist die Botschaft klar.

7 Alternative zu Kommunismus und Liberalismus?

Diese Diskussion wurde durch einen Vortrag von Walter VORTISCH[116] angeregt über die Entwicklungen in Lateinamerika und die dort wirkenden wirtschaftlichen Kräfte und Dogmen, die das heutige Geschehen beherrschen.

Die im Titel genannten (Schein-)Alternativen sind Ausdruck der globalen Weltherrschaftsansprüche, wobei der Kommunismus untergegangen ist, der Liberalismus – auch als ›Globalisierung‹ in aller Munde – sich aber anschickt, die ganze Welt zu unterwerfen.

Was sind Alternativen? Gibt es sie? Erkennen wir sie überhaupt, wenn wir lokale Probleme doch wieder mit den liberal-kapitalistischen Theorien erklären und mit ihren Methoden zu kurieren versuchen?

Gehen wir nüchtern an die Sache heran! Nicht die äußeren Würden – mit dem Nobelpreis gekrönte Theorien – sind unser Maßstab für Erkenntnis oder Wahrheit, sondern der Imperativ, der vom »sittlichen Staat« ausgeht. Denken ist daher wieder gefragt.

In MAHLERS Werkstatt »Neues Deutschland« scheint auch ein Artikel im Archiv auf, der schon vor einiger Zeit in den *Staatsbriefen* er-

---

115 ›Slogan‹ kommt von ›schlagen‹ → ›erschlagen‹!

116 Univ.-Prof. Dr. Walter VORTISCH, Ordinarius für Geologie an der Montan-Universität Leoben.

schienen ist: »Nationale Volkswirtschaft als Alternative zu Kommunismus und Liberalismus« von Peter LIST.

Man kann hier viel Historisches lernen, etwa, daß eine nationale Volkswirtschaft für notwendig und unverzichtbar gehalten wird, was sich von unserem ganzheitlichen Standpunkt selbstverständlich auch ergibt.

Es entsteht aber gelegentlich – leider – der Eindruck, daß bei den vorgeschlagenen »Wachstumsbereichen«, denen sich die Alternative widmen möge, in derselben Weise argumentiert wird, wie vom Standpunkt der heute herrschenden individualistischen Doktrin. Es sind zwar *ein paar andere Schwerpunkte* – z. B. Investitionen in Infrastruktur statt Konsum – hervorgehoben, sonst ist aber kein schwerwiegender Unterschied zu erkennen.

Mit der Beurteilung, daß Kommunismus und Kapitalismus Zwillingsschwestern sind, stimmen wir überein: Es sind zwei Seiten ein- und derselben Medaille, was der ›Liberalismus‹ als politische Gouvernante des Kapitalismus ja lange zu verschleiern wußte!

Die Wachstumsfrage findet hier aber eine kaum annehmbare Antwort und keine Erklärung, *wie* das funktionieren sollte. Das Bekenntnis, »Wachstum nicht grundsätzlich schlecht zu finden«, klingt *scheinbar* vernünftig, weicht aber dem Problem völlig aus.

Das *Wachstums-Paradigma* – und dessen innere Antriebskräfte – sind jedoch der archimedische Punkt. Führen wir uns doch die Folgen einer einfachen Rechnung vor Augen:

7% Prozent Wachstum bedeuten Verdopplung in rund 10 Jahren,
5% eine in 15 Jahren, und ein Wachstum von
3% benötigt dazu knapp 24 Jahre.

Das als ›gesund‹ angesehene Wachstum von – mindestens – drei Prozent bedeutet eine Verdopplung der Wirtschaftsleistung nach 24, eine Vervierfachung nach weiteren 24 und eine 16fache Ausweitung nach abermals 24 Jahren. Innerhalb eines Menschenlebens wird diese Hypertrophie, wenn nicht schon längst vorher, tödlich. Das ist Krebs. Aber wir hören von Ökonomen und anderen ›Experten‹ seit vielen Jahren, daß »ein Wachstum unter 3 % keine Jobs schaffe«.

Arbeitsplätze sind nötig. Sie werden in der Regel aber möglichst abgebaut und sind Auslöser für steigende Börsenbewertungen wie umgekehrt der Aktien-Kurssturz die Folge von zu hohen ›*labour-costs*‹ ist.

Der Stehsatz – er wurde auch von A. F. VON HAYEK sinngemäß immer wieder gesagt: »Man kann kein wohlhabendes Land schaffen ohne reiche Leute« – ist zu schön. Er tut so, als gäbe es dafür ein ›Natur‹-Gesetz. Nur liegen die sozialen Extreme heute längst unerträglich weit auseinander, die Ärmeren haben nicht nur nicht im gleichen Maß am ›allgemeinen‹ Wohlstand teil, sondern versinken immer mehr in die drückendste Armut und haben noch weniger als vorher. Die oben genannte Behauptung ist also schlicht falsch, eine Propaganda-Lüge *Libinterns*,[117] der »aufgeklärten liberalen Internationale«.

Das hindert Liberale freilich nicht, sogar philosophisch zu werden, indem Wohlfahrt mit Freiheit in Zusammenhang gebracht wird, was immer das in den USA bedeuten mag.

R. B. PERRY meint zum Beispiel:[118] »Auf den Punkt gebracht, gibt es keinen Unterschied zwischen ›Wohlfahrt‹ und Freiheit, da die effektive Freiheit eines Menschen seinen ihm zur Verfügung stehenden Mitteln entspricht.«[119] Und R. L. HALE vertritt dazu: »Ungleichheiten des Vermögens/Reichtums sind Ungleichheit der Freiheit«, was ja zu der Ansicht führt, daß, »wenn mehr Menschen Autos kaufen oder auf Urlaub fahren, sei auch ›mehr Freiheit‹ vorhanden«.

7.1 Wie viel Staat braucht eine Volkswirtschaft?

Eine der am weitesten verbreiteten Lehren der liberalen Internationale, neben der Lehre vom ewigen Wirtschaftswachstum, ist die von einem ›*Weniger-an-Staat*‹ (*reduced government*).

Sie klingt immer so ›überzeugend‹, weil es sich scheinbar um die Tugend der Mäßigung und Sparsamkeit handelt. Doch in unserer europäisch-kontinentalen Kultur gibt es immer noch eine andere Werte-Hierarchie als in den USA. *Die Gesellschaft als Ganzes* besitzt einen eigenen Wert – sie steht über dem Individuum, sie sichert den sozialen Zusammenhalt, und sie bewirkt, daß eine Vielzahl von Gemeinschaftsleistungen auch tatsächlich von der Gemeinschaft bereitgestellt werden. Diese *universalistische, ganzheitliche* Gesellschaftsauffassung, im Gegensatz zur individualistischen, atomistischen, ist auch wesentliche Ursache für all das, was in Europa geschaffen wurde. Das ›Weniger-an-Staat‹ als Schlachtruf schließt in sich, daß heute Unnützes, Überflüssiges oder mit schlechter ›*performance*‹ getan würde. Diese Unterstellung ist in dieser All-*gemeinheit* schon falsch und eine *Ge-*

---

[117] Eine Art, allerdings anonyme, Nachfolge-Organisation der in den Nachkriegsjahren selig dahingeschiedenen Komintern.

[118] *Freedom and its Meaning*, hg. von R. N. ANSHEN, New York 1940, S. 269.

[119] Ebenda, S. 385.

meinheit. Es zeigte sich inzwischen auch, weil es ja seit REAGAN und THATCHER zahlreiche Beispiele gibt, daß überall dort, wo man privatisierte, die Leistungen schlechter und teurer wurden oder diese überhaupt verschwanden, etwa bei der Sicherheit und Pünktlichkeit der britischen Eisenbahn.

Dieser Schlachtruf erweist sich auch zunehmend als Trojanisches Pferd, sofern bestehende Strukturen, die Othmar SPANN als *Kapital höherer Ordnung* erkannte, damit zerstört werden. Wir werden also in Wirklichkeit nicht ›reicher‹, oder ›freier‹, oder ›selbständiger‹, oder ›verantwortungsbewußter‹, und was die ewigen Wahrworte noch verheißen, sondern auch hier ist das Gegenteil der Fall. Man erkennt am Beispiel von JELZINS Rußlands ganz deutlich, was selbst die Vernichtung einer ineffizienten Ordnung – der kommunistischen Planwirtschaft – für verheerende Folgen für die Menschen hatte: Anarchie, Kleptokratie, Auflösung und mit ihnen im Gefolge die bitterste Armut *aller* Volksschichten bis hin zum Ethnozid aus blanker Not.

Es ist hier nicht der Ort, über den Irrtum des ›*New Public Management*‹, also das Übertragen von betriebswirtschaftlich-kapitalistischen Methoden auf die öffentliche Verwaltung, zu sprechen. Daß es sich um eine geistige Verwirrung nur handeln kann, wird klar, wenn man diese ›Grundsätze‹ auf das Gesundheitswesen, die Altersvor- und -fürsorge, die Schule, die öffentliche Sicherheit oder die Justiz anwendete – von den Verwaltungsaufgaben oder der Durchsetzung von Gesetzen und Verordnungen ganz zu schweigen. Es scheint, daß es sich ausschließlich um einen *Angriff auf die staatliche Ordnung*, auf das Beamtentum und damit eigentlich auf die *Souveränität* des Staates handelt, denn ohne diesen loyalen Arm wäre der Staat – im Sinne von dem das Volk um- und erfassenden Souverän – nur noch in der Theorie Herr im eigenen Haus.

Das Libinternsche Dogma glaubt, alles über das Geld regeln zu können: Wenn man der Regierung Geld entzöge,[120] müßten die Beamten wirkungsvoller werden usw. Das scheint überhaupt ein Grundirrtum der materialistischen Betrachtungsweise zu sein: »Wenn die Menschen keine Sozialsysteme hätten« oder »diese wesentlich reduziert wären«, müßte alles besser, sprich effektiver werden. Über diese

[120] Das ist die Methode des IWF, Kredite davon abhängig zu machen, daß die Regierungen einen scharfen Austerity-Kurs fahren, die sogenannten ›*economic adjustment policies*‹. Mit der Schuldenfalle folgt immer sehr rasch die Zinsknechtschaft, eben weil das Geld – wie überraschend – sehr knapp zu werden beginnt; die Zinsen fressen es auf.

Voraussetzungen kommen die Verfechter des ›schlanken Staates‹ zu einer sogenannten Laffer-Kurve, mit der ein US-Professor dieses Namens irgend etwas bewiesen haben will. Angeblich: Besteuerung bringt weniger ein, ›*Incentives*‹ bringen mehr ein. Damit werden die Steuergeschenke und die direkten Transfers aus den öffentlichen Haushalten zu den Konzernen ganz ›marktwirtschaftlich‹ begründet.

Die zum Beweis solcher Dogmen gelegentlich angeführten US-Beispiele sind jedoch durch die Bank fragwürdig, man denke zum Beispiel an die ›Reform‹ des *US-Welfare-Systems*. Man ›beweist‹, daß nun *weniger* Menschen Subsidien (= gesetzliche Leistungen) aus dem Sozialsystem bekommen als früher, weil man die Anspruchsberechtigung vor allem zeitlich absolut begrenzt, also beschnitten hat. Nach höchstens fünf Jahren fällt man aus dem ›Sozial‹-system ganz heraus. Damit ist die geringere Inanspruchnahme natürlich so logisch wie der Satz: »Es regnet, weil es regnet.«

In Neuseeland sank auch der Krankenstand und die Arbeitslosigkeit, nachdem dort durch einen ›der US-Boys‹ von Harvard oder Chicago, in diesem Fall Allan SCHICK, das Sozialsystem ›reformiert‹ wurde, indem er empfahl, sich den Aufwand für das Führen einer Statistik überhaupt zu sparen. Damit verschwanden Krankenstand und Arbeitslosigkeit, in der Tat ein *schlagender* Beweis für die Wirksamkeit neoliberaler Ordnungsprinzipien.

Zieht man aber einmal zum Vergleich den beispiellosen Erfolg des wirtschaftlichen Wiederaufbaus Deutschlands zwischen den beiden Weltkriegen nach der Großen Depression der dreißiger Jahre heran, so erkennt man, daß dies – außer der sprichwörtlichen Tüchtigkeit und des Fleißes der Deutschen – vor allem der organisatorischen Leistung und *Lenkung* der Wirtschaft – dem Kapital höherer Ordnung – zu danken war.

Deutschland war zu dieser Zeit in der bedrängten Lage, allein und aus eigener Kraft den Wiederaufbau schaffen zu müssen. Die Mittel waren äußerst beschränkt. Im Inneren konnte sich Deutschland eine beliebige Währung schaffen, eine ohne Golddeckung, sondern mit Mefo-Wechseln,[121] mit der die Landesbürger das Notwendige kaufen konnten. Die deutsche Währung war sozusagen nur Tauschmittel, um die Binnenwirtschaft aufrechtzuerhalten. Wichtiger waren damals

---

[121] Der Mefo-Wechsel war ein 1934 von Hjalmar SCHACHT entworfenes Kreditierungsmittel für Reichsausgaben. Es waren Wechsel der privaten Metallforschungsgesellschaft (MEFO), mit denen von 1933 bis 1938, garantiert vom Deutschen Reich, 4 Mrd. RM finanziert wurden.

oft ohnedies Berechtigungskarten, um das Gewünschte überhaupt beziehen zu können. Das erforderte aber, *die Grenzen abzuschließen* und den Außenhandel streng vom Staat steuern zu lassen, internationale Devisen - Dollar, Franken, Yen usw. - von diesem ausschließlich verwalten und für den Kauf der notwendigsten Grundstoffe und Ausrüstungsgüter verwenden zulassen. Die Gedanken dazu hatte FICHTE in seinem *Geschloßnen Handelsstaat* niedergelegt.[122] Ähnliches finden wir auch bei LIST über die »Erziehungszölle«, die die Binnenwirtschaft vor der übermächtigen Konkurrenz so lange schützen sollen, bis man ihr standhalten könne.

Sogar aus den USA findet sich ein Beispiel: die ›*Tennessee Valley Authority*‹, die im Mutterland des Kapitalismus ein beispielgebendes und Bundesstaaten übergreifendes Entwicklungsvorhaben unter streng hierarchischer Organisation und geplanter Zusammenarbeit sowie unter weitgehender Ausschaltung von ›Marktmechanismen‹ durchzog - zur Überwindung der Großen Depression übrigens, was den USA wegen des sonst doch ganz anderen Paradigmas weit weniger gut - bis gar nicht - gelang als Deutschland.

Das ›Weniger-Staat!‹ entpuppt sich als Propagandaparole, mit der eine bestimmte Form der Wirtschaft begünstigt werden soll: der Raubtierkapitalismus des individualistischen Liberalismus.

8 Die inneren Antriebskräfte der Globalisierung[123]

Lange merkten wir es nicht. Das lag zum Teil daran, daß wir scheinbar im Wohlstand leben - allerdings auf Kosten der künftigen Generationen - und wir vor allem mit uns selbst beschäftigt waren. Von ›Rechten‹, ›Selbstverwirklichung‹, ›Freiheiten‹ usw. war die Rede, vom Triumph des ›Individualismus‹ gegenüber dem ›bösen Kollektivismus‹ sowjetkommunistischer Prägung, und nicht von der ununterbrochenen totalen Desinformation der Medien, die im Dienste des großen Geldes das materialistische Paradies auf Erden verkündeten, etwa:

- Francis FUKUYAMA, *Das Ende der Geschichte,*
- Zbigniew BRZEZINSKI, *Amerika die einzige Weltmacht,*
- George BUSH sen. mit seiner Verkündigung der *One World* und der Weltregierung.

[122] Siehe dazu: »Probleme des Wiederaufbaus«, in: *Staatsbriefe* 8-9/1999, S. 20.

[123] Dies wurde am 1. Oktober 2004 vom Autor anläßlich des Kongresses »Die Christliche Welt im 3. Jahrtausend« in St. Petersburg vorgetragen.

Insbesondere HUNTINGTON und FUKUYAMA trugen – sich gegenseitig ergänzend und unterstützend – den geradezu gesetzmäßigen Gang der Geschichte vor: Globalisierung gewissermaßen als Naturgesetz und damit unvermeidlich, unausweichlich!

Die Prostitution der Medien machte daraus – abwechselnd nach dem Prinzip von »Butterbrot und Peitsche« – geradezu ein ›Glück‹, indem die Globalisierung für alle, die ganze Menschheit, nur Positives bringe: mehr Chancen, Wohlstand, Frieden, Demokratie, Gleichheit, Freiheit, Menschenrechte und -würde und was sich sonst alles an ›ewigen Wahrworten‹ erfinden ließe. Man will ja nicht bloß einem Sachzwang erliegen, sondern dies alles auch aus ›freiem Entschluß‹ – ob der Vorteile und um den eigenen Willen durchzusetzen.

Und die USA sind einerseits das ›Gelobte Land‹ – »*God's own Country*« –, das Land der Freiheit, der Superlative, des Fortschritts und des ewig steigenden Wohlstandes und des verfassungsmäßig garantierten Glücks. Sogar ihre Philosophie ist davon durchdrungen: Je mehr einer hat, um so größer ist seine Freiheit. Sinnbild dieser Freiheit ist die Freiheitsstatue – heute, als wäre es ein Menetekel, ist sie vom Zahn der Zeit zernagt, verrostet und eine wahre Ruine, deren Zustand man aus der Ferne noch nicht erkennt, die wie zum Hohn jene Millionen von Negersklaven in der Neuen Welt begrüßte[124] und

Glanz und Elend der USA – das Monopoly ist vorbei. Die Immobilienbranche, die selbst mickrige Hütten zu Höchstpreisen versilbern konnte, hat eine der schlimmsten globalen Finanzkrisen herbeigeführt.

[124] Die Masse der Sklaven wurde zwar in Boston ›angelandet‹, aber die Symbolhaftigkeit bleibt doch davon unberührt.

diesen gewiß die richtigen Vorstellungen von der Freiheit à la USA vermittelt haben dürfte.

Ist es nicht unheimlich, daß ausgerechnet die Europäer und wir, die Deutschen, diesen Schwindel bisher für bare Münze hielten? Wir, das Land der Jahrtausende alten Kultur, in der das Denken, die Ordnung, die Disziplin, das Streben, Treue und Glauben geradezu die Kennzeichen unseres Volkes waren und noch immer sind. Wir, die den totalen Vernichtungskrieg zweimal innerhalb eines Jahrhunderts erlebten, die Zerstörung und Zerstückelung unseres Landes, unserer Städte und Kulturdenkmäler, die Ermordung und Vertreibung von zig-Millionen, . . . wir glauben das?

Aber: »Der Krug geht so lange zum Brunnen, bis er bricht!« Von einem zum anderen Augenblick kann sich die Lage ändern, weil, wie bei einem Vexierbild, unser Volk plötzlich das andere, bisher verborgene Bild erkennt. Das Rumpelstilzchen zerplatzte vor Wut und verschwand unter Schwefelgestank im Erdboden, als es seinen Name entdeckt sah. »Des Kaisers neue Kleider« wurden als Nacktheit erkannt, als das kleine - unschuldige - Kind sagte: »Aber er hat doch gar nichts an!«

Ist jetzt dieser Augenblick gekommen?

Vor ein paar Jahren - 2001 - stellte auf dem internationalen Kongreß der Russischen Akademie der Wissenschaften über die geopolitische Lage Rußlands und Europas der auch im Westen bekannte und angesehene Menschenrechtsaktivist Prof. Alexander ZINOWJEW fest: »Was wir heute erleben, ist nicht ein Krieg der Evolution (»*survival of the fittest*«), sondern eine Evolution des Krieges. Die Liberalisierung und Globalisierung ist eine neue Art des Krieges«, und er fügte hinzu, daß die Verluste, die Rußland seit 1991 - also innerhalb eines Jahrzehnts - erlitten hatte, um mindestens zehnmal größer seien als die im gesamten Zweiten Weltkrieg erlittenen und es, wenn überhaupt möglich, fünfzig Jahre dauern würde, um diese Verluste auszugleichen. Er meinte damit, wie aus seinen Zahlenangaben zu erkennen war, nicht nur materielle oder wirtschaftliche Verluste, sondern jene an Menschen, den schleichenden Genozid am russischen Volk in geradezu erschütternden Dimensionen.

In unserem Buch *Wir werden schamlos irregeführt* haben wir darüber ausführlich berichtet, ebenso über die Beurteilung der US-Wirtschaft durch den angesehenen Schweizer Ökonomen und Wirtschaftsberater Prof. Fredemund MALIK. Sein Urteil war vernichtend, und die *FAZ*, hinter der sich angeblich »immer ein kluger Kopf verbirgt«, glaubte, sich mit einem redaktionellen Vorspann für die Ansichten

MALIKS – sie sei eine »Sondermeinung« – entschuldigen zu müssen. MALIK sagte klipp und klar, daß das angebliche US-Wirtschaftswunder ausschließlich auf gefälschten Statistiken und Zahlen beruhe.

Das Fazit: Die USA sind eigentlich bankrott! Darauf soll jetzt nicht weiter eingegangen werden, die Fakten sind unter anderem bei MALIK und jüngst auch bei Richard MELISCH[125] nachzulesen. Dies ist jedoch ›nur‹ ein Symptom der eigentlichen Krankheit, die darin besteht, daß die Welt chaotisch geworden ist. Diese Feststellung schließt drei Fragen in sich:

(1) Was verstehen wir unter Chaos?

(2) Was sind die wahren Ursachen dafür, daß wir in diesen katastrophalen Zustand geraten sind?

(3) Wie ist es möglich, diesen offenbar unerwünschten, weil tödlichen Zustand zu überwinden? Wir müssen also die Frage nach dem Ziel und Zweck des Staates neu stellen.

Die erste Frage setzt natürlich voraus, daß wir eine konkrete Vorstellung davon haben, welcher Zustand offenbar das positive Andere ist, das wir anscheinend verloren haben. Sonst wäre ja die Behauptung, daß wir das *Chaos* haben, eine leere Phrase. Was ist das Andere? Es ist die *Ordnung*. Man könnte einwenden, daß es auch andere ›Alternativen‹ zum Chaos gäbe: die ›Freiheit‹, das ›Glück‹, die ›Gerechtigkeit‹, den ›Wohlstand‹ usw. Das sind aber nicht die Gegensatzbegriffe zum Chaos. Unser Denken ist von der Logik beherrscht, die, auf den kürzesten Nenner gebracht, lautet: wahr-falsch, gut-böse, ja-nein usw. . . »*tertium non datur*« – ein Drittes gibt es nicht! Wir haben daher nur mit diesen beiden sich ewig unversöhnlich gegenüberstehenden Begriffen zu tun: Ordnung und Chaos.

Die erste Frage können wir also beantworten, daß Chaos die Abwesenheit von Ordnung ist. In früheren Zeiten hatten die Menschen eine konkrete Vorstellung von der Ordnung: Es war die Harmonie der himmlischen und irdischen Dinge. Sie wurde an einem Punkt festgemacht, nämlich an der gedachten Linie vom eigenen nördlichen Standpunkt auf Erden zum Polarstern, dem einzigen Fixpunkt im ganzen, von uns aus beobachtbaren Universum. Diese Achse war das ›Feststehende‹, das ›Gewisse‹, das ›Sichere‹, um die im ewigen Kreisen der gestirnte Himmel und der Lebensraum auf Erden sich gesetzmäßig bewegten. Aus dieser unmittelbaren Anschauung ent-

[125] Richard MELISCH, *Der letzte Akt – Die Kriegserklärung der Globalisierer*, Hohenrain, Tübingen 2007.

sprang das Gesetz der Ordnung, ohne das der Mensch verloren, verwirrt, mutlos, desorientiert wäre.

Ordnung und Ordner, Gesetzgeber, Herr über das ganze kosmische und irdische Walten waren und sind synonyme Vorstellungen. Im Indogermanischen ist der Begriff ›*guott*‹ Ausdruck für die erwähnten Vorstellungen: das Feststehende, das Gewisse, das Sichere – und es ist dies auch unser heutiger Begriff ›Gott‹ und ›gut‹.

Der Mensch fühlt sich in dieser gott-gegebenen Ordnung geborgen, sicher. Sie bestimmt die Ordnung innerhalb der Gemeinschaft, und der Einzelne wie die Gesamtheit richtete sein/ihr religiöses, kultisches und alltägliches irdisches Tun und Handeln im Zeichen dieser göttlichen Ordnung, das heißt im Einklang mit den Gesetzen (= Geboten) Gottes aus. Das änderte sich erst für uns heutige westliche Menschen mit der Aufklärung und der Französischen Revolution, deren drei zentralen Parolen oder Dogmen waren und sind:

- Vorwärts, gegen Thron und Altar!
- Der Mensch ist das Maß aller Dinge!
- *Liberté, égalité, fraternité – ou la mort!* Damit in einem Wort zusammengefaßt: »Gott ist tot!«

So wie es – oben schon angedeutet – immer zwei sich gegenüberstehende, gegenseitig bedingende Begriffe gibt: gut-böse; wahr-falsch, Ordnung-Chaos, existieren auch andere Begriffe nur paarweise: Vater und Mutter, Eltern und Kinder, Gott und Mensch. Wenn aber Gott tot ist, dann haben wir auch mit der Ermordung Gottes den Menschen abgeschafft. Das Gerede von den Menschenrechten ist nur leeres Stroh – ohne Gottesrechte! Und wir wissen inzwischen ja auch nur zu gut, daß die amerikanischen Forderungen nach »Einhaltung der Menschenrechte« ein bloßes Kriegsmittel sind, um andere Nationen unter Druck zu setzen und schließlich unter diesem Vorwand mit einem totalen Krieg zu überziehen.

In der Theologie werden oft ähnliche Metaphern wie unsere ›politischen‹ von Ordnung und Chaos gebraucht: Licht und Finsternis, Gott und Teufel oder Erlöser und Antichrist. Man kann alle diese Begriffe austauschen, der Sinn des Gesagten bleibt immer der gleiche.

Wenn wir also heute meinen, eine ›Ordnung‹ vorzufinden – etwa mit WTO, GATT, GATS –, so ist dies ein Irrtum. Wirkliche Gesetze ›findet‹ man, sie fallen sozusagen vom Himmel, man kann sie in Wahrheit nicht *er*finden, mit ›Mehrheit beschließen‹ – egal mit welchen Quoren. Wenn sich unsere Parlamente einbilden, ihre ›Arbeit‹ oder ihren ›Fleiß‹ nach der Anzahl der verabschiedeten Gesetze zu bemessen, so verwechseln sie nur Quantität mit Qualität. Sie vergrößern in aller Regel nur das Chaos: Widersprüche zu bestehenden oder alten Rechtstraditionen, Anlaßgesetze, Privilegierungen (vom lat. *privare* = berauben, stehlen), Unklarheit, Undurchführbarkeit, krasse Verletzung ewiger Gebote, etwa »Du sollst nicht töten!« – und Legalisierung des Mordes an Ungeborenen.

Mit diesem Befund sind wir ganz unvermutet auch zur Beantwortung der zweiten Frage gekommen. Die positivistische Anmaßung, nun selbst die ›Gesetze‹ zu erlassen, aber die ewigen, göttlichen – oder wenn man so will: das Naturrecht – zu ›vergessen‹ oder überhaupt durch ›neues Recht‹ außer Kraft zu setzen, ist die eigentliche Ursache dafür, daß wir in diese chaotische Lage geraten sind.

Hieß es bisher: »Du sollst an Gott glauben!«, so war dieser für Christen der *creator mundi*, mit dem ihm allein zustehenden Privileg der »*creatio ex nihilo*«, der Schöpfung aus dem Nichts, so steht ihm im heutigen Chaos ein Mensch gegenüber, der sich einen ›neuen‹, einen anderen Gott, einen Götzen, geschaffen hat: den Mammon, dessen Kult im ›Tanz um das Goldene Kalb‹ stattfindet. Es ist dies der Kult des ›*fiat money*‹ wie im biblischen Schöpfungsbericht: »Es werde... Geld!« – das aber nur scheinbar, auch aus dem Nichts geschöpft wird.

Dieses von privaten Banken ›geschöpfte‹ Geld und sein durch Wucher (den Zins) ewiges Wachstum sind einerseits die unmittelbaren Folgen des Abfalls von Gott, andererseits die innerste Antriebskraft der Globalisierung, eines menschengemachten Übels.

Was stünde dem entgegen? Auch das ist klar: die Nation, die sich im Nationalstaat konkretisiert.

Darum ist im heutigen Chaos der (National-)Staat ganz offensichtlich das durch die Globalisierung ›zu Überwindende‹. Er steht ihr entgegen, und bedeutende Philosophen (u. a. HERDER, FICHTE), aber auch die Kirche in zahlreichen Enzykliken sprachen von den Nationen als »Gedanken Gottes«. Der (National-)Staat scheint uns das einzig Feste, Sichere zu sein – wenn er bestimmte Bedingungen erfüllt, auf die wir noch zu sprechen kommen werden. Damit ist selbstverständlich kein überspitzter Chauvinismus gemeint, der nur die eigene Nation sieht und auf andere herabsieht, sondern eine die Souveränität dieser elementaren Bausteine achtende Ordnung. Und diese Grundbausteine sind eben die Nationalstaaten.

Ein paar Worte seien dazu gesagt, um damit auch eine Skizze zur Lösung, das heißt zur Strategie-Findung, beizusteuern.

Sie bedarf unter anderem – aber hier befinden wir uns in bester Gesellschaft, die dies in ähnlicher Weise sieht – einer Wiedergewinnung der Orientierung und damit der Ordnung – nicht irgendeiner, sondern der wahren, der einzigen, also der absoluten Ordnung, die wir verloren haben. Man könnte es auch anders ausdrücken: Es ist die Entfremdung und Abwendung von Gott.[126] Ein befreundeter Wirtschaftswissenschaftler und ehemaliger Top-Manager in der Industrie sagte einmal in einem öffentlichen Vortrag: »Das Wohlergehen eines Staates bzw. Volkes hängt unmittelbar vom Grad der Gottesverehrung dieses Volkes ab.« Das klingt für rationalistische, aufgeklärte Ohren reichlich entrückt von den ›zeitgeistigen Wahrheiten‹. Aber doch ist es gerade so.

Je mehr uns gewisse ›Zufälle‹ zu merkwürdig erscheinen, als daß sie noch für Zufälle gehalten werden könnten, desto mehr stößt man auf Bestätigungen obigen Befundes.

Wir – die Nachfahren des indogermanischen Urvolkes im nördlichen Europa – werden mit dieser in unserem Lebensraum entdeckten, erschauten Ordnung und Orientierung gewissermaßen identifiziert. Zu den hervorstechendsten Eigenschaften unseres Volkes zählt sein Ordnungssinn, die innere Ruhe und Sicherheit, die aus einer solchen – ewigen – Ordnung kommt, was dann auch Zielstrebigkeit, Mut, Energie zur Folge hatte. Deswegen wurden Deutsche immer geholt, wenn es aufzubauen galt. Aber solche geradezu eingeprägten Eigenschaften sind natürlich auch der implizite, ewige ›Vorwurf‹ und die Herausforderung an das gegenteilige Prinzip: das Chaos. – Auch hierin sehen wir den Grund für die tödliche, unversöhnliche Feindschaft, die wir Deutsche oft – gewissermaßen als personifiziertes Prinzip der Ordnung – zu spüren bekamen.

Johann Wolfgang von Goethes Vision der kommenden Zeit hat im *Faust II* ihren literarischen, aber vor allem philosophischen Ausdruck gefunden: Rastlosigkeit des Schaffens, dem das alte Ehepaar mit seiner Hütte im Weg ist, gerichtet gegen eine feindliche Natur (wer dächte nicht an die holländischen Deiche, die bei nur einem geringen Anstieg der Wasserlinie das Land nicht zu halten erlaubten?). Es ist vor allem eine verzifferte, technisierte Welt.

Goethe kannte auch schon die wunderbare Geldvermehrung mit dem von John Law erfundenen Zettel-Geld, und er hat es in der Karnevalsszene entschlüssel, indem er damit das Verrückte dieses Treibens geheimnisvoll andeutete: als eine scheinbare Ordnung –

---

[126] Einer aktuellen Studie für Italien, Frankreich und Deutschland zufolge liegen die Anteile der Bevölkerung, die noch mit Gott etwas anzufangen wissen, bei jeweils 16, 15 und 14 Prozent.

John LAW und eines seiner Assignats (Zettelgeld).

im rastlosen Schaffen – und mit »Zuckerbrot und Peitsche« erzwungen.

Dementsprechend sieht es auf der Welt aus: ». . . nach dem Untergang der letzten Christen[127] und des letzten Christenfreundes beherrscht die öde Flachheit des Positivismus die ganze Erde. Technik, Industrie, Handel und Kolonisation sind die bestimmenden Mächte geworden. FAUST ist jetzt wirklich PLUTUS, dessen Rolle er auf jenem Maskenfest prophetisch gespielt hatte. Es ist die Zeit der Diktatur der Plutokratie. . . Die Arbeiterfrage ist für den Weltherrn FAUST kein Problem; dem MEPHISTO gebietet er:

»Arbeiter schaffe Meng´ auf Menge!
Ermuntere durch Genuß und Strenge!
Bezahle, locke, presse bei!«

Die Wunder sind jedoch nur vorübergehend oder überhaupt Täuschungen. Der Tanz um das ›Goldene Kalb‹ war noch nicht in der heutigen extremen Weise erkennbar, wie wohl eine der wesentlichen Voraussetzungen für das ›*fiat money*‹.

Die innere Dynamik des Systems kommt, wie erwähnt, aus dem Zinssystem. Es bedeutet ewiges Wachstum. Doch die Bäume wach-

---

[127] Das alte Ehepaar, das noch in seiner Hütte lebt und den neuen, technisierten Fabriken – und FAUSTS Vision – im Wege ist, die folglich ›abgefackelt‹ wie es selbst ermordet wird.

sen nicht in den Himmel. Unsere Welt ist ein ewiger Kreislauf. Im exponentiellen, ewigen Wachstum liegt der weitere, schwerwiegende Verstoß gegen die natürliche (= göttliche) Ordnung, die – wie im jahreszeitlichen Wandel schon ersichtlich – eine zyklische ist. Geburt, wachsen, sterben und wiedergeboren werden ist der natürlichen Ordnung gemäß.

Der Leser kennt bestimmt das Beispiel mit dem Pfennig, der bei CHRISTI Geburt zu 5% angelegt wurde. Sein heutiger Wert läßt sich leicht abschätzen: 5% Zins bedeutet eine Verdopplung des Kapitals alle 15 Jahre, das heißt, bis heute hätte sich der Pfennig 133 x verdoppelt.

Sein Wert ist 2^{133} oder im vertrauteren Dezimalsystem ~ 10^{40}. Das heißt eine 1 mit vierzig Nullen. Zur besseren Abschätzung der Dimension ein paar ›externe‹ Daten:

Radius der Erde:	r = 6.378,16 km
Volumen:	1.083.218.990.000 km^3
Ø-Dichte:	5,514 g/cm^3
Sonne:	r = 696.350 km
	(ca. das 100fache des Erddurchmessers)
Volumen:	1,414 . 10^{33} cm^3
Masse:	1,993 . 10^{32} g

Erde aus Gold: 20,9 . 10^{29} g ~ 2,688 . 10^{29} \$, für die Sonne ergäbe sich etwa das ~ 0,33367 . 100.000fache der Erde, das entspricht einem Wert in purem Gold von ~ 0,89 . 10^{35} \$.

(1 kg Gold ~ 12.800 \$ —> ~ 10.300 Euro; bei einem angenommenen Preis für eine Unze Gold von ~ 900 \$; Stand bei Abfassung des Textes; heute kostet eine Unze rund 900 \$.)

Der Pfennig hätte also seit CHRISTI Geburt den Wert von etwa 50 Sonnen aus purem Gold erreicht; nur indem er zu 5% Zins ›gearbeitet‹ hätte, bis zur Zeit der Renaissance, um etwa 1570, immerhin schon einmal die ganze Erdkugel aus Gold.

Ein griechischer Mythos berichtet von ERYSICHTHON, dem Königssohn, der im heiligen Hain der DEMETER einen Baum fällen läßt, um sich einen Palast für Festmähler zu bauen. Er schlägt die Warnungen der Göttin aus und wird für diesen Frevel mit ewigem Heißhunger bestraft. Er endet schließlich als Bettler (KALLIMARCHOS). Diese Sage wird später mit der Tochter des ERYSICHTHON verbunden, die ihr Vater zu seinem Lebensunterhalt täglich verkauft und die immer wieder in verwandter Gestalt zu ihm zurückkehrt (OVID).

Im ersten Fall wird die Maßlosigkeit zur Strafe, indem sie ins Unersättliche gesteigert und zum Elend, ja zum Kannibalismus des sich selbst auffressenden Ungeheuers wird. Die zweite Fassung hat indirekt mit dem Geld zu tun: Es wird – wie die Tochter – immer wieder ausgeliehen und kommt (in verwandelter Form – als Zins) immer wieder zurück. Die ›Käufer der Tochter‹ sind stets der Betrogenen.

Der Zins ist daher in allen Religionen als Todsünde gebrandmarkt, bei den Juden in den Büchern MOSES an mehreren Stellen, daneben in der Kirchengeschichte in zahlreichen Enzykliken der Päpste, zuletzt in »*Vix pervenit*« von Papst BENEDIKT XIV. aus dem Jahre 1745. Martin LUTHER sagte 1519 über den Zins: »Solche Wucherzinsen sind gestohlen Deinem Nächsten und wider Gottes Gebot.«

Die Sache ist also mathematisch-mechanistisch, religiös-moralisch und aus der natürlich-göttlichen Ordnung als Gesetz-, Ordnungs- und Naturwidrigkeit eine Unmöglichkeit.

Wir wollten damit nur verdeutlichen, was diese Perversion in unserem täglichen Wirtschaften bedeutet und was daher von all dem politischen Geschwätz zu halten ist, unter anderem von den Maastricht-Kriterien bezüglich der Neuverschuldung.

Nachdem wir nun die beiden ersten Fragen – was wir unter ›Chaos‹ verstehen und wie es dazu kommen konnte – mit einigen Argumen-

Der Preis für die zeitweilige Überlassung von Geld (Zins) öffnete dem Wucher stets Tür und Tor (Wucherzins). Hier: Wucher und Preistreiberei, Holzschnitt von Albrecht DÜRER aus: Sebastian BRANTS *Narrenschiff* 1494.

ten deutlich gemacht haben, fehlt die – schwierigere – Antwort auf die Frage nach der Überwindung dieses Zustandes. Sie ist mit einer so skizzenhaften Darstellung wie bei den ersten Fragen natürlich nicht möglich und ist überdies das Anliegen dieses Buches, das heißt, sie wird sich auf den folgenden Seiten enthüllen. Wir hoffen, daß die Antwort am Ende doch auch klar sein wird.

9 Die Lage auf dem europäischen Binnenmarkt[128]

Die tatsächlichen ›*major players*‹ sind die Unternehmen.[129] Sie sind die treibenden Kräfte innerhalb der ›*global society*‹, sie drücken ihr den Stempel auf. Was findet dabei statt?

Wir erleben eine unkontrollierbar gewordene Machtfülle, die durch die Veränderung der *Wertmaßstäbe* zu einer sich immer mehr verstärkenden Konzentration in nahezu allen Lebensbereichen führte. Sie führt aber gleichzeitig zu einer Auflösung des bisher geltenden ›Gesellschaftsvertrags‹.[130] Unter dem Vorwand der Wettbewerbsfähigkeit und einer ständigen ›Standortdiskussion‹ werden ununterbrochene Dauerangriffe auf vernünftige und in unserer Gesellschaft erwünschte, teilweise hart erkämpfte Sozialerrungenschaften gefahren (unter anderem Arbeitszeit/Flexibilisierung, Alterssicherung/

---

[128] Ein angeblich wesentliches Motiv für diesen ›gemeinsamen Markt‹– die EU – war das *Block*denken, um im Wettbewerb am *Weltmarkt* gegenüber den anderen Blöcken – USA, Japan und früher auch den Comecon-Ländern – bestehen zu können. Insofern ist der EU-Binnenmarkt auch Synonym für Weltmarkt, eine ›*local global governance*‹. Im übrigen findet der Handel, wie noch gezeigt wird, ohnedies fast ausschließlich innerhalb der *Triade* statt.

[129] Drei Gründe:

(1) bessere Anpassungsfähigkeit an den Wechsel,

(2) Beherrschung der Technologie zur Massenproduktion; es herrscht eine ›Haben- und Konsum-Kultur‹ (Hier und Jetzt),

(3) firmeninterne Transaktionen sind nicht in den Handelsbilanzen enthalten.

Letztere sind somit wesentlich ›falsch‹ für die Erklärung und Ursachen des Welthandels. Der ›freie‹ Markt/Handel ist völlig verschieden von den Abläufen der internen Transaktionen in den Unternehmen, auf jeden Fall ist es kein ›freier‹ Handel oder ein ›offener‹ Markt mit ›umfassend informierten‹ Marktteilnehmern.

[130] Den es in Wahrheit nicht gibt. Der Einfachheit wegen bezeichnen wir dies hier so, meinen damit die bisherige Sozial- und Rechtsordnung, Bräuche, Lebensweisen und Traditionen.

Pensionsreform, Gesundheitskosten/Krankenhaus-›reform‹).[131] Die Vollbeschäftigung ist längst als ein vorrangiges Ziel der Politik dem Popanz der ›Wettbewerbsfähigkeit‹, also dem ökonomischen Kalkül und der Ideologie des ›*shareholder-value*‹, geopfert worden. Wir haben uns sogar bereits an ein ›*jobless growth*‹ gewöhnt, das heißt an ein Wachstum der Profite nach wie vor, aber ohne jegliche Bindung an die eigentlichen Bedürfnisse der Gesellschaft.

9.1 Die Antriebskräfte dieser Entwicklung beruhen auf drei Prinzipien:

- Liberalisierung,
- Deregulierung,
- Privatisierung.

Mit diesen sozusagen konzeptionellen Grundlagen und unter Mithilfe der modernen Technik ist es den Konzernen erst möglich geworden, zu jenen ›global operierenden Netzwerken‹ zu wachsen, die sich jeder Kontrolle und Verantwortung entziehen konnten und auch entziehen.

Liberalisierung bedeutet angeblich – wie schon erwähnt – den Wegfall von unterschiedlichen Handelshemmnissen. In Wirklichkeit sind diese ›Hemmnisse‹, von Ausnahmen abgesehen, Richtung gebende Bändigungen chaotischer Kräfte, die sich aus dem besonderen Charakter der Völker und dem bisher allgemein als Staatsziel angesehenen Gemeinwohl ableiten. Indem man diese aus dem Gemeinnutz abgeleiteten Beschränkungen eines verabsolutierten und damit zerstörerischen Eigennutzes als ›Hemmnisse‹ diffamiert, wird gleichsam die Bahn frei gemacht. Damit wurde die Voraussetzung geschaffen, daß *große* Unternehmen sich Märkte außerhalb des nationalen Marktes erschließen konnten.

Nicht erst seit der UN-Konferenz über »Bevölkerung (Wachstum) und Umwelt« und dem 1972 zugleich erschienenen Buch über die *Grenzen des Wachstums* ist das Problem der endlichen Ressourcen bekannt und thematisiert worden. Aber es dauerte bis 1987, bis im Bruntland-Report *Our common future* das Konzept der Nachhaltigkeit (›*sustainable development*‹) auf die öffentliche Meinung Einfluß gewann – aber offenbar nur auf diese und bis jetzt nicht besonders wirkungsvoll. Denn

---

[131] Im Gegensatz zu den berühmt-berüchtigten ›wohlerworbenen Rechten‹, die ungerechtfertigte Privilegien von Gruppen sind.

die herrschende Grundüberzeugung von der Notwendigkeit eines ständigen Wachstums ist ungebrochen.[132]

Was sich in den vergangenen rund 35 Jahren, wohl nicht immer für jedermann erkennbar, vor unseren Augen abgespielt hat, ist eine unerhörte Konzentration von Macht durch einen Prozeß der Globalisierung *aller* Wirtschafts- und Lebensbereiche, nämlich der:

- Finanzen,
- Industrie,
- Konsumentenmärkte,
- Informatik und Kommunikations-Infrastruktur,
- Dienstleistungsbereiche,
- Medien,
- aber auch im immer hochtechnologischer werdenden Bereich der militärischen Sicherheit.

Einige Bereiche wollen wir näher betrachten.

9.1.1 Finanzen

Das täglich *jederzeit* verfügbare ›*fiat money*‹, das mittels Computerprogrammen weltweit über die BIZ und Weltbörsen herumgeschoben, angelegt und abgezogen wird, beträgt etwa zehn Billionen Dollar; das weltweite Gesamtvolumen von anlagefähigem Kapital hat eine unvorstellbare Größenordnung. Es gibt kein Unternehmen, das nicht jederzeit gekauft werden könnte. Was ist im Vergleich dazu der Börsenwert von Fiat oder Siemens?

Der Handel mit »Instrumenten, die das Kreditrisiko von einem Anleger zu einem andern verlagern«, hat sich von 1997 bis 2001 verneunfacht, auf 1600 Mrd. Dollar. Hier ›ortete‹ der IWF-Bericht eine als ›Regulierungs-Arbitrage‹ bezeichnete Entwicklung. Es ist freilich nichts geschehen, um diese Entwicklung einzubremsen.

Die BIZ, die alle drei Jahre einen weltweiten Statusbericht über das Derivate-›geschäft‹ vorlegt, meldet die *täglichen* Umsätze im Derivate-›geschäft‹ wie folgt:

2001 hat der Umsatz im klassischen Derivatehandel deutlich abgenommen (von 1490 im Jahre 1998 auf 1200 Mrd. Dollar im Jahre 2001). Dafür habe der Handel in anderen Bereichen stark zugelegt:

---

[132] Man kann ja ausrechnen, wie viel die Erlöse eines Unternehmens steigen müssen, daß es angesichts immer steigender Kosten und inflationärer Geldentwertung überhaupt überleben kann, von den anderen Gründen einmal abgesehen, daß das in Anlagen und Maschinen gebundene Kapital anwächst und das Umlaufvermögen relativ dazu immer geringer wird.

OTC-Devisen-Derivate in 2007: 2319 Mrd. $
OTC-Zins-Derivate in 2007: 1686 Mrd. $, zusätzlich die
Börse-gehandelten Derivate: 6173 Mrd. $, womit der
tägliche Umsatz per Stichtag 12 2007 bei über 10,1 Billionen Dollar liegt. Das entspricht der Größenordnung des BIP der USA in einem Jahr.

US-BIP 2007 wie auch im Jahre 2008 (real): 11,6 Bio. $ (nominal: 14 Bio. $)

Auf die täglichen Vergleichswerte bezogen, bedeutet das:

BIP je Tag: 31,8 Mrd. $ zu 11 370 Mrd. $ Derivate-›geschäft‹,

das heißt, die Realwirtschaft der USA macht beim Vergleich mit dem weltweiten Schwindel-›geschäft‹ gerade noch 3 Promille (0,003) aus!

Dabei gehen wir auf solche Marginalien gar nicht ein, daß das BIP der USA auch nur noch zu *weniger als einem Drittel* aus der Fertigung von Produkten besteht, der ›Rest‹, also mehr als zwei Drittel, sind Dienstleistungen – oft genug in der *virtual economy*![133]

Die dadurch bewirkten Kapitalbewegungen finden auf drei wesentlichen Feldern statt:

- im tatsächlichen Handel von Produkten und Dienstleistungen,
- in den ausländischen Direktinvestitionen (heute meist verbunden mit De-Industrialisierung der eigenen Volkswirtschaft!),
- in den Portfolio-Investitionen und insbesondere in den *spekulativen Anlagen* und Angriffen auf nationale Währungen.

Die bedeutendsten darunter sind die ›spekulativen Anlagen‹ in Derivaten, die natürlich nicht das geringste mit der realen Wirtschaft zu tun haben. Man bezeichnet diesen Komplex als ›*financial market*‹, eine beschönigende Formulierung, die den Eindruck vermittelt, daß es hier um Marktgeschehen ginge. Tatsächlich sind es Casino-Wetten in unvorstellbarem Ausmaß. Der Milliardär und Börsenspekulant Warren BUFFET bezeichnete diese Derivat-Geschäfte als »*financial WMDs*«, als finanzielle Massenvernichtungswaffen.

---

[133] Anders als die deutsche Volkswirtschaft ist jene der USA viel weniger vom Export abhängig. Der Außenhandel ist ein kleiner Bruchteil der Gesamtleistung, das heißt, jene täglichen Transaktionen der BIZ haben nur zu einem verschwindend geringen Teil etwas mit dem Zahlungsausgleich aufgrund der Lieferung von Waren und echten Dienstleistungen zu tun. Im übrigen bezahlen die USA ja ihre Importe nicht, wie ihr Handelsdefizit der vergangenen Jahrzehnte beweist.

Die Globalisierung der Finanzströme ist das bislang am wenigsten sichtbare Ereignis, aber den virtuellen Summen nach eines der einschneidendsten und folgenreichsten, wie wir noch sehen werden.

9.1.2 Industrie

An ein paar Beispielen wollen wir uns ansehen, *was* Globalisierung in der Industrie eigentlich bedeutet. Es ist nicht die Präsenz auf ein paar Auslandsmärkten, oder die Auslagerung einer Fertigungsstätte in ein Billiglohnland, oder das, was man bisher unter ›multinationalem Unternehmen‹ verstand.

Es handelt sich vielmehr um die völlige *Neukonstruktion* der Unternehmen als gleichsam ›virtuelle‹ oder ›Meta‹-Konzerne, die in sämtlichen Bereichen zu einer grundlegenden Entflechtung und Ent-ortung ihrer Ressourcen von den Bindungen an eine nationalstaatliche Wirtschaft führt. Dies betrifft Design, Entwicklung, F+E, die Rohstoff- und Materialbeschaffung, die Herstellung der Einzelteile und den Zusammenbau, den Vertrieb in ›globalen‹ Märkten, die Nutzung bis hin zum Recycling: Jede Phase der industriellen Prozesse ist betroffen. Es betrifft aber auch die Zuordnung von Arbeitskräften und vor allem *die vielfältigen Finanztransaktionen*. Diese Strukturen entziehen sich jeder wirklichen Kontrolle und Einflußmöglichkeit[134] einer nationalen Volkswirtschaft.

Daß dies keine plakativen Übertreibungen sind, kann man ermessen, wenn man sich die Konzernstrukturen von IBM, AT&T, Sony usw. ansieht. Sie sind weltweit verflochtene Organisationen, und sie setzen differenzierte Strategien für die verschiedenen Regionen um. Die globalen Unternehmen sind die Träger einer globalen ›Welt-Kultur‹. Das drückt sich weniger in der gesponserten[135] Übertragung des Neujahrskonzertes der Wiener Philharmoniker durch irgendwelche Konzerne aus als in der Vereinheitlichung des Konsums oder des Modebewußtseins, in den Eß- und Trinkgewohnheiten (Coca Cola, McDonalds) usw. Sie schaffen globale Normen und Standards, und

---

[134] Es ist nur eine Tatsache, daß unsere bisherigen Gesetze und ungeschriebenen (Handels-)Bräuche, ohne daß es auch nur bemerkt würde oder die Folgen bzw. Alternativen diskutiert werden könnten, außer Kraft gesetzt werden – unter anderem über die ›Regeln‹ der EU (exekutiert durch die Erkenntnisse des EuGH), die auf 3000 (!) Seiten kodifizierten WTO-›Freihandels‹-Regeln usw.

[135] Tatsächlich ist es billige PR und Image-Werbung, die man an einer Großtat der Kultur festmacht, zu der man selbst nie je etwas beigetragen hat.

sie besitzen und *nutzen* die unerhört verbesserte Verbindungsfähigkeit weltweiter Computernetze einer vernetzten Welt.

Die wesentlichen strategischen Bündnisse[136] zwischen den ›*key players*‹, etwa der Autoindustrie,[137] gehen über alle Bereiche[138] und schließen alle Konzerne mit ein.

Die treibenden Kräfte der globalen Auto-Megamaschine sind die in der Fußnote genannten (und einige Zuliefer-) Firmen sowie die Ölkonzerne. Ihre Umsätze in Euro (damals noch ECU) betrugen 1990:

Ölkonzerne	~ 624.391.000.000.- Euro[139]
Auto + Komponenten Hersteller	~ 570.451.000.000.- Euro

Zusammen beschäftigten sie rund 15 Mio. Arbeitskräfte (1991).

Die Luftverkehrs-Megamaschine ist noch umfangreicher vernetzt. Hier greifen die größten Luft- und Raumfahrtunternehmen mit großen zivilen Luftverkehrskonzernen, den größten Reiseagenturen und den größten Reiseveranstaltern und bedeutenden Anbietern von computergestützten Reservierungssystemen (die auch gleich die Hotelketten mit bedienen) ineinander.

Daß sie heute, im Zusammenbruch der Währungen und des Weltfinanzsystems, am Rande des Ruins stehen, macht abermals deutlich, daß solche babylonischen Türme zum Scheitern verurteilt sind.

Ein ähnliches Bild könnte man sowohl von der Telecom-Industrie zeichnen als auch von den Strukturen im *Agro-Business* und der Nahrungsmittelproduktion, im Energiebereich, in der Chemie usw.

9.1.3 Informationstechnologie

Bezüglich der Vernetzung der Welt kann man bekannte und vielleicht weniger sichtbare Beispiele anführen:

---

[136] Von den 4200 strategischen Kooperationsvereinbarungen zwischen Firmen, die zwischen 1980 und 1989 geschlossen wurden, betrafen 92 % Unternehmen aus Japan, Westeuropa und Nordamerika; 1,5% solche zwischen der Triade und den Ländern der Dritten Welt und 0,5% »sonstige«.

[137] BMW, Mercedes, VW/Audi, Fiat, Renault, Peugeot, Rover, Volvo, Chrysler, GM, Ford, Honda, Mazda, Mitsubishi, Nissan, Toyota.

[138] Gemeinsame F+E, Produktion, Joint Venture, Direkte Investitionen und gemeinsame Nutzung von Maschinen, OEM-Verträge, Distribution und Firmenaufkäufe bzw. Fusionen.

[139] Dieser gigantische Betrag, mit 13,3 malgenommen, wäre die Summe in noch vertrauteren österreichischen Schillingen in *Billionen*!

Das Telefonnetz ist die *größte* Informationsmaschine überhaupt. Es gibt kaum eine Gegend, die man nicht im Selbstwählverkehr anwählen könnte, obwohl eine gleichmäßige Verteilung und Verbreitung der Anschlüsse längst nicht der Fall ist. 500 Millionen Afrikaner besitzen weniger Telefone, als etwa Tokio Anschlüsse hat.

Das Internet hat sich zum größten weltweiten Netz für private Nutzung, vor allem auch im akademischen Bereich, entwickelt. Um strategische Unternehmensaufgaben darüber abzuwickeln, ist es zu unsicher, was aber nicht hindert, daß es auch hier eine bedeutende Rolle spielt. Allerdings sind die noch vor ein paar Jahren euphorisch in den Himmel gehobenen Geschäftsmöglichkeiten des ›*e-commerce*‹ mit dem Kollaps der NASDAQ auf den Boden der Realität zurückgeholt worden. Die Betrügereien im Internet-Geschäft wachsen mit dreistelligen Zuwächsen, wobei nicht die Eins an erster Stelle steht.

Die weniger sichtbaren, aber um so wirksameren globalen Info- und Kommunikationsnetzwerke wachsen sehr schnell. Beispiele oder Akronyme dafür sind:

TYMNET:	größter Produzent von ›*value added network services*‹ (VAN),
SWIFT:	weltweites Interbank-Finanz-Telekommunikationsnetz
SITA:	größtes geschlossenes Netz, das über 300 Luftlinien bedient,
RETAIN:	IBMs privates internes Netz,
SABRE:	Airline Reservation System (andere dieser Art sind AMADEUS, GALILEO usw.).

Ein kaum bekanntes Netz ist auch jenes des *World Economic Forum* (WEF), das wir wegen seiner Bedeutung für das Vorantreiben der Globalisierung beispielhaft auch noch näher betrachten wollen.

9.1.4 Prozeß-Steuerung der Weltagenda

Wir möchten im folgenden Struktur, Funktionsweise und Zweck globaler Netzwerke beschreiben.

Wir halten das für wichtig, damit der Leser eine Vorstellung dessen bekommt, wie vernetzt und selbstverständlich genauestens gesteuert *scheinbar* nicht zusammengehörige Dinge ihren Lauf nehmen. Die zielführende Perspektive, die, will man Zusammenhänge erkennen, einzunehmen zwingend ist, ist eine globale und synoptische, also eine Betrachtung von oben. Man darf Ereignisse nicht isoliert sehen. Wo bei scheinbar geringen Ursachen weit über diese hinausreichende Folgen zu bemerken sind, ist mit größter Wahrscheinlichkeit anzunehmen, daß diese nicht die einzigen Gründe eines kausalen Geschehens waren.

Bei einer vom WEF Davos organisierten Konferenz - »*Central and East European Economic Summit 1997 in Salzburg*« - konnte der Autor als Begleiter eines ausländischen Ministers die Funktionsweise mit eigenen Augen erfahren. Anhand von Selbstzeugnissen - ein Interview mit Prof. SCHWAB beleuchtet dies - soll die Wirkungsweise dieses Netzwerks vorgestellt werden.

Der offizielle Zweck solcher Konferenzen wie der genannten ist die Förderung der wirtschaftlicher Zusammenarbeit zwischen der jeweiligen Region und ›Partnern‹ aus EU-Europa und der westlichen Welt. Dieses Forum soll auch einen Prozeß der wirtschaftlichen Integration in dieser zentral- und osteuropäischen Region in Gang setzen.

Wir wollen hier aber nicht über die Arbeitsgruppen und Sitzungen berichten, sondern wollen eine Beurteilung und allgemeine Einordnung der Konferenz im Netzwerk der auf die Globalisierung hinarbeitenden Kräfte untersuchen.

9.1.4.1 *World Economic Forum* - Stiftung und Programm

Interessanter ist also der Stellenwert dieser Konferenz im gesamten Rahmen. Die Geburt dieser Konferenz in Salzburg geht auf das *World Economic Forum* (WEF) zurück, eine Stiftung einerseits, die aber auch jener Tagung in Davos den Namen gibt, die das alljährliche globale Stelldichein aus Politik und Wirtschaft ist. Es geht hier - anders als bei üblichen EU-Ratssitzungen und -›Gipfeln‹ - aber um mehr als um eine Schaufenster-Konferenz.

Das WEF ist »*committed to improving the state of the world*« (»fühlt sich der Verbesserung der Welt verpflichtet«) und meint damit, die Globalisierung voranzutreiben, auch dann, wenn es von seiner zweiten Antriebskraft, der Regionalisierung, spricht. Denn Region meint in diesem Kontext: »*local global governance*«,[140] die Schaffung jener ›*puzzles*‹, LEGO-Steinchen gleich, die sich dann wie von selbst zusammenfügen, weil sie von identischer innerer Struktur sind. So gibt es inzwischen neben dem Davoser ›*Annual Meeting*‹, ausschließlich für den Club – das sind die Mitglieder der Stiftung – folgende weitere Tagungen:

---

[140] Als ›Region‹ gelten hier EU, Mercosur, die APEC-Länder, also großräumige und zahlungsfähige Märkte. Mit einer ›Region‹ Mühlviertel oder etwas größer ›Euregio Interalpin‹ oder ›Euro-Region Tirol‹ hat das selbstverständlich nicht das geringste zu tun.

- Europa/East Asia Economic Summit
- Middle East/North Africa Economic Summit
- China Meeting
- Special Trip to the Greater Mekong Subregion
- Turkey Meeting
- Industry Summit
- South Africa Economic Summit
- France Meeting
- Mercosur Economic Summit
- Central and Eastern European Economic Summit.

Die Konferenzen entsprechen in etwa den ›Regionen‹, die für die Globalisten von Interesse sind.

9.1.4.2 Förderung der Globalisierung

Der Zweck ist, die ›*global agenda*‹ (das weltweit zu Machende) zu bestimmen, beispielsweise im Jahre 1997 die »Förderung der Globalisierung« und aller operativen Varianten. Ein Jahr später war man etwas verlegen: Es schien zur Kernschmelze der Weltwirtschaft und -finanz zu kommen. 1999 begnügte man sich mit einer Umetikettierung: »Globalität statt Globalisierung«.

Daneben befaßt man sich aber auch mit

• der »Beruhigung und Lösung von Konflikten«, etwa in Irland, auf dem Balkan, im Mittleren Osten;

• der Ausdehnung der Forschung und Technologie als Teil des Programms, um die Mitglieder hinsichtlich der Folgen und Bedeutung auf dem laufenden zu halten.

Für die Organisation selbst wurde mit der Einführung eines geschlossenen, höchst modernen, weltweiten Netzwerkes (WELCOM – *World Electronic Community*) eine Infrastruktur geschaffen, die es viel stärker erlaubt, sich von einer *Ereignis*-gesteuerten‹ – also über die Abhaltung von Konferenzen – zu einer *Prozeß*-orientierten Organisation, das heißt zu einem *ständig* interaktiven Netzwerk, zu entwickeln. Das Kommunikationsnetz ist ein sicheres, privates, internes Netz[141]

[141] Die Dogmen der ›liberalen Marktwirtschaft‹ gehen immer von *freien und allgemein verfügbaren* Informationen und *zahlreichen* Marktteilnehmern aus, wobei einzelne Teilnehmer den Markt *nicht* beherrschen. Hier sind es die Führer der mächtigsten *globalen Konzerne*, die sich in einem geschlossenen, exklusiven Informationsnetzwerk abgeschottet haben – ›Prototypen‹ für offene Märkte und freie Informationen.

für ›*globale Entscheider*‹, sofern sie Mitglieder des WEF sind. Den Aufbau haben die technologisch führenden Unternehmen aus den Bereichen Multimedia, Kommunikation und Videokonferenzen besorgt, für den Inhalt der im Netz verfügbaren Datenbanken und Expertensysteme[142] sorgen die fortgeschrittensten ›*Knowledge Centers*‹.[143]

9.1.4.3 ›*Global Growth Companies*‹ und ›*Global Leaders for Tomorrow*‹

Die Struktur dieser Stiftung ist damit aber keineswegs vollständig beschrieben. Den exklusiven Kern machen einige Gründungsmitglieder aus, wobei es inzwischen ein paar Verschiebungen gab: Neue kamen hinzu, auch um die Bedeutung regionaler ›*Globals*‹ besser zu repräsentieren, andere schieden aus, »weil ihre Ziele nicht mehr mit jenen des WEF übereinstimmten«.[144]

Eine neue Art der Mitgliedschaft wurde auch geschaffen, um die 1000 fortschrittlichsten Unternehmen »in einer globalen Partnerschaft mit Regierungen, Wissenschaft und Medien zu integrieren«. Das war nötig, da die Ausdehnung in regionalen ›*Summits*‹ – Gipfeltreffen, die richtiger als ›Befehlsausgaben‹ zu bezeichnen wären – über die begrenzte Zahl der Gründungsmitglieder hinausgehen mußte. Diese neue Mitglieder-Kategorie ist die sogenannte ›GGC-Mitgliedschaft‹ für ›*Global Growth Companies*‹, also globale, *expansive Aufsteiger*-Unternehmen.

Dann gibt es die ›*Global Leaders for Tomorrow*‹, die ›Führer in der zukünftigen Globalen Welt‹. Hier handelt es sich um jene ausgewählten funfhundert jungen Leute, denen man Führungsrollen zutraut oder, vielleicht sollte man sagen, die als Nachwuchspersonal zum Zweck der Systemerhaltung aufgebaut werden, denn nach Prof. Yehezkel Dror, Mitglied des Club of Rome, sind es nur ein paar hundert Mächtige, die die wirklichen Weltentscheidungen treffen. Zur Stärkung der institutionellen Rahmenbedingungen gehört natürlich auch, daß das WEF einen ›beratenden‹ Status bei der UNO inne hat.

---

[142] Wissensbasierte Systeme, die eine Vielzahl von Datenbanken mit Regeln und Expertenwissen zu verknüpfen erlauben.

[143] Das sind jene oft als ›*Think-Tanks*‹ bezeichneten Forschungsgruppen, die die fachlichen mit den fortgeschrittensten informationstechnischen Fähigkeiten kombinieren können.

[144] Der Vorsitzende der Europa-Afrika-Abteilung eines großen US-Computerkonzerns drückte dies in einem *Quarterly Business Review* einmal so aus: »*It's not: take it or leave it.*« – »*It's take it or leave!*« Die Spielregel lautet nicht: »Tu's oder lasse es«; sie lautet: »Tu's oder nimm den Hut!« Der Generaldirektor der Schweizer Tochter dieses Computer-Konzerns, dem dieser Rat zuteil wurde, war dies noch genau *vier Wochen* lang.

Um den Entscheidungsprozeß in der Stiftung zu fördern, gibt es einen Beirat (*Council*), dem auserwählte ›*business leader*‹, Wirtschaftskapitäne, angehören.

Die innere Organisation des WEF ist schlank, ein Stabsmitarbeiter für jede Branche, der die Beziehungen der Mitglieder mit dem WEF koordiniert. Die Organisation der Kongresse wurde nach außen vergeben, an eine Firma namens ›*Global Event Management*‹.

Die Kommunikation erfolgt über den ›*Global Competitiveness Report*‹, einen Bericht über die Standortrangfolge, in dem beispielsweise Österreich ein Abrutschen bezüglich der Standortfaktoren von einem vorderen Platz auf den 18. oder 19. bescheinigt wurde,[145] über *World Link* – ein zweimonatlich erscheinendes ›Business Magazin‹ –, Berichte und ›Executive‹-Informationen zu verschiedenen Anlässen sowie ein interaktives Mitgliedsverzeichnis mit Schlüsseldaten für schnelle Referenz. Die Aufzählung der Mitglieder des ›Boards‹ und des ›Councils‹ sei hier unterlassen; es sind Topmanager globaler Konzerne.

9.1.4.4 Globales Netz als Machtkartell zur Beeinflussung der Entscheidungen

Unsere kurze Darstellung zeigt eines deutlich: Durchgeführt wird die Globalisierung generalstabsplanmäßig von einem vernetzten System aus Konzernen, Entscheidern, Meinungsmachern, bestimmten ›Elite‹-Universitäten – unter anderen MIT, Harvard, Stanford, Chicago, Northwestern University, London School of Economics –, über Verbindungen zu internationalen Organisationen und einem Ereignis-gesteuerten Kalender für die Konferenzen auf der ganzen Welt mit im Grunde *einer* ›Botschaft‹: der Globalisierung.[146]

---

[145] Wegen der möglichen oder tatsächlichen Folgen für die Restbestände einer nationalen Volkswirtschaft sind solche Zensuren über die Wettbewerbsfähigkeit natürlich dann unangenehm, wenn sie schlechter ausfallen als in früheren Perioden. Damit schafft sich eine externe Lobby ein Drohmittel, sich ein Land gefügig zu machen – bezüglich der Kapital- und Ertragssteuern, der Verschiebung von Gewinnen, der Aushöhlung der Arbeitsverfassungen usw.

[146] *Die Presse* vom 23./24. August 1997 berichtete unter dem Titel »Schlammschlacht unter den Moskauer Tycoons« von einer glatt als Verschwörung zu bezeichnenden Vereinbarung der »Sieben Banker«: »Die. . . bekannte Allianz der russischen Spitzeninstitute ging auf eine im Schweizerischen Davos getroffene Vereinbarung zurück: Unter Anleitung des ehemaligen Ersten Vizepremiers Anatolij TSCHUBAJS beschlossen damals die Moskauer Wirtschaftsführer, Boris JELZINS Wahlkampf zu finanzieren, um seinen Sieg bei den Präsidentschaftswahlen zu sichern.«

Das World Economic Forum ist dabei nur *eine* ›private‹, pseudoöffentliche und doch geschlossene ›Veranstaltung‹.

10 Die Lage in der ›Welt‹

Die drei erwähnten Antriebskräfte – Liberalisierung, De-Regulierung und Privatisierung – dieser Entwicklung zu einer globalen Welt haben zu einer recht einseitigen Verteilung des Wohlstandes geführt. Auch müßte man richtigerweise von einer ›beschränkten Welt‹ sprechen – der Triade, den Ländergruppen USA oder Nordamerika, (West-) Europa und Japan einschließlich einiger aufsteigender Tigerstaaten Süd-ost-Asiens und in jüngster Zeit China. Der Rest existiert gewissermaßen gar nicht. Oder täuschen wir uns?

Ohne daß wir es recht bemerkten, wächst China zu einer wirtschaftlichen Macht heran. Die Größe des eigenen Volkes – 1,3 Mrd. Menschen – bedingte, daß zu dessen Versorgung in den letzten Jahren ein außergewöhnliches Wirtschaftswachstum stattfand: im Schnitt um 8 Prozent jährlich. China machte sich damit einerseits als Käufer von Rohstoffen, vor allem von Öl, bemerkbar, wurde zum zweitgrößten Öl-Importeur und überholte hier vor ein paar Jahren bereits Japan. Die Exporte gehen überwiegend in die USA, billige Konsumwaren, mit denen die tatsächliche Verarmung der Amerikaner vertuscht wird. Sie ersetzen die zu teuer gewordenen US-Produkte durch billige chinesische, oder anders betrachtet: In den USA fand ein faktisches De-Investment der Industrie statt, sie baute Kapazitäten ab, die in Asien neu entstanden. Und der chinesische Export ist so groß, daß China auch zum größten Besitzer von Dollar-Devisen wurde – rund 1400 Mrd.[147] Damit wurde die Zukunft des Dollars unter anderem wesentlich vom Wohlverhalten Chinas abhängig. Die USA sind mit anderen Worten über ihre Währung ihrem großen geopolitischen Gegenspieler ausgeliefert, weil China mit seinen riesigen Devisenreserven eine vor allem die USA treffende Währungskrise auslösen könnte. Den Ernst der Lage zeigte erstmals ein Besuch einer US-Delegation in China am 14./15. Dezember 2006 an. Die Bush-Regierung sandte praktisch das gesamte ›ökonomische A-Team‹ zu einem ›strategischen Wirtschaftsdialog‹ nach Peking.

[147] Dieser zuletzt genannte Betrag könnte auch höher sein. Die jährlichen Handelsüberschüsse Chinas gegenüber den USA betragen rund 250–300 Mrd. US-Dollar jährlich. Und China liefert nicht erst seit vier oder fünf Jahren an die USA.

US-Finanzminister Henry PAULSON und Federal Reserve Chairman Ben BERNANKE leiteten die Delegation, die von fünf weiteren Kabinettsmitgliedern begleitet war, dem Wirtschaftsminister Carlos GUTIERREZ, dem Arbeitsminister, Elaine CHAO, dem Gesundheitsminister, Mike LEAVITT, dem Energieminister Sam BODMAN und der US-Handelsdelegierten Susan SCHWAB.

Die BUSH-Regierung wollte die Zusammenarbeit mit China, um einen Kollaps des Dollars zu verhindern. Die »Hal-Turner-TV-Show«[148] berichtete, daß diese Bemühungen gescheitert sind.

Nach dieser Quelle verließ FED-Chef Ben BERNANKE die Konferenz »blaß und mit kaltem Schweiß auf der Stirn, nachdem ihm die Folgen dieser chinesischen Entscheidung bewußt wurden«. Nun, er wird sie gewiß auch schon vorher gekannt haben.

Die Folgen sind gewaltig: Die reale Möglichkeit eines Zusammenbruchs des Dollars gegenüber allen anderen wichtigen Währungen ist seit einiger Zeit schon absehbar. Heute (Januar 2009) ist der Zusammenbruch des Finanzsystems von einer anderen Seite eingeleitet worden, nämlich vom Kollaps einiger großer Geldhäuser aufgrund ihrer nicht mehr verschleierbaren Verluste in Größenordnung von zig Milliarden Dollar bei ihren Spekulations-›geschäften‹. Selbstverständlich setzt dies auch die Währungen aller betroffenen Länder – insbesondere die der USA – unter gewaltigen Druck. Daß der Dollar bis heute noch nicht zusammengebrochen ist, liegt einzig und allein daran, daß mit größtem politischen Druck (der US-Regierung) von den USA – FED, Treasury, Bankensystem usw. – weiter manipuliert wird.

Um den drohenden Zusammenbruch der Realwirtschaft zu verhindern, hat die FED die Zinsen (*prime rate*) auf ~ 0% gesenkt (wie dies Japan seit anderthalb Jahrzehnten bereits tut), wo sie bislang mit höheren Zinsen als in Europa oder Japan der Zufluß von Kapital erreicht wurde, mit dem das chronische US-Handelsdefizit finanziert wurde. Wie dies weiter gehen wird, kann man an den Fingern einer Hand abzählen: ein kurzer Aufschub, aber der Zusammenbruch des Dollars (und anderer Währungen, darunter des Euros) wird unvermeidlich kommen.

10.1 Was bedeutet die Entscheidung Chinas, den Dollar abzustoßen?

Die unverkennbare Absicht Chinas, seine mehr als anderthalb Billion Dollar-›Reserven‹ auf US- oder anderen Märkten in Realkapital, zum

[148] Auf NBC und Fox-News.

Beispiel durch Aufkauf von Unternehmen, Gold oder vertrauenswürdigeren Währungen zu wandeln, legt die Frage nahe, ob dies die USA ›erlauben‹ werden.[149] Man erinnere sich, was die *IHT* bereits am 23. Februar 1988 (!) unter dem Titel »After Years of Courting Foreign Investors, Americans Reconsider« (Nach Jahren des Hofierens ausländischer Investoren überdenkt dies Amerika) schrieb. Dies war keine Ansage im Feuilleton.

In einem Leitartikel schrieb Mr. FORBES, daß »es ausländischen Investoren nicht gestattet werden könne, ihre gewaltigen Dollar-Milliarden zum Aufkaufen großer Teile der amerikanischen Wirtschaft, oder der Hochtechnologie-, Medizin- oder anderer strategischer US-Unternehmen zu verwenden«.

Dazu könnte man eine Reihe von Fragen stellen: Ob die Wall Street durchdrehte, als man erkannte, daß dies nicht mehr erlaubt sein würde? Würde man den Dollar splitten in eine in den USA nur gültige Währung und einen Auslands-Dollar, den man, wenn es mehr als 100 Dollar wären, nur mit Genehmigung würde ausgeben dürfen? Wird der Dollar auf dem Müll landen, das Gold steigen, und werden die ›Märkte‹ zusammenbrechen, nachdem die Illusion des globalen Handels geplatzt ist? Das sind keineswegs nur rhetorische Fragen. Dennoch versuchen diese Lakaien immer noch, die Inflation mit höheren Zinssätzen zu bekämpfen, und tun so, als ob die explosionsartige Ausweitung der M3-Geldmenge ohne Folgen wäre. Diese wird eben wegen der Folgen seit März 2006 *nicht mehr* veröffentlicht, womit nun jede Kenntnis über den Umfang der aus der Druckmaschine kommenden Dollar fehlt.

Hat nicht Gold, verglichen mit dem Dollar, bereits abgehoben, trotz der Beschwörungen des ehemaligen US-Finanzministers PAULSON, auch ohne den Dollar schon gesplittet zu haben?

Könnte dies die US-Regierung zwingen, die Wertlosigkeit des Dollars einzugestehen, und würde so ein Ereignis die Ankündigung

[149] Als am Höhepunkt der japanischen Schuldenkrise (~150 Prozent vom BIP) mit auch immer größeren Pleiten von japanischen Finanzkonzernen der Vorschlag gemacht wurde, doch die gewaltigen Dollar-›Reserven‹ der Bank of Japan auf den Markt zu werfen und zur Schuldentilgung zu verwenden, wurde sofort amerikanischerseits eingewendet, daß dies wegen der negativen Folgen für die US-Anleihe-›Märkte‹ nicht möglich sei, überdies gebe es dazu eine vertragliche Vereinbarung Japans mit der FED, die es den Japanern *nicht* erlaube, ihre *US-Treasury-Bonds* im großen Stil zu verkaufen. Und sollten diese Gründe nicht ›überzeugend‹ genug sein, Japan vom Verkauf der Dollar-›Reserven‹ abzuhalten, gebe es ja immer noch weit über 100 US-Militärstützpunkte in Japan, die dies zu verhindern wüßten.

eines überfälligen Welt-Geld-Standards fördern? Eines Standards, dem gegenüber die nationalen Währungen ihren Kurs finden, begründet worauf auch immer: beispielsweise auf den natürlichen Rohstoff-Ressourcen oder auf der industriellen Produktion und echten Dienstleistungen der jeweiligen Länder, getragen vom Vertrauen, daß auch in Zukunft reale Leistungen oder Werte die Währungsparität begründen, wofür die deutschen Länder und ihnen vergleichbare, mit ähnlicher Wirtschafts- und Leistungsgesinnung wie Japan, Korea usw. ein Beispiel sind. Nicht zuletzt könnte auch Gold hier wieder eine Rolle spielen, von der übrigens auch A. GREENSPAN sprach, daß es im Falle einer Weltwährungskrise der letzte sichere Hafen wäre.

Und gerade so, wie der Dollar in letzter Konsequenz und schon seit einiger Zeit, nämlich seit Hiroshima und Nagasaki, durch dieses Ereignis, also die *praktizierte* Drohung mit Nuklearwaffen, ›gedeckt‹ war, so würden Rußland und China diesen neuen Welt-Geld-Standard ebenfalls mit *›Mutually Assured Destruction‹ (MAD)*, mit der Drohung des nuklearen Gegenschlages, zu garantieren haben.

Betrachten wir aber noch die Entwicklung während des Höhepunkts dieser Eroberung aller Machtstellen durch die Konzerne.

10.2 Die Rolle der armen Länder

Die Investitionen innerhalb der Triade[150] haben eine sehr veränderte Welt gegenüber jener Zeit zwischen 1960 und 1970 geschaffen. Bis zu Beginn der achtziger Jahre spielten die Entwicklungsländer zwar eine geringe, immerhin aber noch bescheidene Rolle als Ziel- und Ursprungsländer von Investitionen. Während der achtziger Jahre fanden aber 80 Prozent aller internationalen Kapitalflüsse innerhalb der Triade statt. Der Anteil der Entwicklungsländer fiel von 25 Prozent (siebziger Jahre) auf 19 Prozent (achtziger Jahre), trotz eines jährlichen nominalen Anstieges der Investitionen um 30 Prozent. Die Industrieländer, allen voran die der Triade, wurden reicher – gemessen am BIP –, die Entwicklungsländer immer ärmer.

Der Handel, so ist auch hier zu erkennen, fand vor allem unter den reichen Ländern statt, wobei im Laufe der Zeit der geringe Anteil der Länder der Dritten Welt nochmals kleiner wurde. Man muß hier aber hinzufügen, daß dies nicht notwendigerweise das mengenmäßige Handelsvolumen bedeutet, sondern nur dessen Ausdruck in Währungseinheiten betrifft.

[150] Europa, Nordamerika, Japan.

BIP und Triade.

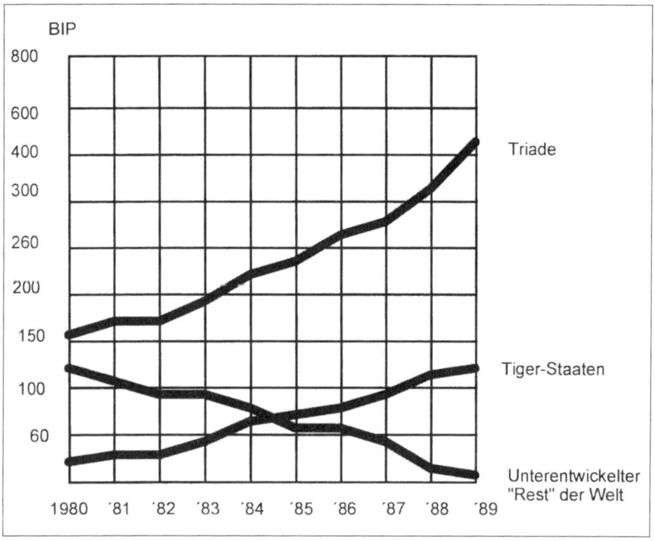

Ursprung	Exporte 1980	1990	Importe 1980	1990
Länder der industrialisierten Welt (G24)	62,9%	72,4%	67,9%	72,1%
Entwicklungsländer	37,1%	27,6%	32,1%	27,9%
Davon entfallen auf die 102 ärmsten Länder	7,9%	1,4%	9,0%	4,9%
Gesamt	100%	100%	100%	100%

FAST: U. Muldur, 1993

Daß sich also die Exporte der Länder der Dritten Welt trotz gestiegenen Umfangs der Weltwirtschaft so stark verringert haben, liegt aber nicht nur im sehr viel stärkeren Wachstum der Industrieländer, sondern vor allem auch darin, daß die Industrieländer für Rohstoffe meist niedrige, nicht angemessene Preise bezahlten. Da die Importe auch eher den die natürlichen Ressourcen ausbeutenden Konzernen zugute kamen, deren Produkte aber in der Handelsbilanz dieser Länder mit teuren Preisen zu Buche schlagen, hat dies als Folge einen Netto-Transfer von den armen Ländern zu den reichen. Tatsächlich hat schon 1993 ein Nettotransfer von 50 Milliarden US-Dollar von den ärmeren Ländern zu den reichen stattgefunden.

Trotzdem hat die industrialisierte Welt ein Problem, das in der *bestehenden* Begrenztheit unserer Welt liegt, was mittlerweile auch langsam in unser Bewußtsein dringt. Konsequenzen haben wir aber noch keine gezogen, wie an der Nichtabkehr vom Wachstums-Paradigma erkennbar ist.

Ein anderes Problem besteht darin, daß die Signale, die angeblich von den (Markt-)Preisen ausgehen, leider falsch sind. Sie enthalten keine wie auch immer gearteten ›externen Kosten‹, das heißt Umweltkosten, die durch *Verbrauch* oder *direkte Schädigung* durch den Produktionsprozeß entstanden sind.

Sie enthalten auch keine Ansätze für ›soziale Kosten‹, die sich dadurch ergeben, daß wesentlich mehr Menschen durch den ›Umbau der Wirtschaft‹ und den technischen Fortschritt aus dem Arbeitsleben fallen, als durch neue geschaffene Arbeitsplätze aufgefangen werden.

Man beachte die *Nicht-Korrelation* des BIP mit der Beschäftigung, die im Kapitel über die Arbeit dargestellt wird. Das BIP-Wachstum, das, wenn überhaupt, durch den technischen Fortschritt bedingt war und ist, fand in den letzten Jahren in den USA nur noch im Bereich der IT- und Kommunikationsindustrie statt. Es hatte aber keine, oder nicht im selben Ausmaß, Auswirkungen auf die Beschäftigung. Lange wurde dies *bei uns* verdeckt, indem die verstaatlichte oder staatsnahe Industrie mehr Menschen behielt, als für die unternehmerischen Aufgaben benötig wurden. Und als dies nicht mehr ging – augenzwinkernd von der Politik toleriert –, ›entsorgte‹ man die überflüssigen Arbeiter mit knapp über 50 Jahren in der ›Frühpension‹. Inzwischen reicht auch das nicht mehr, und wir haben trotz Fälschung der Statistik in Deutschland ein Arbeitslosenheer von offiziell zur Zeit 3,5 Millionen.

Die Statistik der Bundesagentur für Arbeit (BAfA) gab für 2005 eine Rekordarbeitslosigkeit von rund 5 Milionen ab, wobei im politischen Small-Talk 7 Millionen zugegeben wurden. Inzwischen sank die Arbeitslosigkeit bis Mitte 2008 auf eine offizielle Ziffer unter 3,5 Millinen, ist aber seit Oktober 2008 wieder steigend, und seit Januar 2909 häufen sich die Meldungen über Entlassungen und Kurzarbeit, das Ausmaß ist gegenwärtig nicht abzuschätzen.

Die Wirtschaftswoche (1. 2. 2008) analysierte die vom Chef der BAfA, F. J. Weise, vorgelegten Zahlen für 2007, die einen großen Rückgang von 711 000 gegenüber 2006 zeigten. Leider täuscht die Statistik über das wahre Ausmaß: Sie enthält nicht diejenigen, die eine staatliche Ausbildung machen, ebenso wenig jene 300 000 Ein-Euro-Jobs und die unter 65jährigen, die Arbeitslosengeld-II beziehen, über 58 Jahre sind und seit einem Jahr kein Jobangebot mehr bekamen, so daß sie aus der Statistik herausfallen. Die Entmutigten, die sogenannte ›stille Reserve‹ von rund 700000, waren ihrerseits nie enthalten. Zu den offiziellen Daten haben wir also diese 2 bis 2,2 Millionen hinzuzurechen, um die wirkliche Unterbeschäftigung in Deutschland richtig einzuschätzen. Sie liegt anstatt bei 3,4 Millionen bei rund 5,5 Millionen – Tendenz stark steigend.

Dieser letzte Punkt ist heute – verstärkt – *das* Thema. In den letzten Jahren wurde von ›*jobless growth*‹ gesprochen, als wäre es eine akademische Diskussion. Heute, 2009, erleben wir täglich Horrormeldungen von zig Tausenden Entlassenen wegen der nun in der produzierenden Realwirtschaft spürbaren Folgen des Finanzkollapses.

Ein Aufschrei ist nicht möglich, die Betroffenen haben keinen Zugang zu Medien, um sich artikulieren zu können. Die wirtschaftspolitischen Weichenstellungen sind ganz ungeniert längst auf ›Wettbewerbsfähigkeit‹ des Standortes beschränkt worden, und ›Vollbeschäftigung‹ als politisches Ziel hat nicht einmal mehr 2. Priorität.[151]

Es ist offensichtlich, daß die ein ständiges Wachstum verstärkenden globalen Konzerne die meisten Probleme *nicht* lösen, sondern selbst *das Problem* sind.

---

[151] Dies drückt sich aus in der erwähnten ›Fälschung‹ der Arbeitslosenstatistik über neue ›EU-konforme‹ Bezugsgrößen, deren unmittelbare Wirkung zum Beispiel eine ›Halbierung‹ der österreichischen Arbeitslosen(-rate) mit sich brachte. Eine Arbeitszeitdiskussion begann auf allen Ebenen: Flexibilisierung, Teilzeitjobs, *Job-Sharing*, Lebensarbeitszeit, Erhöhung des Pensionsalters usw. Tatsächlich geht es dabei nur um den Abbau von wohl*begründeten* und mühsam erworbenen Arbeitnehmer-Schutzrechten, um die Verlagerung des Beschäftigungsrisikos vom Unternehmen zum Arbeitnehmer, wie auch um nicht wirklich ernst gemeinte ›Berechnungen‹ der Einsparungen der Sozialkosten bei späterem Pensionsantritt. Diese sind nur auf dem Papier richtig, in der Praxis scheitern sie am Unwillen der Unternehmen, Älteren überhaupt noch einen Arbeitsplatz zu geben, ja diese zu halten (falls er oder sie noch einen hat). Bei Männern ist ab 45–50, bei Frauen noch viel früher Endstation. Aktuelles Beispiel: Hartz IV. Aber auch dies hat meist schnell vergessene, weit zurückliegende Vorläufer. *Die Oberösterreichischen Nachrichten* brachten bereits am 21. Dezember 1994 einen Bericht über die Vorschläge der deutschen Arbeitgeberverbände zum »Abbau von Sozialkosten«. Dazu kommt die Diskussion um den Standort, also die Investition in eine neue Produktionsstätte der Lenzing AG (Wettbewerb zwischen zwei Bundesländern, Oberösterreich gegen Burgenland), bei dem die massiven *öffentlichen* Zuschüsse der jeweiligen Länder über den ›Standortwettbewerb‹ entscheiden.

Die globalen trasnationalen Konzerne sind *das* Problem – wie heutzutage am Beispiel von General Motors (hier Hauptgebäude) offenkundig wird.

Ihre Macht ist grenzenlos geworden. Sie unterliegen keiner gesetzlichen und demokratischen Kontrolle. Im Gegenteil, *sie* spielen die ›erste Geige‹, und sie *sind* die Gestalter von Rahmenbedingungen, die ihre monopolistisch-oligarchischen Strukturen und Machtbefugnisse ›legitimieren‹ und damit dauerhaft festigen. Sie sind *nicht* für die Folgen verantwortlich oder verantwortlich zu machen. Über ›Standortdiskussionen‹ werden nationale Regierungen und Parlamente instrumentalisiert (= erpreßt) und damit zu Helfershelfern bei der Beschleunigung des globalen Umbaues – zum Nachteil regionaler Strukturen.[152]

Es ist illusorisch zu glauben, daß der so gut klingende Satz: »Nicht die Großen fressen die Kleinen, sondern die Schnellen die Langsamen«, damit schon automatisch die ›Kleinen, Flexiblen, Innovativen‹ privilegierte oder ihnen auch nur gleiche *Chancen im Wettbewerb* einräumte. Politische und Medienmacht, Geld und der Besitz der technischen Infrastruktur sind die entscheidenden Parameter. Zu glauben, daß ›Innovation‹ vor allem von den ›Kleinen‹ gepachtet und in

[152] Lange, bevor die wirtschaftliche Frage, die Globalisierung des Welthandels und aller sie begleitenden Entscheidungen, im heutigen Ausmaß sichtbar geworden ist, hat der berühmte österreichische Architekt R. NEUTRA in seinem Buch *Wenn wir weiterleben wollen* schon dargelegt, daß es des »menschlichen Maßes« bedarf.

Konzernen nicht heimisch sei, ist natürlich auch ein frommes Märchen. Bill GATES[153] mit Microsoft im Vergleich zum ehemaligen Monopolisten IBM ist nicht der Beweis des Gegenteils, sondern die sprichwörtliche Ausnahme von der Regel.

10.3 Die Lage in der heute angestrebten ›Einen Welt‹ auf einen Blick

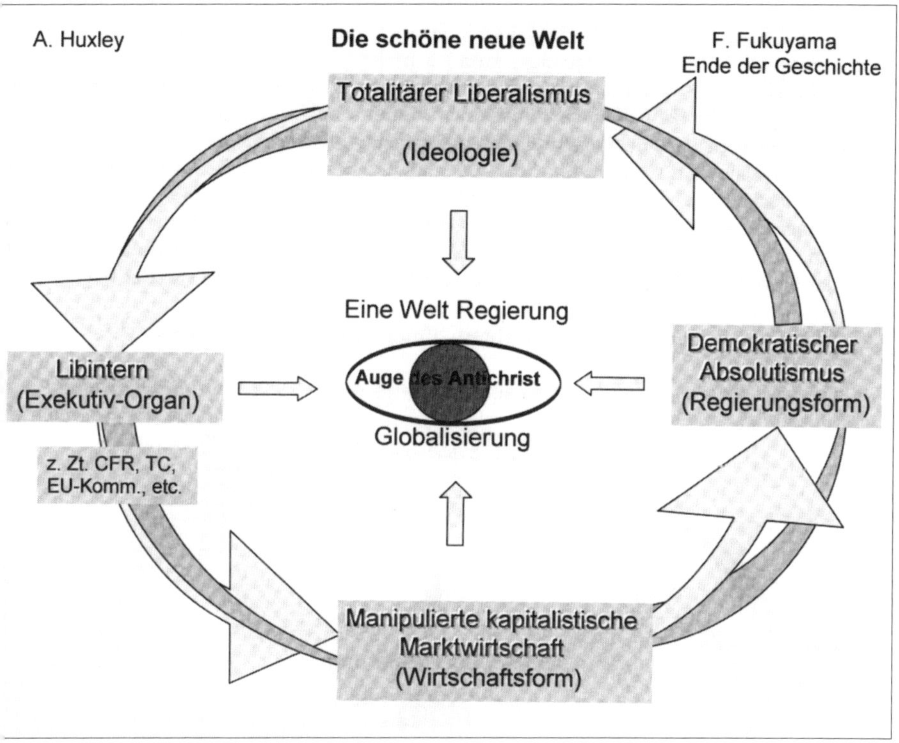

Schöne neue Welt. Graphik auf Anregung von Elmar WALTER.

[153] Von Null beginnend, baute Bill GATES eines der größten Software-Unternehmen der Welt auf und profitierte vom Siegeszug des PCs.

VIERTES KAPITEL

Geld, Kapital, Banken

1 Kapital

Wenn man von ›Geld‹ spricht, dann meist auch von ›Währung‹, was in gewisser Weise dasselbe ist. Was ist nun aber Kapital?

Hier muß man zwei, eventuell drei Unterscheidungen machen.

- *Real-Kapital* meint reale Werte wie Fabrikationsanlagen, Gebäude, Grundstücke, Maschinen usw., aber auch Vorräte wie Grundstoffe, Halbfertigerzeugnisse, Lager usw., also (fast) alles, was für die Leistung in einer Volkswirtschaft benötigt wird, alles, was einen in Geld ausdrückbaren Wert hat und in sich selbst diesen Wert darstellt.
- *Finanz-Kapital* ist Geld, das für Investitionen verfügbar ist, etwa Ersparnisse oder Gewinne, die man wieder ins Unternehmen investiert.

Es sind dies aber insbesondere auch jede Art von Finanzmitteln: kurz- oder langfristige Kredite, Wertpapiere, die sich mehr oder weniger leicht oder schnell in Geld umwandeln lassen.

Eine dritte – nicht in diese Systematik passende – Unterscheidung, die aber Ursache der krisenhaften Entwicklung und heutigen Lage ist, kommt von der Wirkung sehr großer Kapitalanhäufungen. Es handelt sich um das *Monopol-Kapital*. Seine Entstehung ist insbesondere auf den Zins zurückzuführen und schließlich auf die undurchschaubare Vernetzung und Wechselwirkung einer Vielzahl von Agierenden in der sogenannten Finanzwirtschaft: Banken, Investment-Häuser, Börsen, Analysten, Broker, Fonds und deren Manager usw. Da heute auch der Staat der Macht des Monopol-Kapitals unterworfen ist, kommt es zu einem geradezu verschwörerischen Zusammenwirken mit Treasurern, staatlichen oder überstaatlichen Notenbank-Chefs, internationalen Organisationen wie IWF, Weltbank und BIZ (Bank für Internationalen Zahlungsausgleich). Sie alle ›treffen sich‹ in den ›*financial markets*‹«, die natürlich keine Märkte im herkömmlichen Sinn sind.

Der Begriff ›Kapital‹ löst also in unseren Vorstellungen – und im wirtschaftlichen Alltag – etwas andere Vorstellungen aus als Geld: Es ist Real- oder Finanz-Kapital. Darüber hinaus jedoch – nach der ganzheitlichen, organischen Volkswirtschaftslehre OTHMAR SPANNS – umfaßt er auch das *Kapital höherer Ordnung*, ohne das das Kapital erster Ordnung – nämlich das für Investitionen verwendete Finanz-Kapital – überhaupt nicht sinnvoll und zielführend investiert werden könnte.

1.1 Edison erklärt das Geld

Folgendes bemerkte der berühmte amerikanische Erfinder Thomas Edison über unser unmögliches Geldsystem. Er machte diese Bemerkungen anläßlich einer Diskussion über das *Mussel Shoals* E-Werksprojekt:

»Die Menschen, die keine Schaufel mit Dreck umdrehen, noch auch nur ein Pfund Material bereitstellen werden, werden mehr Geld von den Vereinigten Staaten einsammeln als jene, die all das Material bereitstellen und die ganze Arbeit leisten. Das ist das Furchtbare an dem Zins... Aber hier liegt der Kernpunkt: Wenn die Nation eine Dollaranleihe begeben kann, kann sie auch Dollarnoten ausgeben. Jenes Element, das die Anleihe gültig macht, macht auch eine (Dollar-)Note gültig. Der Unterschied zwischen einer Note und einer Anleihe besteht darin, daß die Anleihe den Geldhändler den doppelten Betrag der Anleihe zu kassieren erlaubt, zusätzlich zu den 20 Prozent üblicher Provision.

Wohingegen die ehrliche Währung, wie sie in der Verfassung vorgesehen ist, niemand zu bezahlen hat, außer jenen, die in nützlicher Weise etwas zum Werk beigetragen haben. Es ist absurd zu sagen, unser Land kann Anleihen begeben, aber kein Geld herausgeben. Wenn das vom Volk ausgegebene Geld nicht gut wäre, wäre es die Anleihe ebenso nicht. Es ist schrecklich, wenn die Regierung, die den nationalen Wohlstand schützen soll, sich verschulden und sich Zinsforderungen unterwerfen muß, in den Händen von Menschen, die den fiktiven Wert des Goldes kontrollieren. *Zinsen sind die Erfindung des Teufels.*«[150]

Edison Explains Money

This is what America's populist inventor, Thomas Edison, had to say about our impossible monetary system. He made the remarks while discussing the proposed Mussel Shoals Dam electric power project.

By Thomas A. Edison

People who will not turn a shovel full of dirt on the project, nor contribute a pound of material, will collect more money from the United States than will the people who supply all the material and do all the work. This is the terrible thing about interest . . . But here is the point: If the nation can issue a dollar bond it can issue a dollar bill. The element that makes the bond good makes the bill good also. The difference between the bond and the bill is that the bond lets the money broker collect twice the amount of the bond and an additional 20 percent. Whereas the currency the honest sort provided by the Constitution—pays nobody but those who contribute in some useful way. It is absurd to say our country can issue bonds and cannot issue currency. Both are promises to pay, but one fattens the usurer and the other helps the people. If the currency issued by the people were no good, then the bonds would be no good, either. It is a terrible situation when the government, to insure the national wealth, must go in debt and submit to ruinous interest charges at the hands of men who control the fictitious value of gold. Interest is the invention of Satan.

Spotlight

[154] Thomas A. Edison, in: *Spotlight* 3/1997.

1.2 Kapital höherer Ordnung

Unter ›Kapital höherer Ordnung‹ versteht man all jene immateriellen Leistungen und Werte wie Organisation, Handelsbräuche, Bildungswesen, technische Erfindungsgabe, kaufmännisches Talent, aber auch die aus unserer *dualen Fach(arbeiter-)Ausbildung* stammende handwerklich-fachliche Befähigung der Arbeiter, Meister werden zu können. Es ist ein funktionierendes Rechtssystem (die rechtsstaatliche Ordnung), die allein Handel und Wandel auf vertraglicher Basis oder – in der Regel – *auf Treu und Glauben* ermöglicht u.a.m.

Die meist mit ›Kapital‹ begrifflich verbundene Vorstellung ist, wie schon erwähnt, jene der Bereitstellung von Geldmitteln für Investitionen. Hier spricht man, wie gesagt, von ›Finanzkapital‹, bestimmt also zur ›Finanzierung‹ von Investitionen.

In letzter Zeit spricht man fälschlich auch von *Investitionen* in Finanzanlagen, unter anderem in Staatsschuldscheine, allgemein in irgendwelche abstrakten ›Wertpapiere‹, die meist gar keine Aktien, sprich Anteile am Realvermögen, mehr sind. Hier ist sozusagen eine Trennung in Aktien- und Finanz-›Märkte‹ gegeben: einerseits Real-Anlagen, andererseits ›Finanz‹-Anlagen. Inwieweit letztere auf undurchsichtigen Wegen eventuell auch zu Real-Anlagen werden, ist weder erkennbar, noch dürfte es in Wahrheit der Fall sein, weil die sogenannten *›financial markets‹* ein um Größenordnungen größeres Volumen haben als alle Anlagemöglichkeiten in der Realwirtschaft, das heißt in Fertigungsstätten, Rohstoffen u.ä.

1.3 Geld, Währung, (Volks-)Wirtschaft – Diebes- oder Rechtsstaat?[155]

Dazu einige Thesen:

(1) Die Währung einer Volkswirtschaft (das ›Geld‹) ist ein in geordneten Staaten verbriefter Anspruch *(Kredit)* auf oder eine Verpflichtung *(Debet)* an die *Energie*[156] (griech. Wirksamkeit, *Brockhaus*: Gespeicherte Arbeit oder Arbeitsfähigkeit), die aus der Verbindung von *geistiger*[157] und körperlicher *Arbeit und Rohstoffen* entsteht.

---

[155] Diese thesenhaft aufgeführten Vorschläge sind das Ergebnis zahlreicher Diskussionen, insbesondere mit Sixtus Graf VON PLETTENBERG, Spanien.

[156] Die Gesamtleistung der Volkswirtschaft.

[157] Das Wesen der Wirtschaft ist vor allem *geistiger Natur*, und sie hängt vor allem vom »Kapital höherer Ordnung« (Othmar SPANN) ab, das wesentlich *Organisationsleistungen* für die Wirtschaft darstellt. Aus eben diesem Grund ist die Wirtschaft *keine* Angelegenheit physikalisch-mathematischer, mecha-

(2) Geld ist nicht ein nur neutraler ›Wertindikator‹, sondern aus sich heraus ein Wirtschaftsmittel *für Ziele* der (Volks-)Wirtschaft. Aus diesem Grund und der überragenden Bedeutung für jede Wirtschaft ist das Geld (die Währung) eine der wichtigsten Aufgaben des souveränen Staates. Das Geld ist der Staat und umgekehrt: Der Staat ist das Geld![158]

(3) Wo noch kein geordneter Staat besteht oder dieser aufgrund seiner innewohnenden Korruption das Vertrauen seiner Bürger verliert, treten an die Stelle des *verbrieften* Rechtes (Papiergeld) die Edelmetalle, allen voran das Gold.

(4) Es hängt vom Rechtsstand und vom Verteidigungsvermögen des jeweiligen Geltungsgebietes ab, inwieweit die Währung (das Geld) an den allgemeinen Stand der (Volks-)Wirtschaft – orientiert am geltenden Warenkorb (Lebenshaltungskosten-Index) für die jeweilige Volkswirtschaft – gebunden werden kann.

(5) Die Gleichung Geldwert–Lebenshaltungskostenindex[159] *und* die überragende Bedeutung für die Volkswirtschaft setzen voraus, daß Geld (-kredit) nur von der staatlichen ›Normen- oder Geldagentur‹ in Umlauf gesetzt werden kann, und zwar in dem Maße, wie es der Wirtschaftskraft des jeweiligen Geltungsgebietes entspricht.

(6) Die Berechtigung eines Entgeltes für den Kapitalgeber wird anerkannt. Es muß sich, im Sinne eines echten ›Wagniskapitals‹, nach dem tatsächlichen Erfolg eines wirtschaftlichen Unternehmens und nach dem allgemeinen Zustand der jeweiligen Volkswirtschaft richten. Das heißt: Insbesondere bei geringerem Erfolg oder gar Mißerfolg dürfen keine[160] Zinsen gefordert werden. Das Entgelt kann nur in der ange-

---

nistischer und ›exakt‹ berechenbarer Theorien oder gar von ›Naturgesetzen‹ wie in den Naturwissenschaften. Dieses gilt für das ›Geld‹ und die Währung erst recht, auch wenn die Zahlen auf Banknoten den – *falschen* – Anschein erwecken, als wäre es vor allem ›zum Rechnen‹ da und das Geld eine mit ›Warenkorb‹ und ›meßbaren‹ Gütern genau zu bestimmende oder ähnlich dem ›Meter‹, dem ›Kilogramm‹, der ›Sekunde‹ weltweit *normierbare* Größe. Gerade das ist aber *nicht* der Fall!

[158] Friedrich Romig brachte das Problem des EU-Beitritts und, damit verbunden, die Aufgabe der eigenen Währung auf diesen knappsten Nenner. Der Staat hat sich damit *de facto* selbst abgeschafft.

[159] Es wäre zu überlegen, ob nicht die Leistungsfähigkeit – also *die Leistungen* – der Volkswirtschaft vorrangig *vor* den (Lebenshaltungs-)›Kosten‹ die richtigere Bezugsgröße ist!

[160] Mit dieser Vorschrift wird der Urzustand wiederhergestellt, wie er in allen Religionen aufgrund eines der obersten Gebote seit alters her festgelegt war.

messenen und frei vereinbarten Beteiligung am wirtschaftlichen Erfolg (Gewinn *und* Verlust) bestehen. Die heute übliche Abwälzung des Risikos des Kapitalgebers auf den Wirtschaftstreibenden, indem dieser vom allgemeinen (der Volkswirtschaft) und besonderen Wirtschaftserfolg (des konkreten Unternehmens oder Projektes) unabhängig Zinsen zu bezahlen hat, ist – da es zu exponentiell wachsendem Finanzkapital nur führen kann – *ungesetzlich*. Der Gesetzgeber muß in seiner Wirtschafts- und Geldverfassung diesem Umstand sowohl im Innen- als auch im Außenverhältnis Rechnung tragen, indem er Zinsforderungen jeglichen Rechtsschutz entzieht.

(7) Dem Staat ist die Kreditaufnahme (insbesondere im Ausland) grundsätzlich nicht gestattet. Es besteht auch keine Notwendigkeit, da die Zinsen bereits nach kurzer Zeit den anfänglichen und *einmaligen* Liquiditätsvorteil wettmachen, die Zinsen aber dann ständig anfallen. Diese Vorschrift hat nur in einer Übergangszeit – oder im Verhältnis mit fremden Währungsgebieten – Bedeutung, solange sich eine zinsfreie Währung noch nicht allgemein durchgesetzt hat.

(8) Solche Gebote existieren bisher nirgendwo. Es ist die Aufgabe fortschrittlicher Staaten, diese überfälligen *Rechtsnormen* mit Klugheit vorzubereiten. Aufgrund ihrer Ohnmacht gegenüber der Vormacht *des Bösen* kann dieses *höchste (Menschen-)Recht* nur vom kommenden Bündnis der Rechtsstaaten beschlossen und durchgesetzt werden.

(9) Diese neuen Rechtsnormen können von dieser Allianz nicht durch Gewalt und Krieg herbeigeführt werden, ebensowenig durch sogenannte ›demokratische‹ Prozesse, da diese lediglich die Perversion ihres Begriffes sind und sie die eigentlichen Machterhaltungs-mechanismen der heutigen anonymen und despotischen Machthaber sind.

Der Augenblick der Änderung wird durch den *inneren Zusammenbruch* – bedingt durch die Widersprüche des Systems, die grundlegend falsche (böse, menschenfeindliche) Ideologie und die inzwischen unerträgliche, übermäßige Wachstumssteigerung – von selbst kommen. Es ist die Aufgabe jener fortschrittlichen Denker, sich dieser Lage bewußt und geistig für die Inthronisation dieser *organischen Ordnung* vorbereitet zu sein.

(10) Diese Wende kündigt sich seit dem 11. September 2001 unwiderruflich an. Dieses Ereignis ist zwar selbst nicht Auslöser, sondern Symptom und Symbol für eine schon länger andauernde Entwicklung, die mit diesem selbst ›*fabrizierten Vorwand*‹ den Gipfel amerikanisch-israelischer Terror-, Plünderungs- und imperialistischer Politik gegen den Rest der Welt erreicht hat.

(11) Mit dem im März 2008 und den Folgemonaten allgemein sichtbar gewordenen Zusammenbruch der heutigen Un-Ordnung des Weltfinanz-Systems (Pleite von Bear Stearns) ist dieser Augenblick unwiderruflich gekommen.

2 Der ›Washington-Consensus‹

Nach dem Untergang der Sowjetunion schien es, als ob der Kapitalismus als unangefochtener Sieger den Kommunismus ›erledigt‹ hätte und die USA als Vertreter und Schützer der einzig wahren Weltanschauung sozusagen die Funktion des ›Heiligen Offiziums‹ analog zur Glaubenskongregation im Vatikan einnähme. Seitdem herrscht der sogenannte ›Washington-Consensus‹ auf der ganzen Welt.

Der Begriff ›Washington-Consensus‹ wurde vom Ökonomen John Williamson geprägt. Er besteht aus zehn Empfehlungen an die ›Reform‹-Staaten, die mit dem Zusammenbruch des Ostblocks 1989 ›frei‹ wurden. Die drei wichtigsten, den Schuldnerländern auferlegten Bedingungen für die Kreditvergabe beinhalten:

- die strikte Verknappung des Geldangebotes und den Abbau der Defizite im Staatshaushalt und in der Leistungsbilanz,
- die Deregulierung von Marktbeschränkungen,
- die – rasche – Privatisierung der Unternehmungen, darunter die Güter und Leistungen erzeugenden gemeinwirtschaftlichen Einrichtungen, vor allem EVUs, Telekom, Bundesbahn, verstaatlichte Banken usw.

In den USA und England wurde und wird streng nach diesem Muster gehandelt. Die EU und die OECD folgten, wohl nach dem Motto: »*Protego, ergo obligo!*« (Ich schütze, also verpflichte ich!) Inzwischen hat sich der ›Washington-Consensus‹ fast weltweit durchgesetzt. Die Durchsetzung dieses Programms soll, nach Prof. E. Matzner, ein »*deal*« zwischen dem früheren US-Präsident Clinton und »Wall Street-Bankern« gewesen sein. Clinton soll sich verpflichtet haben, nach seinem Wahlsieg die weltweite Liberalisierung des Kapitalverkehrs politisch durchzusetzen. Im Gegenzug sollen die Banken Clinton den Wahlkampf finanziert haben.[161]

Die Durchsetzung des ›Washington Consensus‹ wirkte sich in postkommunistischen Staaten verheerend aus. Die sogenannte Schock-

[161] Siehe den Artikel W. Pfaffs in der *IHT* über den ›bestochenen Präsidenten‹: »The problem of politics is money«, 24. 1. 2002.

Therapie‹ hat die Realeinkommen im Ostblock für die Menschen auf Bruchteile ihrer Einkommen vor der Wende verringert. Auch in vielen Staaten Asiens, etwa in Indonesien, blieb dieser ›Consensus‹ nicht ohne schlimmste Folgen. Die Propagandisten des ›Washington-Consensus‹ schoben die Schuld dafür auf die mangelnde Transparenz und Kontrolle des Geld- und Bankensektors. Zu den IWF-Konditionen – den auch so genannten ›*economic adjustment policies*‹ – verlangten sie die Einführung von Banken- und Kapitalmarktstandards.

In Wirklichkeit hat die rasche Liberalisierung des Kapitalverkehrs das Bankensystem in Japan und Südostasien schwer geschädigt. Die Öffnung des Kapitalmarktes hat beträchtliche Mengen an kurzfristigem Kapital aus den USA und Europa angezogen und so die inländischen Banken in Bedrängnis gebracht. Auf diesen gewaltigen Kapital-Zufluß folgte eine ebensolche Verknappung mit Konkursen, Entlassungen und Produktionsrückgängen als Folgen.

Die außergewöhnliche Macht der USA – zumindest in der Vergangenheit –, derartige Weltwirtschaftsbedingungen durchzusetzen, sieht MATZNER in folgenden Tatsachen:

- technologische – und damit auch militärische – Überlegenheit,
- Vorreiterrolle im Telekommunikations- und Satellitensektor,
- monetär-industrielle und
- ideologisch-mediale Übermacht, die durch die Beherrschung der globalen Medien gegeben ist.

MATZNER hat dies sehr ›akademisch‹ ausgedrückt. Man kann es aber etwas demagogisch auf den Punkt bringen. Die Herrschaft der USA ruht auf drei Säulen:

- auf der Drohung mit nuklearen Interkontinental-Raketen. Symbolisch und einfacher gesagt: Hiroshima, Nagasaki, Dresden,
- auf den Führungskräfte aus Politik und Wirtschaft mordenden Geheimdiensten und
- auf der Herrschaft über die Medien.

Nicht vergessen werden dürfen auch die sogenannten weltweit agierenden ›*Rating Agencies*‹, die die Kreditwürdigkeit einzelner Volkswirtschaften festlegen, wie etwa Standard & Poors oder Moodys. Mit ihren die US begünstigenden Bewertungen helfen sie wesentlich mit an der Plünderung durch die damit ›begründeten‹ höheren Wucherzinsen. Sie stehen sozusagen Schmiere bei den Wall Street-Raubzügen.

Die ›Regelfestlegung‹ findet in internationalen Organisationen, wie dem IWF, der Weltbank und der WTO, oder in regionalen Zusammenschlüssen, wie EU, Mercosur oder NAFTA, statt. Alle diese Einrichtungen sind von den USA beeinflußt oder – wie IWF oder Weltbank – von ihnen faktisch beherrscht.

3 Was ist Geld?

Dies ist eine, wenn nicht *die* zentrale Frage einer nationalen Geld- und Wirtschaftsreform. Nach John Maynard KEYNES ist Geld, wie schon erwähnt, etwas, was nicht einer unter einer Million versteht.

Friedrich ROMIG brachte es einmal auf die Kurzform: »Der Staat ist das Geld, oder umgekehrt: Das Geld ist der Staat«. Eine andere Antwort auf dieselbe Frage lautet: »Das Geld ist der Kredit, den man hat.«

In der Theorie ist das Geld Tausch- und Wertaufbewahrungsmittel,[162] also etwas ganz Neutrales. Die *Neue Zürcher Zeitung* brachte dazu bereits vor ein paar Jahren den bemerkenswerten Artikel »Vom ›souveränen‹ Charakter des Geldes« mit dem Untertitel: »Untaugliche Theorie hinter dem Konzept der Währungsunion?« und berichtete von der gänzlich als Außenseitermeinung beiseite geschobenen Ansicht Prof. Charles GOODHARTS von der London School of Economics. Demnach trage das Geld das Zeichen der staatlichen Hoheit (des Souveräns) und besitze seinen Wert keinesfalls aufgrund des Metallwertes (Gold, Silber). Heute ist das beim Papiergeld ja ganz offensichtlich. Es hängt mit den monetären und fiskalischen Gewalten zusammen, mit dem Recht, Geld zu drucken (das heißt, es aus dem Nichts zu schöpfen, ›*fiat money*‹) und Steuern einzutreiben, sowie mit der Tatsache, daß beides immer unter einem Dach vereint war.

Interessant ist auch die Entschlüsselung des Geldes, wie sie Prof. Hans-Christoph BINSWANGER (St. Gallen) in *Geld und Magie* dargestellt hat. Er führt die Erfindung des Papiergeldes auf das Streben nach dem »Stein des Weisen«, also der alchimistischen Verwandlung von Unedlem zu Wertvollem (= Gold), zurück, das nicht notwendig an einen physikalisch-chemischen Prozeß gebunden ist, sondern in der zugrunde liegenden Idee wurzelt.

---

[162] Womit Geld gegenüber verderblichen Gütern und damit der Geldbesitz einen Vorteil bekommt, der offenbar schwere Nachteile für die Gesellschaft in sich birgt.

»Der Geldwechsel und seine Frau«, Öl auf Holz von Quentin MASSYS (1514).

Was sagt nun GOODHART? Die Trennung der Währungshoheit, die auf die Europäische Zentralbank (EZB) überging, und der fiskalischen, die in den Ländern blieb, führte dazu, daß die Mitgliedsstaaten sich ihrer Schulden nicht mehr durch Inflationieren entledigen können. Das ist ein scheinbarer Vorteil, die Geisel der Inflation durch eine ›verantwortungsbewußte‹ Zentralbank ›endgültig‹ zum Verschwinden zu bringen. Allein die Aussichten sind trotzdem gering. Die wirtschaftlichen Fakten stehen dagegen, und auch die jeweiligen, sehr gegensätzlichen ordnungspolitischen Vorstellungen etwa Deutschlands oder Frankreichs.

Nun sind die Optionen, die einem *souveränen* Staat grundsätzlich zur Verfügung stehen, seine Staatsschulden unter Kontrolle zu bringen, lediglich vier:

- Erhöhung der Steuern,
- Einsparungen bei den Ausgaben,
- Verringerung der Schuldenlast durch ›Weginflationieren‹,
- Bankrotterklärung.

Die erste Option geht schon im Hinblick auf die Höhe der Steuerquote nicht mehr, denn sie ist in Friedenszeiten so hoch wie zur Zeit des

Zweiten Weltkrieges unter kriegswirtschaftlichen Bedingungen. Die zweite Option ist in einer auf Stimmenkauf und gezüchteter Anspruchsmentalität fußenden Gesellschaft, vor allem aber wegen der ungedeckten Pensionsanwartschaften, keine realistische. Die dritte ist nicht mehr länger als Option der Länder verfügbar, da die alleinige Zuständigkeit bei der EZB liegt. So bleibt der Bankrott als ganz reale vierte Option übrig. In der politisch korrekten Ausdrucksweise heißt das ›*Währungsreform*‹.

Letztere Option tritt nach GOODHART also ganz aktuell in unser Blickfeld. Er weist darauf hin, daß einige ›AAA‹ klassifizierte Bundesstaaten der USA einen Schuldendienst von 3,1 Prozent ihrer Staatseinnahmen hätten, die schlechtesten Staaten (Louisiana) mit ›Baa1‹ eine Lastenquote von 11,5 Prozent. »Demgegenüber stand das damals als WWU-Mitglied feststehende Italien mit einer Schuldenlastquote von 50 % da; bei Belgien sind es 48,5 %, und selbst Spanien liegt mit 28,8 % weit über Louisiana. Da der Vertrag von Maastricht ein ›*bail-out*‹ der schlechtesten Schuldner ausdrücklich ausschließt, müßten die Bankrott-Risiken eigentlich neu eingeschätzt werden.«

»Zum gleichen Ergebnis führt die Tatsache, daß die öffentlichen Schulden mit dem Beitritt zur WWU zu *Auslands*schulden werden, denn die monetäre Hoheit ist ja nicht mehr souveränes Recht des (National-)Staates, sondern sie liegt bei der EZB. Unter dieser Prämisse gelte es, die Faustregel zu beachten, wonach die Fremdwährungsschulden eines Landes 50 % des BIP nicht überschreiten sollten, eine Regel, welche die Währungsunion schon im Ansatz verletzt. Mit 60 % liegt das einschlägige Maastrichtkriterium bezüglich der öffentlichen Schulden deutlich über diesem Erfahrungswert, ganz zu schweigen von Belgien, dessen Schuldenlast heute noch über 120 % des BIP ausmacht.«[160]

Das mit der WWU wettgemachte Kursrisiko rückt dafür die realen Aussichten auf einen Staatsbankrott in den Vordergrund. Es sind also bloße *Verlagerungen der Risiken* von den Devisen- auf die Anleihemärkte, das heißt von den Wechselkurs-Risiken zu heute schlagend werdenden Risiken bei den Bond-Märkten (US- und andere Staatsanleihen). Die angeblichen 2 % Devisen-Umtauschkosten[164] fallen

---

[163] Es muß darauf hingewiesen werden, daß die vor einigen Jahren in eine Finanzkrise stürzenden Länder in Südostasien nahezu *keine öffentliche Verschuldung* hatten und die Lage in Europa diesbezüglich wesentlich dramatischer ist.

[164] Mit dieser Schwindelzahl von 2 Prozent wurde im *Cecchini-Report* Werbung für die Nützlichkeit des Gemeinsamen Marktes gemacht. Der damalige

zwar *unter dieser Überschrift* weg, da aber die internen Kosten der Bank ja weiter bestehen, werden sich diese entgangenen Einkünfte *unter einem anderen Titel* ganz gewiß wiederfinden. Die unterschiedliche Bonität müßte nach herrschender Lehre auch zu einer Ausweitung der Zinsdifferenz (*Spread*) zwischen guten und unsicheren Schuldnern, etwa bei den Staatspapieren aus Deutschland und Italien, führen. Das Gegenteil war zwar der Fall, so, als ob sich die Märkte hier verkalkulierten – jedenfalls nach GOODHARTS Ansichten. Oder steckt ein noch ganz anderer Schwindel dahinter? Heute, da sich angesichts der Finanzkrise jeder selbst der nächste ist, gibt es wieder diese – zum Teil erheblichen – Risikozuschläge für Italien, Griechenland, Spanien usw. – mit der offen diskutierten Folge, daß dies zum Zerbrechen der europäischen Währungsunion, also zum Zusammenbruch des Euro, führen würde.

Was also noch ist Geld?

Rein äußerlich ist es eine Münze oder eine Note mit einem aufgedruckten Wert. Aber es gibt ja noch viele andere Formen von Geld oder Geldersatz: den inzwischen schon wieder aus der Mode gekommenen Scheck, die Kreditkarte (Visa, Diners, American Express. . .), die ›Bankomat-Karte‹ zusammen mit einem Geldausgabeautomaten, das ›elektronische Geldbörsel‹, zahlreiche ›Kunden-Karten‹ mit Zahlfunktionen bis hin zu solchen Systemen, die etwa den Fingerabdruck eines Kunden scannen und damit die Berechtigung feststellen, über ein elektronisch geführtes Konto zu verfügen, von dem – bargeldlos – die Bezahlung eines Einkaufs möglich wird. Hinter all dem steht vor allem die Funktion des Geldes, den Warentausch (Kauf) zu erleichtern, also die Möglichkeit des orts- und zeitunabhängigen Tausches von Gütern und Dienstleistungen. Implizit wird dabei eine andere Funktion des Geldes vorausgesetzt, nämlich Güter und Leistungen in Geldgrößen auszudrücken.

Damit haben wir die Hauptfunktionen des Geldes auch schon bezeichnet: die Erleichterung des Güter- und Leistungstausches – die

---

österreichische Wirtschaftsminister W. SCHÜSSEL hat diese Daten »auf zwei Kommastellen genau« für Österreich jeweils ausgerechnet, um die EU-Entscheidung herbeizulügen. Heute werden im *Wirtschaftsblatt* dafür ›nur‹ noch 0,5% (!) angesetzt, das heißt, gemessen an dieser Schätzung, hat man seinerzeit mit einem um *300 Prozent* gefälschten Wert operiert. Und das lächerliche Beispiel eines Touristen, der durch die 15 Mitgliedsländer reist, der jeweils sein ganzes Geld umtauscht und am Ende, ohne etwas ausgegeben zu haben, von 1000.- öS nur noch mit 200.- öS heimkommt, unterstreicht, was Dampfplauderer wie SCHÜSSEL vom geistigen Niveau der ›mündigen‹ Bürger hielten.

örtliche und zeitliche Ungebundenheit eines früheren bloßen Warentausches – und die wie auch immer zustande gekommenen Wertvorstellungen für Güter und Leistungen in Geldeinheiten festzulegen. Damit ist eine größere Erleichterung des Tausches erreicht, weil man hinfort nicht für zwei Säcke Saatgetreide eine ganze Kuh geben mußte, die eigentlich zehn Säcke wert ist, aber eben nicht geteilt werden kann, womit solcher Handel natürlich unterblieb.

Eine dritte Eigenschaft des Geldes ahnt man bei diesen Beispielen vielleicht schon: Geld ist ein Wertaufbewahrungsmittel. Lebensmittel verderben mitunter recht schnell. Nicht alle Produkte können aufbewahrt werden, ohne zu verderben oder an Wert zu verlieren. Es ist daher sehr vorteilhaft, wenn es mit dem Geld möglich ist, etwas zu sparen: für Notfälle, fürs Alter, wenn man nicht mehr arbeiten kann, um seinen Lebensunterhalt zu erwirtschaften, oder auch für größere Anschaffungen, etwa den Bau eines Hauses.

Aus dem bisher Gesagten geht schon hervor, daß Geld eine sehr nützliche Sache ist, die überhaupt erst eine arbeitsteilige und entwikkelte Wirtschaft ermöglicht. Das ist aber in der heutigen Zeit nicht alles, was es übers Geld zu sagen gibt.

Die verbreitetste Form des Geldes ist das sogenannte Buch- oder Giralgeld. Das besteht in der Zeit des Computers in Form von elektronisch geführten Konten, also in einer Kontonummer und einem dazugehörigen Kontostand, der positiv oder negativ sein kann, also ein ›Guthaben‹ oder eine ›Schuld‹ anzeigt. Dieses Geld kann man nicht mehr physisch angreifen oder begreifen, und es ist – bei Stromausfall – sogar nicht mehr existent. Natürlich sind die Kontostände ›gesichert‹ und nach Behebung der Panne wieder da. Aber es ist dies bereits ein Hinweis darauf, was passierte, wenn einmal eine Währungskrise ausbräche: Der Bankrott könnte – noch – verschleiert und die Nicht-Auszahlung mit ›Computer-Absturz‹ erklärt werden. Hier wird das *entmaterialisierte* Geld bereits für die meisten undurchsichtig. Wir kommen darauf noch einmal zu sprechen. Zunächst aber ist eine andere Frage zu klären.

3.1 Wie bekommt das Geld seinen Wert?

Früher schien das Geld aus sich selbst ›wertvoll‹ zu sein: Es war eine Gold- oder Silbermünze. Gleich, wer es herausgab, welches Bildnis darauf geprägt war – ein Goldsstück eines bestimmten Gewichtes hatte offensichtlich auf der ganzen Welt seinen relativ gleichmäßigen ›Wert‹, Silber(-münzen) in ähnlicher Weise, wobei hier zum ›inneren Wert‹ des Goldes ebenfalls eine weitgehend konstante Relation bestand. Dies geht auf mythische Vorstellungen zurück, die sich auf irgendwelche planetarischen Verhältnisse der Gestirne Sonne und Mond – symbolisiert durch Gold und Silber – beziehen. Warum das so ist, spielt keine Rolle, es ist einfach so, und das seit Menschengedenken. Gold ist den Menschen wertvoll.

Aber was ist nun mit den Banknoten oder den aus unedlem Metall geprägten Münzen? Papier- und Druckkosten sind unbedeutend, und doch kann zum Beispiel 10 000 US-Dollar auf eine solche Note gedruckt sein. Nach heutigem Goldkurs(1 oz : 900 $) entspräche das etwa 11 Unzen Goldes.

Es ist aber klar, daß das Papiergeld keinen inneren Wert hat. Es muß ›gedeckt‹ sein. Womit? Früher mußte eine Bank, die übrigens ihre eigenen Banknoten ausgeben konnte, einen dem Betrag der Banknoten entsprechenden Gold- oder Silberschatz im Depot verfügbar haben. Wäre es nicht der Fall gewesen, hätte man es als Betrug angesehen, ähnlich wie Wechselreiterei oder Scheckbetrug, bei dem jemand ungedeckte Geldanweisungen ausstellt. Mit anderen Worten: Solange das im Umlauf befindliche Geld ›gedeckt‹ war und jederzeit das Papier in die entsprechende Goldmenge gewechselt werden konnte, zirkulierte ›echtes‹ Geld. Dieses echte Geld hat im Deutschen auch eine andere Bezeichnung: ›Währung‹ – im Gegensatz zu ›*currency*‹ (schnell eilend, flüchtig) im anglo-amerikanischen Sprachgebrauch. Der deutsche Begriff – er drückt langes Währen, Dauer aus – sagt schon, daß es (wert-)*beständig* und damit dauerhaft war. Der einzige Grund, es bei einer Bank einzulegen, war der, es gegen Verlust und Diebstahl zu sichern, aufzubewahren. Wo man einer Bank oder Obrigkeit nicht traute, hat man es auch lieber selbst sicher verwahrt: unter der Matratze oder dem Misthaufen, wie heute noch manche Schatzfunde beweisen, die man beim Ackern oder Baggern findet.

Interessanterweise hat diese Art Geld seinen Wert behalten. Sehen wir andererseits das Papiergeld an, so weiß jedermann aus eigenem Erleben, daß es buchstäblich von Monat zu Monat, von Jahr zu Jahr weniger wert wird. Trotz der aufgedruckten Zahlen weiß man noch *nichts* über den Wert des Geldes. Warum das so ist, ist die Schlüsselfrage beim Geld. Inzwischen glaubt man allgemein, daß der Wert etwas mit der *volkswirtschaftlichen* Leistung, eventuell mit vorhandenen Bodenschätzen und mit der Menge des ›umlaufenden‹ Geldes zu tun hat. In Italien kostete ein Stück Brot eine große (An-)Zahl an Lire, in Deutschland wenige Pfennige. Die Kaufkraft der nationalen Währung paßt sich dem BIP – der volkswirtschaftlichen Leistung –

und der Geldmenge an; es ist eine Frage der Bequemlichkeit. Das Kleine Einmaleins fällt uns halt leichter als das Große.

3.2 Die Notwendigkeit der Geldwirtschaft

Die Geldwirtschaft abzuschaffen würde das Problem nicht lösen und wäre völlig verfehlt. Denn sie ist die Voraussetzung für eine arbeitsteilige Wirtschaft und damit auch für Wohlfahrt. Die eigentliche Aufgabe von Geld, das heißt Bargeld und Giralgeld, ist es, die Möglichkeit zu schaffen für das

- *räumliche* und das
- kurzfristige *zeitliche* Aufbrechen von Tauschvorgängen.

Auch eine Abschaffung von Schulden und Guthaben, das heißt Forderungen auf Geld, wäre Unsinn. Denn Schulden und Guthaben sind die Grundvoraussetzungen für das *langfristige* zeitliche Aufbrechen von Tauschvorgängen, also für die Möglichkeit von Investitionen.

Es geht um *Tauschvorgänge.* Die ›Erfüllung‹ eines solchen Geschäftes liegt aber einzig darin, daß eine Leistung eine *äquale* (»gerechte«, »billige«[165]) Gegenleistung erfährt. Diese ist aber nicht damit erbracht, daß man für reale Güter oder Dienstleistungen ›bedrucktes Papier‹ hingibt. Dieser Schuld- oder Anrechtsschein, um den es sich letztlich bei einer Banknote handelt, kann nur insofern ›Erfüllung‹ einer Leistungsverpflichtung sein, als ein funktionierender Rechtsstaat die uneingeschränkte Annahme und den stabilen Geldwert garantiert.

Damit ist klar, daß Geld eine Angelegenheit des Rechts und jener Gemeinschaft, des Staats mit seinen Institutionen, ist, die Wert und Währung – die langfristige Wertbeständigkeit – gewährleisten können.

3.3 Kaufkraft, Inflation

Man spricht von der sich ändernden Kaufkraft des Geldes, wenn es an Wert verliert. So klingt es besser, als es gleich ›Inflation‹ zu nennen. Leider kann man es nicht unmittelbar feststellen, denn manche Waren werden sogar immer billiger – beispielsweise manche landwirtschaftliche Produkte –, andere, die man vielleicht selbst nicht oder nicht sogleich braucht, werden teurer, und bei vielen Dingen im modernen Leben merken wir es nicht einmal, weil Strom, Wasser, Müllabfuhr, Kanalgebühr, Telefon oft vom Konto abgebucht werden und

---

[165] ›Billig‹ nicht im heutigen umgangssprachlichen Sinn – geringer Preis, ›Schnäppchen‹ –, sondern im Sinne von Billigkeit, Redlichkeit.

man gar nicht weiß, ob höherer Verbrauch oder gestiegene Kosten die Ursache sind, die das Konto stärker belasteten. Mit einem Wort, wir merken wohl über längere Zeitspannen, daß die Kaufkraft sinkt – daß das Geld weniger wert geworden ist –, aber wir erkennen dafür nicht die tiefere Ursache. Eine zusätzliche Pikanterie ist, daß auch das heute bei der Bank *gegen Sparzinsen eingelegte* Geld, das sich zwar *nominell* vermehrt, trotzdem *real* weniger wert wird. Die Aufbewahrung von echtem Geld (Gold- und Silbermünzen) unterm Misthaufen hatte zu *keinem* Wertverlust des Geldes geführt, die »sichere« Aufbewahrung auf dem Sparkonto der Bank hingegen führte und führt zu einer Erosion des Ersparten. Es ist, als hätte jemand dem Sparer immer ein bißchen von seinem Geld entwendet.

Dabei können wir nicht einmal sagen, wie viel es weniger geworden ist, weil die offiziellen Statistiken über Inflation, Kaufkraft, Warenkörbe usw. natürlich politisch beeinflußt, also getürkt (= gefälscht) sind, um den Bürgern bezüglich der wahren Verhältnisse um ihre Währung Sand in die Augen zu streuen. Was ebenfalls nicht beim Wertverlust des Geldes erkannt wird: *wer oder was für den Wertverlust eigentlich verantwortlich ist.*

3.4 Zins, Wucher

Es ist paradox: Die *Guthaben*zinsen sind die Ursache für die anfangs schleichende und mit dem Fortschreiten der Zeit immer dramatischere Geldentwertung. Wie kommt das?

Wenn dem Geld die eigentlich perverse oder, genauer gesagt, blasphemische[166] Eigenschaft zugeschrieben wird, daß es sich *aus sich selbst heraus* vermehren – sozusagen Junge kriegen – kann, erhebt sich die Frage natürlich: Woher kommt die wunderbare Geldvermehrung tatsächlich? Denn Geld vermehrt sich natürlich nicht von selbst. Offensichtlich ist alles, was wir erzeugen, oder leisten, oder als Rohstoffe der Erde abringen, aus Materie *und* Geist entstanden, das Wertvolle und Reale, dem gegenüber das Geld als Tausch- oder Leistungsvermittler steht. Diese realen Leistungen haben ihre natürlichen Grenzen in dem begrenzten Lebensraum und unserer Leistungsfähigkeit – mit oder ohne technische Hilfsmittel. Die Zinsen für Guthaben – gleich, wie hoch sie sind – führen aber dazu, daß sich Guthaben periodisch verdoppeln. Bei 3 % alle 25 Jahre, bei 7 % alle 10 Jahre und bei

---

[166] Die *»creatio ex nihilo«*, also die Schöpfung aus dem Nichts, ist dem Schöpfergott als Attribut beigegeben: Der Mensch, der sich dieses anmaßt, handelt blasphemisch.

oft gar nicht so unüblichen 10 % alle 7 Jahre. Mit anderen Worten: Innerhalb von 70 Jahren, einem Lebensalter, fände eine über 1000fache Vermehrung statt. Aus der Schulzeit erinnert sich mancher noch an die Zinseszins-Rechnung: Um wie viel sich ein bei CHRISTI Geburt angelegter Pfennig bei etwa 5 Prozent Zins vermehrt hätte. An anderer Stelle wurde dies schon ausgerechnet.

Man erkennt die Unmöglichkeit und Lebensfeindlichkeit dieses Prinzips. Es ist also schon nach wenigen Jahrzehnten völlig unmöglich, die Zinsen für das angelegte Kapital zu erwirtschaften, obwohl es nach wie vor *ehernes Gesetz* ist, daß Zinsen *unbedingt* zu bezahlen seien. Ist das wirklich so? Wer behauptet dies? *Cui bono*? Wem nutzt es?

Was hier über die scheinbar angenehme Seite des auf Zins angelegten Geldes gesagt wurde, hat aber noch eine andere Seite der Betrachtung: *Dieses* (sich selbst vermehrende) Geld, auch Finanz-Kapital, liegt ja nicht unter der Matratze oder dem Misthaufen, sondern es ›arbeitet‹, wie man fälschenderweise sagt. Hat jemand schon einmal ein Stück bedrucktes Papier ›arbeiten‹ gesehen?

Was man mit solchen sprachlichen Ausdrücken verschleiert, ist der Umstand, daß dieses Geld als Leih- oder Kreditgeld an die Volkswirtschaft – Haushalte, Unternehmen und den Staat – verliehen wird. Es sind dies heute bereits unermeßliche Schulden, und da sie ja nie je zurückbezahlt werden können – die Öffentliche Hand nimmt zum Zinsendienst jeweils neue, noch größere Kredite auf –, wächst die Zinsenlast weiter und auf ewig ins Utopische. Woher soll also das nur für die Zinszahlung nötige Geld kommen?

Nun, es kommt natürlich *von allen,* die etwas arbeiten und leisten, indem sie nicht nur für ihre privaten Anschaffungen und unternehmerischen Investitionen Kreditzinsen zahlen, sondern über die Mieten, die um Finanzierungskosten überhöhten Preise der Waren, die Tarife und Gebühren, Mehrwertsteuer und sonstige indirekte und direkte Steuern des Staates usw. all das Geld abliefern, das für die Befriedigung der exponentiell steigenden Zinsen benötigt wird. *Der Staat ist der Zinseintreiber für das Finanzkapital,* meinte einmal so zynisch wie richtig Lord CHURCHILL. Seine Aufgabe ist, immer neue Steuern und Abgaben zu erfinden und einzutreiben, und da dies heute bereits eine kaum überschreitbare Grenze erreicht hat, glaubt er seine Zahlungsfähigkeit – für die Zinsen ausschließlich – dadurch zu erhalten versuchen zu müssen, indem er den Sozialstaat demoliert, die noch verbliebenen Werte (Volkseigentum) verscherbelt oder Pfründen, etwa E-Werke, Telefongesellschaften, Autobahnen, für etwas Handgeld den Plünderern überläßt.

Die Sache ist also glasklar: Die Zinsen sind das Urübel schlechthin, die Ursache der Zerstörung des Staates und der Völker, der individuellen und kollektiven Wohlfahrt und des Friedens. Es ist auch klar, daß alle Kriege der jüngeren Vergangenheit sich nur ums Goldene Kalb drehten. In einer clever eingefädelten scheinbaren Interessensgemeinschaft mit den kleinen Sparern, die ja für ihre Ersparnisse Zinsen wollen, verbirgt sich die um Größenordnung größere Dimension des als Kredit von der Hochfinanz ausgegebenen Leihkapitals, das den Löwenanteil der Zinsen an sich zieht, die Völker versklavt und schließlich in Kriegen vernichtet.

Was der kleine Sparer an Zinsen bekommt, muß er sich in Wirklichkeit selbst zahlen, denn das Geld bekommt nun einmal keine Jungen. Seine 2 oder 3 Prozent Sparzinsen sind auch unbedeutend gegenüber den 8 bis 10 Prozent an Kreditzinsen – die oft noch größeren Abstand haben differierend, selbst heute, wo sie ›im Keller‹ sind. Man kann fast jede Bank als Beispiel nehmen: Girokonto-Guthabenzinsen: 0,125 Prozent, Sollzinsen: 9,875 Prozent, und fürs Eigenkapital hält man eine Verzinsung (*return on equity*) von 13 Prozent für ›angemessen‹.[167] Wegen ein paar Brosamen für den »kleinen Sparer« halten wir den Zinswucher als »rechtens« aufrecht, obwohl wir erkennen, daß er unmöglich und ein Betrug ist, obwohl wir heute am Abgrund stehen, dessen Ränder bereits abbröckeln.

Ein Irrtum sei noch kurz angesprochen, der sich bei der Begründung des Zinses manchmal einstellt: daß nämlich der Zins der *Preis* für das Geld sei, womit man das Zinszahlen mit einem ›Verkaufen‹ des Geldes gleichsetzt. Verkauf setzt jedoch einen Eigentümerwechsel voraus. Davon kann aber keine Rede sein, Geld muß ja zurückgezahlt werden. Man wird damit dem Wesen des Zinses in keiner Weise gerecht. Er ist – gleich in welcher Höhe – *Wucher*. Klarheit der Begriffe

---

[167] *Return on Equity* bei Banken: auf das Eigenkapital bezogener Gewinn. Vor einiger Zeit war in den *Oberösterreichischen Nachrichten* zu lesen, daß die Bank Austria (BA) bis 2001 den ›*Return on Equity*‹ auf 12 Prozent anheben möchte. »Erreicht sie diese Marke, läge die BA noch immer weit unter dem Ertragsniveau ausländischer Institute. Dieses liegt bei 18% (Schnitt der europäischen börsennotierten Banken) oder bei mehr als 20% (britische Banken). Hier findet die wunderbare Geldvermehrung – Schöpfung aus dem Nichts – statt, denn in der produzierenden Wirtschaft ist das kaum möglich. Die Banken scheinen sich weit jenseits obigen Beispiels mit ›Erträgen‹ aus Kapitalverwaltung zu bedienen. Die Lage ist aber, da ja virtuelles, also gar nicht wirklich existierendes Kapital für ihre Spekulationen zwecks Abzockens verwendet wird, viel dramatischer, als es das Beispiel nahelegt.

ist in einer so komplizierten Sache nicht nur besser, sondern absolut notwendig.

Bemerkenswert ist: Über den Kapitalismus sprach Papst Johannes Paul II. am 22. 11. 2000, einem kabbalistischen Datum, vor 40000 Gläubigen. Dabei prangerte er den »besorgniserregenden Wucher« an und rief zur Hilfe für die in Zinsknechtschaft geratenen Opfer »dieser um sich greifenden Plage des Wuchers« und zu »einem allgemeinen Feldzug gegen diesen erbarmungslosen Mißbrauch der Nöte anderer« auf.

Die Medien, jenes unverzichtbare Mittel jeglicher organischen Ordnung und der mitbestimmten Entscheidungsfindung, schwiegen diese Botschaft des Papstes tot, mit einer Ausnahme: der Zeitung *Zenit*.

3.5 Woher kommt das Geld?

Diese Frage soll am Schluß noch betrachtet werden. In der Vor-Maastricht-Zeit hätte vielleicht ein Deutscher gesagt: Das Geld kommt von der Deutschen Bundesbank, und ein Österreicher: von der Österreichischen Nationalbank. Vielleicht glaubte er auch, daß dies staatliche Institutionen seien und der Staat also von seinem Privileg, ›Geld zu schöpfen‹, Gebrauch machte. Das ist aber nicht wirklich der Fall. Es sah nur so aus, vielleicht wegen des pompösen ›*Deutsche*. . .‹ oder ›*Österreichische*. . .‹ vor der ›*National*‹-Bank.

Die Frage des Woher ist offenbar nach dem Zins die nächstwichtige. Diese Einrichtungen – die Notenbanken – drucken wohl das Geld, und leihen es zur ›Primärrate‹ (›Eckzinssatz‹) – geringere Zinsen – an (private und privilegierte) Banken, die es wiederum dem Staat und der Wirtschaft als Leihgeld zu *erheblichen Zinsen* ohne eigene Leistung weiterleihen. Der Staat in seiner souveränen Machtvollkommenheit stellt dafür einen Schuldschein (das heißt, er begibt eine ›Staatsanleihe‹) aus – und zahlt Zinsen. Der Schuldschein ist sozusagen die Dekkung – also die Sicherheit – für das geliehene Geld.

Warum stellt sich aber der Staat für seine Staatsaufgaben nicht die Zahlungsmittel – ohne Zinslast – selbst aus? Was ist der Unterschied des vom Staat ›geliehenen‹ Geldes zum staatlich garantierten Schuldschein – außer eben der, daß der Staat dafür ohne ersichtlichen oder einsehbaren Grund Zinsen bezahlt. Warum dieser Umweg über private Banken? Wenn der Staat die Tilgung solcher selbst geschaffenen Zahlungsmittel wegen seiner Steuerhoheit ja jederzeit garantieren kann oder wenn es der Bau einer Einnahmen schaffenden Anlage – Bahn, E-Werke, Kanal usw. – ist, könnte er diese staatsgarantierten

Obligationen, die daher mindestens so sicher wie etwa Papiergeld sind, mit den dann im Laufe der Zeit fließenden Einnahmen auch zurückkaufen. Es ist daher nicht einzusehen, warum private Banken - ohne die geringste eigene Leistung - Zinsen abschöpfen sollen.

Diese ›Staatsanweisungen‹ könnten obendrein als Geld Wirken, wenn der souveräne Staat dies so bestimmte. Er ›druckt‹ damit auch nicht mehr Geld, als es anders durch die Banken ohnehin auch geschöpft wird; inflationäre Aufblähung wäre also nicht zu erwarten. Ganz im Gegenteil, denn in diesem Fall müssen ja nicht auch noch jene Banknoten für die zu zahlenden Zinsen geschöpft werden, die bei längerfristiger Finanzierung - zum Beispiel auf 20 Jahre - bei 7 % bereits das Doppelte der Investitionssumme ausmachen.

Wenn also Geldschöpfung ein souveränes Recht des Staates ist, dieses Geld in Wirklichkeit auch von den tatsächlichen Leistungen der Volkswirtschaft ›gedeckt‹ ist, dann sind Banken für die Finanzierung von Staatsaufgaben völlig überflüssig. Im übrigen führt bereits nach verhältnismäßig kurzer Zeit die Kreditaufnahme zu keiner Verbesserung der Liquidität des Staates, weil die Zinsen schneller steigen, als neue Kredite noch aufgenommen werden können - und die Schuldenlast überdies bestehen bleibt. Beim heute erreichten Punkt der Staatsverschuldung sind Zinszahlung und Netto-Kreditaufnahme bereits ins Negative gekippt. Mit anderen Worten: Der Staat *ist* damit jetzt schon bankrott.

3.6 Zusammenfassung

Das Grundübel unseres gegenwärtigen Geldes ist der Zins. Er war immer schon verboten. Im *Alten Testament* - Bücher Moses 3, 25; 5, 15 - steht das; SOLON hat 594 v. Chr. die persönliche Schuldknechtschaft aufgehoben; in Rom verbot die *lex Gemicia* vom Jahre 332 v. Chr. römischen Bürgern kurzerhand das Zinsnehmen; Papst LEO I. der Große erließ 443 ein allgemeines Zinsverbot; bis dahin war es nur Klerikern untersagt, Zinsen zu nehmen. Auch in der weltlichen Gesetzgebung findet sich die kanonische Anschauung wieder, und sie bedroht das Zinsnehmen mit Strafe. Reichspolizeiverordnungen von 1500, 1530 und 1577 verboten den Zins. Zuletzt hatte die Kirche unter Papst BENEDIKT XIV. 1745 in *»vix pervenit«* das Zinsverbot erneuert. Zins ist heute noch im Islam verboten. Die Gesetzgeber aller Völker und Zeiten - auch in China - verboten den Zins.

Zins als arbeitsloses Einkommen ist unsittlich und ist deswegen zu verbieten. Zusammenfassend ist zu sagen: Zinsfreier Kredit müßte für den Staat und die Unternehmen jederzeit gelten, die einerseits hoheitlich bürgen, andererseits mit dem Realkapital kalkulierbare Risiken für investiertes Kapital – im Sinne von Wagniskapital – darstellen. Im Falle privater *Konsum*ausgaben sollten diese nicht durch Kredite angeregt werden. Die Überschuldung und die Folgen sind ja – sichtbar – zerstörerisch. Hier sind aber auch echte Risiken zu bedenken. Diese können jedoch, wie heute ja auch von den Banken gefordert, mit einem Pfand besichert werden: etwa durch eine Hypothek auf einem Grundstück oder den bei der Bank hinterlegten Kfz-Brief. Die Schuld wäre also besichert, oder es kommt wieder ›Treu und Glauben‹ in Kurs: Geld leiht man jenen, die man kennt und denen man vertraut. Sollte im privaten Bereich darüber hinaus eine Zinszahlung vereinbart werden, sollte man dieser – ähnlich wie bei Spielschulden – grundsätzlich den Rechtsschutz entziehen. Dies würde zur Normalisierung beitragen: Kredit hat, wen man kennt und wem man vertraut. Und die Verschuldung bliebe im Rahmen.

Das exponentielle Wachstum des Finanzkapitals – ärger als eine Krebswucherung – ist aus sich selbst die Ursache für eine ins Unermeßliche gestiegene Geldschöpfung – »*creatio ex nihilo*« (Schöpfung aus dem Nichts). Sie wäre mit echtem Geld unmöglich, weil einfach dafür nicht genug Gold oder Silber zu beschaffen wäre. Daher war die Entmaterialisierung des Geldes ein weiterer Schritt nach dem Papiergeld – dem »*fiat money*« aus der Notenpresse –, dieses materiell gar nicht mehr bewältigbare Wachstum vor den Menschen zu verschleiern. Diese Computer-Konten sind streng genommen auch kein Buch(Giral-)geld mehr, sondern nur noch virtuelle Ziffern, allerdings mit der verhängnisvollen Eigenschaft, daß man trotz des Schwindels, dem sie entsprungen sind, mit diesem ›legalen Falsch-Geld‹ sich in der realen Welt ›einkaufen‹ kann. Mit Nichts raubt man Etwas. Dies gelingt nicht dem normalen Durchschnittsbürger, sondern in erster Linie jenen Organisationen, die das Recht zur Geldschöpfung an sich gerissen haben: den Banken.

Daß derartige Quasi-Betrügereien nicht im Sinne des Staates und Gemeinwesens sein können, ist offensichtlich. Wohl aus diesem Grund strebte es die Hochfinanz an, die Geldausgabe weitgehend in ihre Hände zu bekommen – was auch gelang – oder, wo noch Spuren der Staatlichkeit vorhanden sind, die Notenbankgesetze so zu beeinflussen, daß sie auf dasselbe hinauslaufen, als wäre das Geldwesen ganz in ihrer Hand. Die wichtigste Notenbank, die US-FED, ist eine Privatbank.[168]

[168] Siehe Kapitel 8.3.2 »Causa Lewis vs. United States«.

Eine bezeichnende Geschichte ist die folgende: Kurz nach seiner Amtseinführung sagte Präsident REAGAN beiläufig (»ad lib statement«), daß die FED in Privatbesitz sei. Gerüchten zufolge wurde er gewarnt, solches nie wieder zu erwähnen - und er unterließ es auch. Die *Washington Post* vom 10. März 1989 berichtete, daß die Federal Reserve Bank und ihre 11 Filial-Banken im Besitz des »Globalistischen Kombinats« der 8 oder 10 Trilateralen-Familien - einschließlich der ROCKEFELLER - sei und daß »in technischer Hinsicht die FED ein Privat-Unternehmen ist«. Über die Kontrolle der Geldschöpfung und die Zinssätze beherrschen diese wenigen Familien die amerikanische Wirtschaft, und sie beeinflussen die Innen- und Außenpolitik der USA.[169]

Die FED und alle kommerziellen privaten Banken spielen sich in die Hände. Es ist dieses kriminelle System, das für den Zustand der Wirtschaft und des Staates auf der ganzen Welt verantwortlich ist.

Eine Geldreform muß daher auch *die Ausgabe des Geldes* wieder in die Hände einer staatlichen, die Souveränität des Volkes verkörpernden Instanz zurückführen. Das Bankwesen als Teil der Währungs- und Finanz-Ordnung hat weitgehend staatlich organisiert zu werden: einerseits um für die Staatsaufgaben die nötigen Geldmittel zinsfrei bereitzustellen, andererseits um über Investitionsbanken die Wirtschaft mit Liquidität - als ›Wagniskapital‹ - zu versorgen und wie nach dem Zweiten Weltkrieg die Kreditanstalt für Wiederaufbau (KfW) für die volkswirtschaftliche Globalsteuerung der Investitionen zu sorgen. Für den Bereich der privaten Haushalte mögen regionale Banken - idealerweise genossenschaftlich und gemeinnützig organisiert - auch privat weiterbestehen, jedoch unter strenger staatlicher Aufsicht.

3.7 Derivate

Ein weiteres letztlich tödliches finanzwirtschaftliches Problem - nach dem Zins und der Geldschöpfung - soll nun angesprochen werden: die *Derivate*.[170] Diese sind, kurz gesagt, Casino-Wetten ohne jeden realwirtschaftlichen Hintergrund. Das weltweite Volumen im Derivate-Handel hat unvorstellbare Ausmaße angenommen. Täglich finden Finanztransaktionen mit Derivaten im Umfang von über 10 Billionen Dollar statt. Man muß diese unvorstellbaren Summen auch mit Geld in Verbindung bringen, denn die Gewinne aus diesen Casino-Wet-

---

[169] Siehe: http://www.theexaminer.org/volume5/number2/thefed.htm

[170] Dazu einiges mehr im Kapitel »Derivate«.

ten können und werden in der Realwirtschaft in der Weise angelegt, daß die so entstandenen, eigentlich virtuellen Kapitalvermögen in Realvermögen ungewechselt werden, womit die weltweite Ausplünderung erst auf die Spitze getrieben wird.[171] Andererseits steht diesen gewaltigen – virtuellen – Kapitalsummen überhaupt keine reale Anlagemöglichkeit mehr zur Verfügung, weil die Größenordnung dieses spekulativen Finanzkapitals längst das produktive, in Fertigungs- und Vertriebsstätten investierte Kapital übersteigt.

Möglich wurde dies einerseits durch die Computer[172] und andererseits durch das virtuelle, entmaterialisierte ›Geld‹ und eine diesen Betrug legalisierende Gesetzgebung. Es wäre höchste Zeit, solche Pyramidenspiele als pseudo-legalen Betrug zu ächten und derartige ›Geschäfte‹ umgehend zu beenden, sie als ungültig zu erklären und rückabzuwickeln.

Alle anderen scheinbaren oder tatsächlichen Probleme sind vor diesen genannten vollkommen zweitrangig, beispielsweise die ›Umlaufsicherung‹ durch quasi Geldverruf, wie dies Silvio GESELL in seiner Freiwirtschaftslehre als zentral ansieht, oder eine ›Tobinsteuer‹ für spekulative Transaktionen; auch jede ›Rentenreform‹ ist zweitrangig, die doch nur Zerstörung des Wohlfahrtsstaates meint und schließlich auch zur Folge haben wird, ohne das Problem nicht bezahlbarer Zinslasten lösen zu können.

Die Urübel sind:

- der Zins,
- die unbegrenzte Geldschöpfung als ›*fiat money*‹,
- die Geldausgabe durch private, überstaatliche (= globale) Notenbanken,
- die Legalisierung von spekulativen Finanz-›Geschäften‹ (Derivaten),
- die Zerstörung der Souveränität des Nationalstaates.

Nationale Politik, die dies nicht erkennt, ist wenig mehr als Stammtisch-Palaver. Denn ohne Lösung dieser Fragen wird Wirtschaftspolitik überhaupt in Frage gestellt.

---

[171] George SOROS legte die mit seinen Spekulationen gegen das britische Pfund vor Jahren ›verdienten‹ Milliarden unter anderem in 400000 ha Grundbesitz in Argentinien an. – In GOETHES *Faust* tauscht der Hofnarr seine »Zettel« – die Vorläufer wertloser ›Wert‹-Papiere – in Haus, Fischteich und Jagd um.

[172] Siehe dazu auch das Kapitel über die moderne Technik als Voraussetzung für die Globalisierung.

3.8 Steuerung der Geldmenge

Die Vorstellung, daß man die Geldmenge an die Güter- und Dienstleistungsproduktion anpassen könnte, ist wohl eine Illusion. Wie sollte das gehen? Wer sagt denn, wie groß diese ist? Mit anderen Worten: Woher wissen das jene, die sie angeblich anpassen sollen? Eine zusätzliche Unschärfe kommt hinein, indem man noch eine ›Umlaufgeschwindigkeit‹ des Geldes sich vorstellt. Es gibt keine Möglichkeit, diese festzustellen. Lautet also die ›Gleichung‹:

Leistung der Volkswirtschaft (BIP) = Geldmenge x Umlaufgeschwindigkeit,

dann muß man feststellen, daß heute keine einzige dieser drei Größen wirklich bekannt ist oder sein kann. Die Geldmenge nicht, weil kein Mensch weiß, wieviel tatsächlich ›geschöpft‹ wird. Nicht nur die Noten- und Zentralbanken schöpfen Geld, sondern jedermann, der beispielsweise sein Konto überzieht. Jede Provinzsparkasse schöpft Geld, obwohl dies angeblich nur die Notenbank darf und tut. Die Umlaufgeschwindigkeit ist erst recht nicht feststellbar und stellt einen völlig willkürlichen statistischen Wert dar. Das Geld hat kein Mascherl, sagt man. Man weiß also nichts über den einzelnen Geldschein. Es liegt in der Natur der Sache, daß jeder Geldschein unterschiedlich oft von einem Besitzer zu einem anderen geht. Man könnte also höchstens einen ›Durchschnitt‹ der Umlaufgeschwindigkeiten aller Scheine (mit verschiedenen Wertaufdrucken) bilden. Wie das mit den anderen Geldarten – Giral- oder Buchgeld und geldartigen ›Werten‹ – gehen soll, weiß niemand, und das verkompliziert die Sache zusätzlich.

Man erkennt daraus, daß etwas, was sich ganz offensichtlich jeglicher Kenntnis entzieht, nicht willentlich gestaltet werden kann; weder die Geldmenge noch deren angebliche Umlaufgeschwindigkeit, die überdies aus obigen Gründen ein *Nicht-Begriff* ist. Nun wird aus diesen beiden Größen ein Produkt gebildet, das die volkswirtschaftliche Leistung darstellen soll, also das BIP.

Nehmen wir an, das BIP wächst um 10 Prozent, so ist offenkundig, daß – wenn das BIP als Wert feststünde – dieses Ergebnis (als Produkt zweier Zahlen) in *vielfacher* Weise mit gleichem Ergebnis erreicht werden kann. Es sei heute zum Beispiel

1000 (→ BIP) = 100 (→ Geldmenge) x 10 (→ Umlaufgeschwindigkeit).

Im folgenden Jahr wird das BIP bei einem Wachstum von 10 Prozent dann

1100 = 110 x 10 *oder* 100 x 11 (oder 105 x 10,5) betragen,

das heißt, wenn die Geldmenge um 10% steigt, die Umlaufgeschwindigkeit aber gleich bleibt, errechnet sich die Steigerung des BIP mit 1100. Das gleiche Ergebnis bekommt man, wenn man die Geldmenge gleich läßt und die ›Umlaufgeschwindigkeit‹ von 10 auf 11 steigert. In Wirklichkeit kenne ich beide Werte nicht. Überdies wird klar, wie fadenscheinig die Berechnung des BIP und seiner Wachstumsrate *hieraus* wird, weil die wirkliche Leistung der Volkswirtschaft ja ganz offenkundig nicht von derartigen Glasperlenspielen abhängig sein dürfte. Aber man kennt auch das BIP und sein Wachstum nicht wirklich. Dieses wird angeblich aus der Güter- (und Dienstleistungs-)Produktion und von der Produktivität bestimmt:

BIP = Σ Output = Produktivität x Anzahl der Arbeitnehmer,
wobei auch gilt: Gesamt-Erzeugung = BIP in Währungseinheiten (z. B. in $) = Σ imaginäre Stück-Kosten x Anzahl der produzierten Einheiten.

Produktivität = Gesamt-Erzeugung : Anzahl der Arbeitnehmer.

Die gesamte Erzeugung (*Output*) ist dabei die Summe abstrakter, durchschnittlicher ›Stücke‹ zu gänzlich virtuellen ›Stückkosten‹ (vergleichbar jenen bei der ›Berechnung‹ der ›*Stück*kosten‹ in der Betriebswirtschaft) der volkswirtschaftlichen Erzeugung mal der ebenso abstrakten (erfundenen) Anzahl dieser imaginierten Stücke.[173] Beides ist, wie ersichtlich, nur etwas *Virtuelles*. Auf diese Weise ›berechnet‹ man in den USA die Produktivität und legt dabei einen sogenannten ›*hedonic approach*‹ (hedonischen Berechnungsansatz) zugrunde. Wir kommen gleich darauf zu sprechen. In Deutschland ist es natürlich nicht besser: 2007/8 wurde ein wirtschaftlicher Aufschwung auch nur herbeigelogen, denn die erhöhten Umsatzzahlen beruhen auf der Erhöhung der Mehrwert- und Versicherungssteuer (ab 1. Januar 2007).

Die Pressemeldungen überschlagen sich: In Deutschland ›boome die Konjunktur‹, weil die Kaufkraft der Bürger gestiegen sei. Richtig ist aber, daß nicht die Kaufkraft, sondern die Preise gestiegen sind, was gemeinhin eine Verringerung der Kaufkraft bedeutet. Durch die Erhöhung der Mehrwertsteuer um 3 Prozentpunkte kam es zu er-

---

[173] Wie lächerlich so ein ›durchschnittliches‹ Stück der volkswirtschaftlichen Erzeugung ist, sieht man, wenn ›Kraut und Rüben‹ zusammengenommen werden. Daß es in unserem Fall noch unendlich krasser ist, ist offensichtlich.

heblichen Preissteigerungen in allen Bereichen.[174] Bedingt durch den überaus starken Preisanstieg, melden natürlich die Firmen höhere Umsätze, die einzig und allein der Verteuerung zuzurechnen sind. Die Bundesregierung reklamiert die Erhöhung der Mehrwertsteuer – und damit die der Preise – in fälschender Weise als Aufschwung, den es überhaupt nicht gab.

Der in US-Dollar gemessene *Output* steigt um 10 Prozent, wenn bei gleicher realer Produktion (= Anzahl der produzierten Einheiten) der Preis steigt (also inflationäre Entwicklung herrscht). Das BIP wächst ebenfalls um 10 %, wenn man die Produktivität um 10 Prozent bei gleicher Anzahl an Arbeitnehmern annimmt, oder man kann die ›Produktivität‹ steigen lassen, indem man die Zahl der Beschäftigten verringert und den Output erhöht. Das BIP läßt sich in jeder Richtung ›berechnen‹, indem man die verschiedenen Parameter beliebig verändert.

Beim ›hedonischen Ansatz‹ geht man in den USA von folgender *cleverer* Überlegung aus: Die Leistungssteigerung bei Computern und Elektronik[175] drückt sich, grob gesagt, so aus, daß man heute zum gleichen Preis wie vor einem Jahr die doppelte Leistung kaufen kann. US-Statistiker denken hier mit und ›übersetzen‹ diese doppelte Leistung in ein Äquivalent von *zwei* Computern. Das ist der Ausgangspunkt des ›hedonischen Ansatzes‹. Wenn nun in der gesamten IT-Branche die Zahl der Arbeitnehmer gegenüber dem Vorjahr etwa gleich geblieben ist, könnte man sagen, daß die gleiche Zahl von Arbeitern *virtuell* das Doppelte geleistet hat. Die Produktivität ist nach dieser Überlegung also um 100% gestiegen.

Mit der so ermittelten Produktivität läßt sich nun das BIP kräftig steigern, und weil das BIP ja auch als die Summe der imaginären Stückkosten mal der virtuellen Anzahl ist, kann man alles mögliche zurückberechnen: den Output, das BIP in US-Dollar usw., indem man die virtuelle Anzahl etwa an Computern mit den nun tatsächlichen (etwa gleich gebliebenen) Verkaufspreisen multipliziert. So kommt man plötzlich zu Umsätzen der Branche, die ein Mehrfaches ihrer tatsächlichen Umsätze ausmachen. Dieser Art ist also das aus den USA berichtete ›kräftige‹ Wachstum; so ist die ›Wirtschafts-Lokomotive‹ konstruiert.

---

[174] Wir wiesen schon darauf hin: *Alle* Statistiken sind manipuliert, also gefälscht.

[175] In den USA tragen solcherart die Sektoren Informationstechnik und Kommunikation den ›Aufschwung‹, das ›Wachstum‹ usw.

Das BIP steigt also merkwürdigerweise auch dann, wenn sich die *wirkliche Produktion* gar nicht erhöht hat. Ja, sie könnte sogar geringer geworden sein, zum Beispiel um 10%, wenn ich lediglich die Produktivität gleichzeitig als um ~22% gestiegen setze – was über manipulierte Statistiken in den USA tatsächlich gemacht wird:

0,9 . reale Produktion x 1,22 . Produktivität ~ 1,1. BIP

Das heißt, obwohl die wirkliche Produktion geringer geworden ist, steigt das BIP um 10%. Man sieht unschwer, daß alle diese Zahlen nicht nur *nichts* mit der Wirklichkeit zu tun haben, sondern daß die tatsächlich gegenteiligen wirtschaftlichen Entwicklungen, mit geeigneten (= manipulierten) Faktoren multipliziert, sich in ›Wachstum‹ umdefinieren lassen.

Fassen wir zusammen: Man kennt weder die wirkliche Größe des BIP, noch die Geldmenge, noch die nicht einmal als Begriff vorstellbare Umlaufgeschwindigkeit. Damit ist aber klar, daß sich die beiden genannten Größen auch im Traum nicht zur ›Wirtschaftssteuerung‹ eignen, sie entziehen sich gänzlich unserem Zugriff.

3.9 Geldumlauf

Oft wird dogmatisch behauptet, daß das Geld im Kreislauf verbleiben *müsse*. *Solle* wäre richtiger. Müssen tut es nicht. Hier kommen Ideen des Geldreformers Silvio GESELL zum Vorschein, dessen Kernthese in der *Umlaufsicherung* des Geldes besteht, die man mit Geldverruf oder GESELLS »Schwundgeld« sicherstellen will, was etwa auf dasselbe hinausläuft. Das scheint ein kaum durchführbares *logistisches* Unterfangen zu sein, und überdies ein *gänzlich dem Wesen des Geldes entgegengesetzter Ansatz*. Geld kann dann seine Funktion gut erfüllen, wenn das *Vertrauen in seine Wertbeständigkeit* im Volk unerschütterlich ist.

Dieser Ansatz GESELLS scheint uns eine ähnliche *Pervertierung des Wesens des Geldes mit umgekehrten Vorzeichen* zu sein, wie es das zinsbehaftete Geld ist, und damit geht die Verunmöglichung einher, daß es seine segenstiftende Wirkung überhaupt erfüllen kann. Folglich führte überdies ein mit regelmäßig erhobenen Gebühren belastetes, ›umlaufgesichertes‹ Geld zu einem gleich – oder noch stärker – die Kaufkraft mindernden Übel wie die zinsbedingte, ›Inflation‹ genannte Geldentwertung.

Wie aber schon gesagt, ist das Problem des Umlaufens überhaupt kein zentrales. Daher ist, hierauf irgendwelche mechanistischen wäh-

Silvio GESELL (1862–1930) theoretisierte eine zinslose Gesellschaft. Mit der Schaffung eines sogenannten ›Freigelds‹, dessen Umlauf der Staat zu sichern hätte, glaubte er »den Zins in einem Meer von Kapital ersäufen« zu können. Durch das allgemeine Absenken des Zinsniveaus könnte dann die soziale Frage gelöst werden.

rungspolitischen Maßnahmen aufzubauen, vom Ansatz schon verkehrt.

Helmut CREUTZ, ein umtriebiger Mann und Jünger des Silvio GESELL, tritt leidenschaftlich dafür ein, aber was bedeutet das schon? Sein Vorschlag des durch Zufallsprinzip gesteuerten »Geldverrufes« ist ein nicht handhabbarer Verwaltungsaufwand, daß man sich nur wundern kann, wer dies ernsthaft in Erwägung zieht. Eine ziemliche Nebensächlichkeit wird zum primären Problem erklärt. Was von der genauen Anpassung der Geldmenge zu halten ist, wurde schon ausgeführt. Auch wenn man die dafür Verantwortlichen ›Bundesfinanzrat‹ oder sonst wie nennt, sind es doch Bürokraten, die kaum in der Lage sind, das von CREUTZ und manch anderen Gewünschte zu vollbringen.

3.10 *Creatio ex nihilo* – Wenn Privatbanken Geld aus nichts schaffen

Der dem zugrunde liegende Gedanke, die ›*Hortung*‹ zu unterlaufen, kommt doch nur daher, weil man heute - eigentlich schon seit John LAW zur Zeit der Französischen Revolution - das Papiergeld ›erfand‹, also jenen alchimistischen Prozeß, aus Wertlosem etwas Wertvolles zu schaffen, und dieses Privileg obendrein in private Hände gelegt hat.

Damit sind wir bei einem anderen zentralen Punkt jeglicher Geldreform angelangt, der Schaffung von Geld - als ›*fiat money*‹ - aus dem Nichts, das heißt der ungebremsten Fabrikation von Geld. Erst dieses erlaubt die Anhäufung von irrwitzigen ›Finanzvermögen‹, wobei nicht deren Hortung das Problem ist, sondern vielmehr der Umstand, daß mit diesem ›legalen‹ Falsch- und Schwindelgeld alles das ›gekauft‹ - in Wirklichkeit geraubt und geplündert - werden kann, was in der Tat Realvermögen ist: Produktionseinrichtungen, Minen für die Förderung der Grund- und Rohstoffe, Bohrlizenzen für Öl und Gas, Grund und Boden bis hin zu den Dukaten scheißenden Goldeseln, wie jenen Dienstleistungssektoren, ohne die heute keine modere Volkswirtschaft mehr funktioniert: Telekom, Energieversorgung, Transportwesen usw.

Das wahre Problem liegt in einer von den Geldmächten (das sind jene privaten Banken, die die Lizenz zum Gelddrucken haben) gesteuerten periodischen Geldvermehrung – etwa die heutige gigantische Kreditblase – *und* der von ihnen verursachten Geldverknappung, die sich in der Fälligstellung und/oder der Verweigerung neuer Kredite ausdrückt. Nur die eine Seite, die Verknappung mit Geldverruf, bekämpfen zu wollen ist natürlich sinn- und wirkungslos. Dieses Problem stellt sich auch dann überhaupt nicht, wenn etwa die *staatlichen* Banken für Wiederaufbau oder für Wohn- und Siedlungswesen, ähnlich der ›Kreditanstalt für Wiederaufbau‹ in Deutschland nach dem Krieg, gemäß entsprechenden Bank-, Währungs- und Wirtschaftsgesetzen den nötigen Bedarf an Finanzmitteln einfach bereitstellen (damals *praktisch* zinslos) und somit dieses Problem *souverän* beheben können.

Die Lage ändert sich ja sofort, wenn die heute geltende Wirtschafts- und Geldordnung nicht mehr gültig ist, sondern die Kernfragen im Sinne einer Geldreform gelöst sind. Diese sind Zinsverbot und Rückführung der Geldausgabe unter die Souveränität des Staates und damit des Gemeinwesens. Hier argumentieren die GESELL-Anhänger, darunter auch jene, die unbewußt Teile von GESELLS Theorie aufgenommen haben und die Gesamtheit des Problems nicht erkennen, aus der Perspektive der heutigen Wirtschafts-›Ordnung‹, einer Pseudo-Ordnung, nicht aber aus jener, die eine Geldreform neu schaffen soll. Mit anderern Worten: Das Argument verliert im neuen Paradigma seine Bedeutung und ist daher ohne Belang.

3.11 Geldschöpfung

Es ist klar, daß die Geldschöpfung nur eine Funktion des souveränen Staates sein kann.

Allerdings wäre der Glaube an die politische Legitimation heutiger und wohl auch künftiger ›Volksvertreter‹ nur ein frommer Wunsch. Da erkennbar ist, daß die parlamentarische oder Parteien-Demokratie in Wirklichkeit große Nachteile hat, kann eine ›wahre‹ Demokratie schon wegen des völlig naturwidrigen Gleichheitsdogmas auch nicht einmal im Geist erdacht werden, wird es sie auch nie geben, wie sie es bisher auch nie gegeben hat.

Tatsächlich ist dieser Begriff ein Kampfbegriff, eine politische Parole, hinter deren Nebelschwaden die Anonyma aus dem Verborgenen die Fäden zieht. Politische Parteien, die sich – aus offenkundigen Gründen – in der BRD zur Demokratie ›bekennen‹ und ›auf dem Grundgesetz zu stehen‹ beteuern, haben bereits von vornherein darauf verzichtet, die wahren Grundlagen des Staates auch nur staatstheoretisch-philosophisch zu bestimmen. Sie verzichten damit auf die grundsätzliche Auseinandersetzung mit den heutigen chaotischen Zuständen und deren wahren Ursachen und akzeptieren sogar ausdrücklich eine von außen – den Siegern des Zweiten Weltkrieges – dem deutschen Volk auferlegte ›Verfassung‹[176] und Organisation des Gemeinwesens, das der eigenen Geschichte und Tradition in keiner Weise entspricht. Damit ist alles Weitere auch kaum etwas wert, weil es ohne Grundlage, auf Sand, gebaut ist.

Nichtsdestoweniger muß eine neue Ordnung, die ›ideale‹ Zielvorstellungen, also einen Leitfaden und eine Orientierung für die Politik, formuliert, von verantwortungsbewußten Leitfiguren des Gemeinwesens ausgehen, die diese Ziele den gewollten Absichten entsprechend umzusetzen bestrebt sind. Wir sagten am Anfang auch, daß eine geistige Wende – eine *renovatio spiritualis* – die erste Voraussetzung für jegliche Veränderung zum Besseren sein muß. Wir haben aber auch den Übergang zu bedenken.

Die einzige heute im Übergang denkbare Möglichkeit, Mißbrauch zu verhindern, liegt in der Wahl eines Geldes, das sich der willkürlichen Vermehrung durch Unverantwortliche oder Unwissende entzieht: nämlich *Gold*.[177]

Natürlich kann eine Währungsbehörde Papiergeld ausgeben, solange die absolute Bedingung dessen hundertprozentige Golddekkung ist. Diese hatte übrigens schon Otto von Bismarck nach und nach

---

[176] Carlo Schmid nannte daher das Grundgesetz auch »die Organisationsform einer Modalität der Fremdherrschaft«. Rede des Abgeordneten Dr. Carlo Schmid im Parlamentarischen Rat am 8. September 1948, aufgezeichnet in *Der Parlamentarische Rat 1948–1949, Akten und Protokolle*, Band 9, herausgegeben vom Deutschen Bundestag und vom Bundesarchiv, Boldt-Verlag im Oldenbourg-Verlag, München 1996, S. 20 ff.

[177] Das Problem ist, daß die Gold-Versteigerungen und -›Verleihungen‹ der Zentralbanken dazu geführt haben, daß es sich konzentriert in ›unbekannten‹ Händen befindet, womit eine darauf fußende Währung erst recht wieder von anonymen Mächtigen abhinge.

den Banken vorgeschrieben, was auch zum Blühen der deutschen Wirtschaft im Ersten Reich führte. In diesem Fall ist die Schöpfung sowohl durch die ›Notenbank‹ als auch durch die Provinzsparkassen oder gar Private durch Überziehung unterbunden. Wenn die Menge des Goldes nicht reicht, kann die Bank kein weiteres Geld mehr ›ausleihen‹.

Heute haben wir ja den seltsamen Fall, daß eine Bank, wenn sie jemandem einen Kredit gibt, keineswegs die Fähigkeit verliert, auch anderen abermals einen Kredit zu geben. Entweder wird ihr Geld scheinbar nicht weniger, oder *sie verleiht etwas, was sie gar nicht hat.* Wenn ein Bürger ein Haus verkaufen oder vermieten möchte, dann muß er es zuvor besitzen, und hat er es verkauft oder vermietet, dann ist es nicht möglich, es einem anderen ein zweites Mal zu verkaufen oder zu vermieten. Täte er es trotzdem, würde man ihn wegen Betruges einsperren und zur Leistung von Schadenersatz anhalten.

Was folgt aus dieser Geschichte? Wenn man nicht auf die angebliche Legitimation der Volksvertreter oder deren zweifelhaftes Verantwortungsbewußtsein setzt, was den erhofften Unterschied zur Geldschöpfung durch die FED oder die EZB ausmacht, sondern auf die absolute Unmöglichkeit, die Produktion von *fiat money* auch nur zu versuchen, weil die dafür nötige Deckung durch eine knappe Ressource, nämlich Gold, dies ganz einfach verhindert, kann weder eine gewöhnliche Geschäftsbank, noch eine Notenbank, noch eine Regierung oder ein Parlament durch ›Fiat!‹ etwas schaffen, wie dies beim Giral- oder Papiergeld so einfach möglich ist. Würde trotzdem mehr gedruckt oder auf dem Computer-Konto eingerichtet, wäre der Betrug schnell offenkundig. Und die Weigerung, dieses ›legale Falschgeld‹ – das es ja in dem Augenblick ist, wo es über den Wert des tatsächlich vorhandenen Währungsgoldes hinausginge – anzunehmen, würde die uferlose Geldvermehrung stoppen.

Heute haben wir mit unserem Bankensystem ja einen ähnlichen Zustand, als ob Geldfälscher ›Blüten‹ in den Verkehr bringen. Das ›*fractional banking*‹, also die Kreditschöpfung ohne eigentliche Dekkung, ohne Eigenkapital der Banken, hat dieselbe Wirkung, als ob man sich mit Blüten – also ohne eigene Leistung – den Mehrwert der produzierenden Wirtschaft aneignete.

Über die Geldmenge und Umlaufgeschwindigkeit haben wir ja schon gesprochen. Das ist Gerede. Richtig ist allerdings, daß die Kaufkraft des Geldes, nicht nur von der Leistung der Volkswirtschaft abhängt, sondern auch davon, ob die Notenbank viel oder wenig in

Umlauf bringt, also wieviel Geld der realen Wirtschaftsleistung gegenübersteht.

Wert haftet hier natürlich keineswegs am Papier, sondern die momentane Kaufkraft scheint höher zu sein, weil man ein Papier mit weniger Nullen zum Einkaufen benötigt. Im Prinzip ist es gleich, ob ein Laib Brot 1 DM oder 10000 Lire - oder sonst eine Ziffer auf dem Schein/der Münze - kostet. Nicht gleich ist die Änderung im Laufe der Zeit, wenn also nach einem halben Jahr 1,50 DM oder 15000 Lire zu bezahlen wären. Und es ist im zwischenstaatlichen Brothandel nicht gleich, wenn das deutsche Brot immer noch 1 DM kostete und das italienische aber 15 000 Lire und seit dieser Preisänderung die Wechselkurse gleich geblieben wären. Denn dann müßten die Deutschen ein aus Italien importiertes Brot mit 1,50 DM bezahlen, obwohl der landesübliche Preis nur 1 DM ist. Da unter diesen Bedingungen Italiener kein Brot nach Deutschland liefern könnten, müßten sie sich dazu bequemen, nur den Gegenwert von 1 DM zu verlangen, also 10000 Lire, also beim Export auf ein Drittel ihres lokalen Preises zu verzichten. Irgendwann käme heraus, daß ihre Kosten damit nicht mehr gedeckt sind und sie daher bankrott machten, würden sie solche Geschäfte weiter betreiben.

Das Problem ist also weniger die Ziffer auf dem Geldschein, wenngleich das Kleine Einmaleins doch für die meisten leichter zu überblicken ist als das Große, was nur aus diesen Gründen für die kleineren Zahlen spricht. Das wirkliche Problem ist das mit im Laufe der Zeit sich ändernden - inflationären - Preisen verbundene Schlechterwerden des Geldes, also der Wertverlust oder, mit anderen Worten, der Verlust an Kaufkraft. Das heißt aber umgekehrt, daß es vor allem auf die Werthaltigkeit des Geldes, auf die Stabilität der Währung ankommt. Damit ist nochmals gesagt, daß die Idee eines Schwundgeldes, wie dies GESELL als wesentliches Anliegen hatte, zwecks angeblicher Sicherung der Zirkulation eine falsche Idee ist.

3.12 Sparen und Investieren

Daß Sparen eine Tugend ist, die man weniger wegen der Zinsen betreibt, sondern weil es Vorsorge bedeutet, lernten früher noch die Kinder. Auch die Volkswirtschaftslehre hatte das Sparen mit dem Investieren in Verbindung gesetzt:

S = I. . . das Spargeld entspricht dem Umfang der Investitionen.

Für den Sparer bringt Geld, das seinen Wert stabil hält, auch unerhört viel mehr an ›Ertrag‹, als dies scheinbar die Zinsen heute tun. Es ist ja offenkundig, daß die Zinsen im heutigen System durch die Geldentwertung (Inflation) mehr als aufgefressen werden, das Gesparte also real trotz der Zinsen immer weniger wird. Die Sparzinsen sind immer niedriger als die Inflation (es kommt nicht auf die manipulierten Indizes an, sondern auf die tatsächliche Kaufkraft), wobei noch vom virtuellen Mehrwert, um den das Sparkapital scheinbar wächst, Kapitalertragssteuern in Höhe von mindestens 25 Prozent bezahlt werden müssen, die den Wert des Ersparten weiter schmälern.

Beispiel:

Sparguthaben 1000, 5% Inflation, 4% Zinsen, 25% Kapitalertragssteuer, Wert nach einem Jahr:
1000 x 1,04 = 1040 → Kapital plus Zinsen nach einem Jahr (nominal),
40 x 0,25 = 10 → Kapitalertragssteuer KESt,
1040 – 10 = 1030 → Nominal-Kapital nach einem Jahr (abzüglich KESt),
1030 x 0,95 = 978,50 → reale Kaufkraft abzüglich KESt *und Inflation* (die im wesentlichen durch die Zinsen verursacht wird!).

In unserem Beispiel verringert sich das Sparguthaben trotz 4 Prozent Zinsen bei Berücksichtigung von Inflation und KESt um über 2 Prozent, was bei diesem Beispiel einer *Halbierung* des Wertes in knapp 32 Jahren entspricht.

Der viel größere Verlust an Kaufkraft kommt freilich aus einer anderen Richtung: Die Güter des täglichen Lebens tragen alle in ihren Preisen die Kreditkosten – nämlich die für die Betriebskredite zu zahlenden Zinsen –, was zu einer teilweise gewaltigen Erhöhung der Preise führt (bei Mieten etwa schlagen die Zinsen mit rund 70 Prozent durch) und in der Folge zu einer massiven Schmälerung der Kaufkraft der Währung.

3.13 Medien, eine andere Modalität des Geldes

Es wäre eine irrige Vorstellung zu glauben, daß eine Regierung den ›Zugriff‹ auf die Medien hätte oder durch Gesetz sich schaffen könne. Oft wird das so hingestellt. Ebenso fälschlich wird die Kritik an den Medien als Versuch der Legitimierung einer Regierungszensur oder als Maulkorb für die Pressefreiheit gedeutet. Das ist selbstverständlich nicht so.

Tatsächlich ist die Lage anders. In den sogenannten ›westlichen Demokratien‹ sind die Medien meist fest in der Hand einer kleinen, finanzkräftigen Anonyma, die sich jeglicher öffentlichen Kontrolle oder gar Verantwortung entzieht oder diesen längst entzogen hat. Daß bei den nicht hinter die Kulissen sehenden Bürgern dies meist nicht bemerkt wird, hängt unter anderem damit zusammen, daß die Medien immer viel Lärm machen, wenn legitime Interessen des Staates (= der *Res Publica*) hier eingreifen wollen oder auch nur »Gegendarstellungen« verlangen. Man übersieht auch, daß eine Regierung an einen definierten gesetzlichen Auftrag gebunden ist und einer Kontrolle unterliegt (wenngleich dies oft genug umgangen wird). Dies ist bei der sogenannten ›Vierten Gewalt‹, der Presse und noch mehr den elektronischen Medien, aber *überhaupt nicht*, weder theoretisch und noch weniger praktisch, der Fall.

Tatsächlich fand vor ein paar Jahren vor unseren Augen die Besetzung des tschechischen Fernsehens durch linke Journalisten statt, die den Dienstantritt des angeblich »den Konservativen nahestehenden« Intendanten mit passiver Gewalt verhinderten. Die hier an den Mikrophonen und FS-Kameras sitzenden Linken verhinderten jegliche – gesellschaftlich gewiß grundsätzlich gleichberechtigte – Vertretung *nichtlinker* Interessen und Anliegen. Vier Wochen nach Beginn dieses ›Streiks‹, in Wirklichkeit einer gänzlich illegalen und erpresserischen Besetzung der öffentlichen (!) Medien, waren Staatsregierung und Parlament immer noch nicht Herr der Lage.

Zweites Beispiel: Österreich. Ein Jahr nach dem Regierungsantritt der ÖVP-FPÖ-Koalitionsregierung war im ORF eine geradezu staatsgefährdende linke Clique nach wie vor im Besitz sämtlicher Stellungen. Der Regierung ist es nicht gelungen, hier eine faire und ausgewogene Berichterstattung zu erreichen, wie sie es auch nicht einmal gewagt hatte, jene zu ersetzen, deren ›Tätigkeit‹ nur noch als staatsgefährdend und -zerstörend und aufhetzend zu bezeichnen war, und das, obwohl das Treiben längst jegliche legitime Kritik an Maßnahmen einer Regierung überschritten hatte. Wir stellen das nur grundsätzlich fest, ohne jegliche Sympathie für diese Regierung.

Drittes Beispiel: Serbien während des Kosovo-Krieges. Der bei uns erweckte Eindruck, unter Slobodan MILOSEVIC hätte eine Knebelung der Medien geherrscht, was die westlichen ›liberalen‹ Medien immer wieder lautstark behaupteten, ist völlig falsch. Die SOROS-*Foundation* hat nämlich in ihren *Open Society News* im April 1999, also *während* des Krieges, triumphierend über Serbien folgendes berichtet:

»Die Vereinigung der unabhängigen elektronischen Medien (ANEM) wurde 1993 von sechs ›unabhängigen‹ Radiostationen gegründet. Der Protest 1996 habe die Annullierung der Wahlergebnisse verhindert – und eine weitreichende Liberalisierung der elektronischen Medien und ihre geographische Verbreitung (ermöglicht). Der Erfolg dieser 90 Tage dauernden Straßenproteste wird auf die grenzenlose Kommunikation über das Internet zurückgeführt. Heute gehören der ANEM 33 Radio- und 18 Fernsehstationen an. Damit wird 70% des Landes erreicht.«

Ermöglicht wurde das alles durch Förderungen des ›*Fund for an Open Society*‹ des George SOROS, zu dem sich später auch Spender aus internationalen Nicht-Regierungs-Organisationen (NGOs)[178] und anderer Institutionen gesellten. In dieser beeindruckenden Zahl sind die eine TV- und die vier Radiostationen, die verboten wurden, weil sie im Krieg offenbar ›Feindpropaganda‹ betrieben, *nicht* enthalten.

Der SOROS-Fund finanzierte zwischen 1992 und 1998 das Entstehen eines halben Dutzends Tageszeitungen in Serbien und im Kosovo, verschiedener Wochenzeitungen und von drei »unabhängigen« Nachrichtenagenturen, daneben zwei Vereinigungen ›unabhängiger‹ Journalisten und von einem ›unabhängigen‹ internationalen Pressezentrum. Alles wurde zwecks gegenseitiger Verstärkung vernetzt. Für eine ›Diktatur‹, noch dazu mitten im Krieg, sind das merkwürdige Tatsachen.

Aus diesen Beispielen ist ersichtlich, daß im allgemeinen nicht die Regierungen oder der Staat über den Medien sitzen, sondern es anscheinend umgekehrt ist: Die mediale, aber nicht zur Verantwortung gezogene sowie unkontrollierte und daher nicht legitimierte Macht bestimmt, was in einem Land zu geschehen hat und was eine Regierung ›sich erlauben darf‹. Nicht die Politik gibt den Medien den Rah-

---

[178] Welche das sind, hat das *New York Times Magazine* vom 26. November 2000 aufgedeckt: »Wer stürzte MILOSEVIC wirklich? – Studentische Aktivisten, mit amerikanischem Geld und Training unterstützt, unterminierten den Diktator. . .« Die eigentlichen US-Drahtzieher haben dies auch ganz ungeniert gesagt: »Man habe sich hier nicht wie üblich für CIA-typische – gewaltsame – Umsturzmethoden, sondern für den ›demokratischen‹ Weg entschieden.« Die Ausführenden waren u. a. die ›National Endowment for Democracy‹, die ›US-Agency for International Development‹ (A.I.D.) – eine offizielle US-Regierungsagentur, das ›International Republican Institute‹, rückversichert, d. h. finanziert, vom A.I.D. unter anderem. Sie werden und wurden von einer Regierungsstelle finanziert, gelten aber als ›NGOs‹, also als Dependancen der Democratic Party und der Republican Party.

George SOROS (eigentlich György SCHWARTZ, Jahrgang 1939) ist wegen seiner Spekulationgeschäfte sehr umstritten. Sein Vermögen wird auf 5 Milliarden Dollar geschätzt. 1997 wurden SOROS finanzielle Machenschaften vorgeworfen, die zum wirtschaftlichen Kollaps in Südostasien beitrugen. Seine Stiftungen stellen ein weitverzweigtes Netzwerk dar, mit dem er neue wirtschaftliche und politische Strömungen in zahlreichen Staaten beeinflussen kann.

men vor, sondern die Medien züchten sich willfährige Politiker – oder sie schlachten sie.

Selbst in Rußland sind die Medien weitgehend *nicht* im Einflußbereich der Regierung, wie bei uns immer wieder aus durchsichtigen Gründen behauptet wird, sondern werden von dubiosen, meist nur über betrügerisch angehäuften Reichtum der die Medien besitzenden ›Oligarchen‹ beherrscht. Siehe GUSINSKI, BERESOWSKI usw.

Der ab Seite 387 vorgestellte ›Gesetzesentwurf‹, die Medien betreffend, will keineswegs das Gegenteil bezwecken, nämlich die Herrschaft der Regierung über die Medien, sondern jener soll die Möglichkeit der Artikulation gegeben werden, nach dem Motto, auch die ›andere Seite‹ (authentisch) zu hören. Dann macht es auch nichts, wenn die Intendanten, Journalisten und Macher in erster Linie einseitige Propaganda verbreiten, weil sich jeder – aufgrund der unbehinderten Argumente der betroffenen anderen Seite – selber ein Bild machen kann.

Wir können demnach festhalten, daß Medien heute *keine* öffentliche, allgemeine und ausgewogene Information betreiben, sondern manipulieren, das heißt partikularen Privatinteressen dienen, daß sie sich überdies weltweit in den Händen weniger befinden und daß sie unerwünschte Meinungen einfach totschweigen.

Außerdem wurde mit den obigen Beispielen dargelegt, daß eine Regierung oft nicht in der Lage ist, über die Medien ihre Politik sachgerecht und in ihrem Sinne darzustellen, wozu sie aber eigentlich in der Lage sein sollte, insbesondere dann, wenn man von der Regierung verlangt, daß sie das ›*bonum commune*‹, das Gemeinwohl, tatsächlich im Auge hat, und wenn komplexe, weitreichende Folgen ihrer Entscheidungen einer fairen Darstellung bedürfen.

Schließlich geht unsere Annahme davon aus, daß es gesellschaftliche Gruppen gibt – kirchliche, Familien-Organisationen, Bauernverbände, Gewerbetreibende usw. –, deren Anliegen wohl oft von Medienberichten berührt werden, die aber selbst nicht die geringste Chance haben, ihre Sicht der Dinge bedeutungsgemäß öffentlich zu machen.

Aus dieser Beurteilung heraus folgt, daß nur noch gänzlich einseitig informiert, also manipuliert wird, was für eine rechtsstaatliche und in Freiheit leben wollende Gesellschaft ein untragbarer Zustand ist, der letztlich nur in die Unfreiheit führen kann. Die wirkliche Meinungsfreiheit und damit Vielfalt sollte gesetzlich geschützt und gefördert werden. Bei vernünftiger und rationaler Beurteilung dieser vielen Meinungen würde sich dann eine zutreffendere und breiter angenommene Sicht gesellschaftlich bedeutsamer Fragen von selbst einstellen. Selbst Irrtümer würden nicht schaden, weil sie im Laufe der Zeit als solche erkannt und erledigt würden.

Der Vorschlag zielt auf folgendes ab: Es sollte zur gesetzlichen Pflicht werden, daß *allgemeine, freie Information* zur *Aufgabe aller öffentlichen Medien* gemacht wird, und zwar unbeschadet der Besitz- oder Eigentumsverhältnisse, und daß die Träger oder Besitzer dieser Informationsverbreitung den oben beispielhaft genannten, interessierten und legitimierten Gruppen einschließlich der Regierung in angemessenem Umfang ebenfalls – ohne Bezahlung – Raum geben.

4 Untergang des Geldes

Über die mythische Bedeutung des Geldes wurde schon oft geschrieben, vor ein paar Jahren in einer Erzählung über Moby Dick, in der AHAB, der Kapitän des Schiffes ›Pequod‹, auf einer wahnwitzigen Jagd nach dem ›weißen Wal‹ ist und am Mast des Schiffes eine Gold-Dublone annagelt für den, der als erster Moby Dick sichtet.

Der Autor dieser Betrachtungen, Andreas PLATTHAUS, hat in der *Frankfurter Allgemeinen Zeitung* vom 20. Januar 2001 bemerkenswerte Parallelen zwischen der Erzählung *Moby Dick* und der Einführung des Euro aufgezeigt. Eine Gold-Dublone wird als zusätzlicher Lohn für ein eigentlich ganz zufälliges Ereignis ausgesetzt, ein Geldstück überdies, das in der begrenzten Welt des Schiffes, das autark[179] oft

[179] Der Gedanke der Autarkie ist auch in bezug auf die Klöster bemerkenswert, vor allem deshalb, weil es historisch auch immer wieder die Klöster gewesen sind, die die geistige Erneuerung des Glaubens und damit des wahren Lebens bewirkt haben. Die Parallele hier ist deshalb so bedeutsam, weil die Entgrenzung der Welt zur globalen Wirtschaft und damit Unordnung geführt hat, die nur durch Umkehr, also durch Begrenzung und den Gedanken der Autarkie – wie J. G. FICHTE im *Geschloßnen Handelsstaat* dargestellt hat

mehrere Jahre auf See unterwegs ist, gar keinen Wert hat und somit für das Leben dort völlig unnötig ist. Erst nach Ende der Reise und abhängig vom Erfolg des Walfanges wird der Lohn ausbezahlt,[180] der die Verbindung zur anderen, also der ›Kultur‹- und auch der *künstlichen* Welt ist.

Der Autor weist nicht ausdrücklich darauf hin, aber das Symbolhafte für die heutige Lage ist auch hier enthalten: Im »geschloßnen Handelsstaat« FICHTES und dem Analogon, dem genannten Schiff, braucht es eigentlich kein ›Geld‹; das ist nur in der *One World* einer WTO erforderlich!

Es sind aber noch viele andere Symboliken enthalten: die Veränderung der Wirtschaft zur ›*New Economy*‹, zum virtuellen Geschäftemachen, das aber, kaum daß es begonnen hat, auch schon wieder zusammenbricht. Die Exegese, daß früher ›Geld‹ und die Bezeichnung der Währung ihre Herkunft aus einem (Gewichts-)Maß[181] nahmen und synonym zum Begriff für bestimmte Währungen wurden – Pfund, Mark usw. –, deutet einen Wandel in der Wirtschaft an. Verschwiegen wurde aber, daß neben den Eigenschaften: *Tauschmittel, Wertbezeichnung und Wertaufbewahrungsmittel* das Geld heute eine neue Haupteigenschaft, die einer *handelbaren Ware,* bekommen hat: Der Handel mit Geld schafft *scheinbar* selbst einen Mehrwert, aber eben nicht wirklich. Darin haben alle modernen Probleme ihren tiefsten Grund.

Zur Namensgebung des Euro merkt der Autor tiefsinnig, auch dies als Omen deutend, an, daß hiermit auch zum Ausdruck kommt, daß das Geld jeglichen Bezug zu seiner früheren Kennzeichnung *und* Be-

– überwunden werden kann. In diesem Punkt, der Autarkie, berühren sich also zwei Ordnungen – die des Klosters und des Staates –, und es ist nicht von der Hand zu weisen, daß für den Staat dasselbe gilt wie für das Kloster, wenn es um Erneuerung und Wiedergeburt geht: im einen Fall im weltlich-ökonomischen, im andern im geistlich-religiösen Bereich.

[180] Auch dies ist ein wichtiger Hinweis: Der Lohn ist einerseits von der für den Erfolg wichtigen Funktion abhängig (der Harpunier bekommt einen größeren *Prozent*anteil als der einfache Matrose), aber vor allem vom Erfolg des Walfanges überhaupt, also von der *gemeinsamen Anstrengung und Arbeit* (auch vom Glück und Pech, den Unbilden des Meeres), *letztlich von dem, was überhaupt geteilt werden kann,* und nicht wie heute pervertiert durch arbeitsloses Einkommen (Zins), als bloße Funktion des *Geldbesitzes.*

[181] Dies ist keineswegs eine bedeutungslose Spielerei oder aus der Luft geholt, denn die heutige ›Einheitsübersetzung‹ der (röm.-kath.) Bibel unterscheidet sich sehr von einer evangelischen ›LUTHER-Bibel‹, die 1914 nach der deutschen Übersetzung Martin LUTHERS herausgekommen ist.

Aus der evangelischen ›Luther-Bibel‹ von 1914

Überschrieben ist das Kapitel 25 bei Matth. »Gleichnisse von den zehn Jungfrauen und anvertrauten Zentnern. . .« Das ist aber offenbar ein Gewichtsmaß für Produkte des Feldes, jedenfalls kein Geld. Vers 26. »Sein Herr aber antwortete und sprach zu ihm: Du Schalk und fauler Knecht! Wußtest du, daß ich schneide, da ich nicht gesät habe, und sammle, da ich nicht gestreut habe.« 27. »So solltest du mein Geld zu den Wechslern getan haben, und wenn ich gekommen wäre, hätte ich das Meine zu mir genommen mit Zinsen.«
Die Beschreibung des »Schneidens«, ohne zu säen, des »Sammelns«, ohne zu streuen, weist ganz eindeutig auf die Bezüge mit agrarischen Produkten und offenbar des Handelns mit ihnen hin, aber nicht darauf, daß der Herr »Geld« übergeben hätte. Kein Mensch sät oder streut Geld. Das kommt völlig fremdartig in diesem Kontext im Vers 27 das einzige Mal vor, indem hier dem Knecht noch vorgeworfen wird, es nicht den »Wechslern« gegeben zu haben; jedenfalls ist aber von einer »Bank« (noch) nicht die Rede. Auch das ist eine Bedeutungsverfälschung, weil ja JESUS nicht Bankangestellte, sondern Wechsler und Wucherer aus dem Tempel warf. Übrigens ist in der Einheitsübersetzung aus dem Jahr 1980 in der Kapitelüberschrift neuerdings obendrein von Talenten in Form von »Silbergeld« die Rede, wovon sonst nirgends auch nur ein Schimmer eines Hinweises war!
Das etymologische Wörterbuch (KLUGE, Walter de Gruyter, Berlin) vermerkt unter »Bank«: bezeichnet urspr. den Tisch des Wechslers, wird aber unter dem Einfluß von ital. *banca* und vielfach in dessen Form zu ›Geldinstitut‹. Belegt ist banc ›Wechselbank‹ zuerst für die Schweiz 1409, Bancho in Augsburg 1518, Bancko in Nürnberg 1558. Das heißt für den Text der Heiligen Schrift, daß bestenfalls von Wechslern und Wucherern die Rede gewesen sein konnte, was aber auch bedeutungsmäßig mit den heutigen Vorstellungen von einer Bank nicht das geringste zu tun hat.
Bei Lukas 19 heißt es: »Gleichnis von den anvertrauten *Pfunden*.« Auch das Pfund war (und ist immer noch) ein altes Maß fürs Gewicht, und selbst die englische Währung ›*Pound*‹ hat ihren Namen vom Gewicht und ist nur im übertragenen Sinne die Einheitsbezeichnung des englischen Geldes geworden – übrigens lange nach den biblischen Ereignissen. Hier heißt es weiter im Vers 11. »Dieser forderte zehn seiner Knechte und gab ihnen zehn Pfund und sprach zu ihnen: Handelt bis ich wiederkomme.« Auch aus dieser Aufforderung zu »handeln« – also Handel zu treiben – erkennt man, daß es sich um den Handel mit Waren drehte, denn Geld- und Devisenhändler sind eine ›Erfindung‹ erst der neuesten Zeit. Das wäre auch haltbar mit dem sittlichen Gebot, durch Arbeit einen Mehrwert zu erwirtschaften.
Aber auch hier heißt es dann im Vers 15. »Und es begab sich, da er wiederkam, nachdem er das Reich eingenommen hatte, hieß er dieselben Knechte fordern, welchen er das *Geld* gegeben hatte, daß er wüßte, was jeglicher gehandelt habe.« Hier mutiert das ›Pfund‹ auf einmal zum »Geld«, obwohl er weiter Rechenschaft verlangt, »was ein jeder gehandelt« habe.
Im Vers 21 rechtfertigt sich der Knecht: »Ich fürchtete mich vor dir, denn du bist ein harter Mann; du nimmst, was du nicht hingelegt hast, und du erntest,

was du nicht gesät hast.« Auch hier ist der Bezug zu einer agrarischen Lebensweise offenkundig. Der Vers 23. bringt wieder die Wende: »Warum hast du denn mein Geld nicht in die Wechselbank gegeben? Und wenn ich gekommen wäre, hätte ich's mit Zinsen erfordert.«

Der »Herr«, der für sich ein Reich eingenommen hatte, wohl erobert oder einem anderen Herrscher weggenommen, mag wohl etwas nehmen, was er nicht hingelegt hat, wie sein Knecht - und jene, die ihn nicht als Herrscher wollten, werden darin wohl ihre Gründe gehabt haben. Übrigens ließ er nach seiner - siegreichen - Rückkehr seine Feinde »vor seinen Augen erwürgen«. (In der röm.-kath. Übersetzung werden sie ›nur‹ niedergemacht; es klingt weniger obszön.) Das sind aber doch sehr zeitgeistige Änderungen, deren Zweck durchscheint. Es ist daher nicht ganz unbegründet, bei den deutschen Übersetzungen noch andere Abweichungen vom Urtext zu vermuten.

Die Bibel aus dem Jahr 1964, Imprimatur 19. Nov. 1962, Würzburg, spricht (Matth.) von der Übergabe des »Vermögens«, von Talenten und vom »Anlegen bei den Bankleuten« (gegen Zinsen). Noch eine Variante ein und desselben Textes. *Wechsler – Bankleute – Wechselbank – Bank*: eine erstaunliche Wandlung, aus Personen wird über die Wechselbank die Bank ganz allgemein. Es wird aus: *Zentner – Pfund – Talenten – Vermögen – Geld* schlußendlich. Mit anderen Worten: Aus einem Maß für das Gewicht, genau genommen für die Maße materieller (Landwirtschafts-)Produkte wird das Talent. Sogar als ›Silbergeld‹ wird es näher spezifiziert, von dem LUTHER aber offenbar noch nichts wußte. Das ›Talent‹ ist auch heute noch Begriff für (unternehmerische) Fähigkeiten und menschliches Geschick, etwas zu schaffen. Durch dieses ›Geschick‹ wiederum entsteht das ›Vermögen‹ - womit auch noch die menschliche Fähigkeit, etwas zustande zu bringen, aber ebenfalls bereits ›Besitz/ Reichtum‹ ausgedrückt wird (man zahlt ›Vermögenssteuer‹ aufs Kapital). Schließlich wird hieraus das gänzlich immaterielle Geld! Welch eine Wandlung und welche Folgen für die moderne Gesellschaft!

Übrigens fand sich in einer nochmals anderen Ausgabe der Bibel der Begriff ›*Mine*‹ anstelle von Pfund, Talent usw. für den in einer Fußnote sogar der damalige ›*Wechselkurs*‹, nämlich *100 Drachmen* angeführt wird mit dem weiteren Hinweis, daß eine Drachme dem Tageslohn eines Arbeiters entsprochen haben soll. Hier wird ganz offensichtlich eine falsche Spur gelegt, denn es finden sich derartige Hinweise sonst nirgends (die hier zwar ›nur‹ in einer Fußnote in die Bibel geschwindelt wurden, also ohnedies nicht ›Heilige Schrift‹ sind). Und es scheint auch zweifelhaft, daß Taglöhner in der damaligen Agrargesellschaft mit Geld entlohnt wurden. Eine solche Bezahlung wurde ja noch Mitte des 20. Jahrhunderts kaum für die auf dem Land lebenden bäuerlichen Bediensteten bei uns vorgenommen! Und es ist dies offenbar auch heute noch der Fall in den afrikanischen oder armen asiatischen Ländern.

Zu guter Letzt: Auch in den heutigen ›LUTHER-Bibeln‹ finden sich die zeitgeistigen sprachlichen Änderungen, die noch in der Ausgabe von 1914 nicht enthalten sind. Sie unterscheidet sich in den zitierten Texten praktisch kaum mehr von der katholischen Einheitsübersetzung. ■

deutung verloren hat! Der künftige »Wert« des Euro läge in einem politischen Konstrukt, der *Zukunft* der Europäischen Union, und nicht mehr im Wert handelbarer, produzierter Waren und Güter oder – was aber mit dem Papier- und erst recht mit dem Giralgeld ja schon längst verschwunden war – im Wert der Trägersubstanz, dem Gold oder anderen Edelmetallen. Das ist tatsächlich bemerkenswert, wie auch der Umstand, daß dies als eine Revolution des Geldes und seiner Bedeutung angesehen wird. Deswegen seien nach PLATTHAUS' Ansicht auch ausdrücklich keine langen Übergangsfristen geplant gewesen, sondern eine revolutionäre, plötzliche und letztlich *gewaltsame* Einführung des Euro als Ausdruck dieser Revolution.

Alle diese (und zahlreiche andere hier nicht erwähnte) Gedanken sind bedeutsamer als all das Gerede über technische Versorgungs- und Umtauschprobleme«, oder irgendwelche pseudo-ökonomischen Begründungen über die ›Stabilität‹, oder jene Politmärchen von der ›Krönungs-Theorie‹, die die europäische Währung als ›Schlußstein‹ einer ›politischen Union‹ sehen wollten.

Real ist im Gegensatz zu dem angedeuteten Gerede, daß die Einführung des Euro ausdrücklich eine amerikanische Idee und politische Strategie war und ist, die der Wirtschaftsprofessor und Nobelpreisträger Robert MUNDELL ausgeheckt hatte, deren wirtschafts- und währungspolitische Gründe darin zu sehen sind, daß die USA ihre mit Hilfe des ›Reserve-Währungs-Privilegs‹[182] angehäuften gigantischen Schulden vom Dollar in den Euro abzuwälzen trachten. Hierin liegt ja auch der Grund für die merkwürdige ›Zurückhaltung‹ der USA gegenüber den Plänen der EU, eine Konkurrenz-Währung zum Dollar zu schaffen. Solange sie das kontrolliert, ist auch mit keinem ›Krieg‹ gegen den Euro zu rechnen, es *sei denn*, dem Zauberlehrling gehorchen seine Geschöpfe nicht mehr.

Man darf ja nicht übersehen, daß dieses ›Privileg‹ – Dollar als Reserve-Währung – seit einem halben Jahrhundert, aber eigentlich auch schon seit Beginn des 20. Jahrhunderts, es den USA erlaubten, mit

[182] Das Wort ist keineswegs nur polemisch gemeint. Beim Dollar insbesondere handelt es sich nur noch um legales Falschgeld.
Es besteht von vornherein *nicht* die Absicht, die Banknoten mit einem ihnen entsprechenden Wert auch wieder einzulösen. Hierin liegt die *Betrugsabsicht*. Und es handelt sich überdies um *schweren Betrug*, gepaart mit *räuberischer Erpressung*, weil alle Nationen der Erde von den USA *gezwungen* werden, Dollar als ›Reserve-Währung‹ anzunehmen, die in Wirklichkeit doch nur aus bedrucktem, wertlosen Papier besteht – widrigenfalls drohen sie mit ihren Atombomben und Interkontinental-Raketen.

›bedrucktem Papier‹, also gratis, sich der Ressourcen der Welt (Öl, Mineralien, Rohstoffe) zu bemächtigen und in Saus und Braus zu leben. Außerdem erwarben die USA in den letzten Jahren verstärkt reale Werte – also investiertes Kapital in Form von produzierenden Unternehmen – mit ihren Papier-Dollars bei ihren Handels*partnern*. Im Außenhandel mit anderen Nationen ›kauften‹ sie Güter, Produkte, Waren aller Art, ohne aber mit gleichen Werten – es sei an die *Aequitas* erinnert – zu bezahlen, sondern eben mit bedrucktem Papier, exakt: negativen Salden auf Konten, die in Computern nur mehr als virtuelle Zahlen aufscheinen.[183]

Daß trotz dieser beschriebenen Zustände im Handel mit den USA die wertlosen Dollar von den Geschäftspartnern akzeptiert wurden, lag an der ständigen Drohung mit dem US-Militärpotential – beschönigend ›Machtprojektion‹ genannt – und häufig an der Nachhilfe durch Mordkommandos des CIA, die Ermordung jener »überflüssigen« Staats- und Wirtschaftsführer,[184] die sich als unbotmäßig erwiesen haben. Es ist heute offensichtlich, was längst abzusehen war, daß diese ausländischen Dollarguthaben, also Schuldtitel der USA, durch Abwertung völlig entwertet werden, nachdem *zuvor* anlagewilliges Dollar-Kapital sich bei hohen Kursen in Europa (und der Welt) produzierende Unternehmen (= das Realkapital) angeeignet hatte.

Zwar ist es so, wie PLATTHAUS meint, daß das »neue Geld« seinen Wert nur in den aktiven, produzierenden Menschen und Unternehmen hat. Aber gerade hierin wurde zuletzt scheinbar *nicht* ihr Wert gesehen, weil die ›Anleger‹ an der Börse und noch mehr der OTC-Handel – also über den Bankschalter – vor allem ›Finanz-Investitionen‹ tätigten, offensichtlich wegen der durchschnittlich schlechteren Rendite bei Investitionen in die Realwirtschaft. Heute hat sich das

---

[183] Man nennt es »Außenhandels-Defizit«, das in den USA im Jahr 2000 fast 500 Mrd. Dollar betrug, und gegenüber dem Vorjahr um ca. 60% gestiegen ist. Diese Entwicklung hat mit steigenden Defiziten bis heute angehalten. Heute ist die USA die am meisten verschuldete Nation der Welt.
Entwicklung des Handelsbilanz-Defizits der USA (Differenz zwischen Importen und Exporten)

2004	2005	2006	2007	2008	per 13. 2. 2009
608	711	753	700	677	84!*

* In nur 1 ½ Monaten; aufs Jahr hochgerechnet: 700 Mrd. $

[184] Diesen Begriff hatten die USA offensichtlich bei der Münchner Wehrkunde-Tagung im Jahre 2006 eingeführt, und eine ›Proskriptionsliste‹ kursierte auch gleich, mit so bekannten Namen, wie Dr. Mohamad MAHATHIR.

geändert: Wir sehen auch eine Flucht in reale Anlagen, vor allem deswegen, weil sich das entmaterialisierte, virtuelle Geld verselbständigt und die Welt damit an den Rand des Abgrundes geführt hat.

Etwas anderes, bisher nicht Angesprochenes muß noch erwähnt werden. Das Finanz-Establishment erweckt den Eindruck, als sei die Evolution oder Revolution des Geldes[185] eine quasi notwendige Entwicklung, die alles Frühere endgültig überwunden habe. Dies scheint uns eine Überschätzung des ›Fortschritts‹ und der modernistischen Theorien zu sein: eine Extrapolation aus einer vergleichsweise kurzen Periode, die aber nicht unbedingt Gültigkeit für den langfristigen Gang der Geschichte und die gesellschaftlichen Bedürfnisse haben muß.

Mit diesen ›revolutionären‹ Veränderungen des Charakters des Geldes scheint die Verbindung zur Wirklichkeit verloren zu sein. Mit anderen Worten: Es dürften viel eher die ›alten‹ Lösungen sein, die die Wirtschaft wieder auf ihre Aufgabe hinführen: nämlich sich als Realwirtschaft in den Dienst an den Menschen und ihren Gemeinschaften zu stellen.

Das Gleichnis von Kapitän AHAB und seinem Schiff, der ›Pequod‹, läßt sich auch anders deuten. Er und sein Schiff – und damit die Dublone am Mast – gingen unter, weil AHAB/ISMAEL eine andere Währung auf dieser abgeschlossenen Welt einzuführen versuchte, die ihr aber nicht angemessen und daher zerstörerisch war. Es würde uns nicht wundern, wenn es mit dem Euro eine ähnliche Bewandtnis hätte: der Euro als Grund für den Untergang Europas, was übrigens ein prominenter US-Ökonom[186 •2] vor einigen Jahren ausdrücklich im *Economist* aussprach: »Die Einführung des Euro wird solche Spannungen auslösen, daß dies zum Krieg führen kann.«[187] Interessanterweise – nur mit anderen Worten – hat dies auch Helmut KOHL gesagt: Die Nicht-Einführung oder Einführung des Euro sei eine Frage von Krieg oder Frieden. KOHL wird als Laufbursch der USA seine diesbezüglichen Parolen wohl auch von dort bekommen haben. So stimmt das also mit dem Krieg anscheinend, wenngleich mit umgekehrtem Vorzeichen.

---

185 Z. B. die Entmonetisierung des Goldes – im Bewußtsein der Menschen –, die Plastik-Karte als Geldersatz und schließlich die höchst undurchsichtigen Finanz-›Produkte‹, z. B. die Derivate.

186 Der bekannte US-Ökonom Martin FELDSTEIN hat (*IHT*, 22. 12. 1998) vorhergesagt, daß »die Währungsunion solche Spannungen erzeugen wird, daß es zum Krieg kommen könnte. . .«

187 Übrigens auchAlan GREENSPAN meinte daß der Euro kommen, aber nicht bleiben werde. Er wird gewußt haben, was er sagte.

5 *Venture Capital* oder Wagniskapital?

Wer kennt nicht dieses Zauberwort, mit dessen Hilfe schon alles ganz wundersam abzuheben scheint.

›Privatisierung‹, ›*Management-Buy-Out*‹, ›Gründerinitiativen‹, ›*Entrepreneurship*‹, ›*Start-up-Companies*‹ usw. sind die Begleitvokabeln, in deren Rahmen sich die Verheißungen erfüllen sollen. Selbst die Regierungen setzten ihre Hoffnungen darauf, daß nämlich eine Gründerwelle neue Arbeitsplätze schaffen würde, nachdem die vorhandenen sich immer mehr verdünnt hatten. Liegt hier sozusagen die Alternative zum Casino-Kapitalismus, indem in die »reale Wirtschaft« investiert wird? Es ist etwas Echtes und Ehrliches!

Wir müssen – da wir auch für künftige Investitionen privater Geldgeber die Finanzierung mittels Wagniskapital als den richtigen und für private Kapitalbesitzer einzigen Weg sehen – etwas näher darauf eingehen. *Wagniskapital* in seiner eigentlichen Bedeutung des Wortes meint: Wer ein Unternehmen, ein Projekt, ... finanziert, kann mit dem Unternehmer, Partner, ... frei vereinbaren, in welcher Weise der erhoffte *tatsächliche* Gewinn aufgeteilt wird. So, wie früher Handelsschiffe ausgerüstet wurden, konnte der Schiffseigner und Handelsherr mit Gütern fremder Länder wohlhabend werden. Wenn jedoch das Schiff im Sturm unterging, war Schiff, Ladung und das hineingesteckte Kapital verloren. Solches Wagniskapital nimmt am Gewinn *und* Verlust in gleicher Weise teil. Das ist mit der heutigen Version von Wagniskapital – ›*Venture Capital*‹ – jedoch völlig anders. Um diese beiden Arten, die unglücklicherweise den gleichen Begriff verwenden, auseinanderhalten zu können, müssen wir uns etwas ausführlicher mit dem *Venture Capital* im heutigen Verständnis der Finanzhaie befassen. Für unsere Zwecke werden wir von ›*Venture Capital*‹ reden, wenn wir die heutige – plündernde – Art meinen, und von ›*Wagniskapital*‹, wenn es im ursprünglichen Sinn des Wortes verstanden wird.

Die Geldgeber, die ihr Kapital als ›*Venture capital*‹ (VC) zur Verfügung stellen, wenn Banken das wegen des ›Risikos‹ angeblich nicht täten, erscheinen wie Helden des Kapitalismus, als Pendant gewissermaßen zu den Helden der Arbeit der ehemaligen Sowjetunion. Ihnen danken die Jobsuchenden die neuen Arbeitsplätze, der Finanzminister neue Steuereinkünfte und der Jungunternehmer, der ›Entrepreneur‹ – was bedeutungsvoller klingt – den plötzlichen Reichtum.

Wie funktioniert das aber? *Venture Capital*-Firmen bekommen ja ständig eine Menge Ideen angetragen, die aber – so belehrt eine Broschüre von PriceWaterhouseCoopers – zunächst nichts wert sind. Erst ein *Business*-Plan, der vor allem das Geschäftspotential überzeugend herausarbeitet, macht aus der Idee ein mögliches *Venture Capital-Projekt*. Und weil die Kapitalgeber knallharte Burschen sind, bedarf es natürlich auch der Zwischenstufe mit Reputation und Erfahrung, zum Beispiel PriceWaterhouseCoopers, die die Idee dem Investor richtig verkaufen können, also einer Made, die sich im erhofften Speck einzunisten trachtet, hier vor allem absahnen will.

Da, so wird man belehrt, von zehn VC-Projekten nur drei einen Erfolg brächten, drei dahinmickern und der Rest Flops seien, müsse angesichts dieses hohen Risikos für den Kapitalgeber eine höhere als banküblich Rendite herausspringen. Wie hoch? Zwischen 30 und 50 % jährlich und mehr! Das heißt, daß nach etwa 6 Jahren sich das eingesetzte Kapital auf das 7½ fache vermehrt haben muß bei einer hier beispielsweise angenommen ›mäßigen‹ Verzinsung von 40 %.[188]

Wie? Die neue Firma muß auf Teufel komm raus ›wachsen‹, damit nach 5 bis 6 Jahren, wenn typischerweise die VC-Kapitalgeber ihr Geld wieder herausziehen, der Wert der Firma so hochgepuscht ist, daß sie beim Börsengang entsprechende Aktienkurse erzielen kann. Darüber macht man also Vorstellungen, wie sich der hypothetische Börsenwert entwickeln muß. Wenn der also anfänglich zum Beispiel mit 1 Million Euro angenommen wurde und sich dieser in den sechs Jahren auf planmäßige 10 Millionen erhöht hat, dann müßte der Investor für eine Million VC-Kapital und obige Rendite-Erwartung 75% der Firmenanteile bekommen, um sein Investment zu rechtfertigen. Zwei Millionen VC-Kapital zu investieren, würde er bereits ablehnen, weil selbst, wenn das ganze Unternehmen ihm überschrieben würde, es nur maximal 10 statt der ›erforderlichen‹ 15 Millionen Börsenkapitalisierung brächte.

Es ist nun einerseits klar, daß Firmen gewöhnlich nicht derartige Wertsteigerungen aus der normalen Tätigkeit erzielen können. Solch übersteigertes Wachstum existiert nur in krebsartigen Organismen. Ihr baldiger Tod ist eingeschlossen. Weil das so ist, kann mit einem Überleben solcher Firmen nur in Ausnahmefällen gerechnet werden; der Großteil geht früher oder später zugrunde. Darum sind die VC-Kapitalisten auch nur an verhältnismäßigkurzen Verweilzeiten in diesen Unternehmen interessiert: nach ihnen die Sintflut! Wann das bei Optimierung ihrer Profite sein wird, wissen sie aus langer und statistischer Erfahrung – ein paar Leichen miteingeschlossen.

---

[188] Zum Vergleich: Ein Bankkredit zu 7 Prozent bedeutet eine Rückzahlung einschließlich der Zinsen von rund dem 1,5fachen des investierten Kapitals.

Solche Rendite-Erwartungen und Kurswertsteigerungen sind natürlich nicht etwas, was von selbst eintritt. Hier wird einiges ›gemacht‹. Plump wäre es, *nur* einen gefälschten Unternehmensprospekt für die ›*going-public*‹-Aktion auszulegen, obwohl dies sicher zu den einfachsten Fingerübungen gehört. Im Rahmen der Aktien-Blase der im Dow-Jones, Standard & Poors oder gar Nasdaq Index geführten Unternehmen sieht man ja, wie die Kurse virtuell in die Höhe getrieben wurden; inzwischen ist das freilich vorbei. Es fehlte und fehlt dafür die Substanz. Um aber doch den Schein zu wahren, wird hier nicht sosehr auf die wirkliche Unternehmensentwicklung geachtet, sondern auf die Darstellung in Büchern, Bilanzen und Aktionärs-Prospekten usw. Eine ganze Scheinwelt wird aufgebaut; der Fürst Potjemkin ist dafür Vorbild.

Damit ist klar, daß diese Art der ›Finanzierung‹ in Wirklichkeit der Spekulation und der Beschleunigung virtuellen Wirtschaftens dient. Der anfängliche schöne Schein privatwirtschaftlicher Finanzierung und des unternehmerischen Aufbruches trügt: Es ist hinter all dem eine unersättliche Gier nach *wucherischen* Erträgen, die von keiner (Volks-)Wirtschaft (VW) erwirtschaftet werden können. Verstärkt man aber trotzdem diesen Weg, zum Teil, weil die Banken keine Kredite mehr für realwirtschaftliche Investitionen zu erträglichen Zinsen geben, zum Teil, weil Regierungen handlungsunfähig geworden sind und sich an jedem Strohalm anklammern, der die Misere bei den Arbeitslosenzahlen, den Budgetlöchern usw. zuzudecken scheint, so muß unvermeidlich von anderen die Zeche bezahlt werden. Wer also weit über jede denkbare regelmäßige Wertschöpfung hinaus sich privat mehr herausnimmt, bestiehlt notwendigerweise jene, die das aus unterschiedlichen – und guten – Gründen nicht können oder wollen.

Diese Art von ›Privatwirtschaft‹ ist parasitär. Die erste Sorte von Schädlingen wurde mit jenen Beratern identifiziert, die sich völlig überflüssigerweise zwischen Geldgeber und Unternehmer drängen. Von der zweiten sind die beiden Hauptakteure, wobei der Unternehmer am Ende als der betrogene Betrüger dasteht, weil er Idee, Arbeitskraft und Energie in das Projekt einbringt, aber für die bei VC-Kapital ›üblichen‹ Wucherzinsen eigentlich für den Wucherer arbeitet. Ein paar Brosamen bleiben ihm, wenn es mit einer ›Jahrhundertidee‹ gelingt, tatsächlich gute Geschäfte zu machen. Das sind die Ausnahmen.

Der angebliche Vorteil von VC für den Unternehmer ist, daß er bei einem Flop nicht auf Bankschulden mit privater Haftung säße. Nur darf man wohl davon ausgehen, daß der erste Dollar VC erst fließt, wenn eine ausreichend private (finanzielle) Vorleistung erfolgt ist, man also tief drinnen steckt, und die Erfolgschancen so gut stehen, daß selbst eine Provinz-Sparkasse finanzieren würde.

Als Mittel staatlicher Wirtschaftspolitik wären staatlich garantierte preiswerte Unternehmerkredite tausendmal nützlicher, zum Beispiel, wie sie die Kreditanstalt für Wiederaufbau (KfW) nach dem Krieg der deutschen Wirtschaft zur Verfügung stellte und damit das deutsche Wirtschaftswunder maßgeblich unterstützte.

Am Schluß muß der ›Entrepreneur‹ sich meist auch schnell von seinem Aktien-›Besitz‹ trennen, bevor das Kartenhaus einstürzt, nicht nur um den VC-›Investor‹ auszubezahlen. So bleiben die Ruinen der Allgemeinheit – zur Entsorgung. Da meist nicht wirklich etwas dauerhaft geschaffen wurde, aber in kurzer Zeit ein Vielfaches an Geld herausgeholt wurde und dies in einer ganz systematischen, institutionalisierten und flächendeckenden Weise geschieht, könnte man es durchaus als eine Verschwörung ansehen, die zum Schaden der Allgemeinheit, der Volkswirtschaft, angezettelt wurde.

Vor einiger Zeit, als die ›*new economy*‹ immer noch die ›*old economy*‹ abzulösen versprach, fand im Münchener Hotel ›Vier Jahreszeiten‹ eine wegen großen Andrangs wiederholte Vorstellung eines *Venture Capital*-Unternehmens statt. Man achtete auf die Inszenierung: sehr gediegen und beeindruckend, sehr vornehm, wie immer, wenn es um Schwindel[189] geht. Je schwindliger, desto ›vornehmer‹. Viele Yuppies im vorgeschriebenen Outfit (bunte Hosenträger) waren auch da. Die Präsentation des Firmengründers[190] war druckreif.

Sehr eindrucksvoll: Firmen wurden zur Börse gebracht, die eine Wertsteigerung der Aktien gegenüber dem Einstieg zu Beginn der Beratung um bis zu 14 547 % in *kürzester Zeit* erbrachten. *Der Spiegel* (5/2000) berichtet gar von der sagenhaften Performance von AOL:[191] 53 377 %! Das ist offensichtlich im Einzelfall möglich, wenngleich kaum mit realwirtschaftlichen Dingen begründbar. Als Norm für die Ökonomie kann es nicht dienen, denn der erwirtschaftete ›Mehrwert‹, von dem ein steigender Wohlstand und neue Investitionen letztlich

---

[189] Das ist natürlich kein Vorwurf im strafrechtlichen Sinne, die Gesetze erlauben solche Abzockerei, sondern es handelt sich um eine Kritik aus der Sicht einer organischen Volkswirtschaft.

[190] Wenn man das System nicht in Frage stellt, wäre das natürlich eine beeindruckende ›Erfolgs-Story‹ gewesen!

[191] AOL: *America Online*.

nur finanziert werden können, macht keine Sprünge in derartiger Größenordnung.

In Deutschland sind es auch nur 0,6 % des BIP, in den USA 4 %, die als *Venture Capital* in Unternehmen geschleust werden. VC-›Investoren‹ halten das hierzulande auch für ›ausbaubar‹. Das heißt, daß sich noch mehr aus der Volkswirtschaft herausholen lassen müsse.

Solche extremen Gewinne sind nur denkbar, wenn ein gegebenes System ›gesetzeskonform‹ ausgenützt wird, aber es muß zum Kollaps führen, würde es allgemeine Norm. Damit ist es aber parasitär und unsittlich – im Grunde verbrecherisch. Denn irgendwer *muß* ja für diese außerordentliche private Bereicherung bezahlen. Nur im Märchen spinnt das Aschenbuttel aus Stroh Gold für den Märchen-König.

Machen wir eine kurze Überschlagsrechung, wie viel in Prozent des BIP aus der Volkswirtschaft, unter dem Rendite-Kalkül zum Beispiel von *PriceWaterhouseCoopers,* herausgeholt wird. Die prospektkonformen Annahmen:

- 30 % der VC-Investitionen sind ein ›Erfolg‹, das heißt, sie bringen eine 40 %-Verzinsung je Jahr (oder mehr),
- 30 % ›mickern‹ dahin, das heißt, sie bringen gerade den Einsatz wieder,
- der Rest wird ein ›Flop‹, das heißt, die Spekulanten verlieren den Einsatz.

Bei 4 % vom BIP als VC-Finanzierung heißt das, nach 6 Jahren[192] wird bei obigem Einsatz in den USA:

7,5x1,2 + 1,0x1,2 + 0x1,6 = 9,0 + 1,2 + 0 = **10,2% des BIP**

herausgeholt! Die Rendite beträgt 255% des Kapitaleinsatzes. Das ist eine ›konservative‹ Rechnung, denn es könnten ja auch 50 und mehr Prozent Rendite jährlich sein. ›Mickern‹ ist bei solchen Erfolgskriterien auch, wenn es nur banküblich Zinserträge sind, und ein ›Flop‹, liegt vor, wenn man ›umsonst‹ sein Geld hergegeben hat, also gerade das unverzinste Kapital wieder herausbekommt. Die Bandbreite der Rendite kann durchaus weit darüber – bis zu 17 % des BIP, also 425 % des Kapitaleinsatzes – gehen.

---

[192] Dreißig Prozent des investierten VC-Kapitals – jene 4 % BIP – sind 1,2 % des BIP, der ›Rest‹, also vierzig Prozent von 4 % BIP, entsprechen 1,6% BIP; die Annahme war: 30 % erzielen innerhalb von 6 Jahren bei ›durchschnittlich‹ 40%iger Wertsteigerung (also das ›erfolgreiche‹ Drittel) eine Wertsteigerung (›Verzinsung‹) auf das 7,5fache, die zweiten 30 % bringen nur den Einsatz wieder, einfacher ›Return‹, und die restlichen 40 % sind verloren und bringen nichts, = 0.

Bei einem durchschnittlichen, also mit der Volkswirtschaft vereinbaren Wirtschaftswachstum von 3 % würde der angesammelte Zuwachs des BIP in den betrachteten sechsJahren knapp 20 % betragen.

Das Verhältnis der Überbeanspruchung des ›*wealth of nations*‹ sieht dann so aus: 0,8 % vom BIP wäre der dem BIP-Wachstum entsprechende Zuwachs des eingesetzten VC-Kapitals, wenn es in gleicher Weise wie die Volkswirtschaft Erträge erwirtschaftet hätte. Tatsächlich beträgt der *Zuwachs* aber über 6 oder bis zu 13 % des BIP![193]

Das Verhältnis VC-Kapital-Zuwachs zu normaler Wachstumsrate der Volkswirtschaft beträgt also:[194]

6,2 (bzw. 13,0) : 0,8 = **7,75** bzw. **16,25,**

das ist eine 775 %- bis 1625 %ige überproportionale Steigerung gegenüber ›normalem‹ Wirtschaftswachstums. Man kann es auch anders ausdrücken: Mit einem vergleichsweise geringen Einsatz wird eine Hebelwirkung gemäß obigen Verhältnissen erzeugt und weit überproportionaler Gewinn aus der Volkswirtschaft gezogen, die aber insgesamt den Mehrwert zu schaffen hat. Damit wäre eine unerhörte Umverteilung von der *leistenden* ›*old economy*‹ zur weitgehend *spekulativen* ›*new economy*‹ innerhalb kürzester Zeitspannen verbunden. Es muß also auch diese Art der ›Real-Wirtschaft‹ zum Zusammenbruch führen, selbst wenn sich im Vergleich zu den Exzessen der ›*financial markets*‹ hier die Selbstbedienung noch ›bescheiden‹ auszunehmen scheint.

6 Banken

In der Antike stand weniger die wirtschaftliche Funktion oder deren Verbesserung vordergründig zur Debatte, sondern das Problem des Zinses, also die ethisch-sozialpolitische Frage. Das Schicksal des Schuldners war am wichtigsten. Früher konnte jeder, der ausreichendes Vermögen besaß, eine Bank eröffnen. Im Grunde handelte es sich um das Wechseln und Verleihen von Geld, die Bank war der Geldwechsler, -verleiher und Wucherer. Das abendländische Bankwesen entwickelte sich aber nicht so sehr aus dem Darlehens-, sondern am

[193] Die Werte ergeben sich, wenn man die errechneten Wertsteigerungen um das eingesetzte Kapital – jene 4 % des BIP – vermindert.

[194] Der der Volkswirtschaft konformen 20%igen Steigerung des Einsatzes (= 4% vom BIP) entsprächen die 0,8 % des BIP. Tatsächlich liegt die Erwartung hinsichtlich der Zuwächse bei obigem Einsatz zwischen 6,2 bis 13 % des BIP: eine gigantische Umverteilung zugunsten des spekulativen Kapitals.

Münzwechsel-Geschäft. Das Wort ›Bank‹ ist übrigens jüngeren Datums.

Wegen der Notwendigkeit des Wechselns an den großen Handelsplätzen entwickelten sich diese auch zu Bankplätzen. Ursprünglich wurden auf einem großen Tisch (*banca*) die verschiedenen Münzsorten ausgebreitet und dort gewechselt. Bald bildete sich ein eigener Berufsstand von Geldwechslern, den Vorläufern der Bankiers - vielfach verbunden mit dem Edelmetallhandel - heraus. In Oberitalien kam bereits im 12. Jahrhundert der Name ›*bancherii*‹ (Bankiers) auf.

Das Bankwesen breitete sich schnell über alle Handelsplätze aus. In Paris zum Beispiel gab es bereits im 13. Jahrhundert 80 Lombarden - wie die Geldwechsler genannt wurden. Im 14. und 15. Jahrhundert wurde das Wechselgeschäft durch das Depositen- und Girogeschäft ergänzt. Die Kurie, auch sonstige kirchliche Anstalten, dazu die Könige und Fürsten nahmen die Dienste der großen Bankiers in Anspruch und belohnten sie durch Nobilitierung und andere Ehrungen (MEDICI, FUGGER). Neben die großen Privatbankiers traten in dieser Zeit öffentliche, staatlich-städtische Banken, so die *Casa di San Giorgio* in Genua (1407), die Bank des Hl. AMBROSIUS in Mailand (1593), der *Banco di Rialto* in Venedig (1587), die Girobank in Amsterdam (1609), die Hamburger Bank (1619), der *Banco Publico* in Nürnberg (1621) usw. Zu ausgesprochen Stadtbanken, die die städtischen Finanzmittel bankmäßig nutzten, kam es in Straßburg und Frankfurt

Die berühmte Casa di San Giorgio in Genua.

am Main. Kredite für die minderbemittelte Bevölkerung – in der Regel Konsumkredite – vergaben kirchliche Leihanstalten (*montes pietatis*), die zwar geringen Zins nahmen, aber damit dennoch das kirchliche Wucherverbot umgingen, sprich mißachteten.

Das 19. Jahrhundert ist gekennzeichnet durch die Vorherrschaft großer Privatbankiers von oft internationalem Rang: ROTHSCHILD, in Deutschland BETHMANN, OPPENHEIM, MENDELSSOHN, BLEICHRÖDER, DELBRÜCK, SCHICKLER. In den fünfziger Jahren des 19. Jahrhunderts setzte sich verhältnismäßig schnell die Aktienbank durch, wobei große Privatbankiers meist die Anleger und Gründer waren. Sie wirkten als Emissionshäuser, Gründungs- und Finanzierungsunternehmen – Wirtschaftsbanken –, zunächst beschränkt auf den deutschen und europäischen Raum, bis dann die 1870 gegründete Deutsche Bank betont internationale Zielsetzungen verfolgte und sich auch überseeischen Gebieten zuwandte. Sehr bald entstanden dafür weitere Spezialbanken. Nach dem *Großen Brockhaus* liegt die

6.1 Volkswirtschaftliche Bedeutung der Banken

in den Funktionen, die sie für den Geld-, Kredit- und Kapitalverkehr haben. Ihre Hauptaufgabe ist es, die hereingenommenen Gelder – Spar-, Sicht- und Termineinlagen – dem Wirtschaftsprozeß zuzuführen.

Somit treten die Banken einerseits als Kreditnehmer auf, indem sie Einlagen entgegennehmen, die Anlagezwecken oder dem Zahlungsverkehr dienen, andererseits auch als Kreditgeber. Im Rahmen ihrer zweiseitigen Marktverbindung erfüllen die Banken die Aufgabe, die vielfach relativ kleinen Beträge ihrer Einleger, besonders der Sparer, zu sammeln und dem Kreditbedarf entsprechend auszuleihen. Die Dienstleistungsfunktion den Geldgebern gegenüber besteht also nicht nur in der Verwahrung der Mittel, sondern vor allem in der Auswahl geeigneter Anlageobjekte oder Kreditnehmer.

Dabei muß sichergestellt werden, daß die Einlagen einer produktiven Verwendung zugeführt werden. Auswahlkriterien sind der Zins und die zu stellenden Sicherheiten, die sowohl eine Rentabilität als auch eine weitgehende Risikobeschränkung garantieren. Die kapitalsuchenden Unternehmen können auf Grund der Kapitalsammlungsfunktion der Banken ihren Kreditbedarf in der Regel bei einem Institut abdecken. Von den Banken geht damit für die Geldanlage wie für die Kreditaufnahme eine stabilisierende Wirkung aus. Voraussetzung für die Aufnahme von Kundeneinlagen und für die Kreditgewährung ist das Vertrauen in die sachgemäße Geldverwaltung durch die Banken.

Neben den Kundeneinlagen dient auch der Zahlungsverkehr als Basis für Kredithergaben und eine Kreditschöpfung, also eine Erhöhung der Geldmenge. Da über Kreditgewährungen und eine Kreditschöpfung das gesamte volkswirtschaftliche Gleichgewicht und besonders die Währung erheblich gestört werden können, behalten sich die meisten Staaten einen Einfluß auf die Banken, also die Bankenaufsicht, vor. Vor allem übt die Notenbank mit ihrem währungspolitischen Instrumentarium – Währungspolitik – Einfluß auf die Kreditschöpfungsfähigkeit und das Kreditvolumen der Banken aus.

Die volkswirtschaftliche Bedeutung der einzelnen Banken-Gruppen geht aus der Höhe der Einlagen und der gewährten Kredite hervor.«[195]

Soweit die wohltönende Theorie. Die Praxis ist eine andere.

Selbst genossenschaftliche Spar- und Darlehenskassen, wie Raiffeisen, haben sich in Aktiengesellschaften umgewandelt, das heißt, sie haben sich dem ökonomischen Kalkül, sprich der Gewinnmaximierung, unterworfen. In ihrer Gier hat sich in Österreich die Raiffeisen-Zentralbank (RZB) besonders stark in Osteuropa ›engagiert‹ und jahrzehntelang zweistellige Gewinnmargen berichtet. Heute – im Februar 2009 – stellt sich heraus, daß (vor allem) von RZB, Erste Bank, Bank Austria Hunderte Milliarden Euro betragende ›Investitionen‹ praktisch in den Sand gesetzt wurden. Mit dem Finanzkollaps brachen die lokalen Währungen und die ohnedies schwache, nur auf Pump gebaute ›Realwirtschaft‹ dieser Länder zusammen. Die Betteltour des österreichischen Finanzministers um Beistand – ein Hilfs- und Konjunkturpaket – für Osteuropa ist in Wirklichkeit eine, um die im Grunde bankrotten österreichischen Banken herauszupauken. Man wird sehen, wie und ob hier ein paar Hundert Milliarden ›weggesteckt‹ werden. Nach Adam Riese und den geltenden Bilanzgesetzen scheint das freilich nicht möglich zu sein.

In Deutschland haben die Großbanken die Kreditsumme für den Mittelstand während der letzten Jahrzehnte auf vergleichsweise niedrigem Niveau konstant gehalten, was bei dem allenthalben stattfindenden Wachstum der Wirtschaft eine Verknappung des Geldes für unternehmerische Investitionen der gewerblichen und Klein- und Mittelunternehmen bedeutete. Zur gleichen Zeit sind aber die *außerbilanzlichen* Spekulationsgeschäfte in Multi-Billionen-Höhe geschossen.

---

[195] Lt. *Brockhaus Enzyklopädie*, 1971.

Die Mittelverwendung, die im *Brockhaus* noch als *produktiv* bezeichnet wird, ist heute einer gewaltigen Konsum-Finanzierung auf Pump gewichen. Von produktiv kann keine Rede mehr sein. Das Problem ist offensichtlich: Die Haushalte verschulden sich über alle Maße und mit den schlimmsten Folgen. Andererseits ist das ungebrochene Wachstums-Dogma verantwortlich für den Komsum-Rausch, der ganz sinnloserweise – und letztlich ins Verderben führend – in Gang gesetzt wurde und inzwischen als ›Garant für eine gesunde, weiter wachsende Wirtschaft‹ gilt. Ohne diesen Konsum-Rausch blieben die Unternehmen auf ihren oft nicht benötigten Massenprodukten sitzen, womit der Wahn noch ›rational‹ gerechtfertigt wird.

Nach dem längst hinfälligen Dogma von der Währungshoheit des Staates, das dieser angeblich über die Noten- oder Zentralbank ausübt, um die Währung stabil zu halten, sollte das Geld *nur* von daher kommen. Das betrifft aber bloß die Banknoten, also das umlaufende Geld, das im wesentlichen für Konsumzwecke ausgegeben wird – und heute trifft nicht einmal das noch zu, weil auch dies weitgehend über Kredit- oder Bankomat-Karten bargeldlos abgewickelt wird. Die ganz normalen Geschäftsbanken, Sparkassen, jede Provinz-Kasse bringen über die maßlose Schöpfung von Buchgeld – ihre Kreditgewährung, Überzeihungsrahmen usw. – eine bei weitem größere Menge Geld in die Wirtschaft als die die Geldmenge angeblich steuernde Noten- oder Zentralbank. Da die Geschäftsbanken das als Darlehen gegebene Geld aber keineswegs tatsächlich besitzen, schöpfen sie es sozusagen aus dem Nichts. Nur ein geringer Anteil des Kreditvolumens muß durch Eigenkapital gedeckt sein. Die Banken unterscheiden sich damit eigentlich wenig von Geldfälschern, die auch, ohne etwas zu leisten, mit gefälschten Banknoten sich echte Leistungen der Wirtschaft – der arbeitenden Menschen – aneignen. Daß dies keineswegs zu einer Stabilisierung der Wirtschaft führt, ist offensichtlich.

Die angebliche Aufsicht des Staates ist hier auch mangelhaft und bedeutungslos, wenn die ›Gesetze‹ so beschaffen sind, daß sie den die Gesellschaft schädigenden Einfluß als rechtens festschreiben.

Heute leihen sich Banken gegen geringen Zinssatz – den Diskontsatz – bei der Nationalbank Geld aus, das sie zu höherem Zinssatz weiter ausleihen. Es fällt schwer, hierin eine Leistung zu erkennen, für die überhaupt ein Entgelt zu zahlen wäre. Es fängt also bereits bei der Notenbank an, denn ihre Kosten für das Drucken von Banknoten liegen ja nur im Promille-Bereich dessen, was schließlich auf den Noten aufgedruckt ist – und als Zahlungsmittel gilt. Es ist ein alchimistischer Prozeß: Aus Wertlosem wird Wertvolles erzeugt. Nur die Macht dazu liegt ja nicht bei einer Bank – wie immer sie heißen mag –, sondern entweder

- beim Souverän, mit dem Recht der Geldschöpfung, oder
- (früher) beim Besitzer eines ausreichenden Vermögens (z. B. in Form von Gold), der seine von ihm ausgegebenen ›Noten‹ (= Schuldscheine) *jederzeit* im Gegenwert in Gold umtauscht.

Wir stellen also fest,

- daß die Banken längst nicht mehr das tun, was sie angeblich als volkswirtschaftliche Leistung vollbringen (sollten),
- daß sie mit ihren Casino-Spielen in unerhörten Dimensionen nicht nur ihr Eigenkapital aufs Spiel setzen, sondern die Einlagen ihrer Sparer, ja sogar – wegen der gigantischen Dimension der Casino-Geschäfte (Derivate) – damit den Zusammenbruch der Volkswirtschaft riskieren,
- daß ihre Zinspolitik eher dem Wucher und Raub ähnlich ist als einem angemessenen Entgelt. (Österreichische Großbanken nehmen 9,75 % Überziehungszinsen, geben aber fürs Girokonto nur 0,125 % Zinsen.[196])
- Obwohl die Banken nicht mehr das Recht haben, selbst Geld (Noten) zu drucken, haben sie über das Giralgeld sich dieses ›Recht‹ zurückgeholt und eine gewaltige Kredit-Pyramide aufgebaut. Mit weniger als einem Zehntel an haftenden Mitteln wird die mehr als zehnfache Kreditsumme – gegen kräftige Zinsen – geschöpft.
- Nicht die Spargeld-Sammlung für produktive Real-Investitionen ist das Vorrangige , sondern die Giralgeldschöpfung.
- Da die Banken ausschließlich nach dem ökonomischen Kalkül verfahren, das heißt nach der Profitmaximierung, ist von vornherein klar, daß es nicht volkswirtschaftliche (= gesellschaftliche) Prioritäten sind, nach denen sie die Kreditgelder vergeben, sondern nach dem höchsten Profit. Dies drückt sich darin aus, daß Banken einen Gewinn aufs eingesetzte Kapital (RoE) von 18 bis 20 Prozent als internationale ›Norm‹ für angemessen halten, faktisch dies auch oft genug erreichen, obwohl die leistende Realwirtschaft derartige Gewinne nicht annähernd erzielt. Damit wird eine Umverteilung von der Realwirtschaft zur Finanzwirtschaft durchgesetzt.

Da all diese Feststellungen nicht das geringste mit einer volkswirtschaftlichen Leistung zu tun haben, für die auch noch Zinsen zu bezahlen wären, ergeben sich als Konsequenz eine Reihe von Punkten.

---

[196] Zur Zeit der niedrigsten Zinsen – etwa in den Jahren 2006/2007.

6.2 Folgerungen für das Bankwesen

Das Bankwesen müßte vom Grund auf neu gestaltet werden. Dies ergibt sich schon aus dem Umstand, daß die genannten Mißstände beseitigt werden müssen. Da in der ganzheitlichen Ordnung aber eine Reihe von Aufgaben vor dem Hintergrund des Staatszieles gesetzt sind und nicht in der individualistischen Gewinnmaximierung bestehen, sind die *existentiellen* Aufgaben von der Gemeinschaft, also vom Staat, zu vollbringen.

Dies betrifft neben den klassischen hoheitlichen Aufgaben – Rechtswesen, Bildung, Landesverteidigung, Gesundheitswesen – unter anderem auch all jene Bereiche, die in einer industrialisierten Welt als lebenswichtig angesehen werden und/oder die wegen ihrer Größe zu privaten Monopolen führen würden.

Hierunter fallen unter anderem Infrastruktur (Bahn, Straßen, Wasserwege, Wasser und Abwässer), Energieversorgung sowie allfällige Schlüsselindustrien. Wieweit und in welcher Weise dies festzulegen und zu organisieren ist, ist eine Aufgabe der Wirtschaftspolitik. Die berufenen Körperschaften sind sinnvollerweise ständisch in Form von Kammern organisiert und münden in einem Gremium, in dem sie und die staatlichen Stellen zusammenarbeiten.

Der langjährige Geldreformer Albert LÄMMEL meint:[197] »Silvio GESELL beobachtete die Erscheinungen (Symptome), Heinrich FÄRBER die Ursachen und Zusammenhänge von Geldwertschwankungen und Krisen. GESELL übersah und ignorierte, daß die besorgniserregenden Geldwertschwankungen gerade durch Geldmengenmanipulationen – noch dazu zugunsten von Einzelnen und zum Nachteil der Gesamtheit – hervorgerufen wurden.

Demgemäß unterschieden sich FÄRBERS und GESELLS Reformvorschläge. FÄRBER fordert die Einstellung jeglicher Geldherstellung zugunsten Bevorrechtigter; d. h. Geldherstellung nur für Zwecke der Allgemeinheit, das ist nur zum Umtausch abgenützten Geldes oder zu *Steuerzwecken*.« Also zu jenen Aufgaben, denen sich ein geordneter (= sittlicher) Staat widmen sollte.

Die meisten verkennen die Tatsache, daß der einzige wesentliche Unterschied zwischen dem heute üblichen System und dem unterdrückten System *darin* besteht, daß heute das Geldschöpfungsrecht (das Recht, Geld zu drucken) in die Gewalt von privaten Großbankiers geraten ist, während es FÄRBER in der Hand des Staates sehen wollte.

---

[197] Albert LÄMMEL, *Europäische Geldreformbewegung*, Gründer des »Schlüssel«, feierte 2007 seinen 90. Geburtstag.

Nicht nur die Zinsen, sondern vor allem das aus Papier durch Bedrucken gewonnene neue Geld bereichert die Aktionäre der Notenbanken.

Das Übel für das Volk liegt mit anderen Worten darin, daß Noten- und Geschäftsbanken heute gewissermaßen das Gebaren einer *Falschmünzerbande* haben, wodurch ihre privaten Aktionäre unermeßlich reich werden können, während das Volk und die Regierung in Schulden versinken, so daß sie bald nicht einmal mehr die Zinsen zahlen können. Das erläuterte Gary ALLAN[198] ausführlich für den Fall der amerikanischen Notenbank, der Federal Reserve Bank, auf die wir noch zu sprechen kommen: »Wie erfolgreich ist die Arbeit der Federal Reserve bisher gewesen? Seit Woodrow WILSON seinen Amtseid geleistet hat, stieg die nationale Verschuldung von 1 Milliarde auf 455 Milliarden Dollar. Was die bevorstehende wirtschaftliche Katastrophe betrifft, so kann nur ein Verkenner der geschichtlichen Realität glauben, daß dies alles nur durch Zufall geschah.«[199]

Gary ALLAN fährt fort:

»Als das Federal Reserve System der nichtsahnenden amerikanischen Bevölkerung heimlich untergeschoben wurde, gab es Garantien, daß es keine Zyklen von Konjunktur und Krise mehr geben werde. Die Männer, die hinter den Kulissen das Konzept der Zentralbank für die internationalen Bankiers durchsetzten, versprachen glaubhaft, daß es von nun an nur noch ein ständiges Wachstum und fortschreitenden Wohlstand geben sollte.«

Charles A. LINDBERG sen., Kongreßmitglied, verkündete jedoch akkurat: »Von nun an werden Krisen *systematisch* erzeugt.«[200]

---

[198] Gary ALLEN, *Die Insider*, [10]1990.

[199] Ebenda, S. 69. Das Problem mit Zahlenangaben ist, daß sie sich schneller verändern, als man diesen Änderungen nachkommen kann. Vor ein paar Jahren wurde das gesetzlich begrenzte Staatsschulden-Limit der USA – des ›*Federal*‹-Budget – zum wiederholten Male erhöht auf knapp unter 8 Billionen US-Dollar (= 8000 Mrd.), wobei der Anschlag schon wieder erreicht ist. Der heute – 2009 – geltende ›Plafond‹ beträgt 11 000 Mrd. Dollar. Der aktuelle Schuldenstand der ›*federal debt*‹ ist per 11. 2. 2009: 10 713 Mrd. Dollar (Quellen www.treasurydirect.gov) Die Schätzung der gesamten öffentlichen Verschuldung – einschließlich Bundesstaaten und Kommunen – der USA sowie der Verpflichtungen aus Pensions- und medizinischer Vorsorge ließ der frühere US-Finanzminister O'NEILL feststellen: Es sind 43 Billionen US-Dollar (43 000 Milliarden). O'NEILL war aber Finanzminister vor PAULSON, unter diesem ist die Summe abermals gestiegen: auf über 50 000 Mrd., die Schätzung 2009 ist über 60 000 Mrd. Dollar.

[200] Ebenda, S. 72.

Die Methode, unter Verwendung einer Zentralbank abwechselnd In- und Deflation zu erzeugen, ist von den internationalen Bankiers zu einer exakten Wissenschaft ausgearbeitet worden.

Nachdem die internationalen Bankiers die Federal Reserve als Instrument zur Konsolidierung und Kontrolle des Reichtums erschaffen hatten, waren sie nun bereit, zu einem vernichtenden Schlag auszuholen. Zwischen 1923 und 1929 expandierte – inflationierte – die Federal Reserve die Geldversorgung um 62 Prozent.

Das meiste dieses neuen Geldes wurde dazu gebraucht, die Börsenkurse in schwindelerregende Höhen hinaufzureizen.

Zur selben Zeit, als diese enormen Mengen von Kreditgeldern verfügbar gemacht wurden, begannen die Massenmedien damit, marktschreierische Geschichten vom schnellen Reichtum an der Börse zu verbreiten. Gemäß Ferdinand LUNDBERG: »Um Profit aus diesen Fonds zu schlagen, mußte die Allgemeinheit zum Spekulieren verleitet werden. Das geschah durch verführerische Zeitungsberichte, viele davon von den Maklern gekauft und bezahlt, die das Börsenspiel in Gang hielten.«

Abgeordneten-*Hearings*... enthüllten 1928 Beweismaterial, daß der Federal-Reserve-Ausschuß eng mit den führenden Männern der europäischen Zentralbanken zusammenarbeitete. Das Komitee wies

Symbolisch: Über dem mächtigen Portal des Chicagoer Handelskammer (Board of Trade) links die Figur des biblischen JOSEF VON ÄYGPTEN, des Finanzministers des Pharaos, der durch Ausweiten des Kreditzyklus die fetten und durch Rückfordern der Schulden die mageren Jahre – die zur Versklavung der Ägypter führten – auslöste. Die heutigen Händler wissen um diese Bedeutung und zitieren diese Parabel am größten Schacherplatz für die Nahrung (Getreide) der Welt.

warnend darauf hin, daß im Jahre 1927 ein großer Zusammenbruch geplant war. Bei einem geheimen Essen des Federal-Reserve-Ausschusses mit den Führern der europäischen Zentralbanken – so das Komitee – beschlossen die internationalen Bankiers, die Schlinge enger zu ziehen.

Montagu NORMAN, der Gouverneur der Bank von England, kam am 6. Februar 1929 nach Washington, um mit dem Finanzsekretär Andrew MELLON zu konferieren. Am 11. November 1927 beschrieb das *Wall-Street-Journal* Mr. NORMAN als »den gegenwärtigen Diktator von Europa«. Sofort nach diesem mysteriösen Besuch drehte der Federal Reserve-Ausschuß seine Politik des »leichten Geldes« um und begann, den Diskontsatz zu erhöhen.

Der Ballon, der seit fast sieben Jahren[201] ständig aufgeblasen wurde, war nun nahe daran, zu platzen. Am 24. Oktober geschah es. William BRYAN schrieb in seinem Buch:[202] »Als alles fertig war, begannen die New Yorker Finanziers, von den Maklern die 24-Stunden-Abrufdarlehen zurückzufordern. Das bedeutete, daß die Börsenmakler und deren Kunden ihre Aktien in die Börse werfen mußten, um so ihre Darlehen einlösen zu können. Das führte natürlich zu einem Börsensturz und brachte den Zusammenbruch der Banken im ganzen Land.

Die Bankiers, die nicht zur Oligarchie gehörten, waren zu dieser Zeit sehr stark in die Abrufforderungen der Makler verwickelt. Damit waren die Zahlungsmittel der Banken sehr schnell erschöpft, so daß sie schließen mußten. Das Federal Reserve System kam ihnen bewußt nicht zur Hilfe, obwohl es, angewiesen durch das Gesetz, verpflichtet war, eine elastische Währung aufrechtzuerhalten.«

Der Teil der Bevölkerung, der investiert hatte, erhielt ebenso wie die meisten Börsenmakler und Bankiers den entscheidenden Schlag.

---

[201] Wer dächte nicht sogleich an die »sieben fetten und die sieben mageren Jahre« in der Erzählung des biblischen JOSEF von Ägypten? Da es in Ägypten kein ›Wetter‹ gibt, sondern ununterbrochenen Sonnenschein, und die regelmäßig wiederkehrenden Nil-Überschwemmungen die Fruchtbarkeit des Landes und somit den Erntesegen ausmachen, ist diese Erzählung eine Metapher für die vom Finanzminister des Pharaos, JOSEF, erst veranlaßte Kreditausweitung - die »fetten« Jahre - gefolgt von der Geld-Verknappung, indem nicht nur keine weiteren Kredite gegeben, sondern die fälligen auch eingefordert wurden. Genau dasselbe fand unter Alan GREENSPANS Leitung der FED in den letzten anderthalb Jahrzehnten statt: Die größte Kreditblase der Weltgeschichte entstand, die nun unter Ben BERNANKE dabei ist zu platzen.

[202] *The United States Unresolved Monetary and Political Problems* (Die ungelösten politischen und finanziellen Probleme der Vereinigten Staaten).

Wirtschaftskrise 1929. Bis zum Sommer 1932
verloren die US-Aktienkurse 90 Prozent ihres Wertes.

Nicht so die Insider. Sie verkauften ihre Anteile kurzfristig, wobei sie einen enormen Profit machten, als die Aktienkurse senkrecht abstürzten.

Kennern der Materie war es später möglich, diese Aktien mit einem Diskont von 90 % auf ihren vorherigen Wert zurückzukaufen.

Zu glauben, daß der wissenschaftlich konstruierte Zusammenbruch von 1929 ein Unglücksfall oder das Ergebnis von Dummheit war, spottet jeder Logik. Die internationalen Bankiers, die die inflationären Maßnahmen förderten und jene Propaganda betrieben, die die Börse aufpumpte, repräsentierten zu viele Generationen angehäufter Sachkenntnis, als daß sie zufällig in ›die große Krise‹ hineingestolpert wären.

Kongreßmitglied Louis McFadden, Vorsitzender des *House Banking* und des Währungskomitees, erklärte: »Sie [die Krise] war nicht zufällig. Sie war ein sorgfältig ausgeklügeltes Ereignis . . . Die internationalen Bankiers trachteten danach, einen Zustand der Verzweiflung herbeizuführen, damit sie sich als Gebieter über uns alle emporheben könnten.«

Obwohl wir nach 1929 keine Krise von diesem Ausmaß mehr hatten, haben wir seither regelmäßig unter Rezessionen gelitten. Jeder dieser Rezessionen folgte eine Periode, in der die Federal Reserve hart auf das Gaspedal trat und dann auf die Bremse stieg. Seit 1929 wurden durch diese Art von Manipulation folgende Rezessionen herbeigeführt:

1936/37: Aktienkurse fielen um 50 %
1948: Aktienkurse fielen um 16 %
1953: Aktienkurse fielen um 13 %

Genau dieselbe Situation erleben wir heute. Unter Allan Greenspans Leitung der FED erlebten die Börsenkurse gewaltige Steigerungen, weil zu jedem Preis von Fonds, Maklern usw. gekauft wurde. Der Absturz vom März 2000 war nur eine erste Mitnahme jener rund 10 000 Mrd. Dollar – *de facto* gestohlenen – Geldes. Das Einsammeln der wirklichen Werte – des Real-Kapitals – in globalem Maßstab ist weitgehend abgeschlossen, weshalb der endgültige Kollaps jeden Augenblick eintreten kann.

Auslöser könnte – so meinen es manche Insider – der Zusammenbruch der langfristigen US-Staatsanleihen – der 30jährigen T-Bonds (*Treasury Bonds*) – sein, wenn ihre Verzinsung unter 3,8 Prozent sinken wird.

6.3 Die Blase platzt

Die 30jährigen Treasury Bonds (TYX) sind Staatsanleihen, die verzinst werden. Die hauptsächlich an den Optionen-Börsen gemachten Geschäfte sind ›Wetten‹ auf die künftige Verzinsung, zum Beispiel in drei Monaten. Wenn diese etwa gegenwärtig bei 6,25 % (62,50) stünde und jemand erwartete, daß sie steigen würde, könnte er eine Option (ein TYX *call*) kaufen, also ein Recht, zum heutigen Preis in drei Monaten solche Bonds zu erwerben. Stiege der Zinssatz zum Beispiel auf 6,75 % und diese Option (*call*) wäre zu 1,50 zu haben, stiege auch der Wert des Bonds, und so wäre der Gewinn 67,50 – 62,50 = 5,00, abzüglich der Kosten für die Option (*call*) von 1,5 betrüge der Gewinn 3,5mal der Anzahl der erworbenen Optionen. Mit anderen Worten: Der Verlust ist höchstens auf die Kosten der Option begrenzt, der dann eintritt, wenn nach drei Monaten die T-Bonds nach wie vor mit 6,25 % verzinst würden oder darunter. Bis zum Anstieg auf 6,4 % – dem ›*break-even*‹-Punkt – würde ein Teil des Verlustes durch den zu geringen Anstieg der Zinsen ausgeglichen, darüber wäre es echter Gewinn.

Das Beispiel, das die CBOE – die Chicagoer Optionen-Börse (*Chicago Board Option Exchange*) auf ihrer Internet-Seite zur Erklärung zeigt, geht von einem ›*yield*‹ (Ertrag) von 6,25 % aus. Tatsächlich sind heute (13. 2. 2009) die Zinsen bei etwa 3,64 %, was von Analysten ohnedies vorausgesagt wurde, daß die untere Linie von 3,8 % bald unterschritten werden wird. In diesem Fall wären das Verhältnisse von 1929 –

das bedeutet *Crash.* (Im zurückliegenden 52-Wochen-Durchschnitt lagen die Werte zwischen 2,519 und 4,813.)

Man erkennt aus den Graphiken, daß die Zinsen für 30jährige Staatsanleihen ständig *gefallen* sind, während im selben Zeitraum der Dow-Jones Industrial Index gewaltig gestiegen ist. Gewiß kann dieses Ansteigen der Aktienkurse der im Dow-Jones geführten Aktien nicht unbedingt als eine reale Wertsteigerung, sondern kann ebenso gut als eine inflationäre Wertverschlechterung des Dollars gedeutet werden, wenn der Unternehmenswert doch eher konstant geblieben, jedenfalls nicht im selben Ausmaß gewachsen ist.

Dieser Wertverlust des Dollars ist für ›Investoren‹ in Finanzpapiere nur dann annehmbar, wenn die Verzinsung der T-Bonds diese Inflation mehr als wettmacht. Offenbar sind Analysten der Ansicht, daß dies bei Erreichen der 3,8 %-Marke nicht mehr der Fall sein wird, was zum massenhaften Ausstieg aus den Staatsanleihen und damit zum Zusammenbruch dieses ›Marktes‹ führen muß. Da die Bond-Märkte die ›Mutter aller Finanzblasen‹ sind, ist der Kollaps hier viel folgenschwerer als jener der NASDAQ im März 2000, bei dem bereits 10000 Mrd. Dollar verdampft wurden – zwar *nur* virtuelle ›Werte‹, die jedoch von jenen Sparern, die damit ihre Pension sichern wollten, zu den Höchstpreisen tatsächlich gekauft wurden. Damit wurden sie nach dem *Crash* um ihre Ersparnisse gebracht – ein Raubzug also.

Um dies zu verhindern, hatte bereits im November 2002 (!) FED-Gouverneur Ben BERNANKE, der heutige Vorsitzende, öffentlich erklärt, daß die FED mit 10 Billionen (= 10000 Mrd. Dollar) bereit stünde einzugreifen. Da natürlich diese gewaltigen Summen in Wirklichkeit gar nicht existieren, sagte er nur, daß FED und US-Regierung, mit der dies abgestimmt war, mit ihrem Papier anderes Papier ›decken‹ wollten. Es sind dies alchimistische Versuche, das Schicksal aufzuhalten. Einmal werden die Menschen das aber nicht mehr abnehmen, was jedoch Ben BERNANKE und die Geldleute auch wissen. Der große *Crash* findet inzwischen statt!

A. LÄMMEL meint dazu:[203] »Das Privileg der Banken zum Geldbezug aus der Notenbank stützt sich auf ›Gesetze‹: die sogenannten *Notenbankgesetze.* Sie sind aber, was jeder Reformer wissen und bedenken sollte, von den Banken ausgeheckt und dem in Geldfragen unwissenden Volk und seinen ›Vertretern‹ aufgedrängt worden.

Damit beschäftigte sich erstmals ausführlicher Gottfried FEDER, Schöpfer des Programms zur ›Brechung der Zinsknechtschaft‹, der

---

[203] Albert LÄMMEL, *Europäische Geldreformbewegung,* aaO., S. 40.

Yield of 30-year treasury bonds.

von Adolf HITLER, wohl auf Geheiß der HITLER finanzierenden geheimen internationalen Bankenclique, bereits 1933 kaltgestellt wurde.

Erst der österreichische Volkswirtschafter Heinrich FÄRBER setzte sich mit seinen präzisen Forderungen zur Demokratisierung der Geldschöpfung an die Spitze aller bisherigen geldreformerischen Bestrebungen.

So sah er sich auch zur Auseinandersetzung mit den bisherigen volkswirtschaftlichen Irrlehren, den Thesen von MARX, GESELL und KEYNES, veranlaßt. »Ohne eine solche notwendige Auseinandersetzung mit vorausgegangenen Irrtümern ist wohl eine echte Reformrichtung nicht denkbar.« FÄRBER legte die Grundzüge seiner neuen Volkswirtschaftslehre, die er *Ergokratie*[204] (Herrschaft der Arbeit, der Leistung) nannte, in mehreren Werken nieder und vertrat sie in ausgedehntem Briefwechsel, zahlreichen Schriften, Vorträgen und Diskussionen.

6.4 Wünschenswerte Aufgabenstellung für das Bankwesen

Kommen wir nun wieder zu den Folgen für das Bankwesen zurück, wenn wir bedenken, was sie denn finanzieren und welcher Art die Schuldner sind.

Man kann nun drei Klassen von wirtschaftlichen Vorhaben (und Schuldnern) unterscheiden:

[204] *érgon* (griechisch, älter: wergon): *Werk*, Arbeit, Tat, Handlung; (Fremdwort: En*erg*ie, Energieeinheit: 1 erg)

- unmittelbare und mittelbare *staatliche* Aufgaben, die aufgrund beschlossener Gesetze verwirklicht werden,
- Vorhaben, die aus ganzheitlicher Betrachtung nützliche Beiträge zur Volkswirtschaft leisten und von (privaten) *Unternehmen* geleistet werden,
- Vorhaben, die *private Haushalte* verwirklichen möchten.

Erstere finanziert der Staat aus den Steuereinnahmen oder mit zinsfrei geschöpftem Kreditgeld, ohne den Umweg über Zentral- oder Geschäftsbanken zu gehen. Er stellt damit sich selbst oder von ihm gehaltenen Unternehmen direkt die nötigen Gelder zur Verfügung.

Eine unzulässige Aufblähung der Geldmenge erfolgt hierbei nicht, da im anderen Fall – Begebung einer Anleihe – dieses Geld ja bisher auch von der Zentralbank geschöpft würde, zusätzlich aber noch die bei langen Laufzeiten bis zur doppelten Summe an Zinszahlungen aufzubringen erfordert. Soweit die vom Staat geschöpften Gelder Zug um Zug mit dem Entstehen neuer Anlagen und realer Werte verbunden sind, weitet sich die Geldmenge auch nur im Maß des Wachsens der Realwirtschaft aus.

Im zweiten Fall ermächtigt der Staat die in seinem Besitz befindlichen Wirtschaftsbanken zur Herausgabe von Kassenscheinen (einem Kredit), der durch Sachpfänder 100%ig gedeckt und erstrangig im Grundbuch besichert ist. Die Laufzeit dieser Kassenscheine ist langfristig, höchstens 50 Jahre. In diesem Fall werden also jährlich mindestens 2 Prozent eingezogen und mit den Mitteln aus der Rückzahlung, der Tilgung, eingelöst. Im Umlauf befindliche, zur Einziehung aufgerufene Kassenscheine werden in Gold oder gleichwertigen Zahlungsmitteln zum festgelegten Verrechnungskurs eingelöst.

Als vollkommen besicherte Wertpapiere können sie Geldfunktion übernehmen, also als Zahlungsmittel dienen, wenn diese Kassascheine die entsprechende staatliche Garantie der Einlösung haben. Diese der Wirtschaft zur Verfügung gestellten Kredite sind der Sache nach zinsfrei. Für die Verwaltung, Sicherstellung usw. ist eine auf der Grundlage der tatsächlichen (Verwaltungs-)Kosten und von der Laufzeit abhängige Gebühr zu entrichten. Diese Wirtschaftsbanken arbeiten nicht gewinnorientiert und sind zur sparsamen Gebarung verpflichtet.

Im dritten Fall der privaten Haushalte sind zwei Unterscheidungen zu treffen:

a. Kreditbedarf ist begründet in volkswirtschaftlich nützlichen Investitionen, wie zum Beispiel Wohnraumbeschaffung, selbständige Existenzgründung.

b. Konsumzwecke: Hier sind die echten Investitionen - deren Förderungswürdigkeit staatlich beschrieben und begrenzt werden können - den Vorhaben von Unternehmen wie im Punkt zwei gleichgestellt.

Das ist auch begründet, weil hier ebenfalls ein realer Gegenwert Zug um Zug entsteht, also kein Risiko für die kreditgebende Bank besteht, und darüber hinaus ein sonst dem Staat anheimfallendes Aufgabengebiet, die Wohnraumschaffung für das Volk, in persönlicher Initiative geleistet wird.

Im Falle des Konsums mag ein Kreditwerber diesen von Banken oder privaten Geldgebern zu erlangen trachten. Das Schuldverhältnis wird zwar rechtlich geschützt, nicht aber allfällige Vereinbarungen, dafür Zinsen bezahlen zu müssen. Diesen wird wie heute bei Spielschulden der Rechtsschutz entzogen.

Damit wird die private Verschuldung weitgehend nur noch auf Treu und Glauben möglich sein, was dem Elend der Verschuldung einen gesellschaftlich erwünschten Riegel vorschiebt. Außerdem sind private Vermögen in einer so organisierten Volkswirtschaft nirgends mehr gegen Zinsen ›anzulegen‹, sondern nur noch in Form von Wagniskapital mit Gewinnmöglichkeit - jedoch auch mit dem Risiko des Verlustes.

Kapitalflucht wird gesetzlich unterbunden und als Wirtschaftsverbrechen geahndet.

Um diese Ziele zu erreichen, wären daher konkret nachfolgende Maßnahmen nötig:

- Verstaatlichung der Banken,
- Kontrolle des Kapitalverkehrs mit dem Ausland,
- Aufhebung des heutigen liberalisierten Kapitalverkehrs,[205]
- Ausweitung des Geldbestandes durch Giralgeld gemäß volkswirtschaftlich geplanter Vorhaben durch den Staat selbst, das heißt ohne Verschuldung des Staates und Verpflichtung zu Zinszahlung,
- Umwandlung der Banken in Wirtschaftsbanken, die jene vordringlichen Projekte finanzieren, wie sie sich aus einer volkswirtschaftlichen, ganzheitlichen Sicht ergeben. Als Beispiel sei die Kreditan-

---

[205] Das erfordert aber, *die Grenzen abzuschließen* und nicht nur den Außenhandel streng zu kontrollieren, internationale Devisen für den Kauf der *notwendigen Ausrüstungs-* anstelle von *Konsumgütern* zu verwenden. Die Gedanken dazu hatte FICHTE in seinem *Geschloßnen Handelsstaat* niedergelegt. Ähnliches finden wir auch bei LIST über die »Erziehungszölle« zum Schutz der Binnenwirtschaft vor der übermächtigen Konkurrenz, bis man ihr standhalten könne.

stalt für Wiederaufbau genannt, die nach dem Zweiten Weltkrieg mit geringen Zinssätzen – die praktisch einer Kreditbearbeitungsgebühr entsprachen und somit das Kapital praktisch zinsfrei der Wirtschaft gaben – den Wiederaufbau und das Wirtschaftswunder ermöglichte,

- Soweit private Banken weiter zugelassen werden, sind sie unter strikte Staatskontrolle zu stellen. Ihr Aufgabenbereich beschränkt sich im wesentlichen auf die Finanzierung im privaten Bereich.

Angesichts der riesigen Zahl an Bankfilialen – die Banken und Banksektoren sind nicht so zahlreich – wird ein Teil davon nicht mehr benötigt. Die betroffenen Mitarbeiter sind mit Übergangsregelungen in produktive Wirtschaftszweige zu bringen.

Ein Problem der heutigen ›Wirtschaftsverfassung‹ besteht darin, daß es Geschäftsbanken unmöglich ist, für riskante oder nicht rentable Vorhaben Kredite bereitzustellen. *Niedrigverzinsliche* Mittel sind aber notwendig, um die Modernisierung überhaupt zu starten: in Industrie, Siedlungsbau, Infrastruktur und Landwirtschaft. Sie müssen aber unter allen Umständen mit Mitteln ausgestattet werden, da sonst auch die anderen Vorhaben scheitern. Konkret heißt das auch *Investitionslenkung* unter dem Gesichtspunkt *staatlicher und nationaler Prioritäten* und unter weitgehendem Absehen von vordergründigen Ertragsüberlegungen. *Die Realwirtschaft in Gang zu setzen und zu halten ist das wahre Ziel.*

In solcher Weise wurde der Wiederaufbau Deutschlands organisiert, dies geht aus der Zuteilung der Mittel der Kreditanstalt für Wiederaufbau (KfW) hervor. Das wird natürlich von Land zu Land unterschiedlich sein, unterstreicht jedoch das Prinzip und die Schwerpunktbildung. Es kann angenommen werden, daß der Erfolg solcher Programme nicht auf Deutschland allein beschränkt bliebe, sondern sich in ähnlicher Weise übertragen läßt.

6.5 BAWAG ist überall

Die Unbedarften wie die Insider taten so, als wären sie vom Debakel der BAWAG ›schockiert‹, als wäre ein sich selbst bedienendes Management, ein Schmiere stehender Aufsichtsrat und ein Publikum, das ob der allseits bewunderten Cleverness modernen Raubrittertums mitnaschen will, nicht die Regel.

Erinnern wir uns: Als 1994 die Barings-Bank wegen der Hongkong-›Geschäfte‹ ihres Währungs- und Derivat-Händlers Nick LEESON Pleite machte, konnte man an einem Tag in verschiedenen österreichischen

Zeitungen in Balkenlettern lesen, daß auch die »österreichischen Banken mit 3100 Mrd. öS in Derivat-Geschäften ›investiert‹ seien«. Das war zum damaligen Zeitpunkt etwa die 1½- bis 2fache Wertschöpfung der österreichischen Volkswirtschaft (das BIP) eines Jahres. Die Nachricht verschwand umgehend aus den Medien, es hätten sich ja die gelernten Österreicher fragen können,

a. mit welchem oder wessen Geld denn hier die Banken »investiert« sind,

b. ob denn die Größenordnung dieser Casino-›Geschäfte‹ im Verhältnis zur Leistung der gesamten Volkswirtschaft oder erst recht in bezug auf das haftende Eigenkapital der Banken nicht längst jeden Rahmen gesprengt hat, und

c. was eigentlich passiert, wenn etwas passiert.

Man hätte sich damals auch schon fragen können und sollen, *welche* denn die hier »investierten« österreichischen Banken sind. Offensichtlich nicht irgendwelche Bezirkssparkassen, sondern die Spitzeninstitute der jeweiligen Sektoren und alle Großbanken: Credit-Anstalt, Erste Bank, Raiffeisen-Zentralbank usw. – und natürlich die BAWAG.[206]

Sogar der Begriff, sie seien in Derivatgeschäften »investiert«, ist in seiner Perversion schon fast wieder amüsant. Es ist, als schwöre einer auf sein Roulette-System und bezeichnete seinen Spielereinsatz als eine Investition. Schon in der Sprache werden wir korrumpiert.[207]

---

[206] Vom früheren Präsidenten der Wiener Ingenieur-Kammer, Baurat h.c. Dipl. Ing. Walter LÜFTL, gibt es ein passendes Bonmot: »In Banken sorgt das mittlere Management für den Gewinn, der Vorstand für den ›Abschreibebedarf‹.«

[207] Nach den Bilanzvorschriften können nur *reale* Werte ins Vermögensverzeichnis aufgenommen werden. Zum Beispiel Software (Programme, die oft tatsächlich sehr kostspielig sind) *nur*, wenn sie integraler Teil einer Anlage ist, die eine *Gesamt*lösung darstellt. Eine virtuelle Sache für sich, die Software nun einmal ist, kann nicht aktiviert werden. Aus gutem Grund, daher ein Los oder Wettschein noch viel weniger, die nur bedingt einen ›Wert‹ darstellen. Früher galten als ›Sicherheiten‹ – etwa zur Währungsdeckung – nur ›*mündelsichere* Veranlagungen‹, jedoch nicht Aktien, die einen oft sehr schwankenden Wert besitzen. Seit die Banken in *allen* Dingen das Sagen haben, wurden diese Vorschriften ›gelockert‹. Als die ›Gesetze‹ zur Errichtung der Europäischen Zentralbank beschlossen wurden, änderte man diese strengen Vorschriften, so daß neuerdings auch spekulative ›Wert‹-Papiere als ›Sicherheit‹ (Dekkung) gelten. Wen wundert es also, daß die Banken daher davon sprechen, sie seien im Derivatgeschäft ›investiert‹? – Im übrigen ist der Dollar, der angeblich eine der früheren Gold-Deckung gleichzusetzende Werthaltigkeit habe, auch nur bedrucktes Altpapier, *fiat money*, ohne wirklichen Wert. Man spricht ja längst über den Untergang des Imperiums, unter anderem wegen der Dollarpleite der USA. Der Schwindel und der Betrug sind durchgängig.

Auch hier erinnert man sich, daß vor etlichen Jahren der zunächst sehr bewunderte und hochgejubelte ›Mike‹ LIELACHER, ein Yuppie der Ersten Bank, für gerade derartige ›Geschäfte‹ angeheuert, schließlich gefeuert wurde, weil er angeblich im Alleingang und nicht autorisiert Spekulationsgeschäfte tätigte, die in die Hose gingen.

Ein Sprichwort sagt: »Die Katze läßt das Mausen nicht.« Wer sich also eine Katze anschafft, sollte dann nicht über das Schicksal der armen Mäuse jammern, die die Katze frißt. Der frühere österreichische Finanzminister EDLINGEN produzierte übrigens einen treffenden (und trefflichen) ›Sager‹, als er den ›Liebling aller Österreicher‹, den Jungstar mit eigener WEB-Seite, ›KHG‹ (= GRASSER), als Finanzminister kennzeichnete: »Dies käme ihm vor, als würde man einem Hund auf die Wurstsemmeln aufpassen lassen.« Ein wahrhaft schlagender Vergleich – Hund und Wurstsemmelwächter –, jeder lachte, weil klar ist, daß dies ein Ding der Unmöglichkeit ist. Das trifft aber nicht anders auf die Banken zu, als *diese* Art von Geschäften *zwangsläufig* dort endet, wo sie bei der BAWAG geendet haben.

Was damals so aussah, als ob es nur die Großen und deren Zentralen trieben, ist inzwischen bis in die Provinz herabgekommen: Auch die Hypo Alpen-Adria im Land des großen Saubermanns Jörg HAIDER leistete sich einen 425 Millionen Euro-Flopp. Man muß, um dies in die rechte Perspektive zu rücken, den Betrag in Schilling übersetzen – rund 6,5 Mrd. öS –, also das Dreifache jenes Länderbank-Bankrotts, der damals die Regierung zum sogenannten ›Bilanzfälschungs-Gesetz‹ bewegte, um die Bank vor dem Untergang zu bewahren. Heute ist dies anscheinend ein ›Lercherl‹. Der Vorstandsvorsitzende dieser Bank wurde nach einigen – lästigen – Anmerkungen in der Öffentlichkeit zum Präsidenten des Aufsichtsrates befördert.

6.6 Basel II

»Der Baseler Ausschuß für Bankenaufsicht hat im September 2000 die ›*Principles for the Management of Credit Risk*‹ verabschiedet, in denen Risikokonzentrationen sowie Schwachstellen in den Kreditvergabe- und -überwachungsprozessen in Kreditinstituten als die häufigsten Ursachen für Probleme im Kreditgeschäft bezeichnet sind.

Am 20. Dezember 2002 hat die Bundesanstalt für Finanzdienstleistungsaufsicht (BaFin) die ›Mindestanforderungen an das Kreditgeschäft der Kreditinstitute‹ (MaK) veröffentlicht, die qualitative Standards an die Organisation des Kreditgeschäfts definieren.

Die Ende 2006 in Kraft getretenen neuen internationalen Eigenkapitalregeln – ›Basel II‹– enthalten ebenfalls qualitative Vorgaben zum Kreditgeschäft derjenigen Institute, die zur Kreditrisikomessung bankinterne Ratingverfahren verwenden. MaK und Basel II weisen hinsichtlich dieser Vorgaben hohe Übereinstimmungen auf.«

Die Bundesbank stellt ›Basel II‹ und ›MaK‹ in einem Drei-Säulen-Modell vor: Sie betreffen die Kapitalanforderungen, die Aufsicht und Offenlegung. Obwohl sich die Vereinbarung vor allem auf die international tätigen Banken bezieht, ist klar, daß diese auch auf Banken mit weniger weitreichenden Geschäftsfeldern sich auswirkt. Die Begründung kommt aus den steigenden Risiken der Kreditgewährung und ist natürlich eine berechtigte und notwendige Maßnahme. Die Frage ist natürlich, ob damit die gigantischen spekulativen Geschäfte der internationalen Banken im Derivatgeschäft erfaßt werden.

Obwohl es das Ziel des Ausschusses war, die neue Eigenkapitalvereinbarung bis zum vierten Quartal 2002 abzuschließen, und die Umsetzung in den Mitgliedstaaten bis Ende 2006 erfolgt sein sollte, konnte man weder vor noch nach dem Inkrafttreten bemerken, daß die Geschäftsgebarung der Großbanken, was die Casino-Geschäfte betrifft, sich geändert hätte. Im Gegenteil, sie sind noch stärker gewachsen.

Ein zentrales Thema der Ausgestaltung von ›Basel II‹ waren für die deutschen Vertreter die möglichen Auswirkungen der neuen Eigenkapitalregeln auf *die Verfügbarkeit von Bankkrediten und auf die Kreditkonditionen für den Mittelstand.* »Angesichts der großen Bedeutung kleiner und mittlerer Unternehmen für Innovationen, für das gesamtwirtschaftliche Wachstum und für die Beschäftigung lag das Hauptaugenmerk der deutschen Verhandlungsdelegation darauf, bei der Konzeption von ›Basel II‹ die Besonderheiten des Mittelstands im Vergleich zu großen Unternehmen zu berücksichtigen, um eine Benachteiligung kleiner und mittlerer Firmen auszuschließen.«[208]

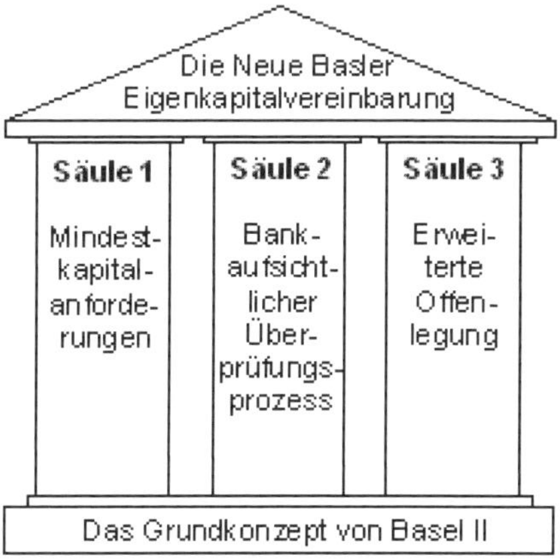

3-Säulen-Tempel des Bundesbank-Modells mit den Säulen Kapitalanforderungen, Aufsicht und Offenlegung.

[208] Siehe Deutsche Bundesbank Monatsbericht Januar 2003. Neue Mindestanforderungen an das Kreditgeschäft: MaK und Basel II.

Die Kritik an dieser Vereinbarung hatte diesen Knackpunkt schnell erkannt: Mit der Begründung der Risikominimierung werden die kleinen und mittleren Betriebe aller Voraussicht nach mit geringerer ›Bonität‹ eingestuft und somit zu höheren Kreditkosten ›verurteilt‹; Kosten, die sie sich nicht leisten können, die daher den Zugang zu Investitions- und Betriebskrediten in existentieller Weise erschweren. Aber auch für die Banken hat dies insofern Folgen, weil sie bei diesen nun systematischen Risikobeurteilungen auch bei weniger guter Bonität zwar Kredite geben können, diese aber mittels größeren Eigenkapitalbedarfs absichern müssen. Das ist zwar grundsätzlich zu begrüßen, bedeutet aber tendenziell, daß die Gesamtsumme der Kredite für den Mittelstand geringer werden kann und wohl wird.

Da überdies, wie schon erwähnt, die Großbanken sich immer mehr von der Finanzierung der KMUs zurückgezogen haben, bleibt dies an lokalen Instituten hängen, womit von zwei Seiten die Liquidität des Mittelstandes eingeengt wird. Der Mittelstand bleibt auf der Strecke.

6.7 Welcher Art sind heutige Bank-›Geschäfte‹?

Prof. Eberhard HAMER, Leiter des Deutschen Mittelstands-Instituts in Hannover, wurde vor einiger Zeit von der *Jungen Freiheit* zu seinem Aufsehen erregenden Artikel »Der Welt-Geldbetrug« befragt. Am Beispiel der JPMorganChase schätzte er deren »Übersetzung« bei den Derivat-›Geschäften‹. HAMER meinte, die JPMorganChase sei mit dem 34fachen ihres Eigenkapitals (EK) in Casino-Geschäften einbezogen. Das ist, wenn es so wäre, in der Tat unerhört. Analysieren wir das einmal genauer.[209]

Bei 26 276 Mrd. $ Derivat-Volumen der JPM entspräche der 34te Teil rund 772 Mrd. (mehr als einer ¾ Billion!). Dies könnte eventuell der Bilanzsumme der JPM entsprochen haben, keinesfalls aber dem Eigenkapital (EK).

Zum damaligen Zeitpunkt (1. Quartal 2001) wies die JPM laut *OCC-Report*[210] 615 Mrd. als Aktiva aus. Die Hebelwirkung, bezogen auf die Aktiva, betrug also 1 : 42,7. Prof. HAMER dürfte von ähnlichen Zahlen ausgegangen sein, die jedoch *nicht* dem Eigenkapital entsprechen.

Der Geschäftsbericht an die *Security & Exchange Commission* vom 2. Quartal 2001 wies als Eigenkapital der JPM 42 Mrd. US-Dollar aus. Das Derivatvolumen, bezogen also auf das Eigenkapital, sah im Jahre 2001 so aus:

---

[209] 1. Quartal 2001, laut OCC-Bericht.

[210] *Office of the Comptroller & Currency.*

26,276 : 42 ~ 625 : 1

Darin enthalten waren ein Viertel ›*Goodwill*‹, also in Wirklichkeit ›heiße Luft‹, und ein weiteres Viertel überbewerteter Immobilien. Reduziert man dieses geschönte EK um die heiße Luft und halbiert man den Immobilienwert auf eine reale Größe, so wird das Verhältnis noch abenteuerlicher.

Inzwischen hat sich zwar das ›Tier-1‹-Kapital (Kapital höchster Qualität) auf ~ 136 Mrd. Dollar, aber auch das Derivate-Portfolio wesentlich erhöht. Der *OCC-Bericht* für das 3. Quartal 2008 wies 175,8 Billionen US-Dollar Derivate-Schwindel aus. Bei einem Anteil der JPM von 50 Prozent bedeute dies eine neuerliche Steigerung der ›*leverage*‹ (Hebelwirklung):

87,86 Bio. : 136,2 Mrd. = 645 : 1

Der Kommentar der US-Aufsichtsbehörde weist darauf hin, daß nur 5 Banken 179 Bio. Dollar des Gesamtvolumens von 175,8 Bio. Dollar halten, die JPM allein 87,86 Bio. Dollar. Wenn alle bilateralen Verbindlichkeiten gegeneinander aufgerechnet werden (›Netting‹), bleibt bei der JPM eine gewaltige Summe von 163,9 Mrd. Dollar übrig. - Zum Vergleich: Die faktisch pleite gegangene AIG hatte bei einem Kredit-Derivate-Portfolio von 492,8 Mrd. Dollar (JPM: 9,18 Bio Dollar Kredit-Derivate) aufgrund der Turbulenzen an Finanzmarkt 31,1 Mrd. Dollar abzuschreiben und konnte nur mit einem ›*bail-out*‹ von 152 Mrd. Dollar ›gerettet‹ werden.

Daß die großen US-Banken die Krise scheinbar gut ›abgewettert‹ haben und nach wie vor Milliarden-Gewinne in diesem Bereich machen, dürfte auf die undurchsichtige Bewertung nach ›*Fair-Value*‹ in den Bilanzen zurückzuführen sein. Ein Wunder? Oder doch nur Betrug?

Wir können uns nicht vorstellen, daß solche Geschäfte *nicht* kriminell wären. Und da die JPM nicht die einzige - wenngleich die am übelsten - spekulierende Großbank ist, sondern dies zum Teil in ähnlicher Dimension von allen anderen - auch deutschen und österreichischen - Banken so getrieben wird, ist es wohl zutreffend, dies als *eine system-immanente Eigenheit*, gewissermaßen als das Kennzeichen des internationalen Bankwesens zu bezeichnen.

Wenn also heute ›nur‹ die BAWAG und die Hypo Alpen Adria bei uns aufgeflogen sind, so bedeutet das doch nicht, daß die anderen Banken die Unschuld vom Lande wären. Es ist ja auch zu einem blitzschnellen ›*bail-out*‹ für die BAWAG - 900 Mio. Bundesgarantie durch die österreichische Bundesregierung und 450 Mio. Euro Cash von den österreichischen Banken – eine andere Sichtweise denkbar. Nicht die Rettung des ›Vertrauens in den Finanzplatz Österreich‹ ist der eigentliche Grund für diese gigantische Zahlung, sondern das möglichst schnelle Zudecken des *oben* geschilderten Skandals, damit möglichst nicht auffliegt, daß es nämlich *alle* genauso treiben wie die BAWAG. Je schneller das Thema abgehandelt ist, um so besser ist das für den ungestörten weiteren Casino-Betrieb. Unter keinen Umständen darf eine systematische Ursachenanalyse erfolgen. Man beschränkt sich auf jene – im Grunde nebensächlichen – Fragen: Wer informiert war oder nicht, ob ›Kompetenzen‹ überschritten wurden usw.

Selbst ein abgehobener Generaldirektor ELSNER wird nicht so unvorsichtig gewesen sein, diese Casino-Geschäfte im Alleingang gemacht zu haben. Man war sich wohl immer einig, daß es eben ›clever‹ sei, den Dummköpfen mittels Derivat-›geschäften‹ das Geld aus dem Sack zu ziehen. Denn irgendwer mußte ja wohl die Zeche zahlen. Dabei hoffte man nur, daß ›die anderen‹ die Dummen sein würden.

Das bedeutet aber, daß das System korrupt und vordergründig ›moralisch‹ ist, selbst wenn ›Gesetze‹ es scheinbar legalisieren. Wie dies befördert wird, ist auch längst klar: mittels ›Lobbying‹, also Bestechung, Freundlerwirtschaft usw. In den USA gibt es deshalb auch die Ansicht, daß die Harvard University eigentlich eine Finanzorganisation sei, die sich eine Universität leistet, mit deren Hilfe man sich akademischen und wissenschaftlichen Anstrich gibt. Der eigentliche Zweck: mit bezahlten Forschungsaufträgen, Dissertationen, ›*Case-Studies*‹ usw. die neuzeitlichen Räubermethoden sozusagen wissenschaftlich heiligzusprechen. Damit beschwatzt man die politischen Kommissionen, Abgeordneten usw. und besorgt sich jene die Straßenräuberei legalisierenden Gesetze. Es würde hier zu weit führen, das breit darzulegen; es geschah schon an anderer Stelle.

Eine besondere Pikanterie im Fall BAWAG ist die Rolle des heutigen Präsidenten der Wiener Arbeiterkammer TUMPEL. Da er Volkswirtschaft studierte, fällt die Ausrede der Ahnungslosigkeit wohl weg. In zehn Jahren als Präsident des Aufsichtsrates der BAWAG sollte ihm nichts aufgefallen sein? Das ist lächerlich. Bemerkenswert ist hier aber auch, wie ›Arbeit‹ und ›Kapital‹, genauer gesagt dessen bankmäßige Vertretung, auch privat zusammengefunden haben. Die Gattin des Arbeiter-Führers von Wien ist eine der Direktoren in der Europäischen Zentralbank und war dies zuvor in der ›Österreichischen‹ Nationalbank, die übrigens auch privaten Aktionären gehört. Wie sich beider Karrieren doch ergänzen – man kann annehmen, daß sich hier auch gleichgestimmte Seelen gefunden haben. Auf jeden Fall scheint es, praktisch zu sein.

Man sollte auch nicht vergessen, daß vor ein paar Jahren die Bank Burgenland wegen einer Riesenpleite tatsächlich unverkäuflich war, außer eben zu österreichischen Konditionen: die Guten ins Töpfchen, die Schlechten ins Kröpfchen. Mit anderen Worten: Das Privileg zum Geldmachen - das ist im wesentlichen eine Bank - ist natürlich begehrt und wird verscherbelt, wenn die Leichen - etwa unbegrenzte Verbindlichkeiten, die vielleicht noch auftauchen - beim alten Eigentümer bleiben.

In den letzten Wochen und Monaten war oft von den sagenhaften zweistelligen Gewinnen der Raiffeisen-Bank in den osteuropäischen Ländern und Rußland die Rede. Wie geht das bitte? Die Länder sind verarmt und heruntergewirtschaftet, die Menschen haben kaum das Nötigste zum Überleben, aber die Bank macht sagenhafte Gewinne!?

Was hier vor sich geht, ist die Umverteilung von Kapital der schaffenden Realwirtschaft zur *parasitären* ›Finanzwirtschaft‹. Denn was leistet eine Bank heute denn eigentlich wirklich? Sie schöpft Geld aus dem Nichts: Darum heißt es ja auch ganz offiziell ›*fiat money!*‹ Und das, was sie selbst ja gar nicht hat, verleiht sie zu horrenden Zinsen.

6.8 Derivate – »*Weapons of Financial Massdestruction*«[211]

Derivate wurden in einer bildhaft sprechenden Weise als teuflisch-tödliches Monster dargestellt, vergleichbar dem Basilisken, dessen Anblick bereits tötet. Welche prophetische Weisung des *Economist* schon im Jahre 1994! (siehe Abbildung nächste Seite)

Die in unserem Buch *Wir werden schamlos irregeführt* bereits erwähnte Prophetie des Evangelisten JOHANNES (*Die Geheime Offenbarung*, Kapitel 18) findet in dem Derivateschwindel wie auch in den Ereignissen vom 11. September ihre geradezu beängstigende Bestätigung. Der letzte Trumpf wird jetzt ausgespielt. Der *Economist* vom 14.–20. Mai 1994 deutete aber in symbolhafter Weise an, welche *vermeintlichen* Trümpfe im Spiel sind, die bereits gespielt wurden oder noch gespielt werden. Es sind dies der Tod, der Narr, das Glücksrad und die Derivate.

[211] Nach Warren BUFFET: »Finanzielle Massenvernichtungswaffen«.

Eine visionäre Sicht von *The Economist* aus dem Jahre 1994. Die vier Trümpfe unserer finanziellen Zukunft: der Tod, der Narr, das Glücksrad und – aktueller denn je – die Derivate. Letztere sind als eine Kombination von Drachen, Teufel und Basilisken dargestellt, bei deren Anblick man – im Märchen – tot umfällt. Märchen haben immer einen wahren Kern.

6.8.1 Derivate zur Bilanzkosmetik[212]

Das Eigentümliche der Derivate ist nicht so sehr ihre vordergründige Definition – daß sie als sogenannte ›Finanzprodukte‹ von ihnen zugrunde gelegten ›Werten‹ abgeleitet sind –, sondern daß diese abstrakten, oft völlig undurchschaubaren Konstruktionen reine Virtualität nur darstellen. Sie haben mehrheitlich zur Realwirtschaft auch keinen Bezug. Eine allgemeine Charakterisierung mit der Feststellung, daß es sich um ›Pyramiden-Spiele‹ oder ›Casino-Wetten‹ oder oft genug auch ganz einfach nur um schweren Betrug handle, sagt nichts über deren verborgenes Wesen und die ungeheuere Vielfalt der ›derivativen Finanzprodukte‹ aus. Die schiere Vielfalt macht es fast unmöglich zu verstehen, was es damit eigentlich auf sich hat. Nun, sie sind erfunden worden, weil sie leicht fabrizierbar und in großem Umfang handelbar sind. Die Dimension der Realwirtschaft reicht für die Transaktionsvolumina, die beim Derivat-›Geschäft‹ bewegt werden längst nicht mehr aus. Die Folgen sind auch gewaltig.

[212] Kevin Pekar, verantwortlich für Risk Management bei Price Waterhouse in Zürich, in der *Neuen Zürcher Zeitung* vom 26. Oktober 1999: »Derivate zur Bilanzkosmetik«.

In den USA wird schon lange heftig zwischen der ›Federal Reserve (FED)‹ und dem ›Rat für Standards für Finanzbuchhaltung‹ (FASB) um die Bankbilanzierungs-Standards gestritten. Bislang war es den Banken überlassen, ob sie Reserven für Verluste aus Derivatgeschäften anlegen oder nicht. Warum sich die FED gegen die Offenlegung der Derivatverbindlichkeiten wehrt, obwohl sie doch über die Integrität des Bankensystems der USA zu wachen hat, ist nicht einzusehen. Aus dem Umkreis der Bank für internationalen Zahlungsausgleich (BIZ) in Basel heißt es, daß es dann wohl zu einer »Art Panik« käme, wenn die FASB ihre neuen Vorschriften durchsetzte. Dann wären die Banken gezwungen, die Verbindlichkeiten aus Derivaten zum Marktpreis bekanntzugeben, was sie sofort insolvent machte, da sie dann die bei normalen Krediten geforderte Kapitalreserve auch für Derivate einhalten müßten.

Man macht sich offenbar nicht klar, daß manche Banken im Grunde nur ›Spekulations-Banken‹ sind, sie also überhaupt nicht mit etwa einer Sparkasse oder einer Genossenschaftsbank verwechselt werden dürfen. Hier geht und ging es nie um die Finanzierung der Realwirtschaft, sondern ausschließlich um Profitmaximierung in einer weitgehend von der realen, produktiven Wirtschaft abgekoppelten ›Finanzwirtschaft‹.

Seit der Finanzkrise von 1998[213] – und davor – sind Banken mit gigantischen Beträgen ›fauler Kredite‹ befaßt. Um die riesigen Verluste zu vertuschen, werden immer neue – tatsächlich kriminelle – Methoden ›kreativer Buchhaltung‹ erfunden und praktiziert. Da längst auch die Staaten und Regierungen tief in der Schuldenfalle sitzen, werden diese Praktiken von diesen gedeckt und wurden zur allgemeinen Praxis.

Wir möchten das von Kevin PEKAR in der *Neuen Zürcher Zeitung (NZZ)* dargestellte Beispiel des Betrugs mit Derivaten hier kurz zusammenfassen. Es setzt ein Zusammentreffen geeigneter Faktoren voraus, nämlich:

- die Verschleierung (den geplanten Betrug) begünstigende Bilanz- und Rechnungslegungs-Gesetze,
- undurchschaubare ›Finanzprodukte‹ – die sogenannten Derivate – und
- die Mithilfe, also die Kumpanei oder die betrügerische Verschwö-

[213] Unter anderem die Bankrott-Erklärung Rußlands und der Zusammenbruch des LTCM-Funds, um nur zwei Schlüsselereignisse zu nennen.

rung von ›angesehenen‹ Dritten, in der Regel US-amerikanischen Finanz-Institutionen.

Das Kernstück sind dabei äußerst komplexe und wenig durchschaubare Derivate, mit denen sich fiktive Gewinne ›konstruieren‹ lassen, die erhebliche kriminelle Energie des obersten Managements nicht zu vergessen.

Technisch gesprochen, braucht man ein ›Instrument‹, das fiktive Gewinne ausweisen und Buchverluste verdeckt läßt.

(1) Man schafft zum Beispiel ein ›Finanzprodukt‹, bestehend aus zwei individuellen Komponenten, die getrennt bilanziert werden können.

(2) Beide Komponenten müssen nach außen hin den gleichen Nominalwert aufweisen, in Wirklichkeit besitzen sie aber unterschiedliche ›innere Werte‹.

Die erste Komponente, der Agio-Wert, muß in Wirklichkeit größer sein. Bei der zweiten, der Diskont-Komponente, muß der innere Wert kleiner sein.

(3) Es muß die Möglichkeit bestehen, daß die beiden Komponenten in der Bilanz nicht einzeln bewertet werden, das Produkt muß in der Bilanz vielmehr mit seinem Durchschnittswert aus beiden Komponenten aufscheinen können.

Das reicht aber für die Verschleierung von meist schon schlagend gewordenen Risiken noch nicht aus. Solche offenkundigen Falschbuchungen würde die Revision oder die Bankenaufsicht natürlich gleich merken. Das Problem besteht also darin, dieses ›Grundgeschäft‹ so zu verpacken, daß es Außenstehenden nicht mehr möglich ist, den jeweiligen tatsächlichen Wert der Komponenten zu ermitteln. Dazu bedienten sich zum Beispiel japanische Banken ›respektabler ausländischer‹ Banken, die neben ihrem ›Ansehen‹ auch über die nötige ›Erfahrung‹ verfügen, kreative und passende Finanzderivate zu erfinden.

PEKAR schildert das Verfahren anhand eines Beispiels. »Die Agio- und Diskontkomponente lassen sich aus gewöhnlichen Obligationen konstruieren. Eine Anleihe wird in ihre Bestandteile zerlegt, indem die Zinsforderungen, die sogenannten ›Zinsstrips‹, von der Kapitalforderung, dem ›Kapitalstrip‹, getrennt werden. Wirtschaftlich betrachtet stellen derartige Strips nichts anderes als Null-Coupon-Anleihen dar. Wenn nun ein Bond zerlegt und seine Strips getrennt gehandelt werden, entspricht die Summe beider Strips in der Regel dem Wert des ursprünglichen Bonds.«

Zur Spurenverwischung müssen aber verschiedene Anleihen zusammengefaßt werden.

- Schritt Nr. 1: das ›Pooling‹, das heißt die Begründung eines ›neuen Produktes‹ und der Beginn der Verschleierung.
- Schritt 2: das ›Stripping‹; hier zerlegt man die Komponenten in Kapital- und Zins-Strips, aus denen dann im
- Schritt 3: der ›Komposition‹, die gewünschten Derivate konstruiert werden. Diesen ›Finanzprodukten‹ sieht man schon nicht mehr ihre ursprüngliche Herkunft an.

Werden mehrere Bonds zusammengefaßt und dann zerlegt, kann ein Finanzderivat gebildet werden, das fast ausschließlich aus Zinsstrips und einem unbedeutenden Anteil an Kapitalstrips besteht. Ein so gebildetes Derivat könnte beispielsweise bei einem Kapitalanteil von lediglich 100 US-Dollar jährliche Zinszahlungen von 1000 US-Dollar leisten. Diese Eigenschaft verleiht dem Derivat zwei Besonderheiten: Zum einen trägt es einen sehr hohen Coupon, zum anderen ist der innere Wert bedeutend größer als der Kapitalanteil oder sein Nennwert – die Agiokomponente ist somit gebildet. Als gleichgewichtigen zweiten Bestandteil muß nun die Diskontkomponente gebildet werden. Dieses Instrument muß genau die gegenteiligen Eigenschaften der Agio-Komponente aufweisen, der innere Wert muß also weit unter dem Kapitalwert liegen.

Hierfür sind ein Teil der zuvor übriggebliebenen Kapitalstrips bestens geeignet. Eine Investition in einen Zero-Bond besteht nur aus zwei Zahlungsströmen, weil bei Verfall der Obligation die Rückzahlung zum Nennwert sowohl den Kapitalanteil als auch die Zinsforderung umfaßt. Der Wert eines solchen klassischen Diskont-Produkts entspricht dabei dem Barwert der Nennwertrückzahlung. Konkret wäre eine Nullcoupon-Anleihe mit Nennwert 500 US-Dollar bei einer Laufzeit von 30 Jahren heute lediglich 100 US-Dollar wert. Weil im Rahmen der Transaktion die Bestandteile der Agio- und der Diskont-Komponente gleich groß sein müssen, wird auch nach Bildung der zweiten Komponente ein großer Teil an Kapitalstrips im Pool verbleiben. Diese verbleiben bei der Investmentbank, bis sie nach Verfall des Derivats wieder mit den Zinsstrips in die ursprüngliche Anleihe verwandelt werden können.

Sind Agio- und Diskont-Komponente gebildet, müssen diese zu gleich großen Nennwertanteilen an den Kunden übertragen werden. Diese Fiktion ist ein weiterer wichtiger Bestandteil des geplanten

Betruges, weil ja später, wenn die bilanzfälschende Transaktion stattfinden wird, die eigentlich überbewerteten Teile dieses ›Finanzproduktes‹ mit überhöhtem Wert in der Bilanz stehen bleiben müssen. Dazu braucht man den Nennwert, der zufällig auch dem ›Durchschnittswert‹ entspricht. Um dabei zu verhindern, daß der Käufer direkt mit der Investmentbank in Verbindung gebracht werden kann, werden die Zinsforderungen beider Komponenten noch in ein eigens dafür geschaffenes Finanzierungsvehikel übertragen und in einem weiteren Schritt entsprechend ihren Spezifizierungen verbrieft. Hierin besteht unter anderem die so wichtige Mitwirkung der ›angesehenen‹ ausländischen Banken: Das betrügerische Finanz-›Produkt‹ muß selbstverständlich von Dritten kommen. Über eine derartige »*in-house*«-Konstruktion würde schließlich doch irgendeine Aufsicht stolpern, weil ja niemandem plausibel zu machen wäre, wozu eine derartige Konstruktion gut sein könne. Da Kunden solcher ›Produkte‹ auch den Braten riechen, muß natürlich das alles ›verbrieft‹, also garantiert werden. Sie würden ja, sollten sie die Geprellten sein, den Schwindel sofort auffliegen lassen.

Anschließend erwirbt der Kunde alle begebenen Schuldpapiere von diesem Vehikel und erfaßt diese zum durchschnittlichen Wert in seiner Bilanz.

Das unangenehme Wiedersehen kommt, wenn die Obligation fällig wird. Aber das tritt erst viel später ein. Zunächst muß der Kunde für den zweiten Teil der Transaktion zu einem geeigneten Zeitpunkt – in Japan ist der Bilanzstichtag der 31. März – nur noch sein Verkaufsrecht gegenüber dem Vehikel ausüben und die Hälfte der zuvor erworbenen Finanzderivate wieder veräußern. Dabei ist der Trust so strukturiert, daß zuerst die wertvolleren Agio-Komponenten liquidiert werden müssen. Diese willkürliche ›Strukturierung‹ ist notwendig, damit die ›richtigen‹ Teile des Bonds verkauft werden: die unterbewerteten also, die nun wegen dieser Eigenschaft einen außerordentlichen Kapitalgewinn erlauben. Auf die Differenz zwischen dem bilanzierten Durchschnittswert von z. B. 500 US-Dollar und dem Verkaufserlös von 900 US-Dollar wird daraufhin ein erfolgswirksamer Kapitalgewinn von 400 US-Dollar je Titel realisiert. Die andere Hälfte der Schuldpapiere, die die Diskont-Komponente darstellen, haben nur einen Wert von je 100 US-Dollar, was auch ihrem inneren Wert entspricht. Weil aber die Diskontkomponenten weiterhin zu ihrem Durchschnittswert bilanziert werden, bleibt der Buchverlust vorerst unbemerkt. Allerdings muß der Inhaber der Schuldpapiere spätestens bei Verfall der gepoolten Bonds einen Verlust von 400 US-

Dollar je Titel ausweisen. Spätestens dann zahlt der Trust die Diskont-Komponente zum Nennwert zurück.

Offensichtlich entspricht dieser Verlust in seiner Höhe genau dem zuvor ausgewiesenen Gewinn. Die Bilanzkosmetik bewirkt nur eine zeitliche Verschiebung der unangenehmen Wahrheit, wobei die Zeitspanne mehrere Jahrzehnte betragen kann. Damit ist aufgeschoben zwar nicht aufgehoben, aber der Verlust dann das Problem eines anderen Verantwortlichen.

Eine etwas andere Form der Derivate wurde bei Enron bevorzugt.[214] Auch hier erfreute sich dieser ›Energie‹-Konzern der geschäftsfreundlichen Mithilfe eines renommierten Buchprüfungs- und Finanzberatungs-Unternehmens: Arthur Andersen LPP. Im Zuge seiner Zusammenarbeit mit Enron erfand Arthur Andersen LPP den Tausch (englisch *swap*) von Netzwerk-Kapazität, einen scheinbar perfekten Finanztrick. Bei diesem Jonglierakt verleiht Enron an seinen Geschäftspartner freie Kapazität. Diese Transaktion schlägt sich in den Büchern des ›Kapazitätskäufers‹ als Investition, also als Kapitalausgabe, nieder, während sie in den Büchern des Verkäufers als Barerlös erscheint. So verbessert sich die Vermögensposition der beiden an der Transaktion beteiligten Partner.

Luftgeschäfte solcher Art stehen durchaus im Einklang mit der US-Gesetzgebung und werden auch in den Büchern ›unter dem Strich‹ ausgewiesen. Das ›Kleingedruckte‹ unter dem Strich nimmt in den Bilanzen oft Dutzende Seiten ein. Es ist nur für Eingeweihte aussagekräftig.

In Enrons ingeniösem Versteckspiel spielten Partnerschaften, die sogenannten SPEs (*special purpose entities*), eine wichtige Rolle. Enron hatte in den Jahren vor seinem Konkurs an die 5000 solcher SPEs errichtet, in denen ausgewählte Enron-Mitarbeiter gleichzeitig als Partner und als Angestellte wirkten. Der besondere Zweck dieser Partnerschaften bestand in der Aufblähung der Aktiva und in der Unterbewertung der Passiva. Der Vermögensstatus, der in der Bilanz aufschien, war daher ein rein virtueller, der absichtsvoll nicht den realen Wert der Unternehmung wiedergab.

Schwindel von A bis Z.[215]

---

[214] Egon Matzner, »Enron, Andersen und der virtuelle Kapitalismus«, in: *ÖBV-aktiv*, Nr. 45.

[215] Zur Definition der Derivate siehe Anhang: Begriffe.

6.9 Das JPM-Derivate-Monster

Die explosionsartige Vermehrung der Derivate kennzeichnet die grundlegende strukturelle und ganz unglaubliche Änderung im Finanzbereich und wirft auch ein bezeichnendes Licht auf das Zusammenspiel aller Beteiligten.

Wir haben an anderer Stelle[216] ausführlich darüber berichtet. Inzwischen sind ein paar Jahre verstrichen, und was vor einigen Jahren noch ungläubiges Staunen erregte, ist nach dem Finanzkollaps in noch unfaßbarerem Ausmaß sichtbar geworden.

In den USA müssen Banken quartalsweise an das OCC über ihre Derivate-Portfolios berichten. Obwohl die hier erfaßten Zahlen bereits als apokalyptisch zu bezeichnen sind, ist dies nur die halbe Wahrheit. Nicht erfaßt sind in diesen Berichten alle anderen Finanz-Institutionen, Hedge-Fonds, Versicherungen usw., die als institutionelle Anleger ebenfalls ›ins Casino gehen‹, also dieselben ›Geschäfte‹ machen wie die Banken. Ebenfalls sind hier nicht erfaßt, was über die Börsen in dieser Hinsicht läuft.

Die Bank für Internationalen Zahlungsausgleich BIZ/BIS in Basel berichtet, was sich weltweit in dieser Hinsicht tut. Wegen der Komplexität macht sie alle drei Jahre eine umfassende Studie, deren letzte aus dem Monat Dezember 2007 stammt.[217] Die BIZ gibt, um einen gesamten Überblick zu ermöglichen, auch neben den OTC-gehandelten Derivaten jene an den Börsen (*organized exchange*) gehandelten an. Es ist nicht ganz einfach, sich hier ein Bild zu machen, denn zum einen wird für die OTC-gehandelten Derivate zu gewissen Stichtagen angegeben, wie viele offene Kontrakte bestehen. Man kann anhand dieser Zahlen feststellen, wie sehr das Volumen von Jahr zu Jahr gestiegen ist – im Schnitt etwa 20 bis 25 Prozent jährlich. Bei den Börse-gehandelten Derivaten wird der Umsatz täglich ermittelt, der sich natürlich nicht mit obigem Wert einfach vergleichen läßt. Außerdem wird das Gesamtvolumen gehandelter Derivate-Kontrakte auf der Grundlage des ›*notional value*‹ angegeben. Beide Zahlen sind jenseits jeder Vorstellung.

Zur Erinnerung seien die aktuellen Daten hier nochmals erwähnt:

---

[216] Gerhoch Reisegger, *Wir werden schamlos irregeführt*, Hohenrain, Tübingen 2003.

[217] BIS Triennial Central Bank Survey, December 2007. Foreign exchange and derivatives market activity in 2007.

OTC-Devisen-Derivate 2007:	2319 Mrd.	Dollar
OTC-Zins-Derivate 2007:	1686 Mrd.	Dollar, zusätzlich die
Börse-gehandelten Derivate:	6173 Mrd.	Dollar

Der Umfang offener OTC-Derivate Kontrakte (BIZ Juni 2008) betrug 683 735 Mrd. Dollar. Das tägliche Handelsvolumen von OTC- und Börse-gehandelten Derivaten beträgt mehr als 10 Billionen Dollar; das Gesamtvolumen (Umsatz) Börse-gehandelter Derivate betrug:

2006	2007
1,808.122 Mrd. $	2,292.099 Mrd. $

OTC-Derivate-Portfolio der US-Banken im 4. Quartal, Gesamtvolumen in Billionen Dollar:

2001	2002	2003	2004	2005	2006	2007	3. Q. 2008
45,4	56,1	71,1	87,9	101,1	131	165,6	175,8

Bei dem über Jahre festgestellten Wachstum in diesem Bereich muß man von aktuell noch größeren Zahlen ausgehen. Es ist dies aber für ein Verständnis dessen, was hier passiert, nicht wirklich nötig. Die weltweite Leistung aller Volkswirtschaften wird mit ungefähr 60 Billionen Dollar geschätzt, jene der USA liegt bei nominal rund 14 Billionen, real bei 11 Billionen Dollar. Man erkennt unmittelbar, wie kraß das Mißverhältnis dieser Casino-Wetten im Vergleich zum realwirtschaftlichen Geschehen ist. Auf die USA bezogen, beträgt die Leistung der US-Volkswirtschaft nicht einmal 6 Prozent vom ›*notional value*‹ der OTC-Derivate, die aber noch keineswegs die ganze Wahrheit darstellen, weil die Börsengeschäfte hier noch deutlich darüber hinausgehen.

Manchmal hört man in diesen Tagen, daß mit diesen Derivate-Geschäften Zins- oder Wechselkursrisiko ›abgesichert‹ würden. Das mag vielleicht vor vielen Jahren einmal eine zutreffende Begründung gewesen sein, aber so viele von der Realwirtschaft veranlaßte Transaktionen dieser Art gibt es ja überhaupt nicht, bedenkt man, daß im Schnitt nur 15 Prozent der volkswirtschaftlichen Tätigkeit auf den Außenhandel entfällt.

Der Charakter des Bankwesens hat sich schlicht gewandelt: von einer volkswirtschaftlich nützlichen Rolle, nämlich Investitionskapital der Realwirtschaft bereitzustellen, zu einer rein parasitären, der Umleitung des erwirtschafteten Mehrwerts in die Kassen der ›*financial industries*‹, die man richtiger als die eigentliche ›Organisierte Kriminalität‹ bezeichnen sollte.

Um auch darüber Klarheit zu schaffen, sei ein Wort über den Umfang der Derivate-Geschäfte gesagt. Der ›*notional value*‹ ist eine Bezugsgröße, zum Beispiel bei einem Zins-Derivat der Umfang eines Kredites. Insofern sind die Größen des Derivate-Portfolios nicht der Umfang der Exponiertheit oder des Risikos, das die jeweiligen Banken eingegangen sind. Hierfür wird eine andere Größe herangezogen: der Marktwert der jeweiligen Kontrakte. Wenn man im Durchschnitt von 1 ½ bis 2 ½ Prozent des *notional value* als Marktwert ausgeht, sind die Volumina dieser pseudo-legalen Geschäfte um 1 ½ bis 2 Größenordnungen kleiner, aber immer noch so gewaltig, daß sie das haftende Kapital weit überschreiten. Was die Sache noch zusätzlich verschlimmert, ist der Umstand, daß hier eine oft sehr willkürliche Bewertung erfolgt, also daß im Grunde geplatzte ›Geschäfte‹ dennoch mit irrealen Marktwerten in den Büchern stehen und so merkwürdigerweise Gewinnen produzieren, obwohl es die Spatzen von den Dächern pfeifen, daß die Bank notleidend bis bankrott ist und ohne ›*bail-out*‹-Paket nicht überleben würde.

Was die JPMorganChase betrifft, so ist sie eine der größten Banken der USA und auch weltweit. Sie hält zusammen mit vier weiteren Großbanken rund 97 Prozent aller OTC-Derivate-Kontrakte in den USA.

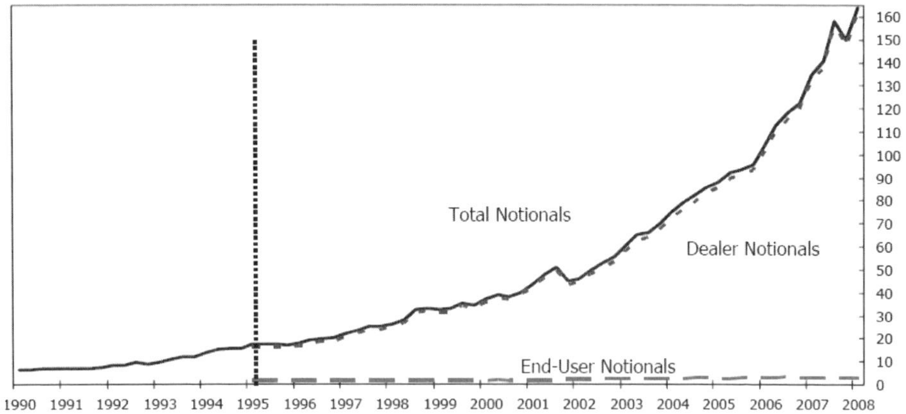

Derivate ›*notionals*‹ nach Händler-Typ in Billionen Dollar

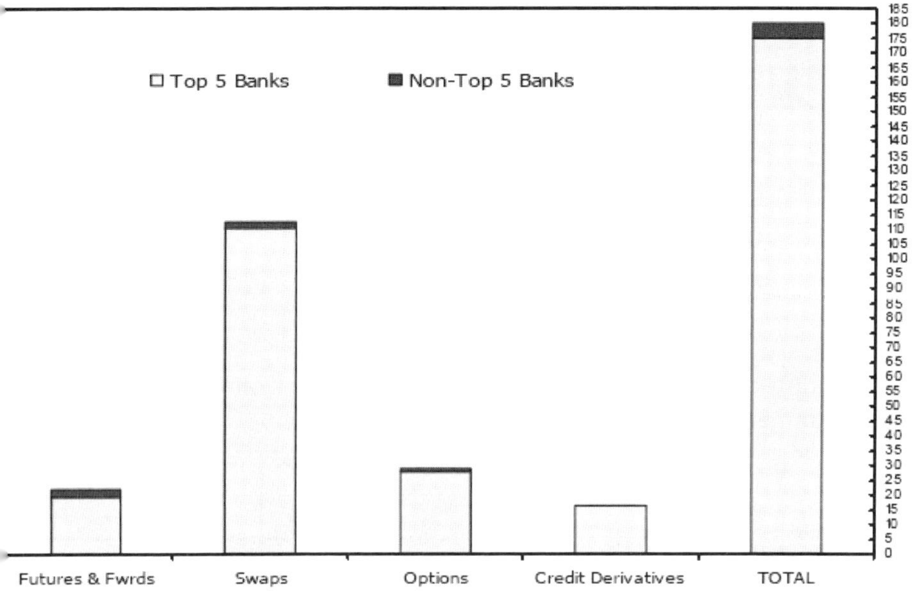

Dominanz von fünf Banken im Derivate-Geschäft,
insgesamt alle Banken in Billionen Dollar.

	$ Top 5 Bks	% Tot Derivs	$ Non-Top 5 Bks	% Tot Derivs	$ All Bks	% Tot Derivs
Futures & Fwrds	19,695	10.9	2,666	1.5	22,361	12.4
Swaps	110,693	61.4	1,861	1.0	112,553	62.4
Options	28,039	15.5	950	0.5	28,989	16.1
Credit Derivatives	16,366	9.1	75	0.0	16,441	9.1
TOTAL	174,793	96.9	5,551	3.1	180,344	100.0

Das Kredit-Risiko ist bei den fünf Top-Banken laufend gestiegen:

	01Q4	02Q4	03Q4	04Q4	05Q4	06Q4	07Q4	08Q1
JPMORGAN CHASE	438.8	427.4	547.8	361.1	315.4	347.5	418.7	**411.6**
BANK OF AMERICA	94.7	114.2	118.6	143.4	97.1	92.9	115.2	**215.4**
CITIBANK	123.3	146.9	198.0	221.3	266.7	268.1	223.0	**279.1**
WACHOVIA	83.9	102.5	80.6	77.6	73.1	82.8	81.4	**77.6**
HSBC				222.7	290.7	359.1	483.3	**721.3**
Avg % (Top 5 Banks)	185.2	197.8	236.3	205.2	208.6	230.1	264.3	**341.0**

per 31. 3. 2008 in Millionen Dollar

Rang	Bank	Asset gesamt	EK	Derivate ges.
1	JPMorganChase	1,407.568	125.627	89,997.271
2	Bank of America	1,355.154	156.309	37,939.665
3	Citibank/-group	1,292.503	128.219	37,691.434
4	Wachovia	666.241		4,884.775
5	HSBC	188.463		4,279.737

Der *notional*-Betrag der Derivate-Geschäfte der US-Banken stieg gegenüber dem vorigen Quartal um 14,7 Billionen Dollar, die Gesamtsumme war um 25 Prozent höher als im Vorjahr.

$ in billions	Q1 '08	Q4 '07	$ Change	% Change	% of Total Derivatives
Interest Rate Contracts	141,865	129,574	12,290	9%	79%
Foreign Exchange Contracts	18,497	16,614	1,883	11%	10%
Equity Contracts	2,411	2,522	(111)	-4%	1%
Commodity/Other	1,130	1,073	57	5%	1%
Credit Derivatives	16,441	15,861	581	4%	9%
Total	180,344	165,645	14,699	9%	100%

Wie in vorangegangenen Quartalen wurden die Geschäfte von Swap-Kontrakten beherrscht, die 62 Prozent des Gesamtvolumens ausmachten.

Die Aktivitäten im Derivate-Geschäft sind äußerst konzentriert, die drei größten ›*dealer*‹ halten 92 Prozent des US-weiten Geschäftes, die 5 größten 97 Prozent. Insgesamt berichteten 1003 Banken an den *Comptroller of the Currency* (OCC) ihre Derivate-Portfolios.

Betrachten wir nochmals die JPM, so stellen wir fest, daß der von der Bank selbst angegebene Wert des Eigenkapitals 125,6 Mrd. Dollar beträgt. Inwieweit hier ›Good Will‹ (= heiße Luft) und überbewertete Immobilien enthalten sind, wollen wir nicht mehr untersuchen. Jedenfalls ergibt sich eine Übersetzung zum Derivate-Geschäft von rund

$$90\,000 : 125{,}6 = 716$$

Das von den Banken ›errechnete‹ Kredit-Risiko und das Verhältnis zum Eigenkapital oder unzutreffend zu den ›*assets*‹ der Bank gibt hier um einige Zehnerpotenzen geschönte Werte an. Die nachfolgende Tabelle läßt erkennen, wie der Hase läuft. Nur läuft er in Wirklichkeit inzwischen anders, wie an einigen Beispielen gleich noch gezeigt wird.

›Gross Fair Value‹ (Marktwert) der Derivate
Die Top-Fünf-Banken im Derivate-Geschäft

31. März 2008 in Milliarden $				gehandelte D.		nicht-gehandelte D.		Kredit-Derivate	
Rang	Bank	Assets gesamt	Derivate gesamt	Positiver MW	Negativer MW	Positiver MW	Negativer MW	Positiver MW	Negativer MW
1	JPM	1.407	89.997	1.121	1.087	,827	,273	243	236
2	BoA	1.355	37.939	684	673	1,550	2,018	106	99
3	Citi	1.292	37.691	591	574	3,714	5,030	140	130
4	Wach	666	4.884	112	110	3,748	2,315	20	19
5	HSBC	188	4.279	76	75	,406	,142	42	43
Ges.	Assets	4.909	174.792	2.584	2.521	10,245	9,778	553	528
And.	Banken	5.109	5.551	66	63	20,084	13.118	2	,4
Ges.	Wert	10.019	180.344	2.650	2.584	30,329	22,896	556	529

MW = Markwerk

Zu ›Marktwerten‹ dargestellt und dann noch die positiven und negativen Marktwerte gegeneinander aufgerechnet (›*netting*‹), läßt sich das Kredit-Risiko natürlich herunterrechnen, und die Relation zum haftenden Eigenkapital rückt in scheinbar vertretbare Dimensionen.

Man sollte aber nicht vergessen, daß diese ›Marktwerte‹ (*fair value*) beliebiger Manipulation unterliegen. Es fragt sich auch, was denn geschieht, wenn ein Kontrakt-Partner nicht mehr willens ist – oder nicht mehr kann –, seine Spielschulden zu begleichen. Dann sind in den Büchern ›Forderungen‹, die eben nur virtuell sind und das ›Netting‹, also die gegenseitige Aufrechnung, bedeutet nichts weiter, als sich selbst in die Tasche zu lügen. Angesichts des Zusammenbruchs größter Geldhäuser, von denen es noch vor kurzem hieß: »*too big to fail*« (das Risiko ist viel zu groß, als daß man es riskieren könnte, so ein Geldhaus pleite gehen zu lassen), gilt dies längst nicht mehr. Überdies hatten vor Jahren, als die Asienkrise wirksam war, einige Banken – wohl mit Deckung ihrer Regierung (unter M. MAHATHIR in Malaysien) – die Forderungen von US-Banken aus Derivate-Geschäften nicht mehr honoriert. Was in obiger Tabelle ja nicht enthalten ist, ist das tatsächliche Eigenkapital der jeweiligen Bank. Die Summe aller ›*assets*‹, also der verfügbaren Mittel der Bank, bedeutet ja nicht, daß mit diesen die bankinternen Pyramidenspiele finanziert werden könnten. Hier handelt es sich ja überwiegend um fremdes Kapital, dem entsprechende Forderungen gegenüberstehen.

Eine Bemerkung ist noch nötig, um zu erklären, warum die Zins-Derivate vor allem bei der größten Bank JPM so ungeheuren Zuwachs zu verzeichnen hatten. Im wesentlichen handelt es sich um Geschäfte, bei denen gegen eine Prämie ein variabler Zinssatz von der Bank in einen festen umgewandelt wird. Wenn Zinsen, also die Zinsdifferenz zwischen Einlagen und Ausleihungen, aber bisher das eigentliche Geschäft der Banken ausmachten, so ist es doch erstaunlich, wenn sich eine Bank so außerordentlich exponiert. Würde nämlich die Wette auf steigenden oder fallenden Zins von der Bank im großen Stil verloren, so wäre sie angesichts des gigantischen Umfanges dieser Position schnell in den größten Schwierigkeiten. Da einer der so großen Banken natürlich keine Blauäugigkeit unterstellt werden kann, bleibt nur der Schluß übrig, daß sie über bestimmtes Insiderwissen verfügten, daß derartige Spekulationen eben zu keinem Verlust führen würden.

Dies hatten – wir besprachen das schon früher – der Analyst Michael BOLSER und der Vorsitzende der GATA, Bill MURPHY, herausge-

Derivate nach Vertragsart für die Jahre 1994–2007 und 1. Q. 2008

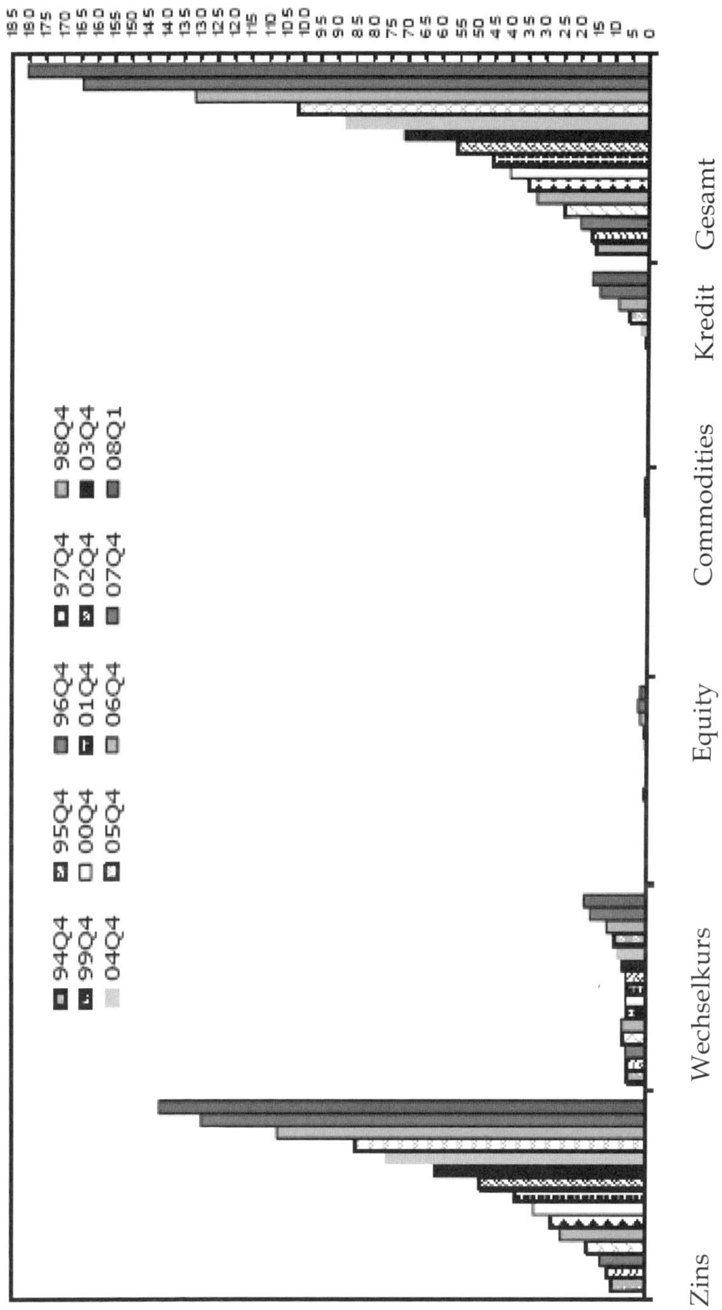

funden.[218] Zwischen dem Goldpreis und den Zinsen (etwa für Treasury Bonds) gibt es eine empirisch über viele Jahre gesicherte Beziehung, so sicher wie ein Naturgesetz, nämlich derart, daß unter einem fixen Regime des Goldpreises sich die Zinsen vorhersagen lassen. Diese Relation wirkt natürlich in beiden Richtungen: Wenn ich den Goldpreis also beeinflussen kann, sind die ›Prognosen‹ über die Zinsen das Ergebnis einer genauen Rechnung.

Merkwürdigerweise war der Goldpreis viele Jahre vergleichsweise niedrig. Als er vor rund 35 Jahren um die 200 Dollar je Unze lag, meinte ein Kollege während unseres damaligen Aufenthalts in Südafrika, daß die Minen in Südafrika bis zu einem Preis von 200 Dollar einträglich arbeiten und ab 300 Dollar sogar die Abraumhalden nochmals verarbeitet werden könnten, um den Restgehalt an Gold zu extrahieren. Würde der Goldpreis seit dieser Zeit mit der Inflationsrate gestiegen, also real konstant geblieben, sein, so wären aus den 300 Dollar inzwischen auch 700 bis 800 Dollar geworden; der Preis ist allerdings bis vor kurzem bei nur ca. 300 Dollar stehengeblieben. Angesichts der weltweiten Produktion von jährlich etwa 2000 Tonnen und einer weit darüber liegenden (auch vor allem industriell begründeten) Nachfrage widerspricht dies vollkommen den ›Marktgesetzen‹ von Angebot und Nachfrage. Der Verdacht, ja die Gewißheit, einer massiven Manipulation des Goldmarktes ist offensichtlich.

Man beachte, daß der Goldpreis in logarithmischem Maßstab aufgetragen ist und somit der Preisanstieg seit Beginn der Finanz- und Währungskrisen im März 2000 (Nasdaq-Zusammenbruch) weniger steil erscheint, als er tatsächlich ist. Ebenfalls muß in Erinnerung gerufen werden, daß der Goldpreis unter dem Bretton Woods-Abkommen auf ›ewig‹ in einem festen Verhältnis zum Dollar stand, nämlich eine Unze war mit 35 Dollar festgesetzt. Die Kündigung des Bretton Woods-Abkommens im Jahre 1971 durch die USA brachte zunächst einen fast 10fachen Anstieg des Goldpreises, der 1980 sogar einen Höchststand von 875 Dollar erreichte. Das bedeutete nichts anderes, als daß der Dollar auf ein Zehntel seines ursprünglichen Wertes abgewertet wurde. Mit anderen Worten: Die USA haben ihre Gläubiger praktisch um die Begleichung ihrer Schulden geprellt. Die längste Zeit bewegte sich dann der Goldpreis um 300 Dollar, unbeschadet der laufenden Inflation (= des Kaufkraftverlustes der *fiat*-Währungen).

---

[218] Bill MURPHYS Kolumne »Midas« in www.LeMetropolCafe, 30. 5. 2001, und M. BOLSER, »GoldGAte's wirkliche Motive«. Siehe auch: Reginald HOWE, »Gibbson's Paradox Revisited: Prof. Summers Analyzes GoldPrizes«.

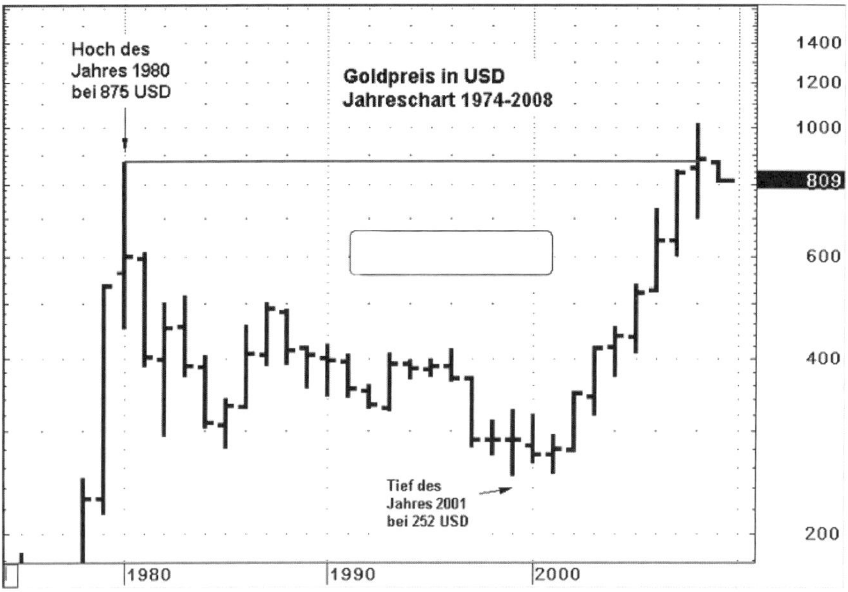

Eine aktuelle Notiz aus jüngster Zeit[219] besagt: »Gold 2300 US-Dollar in 2010? – Am Mittwoch wurde Ralph Aldis von US Global Investors in Kapstadt während der INDABA, der größten afrikanischen Bergbaukonferenz, zum Thema Gold und die Goldpreisentwicklung interviewt. Er sagte: ›Ein Anstieg des Goldpreises auf 2300 US-Dollar pro Unze würde mich überhaupt nicht überraschen.‹«

Gelänge es also, den vergleichsweise kleinen Goldmarkt zu beherrschen (= zu manipulieren), so würde man mit der Kontrolle über die Zinssätze den um das Vieltausendfache größeren Markt der Anleihen beherrschen. Mit diesem Wissen ist ein leichtes, bei den Wetten immer auf der Gewinnerseite zu stehen; ähnlich wie beim Roulette mit manipulierten Tischen. Nun, das fand und findet immer noch statt: Der Goldpreis wurde und wird in einer unerhörten Weise manipuliert, und es wurde diesbezüglich auch vor etlichen Jahren Klage gegen die FED, den Treasurer und einige andere *players* in diesem Spiel geführt. Zwar wurde sie abgewiesen, aber dennoch wurde das ganze Spiel damit transparent – und die Folgen sind noch nicht abzuschätzen.

Am 30. Mai 2001 veröffentlichten der Analyst Michael Bolser und der GATA-Vorsitzende Bill Murphy gemeinsam eine Studie über die

[219] Stuttgart 13. 2. 2009 (www.rohstoffe-go.de)

JPMorganChase-Zinsderivate in MURPHYS Kolumne »Midas« im LeMetropolCafe.[220] BOLSER überschrieb seine Untersuchung »GoldGate's wirkliche Motive«. In seiner Analyse führt Mr. BOLSER aus, daß die JPMorganChase zur Zeit mit 16 Billionen nominaler Werte in Zinsderivaten exponiert und wie unerhört dies sei. Er merkte an, daß sich dieser Wert bei JPM seit Mitte 1998 verdoppelt habe, eine astronomische Steigerung, wenn man den absoluten Betrag in Dollar bedenkt. Mr. BOLSER bot die erstaunliche Erklärung an, daß vielleicht ein gedrückter oder nach unten manipulierter Goldpreis die nötige Voraussetzung für JPMs enormen Umfang der Zinsderivate sein könnte, da ein »gemanagter« (= manipulierter) Goldpreis die Inflationserwartungen herunterdrücken würde und damit die Zinsen weit weniger schwankten und riskant wären als in einem wirklich freien Markt.

Zu dieser Hypothese gab es nur ein paar Kommentare, aber für die meisten blieb es eine obskure Untersuchung, die auf wenig »öffentliches Interesse« stieß.[221]

Ein paar Wochen nach dem 13. August 2001 veröffentlichte Reginald HOWE den faszinierenden Kommentar »Gibbson's Paradox Revisited: Prof. Summers Analyzes Gold Prices«.[222] In seiner Analyse zitiert HOWE eine 1998 im *Journal of Political Economy* erschienene Arbeit unter der Mitautorenschaft von Präsident CLINTONS drittem Finanzminister, Lawrence SUMMERS. Unter anderem erörtert HOWE SUMMERS' Deutung einer Beobachtung des berühmten Ökonomen John Maynard KEYNES über das Verhalten des Goldpreises und realer Zinssätze. Lord KEYNES nannte diese Beziehung »GIBBSONS Paradox«.

Wie HOWE ausführt, war/ist das GIBBSON-Paradoxon nach Lord KEYNES unter dem Regime des Goldstandards eine stabile und feste Beziehung zwischen dem Goldpreis und den Zinsraten: »einer der am umfassendsten verifizierten empirischen Fakten auf dem gesamten Gebiet der quantitativen Ökonomie«. HOWE zeigt mit Bezug auf die Schrift von SUMMERS und den legendären Ökonomen John M. KEYNES, daß es auch eine felsenfeste *umgekehrte* Beziehung zwischen Gold und Zinssätzen im freien Markt gibt. Tatsächlich können reale Zinssätze verwendet werden, um die inversen Bewegungen beim Goldpreis, oder Gold könnte verwendet werden, um umgekehrt die realen Zinssätze vorherzusagen.

---

220 www.LeMetropolCafe.com

221 Weil die Presse bekanntlich in Händen jener Finanzoligarchie liegt, die derartige Diskussionen meidet wie der Teufel das Weihwasser.

222 Verfügbar unter: www.GoldenSextant.com

Mit diesem phänomenalen Artikel HOWES über GIBBSONS Paradoxon gingen die sprichwörtlichen Lichter an, die ein tiefes Verständnis von Michael BOLSERS früherer Hypothese über JPMs enorme Exponiertheit bei den Zinsderivaten erlaubte. GIBBSONS Paradoxon half, das Puzzles zusammenzufügen und eine Antwort auf die drängenden Fragen über JPMs gigantischen Zinsderivate-Position zu finden, und wie dies mit dem aktuellen Management des Goldpreises zusammenhing.

Wenn Teile der US-Regierung in den CLINTON-Regierungsjahren von 1995 bis 2000 tatsächlich aktiv den Goldpreis manipulierten (wie die jüngsten erstaunlichen Untersuchungen von Regierungsaufzeichnungen durch James TURK und Reginald HOWE mit immer neuen und überzeugenden Beweisen sehr nahelegen) und falls JPM wirklich Insiderwissen von einigen dieser Operationen hatte, wie es ihre ganz außergewöhnlichen Goldderivat-Aktivitäten nahelegen, dann ist es nur ein kleiner logischer Schritt anzunehmen, daß der mögliche Katalysator Grund für die Explosion bei den JPM-Zins-Derivatgeschäften ein künstlich niedergehaltener Goldpreis war.

GIBBSONS Paradox behauptet, daß unter einem fixen Regime des Goldpreises die Zinsraten vorhersehbar sind. Wenn JPMs Top-Management an irgendwelchen Bemühungen von US-Behörden, den Goldpreis zu begrenzen, beteiligt war, hatte es auch umfassende Kenntnis darüber, daß das wirkliche Goldpreis-Regime heimlich eingeführt wurde und es damit eine Freikarte haben würden, die potentiell hochlukrativen Zinsderivate massiv aufzublasen. Wenn nach all dem JPM überzeugt war, daß der Goldpreis unter Kontrolle blieb und der Goldpreis aber der wesentlichste Grund für reale Zinssätze war, wann wäre es besser gewesen, König der Zinsderivat-Welt zu werden, als zu dem Zeitpunkt, als das Gold heimlich durch massive Verkäufe des öffentlichen Sektors aus den Beständen der wichtigsten Zentralbanken niedergedrückt wurde?

Diese skizzenhafte Darstellung wird der BOLSERschen und HOWEschen These nicht gerecht, aber die Explosion der Zinsderivate bei JPMorganChase – offenbar aufgrund der Kenntnis des Boards von einer möglichen Beteiligung von Regierungsmitgliedern an den heimlichen Machinationen oder Manipulationen des Goldmarktes – ist eine sehr überzeugende Hypothese, die gewiß weitere Untersuchungen und Diskussionen auslösen wird.

Seit dem offenen Ausbruch der Finanzkrise funktioniert diese Manipulation offenbar nicht mehr zuverlässig. Zwar erkennt man täglich immer wieder völlig unmotivierte steile Abstürze des Goldpreises im Tagesverlauf, aber die Kurve ist im Durchschnitt dennoch steil ansteigend. Die umgekehrten Auswirkungen auf die Zinsen von Treasury-Bonds ist dementsprechend: Die Zinsen sind auch hier im Keller, und die damit einhergehenden Verluste bei den Banken zwingen diese in die Knie.

In diesen Tagen (Februar 2009) berichten die Medien, daß in Deutschland die HypoRealEstate (HRE) bei einer Bilanzsumme von rund 400 Milliarden Euro außerhalb der Bücher ein Derivate-Portfolio von 600 Milliarden habe und daß die sich hieraus ergebenden Verluste die bisher geflossenen ›bail-out‹-Milliarden zur Rettung der Bank nicht ausreichen.

Die *Hannoversche Allgemeine Zeitung* hatte berichtet, die Bank habe Geschäfte in Milliardenhöhe getätigt, die nicht in der Bilanz auftauchen und zum Teil hochspekulativ gewesen seien. Zusammen mit der offiziellen Bilanzsumme von etwa 400 Milliarden Euro ergebe sich eine Summe von knapp einer Billion Euro, die die Bank laufend mit neuen Krediten refinanzieren müsse. Bislang hat der Soffin Garantien in einem Umfang von knapp 130 Milliarden Euro und Eigenkapitalhilfen von knapp 19 Milliarden Euro gewährt. Laut *Frankfurter Allgemeine Zeitung* werde die HRE in den nächsten Wochen weitere staatliche Garantien von bis zu 20 Milliarden Euro benötigen. Die Marktkapitalisierung des Instituts – der aktuelle Aktienwert – liegt lediglich bei 250 Millionen Euro, aber der Staat kann derzeit dennoch nicht auf die Geschäftspolitik Einfluß nehmen. Mit einer staatlichen ›Kontrollmehrheit‹ will die Regierung die Refinanzierungskonditionen der Bank verbessern, den weiteren Kapitalbedarf, der nicht weiter beziffert wurde, verringern sowie Einfluß auf strategische Entscheidungen nehmen.

Der Kurs der HRE-Aktie reagierte auf STEINBRÜCKS Bemerkung, daß es auch ein Übernahmeangebot geben könnte. Er schoß im Tagesverlauf um 42 Prozent auf 1,58 Euro.

Ein US-Minderheiten-Aktionär möchte 3 Euro je Aktie, eingestiegen war er mit 22,50 €.

Ähnliche Horrornachrichten kommen aus den USA: Die ursprünglich mit 85 Milliarden Dollar vor dem Bankrott bewahrte AIG, die kurz darauf auf 130 Milliarden aufgestockt werden mußten, meldete den je höchsten Quartalsverlust mit 60 Milliarden Dollar nach einem Verlust von 26 Milliarden im vorigen Quartal. Auch hier ist die Ursache die Spekulation in Immobilien und Derivaten in diesem Zusammenhang. Ohne Übernahme durch den Staat scheint die endgültige Pleite unausweichlich. Für Österreich ist dies besonders unangenehm, weil bei der Amercan International Group (AIG-Versicherung) die ›Wertpapiere‹ aus dem ›Sale-und-Lease-back‹-Geschäft mit der Energie AG deponiert sind, die a. nichts mehr wert sind, wo aber b. nach wie vor die ›Leasingraten‹ (= Tributleistungen) an den Finanz›investor‹ (der nun der Eigentümer der Kraftwerke und des Leitungsnetzes ist) zu bezahlen sind, der den ursprünglichen Eigentümer – das Land Oberösterreich – mit diesen Schundpapieren ›bezahlt‹ hat.

7 Die Rolle der Zentralbanken

7.1 Die Währungsunion

Die eigentliche und grundlegende Antriebskraft der Entwicklung zu einem zentralistischen und mit unbegrenzter und unkontrollierter Macht ausgestatteten Herrschaftsgebilde, wie es die Maastricht-EU *ist*, kommt aus der Funktion des Geldes und der Art und Weise, *wie* das Währungssystem funktioniert. Darum war es den Machteliten der EU so wichtig, an der Wirtschafts- und Währungsunion und der Schaffung einer Europäischen Zentralbank zu einem bestimmten Termin festzuhalten.[213] Über sie wird schließlich die Macht unbeschränkt. Prof. BINSWANGER vergleicht unser modernes Währungssystem mit einem alchimistischen Prozeß,[224] der noch zur Zeit LUDWIGS XIV. eine *praktizierte* Methode war, »Gold aus unedlem Stoff zu schaffen«. Nicht die Einsicht in die Vergeblichkeit aus Nichts, also Unedlem, etwas Wertvolles, also Edles = Gold, zu schaffen, hat zur Aufgabe der Versuche geführt, sondern die Erfindung einer viel wirksameren Methode: des Papiergeldes. Ein selbst völlig wertloser Zettel, wie das Papiergeld auch früher hieß, wird mit einem Wert bedruckt, sein ›Wert‹ mit den – ungehobenen – Schätzen des Landes, denen heute angeblich die wirtschaftliche Leistungsfähigkeit der Volkswirtschaft entspricht, gedeckt und mit der Unterschrift des ›Kaisers‹ – in GOETHES *Faust II* visionär in einer Karnevals- und Maskenszene (!) beschrieben – ›garantiert‹.[225, 226]

---

[223] Über ihre Fragwürdigkeit, ja Sinnlosigkeit und Gefahr für die Volkswirtschaft haben nicht nur Experten und Wissenschaftler sich deutlich geäußert, sondern zuletzt in einem großen Presse-Interview auch der tschechische Premier V. KLAUS, selbst ein Fachmann für Währungsfragen.

[224] H. Ch. BINSWANGER, Hochschule St. Gallen, Inst. für Ökologie und Ökonomie: »Geld und Magie«.

[225] Auf den heutigen Euro-Noten ist eine unleserliche ›Unterschrift‹ ohne Hinweis, wer und in welcher Funktion er diese geleistet hat und was sie eigentlich bedeutet oder ›garantiert‹.

[226] Der Stein der Weisen *ist* gefunden! (17. 7. 2007!)

»LIVERMORE, Kalifornien – Wissenschaftler am Lawrence Livermore National Laboratory haben ein Verfahren entwickelt, wie man billig ›Basis‹-Metalle in Gold umwandeln kann. Dies hatte das Labor bei einer überstürzt einberufenen Pressekonferenz angekündigt.

Seit dem Mittelalter war es der Traum der Alchemisten, aus Blei, dem elementarsten der Basis-Metalle, Gold – exemplarisch für Edel-Metalle – zu machen. Bisher war es nur möglich, mit Hilfe von Teilchenbeschleunigern und anderen Nuklear-Maschinen drei Protonen vom Blei-Atom zu entfernen, ein Prozeß, der so viel Energie benötigte, daß er weit teurer als die Goldförderung kam.

Aber der Direktor des Labors, Stew PIDASSO, sagte, daß die Wissenschaftler des Labors ›ökonomische Mengen‹ an Edelmetallen auf verschiedene Weise produziert hätten. Die Alchemisten und die ersten Nuklear-Wissenschaftler erkannten nicht, daß es mehr als einen Weg gibt, ein Proton zu entfernen, sagte PIDASSO. Anstatt Protonen aus dem Blei-Atom herauszubrechen, können Protonen von Metallen mit niedrigerem Atomgewicht ›geborgt‹ und anderen Metallen – die damit zu Gold werden – hinzugefügt werden. PIDASSO sagte, daß das Labor, eine Abteilung des *U.S. Department of Energy*, zuerst erfolgreich Protonen von Kupfer und Nickel auslieh und sie Eisenbarren hinzufügte. Aber als die Kupfer- und Nickelvorräte zu Ende gingen, begann das Labor Protonen von Kalzium zu nehmen, die zu Hauf in den Muscheln der nahen Küste Kaliforniens zu finden sind.

Nach PIDASSO soll das Labor in der Lage sein, jährlich rund 1500 Tonnen Gold zu erzeugen, indem es das Verfahren der Proton-Ausleihe benutze. Er meinte, das könnte schließlich die Lücke zwischen der jährlichen Goldproduktion und der Nachfrage schließen.

PIDASSO sagte, daß die Forschungen des Labors zur Golderzeugung seit langer Zeit von JPMorganChase & Co. und der Goldman Sachs Group Inc. mit Zuwendungen finanziert worden seien, aber in jüngster Zeit auch Bear Stearns Cos. dies unterstützt habe.

Man erwartete, daß die Ankündigung des Labors die Edelmetall-Märkte ins Chaos stürzen würden. Ein Sprecher des *World Gold Council* in London, der telefonisch erreicht wurde, sagte nur: ›Junge Mädchen in modischem Outfit sehen in Gold gut aus, egal, wie viel und wo es herkommt. Diese Einzelheiten kümmern uns nicht.‹«

Man stößt doch immer wieder auf Ungewöhnliches. Wie in der Märchenstunde sind es ausgerechnet das *Energy Dept.* und J.P.Morgan, Goldman Sachs (angeblich *short* 1000 t Gold) und Bear Stearns, die das Ganze »seit langem« finanzieren.

Was die Amerikaner nicht alles können; und immer zur rechten Zeit, wenn es schier keinen Ausweg mehr zu geben scheint! Wenn der Betrug mit dem Zettelgeld auffliegt, besinnt man sich doch wieder der alchemistischen Methode. Wahre Wunder in *God's own country!*

Die besondere Problematik ist aber heute in zwei Eigenschaften des Geldes zu sehen: Seine Verzinsung führt zu einer ewigen Vermehrung. Wenn wir uns nur eines der Konvergenz-Kriterien von Maastricht vor Augen führen: 3 Prozent Netto-Neuverschuldung, so bedeutet dies eine Verdopplung der Schulden alle 25 Jahre. Die in manchen EU-Ländern zeitweilige Schieflage mit an die 5 Prozent *beschleunigt* dieses (Schulden-)Wachstum: weniger als 15 Jahre genügen schon zur Verdoppelung.

Dieses exponentielle Wachstum nicht nur der Schulden, sondern vor allem der großen Kapitalvermögen ist der innerste Antriebsmotor des Wachstumsdogmas. Die Wirtschaft als Kreislauf der Waren und Dienstleistungsströme einerseits und des Geldflusses andererseits funktioniert nur, wenn es zu keinem Stau, sozusagen zu keinem Infarkt des Wirtschaftsorganismus kommt, also dem ins Unendliche anwachsenden Kapital eine ebenso wachsende Güter- und Dienstleistungsproduktion gegenübersteht.

Das kann aber in einer endlichen Welt nicht funktionieren. Dies ist auch der wahre und tiefere Grund, warum etwa das Gerede von der ›Nachhaltigkeit in der Landwirtschaft‹ ein in der geltenden Ideologie utopischer, wenngleich berechtigter und notwendiger Wunsch ist, solange dieses grundlegende Paradigma alle Wirtschaftsbereiche, also auch den landwirtschaftlichen, durchdringt. Wer anderes sagt, hat nicht verstanden, oder er nährt - absichtlich - Illusionen. Die Fiktion der Gelddeckung durch die Leistung der Volkswirtschaft ist eine zentrale Bedingung: Solange die eigene Notenbank - der ja das Recht zur Geldschöpfung, also zu diesem alchimistischen Prozeß, zukommt - dies *verantwortlich* machte,[227] ist man noch - begrenzt - Herr über sein wirtschaftliches Geschick. Dies setzt insbesondere den Vorrang der Geldwertstabilität voraus, also die Vermeidung von Inflation, indem man nicht mehr Geld druckt und in Umlauf bringt, als der Wirtschaftsleistung oder dem Wachstum entspricht. Insofern sind die Methoden des ›*national accounting*‹, also die Berechnung des BIP (Brutto-Inlandsprodukt), von solcher Bedeutung. Dessen Wachstum, wenn gleich oft aufgrund systematischer Fälschung, führt nicht nur zu einem Raubbau an endlichen Ressourcen, zur Vernichtung der Umwelt und der Lebensgrundlagen, sondern auch zur eigentlichen *planvollen* Entwertung von Vermögen und Rentenansprüchen, weil

[227] Dies ist jedoch *nicht* der Fall, denn die Geldschöpfung geschieht überwiegend durch die normalen Geschäftsbanken, indem sie Kredite weit über ihrem tatsächlichen Eigenkapital ausgeben.

mehr, als durch die Wertschöpfung einer Volkswirtschaft tatsächlich gedeckt ist, ›Papier‹-Geld in Umlauf gesetzt wird. *Das ist aber Inflation.*

Die Übergabe dieser Währungshoheit an eine private oder ›supra-staatliche‹ Bank wie die EZB bedeutet, daß auf die Währungspolitik praktisch überhaupt kein Einfluß mehr genommen werden kann. Wenn man sich die überwiegende Kritik an der Stabilitätspolitik der ehemaligen Deutschen Bundesbank durch die europäischen EU-Mitgliedsländer, vor allem der Weichwährungsländer, vergegenwärtigt, kann man sich in etwa vorstellen, welche *andere* Währungspolitik eine europäische Zentralbank bevorzugen muß, in der die Politik der Bundesbank zwangsläufig nur durch eine Minderheit im Direktorium zur Geltung kommen kann.

Die Kausalkette von Ursache-Wirkung ist diese:

- Weiche(re) Währung → inflationäre ›Tendenzen‹; das heißt generelle Verschlechterung der wirtschaftlichen Lage und Leistungsfähigkeit,
- höheres ›Risiko‹ der Kapital-(= Kredit-)geber → Verschlechterung des *Ratings*, von Tripple-A womöglich nach klein-b,
- wesentlich höhere Zinsen für Auslandskredite, aber in der Folge auch für inländische, die Finanzierung des Budget-Defizites usw. und damit Verschiebung der Mittelverwendung von *Investitionen* zu *Zinszahlungen*, zur *Tributpflicht.*[228]

---

[228] Dr. Stephan SCHULMEISTER hat in einem WiFo-Bericht (1995) dargestellt, daß von den die Wettbewerbsfähigkeit von Unternehmen bestimmenden Faktoren: Produktivität, Arbeitskosten und vom Kapital bzw. vom Währungssystem bedingte Kosten, keine noch so große Verbesserung in den beiden vom Unternehmen beeinflußbaren Kostenarten (Arbeit, Produktivität) auch nur annähernd die (negativen) Veränderungen der vom Kapital- bzw. Währungssystem bedingten Kosten ausgleichen kann.

Die Änderung des Zinssatzes von 6% auf 9% ist ja keine 3%ige Veränderung der Kosten, sondern eine um 50%! Die Umsätze eines exportierenden und in Lire fakturierenden Unternehmens sacken bei einer Kursänderung um 30% um diesen %-Satz ab. Bei einer Umsatzrendite von 10% ist der Veränderungsbedarf nicht 20%, sondern von 10 auf 30% würde das eine Rendite-Verbesserung um 200% erfordern. Solche Veränderungen sind von keinem Management und nicht durch Drehen an der Schraube »Produktivität« und/oder »Arbeitskosten« je darstellbar.

Die heutige Wirtschaftsordnung, das ›ökonomische Kalkül‹ und die (alleinige) Dominanz des Kapitals, hat die Tributpflicht der europäischen Völker aufgerichtet. Die EU ist das Vehikel dazu. Keine ›erledigten Hausaufgaben‹ hätten daran auch nur einen Deut ändern können.

Eine *zweite* Eigenschaft hat das Geld vor allem durch eine der *»vier Freiheiten«*[229] erhalten: seine vollkommen unkontrollierte weltweite Verfügbarkeit. Dies hat zur Entwicklung von geradezu unvorstellbaren Volumina an spekulativen Geldtransaktionen geführt: Währungs- und Devisenspekulationen, ›derivative Produkte‹, Luftgeschäfte, organisierter und institutionalisierter Betrug. Der Umfang der weltweiten Finanz-Transaktionen, denen echte Waren- oder Dienstleistungsgeschäfte gegenüberstehen, beträgt nicht einmal ½ Prozent, der Rest hat den Charakter von Casino-Wetten und Roulette-Spiel.[230] Eine vom WiFo (Stephan SCHULMEISTER) festgestellte Entwicklung wirft ein bezeichnendes Licht auf die Lage: Seit den achtziger Jahren sind die Erträge der Finanzanlagen, also der spekulativen Geschäfte, höher als jene von produktiven Investitionen – also in Anlagen, Maschinen, Fertigungsstätten usw., sprich in die Realwirtschaft. Dabei ist klar,

---

[229] Freiheit des Kapitalverkehrs. Die Liberalisierung ermöglicht ungehinderte Dispositionsfähigkeit über Güter- und Kapitaltransfers, ohne daß sie irgendeiner Kontrolle unterworfen sind. Daraus erwächst aber die Gefahr einer Schädigung der (nationalen) Volkswirtschaften und ihrer Beschäftigungspolitik. Jedenfalls würde eine Option, auch handelspolitische Maßnahmen zur Bekämpfung der Arbeitslosigkeit rational in Betracht ziehen zu können, ein taugliches Instrument sein und die schrankenlose und dogmatische Forderung nach immer mehr Liberalisierung in anderem Licht erscheinen lassen.

Siehe dazu in der Festschrift für Stephan KOREN *Empirische Wirtschaftsforschung und moderne Ökonomik* den Beitrag von Univ. Prof. Dr. K. W. ROTHSCHILD: »Beschäftigung und Außenhandelspolitik«. Diese Ansichten – Begrenzung der Freizügigkeit – sind deshalb so interessant, weil sie 1979 – also 15 Jahre vor dem österreichischen EU-Beitritt – lange vor den schweren Wirtschaftsproblemen der jüngsten Vergangenheit und der inzwischen sichtbar gewordenen übermächtigen Rolle der globalen Konzerne geäußert wurde.

[230] Anläßlich der Pleite der Barings-Bank 1994 aufgrund solcher Spekulationen hat die österreichische Presse berichtet, daß alle heimischen Banken mit 3100 Milliarden (!) – das entsprach fast der doppelten Jahresleistung der gesamten österreichischen Volkswirtschaft – in diesen »derivativen Produkten *investiert* seien«. Die Ungeheuerlichkeit dieser Meldung ist, daß sozusagen im Nadelstreif russisches Roulette gespielt wird und man diese kriminellen Machenschaften einerseits als besondere geschäftliche ›Cleverness‹ (BAWAG-FLÖTTL-Clan und Karibik-Geschäfte) ausgibt und dies als ›Investition‹ etikettiert.

Im übrigen sind die 1,5 bis 2% noch geschönt, denn bei täglich rund 10 000 Mrd. $ an Finanztransaktionen, die die BIZ in Basel durchführt, macht etwa die tägliche Leistung der gesamten US-Volkswirtschaft im Vergleich nur 3 ‰ aus. Nicht alles ist aber ›Welthandel‹, sondern nur ein Bruchteil – geschätzt 15% (BIZ-Report 12.2008).

Diesen BIZ-Transaktionen liegt also nur ein unbedeutender Teil realer Geschäfte zugrunde, aber ein Tausendfaches an Kasino-Wetten, also glatter Schwindel.

daß nur produktive (also echte) Leistungen jenen Mehrwert zu erwirtschaften erlauben, der nötig wäre, um die Zinsen für eingesetztes (Fremd-)Kapital zu verdienen, wobei selbst das nicht ausreicht, wie wir noch zeigen werden. Seit drei Jahrzehnten merken wir es überdeutlich: Die (Geld-)Wirtschaft steht kopf, Geld vermehrt sich aus sich selbst. Aus Nichts wird etwas von scheinbarem Wert.

Das ist aber der Anfang vom Ende, das sich nun letztlich in einer gigantischen und vollkommenen Vermögensvernichtung, Enteignung und Entrechtung aller, außer den Insidern, nur zeigen kann.

Solche Strukturen, zusammen mit der Einschränkung der verfassungsmäßigen Grundrechte – nichts anderes ist Zentralismus und Bürokratie –, die Art der EU-Rechtsschöpfung (Verordnungen und verbindliche Richtlinien) mit dem inzwischen allgemein akzeptierten Vorrang des ›Gemeinschaftsrechtes‹ vor nationalen Verfassungen und dessen unmittelbarer Wirksamkeit, haben einen Punkt erreicht, der diese All-Macht nicht nur tatsächlich und wirklich werden ließ, sondern ihr auch noch eine Pseudo-Legitimität verschaffte. Der zweite Versuch, diese ORWELLsche Versklavung der Völker mit der sogenannten ›EU-Verfassung‹ auch noch mit der vornehmen ›Toga des Rechts‹ zu verbrämen, kennzeichnet den Schlußpunkt und den Versuch, diese Pseudo-Ordnung für ›ewig‹ festzuschreiben.

Wir kennen die Methoden, wie sehr das Herunterspielen der Bedeutung von Vorgängen zur Strategie und Taktik dieser Machtelite gehört: Das ahnungslose Volk soll nicht merken, daß es dauerhaft entrechtet wird. Jean-Claude JUNCKER hatte die Methode einmal – wohl unbeabsichtigt – erklärt. »›Wir beschließen etwas, stellen das dann in den Raum und warten einige Zeit ab, was passiert‹, verrät der Premier des kleinen Luxemburg über die Tricks, zu denen er die Staats- und Regierungschefs der EU ermuntert. ›Wenn es dann kein großes Geschrei gibt und keine Aufstände, weil die meisten gar nicht begreifen, was da beschlossen wurde, dann machen wir weiter – Schritt für Schritt, bis es kein Zurück mehr gibt.‹. . . Nach derselben Methode soll der Bau des Bundesstaates Europa weitergehen.«[231]

5.2 Wer erfand die (europäische) Währungsunion und wozu?

Der Nobelpreisträger und Ökonom Robert MUNDELL befürwortete eine asiatische Währungsunion. Er wird auch Vater des Euro genannt, in Anerkennung seiner Forschungen über die Steuerung der Wechsel-

[231] *Der Spiegel*, Nr. 52/1999, S. 136.

kurse. Seine Ansichten dazu wurden von der anhaltenden Schwäche des japanischen Yen angeregt, der der Anker (Bezugspunkt) für asiatische Währungen ist. Das Problem lag darin, daß er die vorgeschlagene Währungs- oder Geldunion unter der Regie des IWF sehen wollte, was aber bisher immer eine Katastrophe war. Die (Währungs-)Union und die vorgeschlagene asiatische Währung sollten ja gerade (aus Sicht der Asiaten) geschaffen werden, um von der IWF-Abhängigkeit loszukommen. Die Elitisten erkannten sehr rasch, daß diese Union schnell Wirklichkeit werden könnte, und sie wollten die Kontrolle darüber nicht verlieren. Aus diesem Grund beteiligte sich MUNDELL. Der Nobelpreis ist sozusagen (s)ein Honorar – und der hat ›seinen Preis‹, nämlich gefällige wirtschaftspolitische Dogmen mit akademischem Weihrauch zu versehen.[232]

Was geschieht aber, wenn diese Länder ein papiernes ›*fiat*‹-System auf internationaler Grundlage entwickelten? Wenn, statt zusammenzubrechen, die Ausländer die überschüssigen Dollar aufkauften, die zum Schaden der heimischen (US-)Konsumenten gedruckt wurden und die man überredete, diese für überschüssige ausländische Waren und Dienstleistungen zu tauschen? Konsumenten können auf diese Weise mit einem willkürlich manipulierten Dollar-Kurs Güter aus Europa und Asien kaufen, wobei die (US-)Inflation gering gehalten werden könnte, falls man Ausländer dazu brächte, das so entstehende (US-)Handelsdefizit zu finanzieren, um so zu helfen, einen hohen Dollar-Kurs aufrechtzuerhalten.

Und wenn man die Banken auf der ganzen Welt dazu brächte, ihre Gold- gegen Dollar-Reserven zu tauschen, könnten ausländische Investoren vielleicht auch damit von der ›Kreditwürdigkeit‹ des Dollars überzeugt werden. Aber das bringt leider alles in völlige Unordnung. Denn anstelle der Möglichkeit, die ›heiße Kartoffel‹ (das Handelsdefizit) an ein anderes Land weiterzureichen, bleibt es an den USA hängen. Das hat folgenden Grund: Das Herabdrücken des Dollarpreises für Gold führte zu einer wirksamen Hierarchie im internationalen Währungsregime, in der der Dollar wie der Turm zu Babel zuoberst steht.

Und auf einmal wird sichtbar, daß es keine andere Währung gibt, die vergleichbares ›psychologisches Ansehen‹ besitzt, das Ausländern das Vertrauen gäbe, solch einen unglaublich überzogenen Konsum-Zyklus auch in ihren eigenen Ländern zu finanzieren. In Voraussicht

---

[232] Gerhoch REISEGGER, »Die Ökonomen von Chicago«, Kommentar zum Artikel von Benedikt FEHR, N. Y., in: *Frankfurter Allgemeine Zeitung*, 31. 8. 1996.

dieses potentiellen Problems – so glauben wir –[233] haben die führenden Köpfe hinter der ganzen Alchemie der internationalen Finanz entschieden, daß es an der Zeit wäre, *neue Währungsblöcke* wie den Euro zu schaffen und diesen als Alternative zum Dollar zu fördern – eine Alternative, die *sie* kontrollieren und ausbeuten würden. Es ist nicht überraschend, daß ein amerikanischer Professor der Columbia-Universität, Robert MUNDELL, der Chef-Architekt dieses Planes war. Die Idee war und ist, die Gegensätzlichkeit, die jene Hierarchie zwischen dem Dollar und dem ›Rest der Welt‹ verursacht, zu verdünnen oder aufzulösen, indem man zwei gleich große Papierberge (*fiat money*) schuf.

Alle die anderen zahlreichen, hier nicht erörterten ›Gedanken‹ zur Euro-Einführung waren nur Geschwätz über technische Versorgungs- und Umtausch-›Probleme‹ sowie über pseudo-ökonomische Begründungen der ›Stabilität‹ oder gehörten zu jenen Politmärchen über die ›Krönungs-Theorie‹, die die europäische Währung als ›Schlußstein‹ einer ›politischen Union‹ sehen wollten. Was sich in Wirklichkeit ereignete, haben wir bereits im Kapitel »Untergang des Geldes« gesagt: mittels bedruckten Papiers sich in den Besitz realen Vermögens zu setzen, die Dollar-Schulden mithin auf den Euro überzuwälzen.

7.3 US-Gericht urteilt, daß die Federal Reserve in privatem Eigentum steht

Um das Wesen einer Noten- oder – wie sie manchmal auch bezeichnet wird – ›National‹-Bank zu verstehen, ist es nützlich, sich die US Federal Reserve Bank (FED) anzusehen. Sie ist ja in der Vorstellung der meisten Menschen die wichtigste Notenbank der Welt, weil sie eben die amerikanische Zentralbank ist und somit die bedeutendste Volkswirtschaft, die der USA, wesentlich beeinflußt, und damit indirekt die aller anderen Staaten auch.

Oft erfährt man ungläubiges Staunen, wenn man erklärt, daß die FED eine Privatbank ist. Dieser Umstand wird auch von den im Finanzbereich Tätigen oder den Regierungen nicht gerade offen thematisiert. Im Gegenteil, es wird versucht, diese Tatsache zu ›relativieren‹, indem man darstellt, daß die FED doch ›hoheitliche‹ Aufgaben nach ›strengen gesetzlichen Vorschriften‹ wahrnehme, es im übrigen gut sei, wenn ›die Politik‹ sich nicht in die wichtige Aufgabe der Währungsstabilität, der Geldmengen-Steuerung, der Konjunktur-Steue-

[233] *The Golden Bar Report, Le Metropole Cafe.*

rung usw. einmische, sondern diese ›unabhängig‹ erfolge. Auf die gesetzlichen Auflagen und die Kontrolle ›des Staates‹ komme es schließlich an, diese sei aber umfassend, und daher sei die Behauptung, die FED sei eine Privatbank mit umfassenden Steuerprivilegien falsch, ja eine bösartige Unterstellung von ›Verschwörungstheoretikern‹. Allein solch eine Begründung, wie oben skizziert, ist bereits ein Widerspruch in sich.

Es ist ja doch merkwürdig, daß die Einrichtung, die am meisten für das Wohl und Wehe der Volkswirtschaft verantwortlich ist, privaten, partikularen Interessen ausgeliefert ist. Wenn man dann noch angibt, wer die Besitzer sind, wird dies – politisch korrekt – mit Antisemitismusverdacht belegt. Offenbar ist diese Kenntnis noch unerwünschter als der schon unglaubliche und unerhörte Umstand, daß die wichtigste Notenbank eine Privatbank ist. Aber ist es nicht beachtlich, wem etwas gehört, wenn es derartig weitreichende – weltweite – Auswirkungen hat?

7.3.1 Wem also gehört die FED?

Wie oben erwähnt: Das Federal Reserve System ist keine staatliche Behörde wie es zum Beispiel die Deutsche Bundesbank war oder ein US State Department, sondern ein privates Banken-Konsortium, das aus folgenden Geldhäusern besteht:

- Rothschild Bank of London
- Rothschild Bank of Berlin
- Lazard Brothers of Paris
- Israel Moses Seif Banks of Italy
- Warburg Bank of Hamburg
- Warburg Bank of Amsterdam
- Lehman Brothers New York
- Chase Manhattan Bank of New York
- Kuhn-Loeb Bank of New York
- Goldman Sachs Bank of New York

Das ist vielleicht etwas plakativ, denn – wie nachfolgend erwähnt – gehören die verschiedenen regionalen Reserve-Banken den ›Geschäftsbanken der Region‹. Das heißt, eine fast unübersehbar große Zahl an lokalen Banken ist an dem Federal Reserve System beteiligt. Dabei sind Aktionärsstruktur und verschachtelte Beteiligungen natürlich so, daß es letztlich auf diese ›plakative‹ Zusammenfassung hinausläuft. Aber der Reihe nach: Ein Gerichtsfall enthüllte, daß die FED eine private Einrichtung ist.

7.3.2 Causa Lewis gegen United States, 680 F.2d 1239 (1982)

Es folgen Auszüge aus einem Gerichtsurteil, das den Status der Federal Reserve feststellt. Das Gericht hat in seinem Urteil erkannt, daß die Federal Reserve-Banken »unabhängige, in Privatbesitz befindliche und örtlich kontrollierte Unternehmungen *(Corporations)*« sind und daß es *keine* hinreichende »Kontrolle der Bundesregierung über die detaillierte konkrete Durchführung (*physical performance*) und die tagtäglichen Management-Entscheidungen« der Federal Reserve Bank gibt, um sie als eine Bundesbehörde einzustufen:

LEWIS gegen United States, 680 F.2d 1239 (1982)
John L. LEWIS, Kläger/Berufungskläger,
vs. *United States of America*, Beklagter/Berufungsbeklagter.
No. 80-5905
United States Court of Appeals, Ninth Circuit.
Eingegangen 2. März 1982.
Entschieden 19. April 1982.
Ergänzt 24. Juni 1982.

Der Kläger wurde von einem Fahrzeug, das der Federal Reserve Bank gehörte und betrieben wurde, verletzt und klagte nach dem »*Federal Tort Claims Act*«. Der United States District Court für den Central District of California unter David W. WILLIAMS wies die Klage mit der Begründung ab, daß die FED keine Bundesbehörde im Sinne des Gesetzes sei und daß der Gerichtshof daher keinen Zusammenhang dieses Falles mit dem Klagebegehren nach dem »*Federal Tort Claims Act*« sehe. Dagegen wurde berufen. Der Court of Appeals unter POOLE, Circuit Judge, stellte fest, daß die Federal Reserve-Banken keine Mittel (*instrumentations*) des Bundes im Sinne des Gesetzes seien, sondern daß sie »unabhängige, in Privatbesitz befindliche und örtlich kontrollierte Unternehmungen (*Corporations*)« sind.

Rechtsgültig wurde entschieden:

- Es gibt keine genauen Kriterien, um zu entscheiden, ob eine Einrichtung eine Bundesbehörde im Sinne des »*Federal Tort Claims Act*« ist, aber der entscheidende Punkt dafür ist die Kontrolle der Regierung »über die detaillierte konkrete Durchführung« und die »tagtäglichen Management-Entscheidungen« einer Einrichtung. . .
- Federal Reserve-Banken sind keine Instrumente des Bundes im Sinne des »*Federal Tort Claims Act*«, sondern sie sind unabhängig und in

Privatbesitz befindliche Unternehmen – bei Berücksichtigung der Tatsache, daß die direkte Überwachung und Steuerung jeder Bank von einer lokalen Geschäftsführung (*board of directors*) ausgeführt wird –, Federal Reserve-Banken, obwohl stark reguliert, werden örtlich von ihren Mitgliedsbanken kontrolliert. Die Banken werden weder als »vollständig im Eigentum« der Regierung befindliche Unternehmen noch unter »gemischte Eigentumsverhältnisse« geführt; Federal Reserve-Banken bekommen keine ihnen zugewiesenen Mittel vom Kongreß, und die Banken sind ermächtigt, im eigenen Namen zu klagen, oder können in ihrem Namen angeklagt werden.

• Nach dem »*Federal Tort Claims Act*« sind Bundesverpflichtungen eng auf traditionelle Behörden begrenzt und umfassen nicht jene Fälle, in denen eine Einrichtung wie die FED für die Regierung wichtige Aufgaben erfüllt.

• Zur Besteuerung. Die Reserve-Banken werden (nur) für Zwecke der Besteuerung als Bundeseinrichtungen betrachtet und sind von Steuern befreit.

• Bezüglich der Steuern der Bundesstaats. Die Entscheidung, ob eine Einrichtung ein Bundesmittel ist, um die Berechtigung einer allfälligen Steuerfreiheit von Bundesstaats- oder örtlicher Besteuerung zu besitzen, ist sehr allgemein: Es kommt darauf an, ob eine Einrichtung wichtige Regierungsfunktionen ausführt.

./.

Lafayette L. Blair, Compton, Cal., für den Kläger/Appellationskläger; James R. Sullivan, Asst. U.S. Atty., Los Angeles, Cal., für den Beklagten; Andrea Sheridan Ordin, U.S. Atty., Los Angeles, Cal., ›*on brief*‹.

Das *Federal Tort Claims*-Gesetz wurde vom Kongreß beschlossen, um eine begrenzte Aufhebung der Immunität des Souveräns, der Vereinigten Staaten, zu ermöglichen, wenn Bundesangestellten bestimmtes Unrecht widerfährt. Insbesondere begründet das Gesetz die Haftung für Verletzungen, die durch die fahrlässige oder gesetzwidrige Handlung oder Unterlassung eines Beschäftigten jeglicher Bundesbehörde verursacht werden, wenn jener Beschäftigte im Rahmen seiner Pflichten und Aufgaben handelt. Eine Bundesbehörde ist definiert als

- die Regierung (*executive departments*) ,
- das Kriegsministerium (*military departments*),

– unabhängige Einrichtungen der USA (*independent establishments*) und
– Unternehmen, die primär als ›Mittel‹ der USA tätig sind.

Dies schließt jedoch keine Vertrags-Firmen der USA ein.

28 U.S.C. Sect. 2671. Die Haftung der USA für Verfehlungen von Federal Reserve Bank-Beschäftigten hängt daher davon ab, ob die Bank eine Bundesbehörde gemäß Sect. 2671 ist.

Jede Federal Reserve Bank ist ein eigenes Unternehmen, das im Besitz von Geschäftsbanken der Region ist. Die Aktionärsbanken wählen zwei Drittel des Vorstandes (*board*) jeder Bank. Die restlichen drei Direktoren werden vom *Federal Reserve Board* bestellt.

Der *Federal Reserve Board* reguliert die Reserve-Banken, jedoch die direkte Kontrolle und die Lenkung der Bank erfolgen durch den Vorstand. Die Direktoren erlassen die gesetzlichen Vorschriften, die die Art und Weise der Durchführung des allgemeinen Bankgeschäftes betreffen, 12 U.S.C. Sect. 341, und bestellen das verantwortliche Management, die die täglichen Bankaufgaben veranlassen und überwachen. Diese Aufgaben umfassen: Entgegennahme und Verrechnung von Schecks, Gewährung von Vorschüssen an private oder kommerzielle Einrichtungen (Diskontierung von Wechseln), das Halten von Reserven von Mitgliedsbanken, Diskontierung von Noten (~ Wechseln) von Mitgliedsbanken, Kauf und Verkauf von Wertpapieren am Markt.

Jede Bank ist durch Statut ermächtigt, diese Tätigkeiten ohne tagtägliche Direktiven der Bundesregierung zu erledigen. So wird zum Beispiel der Zinssatz für Vorschüsse an Mitgliedsbanken, Individuen und Unternehmen von jeder Reserve-Bank festgesetzt und ihre Entscheidungen bezüglich des Kaufes oder Verkaufes von Wertpapieren werden ebenfalls unabhängig getroffen.

Es wird aus diesen Umständen klar, daß die Federal Reserve-Banken als ein Instrument des Staates angesehen werden können, aber nicht als eine Bundesbehörde, denn dieser Begriff würde beinhalten, daß die Bundesregierung eine dauernde Aufsicht über das hätte, was die FED tut. Diese übt sie natürlich nicht aus, wie auch alle Menschen, die sich mit diesem Thema befassen, wissen, »daß die FED politisch unabhängig ist«.

Der einzige Bereich, in dem man mit dem Urteil des Richters nicht übereinstimmen könnte, ist derjenige, in dem er feststellt, daß die FED die Fiskalpolitik der Regierung besorge und aus diesem Grund eine »wichtige Regierungsfunktion« erfülle. Obwohl wir glauben wollten, daß die Regierung und die FED miteinander zusammenarbeiten, was fallweise zutreffen mag, ist die FED unter gar keinen Umständen dazu verpflichtet. Ein Beispiel dafür ist etwa, daß der Abgeordnete Wright PATMAN, Vorsitzender des ›*House Banking Committee*‹, nach einem Kongreß-Protokoll aus den sechziger Jahren sagte, daß es von der Laune des FED-Vorsitzenden abhänge, ob die FED manchmal mit der Regierung in der Fiskalpolitik zusammenarbeite, oder zu anderen Zeiten auch eine ganz andere Haltung einnehme, oder drohe, dies zu tun, um damit die Regierungspolitik zu beeinflussen.

Die allgemeine Ansicht, daß die FED der Regierung verantwortlich sei, weil sie dem Kongreß jährlich über ihre Aktivitäten zu berichten habe, trifft nicht zu. Der Bericht an den Kongreß bedeutet wenig, wenn dieser Bericht des Vorsitzenden nicht mit vollständiger Dokumentation überprüft werden kann. Seit ihrer Gründung bis heute wurde bei der FED nie eine vollständige und unabhängige Prüfung ihrer Bücher gemacht. Der Kongreß hat immer wieder verlangt, daß die FED freiwillig eine umfassende Buchprüfung (*a complete audit*) vorlege, und immer hat dies die FED verweigert.

Die Eingeweihten wissen, daß die FED bestimmte Unterlagen geheimhält. Der frühere Vorsitzende des *House Banking Committee*, Henry GONZALES, hat wiederholt zu Protokoll gegeben, wie die FED zu einigen Punkten erklärte, gewisse geforderte Unterlagen nicht zu besitzen, er dann aber durch Nachforschungen herausfand, daß die FED diese doch habe oder sie wenigsten gehabt habe. Es scheint, daß der FED-Vorsitzende dem Kongreß alles sagen könne, was er wolle, und dieser hat hinzunehmen, was jener sagt, weil eine Überprüfung auf Richtigkeit meist nicht möglich ist.

Soweit das Urteil eines US-Gerichts und eine ergänzende Folgerung dazu.

7.4 Einblicke in die Handlungsweise der US Federal Reserve

Vor ein paar Jahren[234] brachte *American Free Press* einen Artikel, der auf die verzweifelte Lage der Federal Reserve, wegen ihrer Interventions-›Zaubereien‹, hinwies. Richtiger müßte man sagen: die der US-Wirtschaft, denn in jene beklagte Lage brachte die FED sich und die USA gerade durch ihre Handlungen. Zu glauben, daß die ›Währungshüter‹, vor allem Alan GREENSPAN, nicht wüßten, was sie taten, ist naiv.

Die USA brechen wirtschaftlich zusammen und leiden fürchterlich unter den finanziellen Schwierigkeiten, die vom langjährigen

[234] Bill FOX, in: *AFP*, 20. 10. 2003

obersten Banker der Nation, Alan GREENSPAN, eingeleitet wurden und die die Finanz-Eliten des Landes bereicherten, während die Mittel- und Unterschicht die Folgen in ganzer Härte zu ertragen haben.

Michael BOLSER[235] warnte bedeutungsvoll: »Wir sehen eine Situation, die der Präsident der Bank von England, Sir Eddie GEORGE, als Abgrund bezeichnet hat. Er sprach dabei nicht von einem vorübergehenden Abgrund, sondern er meinte *die dauerhafte Zerstörung des Wertes des Dollars*.«

BOLSER ergänzte: »Das ist ein die Nation zerbrechendes Ereignis, das die FED verzweifelt zu verhindern sucht. Und natürlich haben sie die Bedingungen, die uns in diese Malaise brachten, selbst geschaffen. Es hatte bis 1987 gebraucht, als Alan GREENSPAN erstmals (als FED-Chef) bestellt wurde, dahin zu kommen. GREENSPAN ging seit dieser Zeit den falschen Weg. Und er weigerte sich, ihn zu verlassen. Die Antwort auf jedes einzelne Problem war, *mehr Geld zu drukken*. Und nun sind wir am Ende des Spiels, in einer Schlucht, einer Einbahn, an deren Ende nur die finanzielle Katastrophe steht.«

Für viele war dieses eine vorhersehbare Folge des Weges, den Amerika beschritt, seit es sich den wirtschaftlichen Prinzipien des 19. Jahrhunderts zu(rück)wandte und sich auf Manipulationen durch die Zentralbank und die Interventionen des ›Big Government‹ im 20. Jahrhundert einließ. Dieser »*Top-Down*«-Keynesianismus ist nichts anderes als eine »Ökonomie für Schweine« (*junk food economics*).

Der ehemalige FED-Vorsitzende ALAN GREENSPAN war überzeugt, daß anregende Maßnahmen zunehmend ein ganzes Maßnahmenbündel zur Wiederbelebung der gesamten Wirtschaft in Gang setzen würden. Obwohl die FED den Eckzinssatz am 25. Juni 2003 auf ein Prozent senkte, den tiefsten Stand seit 45 Jahren, hatte Amerika immer noch eine ungenutzte Kapazität von 25 %[236] und ein Rekord-Handelsdefizit. Heute (Januar 2009) ist nach kurzem Intermezzo mit höheren Zinsen (um Kapital in die USA zu ziehen) die ›*federal funds rate*‹ wieder bei 0 – 0,25% (nach 3,5% vor einem Jahr und 2% der EZB nach 3,75% im Oktober 2008) – und die Rezession hat ganze Industrien lahmgelegt.

Immer mehr Schulden waren nötig, um ein Wachstum des BIP im Lande zu erzeugen. Inzwischen sind fünf Dollar nötig, um einen Dollar an virtuellem Wachstum zu bewerkstelligen. Ausufernde Regierungs-, Unternehmens- und private Schulden summieren sich inzwi-

[235] Gold-Anti-Trust Komitee (GATA).

[236] Das heißt nicht ausgelastete Fertigungskapazitäten.

schen auf rund 60 Billionen US-Dollar,[237] das sind 200 000 US-Dollar je Kopf in den USA.

»*Fedspeak*« – analog dem Neu-Sprech – meint die »amtlichen Lügen« zur wirtschaftlichen Lage der FED über Deflation. Es sind wahrhaftig blasenhafte Bewertungen im Aktien-, Wertpapier- und Immobilienmarkt. Der amtierende FED-Governeur Ben S. BERNANKE erklärte im November 2002, daß die FED bereit sei, unbegrenzt Geld bereitzustellen (*inflate without limit*), sollte dies zur Verhinderung einer Deflation nötig sein. Dies hat – wie erwähnt – inzwischen China veranlaßt, sich vom Dollar zu verabschieden, bevor andere dies tun und der Dollar noch rasanter verfällt.

7.4.1 Die Immobilien-Blase platzt[238]

Von den zahlreichen Schwierigkeiten des US-Finanzsystems – eigentlich seit März 2000 beginnend mit dem Kollaps der »*dot.com*«-Blase[239] und dem Wendepunkt ›11. September‹ im Jahre 2001 – schien in den letzten Jahren – im Sommer 2007 – das Platzen der Immobilien-Blase zum Auslöser eines großen Crashs zu werden. Heute hat es das ganze Finanzsystem erfaßt und ist dabei, die Realwirtschaft schwer zu schädigen.

Trotz der größten Geld-Infusion durch die FED seit dem 11. September, trotz der überraschenden Zinssenkung durch die FED am 17. August 2007 und trotz der verzweifelten Bemühungen, die großen Banken zu überreden, weiter Geld auszuleihen,[240] herrscht auf den US-Geldmärkten Panik. Die weltgrößten ›professionellen‹ Investoren versuchen um jeden Preis, ihre kurzfristigen ›Wert‹-Papiere

[237] Europäische Billionen: 1 Bio. US-Dollar = 1000 Mrd. US-Dollar. In amerikanischer Nomenklatur: Trillion. Die vom früheren US-Finanzminister Paul O'NEILL beauftragte Studie des Gesamtobligos des Staates machte allein 43 Billionen aus. Die heutige Aktualisierung ist bei 60 Billionen Dollar angelangt.

[238] *Financial Times* vom 3. 8. 2007: »Mehrere Tausend Milliarden US-$ in den USA verspekuliert.«

[239] Es handelt sich um die Internet-, *e-commerce-* und *hi-tec*-Firmen, die im NASDAQ-Index geführt wurden, deren Aktienkurse in einer unvorstellbaren Rallye nach oben manipuliert wurden und deren Totalabsturz weltweit eine Vernichtung von rund 10 Billionen Dollar an Aktienwerten nach sich zog.

[240] Um nicht zu ›auffällige‹ Maßnahmen zu setzen – weitere Zinssenkungen –, die natürlich registriert und zu verstärkter Panik führen würden, hat die FED Ende August 2007 den Banken weit über ihre normale Refinanzierungsmöglichkeit hinausgehende Überschreitungen des gesetzlichen Rahmens gestattet.

(Darlehen, *commercial paper*) wie eine heiße Kartoffel loszuwerden, vor allem jene, die mit Hypotheken besichert sind. Aber niemand kauft sie.

Das schon lange sichtbare Problem waren die durch leicht verfügbare Liquidität in absurde Höhen getriebenen Grundstücks- und Immobilienpreise. Der scheinbare Wertzuwachs zahlloser Eigenheime wurde von den privaten Haushalten zur Besicherung weiterer Konsumkredite – unter kräftiger Mitwirkung der Banken – benutzt und das Geld für Konsumausgaben verbraucht. Die Kreditgewährung für Immobilien auch an jene, deren Bonität von vornherein eine Tilgung nicht erwarten ließ, tat ein weiteres zur Verschärfung der Lage. Da dies aber nicht von wenigen dubiosen Geldverleihern gemacht wurde, sondern vom ganzen US-Banken-System, und somit die ganzen USA betroffen sind, kann dies nicht ohne Wissen der FED und der Regierung – sozusagen wie ein Betriebsunfall – passiert sein.

Was sich also mit stillschweigender Billigung der höchsten Finanz- und Regierungsstellen zusammenbraute, hat darum auch eine Dimension angenommen, die 2008 den weltweiten Finanzkrach ausgelöst hat. In Deutschland sind bereits die ersten Bank-Bankrotte eingetreten: die IKB-Bank mit angeblich ›höchstens‹ 3,5 Mrd. Euro,[241] die Sächsische Landesbank mit 17 Mrd. oder die HypoRealEstate (HRE), für deren ›Rettung‹ über 120 Milliarden Euro (Februar 2009) nicht ausreichend erscheinen. Neben der offiziellen Bilanzsumme von 400 Milliarden Euro türmt sich außerhalb des Rechnungswesens ein Derivate-Schwindelgeschäft von über 600 Milliarden Euro auf.

Wie ernst die Lage ist, erkennt man daran, daß die EZB in wenigen Tagen 250 Mrd. Euro an ›Liquidität‹ bereitgestellt hat. Man fragt sich, woher die EZB solche Summen nimmt, wenn es jeweils schon eine Katastrophe ist, in einem Bundeshaushalt der BRD die Netto-Neuverschuldung von 50 auf ›nur‹ 30 Mrd. zu senken.

Da natürlich auch in den USA quasi eine Bonitätsprüfung bei Kreditvergabe zwingend vorgeschrieben ist, wurden mit Hilfe und im Zusammenspiel von Hypothekenbanken, Investoren und dem Finanz-Establishment abenteuerliche Finanzierungspakete geschnürt, die mit anfangs geringen Annuitäten und einem – unterstellten – weiteren ungebrochenen Wertzuwachs der Immobilien eine virtuelle Deckung des Kredits einerseits und eine vorläufig leistbare monatliche Rückzahlung andererseits vorgaukelten. Solche Darlehen hatten zwar ei-

---

[241] Kurze Zeit später waren es bereits 5 bis 6 Mrd., inoffiziell wird aber von 20 Milliarden gesprochen.

nen ähnlichen Status wie Ramsch-Anleihen, wurden aber, solange das Pyramidenspiel - also die scheinbar ungestörte Fortsetzung dieser Geschäfte - andauerte, sozusagen als ›Finanz-Produkt‹ an den Geldmärkten gehandelt, wobei es hier offensichtlich um ›Differenz-Gewinne‹ ging: Solche ›Produkte‹ wurden ständig in ›Bewegung‹ gehalten - waren zum Handeln bestimmt -, und die jeweiligen Kursschwankungen, wie bei Aktien auch, bedeuteten für den einen Gewinn für den anderen Verlust. Man mußte sehen, auf der richtigen Seite zu stehen, sozusagen ein Insider sein.

In dem Augenblick, da die irrealen Wertsteigerungen aufhören und auch eine Verknappung des Geldes die Fortsetzung solcher Pyramiden-Spiele stoppt, bricht alles zusammen. Die Darlehensnehmer sind plötzlich mit unerhört steigenden Annuitäten befaßt, die sie nicht aufbringen können; sie verlieren ihr Haus - und alles, was sie besitzen. Die Immobilienpreise fallen ins Bodenlose, weil zu viele Objekte zum Verkauf stehen, es aber keine oder nur viel zu wenig liquide Käufer gibt.

Die »Refinanzierung« von Hauseigentum[242] half, die Konsumentenausgaben aufrechtzuerhalten, die etwa 75 Prozent des BIP ausmachen. In dem Augenblick, da Aktien und Immobilien zu weit fallen, hat dieser ›negative Wohlstandseffekt‹ Auswirkungen auf die (Konsum-)Ausgaben und kurbelt eine Abwärtsspirale an. Wir erleben es gerade, ein Ende ist nicht abzusehen.

Die FED bildet ganz offensichtlich ›eine Achse‹ mit Banken und Wall Street-Firmen, um in regelmäßigen Abständen eine Rallye des Aktien- und Wertpapiermarktes zu inszenieren und um einen Aufruhr zu verhindern. Zugleich unterdrückt sie das Gold, um keinen Maßstab für die Inflation mehr den Menschen zu lassen.

Wiederholt erklärte GREENSPAN vor dem Kongreß, daß die FED bereit sei, ihre ›*Open Market*‹-Operationen zu nutzen. Sie wolle Schatzscheine kaufen, um die Zinsen niedrig zu halten. Solche Operationen »schöpfen Geld« - und bringen es in Umlauf -, dessen Menge bisher jährlich um etwa 10 Prozent stieg, im letzten Jahr (2008) um über 17 Prozent.

---

[242] Der virtuell gestiegene Wert von Immobilien erlaubte, diese sozusagen als Besicherung für zusätzliche (Konsum-)Kredite einzusetzen, also eine noch höhere Privatverschuldung zu ermöglichen.

7.4.2 Die Österreichische Schule

»... (Ich denke, daß) die *laisser-faire*-Ökonomie und der politische Standpunkt, den die Gründerväter Amerikas und die Österreichische Schule eingenommen haben, einen sehr guten Ausgangspunkt bilden könnten.« Dieser Satz von Fox enthält die Schlüssel-Ideen des Liberalismus: *laisser-faire,* oder in anderen Worten Adam Smiths »unsichtbare Hände«, oder den (Aber-)Glauben heutiger Wissenschaft: *ordo ab chao.* Alle diese nichtorganischen Konzepte werden auf einen lebendigen Körper angewandt. Denn die Gesellschaft oder Völker sind Organismen im wahrsten Sinn des Wortes: lebendige Wesen. Einige ihrer Wesenzüge sind: Ordnung und Hierarchie, Geist und nicht bloß materielle Dinge, sowie eine andere als unsere binäre, begrenzte und anorganische Logik.

Das zuletzt genannte Element – lebender Organismus – ist bedeutsam, weil hierin der Grund liegt, warum die binäre Logik unzureichend ist, organische Strukturen wie die Gesellschaft, die Wirtschaft, ganz allgemein ›das Leben‹ modellhaft abzubilden. Darum sind die ökonometrischen Modelle notwendigerweise falsche Darstellungen der lebendigen Welt, und die Ergebnisse solcher ökonometrischen Modelle stellen einen fehlweisenden Kompaß dar.

Organische – also lebendige – Strukturen sind hierarchisch gegliedert. Hier sind die bestimmenden Konzepte eine sinnvolle Organisation und gerichtete Prozesse anstelle von Wettbewerb. *Laisser-faire* ist die gegenteilige Idee. Inzwischen ist ja bewiesen, daß ›freier‹ Wettbewerb, das ›Gesetz‹ von Angebot und Nachfrage, das Dogma vom Königtum der Kunden und der ›Markt-Preise‹ usw. nur ideologische Elemente des liberalen Dogmas sind, das schließlich zu jenem Punkt führt, an dem wir heute bereits stehen. Denn Ordnung kommt aus der Ordnung, aber niemals aus dem Chaos.

Viele ›Elemente‹ der Gesellschaft oder Wirtschaft sind immateriell, sind Geist und können daher nicht in eine mechanistische, kausale, der binären Logik unterworfene Theorie gepreßt werden. Hegel sprach vom »sittlichen Staat«, was die ethische Idee des Staates meint, den Zweck der Gemeinschaft. Von hier betrachtet, ist eine Vorstellung der moralischen Grundlagen für jede Gesellschaft eine zwingende Notwendigkeit. Aber das paßt nicht ins Konzept und in die Theorien der Österreichischen Schule. In Wirklichkeit hat sie hier überhaupt keinen Platz. *Nützlichkeit* ist der Schlüsselbegriff, und um dem die Krone aufzusetzen, soll dies auch noch von *laisser-faire* kommen.

Aber schon das Konzept stimmt nicht mit den tatsächlichen Rahmenbedingungen überein: Gleiche Chancen, freier und unbehinderter Zugang zum Markt usw. sind die vorausgesetzten Bedingungen. In Wirklichkeit aber haben wir transnationale Konzerne, *virtuelle* Unternehmen – die Firma fällt als integrale Institution auseinander –, und was früher einheitlich *unter einem Dach vereint* war: der physische Arbeitsplatz, die gesellschaftsrechtliche Gesamtheit, die Produktion und die Arbeitszeit usw. ist räumlich, zeitlich und rechtlich getrennt. Die vor einigen Jahren in Österreich erbittert geführte Auseinandersetzung um die sogenannte »ÖBB-Reform« hat genau diese Ursachen als Motiv für den von der Gewerkschaft ausgerufenen Streik. Ein in Wirklichkeit nur als integrales Ganzes zu führendes Unternehmen soll in neun selbständige Aktiengesellschaften aufgelöst werden, was einer Zertrümmerung des Unternehmens gleichkommt – und die liberal verbrämte Voraussetzung liefert, daß das spekulative Finanzkapital billig Beute machen kann: das Ökonomische Kalkül als letzter Maßstab. Es ist wie im Tollhaus: Delegitimierte und unfähige Lakaien liefern die Substanz des Staates ans Messer – und dies am absehbaren Ende des größten Wucher- und Kredit-Zyklusses.

Die Theorie (der Österreichischen Schule) stimmt jedenfalls *nicht* mit der Wirklichkeit überein und ist somit auch nur ein ›kleineres Übel‹.

7.4.3 Welche Rolle spielt das Gold?

Gold ist der einzige Pfeil, der Greenspan in seinem Köcher verblieben ist – es kommt einem das Waffenarsenal Rothschilds in den Sinn –, um die Wirtschaft nach dem längsten Wucher-Zyklus wieder flottzukriegen. Alle anderen Pfeile sind bereits verschossen worden: das ›Verteidigungs‹-Business von 1948 bis 1990; seit der Erklärung des Universellen Krieges (»war against terror«) werden wieder die höchsten Ausgaben für Waffen wie im Kalten Krieg gerechtfertigt; lokale Kriege wie Korea und Vietnam; die brillante Idee einer zwanzigfachen Erhöhung des Ölpreises auf Dollarbasis; schließlich die Börsen-Blase seit 1984 – es kommt einem die Karikatur des »Alten Mannes vom Berg« in den Sinn – bis zu den Iden des März im Jahre 2000,[243] und nun, wie erwähnt, die Quasi-Monetisierung der Schulden, die eher Ursache der seit März dieses Jahres andauernden Rallye ist.

Nehmen wir an, Greenspan überzeugte den IWF von einem IPO[244] für die offiziellen Goldreserven zu einem Preis von 2500 US-Dollar je

---

[243] Zusammenbruch der NASDAQ-Börse.

[244] IPO: *Initial Purchase Offer* – erstes Angebot zum Kauf. Hier gemeint: das Gold zu einem – ohnedies willkürlich festgesetzten – hohen Preis zu verkaufen, um damit die öffentlichen Schulden weitgehend zu begleichen.

Unze Gold im Tausch gegen die Schulden überall auf der Welt. Damit würde er in der Tat das Gegenteil dessen tun, was BARUCH, der Mentor von fünf US-Präsidenten, Präsident ROOSEVELT zu tun bewogen hatte, der das Gold der amerikanischen Bürger beschlagnahmte. Die dann noch offen bleibenden Schulden und Zinsen nach Begleichung des Großteils dieser Schulden durch ein derartiges IPO würden mit 1 Prozent umgeschuldet und innerhalb von 10 bis 15 Jahren zurückbezahlt. Diese Maßnahme würde das steigende Risiko eines Staatsbankrotts wegen der öffentlichen Schulden und damit des Zusammenbruchs des ganzen Bretton Woods-Systems beseitigen, da die Staaten auf der ganzen Welt, die USA voran, die Schulden nicht mehr bedienen können.

Die Japaner haben der Welt seit 1990 vorgemacht, wie man die Blase der Unternehmensschulden behandelt. Diese sind in gleicher Weise weltweit nicht mehr aufrechtzuerhalten, angefangen mit den Staaten und nun den Konzernen auf der ganzen Welt, angeführt von Ford mit einem gigantischen Schuldenberg in Höhe von 180 Mrd. Dollar. Indem man aber dem Kreditsystem und der Weltwirtschaft nicht erlaubte, wegen geplatzter Kredite zusammenzubrechen, wurde es am ›Leben erhalten‹, so, als ob alles das eines Tages bedient und zurückbezahlt würde.

Alle anderen Zentralbanken würden dasselbe wie die BoJ tun, beginnend wieder mit Onkel Sam, und sie müßten nun jene restlichen Schulden, die nicht von dem Goldverkauf gedeckt werden, auf eine praktisch zinsfreie 1%ige Rückzahlung je Jahr umstellen.

Sollten die Ersparnisse denn durch Kriege oder Verstaatlichungen vernichtet werden, indem sie gegenüber Öl um 2000% abgewertet werden und sich durch Börsenmanöver – genauer: ›Betrügereien‹ – in Luft auflösen? Die Medien könnten hier einige Überzeugungsarbeit leisten, diesen vorgeschlagenen anderen Weg zu gehen. Es gibt keinen Grund, jetzt die Rechnung zu bezahlen und so den Staatsbankrott herbeizuführen, indem man die Schulden offiziell – wie Japan dies in den vergangenen zwei Jahrzehnten tat – auf 1% oder geringere Zinsen setzt. Es darf nicht zugelassen werden, daß der offene Kredit platzt, wenn er, wie bei der öffentlichen Schuld, weitgehend ohne Zinslast rückgezahlt wird.

Vielleicht, weil sie sich an Hiroshima und Nagasaki oder an LINCOLNS und KENNEDYS Ermordung erinnerten – neben vielen anderen Morden wie jenem an dem Sprecher der Deutschen Bank Alfred HERRHAUSEN, der 1990 vorhatte, Rußland die Schulden zu erlassen – , entschieden sich die Japaner, die im Kapitalismus – das ist die Anbetung des Mammons – unverzeihliche Todsünde, den Nachlaß der Schulden, nicht zu begehen. Japan hält die Schulden in den Büchern, praktisch bei null Prozent Zinsen und verhindert so, daß einerseits die Unternehmen durch die Bedienung der Zinszahlungen stranguliert werden oder wegen Insolvenz den Konkurs anmelden müssen. So blieb das Realkapital – die Unternehmen – weiter im Besitz der Japaner und mußte nicht zu Konkurspreisen an ausländische ›Investoren‹ oder ›Abzocker‹ gegen bedrucktes Papier – den Dollar – verkauft werden, das heißt den Besitzer oft bei weiter bestehenden Schuldverpflichtungen wechseln. Dies ist der eigentliche Grund, warum die USA ständig das japanische Bankensystem und die Regierung kritisierten, die nicht nach den bisherigen Amerika begünstigenden Regeln die ›faulen Kredite‹ bereinigten, das heißt Massenkonkurse zuließen. Die Amerikaner sehen sich um die Beute geprellt, wie sie sie in Südamerika oder Rußland nach der ›Liberalisierung‹ und neuerdings auch in Europa einheimsten: siehe Mannesmann unter ESSER, Deutsche Telekom unter Aron SOMMER usw.

Da nicht einer unter einer Million das Geld verstehe, läge gerade im Nachlaß der Schuld die rettende Gnade, wie dies unbedacht von Hunderten Millionen nachgesprochen wird, wenn sie um ihr »tägliches Brot« im Zusammenhang mit »vergib uns unsere Schuld, wie auch wir vergeben unseren Schuldigern«, beten. Dieser Ausflug in die ›Rück-Bindung‹, also in die ›Religion‹, wurde als notwendig erachtet, weil dies heute für ökonomische Fragen weitgehend als unerheblich angesehen wird, in der Tat in den meisten Demokratien sogar als nicht ›verfassungskonform‹. Die durch diese Maßnahmen ersparten Zinsen werden der Wiederherstellung des Gewinns unter der Bedingung des Risikos dienen, also dem Risiko- (= Wagnis-) oder Eigenkapital in der Wirtschaft, und es würde dem Aufschwung eine bessere Grundlage geben. Könnte die Vorahnung dessen nicht schon die wesentliche Ursache eines dauerhaften und mehr und mehr unterschiedlichen Aufschwunges (gegenüber dem Ist-Zustand) sein?

GREENSPAN meinte in den sechziger Jahren, daß es keinen Schutz der Bürger ohne Gold gebe. Wie jeder der ›Gold-Bugs‹ meinte er eine goldgedeckte Währung. Aber die Geschichte zeigt, daß auch diese nur so lange Sicherheit bietet, solange sie nicht benötigt wird. In dem Augenblick, da die Regierungen in die Hände von Wucherern gefallen sind, ist Gold nicht einmal unter der Matratze sicher.[245] Das vor-

---

[245] Es ist ja interessant, daß der private Besitz von Gold von folgenden Machthabern verboten wurde: ROOSEVELT, HITLER, LENIN, MOA-TSE TUNG. . .

geschlagene IPO beabsichtigt nicht die Re-Monetisierung des Goldes, sondern bietet ›organischen Reformern‹ eine einzigartige Plattform für zwei verfassungsmäßige Sicherungen, betreffend die Währung und die Medien.[246]

Die Annahme eines Währungsstandards kann helfen, der sicherstellt, daß man nicht wieder in ›Versuchung geführt werden kann‹, einfach dadurch, daß dem ›Übel‹ nicht mehr länger ein gesetzlicher Schutz gewährt wird. Eine fixe Zinsrate für den Kredit heißt, daß das Risiko, dem jede wirtschaftliche Tätigkeit unterliegt, für das Kapital (heute: die Banken) ausgeschlossen wird; das sind nämlich Zinsen, die auch dann zu bezahlen sind, unabhängig davon, ob der Kredit zu einem Mehrwert oder zu einem Verlust geführt hat. Mit anderen Worten: ›Zinsen‹ sind nicht länger gesetzlich geschützt, wenn nicht überhaupt gänzlich verboten.

Das *Alte Testament* verbietet rigoros die Zinsen, allerdings radikal beschränkt auf das ›auserwählte Volk‹. Wegen dieses Privilegs ist es nur logisch, daß Juden nie ein Interesse hatten, andere zum Judaismus zu bekehren. Wurde der größte aller Rabbiner auch deshalb gekreuzigt, weil er die Befreiung vom Wucher für die ganze Menschheit predigte? Indem man seine wirtschaftliche Forderung annahm, entstand die größte und die mit den geringsten Mängeln behaftete aller bekannten Kulturen – in Europa, beruhend auf kaum mehr als dem Rad, etwas Wind, Wasser und buchstäblich der Kraft des Pferdes.

Ein globaler Standard für das Geld ist überfällig, wo wir schon Tausende von Normen für alles haben, was das menschliche Zusammenleben ermöglicht oder erleichtert, beginnend mit der Zeit, dem Raum, dem Gewicht, der Energie. Ein Geldstandard ist aber nicht gleichzusetzen mit einer globalen Währung, wie sie aus dem Reserve-Währungsbetrug des Bretton Woods-Abkommens von 1944 erwuchs, nämlich der weltweiten Anwendung des Federal Reserve-Gesetzes vom 23. Dezember 1913.[247] Die Organische Reform, das nicht-ideologische und umfassende Konzept einer natürlichen Ordnung, ist die Antwort auf den Novus Ordo Saeclorum, auf die ideologische Ver-

---

[246] Was sichert aber eine Verfassung wirklich? Ferdinand Lips schreibt in seinem bemerkenswerten Buch *Die Goldverschwörung*, daß nur das Gold sich der Manipulation durch Politiker und Banken entzieht, es sozusagen der über Jahrtausende weitgehend konstante Maßstab für wertbeständiges Geld war.

[247] Dieses Gesetz übergab das Privileg, Geld auszugeben, einer Privatbank, die seither Papier bedruckt – den Dollar – und diese Dollar gegen Zinsen dem amerikanischen Staat ›leiht‹.

schleierung für Privilegien und Umweltzerstörung. Nach Revolutionen, zwei Weltkriegen und zahllosen anderen Kriegen, der Großen Depression und nun der weltweiten Möglichkeit zu noch Schlimmerem verliert die Neue Weltordnung immer schneller ihre verführerische Glaubwürdigkeit in führenden und opponierenden Nationen, vor allem seit der Erklärung des Universellen Krieges, der die ganze Welt in ein globales Guantanamo zu verwandeln droht.

Wenn die Sektierer des Novus Ordo Saeclorum, dem George W. Bush wie sein Vater und Großvater als Mitglied angehören, nicht sofort gestoppt werden, werden sie keinen anderen Ausweg aus dem gegenwärtigen Dilemma sehen als in einer weltweiten Diktatur, die dadurch gekennzeichnet sein wird, daß »niemand in der Lage sein wird, sicher zu kaufen oder zu verkaufen, wenn er nicht das Zeichen des Tieres trägt, dessen Zahl 666 ist«. Vor Jahren hat die *Chicago Tribune* Henry Kissinger damit in Verbindung gebracht. Aber die Stunde der Wahrheit, wie man im Stierkampf zu sagen pflegt, kommt, seitdem der Heilige Geist von der Taube als Vehikel aufs Internet umwechselte und seitdem klar wurde, daß man »nicht Gott und Mammon zugleich dienen kann«.

7.5 Die tieferen Ursachen für Bretton Woods[248]

Das Bretton Woods-Abkommen wurde kurz vor Ende des Zweiten Weltkrieges auf einer von den USA einberufenen Konferenz beschlossen. Europa war zerstört, die USA konnten die Beute einsammeln. Nennenswerte produktive Betriebsstätten gab es nur noch in den USA, vier Fünftel der Goldbestände der Welt lagerten in Fort Knox.

Am 1. Juli 1944 versammelten sich Vertreter der 44 Siegerstaaten in Bretton Woods, Neutrale und Feindmächte fehlten. Außer den USA hatte niemand etwas zu sagen. Churchill benötigte für England einen weiteren Kredit in Höhe von 6,5 Milliarden, den er unter zwei Bedingungen erhielt: Zustimmung zum Morgenthau-Plan und zu dem Bretton Woods-Abkommen – eine Erpressung also. Als Ergebnis von Bretton Woods wurden die Weltbank und der Weltwährungsfonds gegründet. Die Idee ging auf John Maynard Keynes zurück.

Keynes hatte als Verrechnungseinheit einen künstlich zu schaffenden und vom Zugriff aller beteiligten Länder unabhängigen ›Bancor‹ vorgeschlagen. Roosevelt lehnte das ab. Die nationale Währung der USA, der Dollar, sollte diese Aufgabe übernehmen. Da die USA

[248] Diese Ausführungen beruhen auf einer persönlichen Mitteilung von Dr. H. Böttiger, Wiesbaden.

John Maynard KEYNES beim Bretton Woods-Abkommen 1944.

über das meiste Währungsgold verfügten, wäre der Dollar ebenso gut wie Gold. Der Unterschied zwischen einer internationalen Verrechnungseinheit und einer nationalen Währungseinheit ist aber ein wesentlicher. Denn trotz bester Golddeckung konnte sein Wert jederzeit nach Gutdünken der *privaten* FED-Banken und nur auf Initiative der US-Regierung verändert werden, was später auch der Fall war, als NIXON 1971 die Einlösung des Dollars in Gold einseitig aufkündigte.

32 Staaten unterschrieben am 22. Juni 1944 das Abkommen, weil sie auf ›Hilfe‹ angewiesen waren. Die Sowjetunion und elf weitere Staaten verweigerten die Unterschrift und wurden somit zu Feinden der ›westlichen Hemisphäre‹. Der Dollar, eine nationale Währung, wurde zum Weltgeld. Die Nationalbanken der beteiligten Länder verpflichteten sich, jede Menge Dollar als vollgültiges Zahlungsmittel zum ›unabänderlichen‹ Wert von 35 Dollar pro Unze Gold anzunehmen. Dieser Kurs sollte völlig unabhängig von der Kaufkraft des Dollars gelten. Wie der Goldwert des Dollars wurden auch die anderen Währungen unabhängig von ihrer Kaufkraft in ein festes Verhältnis zum Dollar gebracht. Die Banken mußten bei Vorlage von Dollars diese in eigene Währung umtauschen. Damit konnten Amerikaner unbeschränkt auf der ganzen Welt wie in den USA einkaufen. Umgekehrt war es, soweit es in anderen Ländern kaufkräftige Geldbesitzer gab, weit schwieriger.

Die Währungsparitäten durften nur mit Zustimmung des IWF geändert werden. Damit gaben 32 Staaten ihre Währungshoheit auf und machten ihre Währung zu einem internationalisierten, nicht mehr von ihnen selbst zu kontrollierenden Zahlungsmittel. Für die USA gab es jetzt keine ›fremde‹ Währung mehr. Sie konnten überall in der Welt zu vom IWF festgelegten Kursen einkaufen. Außerdem konnten die USA kraft ihrer Weltmacht überall in der Welt Schulden machen. Sie brauchten dazu nur Dollar zu drucken und diese in den anderen Ländern als Zahlungsmittel einzusetzen. Die Staaten der Welt mußten den Dollar annehmen und ihn als ›Währungsreserven‹ zur ›Stabilisierung ihrer Währungen‹ verwenden, was sie zwang, die eigene Geldmenge zu vermehren. Den USA gewährten sie damit praktisch einen zinslosen Kredit, gezwungenermaßen. Damit wurde die *private* FED der Wall Street-Boys zur eigentlichen Welt-Zentralbank, denn nur sie kontrollierten, wieviel Dollars gedruckt und als Zahlungsmittel weltweit eingesetzt wurden. Da alle anderen Notenbanken Dollars annehmen mußten, hing deren Geldumlauf von dem Geldumlauf der FED ab. Sie handelten nicht anders als eine riesige Fälscherbande.

Der IWF war als Organ der Weltbank nur dem Schein nach der Währungshüter. Beide Institutionen sind nicht Teil der UNO – wiewohl eine Art dieser sehr *›specialized‹ agencies* –, sie unterliegen keinem Kontrollgremium und stehen über allen Gesetzen und Gerichten. Das einzige Kontrollorgan waren die Geldeinleger, und das waren damals fast ausschließlich die USA. Von den 8,6 Milliarden Startkapital des IWF hielten 2,75 nominell die USA. Den Rest teilten sich die anderen Länder. Sie konnten wie zum Beispiel England und China, das zunächst noch zur westlichen Hemisphäre gehörte, ihre Einlagen nur als Kredit der USA aufbringen. Abgestimmt wurde nach dem Anteil der Einlagen. Die USA hielten selbst 31,97 % des Stimmrechts, England 14,3 und China 6,22 %. Da ihre Gelder von den USA vorgeschossen waren, hielten diese damit schon 52,6 % der Stimmen. Die USA konnten somit die Währungsparitäten selbst festlegen. Damit wurden die Länder geschädigt, die eine solide Währungspolitik zu machen versuchten, und jene begünstigt, die Geld druckten und mit diesem legalen Falschgeld einkauften. Die Gelddrucker heizten zwar die Exporte der Länder mit solider Währung an, diese erhielten aber nicht mehr den Gegenwert ihrer Leistungen, sondern ›bedrucktes Papier‹.

Die USA nützten ihre Position im IWF. Von Anfang an wurde der Dollar überbewertet. Die USA konnten so überall in der Welt verbilligt einkaufen. Vor allem wurden Grundstücke, Firmen, Lizenzen, Erfindungen, Lagerstätten von Bodenschätzen und dergleichen weit unter Preis erworben, und zwar auf Kosten der Steuerzahler der geplünderten Länder. Bei den Notenbanken in aller Welt hatten sich riesige Dollarbestände – sogenannte Währungsreserven –, in Wirklichkeit zinslose Kredite an die USA, angesammelt. Trotz der hervorragenden Ausgangsposition der USA wurde ihre Zahlungsbilanz schnell defizitär. Das Defizit wurde vom Ausland finanziert, das die zusätzlich gedruckten Dollars aufnehmen mußte. 1971 platzte dieses Spiel, die USA kündigten Bretton Woods, das heißt, sie erklärten faktisch den Bankrott, der Dollar wertete massiv ab, die Schulden der USA wurden durch die massive Abwertung auf die Gläubiger abgewälzt.

Die willkürliche Festlegung des Goldpreises diente einem ähnlichen Zweck. Der künstlich niedrige Goldpreis führte dazu, daß die Goldproduktion rasch zurückging. Vor dem Krieg wurden weltweit jährlich durchschnittlich 36 Millionen Unzen gefördert, zwischen 1946 und 1950 nur noch 23 Millionen. Das trieb den Goldpreis auf dem schwarzen Markt hoch. In Bombay wurde 1948 bereits 82 Dollar je Unze bezahlt, in Macao bis zu 75 und in Beirut 60. Nun hatten sich die USA verpflichtet, Banknoten zu 40 % und Sichteinlagen bis zu 35 % mit Gold zu decken. Das ließ sich bei der rasanten Dollardrukkerei nicht aufrechterhalten. Schon 1945 wurde klamm heimlich die Deckung auf je 25 % herabgesetzt. 1949 ging alles in den USA vorhandene Gold für die Deckung der nationalen Währung darauf. Still und heimlich wurde 1950 die Deckung der Sichteinlagen aufgehoben. Dieser Prozeß der schleichenden Geldentwertung schritt stetig fort.

Die Dollar- und Währungspolitik stand in den folgenden Jahren im Zentrum imperialer Machtausübung. Die Deckung des Dollars ist Hiroshima. Der Dollar war aber gedeckt mit der Drohung mit interkontinentalen Atomraketen, daß Führungskräfte aus Politik und Wirtschaft durch mordende Geheimdienste (siehe die Ausführungen zum ›*economic hitman*‹[249]) beseitigt wurden, und durch die Beherrschung der Medien. (siehe Unterkapitel: »Medien sind eine andere Modalität des Geldes«) Die Globalisierung, die die letzten nationalen Widerstände gegen die Machtausübung der Weltfinanz sowie den Schutz der eigenen arbeitenden Bevölkerung brach, bringt diese Entwicklung nun zu ihrer logischen Vollendung.

---

[249] John PERKINS, *Confessions of an Economic Hit Man*, Barrett-Koehler. Ein ehemaliger Angestellter einer internationalen Beratungsfirma enthüllt die Methoden des amerikanischen Imperiums und dessen ›*corporatocracy*‹.

7.5.1 Ein erhellender Briefwechsel über die tieferen Ursachen

»Betrifft: John Maynard KEYNES
Lieber Freund,
nach einigem Nachdenken kam ich zum Schluß, daß der Grund für Ihre schlechte Laune meine Bemerkung über John Maynard KEYNES war. Was meine Bemerkung auslöste, war Ihr Kommentar über die Wirtschaft. ›Nicht bloß die Wotans-Jünger, sondern – nach John Maynard KEYNES – sind 99% von uns nichts anderes als Schafe, unfähig zu verstehen.‹ – Was? – Meinten Sie die Theorien von KEYNES? Oder die Kontrolle des Geldes? Ich würde aber KEYNES nicht als Vorbild für irgend etwas hochhalten. Ich bestehe nicht darauf, etwas von Wirtschaft zu verstehen, daher muß ich mich auf das verlassen, was andere Menschen mir erklären. Hans STENHOLZ z.B. in seinem Buch *Das Zeitalter der Inflation* sagte dies über JMK:

›Lord KEYNES vertraute auf die Ignoranz und die Dummheit der Lohnabhängigen und ihrer Gewerkschaftsvertreter. Er empfahl Ausgaben unter Inkaufnahme von Budget-Defiziten (*deficit spending*) und Kreditausweitung als eine effiziente Methode, um langsam und automatisch die Arbeitskosten zu senken. Zugegebenerweise bedingen niedrigere Löhne eine höhere Nachfrage nach Arbeit(ern) und reduzieren damit die Arbeitslosigkeit. Aber der Erfolg des Planes von KEYNES hängt vollkommen von der Fähigkeit ab, die Arbeiter und ihre Gewerkschaften zu betrügen, oder, sollte dies mißlingen, sie zu überreden, freiwillig reale Einkommensverluste hinzunehmen.‹

›Betrug ist immer ein falscher Lösungsweg. Er führt zu Verwirrung, die einen schließlich in die Irre führt und das Vertrauen anderer zerstört.‹ Dieses Kapitel ist zu umfangreich, um ganz zitiert zu werden, aber ich will noch das Ende erwähnen. ›Weil die ökonomischen Doktrinen nicht mit der Wirklichkeit übereinstimmen, verbünden sich viele Keynesianer mit Utopisten und Möchtegern-Reformern, die verlangen, mit Gewalt die Menschen ihrem Modell anzupassen. Um das Wirtschaftsleben in die KEYNESsche Form zu pressen, diskutieren sie, wie mit Hilfe der Macht der Regierung über die Einkommenspolitik, d. h. Lohn und Preiskontrollen, Zwang ausgeübt werden könne‹ . . . ›Aber wie wir immer ausführten, tendiert die politische motivierte Umverteilung dazu, sich zu beschleunigen, wenn diese erste einmal losgelassen worden ist. Von einer Regierung, die sich während einer Rezession auf ›Defizit-Spending‹ und Kredit-Ausweitung eingelassen hat, kann man nicht erwarten, daß sie diese Vorteile, Einfluß und Macht, in guten Jahren wieder aufgibt.‹

Henry HAZLITT schreibt in seinem Buch *Der Fehler der ›neuen Wirtschaft‹*:[250] ›Das KEYNESsche System war in der Tat eine Umkehr der naiven und in Mißkredit geratenen merkantilistischen Theorien und Mängel von MANDEVILLE und MALTHUS bis HOBSON. Es war auch eine Umkehr aller Inflations-Theorien der Währungs-Ideologen, von John LAW bis Silvio GESELL.‹ ›KEYNES' Vorschlag der Eliminierung des Rentiers (des von seinem Vermögen Lebenden), des funktions- (und einfluß-)losen Investors, waren Vorschläge, die Produktiven zu berauben und ihre Ersparnisse zu enteignen.‹

KEYNES' Plan der Sozialisierung des Investments würde unvermeidlich Sozialismus und Staatsplanung nach sich ziehen. Dieser ernsthaft durchgeführt, würde jedes wichtige Betätigungsfeld privater Initiative und Verantwortung vernichten. KEYNES, empfahl, kurz gesagt, den *de facto* Sozialismus unter dem Mantel der ›Reform‹ und der ›Erhaltung‹ des Kapitalismus.‹ Friedrich VON HAYEK schrieb sogar gegen diese Ideen von KEYNES, aber ich habe jetzt nicht die Zeit, das auszuführen.

KEYNES war auch bei der Bretton Woods-Konferenz, von der als Ergebnis der IWF und die Weltbank herauskamen. Alger HISS stand hinter FDR (ROOSEVELT) in Jalta. Die Puzzles fügen sich zum Bild. . .

Marjorie RICH«

»Liebe Marjorie,
natürlich bin ich, nach 46 Jahren an der Wall Street und als Anhänger des Naturgesetzes,[251] wie es uns von J. C.[252] gelehrt wurde, kein Anhänger von KEYNES oder anderer Theoretiker und Nobelpreisträger, die von der Welt-Geld-›Franchise‹, der Synagoge des Satans, angeheuert wurden.

Aber das schließt nicht aus, daß KEYNES nicht auch viele Aspekte der Wahrheit erkannt hatte, einschließlich der alles erklärenden ›Nicht einer aus einer Million versteht das Geld‹, einschließlich des dreckigen Betruges mit der Reserve-Währung, den er zu etablieren mithalf, genauer gesagt, verstand *er* exakt, wie man am besten das Naturgesetz verhinderte. Er war nur einer der typischen, brillanten britischen Zyniker, die sich dem Fürsten der Welt ergaben und seinem Werk-

---

[250] Henry HAZLITT, *The Failure of the New Economics*, D. van Nostrand Comp. Inc. New Jersey, 1959. Deutsch: *Das Fiasko der Keynesschen Wirtschaftslehre*, Knapp-Verlag, Frankfurt/M. 1960. Siehe auch: www.wirtschaftskrise.com bzw. Google.

[251] Das Zinsverbot der Bibel.

[252] JESUS CHRISTUS.

zeug, dem Mammon. Genauso zynisch wie BLAIR und seinesgleichen, die vorgeben, Europäer zu sein und den Euro einführen zu wollen.

Wenn man es durchdenkt, konnte der Gründer unserer Zivilisation uns nicht dazu bewegen zu erkennen, daß wir Schafe sind, zwei Drittel so dumm wie die Lämmer und ein Drittel so liederlich und schäbig wie Böcke.

Horst MAHLER, der wohl gerade seinen 67. Geburtstag feiert, nahm im Gericht die Allegorie des guten Hirten auf, bei der es keine Ausnahme von der Regel gibt, daß er sie nur darauf vorbereitet, geschlachtet zu werden.

Aber seine Schlußfolgerung bleibt in den Symptomen stecken, weil dies wie in allen Parabeln die volle Realität darstellt, (1) daß es nämlich Naturgesetz ist (vielleicht nicht ganz verständlich) und (2) daß die meisten Hirten ebenso dumm wie die anderen und nicht zu Märtyrern (Selbstmördern) bestimmt, und daher Angeheuerte sind. Wie die meisten Hierarchen der Kirche (wir sprechen hier nicht von den abgefallenen Sekten, als den ›Kirchen‹, beginnend mit der Anglikanischen). Die Pharisäer im Vatikan lassen sich selbst sogar blasphemisch ›Heiliger Vater‹ nennen.

Einer der letzten wirklich niederträchtigen Akte war, das grundlegendste Gebet zu fälschen, das Vaterunser oder das Gebet Gottes, indem vom *Übel* der Schuld (Singular) dies in ›Übertretungen‹ abgeändert wurde. Schlimmer noch, indem ein ›Schuld‹-Komplex aufgebaut wurde, in dem die mit Schulden verbundenen Folgen in Sünden umgefälscht wurden. Und indem Ungerechtigkeit zur Beleidigung gewandelt wurde, obwohl J. C. einzig und allein deswegen zum Tode verurteilt wurde, weil er die weltweite Franchise aller Franchisen, den Kreditwucher, aufgehoben hatte, wie in früheren Zeiten und im *Alten Testament* der Wucher gegenüber den Auserwählten verurteilt war, von dem aber nun, weil jeder Mensch von Gott erwählt worden ist, *niemand* mehr ausgenommen war. (Luk. 19,47; Markus 11,18)

Das muß am ›Ende der Geschichte‹ von der UNO gestoppt werden. Ein spanisches Sprichwort sagt: ›Beten, aber den Klub nicht vergessen‹, wie es CHRISTUS tat, als er das einzige Mal gewalttätig wurde und die Geldverleiher aus dem Tempel hinauswarf. Einige Länder versuchten es, aber wurden überwältigt oder wie Paraguay dezimiert. Der Irak, der den Dollar nicht mehr annahm, im Jahr 2000. Jetzt ist es Zeit für die Menschheit, sich über eine konkrete Formel zu einigen, angespornt von ihrer Angst, die sich in Wut kehrt.

Die Kirche übernähme besser wieder die Führerschaft, weil sie die einzige weltweite Institution ist mit einer nun in altersschwacher Kultur bewährten Lehre: ›Du kannst nicht Gott und Mammon zugleich dienen!‹, bevor der Vatikan im Wachsfiguren-Kabinett endet. Orthodoxe und weltkluge Juden, Muslime und Asiaten, deren ›Om‹ wir in unserem ›Amen‹ übernommen haben, werden sich in der UN vereinen und den Super-Rouge und Kriegsverbrecher verurteilen und ausschließen, wenn er sich nicht ändert und das anerkennt, was Abraham LINCOLN erkannte und weswegen er prompt auch ermordet wurde.

Verstehen Sie mich? Das ist mein Anliegen. Sixtus VON PLETTENBERG«

8 Wachstumwahn, Verschuldung

In der politischen Diskussion wird ausschließlich über Schulden gesprochen und darüber, wieviel Zinsen ›wir‹ zahlen müssen, aber nicht über die komplementären Fragen, wer eigentlich die gleich hohen Guthaben besitzt und was die Gläubiger mit den Zinsen machen. Einkommen kann grundsätzlich verwendet werden für

- Konsum einschließlich Eigenkapitalinvestition,
- Verleihen (über das Sparbuch durch die Banken, Kauf von Anleihen usw.)
- Horten (von Bargeld oder Giralgeld; ›Realkassa‹ im Sinne KEYNES').

Würden diejenigen, welche die Zinsen bekommen, diese vollständig für den Konsum oder für Eigenkapitalinvestitionen ausgeben, gäbe es kein Problem. Tatsächlich kann man aber feststellen, daß der überwiegende Teil der Zinserträge wieder veranlagt wird. Geldguthabensbesitzer sind eben in der Regel an der Vergrößerung ihrer Geldguthaben und nicht an einem Abbau der Geldguthaben interessiert. Sowohl Guthaben als auch Schulden wachsen.

Der Grund, warum diese unerwünschten Konjunkturzyklen immer wieder auftreten, liegt eben darin, daß die Nationalbank kein Instrument zur Steuerung hat, das direkt auf die Umlaufgeschwindigkeit einwirkt. Das vordergründig dafür geeignete Instrument wäre eine Nutzungsgebühr auf Geld. Ebenso müßte die Nationalbank die Geldmenge direkter steuern können, etwa durch Einschränkung der Giralgeldschöpfung durch die Geschäftsbanken.[253] Aber das kann gar nicht

[253] Diese Maßnahmen wären angebracht, wenn es in der liberalen individualistischen Gesellschaftsordnung keine Paradigmen-Änderung gäbe. Wir denken aber an eine grundsätzlichere Lösung, indem der Zins abgeschafft und den privaten Banken Geldschöpfung überhaupt verboten ist.

funktionieren, wenn sich Geld von selbst über den Zins vermehrt, das heißt, sich periodisch verdoppelt. Der Widerspruch ist unauflöslich.

8.1 Wo steht die Bundesrepublik Deutschland heute?

Die Entwicklung der Guthaben und Schulden in Deutschland seit 1950 zeigt:

- Guthaben und Schulden sind seit 1950 sehr stark gewachsen, und dies nicht nur nominell, sondern auch real. Gemessen am Bruttosozialprodukt sind die Guthaben in der BRD von 1950 bis 1990 von 57 auf 200 Prozent gestiegen
- Guthaben und Schulden entwickeln sich annähernd gleich.

Von 1965 bis 1999 betrug auf der Ebene des öffentlichen Gesamthaushalts (der BRD) die Summe aller Nettokreditaufnahmen (Neuverschuldung) 1,78 Billionen DM und die Summe aller Zinsausgaben 1,81 Billionen DM. Die riesigen Blöcke Kreditaufnahmen und Schuldendienst halten sich also im langfristigen Mittel etwa die Waage. Heute ist die *Zahl* zwar etwas kleiner, 1,6 Billionen, allerdings die Währungs*einheit* ist nicht mehr die DM, sondern der Euro, die Schulden sind also auf fast die doppelte Höhe angewachsen.

Die Kreditfinanzierung der öffentlichen Haushalte ist daher zum fiskalisch nutzlosen Selbstzweck entartet. Sie dient nicht mehr der eigentlichen Haushaltsdeckung, sondern der Finanzierung der von ihr selbst erzeugten Tilgungs- und Zinsausgaben mit der Folge eines eigendynamisch immer schneller und steiler wachsenden Schulden-

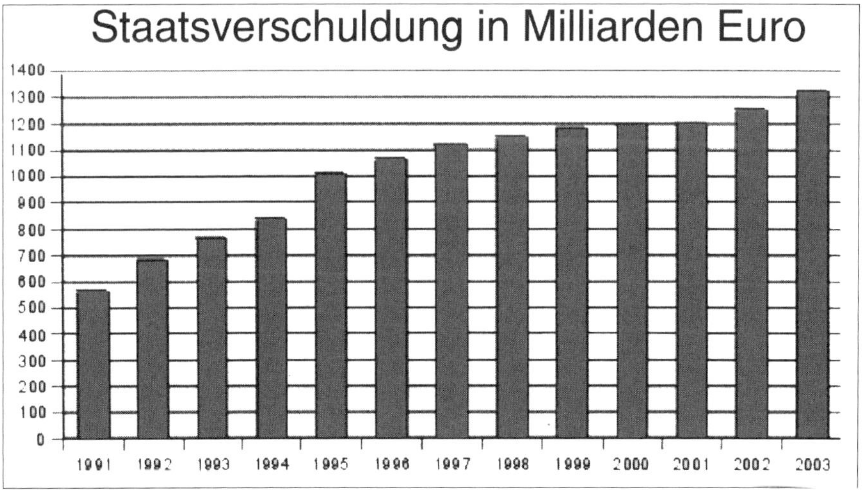

Staatsverschuldung Deutschlands in Milliarden Euro

berges zu Lasten der nachfolgenden Generationen. Die im Zuge der Verwaltungsreform, durch Ausgaben-Einsparungen und Steuer-Erhöhungen neu gewonnenen Haushaltsmittel versickern bereits einige Jahre später wieder in neuen riesigen Haushaltslöchern, die vom schneller und steiler als die Steuereinnahmen wachsenden Moloch Zinseszinsausgaben gegraben werden.

Wesentlich aber ist, daß diese beiden Fakten nicht zufällig diese Charakteristik aufweisen, sondern daß dies in folgendem Sinne zwingend notwendig ist.

Die Entwicklung in Deutschland seit 1991 zeigt folgenden Verlauf (in Milliarden Euro nominal, Quelle: Destatis):

Die Wachstumsrate betrug in den Jahren 1991 bis 1998 ~10,6% p.a.
Die Wachstumsrate betrug in den Jahren 1998 bis 2003 ~ 2,8% p.a.
Die Abflachung im Jahre 2000 ergibt sich aus der Versteigerung der UMTS-Lizenzen in Deutschland.

Jahr	Bruttokredit-aufnahme (Mrd. €)	Nettokredit-aufnahme (Mrd. €)	Staatsver-schuldung (Mrd. €)	Defizit-quote (% des BIP)
1998	120,4	32,7	1.153	2,2
1999	150,3	31,7	1.183	1,5
2000	132,4	19,8	1.198	-1,3
2001	134,1	6,5	1.203	2,8
2002	179,1	51,7	1.253	3,5
2003	?	62,9	1.326	4,0
2004	?	61,7	1.395	3,7
2005	?	49,6	1.448	3,3
2006	?	27,9	1.486	1,7
10. 2. 2009	?	?	1.607	?

Quelle: Statistisches Bundesamt http://www.destatis.de (Bruttokreditaufnahme nur für den Bund)

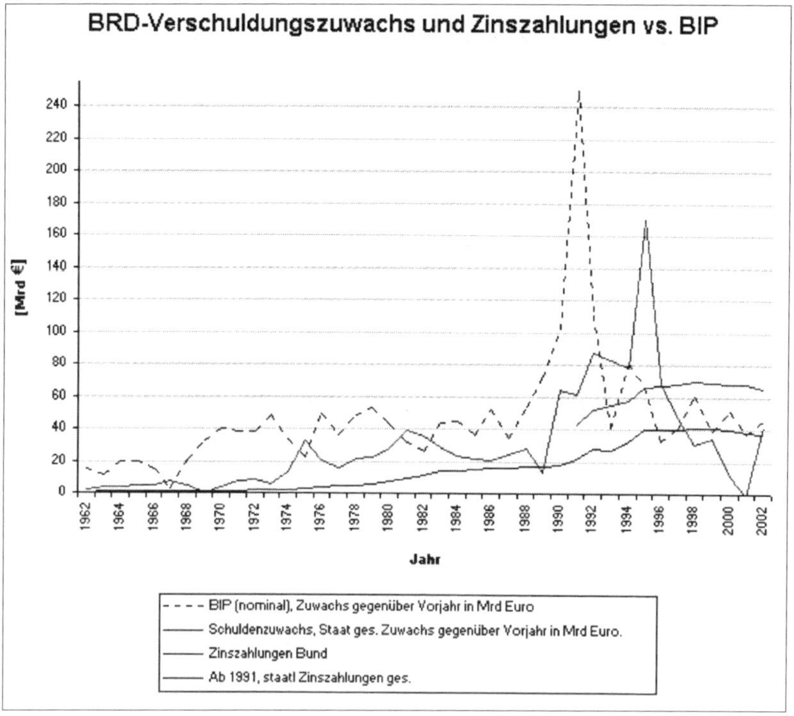

Gesamtstaatlicher Schuldenzuwachs (Nettokreditaufnahme)
Januar–Juli 2003: 62,2 Mrd. €

BIP-Zuwachs Januar–Juli 2003 (gegenüber Vorjahr): 8,4 Mrd €[254]

8.2 Das Doppeldefizit der USA

Frank Shostak[255] diskutiert in einem Artikel vom Februar 2006, ob »das sich ausweitende Handelsdefizit der USA eine Bedrohung der Wirtschaft darstelle«. Wir zitieren daraus, um die aktuelle Lage zu kennzeichnen.

»Die meisten Ökonomen sind äußerst besorgt über die Auswirkungen des sich ausweitenden Außenhandels-Defizits (*current account*). Im Jahre 2004 betrug das Handels-Defizit 668 Mrd. Dollar, d. h. 5,7 % des BIP. Für 2005 wurde ein Defizit von 788 Mrd. geschätzt, oder 6,3 % des BIP. Als Ergebnis dieser steigenden jährlichen Handelsdefizite hat sich die akkumulierte US-Netto-Verschuldung auf 5,1 Billionen (5100 Mrd.) Dollar im Jahre 2005 erhöht, nach einem

251 Quelle: www.dcstatis.de/indicators/d/vgr110ad.htm

255 Ein Wirtschaftswissenschaftler am Mises-Institut.

Stand im Jahre 2004 von 4,3 Billionen Dollar. Als Prozentsatz der jährlichen US-Wirtschaftsleistung (BIP) stiegen dies in 2005 auf 41 % gegenüber 37 % im Vorjahr und 4,9 % im Jahre 1980.« Das war jenes Jahr, in dem die Handelsbilanz mit jährlich ständig steigenden Defiziten zu solch astronomischer Höhe der Außenhandelsverschuldung stieg.

Die Entwicklung des Handelsbilanz-Defizits nach den Veröffentlichungen des U.S. *Census Bureaus*, U.S. *Bureau of Economic Analysis*,[256] zeigt nachfolgende Tabelle (Wert in Milliarden Dollar).

1992	1993	1994	1995	1996	1997	1998	1999	2000
39,2	70,3	98,5	96,4	104,0	118,3	166,1	265,0	279,8

2001	2002	2003	2004	2005	2006	2007	2008
365,1	423,7	496,9	612,1	714,4	758,5	700	677

Wikipedia zeigt in einer Graphik, wie sich das *zweite Defizit*, das des US-Bundeshaushalts, seit 1791 bis 2006 entwickelt hat. Bis auf wenige Jahre im 19. Jahrhundert gab es immer Defizite, die seit der Weltwirtschaftskrise in den dreißiger Jahren immer größer wurden, mit einer Spitze während und nach dem Zweiten Weltkrieg.

Die Schulden der öffentlichen Hand (*United States public debt*), allgemein als Staatsschulden (*national debt, gross federal debt* oder *U.S. government debt*) bezeichnet, sind jener Betrag, den die Bundesregierung den Gläubigern schuldet, die diese Schuldtitel in Form von *US Debt Instruments* (z.B. *Treasury Bonds* – Staatsanleihen) halten. Ende 2006 belief sich die Bundesschuld auf 4,9 Billionen Dollar. Dieser Betrag schließt die Schulden der Bundesstaaten nicht ein. Auch beinhaltet er nicht die Schuldverpflichtung aus den Ansprüchen gegen die Sozial- und Kranken›versicherung‹. Wenn man diese sonstigen öffentlich-rechtlichen Verpflichtungen (*intra-government obligations*) dazu nimmt, steigt der Schuldenstand im Februar 2009 auf 10,*7 Billionen Dollar*, und wenn die nicht bedeckten Verpflichtungen (der Gesundheitsvorsorge und Rentenansprüche) noch dazu gerechnet werden, steigen die Gesamtobligationen *des Staates* dramatisch auf 59,1 Billionen Dollar (59100 Mrd.). Im Jahre 2005 betrugen die Schulden der Öffentlichen Hand (*public debt*), also nur der US-Bundesregierung, 64,7 % des BIP, heute 92,2 (2008/9).

[256] U.S. Department of Commerce, Washington, D.C. 20230. U.S. International Trade in Goods and Services, *Annual Revision for 2006.*

Manche Ökonomen meinen, daß dies nichts bedeute, weil die USA sozusagen die Schulden bei sich selbst haben. Diese merkwürdige Ansicht macht offensichtlich keinen Unterschied, wer wem was schuldet. Von dem abgesehen, ist sie aber auch unrichtig, weil zugleich berichtet wird, daß etwa 44 % dieser Staatsschulden von ausländischen Gläubigern gehalten werden. Diese Schulden der Öffentlichen Hand zusammen mit dem Handelsdefizit (der privaten Konzerne) in Höhe von 5,1 Billionen Dollar sind also der gegenwärtige Status der US-Verpflichtungen gegenüber dem Ausland.

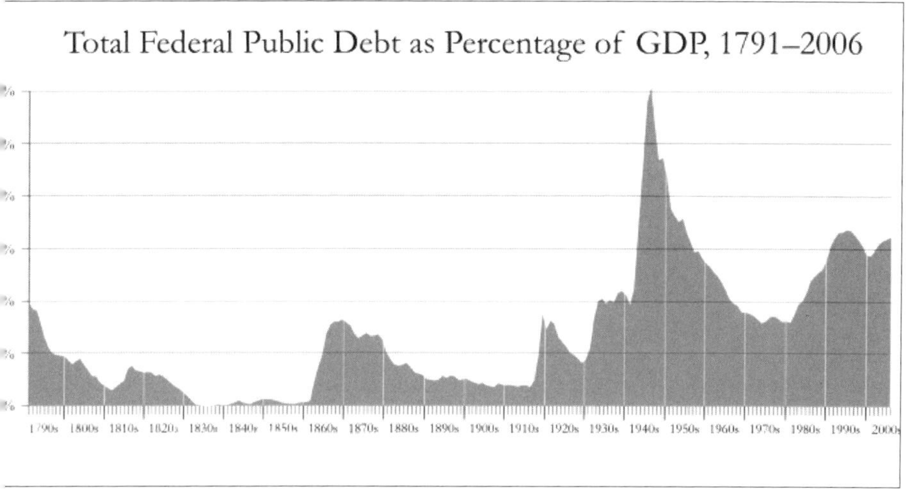

Federal debt in percentage of GDP

8.3 Hauptsätze der Volkswirtschaftslehre

Erster Hauptsatz der Volkswirtschaftslehre:[257] »Die Gesamtheit der Guthaben ist in einem geschlossenen Geld- und Wirtschaftssystem stets gleich hoch wie die Gesamtheit der Schulden.« Diese Aussage gilt offenkundig, für das Verständnis des Folgenden ist sie von grundlegender Bedeutung.

[257] Die Bezeichnung 1. und 2. Hauptsatz der Volkswirtschaftslehre wurde zwar in Anlehnung an den l. Hauptsatz der Wärmelehre (»Die Gesamtenergie in einem geschlossenen System ist konstant«) und an den 2. Hauptsatz der Wärmetheorie (»Die Entropie in einem geschlossenen System nimmt stets zu«) gewählt, wenngleich, um Mißverständnissen von vornherein vorzubeugen, festgehalten werden muß, daß es sich dabei um eine Analogie handelt, und nicht um einen direkten logischen Zusammenhang zwischen diesen und den physikalischen Sätzen.

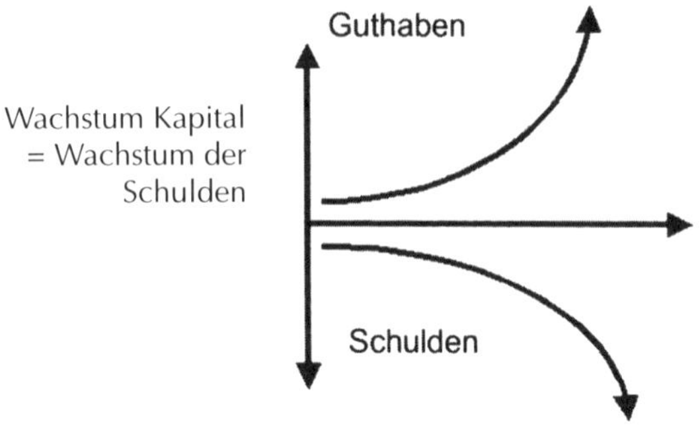

Zweiter Hauptsatz der Volkswirtschaftslehre: »Die Gesamtheit der Guthaben und die Gesamtheit der Schulden nehmen in einem geschlossenen Geld- und Wirtschaftssystem der bestehenden Art stets zu. Sie können nur durch unerwünschte Ausnahmezustände wie Depression, Krieg, Hyperinflation oder Währungsreform abgebaut werden.«

Dieser 2. Hauptsatz scheint zunächst der individuellen Erfahrung zu widersprechen, denn es scheint zunächst offenkundig zu sein, daß »ich meine Schulden abbauen kann, indem ich spare und die Schulden zurückzahle«. Diese Tatsache ist zwar für einen Einzelnen richtig, sie gilt aber keineswegs für die Gesamtheit aller Schuldner. Darin liegt es, daß die Tragweite der Bedeutung dieses 2. Hauptsatzes emotional nicht richtig begriffen wird.

Es liegt nämlich keineswegs allein in der Macht der Gesamtheit der Schuldner, die Gesamtheit der Schulden durch Sparen abzubauen, sondern dies ist nur dann möglich, wenn auch die Gesamtheit der Guthabensbesitzer dies will. Denn wegen des 1. Hauptsatzes ist ein Abbau der Gesamtheit der Schulden nur dann möglich, wenn gleichzeitig auch die Gesamtheit der Guthaben abgebaut wird. Guthaben werden aber nur dann abgebaut, wenn die Guthabensbesitzer dasjenige konsumieren oder als Eigen- oder Wagniskapital investieren, was die Schuldner sparen. Wenn die Guthabensbesitzer dasjenige, was die Sparer sparen wollen, nicht konsumieren oder als Eigenkapital investieren, bekommen die Sparer kein Geld, um ihre Schulden zurückzuzahlen. In dieser Situation kommt es zur Depression. Der Kern des Problems liegt darin, daß Geldguthabensbesitzer weder konsumieren noch investieren wollen, sondern daran interessiert sind, ihre Geldguthaben zu vermehren, über die Zinsen ein leistungsloses Einkommen zu bekommen. In der Regel sind wegen der zunehmenden Konzentration der Geldguthaben die Zinserträge auch so hoch, daß sie nicht konsumiert werden *können.*

Sie sind auch nicht bereit, selbst zu investieren, denn Geldguthaben zur Eigenkapitalbildung einzusetzen bedeutet Bereitschaft zu Risiko. Der Besitz von Staatspapieren wird als sicherer eingeschätzt als der Einsatz von Eigenkapital. Seit Mitte der achtziger Jahre waren die Erträge von Finanzkapitalanlagen regelmäßig höher als jene von Realkapital, also Investitionen in Produktionsunternehmen. Das gilt natürlich nur, solange es zu keinem Kollaps kommt. Dann sind Schuldscheine nichts wert, Aktien aber immerhin noch ein Titel für Real-Kapital, also Firmen.

Zusammenfassend läßt sich feststellen, daß Schulden zwar von einer Person auf eine andere Person, vom Staat auf die Unternehmen und umgekehrt und von einem Staat auf einen anderen Staat übertragen werden, daß sie in der Gesamtheit aber nicht abgebaut werden können.

Es sind also die Habenzinsen, welche die Problemursache darstellen, und nicht die Sollzinsen. Denn die Habenzinsen führen zum Anreiz für das Wachstum der Guthaben, und erst dieser Anreiz auf das Wachstum der Guthaben führt zum Druck auf das Schuldenwachstum.

Da fortwährendes reales Wirtschaftswachstum exponentiell nicht möglich ist, müssen die Wachstumsraten immer weiter sinken. Da der reale Habenzinssatz für langfristige Anleihen immer größer als mindestens etwa 3 Prozent ist, müssen die Wachstumsraten zwangsläufig irgendwann unter diesen Zinssatz sinken. Dies ist in den Industrienationen seit etwa 1980 der Fall. Ab diesem Zeitpunkt läßt die Bereitschaft der Unternehmer, sich zu verschulden, nach, weil die Zinsen für Investitionen nicht mehr durch größeres Wachstum erwirtschaftet werden können, sondern Finanzanlagen attraktiver werden. Der 2. Hauptsatz ›fordert‹ nun, daß der Staat sich höher verschulden muß, um eine Depression zu verhindern. Die zunehmende Staatsverschuldung kann aber eine Depression nur zeitlich verzögern, nicht aber verhindern, da die Staatsschuld wegen des Zinseszinseffektes nicht beliebig erhöhbar ist. *In diesem Sinne scheint ein Abbau der Guthaben und Schulden durch Depression, Krieg, Inflation oder Währungsreform und damit einhergehend die politische Destabilisierung unvermeidbar.*

Wie oben bereits erwähnt, gibt es nur drei Arten von Schuldnern:
- den Staat,
- Unternehmen und
- private Haushalte.

Wenn die Bonität und die Rückzahlungsfähigkeit erschöpft sind, bekommen Private keinen Kredit mehr. Sie sind ab einem gewissen Punkt nicht mehr in der Lage, sich weiter zu verschulden.

Wenn Unternehmen keine zahlungsfähigen – liquiden – Märkte erkennen, sie also die Produktion nicht ausweiten können, haben sie keinen Anlaß, Kredite aufzunehmen. Überdies ist auch hier durch die Bonität eine Grenze gesetzt. Die bei uns oft geringe Eigenkapitalquote zeigt an, daß der Rahmen meist schon erschöpft ist.

Der Staat, etwa als Mitglied der EU, sollte eine maximale Verschuldung von 60 Prozent des BIP nicht überschreiten. Das ist zwar in den meisten Ländern längst überschritten, wobei zusätzlich in der ›Berechnung‹ der Staatsverschuldung die viel größeren Verbindlichkeiten durch das gesetzliche Sozialsystem, vor allem die Renten, noch gar nicht berücksichtigt sind. Mit anderen Worten: Auch der Staat, die Öffentliche Hand, ist am Ende.

Vom Wiener Baurat und beeideten Gerichtssachverständigen Dipl.-Ing. Walter LÜFTL, einem ausgewiesenen Naturwissenschaftler also, stammt die Formel – hier in Worten, nicht in Zahlen:

»Steigen Schulden schneller als das, woraus sie verdient werden können, kommt es in berechenbar endlicher Zeit zum Bankrott. Das gilt für Tante-Emma-Läden genauso. Beim Staat ist das, woraus er sich bedienen kann, nur die Wirtschaftsleistung, das BIP, und wächst die langsamer als die Staatsverschuldung, dann. . .« (vollenden Sie den Satz bitte selbst!) *Alle* Staaten sind hart unterm Wind auf Bankrott-Kurs.

FÜNFTES KAPITEL

Markt, ökonomisches Kalkül

1 Die Theorie und Praxis des ›freien Marktes‹

Sie beruhen auf den nachfolgenden behaupteten Annahmen (Axiomen):

- Im allgemeinen haben die Teilnehmer vergleichbare (Markt-) Macht. Insbesondere gibt es keine Mono- oder Oligopole, und selbstverständlich gibt es keine den Markt beherrschende Partei oder andere Macht.
- Es gibt freie und allgemein verfügbare Informationen über Produkte, Qualitäten, Preise usw.
- Es gibt keine Markt-Eintrittsbarrieren für Neueinsteiger.
- Der ›Preis‹ ist das universelle ›Signal‹, das über alle bedeutsamen Parameter von Produkten oder Dienstleistungen informiert.

Die Theorie postuliert auch ein Gleichgewicht zwischen Angebot und Nachfrage,[258] das am besten den niedrigsten und fairen Preis hervorbringe und außerdem die optimale Zuordnung der knappen Ressourcen bewirke.

Keine von diesen Hypothesen trifft in der wirklichen Wirtschaft auch nur im entferntesten zu.

Es ist offensichtlich, daß IBM, Sony, Exxon, Microsoft, Boeing, Philip Morris usw. eine führende Stellung und marktbeherrschende Macht haben.

Die ›volle Information‹ ist eine Illusion. Es ist ja sogar schwer bis oft unmöglich und zeitaufwendig, die Produkte des Wochenmarktes zu vergleichen. Wie schwer ist das erst bei wirklich komplexen Angeboten oder wenn diese örtlich weit auseinander liegen? Im allgemeinen sind Kunden überhaupt nicht in der Lage, Qualität oder Funktionalität zu beurteilen und zu vergleichen.

Auch der freie Zugang zum Markt ist eine Illusion. Es gehört zu den strategischen Zielen der bereits Etablierten, den neu Eintretenden den Zutritt zu verwehren oder möglichst zu erschweren. Die Kapitalfrage erweist sich bereits als fast unüberwindliche Barriere.

---

[258] Gerade diese theoretische Unterstellung ist insbesondere für die ›*financial markets*‹ – aber auch für die meisten Börsen – gänzlich unzutreffend. Es ist fast ausschließlich von »hoher Volatilität« zu lesen, d. h. von wilden Preisschwankungen, und das Kennzeichen dieser ›Märkte‹ ist geradezu, daß es *kein* ›Gleichgewicht‹, keine Ruhe gibt, sondern reißende Bewegung, dem Niagara-Fall vergleichbar.

Der Preis als Universalsignal ist eine Fiktion. Marketing-Methoden zielen darauf ab, praktisch *identische* Produkte so zu differenzieren, daß sie *nicht mehr* vergleichbar sind, und zwar mittels nutzloser oder unnötiger Zutaten, nicht benötigter ›Services‹ usw. Das Ideal sähen die Marktwirtschaftler und Strategen im ›Ein-Produkt-und-ein-Kunden-Markt‹ erreicht, sprich in der Ausschaltung jeglicher Konkurrenz! Jeder differenzierende Vorteil – Zahlungskonditionen, Nachlässe, Lieferbedingungen, Garantien, ›alles-inklusive‹-Dienste, Angebot der unterschiedlichsten Finanzierungsformen bis zum Miet- oder Leasingvertrag usw. – sind nur Methoden, um das ›universelle Signal‹, den wirklichen Preis, zum am besten gehüteten Geheimnis zu machen.

Zusammengefaßt ergibt sich: Die neo-klassische Theorie stimmt mit der ökonomischen Wirklichkeit nicht überein. Die theoretisch prognostizierten Ergebnisse der ›Freimarkt‹-Ökonomie verwirklichen sich nicht und nirgends, sie sind bloße Propaganda!

Die »unsichtbare Hand« Adam SMITHS ist eine Illusion, aber sie ist ihren Verfechtern nützlich, die Folgen des Neoliberalismus zu verbergen: die ungerechtfertigten Vorteile globaler Konzerne zu ermöglichen, zu erhalten und zu rechtfertigen, ebenso die unverantwortete Macht über die Gesellschaft und die Nationen. Sie dient dazu, die Kontrolle über den Markt zu sichern und jegliche gesetzliche Beschränkungen von vornherein zu unterlaufen.

Was die Ressourcen-Allokation betrifft, so wäre ein verantwortlicher und überlegter Umgang nach Prioritäten der Gesellschaft oder der Nation, aber auch kleinerer Gruppen wie Gemeinden, Siedlergemeinschaften in städtischen Gebieten hinsichtlich der Landnutzung, Infrastruktur, öffentlicher Dienste usw. bei weitem besser. Es ist dies meist auch der einzige Weg, die Zuordnungsprobleme zu lösen: Beispielsweise führt die Bodenspekulation entweder zur Verknappung des Bodens für den Wohnbau oder zur Zersiedelung der Gegend, weil sie sich kaum um die nötige Infrastruktur kümmert (Wasseranschluß, Straßen, Kanal, Elektrizität, Müllabfuhr usw.).

Der Raubtierkapitalismus – die Folge der »unsichtbaren Hand« und des Neoliberalismus – ist jedenfalls keine Alternative zu verantworteter Planung, verbunden mit persönlicher Verantwortung und einem ›*kontrollierten* Wettbewerb‹.

Unglücklicherweise hat sich schon seit einigen Jahren das Management der (großen) europäischen Konzerne der amerikanischen Denkweise sehr angenähert. Anzeichen dafür sind die Großfusionen und Firmenaufkäufe, zum Beispiel Novartis – CH, Mercedes-Chrysler – USA/D, die geänderten Bilanz- und Veröffentlichungsvorschriften bei großen Konzernen. Das sind Maßnahmen, die mit größerer Transparenz gegenüber den US-Aktionären und Investoren, der Tätigkeit auf dem US-Markt, gesetzlichen Vorschriften in den USA für dort an der Börse gehandelten Unternehmensaktien usw. begründet werden. Sie dienen der Übernahme des Konzeptes der ›virtuellen Unternehmung‹, das die Globalisierung aller Unternehmensbereiche und -funktionen bedeutet.[259]

Als Ergebnis sind solche Firmen *ent-ortet.* Die Durchsetzung der legalen und steuerlichen Pflichten durch die nationale Regierung wird äußerst erschwert, wenn nicht überhaupt unmöglich gemacht. Die Folgen dieser Entwicklung sind

- schwindende Einkünfte des Staates für öffentliche Aufgaben und Verpflichtungen, z. B. Altersvorsorge,
- unter diesen Bedingungen und neoliberalen Dogmen die Zerstörung jeder nationalen Volkswirtschaft und
- die Unmöglichkeit eines echten Wiederaufbaus – etwa der vom Kommunismus ruinierten Länder.

Alles ist völlig frei in seiner Beweglichkeit: Güter, Dienstleistungen, Kapital, Gewinne, Verantwortung und Verantwortlichkeit im Fall gerichtlicher oder gesetzlicher Ansprüche – und nichts ist mehr unter der Kontrolle einer Volkswirtschaft oder der nationalen Gesetze. Nur die allgemeine *Immobilität der Arbeit,* also der Menschen, und *der Quellen nationaler Einkünfte* des Staates, ist geblieben.

Die Lage der Länder der EU mit ihren »vier Freiheiten« ist heute nicht mehr auf diese allein beschränkt. Diese »vier Freiheiten« wurden weitgehend global durchgesetzt:

- unbegrenzter Personenverkehr, was Massenwanderung und multiethnische Probleme mit sich bringt,
- unbehinderter Warenverkehr,
- unbehinderter Verkehr für Dienstleistungen,
- unbehinderter Transfer von Kapital und Gewinnen.

Somit sind diese Prinzipien des ›freien Marktes‹ eine der Hauptursachen für die Zerstörung Europas.

Einige Aspekte des ›deutschen‹ Wirtschaftskonzeptes seien noch hervorgehoben.

---

[259] Siehe dazu unsere Ausführungen im Kapitel: »Moderne Technik als Voraussetzung der Globalisierung«, in: E. HAMERS, *Wie kann der Mittelstand die Globalisierung bestehen?*, Aton, Unna 2005.

Es ist wohl unbestritten, daß alle Länder, die sich der herrschenden Anschauung des Raubtierkapitalismus zu widersetzen suchten, mit dem Belagerungszustand bestraft wurden. Embargos und Blokkaden sind freilich eines der gefährlichsten Kriegsmittel, Embargo und Boykott sind Krieg in anderer Form. Wie kann man sich also schützen?

Man kann sich schützen, indem man versucht, autark zu werden. Autarkie ist Verteidigung in dieser Art des Krieges. Wer dies erfolgreich tut, also sich verteidigt, wird heute allerdings von den feindlichen Mächten als ›Schurkenstaat‹ diffamiert und schließlich mit Krieg überzogen. Im Fall Deutschlands mußte dessen Wirtschaftssystem sehr erfolgreich gewesen sein – und es war wohl auch einer der eigentlichen Kriegsgründe für den Zweiten Weltkrieg. Der sichtbare Erfolg der Deutschen vor Kriegsbeginn war so beeindruckend, daß er die Grundsätze des ›freien Markte‹ und des unbegrenzten Welthandels grundsätzlich in Frage stellte. Dasselbe würde heute der Fall sein, nur die Lage ist eine andere: Die auf dem neoklassischen Dogma beruhende Ökonomie ist erkennbar am Zusammenbruch. Er wurde mit der Pleite von Bear-Sterns eingeleitet.

Schritte in Richtung Autarkie jetzt zu organisieren wird der einzige Weg zum Überleben dieser Katastrophe sein – als Einzelner und als organische Gemeinschaft des Volkes.

Es ist die Realwirtschaft wiederherzustellen. Rahmenbedingungen müssen geschaffen werden, um den Ausnahmezustand zu beherrschen.[260] Die dazu nötigen Entscheidungen werden anders als durch ›demokratische‹ Verfahren zu legitimieren sein.[261] Die Gesellschaft wird sich wieder in einer hierarchisch gegliederten Weise organisieren, und die Zersplitterung der Menschen und der Nation in Parteien wird und muß überwunden werden.

Solches sind weitere grundsätzliche Gedanken für eine Wiedergeburt Deutschlands. Das erfolgreiche eigene Beispiel aus der Vergangenheit kann in zahlreichen Dokumenten studiert werden, vor allem in solchen, die von jenen Persönlichkeiten stammen, die dafür

---

[260] Am 12. 9. 2004 hatte die rot-grüne Koalition in Deutschland – klammheimlich, wenngleich als vorsorgliche Maßnahme für den Notstand – in der Urlaubszeit ein Wirtschafts-Sicherungsgesetz beschlossen. Gehört hatte man darüber nichts, weil solche Maßnahmen vom Publikum nicht als Zeichen des ›Aufschwungs‹ interpretiert werden.

[261] Dies hatte schon Yehezkel DROR, emeritierter Professor der Hebräischen Universität Jerusalem, in seinem Bericht an den Club of Rome ausgeführt, der dann unter dem Titel *Ist die Erde noch regierbar?* erschienen ist.

die Verantwortung trugen und diese Ideen in der Wirtschaft tatsächlich auch praktisch umsetzten.

Obwohl die Bewährung in der Praxis das stärkste Gewicht hat, soll die Begründung solch fundamentaler Änderungen der Ordnungsprinzipien gegenüber der herrschenden Freihandels-Doktrin auch noch theoretisch - im Kapitel über Autarkie - diskutiert werden.

2 Ideologische Elemente der neoklassischen Theorie[262]

Wir wollen aber einige Fragwürdigkeiten heutiger Dogmen der ›freien Marktwirtschaft‹ beleuchten. Unter obigem Titel hatte F. ROMIG Anfang der siebziger Jahre eine Kritik der P. SAMUELSONschen Theorien - dem zig-tausendfach aufgelegten ›Klassiker‹ der Volkswirtschaftslehre in der ›westlichen Welt‹ - veröffentlicht. Er hatte damit die Lehren SAMUELSONS als »Ideologie eines räuberischen Kapitalismus« erledigt. SAMUELSONS Wirtschaftstheorie ist aber heute aktueller denn je. Beängstigend ist, daß mit solchen *herrschenden* Theorien wirtschaftliche Handlungsmaximen und politische Glaubenssätze festgelegt, begründet und durchgesetzt werden, die mit der Wirklichkeit nichts zu tun haben und zerstörerisch sind. Da wir es besser wissen könnten und auch Alternativen in Theorie und teilweise sogar Praxis existieren und existierten, müssen wir uns eingestehen, daß wir eigentlich einem Selbstbetrug unterliegen.

Hermann HESSES *Glasperlenspiel* beschreibt in bewundernswürdiger Weise den hier zugrunde liegenden Mechanismus. In heutiger Zeit wird dies noch verstärkt durch PR und Werbung, die in den Dienst der Durchsetzung bestimmter Dogmen gestellt sind. Daß dies keine Übertreibung oder gar kein Verrat der hehren Wissenschaft ist, belegen die Zeugnisse ihrer berühmtesten Vertreter.

ROMIG hat in seinen *Ideologischen Elementen* den Nachweis erbracht, daß die fundamentalen Axiome der neoklassischen Wirtschaftstheorie

---

[262] Friedrich ROMIG, *Die Ideologischen Elemente der neoklassischen Theorie,* Duncker & Humblot, Berlin 1973. Dieses auf relativ wenigen Seiten kondensierte Werk ist ein Schlüssel zum Verständnis der liberalen, individualistischen, atomistischen Wirtschaftsordnung. ROMIG setzt sich hier mit den Dogmen des amerikanischen Nobelpreisträgers Paul A. SAMUELSON auseinander und bringt das ganze Lehrgebäude dieses führenden Vertreters der heute geltenden neoklassischen Wirtschaftstheorie zum Einsturz. ROMIG ist ein Vertreter der SPANNschen ganzheitlichen Schule und über dessen Schüler Walter HEINRICH indirekt auch SPANN-Schüler.
Hier sind beispielhaft einige Bemerkungen zum Markt - in geraffter Form - dem genannten Werk entnommen, darunter auch direkte Zitate von ROMIG.

Tautologien oder nicht denkbare, also nichtige, Vorstellungen enthalten, mit denen das ganze Lehrgebäude einstürzt, ohne daß man sich mit den vielfältigen Verästelungen dieser Lehre im einzelnen noch befassen müßte. Wenn unser ganzes Wirtschaftssystem trotzdem darauf gebaut ist, so hat das natürlich Folgen: Es werden aus wirtschaftlichen und gesellschaftlichen Tatsachen falsche Schlüsse gezogen. Der Kompaß weist in die falsche Richtung, in den Abgrund.

Dieser *Aberglaube* hat natürlich auch Gründe. Es werden mit ihm eine Ideologie und ihre (zweifelhaften) Ziele begründet und unterstützt. Angesichts der globalen Konzerne und ihrer globalen Herrschaft bedeutet das also mit der sie ›legitimierenden‹ Wirtschaftstheorie, ihnen die ideologische ›Räuberleiter‹ zu machen. Und das tut die ›Chicagoer Schule‹ natürlich in erster Linie. Betrachtet man die Folgen der Globalisierung, so ist die Feststellung, daß es sich um *Raub* dreht, keine Übertreibung.

Daß es sich schon deswegen *nicht* um wissenschaftliche Erkenntnis handeln kann, ist klar. Aber auch die zugrunde liegende Methode des Empirismus ist ebenfalls nur scheinbar Wissenschaft und das Flachste, was man finden konnte. ›Empirismus‹ ist nämlich kein Kriterium für Wahrheit oder Erkenntnis, es kommt auf die *konkrete* Problemstellung an, das heißt auf die Theorie *vor* aller empirischen Datensammlung. Und die Mathematisierung hilft nur insoweit, als sich ein Computer üblicherweise nicht verrechnet, aber für die Wahrheit der Theorie liefert sie keinen Beweis oder wirkliche ›Erkenntnisse‹. Mit der ›Durchsetzungsstrategie‹, wie sie von Nobelpreisträger G. STIGLER ganz offenherzig dargelegt wird, unterstreicht STIGLER ja auch dass Bestreben der US-›Wirtschafts-Wissenschaft‹ – insbesondere der Chicagoer School of Economics und des Department of Economics –, eine ›Schule‹ begründen, also ›Jünger‹, sprich bedingungslose Anhänger, hervorbringen zu wollen.

Es mag sein, daß die abwertend so bezeichnete ›Kathederforschung‹ der Europäer weniger unmittelbar zu ›ökonomischen Kennzahlen‹ für das Management führt. Es kann auch sein, daß mehr praktische Überprüfung und Faktenanalyse nützlich sein könnten. Unbestritten ist auch, daß die Diskussionen in kleinem Kreis mit den Lehrern besser sind als Massenvorlesungen und ein schlechtes Schüler-Lehrer-Verhältnis. Ist das aber ein Kriterium für Wissenschaftlichkeit?

Es ist offenkundig, daß die als methodische Ursache für den Erfolg der ›Chicagoer Schule‹ gelobte mathematisch-mechanistische Modellbildung weit über das Ziel hinausschießt, wenn damit

a. ›Glasperlenspiele‹ veranstaltet werden: »Jeder ist nur so gut wie sein letztes ›*paper*‹«. – Das heißt, daß ein ständiger Strom von ›Neuem‹ das noch kaum gesicherte ›Alte‹ entmodet. Um welche Erkenntnis oder Wahrheit bemüht man sich dabei? – und

b. die *Methode* zum ›universalen‹ Gesetz hochstilisiert und Welterklärungsdogma wird, das auch gesellschaftliche, kulturelle usw. Fragen seinem ›*black-box*‹-Verfahren unterwirft (Ronald H. COARSES Lehre sei ein Beispiel für M. FRIEDMANS drittes Kennzeichen der ›Chicagoer Schule‹: »Übertragung der ökonomischen Ansätze auf andere Disziplinen.«)

Der Umfang der ausschließlichen Betrachtung der Welt unter dem ›ökonomischen Kalkül‹ ist erschreckend genug, und die nihilistischen Folgen sind wahrhaft beängstigend.

Wirkliche Kriterien für ›Wissenschaft‹ sind ›Wahrheit‹, ›Erkenntnis‹ und Redlichkeit, nicht aber der möglichst große Beifall. Das eine findet sich eher selten, das andere ist Meinung, ein Massenartikel, und somit eigentlich das Gegenteil von Wissenschaft.

Was ›Chicago‹ also auszeichnet, ist die Tatsache, daß hier der ideologische Überbau für das beherrschende US-amerikanische kapitalistisch-neoliberale ›Industriesystem‹ bereitgestellt wird. Es dreht sich also um Macht- und Herrschaftsfragen, nicht jedoch um die ›Wahrheit oder Erkenntnis der Wissenschaft‹, am wenigsten um das *bonum commune*, das Allgemeinwohl.

Es wurde auch explizit zum Ausdruck gebracht: Der Erfolg der Chicagoer Ökonomen liegt in ihrem Bekenntnis[263] zur Marktwirtschaft und in ihrem *Durchsetzungsvermögen*. Der Nobelpreisträger George STIGLER, zusammen mit Milton FRIEDMAN Begründer der ›Chicagoer Schule‹, hat es in seinen Memoiren so ausgedrückt: »Eine brillante Arbeit, die niemand liest oder die für falsch gehalten wird,[264] ist ein völliger Fehlschlag. *Allgemeine Akzeptanz ist der eigentliche Maßstab für Exzellenz.*« Dementsprechend wird mit Energie an der öffentlichen Durchsetzung, auch mit Marketing-Methoden, gearbeitet.

---

[263] Bisher hielt man ein *Bekenntnis* für eine religiöse Angelegenheit: Man »glaubt an Gott, die heilige, katholische Kirche, die Gemeinschaft der Heiligen. . .« Die Wissenschaft *fragt, hinterfragt, beweist* im Rahmen der Gültigkeit ihrer Axiome. Bekennen muß sie nicht, außer es handelt sich um Dogmen.

[264] Also nicht das objektive Falsch- oder Richtig-Sein ist für diese Art Wissenschaft entscheidend, sondern eine mehr oder weniger kompetente *Meinung* der Massen.

Wird eine Lehre aber erst einmal *geglaubt*, so ist ihre Stellung der einen Religion ähnlich. Sie missioniert, abweichende Ansichten sind Häresien, ihre Vertreter sind Ketzer, die auf den Scheiterhaufen gehörten, die allein zu glaubende Lehre ist ein Dogma, das heißt eine nicht zu bezweifelnde ›Wahrheit‹. Hoher Priester kann nur werden, wer innerhalb der gültigen Grundüberzeugungen einen ergänzenden Ritus allenfalls hervorbringt, nicht aber, wenn es eine andere, *neue* Lehre wäre.

Genau diese Praxis hat Hermann HESSE im *Glasperlenspiel* beschrieben.

Betrachten wir nun einige der zentralen Begriffe der heutigen Wirtschaftsdoktrin.[265]

2.1 Angebot und Nachfrage

Dies sind die Grundbegriffe heutiger Marktwirtschaftsdoktrin, und doch handelt es sich nur um ein höchst fragliches Dogma. Es ist nichts weiter als eine Ablenkung vom wirklichen Geschehen mit Hilfe *behaupteter* Marktautomatismen. Wie überall kommt man dem auf die Spur, wenn man fragt:

Wem dienen sie?
Wer kontrolliert sie?
Wer bestimmt den Preis?
Wer plant die Produktion, wer den ›Bedarf‹?
Nach welchen Gesichtspunkten, auf welche Weise? Usw.

Wie es im einzelnen aussieht, soll nun gezeigt werden.

2.2 Die Nachfragekurve

Die Nachfragekurve ist eine gleichsam theoretisch-mathematische Begründung, daß die Nachfrage das vom Kunden gewünschte Angebot hervorbringe. Dieser Zusammenhang, dargestellt als eine Kurve (Funktion), ist aber eine praktische und theoretische Unmöglichkeit.

Wozu dient eigentlich das Dogma: »*The consumer is king*«? Diese Königtum-Lehre ist das Herzstück der Rechtfertigungsideologie des ›marktwirtschaftlichen‹ Systems, das über weite Strecken ein *dirigistisches* ist, allerdings immer dort am meisten, wo die *Konzerne*[266] eingreifen, und nicht dort, wo es der ›Staat‹ tut.

[265] Die Beispiele sind ROMIGS *Ideologischen Elementen...* entnommen.

[266] Man muß sich dabei klar machen, daß viele von ihnen so groß sind, daß nicht ›der Staat‹, sondern die Konzerne bestimmen, was wie gemacht wird.

Das ›Gesetz‹ der fallenden Nachfragekurve ist also eine Fiktion. Man ›beweist‹ es mit dem Geschehen bei einer Versteigerung. Aber es ist bei einer Auktion eines RENOIR-Gemäldes bei 10 Bietern und Kaufinteressenten nur *ein* RENOIR vorhanden. Es könnte gar keine Befriedigung einer ›Nachfrage‹ zu ›tieferen‹ Preisen erfolgen, und wären 10 RENOIRS verfügbar, so wäre der ursprüngliche Preis ein anderer, weil es sich um kein singuläres Einzelkunstwerk, sondern um etwas anderes handelte. Mit anderen Worten: Die Verbindung von Punkten in einem Koordinatensystem – die Einzelgebote und -verkäufe darstellen – ist eine unzulässige *Funktions*bildung, da jede einzelne Transaktion für sich abgeschlossen ist und weder aus der Vergangenheit noch von der Zukunft beeinflußt wird. Das durch die Funktion der ›Nachfragekurve‹ suggerierte Kontinuum gibt es in Wirklichkeit nicht.

2.3 Der fallende Grenznutzen

Da der ›Nutzen‹ in *Preisen* festgestellt wird, ist es dem Konsumenten ›überlassen‹ festzustellen, welchen Preis (= Nutzen) er einem Gut zumißt. Das ist aber die Einlullung der Konsumenten, die ihnen ›Freiheit‹ der Konsumwahl einredet. Aber wo wäre er wirklich frei?

Manche Produkte sind ja nicht substituierbar; etwa ›Schuhe gegen Mittagessen‹, und selbst wo es um Fleisch oder Erdäpfel geht, ist der ›Grenznutzen‹ nicht gleich. Wir landen hier höchstens beim Buridanischen Esel: Er konnte sich nicht zwischen zwei Heuhaufen entscheiden, welchen er fressen sollte, und so ist er verhungert.

2.4 Verbraucher-›Rente‹

Sie ist eine ideologische Stütze nur der Marktwirtschaft. Sie ist nicht meßbar, da die wenigsten Konsumenten überhaupt in der Lage sind, im Einzelfall ›Qualität‹ zu beurteilen. Es ist dies ein pseudo-quantitativer Schwindel, eine Messung von etwas, was nicht gemessen werden kann. Was wäre die Rente – der Nutzen – nach dem Konsum von Contergan?

Die Idee – das Ideal – der Marktwirtschaft besteht darin, daß der Eigentümer-Unternehmer frei handelt und entscheidet, was längst wegen der Vertrustung der Konzernstrukturen nicht mehr der Fall ist. Manager – ohne eigenes haftendes Eigenkapital – entscheiden, ein Quasi-Eigentum simulierend, tragen aber nicht die Konsequenzen, das heißt, sie *stehen nicht* mit ihrem persönlichen Vermögen für die von ihnen eingegangenen Risiken ein. Das war aber eine der Grundvoraussetzungen der ›freien Marktwirtschaft‹.

2.5 Verbrauchergleichgewichte

Da der ›Grenznutzen‹ in Geld (= dem Preis des Produktes) festgelegt wird, kommen wir zu jener tautologischen Aussage, daß der Grenznutzen (also der Preis) des Produktes 1 zu seinem Kaufpreis sich genau so verhält wie beim Produkt 2, 3,. . . zu deren jeweiligem Preis.

GN1 / P1 = GN2 / P2 = ... GNn / Pn = Σ GN/ Σ Geldeinkommen =
= $P_1/P_1 = P_2/P_2 = \dots P_n/P_n = 1$ ~ Eine sehr sinnvolle ›Aussage‹!

GN ... Grenznutzen, P... Preis
Σ ... Summe (der Grenznutzen bzw. Preise).

Würde der Konsument sein Budget tatsächlich nach ›Verbrauchergleichgewicht‹ einteilen, was täte er dann? Und *wer* tut das überhaupt? Das heißt, wer dächte in solchen von der Theorie behaupteten ›Zusammenhängen‹? Selbstverständlich kein Mensch.

Der Zweck dieser tautologischen Übung ist zu demonstrieren, daß alle Preise ›gerecht‹ sind. Der Konsument könne ›immer‹ seinen Nutzen optimieren, wenn er den Gürtel enger zu schnallen bereit ist. In steigenden Preisen drücke sich ein ›höherer Nutzen‹ aus. Die manipulierten Massen, die den vielfachen Preis für ein ›Marken‹-T-Shirt zahlen, das ganz nebenbei genauso aus Hongkong – womöglich aus derselben Fabrik – kommt wie ein ›*No-name*‹-Produkt, sollten davon einen höheren Nutzen haben? Eine kräftigere Allegorie *auf die Preistreiberei* ist kaum vorstellbar.

Man sollte das auch einmal hinsichtlich der ›regulierten Preise‹ der GAP betrachten,[267] die Tiefstpreise erzwingt und die Bauern zum Aufgeben nötigt. Auch hier wird von ›Markt‹ gesprochen, dem Agrarmarkt.

Die Frage und der einzige Schlüssel zur Er- und Aufklärung ist auch hier: *Cui bono?* Wem nutzt es?

---

[267] Gemeinsame Agrarmarkt-Politik der EU, das heißt die dirigistische Vernichtungsstrategie des Bauernstandes mit nicht kostendeckenden Preisen und staatlichen Transferleistungen, mit denen die Bauern in Abhängigkeit gehalten und/oder zum Aufgeben gezwungen werden. Wenn sich die Hilfen nach einiger Zeit verringern oder gestrichen werden, bedeutet es das endgültige Aus. Wie schändlich dieses System ist, zeigt der Umstand, daß etwa in Österreich das bäuerliche Einkommen zu weit über 50 Prozent von den Transferleistungen abhängt, und nicht vom Erlös der landwirtschaftlichen Produkte und der dafür nötigen Arbeit.

2.6 Die Angebotskurve

Die Ideologie der Angebotskurve macht die Unternehmen zum ›Anpasser‹ an Marktverhältnisse, zum gehorsamen Befehlsempfänger von ›Konsumentenwünschen‹. In der modernen Industriegesellschaft liegen die Verhältnisse aber anders: Die Industrie *fordert* und *erreicht die Anpassung der Märkte* und der Konsumentenwünsche, ja der ganzen Gesellschaft und ihrer Einrichtungen *an ihre Bedürfnisse*. Eben darin besteht das Wesen der modernen Industriegesellschaft. Oder denkt jemand wirklich, daß die Umstellung auf ein ›neues‹ Automodell wegen der Konsumentenwünsche erfolge? Es handelt sich um eine künstliche ›Entmodung‹ – Obsolenz – eines teuren Gebrauchsartikels, der weit längere Lebensdauer haben könnte, nur damit die Umsätze ›wachsen‹ können.

2.7 Faktorpreisbildung

»Weder sind die Unternehmen in der Lage, den optimalen Preis zu bestimmen, noch die optimale Ausbringungsmenge zu kalkulieren«, sagt Romig, »aber es werden keine Folgerungen für die Theorie gezogen, obwohl doch eine unüberbrückbare Diskrepanz zwischen Theorie und Praxis besteht, ja diese geradezu eine Verschleierung der wirklichen Vorgänge darstellt.« Tatsächlich ist es die *langfristige Planung und Kontrolle des Marktes* sowie die Verschmelzung von Wirtschaft und Staat zu einer untrennbaren, sich gegenseitig stützenden Einheit, die die sinnvolle Nutzung knapper Ressourcen bewirken und damit die günstigsten Preise überhaupt erst ermöglichen.

Aus eigener Erfahrung mit dem ›Preisbuch‹ – einem EDV-Datenbestand – mit über 40 000 Artikeln, die in Gruppen sinnvoll miteinander zu Konfigurationen zusammengestellt werden konnten, kann man ersehen, daß die gigantische Zahl von unterschiedlich kombinierbaren Systemen und damit Preisen von niemandem überblickt werden kann. Dasselbe traf erst recht für die unbekannten Mitbewerber-Systeme zu. Die Konfigurierung von funktionsfähigen IT-Systemen ist so komplex, daß ohne Computer-unterstützte Konfigurationshilfen ein funktionierendes System gar nicht zusammengestellt werden kann. Diese Erfahrung gilt natürlich in mehr oder weniger komplexen Bereichen ganz allgemein: Kein Mensch kann feststellen, ob ein Preis für ein Produkt gerechtfertigt ist, weil er keine Ahnung von den verborgenen Eigenschaften und Qualitätsmerkmalen hat und haben kann, womit natürlich auch ein Preisvergleich scheinbar gleichartiger Produkte sinnlos wird.

Damit fällt auch die Preisbildung als eine rationale Entscheidung des Managements, wie auch die Markt-Preisbildung. Es entspräche daher der Wahrheit, uns einzugestehen, daß wir uns hier im völligen Blindflug bewegen.

2.8 Optimale Allokation[268] von Boden

Grund und Boden sind offensichtlich knappe und begrenzte Ressourcen. (Wir diskutieren hier noch nicht, ob sie daher nicht besser ins Gemeineigentum, wie es bei den Russen früher – und überwiegend auch noch heute – der Fall ist, überführt werden sollten.) Das Dogma sagt, daß über den Preis eine optimale Allokation, das heißt Nutzung, gesichert würde. Unsere Erfahrung ist aber eine andere: Steigende Bodenpreise führen zu Verdichtung, Zersiedlung, wachsendem Verkehr usw., von optimaler Nutzung kann also keine Rede sein! Diese erreicht man in Wirklichkeit auch nur durch Bauordnung, Siedlungsplanung, vernünftige Bauherrn und -behörden, also über die *Ordnungsfunktion* des Gemeinwesens und nicht durch die angeblich optimale Allokation durch einige Spekulanten.

2.9 Allokation in der Lohnfrage

Die Entlohnung ist ein alle bewegendes Thema, nämlich die Frage nach dem gerechten Lohn. Aber was ist der Preis von Arbeit? Menschliche Arbeitsleistung ist nämlich *nicht* – wie die Arbeitsleistung von Strom in Watt – meßbar. Also werden andere Kriterien für die Entlohnung herangezogen:

Alter
Ausbildungsgrad
Familienstand
Dauer der Betriebszugehörigkeit
Stellung in der Hierarchie
äußere Bedingungen (Erschwernisse)
Vorgesetzten-Beurteilung
Loyalität
Einsatzfreude
Kollegialität usw.

Lohn = f(x), Lohn ist eine Funktion von einer Variablen x. Was ist nun diese Variable? Lohn = *jedenfalls nicht* f(Leistung), ist also nicht

---

[268] Zuordnung, Nutzung.

von der Leistung abhängig, sondern: Lohn = f(menschlicher Eigenschaften und sozialer Verhältnisse), Lohn = f(gesellschaftlicher Großgruppen, etwa Gewerkschaft), Lohn = f(politischer Fragen, die die Gesellschaft als Ganzes angehen und was sie als ›gerecht‹ ansieht).

Obige Formel deutet an, wovon der Lohn nicht abhängt und wovon er abhängt. Der Rest ist Aberglaube. Inzwischen wird übrigens die These von der optimalen Allokation von knappen Ressourcen als positive Wirkung des Markes weitgehend nicht mehr vertreten. Was bedeutet dann ›Arbeitsmarkt‹? Wir kommen noch darauf ausführlicher zu sprechen.

2.10 Die Wettbewerbsordnung, das große Ammenmärchen

Der ganze theoretische Apparat, den Paul A. SAMUELSON entwickelte und der in den vorangegangenen Abschnitten im einzelnen angesprochen wurde, dient der theoretischen Fundierung der Ideologie des von ihm so bezeichneten »kapitalistischen Mischsystems«. Diese Ideologie läßt sich wie folgt zusammenfassen:

»In unserer gemischten Wettbewerbswirtschaft gibt der Preismechanismus, der durch Angebot und Nachfrage auf Wettbewerbsmärkten arbeitet, die Antwort auf drei Grundfragen jeder Wirtschaftsordnung: . . . *was, wie und für wen produziert werden soll.*«

Die erste Frage, welche Güter produziert werden, wird durch die Wahl der Verbraucher bestimmt. Sie wählen durch Kaufentscheide; Geld ist ihr Stimmzettel. Die zweite Frage, wie die Güter produziert werden sollen, wird durch den Wettbewerb der einzelnen Produzenten untereinander bestimmt: Die leistungsfähigere und billigere Produktionsmethode wird die teurere verdrängen. Die dritte Frage, für wen die Güter produziert werden sollen, wird durch das Verhältnis von Angebot und Nachfrage auf den Produktionsfaktormärkten entschieden, und zwar durch die Höhe der Lohnsätze, der Grundrenten, der Zinssätze und der Unternehmensgewinne, die das Einkommen jedes einzelnen bestimmen.

Der vollständige Wettbewerb ist die Norm: SAMUELSON hält es »für unsere Pflicht, Gesetze und Verkaufsgewohnheiten zu entwickeln, die eine Verbesserung der Arbeitsweise des Systems des unvollständigen Wettbewerbs ermöglichen und den Trend in Richtung auf Großbetriebe, industrielle Konzentration, Trusts und Kartelle nicht hinzunehmen«.

Die Bestimmung der Produktion durch den Verbraucher preist SAMUELSON (im *Economist*) mit folgenden Worten: »Der Konsument ist sozusagen König. . . jeder Stimmberechtigte (= Käufer) nutzt seine Stimme, um die Dinge erledigt zu sehen, die er erledigt haben möchte.« (Zit. bei GALBRAITH). *Der deutsche Volkswirt* (Heft 21/1968) bezeichnet diese Behauptung vom Königtum des Verbrauchers als eines der vielen Ammenmärchen, von denen die Textbücher der Wirtschafts*wissenschaften* erzählen. Nicht die Industrie paßt sich dem Verbraucher an, sondern umgekehrt: »Die Anpassung des Marktverhaltens des einzelnen wie auch der sozialen Verhaltensweisen insgesamt an die Erfordernisse des Produktionsbetriebes und an die Ziele der Technostruktur ist. . . ein inhärentes Merkmal des Systems.«

Die Gesamtnachfrage wird staatlich reguliert und gibt der industriellen Planung jenes Maß an Sicherheit und Genauigkeit, das für vornehmlich langfristig wirkende Investitionen notwendig ist. Die Manipulation und Beeinflussung des Verbrauchers durch das »Management der gezielten Nachfrage« mit Hilfe eines lückenlosen Netzes von Massenkommunikationsmitteln, von Radio und Fernsehwerbung, von Illustrierten und Zeitungen, von Vertriebsnetzen und Vertriebsstäben, von modischer Vergewaltigung durch industrieabhängige Modehäuser sorgt dafür, daß die Planung hinsichtlich der zu einem kontrolliertem Preis abzusetzenden Menge in der Praxis erfüllt wird.«

Damit soll ein Menschentyp geformt werden, der zuverlässig sein Einkommen ausgibt und arbeitet, weil er nie genug bekommt. Die neoklassische Lehrmeinung vom Verbraucher als König und vom Automatismus des Marktes, dem die Firma sich unterwirft, beruht auf Glaubenssätzen, die weniger der Aufhellung der Wahrheit als vielmehr zur Beruhigung der Beteiligten dienen. Der Dienst dieser Lehre an der Gesellschaft besteht zu einem nicht geringen Teil darin, daß sie die Jungen systematisch in einer Weise erzieht, die jedes Nachdenken darüber ausschließt, wie Großbetriebe das soziale Verhalten nach ihrem Gutdünken formen. Systematische Bewußtseinsvernebelung kann in unserer Zeit die höchsten Preise erbringen. Zur Aufgabe der Wissenschaft gehört sie nicht.

Auch die Antworten auf die zweite und dritte Frage sind unzutreffend. Weder bestimmt der Wettbewerb das Wie der Produktion, noch bestimmen Angebot und Nachfrage nach Produktionsfaktoren über deren Preise die Einkommen. Wie MYRDAL und andere ausgeführt haben, ist an die Stelle der freien Marktwirtschaft oder Wettbewerbswirtschaft die ›*organisational economy*‹ (gelenkte Wirtschaft) getreten, die das Spiel der Marktkräfte durch Interventionen der Regierungen und der sozialen Gruppen außer Kraft gesetzt und die

Märkte und Preise geregelt und ›konditioniert‹ hat: »Die Märkte und das Preisgefüge sind reguliert und durch Aktionen der Gesellschaft und organisierter Interessensgruppen bedingt; wir sind weit entfernt von unserem theoretischen Modell einer sich selbst regulierenden Marktwirtschaft.« Durch diese Beeinflussung sind sämtliche Preise ›politische Preise‹ in dem Sinn, daß sie die in der Gesellschaft herrschenden Machtverhältnisse, Interessen und Konflikte widerspiegeln: »In allen Ländern hatten wir die Tatsache hinzunehmen, daß ein größer werdender Teil der Preise nicht länger ›objektive‹ Phänomene sind – in dem Sinn, daß sie eine Funktion des Wettbewerbs auf Märkten wären –, sondern sie sind manipuliert und geplant und in Wirklichkeit das Ergebnis von Aktionen politischer Gruppen.«

Der Ersatz des Marktes durch die Organisation und organisierte Gruppen bestimmt nicht nur den politischen Ursprung und Charakter aller Preise, sondern mittelbar und unmittelbar auch das ›Was‹, ›Wie‹ und ›Für-Wen‹ der Produktion. Das gilt für den modernen *Welfare*- und *Warfare*-Staat in gleicher Weise. Wer Aufschluß über das ›Was‹, ›Wie‹ und ›Für-Wen‹ der Produktion erhalten will, kann sich nicht auf Theorie und Ideologie des Spiels von Angebot und Nachfrage auf Wettbewerbsmärkten beschränken, sondern muß das Verhalten der organisierten Gruppen, ihre Macht, ihr Zusammenspiel, ihre Interessen und Konflikte in die Analyse miteinbeziehen. Das aber bedeutet, daß die Nationalökonomie als Teil der Gesellschaftswissenschaften begriffen werden muß. Wir werden anzuerkennen haben, daß »wir ein echtes Bild der Lage und ein Verständnis der Realität nur dann gewinnen können, wenn wir sie als Ganzes, d. h. in ihrer Ganzheit betrachten. Nur wenn wir die heutige Spezialisierung unseres Wissens in den Sozialwissenschaften überwinden oder, genauer gesagt, indem wir akzeptieren, daß das Wirtschaftliche und das Nicht-Wirtschaftliche wesentlich miteinander verknüpft sind und daher gemeinsam betrachtet werden müssen, sind wir in der Lage, die Grundlagen einer neuen Wissenschaft der Wirtschaft zu legen, die ›politische Ökonomie‹ [etwa Volkswirtschaft] sein wird, in einem umfassenderen Sinn, als dieser Begriff je verwendet und von den Klassikern der Ökonomie und ihren Vorläufern verstanden wurde«.

Man kann natürlich diese und zahlreiche andere hier aufgeworfene Fragen aus der wirtschaftswissenschaftlichen Analyse ausklammern und eine ›reine Theorie‹ entwerfen. Aber diese Ausklammerung ist keine wissenschaftliche Tugend, sondern höchstens Bequemlichkeit und Quelle von Irrtümern. Mehr noch, sie ist selbst schon Ideologie.

Die Ökonomie als Teil der Gesellschaftswissenschaften zu begreifen heißt unter anderem, sie ideologisch zu prüfen. Die Geschichte der ›reinen‹ Ökonomie bis hin zur neoklassischen Lehre, enthüllt sich dann als *ideologische Widerspiegelung des Kapitalismus.* – Soweit ROMIG.

3 Theorie des Unternehmens

Es gibt einen bedeutsamen und bezeichnenden Unterschied zwischen den die Volkswirtschaft bestimmenden Unternehmen in den USA und Europa, was sich auch auf ihre (theoretische) Betrachtung auswirkt. Die US-Wirtschaft wird weitgehend von den *globalen Corporations* geprägt, nämlich den sogenannten ›TOP 700/1000‹, wie sie in den verschiedenen Business-Magazinen, etwa *Fortune*, alljährlich vorgestellt werden. Die US-Wirtschaftstheorie betrachtet vor allem diese und hat daher aus offensichtlichen Gründen andere Gesichtspunkte als die europäische. In Europa wird die Volkswirtschaft vor allem von den KMUs geprägt – der wirtschaftliche Erfolg und der Wohlstand Deutschlands stammen von diesen, sie sind es auch, die zu 70 Prozent und mehr die Arbeitsplätze schaffen. In den USA ist das auch inzwischen bei uns verbreitete ›*shareholder-value*‹-Konzept die alles beherrschende Doktrin. Das bedeutet insbesondere:

a. vorrangiges Bemühen um *kurzfristige* Profite, mit dem Zwang zu Quartalsberichten, also Bilanzen, der Unternehmen;

b. praktisch sind die Kriterien der Unternehmensführung die Profitmaximierung für das Kapital, nicht jedoch
   - Beschäftigung oder Arbeitslosigkeit, die als Problem der nationalen Volkswirtschaft überlassen wird,
   - soziale Sicherheit,
   - Arbeits- und Arbeitssicherheitsgesetze – etwa die Anerkennung der ILO-Empfehlungen, von denen die wenigsten von den USA überhaupt unterzeichnet wurden, geschweige denn umgesetzt werden,
   - Minimierung der Leistungen für öffentliche Aufgaben durch Ausnutzung aller Steuerlöcher und Förderungsmöglichkeiten, andererseits aber die extensive Nutzung der öffentlichen Leistungen und Güter (zum Beispiel Ausbildung, öffentliche und Rechtssicherheit, öffentliche Verwaltung und Dienste usw.) und der gesamten Infrastruktur.

Die kurzfristigen Profitziele erzeugen einen besonders großen Druck auf das Management, der sich dahin auswirkt, daß kaum in ›strategische‹, also langfristige Projekte investiert wird, sondern daß die Finanzmittel sowie Gewinne in ›Finanzanlagen‹ (*Funds*) in den ›*financial markets*‹, anstelle von Investitionen in die Realwirtschaft, umgeleitet werden.

Das ganze Konzept des ›*shareholder-value*‹ wirkt *zerstörerisch* und ist *parasitär*.

Ein wesentlich neuer Gesichtspunkt, der insbesondere auch die technisch-organisatorische Voraussetzung der Globalisierung war und ist, kommt über *die räumliche, zeitliche und institutionelle Auflösung des Unternehmens* dazu. Was dies bedeutet, soll nachfolgend etwas näher betrachtet werden.

3.1 Telearbeit – eine neue Form der Arbeit

Die klassische Vorstellung vom Unternehmen ist die eines integrierten Gebildes, das räumlich, zeitlich und rechtlich, entsprechend dem Gesellschafts-, dem Steuer- und weitgehend dem Arbeitsrecht, eine Einheit bildet. In der Regel war das Unternehmen, die ›Firma‹, eine konkrete Adresse, eine Arbeits- und Produktionsstätte, an der die Beschäftigten täglich zur Arbeit kamen.

Heute, im Zeitalter der Globalisierung, spricht man von ›*virtual enterprise*‹, in dem die bis dahin nur konzentriert organisierbaren, arbeitsteiligen Herstellungsprozesse sowohl örtlich als auch zeitlich aufgelöst wurden. Wenn in der Vergangenheit auch die Größe eines Konzerns keine Grenzen zu kennen schien, so war man sich letztlich doch nicht so sicher, ob die mit der Größe einhergehende Komplexität zur Nichtsteuerbarkeit und zu einem Verlust des Überblicks führen mußte, das heißt an Grenzen stieß. Man kann es sich ja leicht veranschaulichen, wie allein die Zahl der Kommunikationsbeziehungen geometrisch zunimmt, je mehr Beteiligte – jeder mit jedem – eine potentielle Verbindung haben. Bei zwei: 1, bei drei: 3, bei vier: 6, bei fünf: 10, bei sechs: 15 usw. Die Anzahl nimmt explosionsartig zu, und man kommt schnell zur Einsicht, daß ab einer bestimmten Größe eine Kommunikation gar nicht mehr möglich ist.

Die sich aus diesen Schwierigkeiten ergebenden Strategien hießen dann ›*down-sizing*‹, also verkleinern, oder man schuf weitgehend selbständig operierende Einheiten – wie ›Profit-Centers‹ – und zahlreiche andere, leichter überblickbare Strukturen.

Mit dem Aufkommen der modernen Informations- und Kommunikationstechnik, insbesondere des PC und leistungsfähiger Netze, die mittels ›*plug-and-play*‹-Verfahren (zusammenstecken und probieren) diese auch sehr preiswert verfügbaren Organisationsmittel bis in den häuslichen Bereich vordringen ließen, wurde die *tatsächliche Auflösung* des bisher integrierten Gebildes ›Unternehmen‹ möglich.

Damit sind ganz neue und in ihren Folgen unbekannte Probleme entstanden, wie dies immer der Fall ist, wenn grundlegend neue Möglichkeiten plötzlich da sind, deren Auswirkungen man durchaus als ›Paradigmenwechsel‹ auffassen kann. Gewiß birgt die Komplexität der Informatik auch eine Fülle technischer Schwierigkeiten, die neue Berufe und Abhängigkeiten entstehen ließen, aber diese technischen Herausforderungen sind hier der kleinere Teil des Problems. Viel schwerwiegender sind die Ungewißheiten, *welches* die möglichen Folgen sein könnten. Die Massenarbeitslosigkeit in Europa, die Diskussion um Änderungen der Arbeitsverfassung – unter anderem die Flexibilisierung der Arbeitszeit, die Aufhebung des Nachtarbeitsverbotes für Frauen unter dem Titel der ›Gleichberechtigung‹, die verblassende Rolle der Gewerkschaften in den USA, aber auch bei uns – haben dazu beigetragen, daß wir heute ein Chaos der Meinungen haben, nicht nur hinsichtlich dessen, *was* das eigentliche Problem ist, sondern auch, *welche Ursachen* für die gegenwärtige Lage tatsächlich verantwortlich sind und mit welchen – politischen, geistigen, materiellen – *Mitteln* dem beizukommen wäre.

Wir müssen uns mit dem jedoch auseinandersetzen – und es ist höchste Zeit, denn es kann in einer ›Ordnung‹, die dem ökonomischen Kalkül die höchste Priorität zuerkannte, keinen Zweifel geben, daß sich auf Dauer jene Formen der Arbeitsorganisation durchsetzen werden, die ›wirtschaftlich sinnvoll‹ erscheinen.

Wir haben aber nun über diesen in Gänsefüßchen gesetzten Begriff bereits höchst unterschiedliche Sichtweisen: *Betriebs*wirtschaftlich ist es ›sinnvoll‹ und geradezu die Pflicht des Managements, alle legalen Möglichkeiten der Kosteneinsparung zu nutzen, etwa Personalabbau und Abschieben in die ›Frührente‹, Steuerlöcher, Förderungen, Gewinnverschiebungen in Steueroasen usw. *Volks*wirtschaftlich sieht dies aber ganz anders aus, weil offensichtlich mit einem nur betriebswirtschaftlichen Kalkül die Lasten ›sozialisiert‹ werden: Gewinne werden zu Lasten der Allgemeinheit, des Staates gemacht, aber es hat inzwischen den Anschein, daß nicht einmal die Bilanz der ›privaten‹ Gewinne und ›sozialisierten‹ Verluste (Kosten) positiv oder auch nur ausgeglichen ist, weil die so erwirtschafteten Profite überhaupt in andere Weltgegenden und Bereiche transferiert werden, mit denen unsere ›Realwirtschaft‹ eigentlich in keinerlei Beziehungen steht, außer, daß eben die anderswo erwirtschaftete Wertschöpfung dort ›ins trockene‹ gebracht wird – und daß von *nicht* am Arbeitsprozeß Beteiligten, den ›*financial industries*‹, der Mehrwert abgeschöpft wird.

Ob es ein Modell gibt, das uns erlaubt, Bedingungen zu finden, die die immer weiter um sich greifende Auflösung klassischer Unternehmen in ›*virtual enterprises*‹ noch akzeptabel erscheinen lassen, ist im herrschenden Paradigma fraglich, erst recht die dann ja nötige Umsetzung entsprechender Rahmenbedingungen.

Im klassischen Unternehmen sind Mitarbeiter ein Teil desselben, und beide sind gesetzlichen und vertraglichen Regelungen und Beschränkungen unterworfen. Die Mitarbeiter haben Weisungen im Rahmen des Arbeits- und Gesellschaftsrechtes zu befolgen, die Firma hat im gesetzlichen Rahmen die wirtschaftliche Existenz und (Arbeits-) Sicherheit zu gewährleisten. Ganz im Gegensatz dazu stehen die Kunden außerhalb des Unternehmens, und sie sind in ihren Entscheidungen frei.

Mit der Auflösung, eigentlich aber bereits durch den technologisch bedingten Druck zu einer *Desintegration* der Unternehmen ist klar, daß das klassische Unternehmensmodell nicht mehr angemessen sein kann und ist. Genaugenommen ist es auch unverständlich, daß wir zwar eine Rechtsordnung oder eine Verfassung für alle möglichen Lebensbereiche haben, es aber im wichtigsten Bereich, nämlich dem der realen Wirtschaft und dem des Geldes, *keine* (Wirtschafts-) Verfassung besitzen, ja dies zum obersten Dogma überhaupt gemacht wurde, daß hier *ausschließlich* die private, deregulierte und liberalisierte ›Initiative‹, also der ›Markt‹, alles zum Besten regeln würde. Es ist dies eine verhängnisvolle Illusion. Im Grunde müßte unsere Analyse hier ansetzen, aber im Augenblick gelten – noch – diese ›Gesetze‹, und so soll zunächst in diesem gegebenen Rahmen untersucht werden, welches hier die treibenden Kräfte, Tatsachen, Meinungen und Lösungsansätze sind oder sein könnten.

Die Begründung zur Auflösung der Unternehmen kommt also aus dem Markt: Der Markt sucht gemäß moderner Transaktionskosten-Theorien die für ein gegebenes Problem optimale, das heißt die billigste Organisationsform. Das bedeutet, daß heute verstärkt auch Kunden, Lieferanten und sogar Mitbewerber in ein Netzwerk eingebunden werden, das sie mit mehr oder weniger starken Bindungen von einem Unternehmen abhängig macht oder sie mit diesem verbindet. Man täusche sich nicht, aber die mit Massensuggestion erzeugte Sucht, bei irgendeinem modischen Fetzen auf die ›Marke achten‹ zu müssen, oder die Plastik-Kundenkarte mit lächerlichen ›Vorteilen‹ sind bereits solche Bindungen.

Die Bandbreite geht aber von der klassischen Hierarchie mit strikter Weisungsbefugnis über kapitalmäßig verflochtene Unternehmen, Franchise-Verträge, von langfristigen vertraglichen über kurzfristige Geschäftsbeziehungen bis zum völlig unregulierten Markt. Abhängig sind diese Organisationsformen vom Grad der Besonderheit des Herstellungsprozesses oder der Geschäftsvorgänge und den, um eine bestimmte Aufgabe erfüllen zu können, notwendigen Leistungen, die oft ›unumkehrbar‹ sind, also langfristige Bindungen (= Investitionen in Anlagen und Ausbildung des Personals) bedingen.

Dieser Entwicklung auf der Seite des Marktes steht eine ähnliche innerhalb der Unternehmen gegenüber. Wenn Mitarbeiter bei der Erbringung ihrer Leistung nicht mehr räumlich und zeitlich gebunden sind, sind die Möglichkeiten der Überwachung und der direkten Eingriffe durch Weisungen beschränkt. Damit ist es gar keine Frage mehr, daß dann auch alle Übergänge vom fixen Anstellungsvertrag über vertragliche Leistungserbringung bis hin zur Selbständigkeit und Eigenverantwortung für die Auslastung und die Vermarktung der persönlichen Leistungen die logische Folge sind.

Das damit verbundene Problem liegt auf der Hand. Was im Einzelfall oder als wissenschaftliche Untersuchung natürlich keine Schwierigkeiten bereitet, ist als verallgemeinerte neue Form der Arbeit oder Beschäftigung ein gesellschaftliches Problem erster Ordnung. Die Gefahr der massenhaften Nicht- oder Unterbeschäftigung kann einem Staat nicht gleichgültig sein, wie auch nicht die mit der Verschiebung der sozialen Sicherheit in die alleinige persönliche Verantwortung – die Pensions- und Gesundheitsvorsorge – verbundene Auflösung der unter großen Opfern errichteten Sozialsysteme und -ordnung. Die Pseudo-Selbständigkeit und das Pseudo-›Unternehmertum‹ in den sogenannten ›Ich-AGs‹ und ›Ein-Euro-Jobs‹ sind ja in Wirklichkeit die Kündigung bisher unselbständig Beschäftigter, die nun für weniger Geld und ohne obige Sicherungen dieselbe Arbeit machen, sofern sie überhaupt davon noch ausreichend erhalten. Da in wirtschaftlichen Krisenzeiten die Nichtbeschäftigung nicht nur Möglichkeit, sondern Wirklichkeit ist, wie die massenhaften Konkurse dieser Einpersonen-›Unternehmen‹ beweisen, wird auch die Arbeitslosenstatistik dadurch noch gefälscht, weil diese ›Unternehmer‹ *per definitionem* natürlich nicht mehr in ihr enthalten sind.

Die stereotype Behauptung der Globalisierungsideologen, daß die neuen Technologien jene Arbeitsplätze schafften, die sie mit ihrer Eigenschaft, ›Produktivität zu steigern‹ (also die Arbeitskraft der Menschen in zahllosen Bereichen zu ersetzen), ja zunächst vernichten, erweist sich als Wunschdenken, wenn nicht als *pia fraus* – frommer Betrug. Nicht annähernd entsprachen die Zahlen der durch jene neuen Techniken – und Telearbeit – geschaffenen Arbeitsplätze denen der vernichteten.

3.2 Fortschritt und Arbeitsplätze

Die völlig neue Art des Fortschrittes in der Informationstechnologie begrenzt die Aufnahmekapazität in den Dienstleistungsbranchen. Diese sind erstmals in ganz besonderem Maß einer ›Produktivitätssteigerung‹ zugänglich, zum Beispiel bei Routine-Dienstleistungen über 24 Stunden-Service-Zentren der Banken, *on-line-banking*, moderne Büroinformations- und Kommunikationssysteme im Verwaltungsbereich aller Branchen und der öffentlichen Hände, im Tourismus etwa über die Plastikkarte, die eine Vielzahl von Dienstleistungen, unter anderen die Benutzung von Skiliften, zuzuordnen und genau abzurechnen erlaubt, im Versicherungsbereich über mobile, überall vernetzbare PCs für den Außendienst usw.

Diese Entwicklung wird auch vor den *Qualitäts*dienstleistungen, besonders im geschäftlichen Umfeld, nicht halt machen.[269] Vor diesem Hintergrund ist es nur zu verständlich, daß die Arbeitszeit ein Dauerthema geworden ist, aber nicht nur diese. Weil es niemanden gibt, der im Rahmen des herrschenden Paradigmas Lösungen hätte, kam auch die soziale Absicherung besonders ins Visier. Die bisherige Diskussion darüber ist rein mechanistisch und materialistisch. Lange genug hatte man die Entsolidarisierung als Programm betrieben und Individualismus und Libertinage als ›Selbstverwirklichung und Freiheit‹ feilgeboten.

Es ist freilich in solchen Übergangszeiten besonders bedrohlich, wenn es bei leeren Kassen keine Gemeinschaft, keine Solidarität mehr gibt.

---

[269] In Frankreich haben die Regierung und die Nationalversammlung am 7. 7. 2008 beschlossen, die Arbeitszeit generell auf 35 Stunden herabzusetzen. Diskussionen über die Einführung der 32 Stunden-Woche gab es in Frankreich aber schon seit Beginn der neunziger Jahre. Als in Deutschland auf dem Höhepunkt der Automobilkrise der VW-Konzern eine befristete Verringerung der Arbeitszeit für alle Mitarbeiter einführte, um sonst notwendige Kündigungen zu vermeiden, wurde in der deutschen und österreichischen Presse dies als falscher Weg kritisiert – um nicht zu sagen als ›wirtschaftliche Dummheit‹.

Wie kam es dazu? Wir fassen kurz zusammen:

Durch den Niedergang der Arbeiterklasse:
- gesunkenes soziales Ansehen,
- Drängen in ›bessere‹ Erziehung usw.

Durch die Schwäche der Mittelklasse:
- Abkopplung von historischen Wurzeln
- Modebewußtsein, ›Hier und Jetzt!‹,
- Zertrümmerung der ›alten Wertetafeln‹.

Durch die Überalterung der Gesellschaft:
- familienfeindliche Rahmenbedingungen
- Singles, Tolerierung und Legalisierung der Perversität (Homo-›Ehen‹),
- Förderung unehelicher Kinder,
- Hochstilisierung der ›Frauenrechte‹, die vor allem in den Berufsalltag verlegt wurden, womit die Kindererziehung zum ›Hindernis‹ der ›Selbstverwirklichung‹ wurde.

Ein Prozeß, der über so viele Jahre an so vielen Stellen gleichzeitig Veränderungen in oben angedeuteter Richtung bewirkt hat, wird nicht mit Einzelmaßnahmen zu korrigieren sein. Die Sanierung des Sozialsystems wird man aus ganzheitlicher Betrachtung und von einem *organischen* Gesellschaftsmodell her angehen müssen. Die orthodoxen Dogmen – unbegrenzte Liberalisierung – sind in diesem Licht neu zu überdenken. Es gibt dazu sogar vereinzelt und seit längerer Zeit schon Vorschläge; die K. W. Rothschilds[270] gehen in diese Richtung.

Heute – eigentlich bereits beginnend mit der Rezession von 1967/68 und mit den frühen siebziger Jahren – gab und gibt es immer wieder rezessive Entwicklungen *und* strukturelle sowie immer stärker werdende Beschäftigungsprobleme, jedoch wegen der ohnedies weitgehenden Integration in der internationalen Wirtschaft *keine* ernsthaften Bedenken über mangelnde Öffnung. Auch sind die ›*global players*‹ internationale Konzerne, denen die Liberalisierung eine ungehinderte Verfügungsfähigkeit über Güter- und Kapitaltransfer ermöglicht, *ohne* daß sie irgendeiner Kontrolle unterworfen sind. Dar-

[270] Prof. em. für Volkswirtschaftslehre der Johannes Kepler-Universität Linz.

aus entwickelte sich längst eine Schädigung der (nationalen) Volkswirtschaft und ihrer Beschäftigungspolitik. Jedenfalls würde eine Option, auch handelspolitische Maßnahmen zur Bekämpfung der Arbeitslosigkeit *rational* in Betracht ziehen zu können, ein taugliches Instrument sein und die schrankenlose und dogmatische Forderung nach immer mehr Liberalisierung in anderem Licht erscheinen lassen.[271]

In diesem Zusammenhang sollten gleich auch andere Dogmen der heutigen Wirtschaftspolitik entsorgt werden, etwa die Behauptung, daß ›Wettbewerbsfähigkeit des Standortes‹ Wirtschaftswachstum sichere und dieses Arbeitsplätze. Dieses Dogma hat nicht erst seit der jüngsten Krise seine Beweiskraft verloren. Die Volkswirtschaften verschieden entwickelter Industrieländer hätten sich nach herrschender Lehre seit den sechziger Jahren ständig ›nach oben‹ – Zunahme des BIP als ›Beweis‹ – entwickelt. Die Beschäftigtenraten sind aber entweder gesunken oder, wie im Fall USA und Japan, wesentlich weniger angestiegen, als deren Wirtschaft gewachsen ist.[272]

Obwohl es also zwischen Wirtschaftswachstum und Beschäftigung den behaupteten Zusammenhang *nicht* gibt, versucht man, die ›Strukturanpassung‹ praktisch ausschließlich in Richtung ›Liberalisierung der Arbeitsmärkte‹ voranzutreiben: bei uns angeblich ›freiwillig‹, wegen der Einsicht in die Sachzwänge der Wirtschaftsmechanismen. Bei den erst vor ein paar Jahren der sozialistischen Planwirtschaft entkommenen etwas rückständigeren[273] Ländern erzwingen dies die

---

[271] Festschrift für Stephan KOREN *Empirische Wirtschaftsforschung und moderne Ökonomik,* Beitrag von Univ. Prof. Dr. K. W. ROTHSCHILD: »Beschäftigung und Außenhandelspolitik«. Diese Ansichten sind deshalb so interessant, weil sie 1979 – 15 Jahre vor dem österreichischen EU-Beitritt – lange vor den schweren Wirtschaftsproblemen der jüngsten Vergangenheit und der inzwischen sichtbar gewordenen übermächtigen Rolle der globalen Konzerne geäußert wurden.

[272] Der Befund dieser Graphik ist überdies unzutreffend, was die behauptete Produktivitätssteigerung in den USA betrifft. Seit Jahren erzählt man, daß hier die USA ›Weltmeister‹ seien. Wir können das hier nicht weiter erörtern, aber es zeigt, was von den Kennzahlen zu halten ist. Sie sind seit Jahren manipuliert/gefälscht. An anderer Stelle wurde dies ausführlich dargestellt, in Gerhoch REISEGGER, *Wir werden schamlos irregeführt,* Hohenrain, Tübingen 2003. Das Gleiche gilt hinsichtlich der Arbeitslosigkeit.

[273] Rückständig sowohl was ihre Wirtschaftsleistung als auch ihre Fähigkeit betrifft, die neo-liberalen Dogmen in ihrer wahren Dimension zu durchschauen. Die Menschen glauben naiv den Verheißungen und bemerken mit Entsetzen zu spät, wenn sie völlig verarmt und entrechtet sind, was wirklich los ist.

internationalen Finanzinstitutionen – IWF, Weltbank oder die etwas ins Gerede gekommene Bank für Entwicklung und Wiederaufbau – mit Mitteln der ›ökonomischen Orthodoxie‹, der ›*structural adjustment policy*‹.[274]

Übrigens ist es doch interessant, empirisch bestätigt zu finden, daß die ›neuen Technologien‹, von denen immer behauptet wird, daß sie unsere Zukunft seien, die wirtschaftliche Existenz der Menschen offenbar nicht so recht gewährleisten. Man könnte da fragen: Welchen Nutzen stiften sie dann eigentlich?

3.3 Zusammenhang von BIP und Beschäftigung

Wachstum BIP und Beschäftigung in % Japan

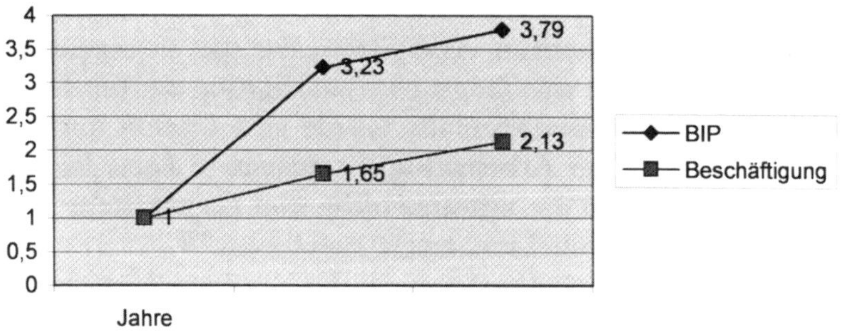

Wachstum BIP und Beschäftigung in % Deutschland

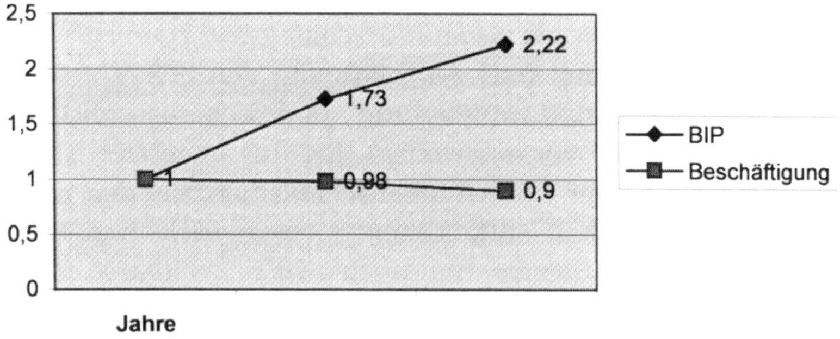

[274] Finanzierungen werden von massiven Auflagen abhängig gemacht, die vor allem die neue Dreifaltigkeit – Liberalisierung, Deregulierung und Privatisierung – anzubeten fordern. Aber auch vor direkten Eingriffen in die Sozialgesetzgebung schreckt man nicht zurück, etwa die Reduktion der Staatsausgaben, das heißt auch die Kürzung von Pensionen und Arbeitslosenprogrammen. Der einzige Gesichtspunkt: die ›*richtigen*‹ *Kennzahlen*. In der EU ist es nicht anders: siehe Maastrichtkriterien für die Währungsunion.

Wachstum BIP und Beschäftigung in % Frankreich

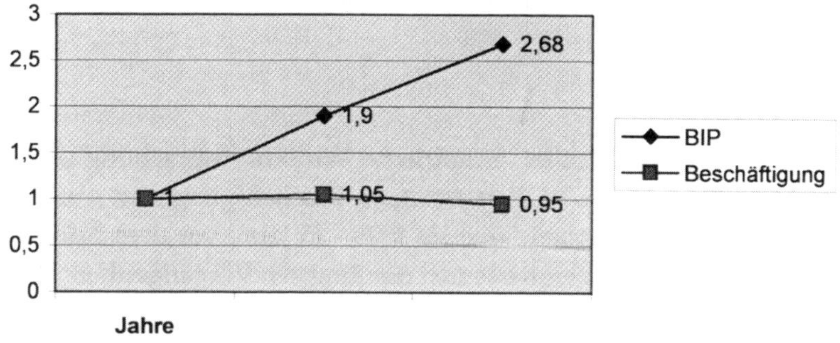

Wachstum BIP und Beschäftigung in % USA

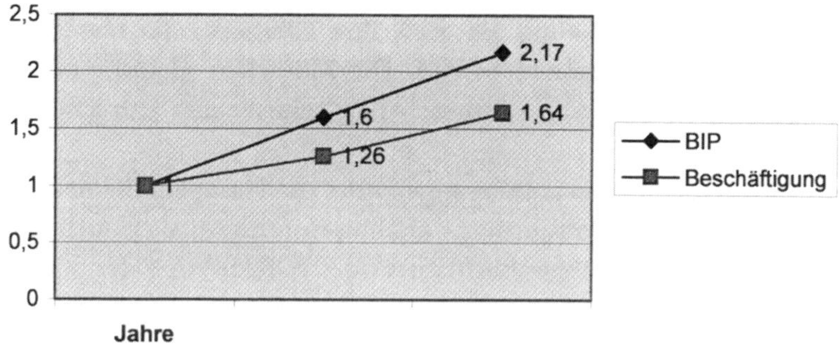

Wachstum BIP und Beschäftigung in % UK

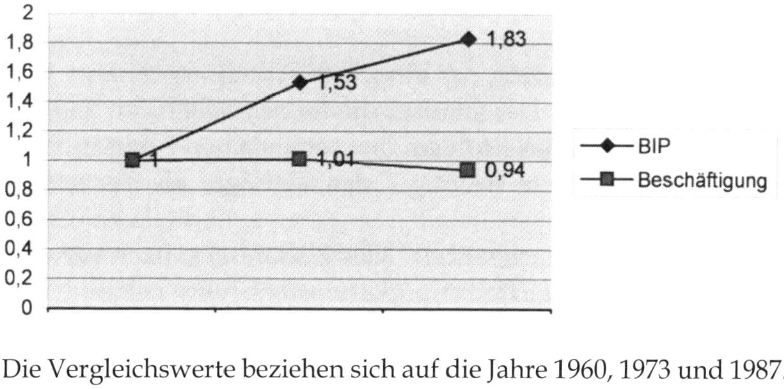

Die Vergleichswerte beziehen sich auf die Jahre 1960, 1973 und 1987.
Y-Achse: Wert x 100%
Quelle: *Human Development Report*, 1993, UNDP, New York; 1993

Diese Graphiken beruhen auf ›offiziellen‹ Angaben, die jedoch mit Vorsicht zu betrachten sind. Ob in Japan eine Zunahme der Beschäftigung um mehr als das Doppelte in rund 30 Jahren möglich war, wissen wir nicht. Daß dies in den USA – wie auch die Produktivitätszunahme – eine statistische Fälschung ist, davon sind wir überzeugt, wie wir es bereits an anderer Stelle dargestellt haben. Da diese Manipulationen der Statistiken in der Regel ja das ökonomische Bild zu schönen trachten, ist es um so bemerkenswerter, als steigende Produktivität sich nicht in mehr Beschäftigung auszuwirken scheint.

3.4 Systematik der Telearbeit

Die Typen der Telearbeit, die wir hier als die organisatorische und technische Voraussetzung und damit auch als Bausteine der *›virtual enterprises‹* betrachten, lassen sich in drei Kategorien teilen: Heimarbeit, Standortstreuung und Mobilarbeit, jeweils mit der Vorsilbe ›Tele‹.

Der erste Bereich umfaßt eine Verlagerung in den häuslichen Bereich oder, weiter gefaßt, in den Wohnbezirk, der das Pendeln zum Arbeitsplatz unnötig macht. Ob dabei die Arbeit in der eigenen Wohnung oder in ›Telehäusern‹ stattfindet, ist zweitrangig.

In den USA hat sich dieser Markt schon in frühen Jahren sehr rasch entwickelt: 1989 gab es 3 Millionen Tele-Heimarbeiter, 1993 waren es 7,6 Millionen. Hinzu kamen 9,2 Millionen, die im Nebenerwerb Tele-Heimarbeit betrieben.[275]

Zur Standortstreuung ist zu sagen, daß Tele-Heimarbeit eine besondere Form der Standortstreuung ist. Die Gründe dafür reichen von der Kundennähe, über bessere Rekrutierungsmöglichkeiten von Mitarbeitern durch attraktive Wohn- und Arbeitsumgebung bis zu der Ausnutzung von ›komparativen Faktorkosten‹, indem man beispielsweise Programmierarbeiten, die für Silicon Valley-Firmen in den USA bestimmt sind, in Vororten von Bombay machen läßt.

Wie sinnvoll Tele-Arbeit ist, hängt natürlich von der Teilbarkeit der Wertschöpfungsprozesse ab. Dies betrifft die Arbeitsmittel und die Möglichkeit, die individuelle Leistung zu ›transportieren‹. Mit dem PC ist das Arbeitsmittel für Tele-Arbeit schlechthin verfügbar. Mit der Vernetzung und entsprechenden Programmen ist auch das *Problem der Teilbarkeit* früherer Arbeitsprozesse weggefallen.

Eine andere Frage betrifft die Zusammenführung der einzelnen Arbeitsergebnisse. Das ist bei ›geistigen‹ Produkten nicht immer ein-

[275] Ob das immer auch volle Arbeitsplätze sind, ist fraglich. Es ist zu vermuten, daß es sich – wie bei uns inzwischen auch – um solche ›Jobs‹ handelt, die eine ›Schein-Selbständigkeit‹ begründen. Mit anderen Worten: Soziale Absicherung und Auslastungsrisiko wurden von den Unternehmen, die bisher die Beschäftigten zu versichern und auszulasten hatten, auf diese Arbeitsplätze abgewälzt – gegenüber Arbeitslosigkeit trotzdem ein relativer Vorteil.

fach. Der Glaube, die fortschrittlichsten Techniken und die augenblickliche Verfügbarkeit hätten das Problem der persönlichen Kommunikation erledigt, ist ein Irrtum. Wo Beziehungszusammenhänge wichtig oder wichtiger als der sachliche Inhalt sind, hilft die Technik nur bedingt.

Die Abstufung richtet sich ähnlich wie bei der ›Ansprechbarkeit‹ (des Zuhörers) jeweils nach dem verwendeten Präsentationsmittel und nimmt, wie aus der Kommunikationsforschung bekannt, ab:

> Persönlicher Kontakt und Gespräch (Besprechungen) → Video-Konferenz/Video-Kommunikation → Telefon/ Audiokonferenz → Sprachbox (›*Voice Message*‹) → Telefax → Brief → Dokument.

Bei manchen Arbeitsprozessen kann die soziale Präsenz entscheidend sein. Die Daten sind *ein* Gesichtspunkt, ihre Interpretation der *andere!* Mit anderen Worten: Je mehr *Beziehungs*information, desto eher kommt man an die Grenzen der Technik und damit an die der Tele-Arbeit.

3.5 Voraussetzungen für institutionelle und rechtliche Desintegration

Von der Transaktionskostenlehre wird der analytische Rahmen vorgegeben. Die wichtigsten Parameter sind die Spezifität und die Inseparabilität – Nichtteilbarkeit – von Leistungen. Diese bestimmen, welcher Integrationsgrad optimal und notwendig ist.

3.5.1 Spezifität

Eine Leistung, die hohe Investitionen zu ihrer Erbringung erfordert, muß entweder auf einem breiten Markt ihre Abnehmer oder bei ausschließlicher Ausrichtung an die Bedürfnisse eines Kunden eine sehr weitgehende Absicherung finden, damit sie nicht bei Änderung der ›Austauschbeziehungen‹ hinfällig wird: Je spezifischer die Leistung ist, desto größer ist das Sicherheitsbedürfnis und damit eine institutionelle Bindung. Diese Abhängigkeit ist aber in beiden Richtungen wirksam: Ein Unternehmen könnte von erfolgskritischen Lieferungen abhängig werden, und der Zulieferer könnte abspringen. In solchen Fällen ist der Aufbau eigener Möglichkeiten sinnvoller.

Das ist an sich selbstverständlich: Man kann und darf sich in den Kernbereichen nicht von ›externen‹ – also nicht kontrollierbaren – Faktoren abhängig machen. Wo Lebensinteressen berührt sind, hören der Markt, die Delegation und das ›*Outsourcing*‹ auf, eine optimale Organisationsform zu sein. Auf das Unternehmen bezogen, heißt dies, daß die klassische Unternehmenshierarchie die richtige Organisation wäre.

3.5.2 Separabilität von Leistungen

Wo Arbeitsteilung zu einem Gruppenergebnis führt und die individuelle Leistung nicht immer genau feststellbar ist, besteht die Gefahr, daß einer die Regeln verletzt und nicht die geforderte Leistung erbringt. Damit verteilt er den Schaden auf die Gruppe. Seine Minderleistung – den persönlichen Vorteil – konsumiert er aber allein. Der Erfolg der Gruppe würde gefährdet.

Hier ist die Separabilität eine Gefahr. Man kann ihr nur dadurch gegensteuern, indem man den Zusammenhalt der Gruppe und die Sozialbeziehungen nutzt, dem entgegenzuwirken. Anders gesagt, wo der Zusammenhalt der Gruppe für ein gutes Ergebnis notwendig ist, ist der Arbeitsprozeß für marktliche Erledigung weniger geeignet. Je weniger aber eine Vorleistung eine feste Austauschbeziehung erfordert, um so mehr eignet sie sich, dem Markt überlassen zu bleiben.

Die Koordination von Produktionsprozessen ist durch unterschiedliche Spezifität und Separabilität gekennzeichnet. Je nachdem ist Hierarchie, modulares Unternehmen, hybride Organisation oder Markt die geeignetste ›Integrationsstufe‹. Es ist dies gemäß dem ökonomischen Kalkül eine Frage der optimalen Transaktionskosten.

Der Markt ist dabei durch eine Transaktion gekennzeichnet, bei der zu einem Zeitpunkt alle Umstände bekannt sind, die zu einem *Vertrag* führen: Leistung und Gegenleistung unter Berücksichtigung aller Umstände lassen sich eindeutig festlegen. Es bedarf keiner Bezugnahme auf die handelnden Personen und daher auch keines sozialen Zusammenhalts. Der Tauschakt ist vollkommen, und die Akteure haben sozusagen keine Identität. Der Tausch*inhalt* steht im Vordergrund, die Kommunikation von Beziehungsinformation ist nebensächlich.

Bei Leistungen, die man nicht gut oder gar nicht trennen kann, sind solche klassischen (Markt-)Verfahren nicht mehr praktikabel. Es ist von vornherein nicht klar, *was* die Leistung genau ausmacht. Spezifische Vorleistungen der einen Seite würden der anderen ermöglichen, nachträglich die Bedingungen zum eigenen Vorteil auszulegen. Nicht der ›Tauschakt‹ steht im Vordergrund, sondern die gesamte Leistungsbeziehung. Diese Verträge sind ihrem Charakter nach ›relational‹, und es steht die Identität der Beteiligten im Vordergrund.

Die Regelungen sind komplizierter, und sie erfordern eine Übereinstimmung in Normen und Werten. Die soziale Kohäsion ist wichtiger als die inhaltliche Form der Verträge, die bei hoher Spezifität und Inseparabilität der Leistungserbringung auch *notwendig* nur *unvollständiger* sein könnte.

3.6 Auflösung des Unternehmens durch I&K-Technik

Der wichtigste Grund für *Spezifität* sind ›gewidmete‹ Investitionen in Personal (Ausbildung) und Beseitigung von Mobilitätsbarrieren. (Große Anlagen-, Infrastruktur- und Maschineninvestitionen). Mit den I&K-Techniken kommt jedoch ein immer stärkerer Trend zur Standardisierung. Das hängt auch mit der Verbreitung zum Beispiel von Software zusammen: Microsoft-Kenntnisse sind heute marktgängige ›Standards‹.

Spezifität ist auch dann gegeben, wenn Mobilitätsbarrieren die ›Vermarktung‹ von Kenntnissen nur an einen Abnehmer möglich macht. Kann aber mit Telematik die standortbedingte Spezifität überwunden werden – die Leistung ist transportierbar –, hebt dies die Spezifität auf.

Die Hauptursache der *Inseparabilität* liegt in der Nicht-Zuordenbarkeit der individuellen Leistung. Mit einer umfassenden Sach- und Fallbearbeitung – *›case processing‹* – sind die separierten Vorgänge aufgehoben. Die Frage, wo etwas liegengeblieben sein könnte, erübrigt sich, die Leistungszuordnung ist eindeutig. Diese Möglichkeiten sind durch die Verbindung von Datenbanken mit I&K-Techniken gegeben. Die Leistung hat nur noch einen Urheber. Der gelegentlich behauptete Vorzug des *›job-enrichment‹* ist also nicht nur eine menschen- und persönlichkeitsfreundliche Veränderung zu sinnvollerer Arbeit, sondern auch ein *sehr einträglicher.*

Transparenz kann darüber hinaus durch *›work-flow‹*-Systeme geschaffen werden. Die Arbeitsteilung wird hier nicht beseitigt, sondern die *Steuerung wird vom System gemacht* und dokumentiert. Die Widerstände bei der Einführung von Bildschirmarbeitsplätzen, digitalen Nebenstellenanlagen oder Zeiterfassungssystemen hatten gerade in diesem einzigartigen Vorteil solcher Systeme ihren Grund. Mit heute viel umfassenderen Techniken werden aber noch ganz andere Dimensionen erreicht.

In dem Maße, wie die I&K-Technik die Inseparabilität und Spezifität zu überwinden erlaubt, schafft sie die Bedingungen für eine *rechtlich-institutionelle Desintegration* der Unternehmen und eröffnet damit Möglichkeiten für Tele-Arbeit. Diese wiederum fördert die *raumzeitliche Desintegration*. Das neue Stichwort, das dies am treffendsten bezeichnet, ist das von der ›*virtuellen Organisation*‹ *(virtual enterprise)*. Das bedeutet die Auflösung des Unternehmens.

Man kann sich denken, daß so weitreichende Folgen nicht ohne massive Macht- und Positionskämpfe anerkannt oder vermieden werden können. Die Frage der Rolle der Gewerkschaften[276] stellt sich. Das *Machtgleichgewicht zwischen Kapital und Arbeit* ist also *labil* geworden. Die Rolle der städtischen Regionen gegenüber dem ländlichen Raum ist als Problem gestellt. Nicht umsonst spricht das EU-Weißbuch *Über Wachstum, Beschäftigung und Wettbewerbsfähigkeit* von einem »*business re-engineering*«, das nur innerhalb der städtischen Zentren stattfindet, während die Sorgen über die Chancen des ländlichen Raumes, also seine Lebensfähigkeit, mittlerweile unübersehbar geworden sind.

4 Liberalisierung, Deregulierung, Privatisierung

Im Zusammenhang mit der Globalisierung haben wir schon darauf hingewiesen, daß die Dreiheit Liberalisierung – Deregulierung – Privatisierung der Schlachtruf der Kapitalisten und Globalisten ist. Nüchtern betrachtet sind die angeblich damit verbundenen Vorteile – für wen? – natürlich von ihren Wirkungen auf das Gemeinwesen her zu beurteilen.

Als die »Vier Freiheiten« wurden – und werden – in der EU ganz bestimmte Dogmen der Liberalisierung angepriesen:

- die Freiheit des Warenverkehrs,
- die Freiheit des Kapitalverkehrs,
- die Freiheit des Dienstleistungsverkehrs und
- die Freiheit des Personenverkehrs.

Sie sind geradezu grundlegend für die Europäische Union. Der Europäische Gerichtshof (EUGH) hat sich, wie Prof. Karl Albrecht

---

[276] Die Unterminierung und Schwächung der Gewerkschaften hat, von den USA ausgehend, längst Europa erreicht. Sichtbarer Höhepunkt war der BAWAG-Skandal, die Pleite der österreichischen Gewerkschaftsbank, die zwar in den betrügerischen Derivat-Geschäften massiv verwickelt war, sich hier aber keineswegs von *allen* anderen Banken unterschied. Jede x-beliebige Bank hätte genauso auffliegen können, alle sind in gleicher Weise im Casino ›investiert‹. Der Bankrott der BAWAG hat aber die Gewerkschaft praktisch tödlich getroffen: Sie steht *de facto* ohne Mittel da und erlitt einen bleibenden Ansehensverlust.

Schachtschneider festgestellt hat, unter diesem Vorwand bei seiner »Rechtsauslegung« des »EU-Rechts« eine Oberhoheit angemaßt, die noch vor der Einführung der sogenannten EU-Verfassung bereits zu einer faktischen Totalentmündigung der Mitgliedsstaaten geführt hat. Darüber hinaus bedeutet dies auch eine Aufhebung der Gewaltenteilung, indem im EUGH legislative und judikative Gewalt vereint scheinen, da der Gerichtshof, in seinen Erkenntnissen über den Einzelfall hinausgehend, generelle und bindende Auslegungen mit Gesetzeskraft schafft.

Die übelste Folge dieser Praxis ist dabei, daß seine Urteile ausschließlich aus der Perspektive des ökonomischen Kalküls gefällt werden. Höherrangige Werte – zum Beispiel der Gesundheitsschutz –, die in manchen Ländern etwa genmanipulierte Nahrungsmittel oder gefährliche Medikamente nicht zum Handel zulassen, werden unter dem Vorwand der Wettbewerbsbeschränkung hinweggefegt.

Die Liberalisierung zusammen mit der Deregulierung hat in ihrer Wirkung die Auflösung überlieferter Rechtsnormen, Rechtsbräuche und wohlbegründeter, für die jeweilige Gemeinschaft bisher gültiger Sitten und Bräuche zur Folge.

Die Privatisierung ist in dieser Dreiheit das Dogma, daß ›privat besser als Staat‹ sei. In dieser Totalität ist es ebenso falsch, wie es der planwirtschaftliche Zentralismus der UdSSR war. In unzähligen Einzelfällen hat die Praxis überdies gezeigt, daß die größten Pleiten von großen Konzernen, ›*to big to fail*‹ – zu groß, um bankrott zu gehen –, hervorgerufen wurden. Heute haben uns gerade die Pleiten der privaten Konzerne und Banken an den Rand des Abgrunds gebracht

Die Etymologie gibt uns übrigens den Hinweis, worum es dabei in Wirklichkeit geht. Wir sagten es schon: Der Begriff kommt vom lateinischen *privare*, ›rauben, stehlen‹. Damit ist der Sachverhalt auch mit einem Wort bereits hinreichend und abschließend geklärt.

Betrachten wir nun noch die Deregulierung mit den Augen eines Schweizer Wissenschaftlers für Politikanalyse.

4.1 Hoher Regulierungsaufwand durch ›Deregulierung‹

Mit der Privatisierung und Deregulierung hat sich der Staat auch der Eingriffsmöglichkeiten begeben. Aufgrund zahlreicher gesetzlicher Neuregelungen kann er heute nicht einmal mehr den Bau neuer Kraftwerkskapazitäten anordnen, wie dies früher mit Bezug auf die Versorgungssicherheit der Fall war. Auch hat die Trennung von Erzeugern und Verteilergesellschaften dazu geführt, daß integrierte

Stromkonzerne, etwa in den USA, Kraftwerke verkaufen mußten, die nun durch Fremdbezug den Strom am freien Markt kaufen müssen. Welche Folgen das hatte, zeigten übrigens die Beispiele aus Kalifornien im Zusammenhang mit dem Enron-Skandal. Es ist auch klar, daß eine solche Volatilität, solch eine schnelle Änderung der Großhandelspreise[277] - Folge der amerikanischen Verhältnisse - keine wie immer geartete Planung der industriellen Produktion erlaubt.

Der Versuch der Politik, hier mit Preisobergrenzen einzugreifen – eine *Re*-regulierung –, ließ die Erzeuger befürchten, daß dann ein Preis erzwungen werden könnte, der die Investitionen nicht mehr hereinspielen würde, also dachten sie nicht im Traum daran, neue Kapazitäten zu errichten.

Die *Neue Zürcher Zeitung* berichtete vor einiger Zeit,[278] daß die Deregulierung auch an der Ostküste schon seit Mitte des Jahres 2000 laufe. In Neuengland wurde im Sommer 2000 als Folge dieser Deregulierung ein Verbrauch knapp unter der verfügbaren Kapazität erreicht. Die kleinste Störung - der Ausfall eines Großkraftwerkes - hätte bereits schwerwiegende Auswirkungen, unter anderen Stromsperren, gehabt, bevor die Deregulierung richtig begonnen hätte.

Wenn man bedenkt, daß in Österreich seit dem EU-Beitritt alle diese Rezepte mit größter Energie verfolgt werden, kann man sich nur wundern. Man forderte und förderte die Privatisierung, womit dem öffentlichen Eigentümer jene Maßnahmen nicht mehr wie bisher möglich sind, ein mit dem Bedarf der Wirtschaft wachsendes Stromangebot mit *eigenen* Kapazitäten vorzuhalten. Die Perversion ging so weit, unter der fragwürdigen ›Freihandels‹-Doktrin der EU von ›*stranded investments*‹, von ›gestrandeten Investitionen‹, zu sprechen - beim Kraftwerk Freudenau in Wien etwa, noch bevor es überhaupt fertiggestellt war! Aber das war nicht das einzige ›*stranded investment*‹.

Unter dem angeblichen Druck der Wettbewerbsfähigkeit in der EU sollen die eigenen Elektrizitätswerke, und damit deren Rechte auf die Wasser-Ressourcen, ausländischen Konzernen ausgeliefert werden. Das ist noch schlimmer als in den USA, denn dort sind es wenigstens Unternehmen des eigenen Landes, die den Gesetzen des Staates unterstehen. Bei uns wäre auch das nicht mehr der Fall. Und was von der Rechtssicherheit oder Rechtsstaatlichkeit der EU zu halten ist, wissen wir inzwischen zur Genüge.

[277] In den USA Preissteigerungen innerhalb weniger Monate um 100 und mehr Prozent. Fabriken mit energieaufwendiger Produktion (Aluminium) mußten zusperren oder abwandern.

[278] 12./13. August 2000.

Völlig unabhängig von diesem Bericht fand sich in eben derselben Zeitung eine knappe Woche davor (12./13. August 2000) ein höchst bemerkenswerter Artikel von Prof. Peter KNOEPFEL:[279] »Mehr Regulierung als Folge der Privatisierungen«.

KNOEPFEL thematisiert das Problem des Durchgriffs der Politik – als Ausdruck des allgemeinen Wohls der Gesellschaft – auf völlig privatisiertes Eigentum: ob es der Politik gelinge, ohne eigenes Eigentum nur durch gesetzliche Regelung alle die ihr notwendig erscheinenden Bindungen oder Begrenzungen durchzusetzen. Das erscheint uns jedoch fraglich, wenn die tatsächlichen Entscheide täglich woanders getroffen werden. Das schien ihm aber gar nicht das wichtigste Problem zu sein, wohl aber die Folgen solcher Durchgriffsmaßnahmen. Diese erfordern einen erheblich *größeren Bedarf an Regelungen*, weil ja nur so genau be- und vorgeschrieben werden kann, was Gegenstand der am Markt zu erbringenden Leistung sei. Das war bei einem im Eigentum der Öffentlichen Hand befindlichen Dienstleistungs- und Versorgunsunternehmen über Personalauswahl, Hierarchie usw. vermeidbar. Um die Einhaltung dieser umfangreichen Regulierungen auch konsequent durchzusetzen und nicht nur zu kontrollieren, bedarf es unter anderem dann eines »polizeiähnlichen Politikstils«.

Der administrative Ballast würde also gewaltig ansteigen, damit auch die Kosten, wobei »die erhofften sozialen und ökonomischen Qualitätssteigerungen jedenfalls im Infrastrukturbereich bisher kaum eingetreten sind«.

»Die Bilanz ist in Anbetracht der hohen Regulierungskosten ernüchternd. Ich – KNOEPFEL – wage zu behaupten, daß wir uns mit dem Privatisierungsexperiment auf den Weg einer heillosen Überbelastung staatlicher Regulierung begeben haben, die nach heutigen Erkenntnissen ungewissen Nutzen bringt. Als Folge davon wird es wahrscheinlich bald zu einer neuen Eigentumsdebatte kommen.«

Es ist erfreulich, daß in der Schweiz immer wieder sehr grundsätzliche Analysen über Themen angestellt werden, die bei uns längst von ihren liberalen Anhängern aus dogmatischen Gründen völlig aus der öffentlichen und selbst aus der akademischen Diskussion verbannt wurden. Es ist uns nicht erinnerlich, daß in dieser Weise auch nur ein einziges Mal die Frage der Folgen der Privatisierung angeschnitten worden wäre. Da man unbedingt glaubt, daß die Dreiheit –

---

[279] Ord. Professor für Politikanalyse und Umweltpolitik und Direktor des IDEAP (*Institut des hautes études en administration publique*) in Lausanne.

Privatisierung, Deregulierung, Liberalisierung – alles ganz wunderbar regeln würde, darf erstens nicht bezweifelt werden, daß dies auch eintritt, noch weniger darf man an das Gegenteil denken. Daher erübrigt sich es, die Folgen *zuvor* zu untersuchen, die ja mit dem liberalen Verständnis der am Eigentum haftenden ›Rechte‹ verknüpft sind, nämlich daß sie zunächst grundsätzlich *unbeschränkt* seien, also auch das Recht der völligen ›Vernichtung‹ des Eigentums einschließen. Daß dies in einer gesellschaftlichen Ordnung kaum wünschenswert ist, ist aber ebenso einsichtig.

Prof. KNOEPFEL erinnert aber auch an die dann auftretenden Probleme, wenn einmal alle Eigentumsrechte verkauft sind. »Der jetzige neue Geldsegen, den die staatlichen Eigentumszauberer heute produzieren, könnte schon morgen Auslöser von sozialen Konflikten sein. Die Habenichtse werden sich nicht scheuen, die neuen Eigentümer zum Scherbengericht zu bestellen, und, vor allem bei mißbräuchlicher Ausübung der neuen Nutzungsrechte, wiederum nach Verstaatlichung rufen.«

Das alles findet statt vor dem Hintergrund einer ›*New Economy*‹ ›*beyond history*‹, wie sie Alan GREENSPAN vor dem US-Kongreß 1999 darstellte. Auch hier ist die *Neue Zürcher Zeitung* vom 19./20. August 2000 aufschlußreich (»Hohe Priorität für US-Finanzstabilität«): »Die seit Jahren den ›Gesetzen der Schwerkraft scheinbar trotzende Wirtschaft der Vereinigten Staaten‹ vermag immer wieder von neuem zu verblüffen.«

Diese Feststellung allein verdient, gewürdigt zu werden: ›Gesetzen der Schwerkraft scheinbar trotzend‹ soll wohl an den früheren Wunderglauben frommer Christen anknüpfen, weil das, was weiter gesagt wird, natürlich den amerikanischen Umständen völlig entgegengesetzt ist. Wir haben an anderer Stelle schon dargelegt, daß die USA längst weitgehend bankrott sind.

4.2 ÖBB-»Reform« – Ein Beispiel aus der Praxis

Wenden wir das bisher Dargelegte auf die in Österreich vor ein paar Jahren beschlossene sogenannte *Reform* der Österreichischen Bundesbahn (ÖBB) an. Es scheint zunächst ohne weiteres einsichtig zu sein, daß im Personenverkehr überwiegend eine marktliche Leistung vorliegt: Der Fahrplan liegt vor, der Kunde entscheidet, ob ihm das Angebot zeitlich, leistungsmäßig und preislich paßt. Die ÖBB (auch die Deutsche Bundesbahn) kann mit großen Betrieben oder Gemeinden darüber Vereinbarungen treffen, wie und unter welchen Vorzugsbedingungen zum Beispiel für *Pendler* diese Leistungen erbracht werden sollen. Man sieht aber, daß selbst in diesem Bereich der Markt als Ordner für Leistungen *nicht* annähernd ausreichend ist; es gibt eben Sonderfälle: die Pendler.

Im Güterbereich ist dies in noch stärkerem Maße der Fall. Je mehr die Produktion auf ›*just-in-time*‹-Lieferungen ausgerichtet ist, desto mehr hängt alles an einem Funktionieren der Logistik. Man könnte natürlich die Frage stellen, ob diese übermäßige Verlagerung des Lager- und Bereitstellungsproblems auf die Zulieferer eine vernünftige Lösung ist, aber zur Zeit ist das so der Fall. Hier *regelt* der Markt natürlich überhaupt nichts. Dies erfordert eine tiefe Integration und Abstimmung mit allen Beteiligten. Insofern sind die politischen Sprechblasen von ›mehr Markt‹ und ›Wettbewerb‹ eben nichts anderes als Parolen, die aber das Problem nicht angemessen beschreiben oder gar lösen.

Ein Unternehmen wie die ÖBB muß aber noch ganz anderen Kriterien gerecht werden. Um nur drei zu nennen: Es sind täglich 7500 Züge abzuwickeln, was außerordentliche Anforderungen an die *Sicherheit* und die *Koordination* stellt. Dies sind offensichtlich Herausforderungen, die nicht unter dem Gesetz des ›Wettbewerbs‹ zu lösen sind. Zweitens kann vom politischen Auftrag einer *flächendeckenden Versorgung* mit Bahnverbindungen im gesamten Land nicht abgesehen werden. Es würde, nur unter dem ökonomischen Kalkül betrachtet, zu einer Minderversorgung, gefolgt von Entvölkerung der Rand- und Gebirgslagen führen, also den Großteil Österreichs negativ betreffen. Der Markt und Wettbewerb kann hier nicht als Organisationsprinzip dienen. Schließlich ist die *Investition in die Infrastruktur* der Bahn so gewaltig, daß durch Vertrag oder ordnungspolitische Maßnahmen dafür gesorgt werden muß, daß die Bahn nicht mit fadenscheinigen Markt- oder Wettbewerbsphrasen einfach aus dem Spiel gekippt wird.

Der erste Punkt macht klar, daß in einem Unternehmen wie der ÖBB eine starke Integration der meisten Unternehmensbereiche nötig ist, um allein diese Forderung zu erfüllen. Gerade hier sind Leistungen des Bereiches Infrastruktur und Betrieb – Personen- und Güterverkehr – praktisch *nicht* voneinander zu trennen.

Wie vorhin erwähnt, hat vor einiger Zeit der Wissenschaftler KNOEPFEL in der *Neuen Zürcher Zeitung* im Rahmen der Debatte über »hoheitliche« und Marktleistungen – dies firmiert in der Freien Marktpropaganda als ›Deregulierung‹ – eindringlich dargetan, daß die

Deregulierung keineswegs weniger, sondern *mehr* an Personal, Regelungen usw. erfordert. Dies erfolgt aus dem einfachen Grund, daß in einem hierarchischen Unternehmen auch mit gewissen beamtenähnlichen internen Regeln die ordnungsgemäße Durchführung und Kontrolle der zu erbringenden Leistungen über die Hierarchie und das Weisungsrecht gewährleistet werden kann. Bei ›marktlicher‹ Bereitstellung dagegen machen die Spezifikation der zu erbringenden Leistung, die Ausschreibung, die Überprüfung der tatsächlichen Erfüllung und die Durchsetzung der Ansprüche bei mangelhafter oder Nichterfüllung oder bei Nachbesserung oder Gewährleistung einen unübersehbaren Kontrollapparat nötig – und wegen der Ordnungsgemäßheit obendrein eine Fülle von neuen Gesetzen und Vorschriften, die wohl auch bei Streitfällen ein Mehr an Gerichtsauseinandersetzungen nach sich ziehen müssen. Die Deregulierung ist also eine Schimäre. Sie hat wohl andere verborgene Hinterabsichten.

Ordnungspolitisch und volkswirtschaftlich ist also die ÖBB-›Entflechtung‹ ein Unfug. Aber selbst unter dem Kalkül der ›modernsten‹ betriebswirtschaftlichen, eben der *Transaktionskosten*-Theorie, kommt man zu keinem anderen Urteil. Das öffentliche Schaudiskutieren von oft unfähigen Leuten, die dem tumben Bürger einreden wollen, daß nur getrennte Aktiengesellschaften als ›*profit center*‹ wirken könnten und somit die erhoffte – aber keinesfalls, wie oben angedeutet, auch eine *genau spezifizierte* – Leistung erbringen würden, ist nichts anderes als die Verkündigung von Dogmen. Es ist auch lächerlich, wenn Berufspolitiker, die nie außerhalb der geschützten Werkstätten der Partei gearbeitet haben, hier ihre Meinungen zum besten geben. Sie haben in Wirklichkeit keine Ahnung. In einer sonntäglichen Spätabend-Sendung (ORF FS2 am 16. 11. 2003) kam auch ein im Rollstuhl sitzender Aufsichtsrat aus der Industrie zu Wort. Es schien, daß sein körperliches Gebrechen das kleinere Übel war, denn die von ihm verkündeten kapitalistischen Weisheiten waren einfach nur peinlich – offensichtlich Auftragsgeschwätz.

Im Juni 2007 berichtete die *Krone*, daß der Rechnungshof (RH) in seinem Rohbericht die ÖBB-Reform[280] schwer kritisierte: Die angeblichen Kosteneinsparungen bei Personal und Management seien nicht nur nicht eingetreten, sondern die Kosten seien um mehrere hundert Millionen öS gestiegen. Auch die angeblich als Ziel angestrebte Eigenverantwortung der einzelnen Aktiengesellschaften – sie sollten

[280] Privatisierung und Zerschlagung in neun operative Einheiten als angebliche Profit-Center.

als ›*profit center*‹ wirken – sei nur Larifari, weil die Holding nach wie vor in allen wesentlichen Bereichen bestimme, was zu geschehen habe. Damit konfrontiert, meinte der ehemalige Infrastrukturminister Hubert GORBACH, daß die Entflechtung trotzdem richtig gewesen sei, ohne den Vorwürfen des RH etwas entgegensetzen zu können – was bei der Inkompetenz und dem fehlenden Sachverstand des ehemaligen Ministers für solche Probleme natürlich nicht wundert.

4.3 Privatisierung – Ein Beispiel aus dem Leben: Frank Stronach und die Mafia

Als der Wolf die sieben Geißlein überreden wollte, ihm die Tür zu öffnen, machte er sich nach ein paar Fehlschlägen die schwarzen Pfoten mit Mehl weiß und mit Kreide die rauhe Stimme sanft. Trotz des Verbotes der wissenden Mutter, die Türe unter keinen Umständen zu öffnen, ließen sich die jungen und daher unerfahrenen Geißlein zuerst täuschen und dann überreden, dennoch aufzumachen. Und sie wurden prompt alle aufgefressen.

Im Märchen kamen sie noch einmal davon, weil sich der Wolf überfressen hatte und daraufhin einschlief, was die Rettung der Geißlein buchstäblich im letzten Moment ermöglichte.

Daß ›*hire and fire*‹ neben dem ›*shareholder-value*‹ die beiden wesentlichsten Prinzipien US-amerikanischer Unternehmens-›Kultur‹ sind, hat sich auch hierzulande herumgesprochen. Daher mißtraut und fürchtet man sich, wenn amerikanische Beratungsfirmen in eine heimische Firma einfallen oder gar ein ›Investor‹ sich anschickt, ein Unternehmen zu übernehmen.

Zwei prominente Beispiele seien in Erinnerung gebracht: Die Übernahme der Head-Tirolia-Mares (HTM) durch den ›Investor‹ Johann ELIASCH, von dem eigentlich nur bekannt war – und bis heute durch nichts Neues ergänzt wurde –, daß er dem ›Berater‹ TREICHL[281] ›persönlich‹ bekannt sei. Wo, ob er überhaupt und, wenn ja, in welcher Höhe dieser ›Investor‹ Kapital habe, war nicht bekannt. Jedenfalls bekam er den HTM-Konzern, und als seine ›Investitionen‹ zur ›Sanierung‹ nicht genügten, fanden sich die Banken schließlich bereit, ein paar hundert Millionen fälliger Schulden nachzulassen.

Ein noch prominenteres Beispiel ist die als Nacht- und Nebelaktion eingefädelte Übernahme der Steyr-Daimler-Puch AG (SDP) durch den ›Austrokanadier‹ Frank STRONACH. Bevor jemand auch nur ahnte,

[281] Es ist sicher nur ein Zufall, daß er mit einem Bankier gleichen Namens verwandt ist.

daß er im Spiel sei, wurden andere Fusionsalternativen, Übernahmen und Kooperationen – schier ohne Zahl – als praktisch perfekt und ideal bezüglich der Partnerwahl der Öffentlichkeit vorgegaukelt. Parallel, aber ohne Bezug zu SDP, baute Frank STRONACH, *recte* Franz STROHSACK, sein Image als ›Onkel aus Amerika‹ auf. Keine Woche ohne Apologien auf den ›österreichischen‹ Wunderknaben in allen gleichgeschalteten Medien. Kein Bundesland, das nicht hoffte, das Nachbarland auszustechen und Frank zu sich zu locken. Denn schließlich, so ging die Mär, wolle Frank STRONACH mächtig investieren.

Welches unverhoffte Glück dann, als ganz überraschend bekanntgegeben wurde, die Bank Austria mit ihrem Generaldirektor, als Mehrheitseigentümer der SDP, und der Magna-Konzern Frank STRONACHS seien handelseins geworden, ganz ohne lästige Ausschreibung oder vorangegangene, öffentlich bekanntgewordene Bewertung des angebotenen Unternehmens. Und man vernahm auch gleich mit dem ersten Gerücht, daß dieses gar kein Gerücht, sondern eine vollendete Tatsache sei, der Handel fix und der Preis wie folgt vereinbart wurde: 3,4 Mrd. öS, wovon 1 Mrd. in bar und der größere Rest in Magna-Aktien bezahlt würde. Ein tolles Geschäft!

Aber dann gab es ein paar Spielverderber: eine Münchner ›Investment‹-Firma, die, ohne genau hinzusehen, von 5 Mrd. öS sprach, und der ehemalige Finanzminister ANDROSCH, der wohl ›aus früherer Kenntnis‹ ebenfalls aus dem Stand diese Summe etwa offerierte, obwohl das Geschäft angeblich schon besiegelt war. Ein paar Zeitungen berichteten, daß – ganz unbemerkt von der Öffentlichkeit – Altbundeskanzler VRANITZKY, aber auch der Generaldirektor der Bank Austria, dem Aufsichtsrat der Magna angehören sollten. Manche meinten sogar, daß es ein ganz ungewöhnlicher Interessenskonflikt sei, wenn der Generaldirektor der verkaufenden Bank Austria zugleich Aufsichtsrat der kaufenden Magna sei, und witterten eine gesetzwidrige Begünstigung des Investors Frank STRONACH zu Lasten der Aktionäre der Bank Austria und der SDP.

Unter dem Eindruck all dieser unvorhergesehenen öffentlichen Diskussionen wurde der bereits fixe Handel um eine Milliarde nachgebessert. Da vorher alles natürlich ganz korrekt zugegangen sei, war das nur ein Beweis für die Großzügigkeit Frank STRONACHS, einfach 30 Prozent mehr für die SDP hinzulegen, und keineswegs eine erzwungene Nachbesserung eines geschobenen *Deals*.

Damit es dem ›Investor‹ nicht allzu hart ankomme, hat man ein paar entgegenkommende Zahlungsbedingungen gefunden: Das SDP-Mehrheitspaket der Aktien – von fast 100 Prozent, das die Kontrolle

Der 1932 als Franz STROHSACK geborene Frank STRONACH.

über das Unternehmen sichert - wurde gegen 4 Prozent der Aktien an der Magna eingetauscht mit 0,5 Prozent Stimmanteil, was aber nur günstig ist, weil man sich dann gar nicht erst um ›Mitbestimmung‹ bei der Magna zu kümmern braucht. Außerdem wurde der Barbetrag von rund 1 Mrd. öS von der verkaufenden Bank Austria (BA) als Darlehen, wohl auch mit Magna-Aktien besichert, dem ›Investor‹ STRONACH vorgestreckt.

Somit wurde also die Bilanz der Direktinvestitionen in Österreich um gut 4,4 Mrd. öS aufgebessert, was ja ein Zeichen für die Güte des Standortes ist, ohne daß eigentlich auch nur ein einziger Schilling oder Dollar vom Ausland nach Österreich geflossen ist. Die BA hat die zuerst kontrollierende Aktienmehrheit gegen nun nicht mehr bestimmende, sprich unbedeutende Aktienanteile umgetauscht und sich den Restkaufpreis mit einem von ihr geschöpften Kredit - *fiat money* (»Es werde Geld!«) - sozusagen per Umbuchung selbst bezahlt.

Wir wollen hier nicht weiter erforschen, inwieweit STRONACH, der ja seine Hobbies - Pferde und Sportwetten usw. - aus dem Magna-Konzern ausgegliedert haben soll (auf Wunsch der ansonsten nicht einverstandenen amerikanischen Aktionäre?), überhaupt noch für den Industriekonzern Magna steht oder nur noch für seine von den Amerikanern als ›zu spekulativ‹ angesehenen Privathobbies. Wäre das nicht einer Nachfrage wert?[282]

Jetzt wollen wir aber sein Wirken als österreichischer Unternehmer betrachten.

282 In den *Oberösterreichischen Nachrichten* vom 8. März 1999 konnte man im *Sportteil* lesen, daß STRONACHS Magnakonzern »geteilt werden soll, weil den (amerikanischen) Aktionären die *teuren* Privathobbies des Frank STRONACH schon lange gegen den Strich gingen«. Das hing damit zusammen, daß sich Frank STRONACH in die Bundesliga mit Sponsorversprechen als Präsident ›eingekauft‹ hatte. Der Bericht lautete dann, aus dem Gedächtnis zitiert, ungefähr so: »Anstatt sich beim Ankick der Bundesliga - im Winter - bei uns den Arsch abzufrieren, weilte Frank STRONACH bei Hauptversammlung ›seines‹ Magna-Konzerns im fernen Kanada. . .«
Was heißt das? Ist der in Österreich als großer Industriemagnat hochgejubelte Frank STRONACH vielleicht nur eine Marionette, ein Strohmann, der mit nicht überprüften (oder nicht überprüfbaren) Besitz- und Einfluß-Verhältnissen zum Abstauben in die alte Heimat geschickt wurde?

Kaum war der Deal dann schließlich doch unter Dach und Fach, trennte er sich vom ›Waffengeschäft‹ der ehemaligen SDP. Es wäre interessant zu wissen, was dieses vorher eingebracht hat, weil man das ja *vom virtuellen Kaufpreis* für die SDP abziehen müßte. Dann hörte man, daß die Steyr-Mannlicher – die erst ein Jahr zuvor für angeblich 100 Mio. öS renoviert wurde – auf den der SDP gehörenden Grundstücken stünde, die STRONACH in der Stadtmitte von Steyr zu Marktpreisen, versteht sich, verkaufen wolle, was sich aber die Mannlicher gar nicht leisten könnten. Wie dieses angekündigte Geschäft ausging, entzieht sich unserer Kenntnis. Aber clever wäre es schon, wenn im Gesamt-Deal doch *alle* Grundstücke zu Buchwerten oder in Bausch und Bogen enthalten gewesen wären und man jetzt etwa Cash – zu Marktpreisen – machen könnte.

Auf die Zehen getreten fühlten sich die Arbeiter erst, als die Versprechen nicht ganz so eintrafen, wie sie zuvor geklungen hatten. Die Beschäftigungsgarantie wurde plötzlich relativiert. Da überzeugt auch nicht, daß in Summe bei einem expandierenden Unternehmen an anderer Stelle ein Nettozuwachs an Arbeitsplätzen vorzuweisen ist, denn davon haben die uneinsichtigen ober- oder niederösterreichischen Arbeiter der ehemaligen SDP nichts, wenn dies in der Steiermark bei Magna der Fall ist.

Im Laufe der Zeit hatte dann STRONACH öfter im Fernsehen seine Weltsicht dargestellt. Sie war wie alle Wahrheiten eine ganz einfache: »Wir sind alle eine Familie.«[283] Das heißt, hier braucht man natürlich keine Betriebsräte oder gar Gewerkschaften, die die Interessen der Arbeiter vertreten. Um das Wohl seiner Arbeiter, also seiner Familienangehörigen, kümmert sich Fankie selbst. Er hat auch einmal den Schlüssel der Gewinnverteilung mitgeteilt. Der Löwenanteil ist natürlich für die Aktionäre – wegen des *shareholder-value* –, dann kommen allerlei Rücklagen und Boni für das Management, und ein paar Prozent sind leistungsabhängig für die Arbeiter, also die Familienmitglieder, geplant. Wie es genau funktioniert und vertraglich vereinbart ist, hat man eigentlich nie so recht vernommen, obwohl das doch besonders interessant wäre – als Modell sozusagen –, um es allgemein anzupreisen.

---

[283] Diesen Satz wandelte STRONACH in unglaublich vielen Variationen ab, und da er sonst eigentlich nie irgend etwas anderes oder Wesentlicheres übers Geschäft, die Wirtschaft oder dergleichen unwichtige Dinge sagte, kamen wir zum Schluß, daß zu seinen offensichtlichen sprachlichen, geistigen und Management-Fähigkeiten und Tugenden sich auch die der Bescheidenheit eines Heiligen ANTONIUS noch dazu gesellte.

Ganz mißmutig konnte Frank STRONACH freilich werden, wenn er mit den Gewerkschaften oder gar solchen Leuten zusammenstieß, die – *horribile dictu* – einen Betriebsrat gründen wollten. Das wollte er nämlich überhaupt nicht. Als eine Frau in abenteuerlicher Tollkühnheit dies gar versuchte, wurde sie gekündigt nach vielen Jahren unbescholtener Tätigkeit im Unternehmen, mit der Begründung, daß sie unverträglich sei und das Betriebs-Klima vergifte. Wenn das kein Grund ist, was dann? Daß es Mobbing von oben war, können wir uns unter gar keinen Umständen (nicht und überhaupt nicht) vorstellen. Übrigens hat der *Communicationsmanager* und frühere Landeshauptmannstellvertreter und bald zu viel Höherem berufene ›KHG‹, also der Herr Magister Karl Heinz GRASSER, uns das genau erklärt: Die Mitarbeiter sollten selber entscheiden, ob sie die unverträgliche Kollegin weiter haben wollten. Sie wollten das mit überwältigender Mehrheit – und wohl vorauseilendem Gehorsam – *nicht*. Da war es dem Herrn Mag. GRASSER ein leichtes – Fingerübungen sozusagen – zu beweisen, daß Betriebsräte oder Gewerkschaften und solche Störenfriede, die das für wünschenswert hielten, bei Magna überflüssig seien.

Nun hören wir, daß STRONACH den Gewerkschaften *Mafia-Methoden* vorwirft. Öffentlich!

Jetzt sind wir entsetzt, waren und sind die Gewerkschaften doch eine der wesentlichsten Säulen der österreichischen Sozialpartnerschaft, der eigentlichen Realverfassung und -regierung. Wenn diese nun *mafios* sind, dann hat der kürzlich verstorbene Professor TOLLMANN recht: Das *ist* der Weltuntergang.

4.5 Stronach erhielt Unterstützung vom Landeshauptmann Jörg Haider

Landeshauptmann Jörg HAIDER, so wurde berichtet,[284] habe sich in die Mafia-Debatte eingeschaltet und sich auf die Seite Frank STRONACHS gestellt. Er, HAIDER, habe nämlich noch keinen Gewerkschafter kennengelernt, der einen Betrieb saniert, aber viele, die welche ruiniert hätten.

Hier sind wir erstaunt, daß Dr. HAIDER die unterschiedlichen Ebenen der Auseinandersetzung anscheinend nicht auseinanderhalten konnte oder wollte. HAIDERS Erfolg wurde gerade deshalb möglich, weil er Mißstände und Privilegien zu Recht anprangerte: beispiels-

[284] ORF ZiB 2 am 12. August 1999.

weise die unerhörten Gehälter bei praktizierter Selbstbedienung der ›Arbeitervertreter‹ oder die durch Mißmanagement und Parteienwirtschaft wesentlich mit verursachte Konsumpleite. Es wurden die persönlichen und zum Teil die Systemmängel angeprangert. Und das war und ist auch in Ordnung und notwendig.

In diesem Fall wird aber nicht ein *konkreter Mißstand* kritisiert, sondern dem Versuch eines ›Kapitalisten‹, der die Machtbalance zwischen Kapital und Arbeit *mit kriminalisierender Rhetorik(!)* weiter zu Lasten der Arbeit verändern will, Beifall geklatscht. Das ist in einer Zeit, die der Globalisierung und dem damit einhergehenden Abbau der Arbeits-, Sozial- und Sicherheitsrechte[285] huldigt, eine ungeheuerliche Parteinahme gegen die arbeitende und noch mehr gegen die aus dem Arbeitsleben *unfreiwillig hinausgeflogene* Bevölkerung: Globalisierung ist nämlich mit *›virtual enterprise‹* gleichbedeutend, also mit ent-lokalisierten und nicht mehr greifbaren Unternehmen, begleitet von einer massiv ansteigenden Arbeitslosigkeit.

Die Gewerkschaften sind eine notwendige Einrichtung, denn nur mit Hilfe der Koalitionsfreiheit sind die Arbeiter überhaupt in der Lage, der Macht des Kapitals annähernd mit gleichem Gewicht gegenüberzutreten. Die Demontage der *›unions‹* in den USA, die weitgehend mit der für Europa ungewohnt hohen Arbeitslosigkeit auch bei uns stattfindet, ist ein Unglück und wird eine der Ursachen sein, daß die Kluft zwischen den Habenden und den Nichthabenden größer wird – bis hin zu bürgerkriegsähnlichen Spannungen, wenn erst einmal ernste Krisen hereinbrechen. Und sie stehen wahrlich vor der Türe, ohne daß wir darauf vorbereitet wären.[286]

---

[285] Wir verteidigen keineswegs ungerechtfertigte Privilegien oder das Schmarotzertum. Aber es ist offensichtlich, daß die gigantische Zahl der Nicht- oder Unterbeschäftigten nicht aus ›Faulheit‹ arbeitslos sind. Es ist ebenso klar, daß die ILO-Konventionen ein gerechtfertigter sozial- und arbeitsrechtlicher Fortschritt waren und immer noch sind, diese aber etwa von den USA nicht ratifiziert oder in der US-Wirtschaft verpflichtend umgesetzt wurden.

[286] Was Beobachtern ja schon lange klar geworden war, daß die globale Finanzblase, nicht gedeckte und nicht zu deckende Spekulation in sogenannten ›derivativen Produkten‹, früher oder später platzen *muß*, ist mittlerweile auch in der Tagespresse zu lesen. Immerhin schon 1999 (*OÖN* vom 3. Sept.) sprach anläßlich der Alpacher Gespräche ein IHS-Experte offen von einer bevorstehenden »Korrektur« der (US-) Aktien um 40%, es könnten aber auch bis zu 60% sein. Das wäre der Beginn des großen Crashs – des Zusammenbruchs der NASDAQ-Börse –, der alles in den Schatten stellen wird, was bisher in der Ökonomie an Zusammenbrüchen stattfand!

Sind HAIDERS Differenzierungen zwischen den ›Fleißigen‹ und ›Tüchtigen‹ schon eine bedenkliche Polarisierung, weil sie implizit unterstellen, daß alle anderen Sozialschmarotzer seien, so ist die Parteinahme für STRONACH in diesem Fall eine *unerhörte Fehlleistung*. Indem der keineswegs ganz so uneigennützige ›Investor‹ – ohne wirklich neues Kapital ins Land gebracht zu haben, wurden lediglich die Eigentumsverhältnisse zugunsten eines Ausländers und zu Lasten der Inländer verändert – die *Institution und Funktion* der Gewerkschaft angreift, treibt er auffällig Klassenkampf. Sein Übergriff ist ja nicht einmal scheinbar an einem ihn – oder die Volksgemeinschaft – angehenden Mangel festgemacht, sondern stellt einfach Hetze dar, dessen Motiv *Kapital gegen Arbeit* heißt.

Ein solches Verhalten ist nicht nur verantwortungslos, sondern auch eine ziemlich falsche politische Strategie. Sie polarisiert, obwohl dem Volk in schweren Zeiten Einheit not täte. Es ist Parteinahme auf der falschen Seite, denn so nötig Kapital für die Wirtschaft ist, so ist noch allemal richtig, daß *Arbeit Kapital schafft*, und nicht umgekehrt, auch wenn das angesichts der Abzocker auf den sogenannten *›financial markets‹* gerade so dargestellt wird. Nur das ist eben die tiefe, nicht bewältigte und nicht mehr zu bewältigende Krise. Darum erscheint es uns auch bar jeder Vernunft zu sein, sozusagen am Ende der Rallye, noch auf den entgleisenden Zug aufzuspringen.

Deshalb ist es auch nicht verständlich, warum HAIDER auf die Seite des Frank STRONACH trat: Hatte nicht er oder damals noch seine FPÖ selbst eine Gewerkschaft gegründet? Sollte sie nur eine opportune Kampforganisation einer Partei gegen eine andere Partei sein? Dann wären freilich die Idee und der Sinn einer Gewerkschaft gründlich mißverstanden.

4.6 Die Privatisierung der Deutschen Telekom

Ein bezeichnendes Beispiel für den Globalismus ist die Deutsche Telekom. Dieses Unternehmen befand sich früher im Besitz des Volks als Staatsbetrieb und erwirtschaftete Milliardengewinne für den Staatshaushalt. Seit Aron SOMMER die Firmenleitung übernahm, ging nicht nur das gesamte Firmenvermögen in dreistelliger Milliardenhöhe verloren, sondern es entstand eine Schuldenlast für den Steuerzahler in Höhe von knapp 70 Milliarden Euro: »Das Unternehmen zahlt jährlich um die vier Milliarden Euro Zinsen.«[287]

---

[287] *Die Welt*, 14. 5. 2002, S. 12.

Was Aron SOMMER den deutschen Sparern mit seinen Telekom-Aktien aus der Tasche zog und dem Steuerzahler aus der Lohntüte nahm, ging an Pleitefirmen wie Voicestream und an israelische Elektronikfirmen. Trotz ›Privatisierung‹ der Telekom mußte der Staat garantieren, für die von Aron SOMMER verursachten Großverluste aufzukommen. Wenn schon ausgeschlachtet wird, muß auch gewährleistet sein, daß es genug auszuschlachten gibt. Die Telekom allein hätte ohne den Steuerzahler und den Sparbuchbesitzer Herrn SOMMER und die Seinen nicht so großzügig beschenken können. So muß also der arbeitende Bürger für die produzierten Milliardenverluste geradestehen. Die Totalabzocke gelang ihm, da die BRD-Politiker im Gleichklang mit den gleichgeschalteten Medien die Sparbuchbesitzer überredeten, ihr erspartes Geld gegen T-Aktien einzutauschen.

4.7 Privatisierung – ein Beispiel aus Rußland

Auf einem Kongreß in Moskau[288] erklärte unter anderen der Abgeordnete MIRONOW,[289] wie die Machenschaften bei der Privatisierung in Rußland abliefen. 1992 wurde das Gesetz über die Privatisierung beschlossen. Es sollte mittels ›*Vouchers*‹ für jeden Russen Eigentum am ehemaligen Staatsbesitz begründet werden. Diese waren auf Namen lautend. Nun erfand Anatolij TSCHUBAIS, der damals die ›Wirtschaftliche Reformkommission‹ leitete, namenlose *Vouchers* zur Privatisierung und legte diesen Entwurf Boris JELZIN zur Unterschrift als Dekret vor. JELZIN unterzeichnete dieses Dekret auch.

Dem Gesetz entsprechend, müssen Dekrete des Präsidenten vom Parlament innerhalb einer Woche behandelt werden. Geschieht dies nicht, treten Dekrete automatisch in Kraft. Um die Behandlung zu hintertreiben, also jegliche Debatte überhaupt zu unterbinden, ging das von JELZIN unterschriebene Dekret an den Obersten Rat (*Supreme Sovjet*), wo es einen Eingangsstempel bekam, dann wurde es im Tresor von TSCHUBAIS oder Jegor GAJDARS verschlossen. TSCHUBAIS (GAJDAR?) war dann für eine Woche einfach verschwunden, womit niemand Zugang zu dem Dekret hatte, das somit automatisch in Kraft trat.

Erst mit den anonymen *Vouchers* konnten diese für ein Butterbrot von den individuellen Besitzern eingesammelt werden, wobei dafür offensichtlich (virtuelle) Kredite zur Finanzierung verwendet wurden. Das russische Nationalvermögen wurde mit einem betrügeri-

---

[288] Internationale Konferenz über Globalisierung und Fragen der Zeitgeschichte, Moskau, 26. u. 27. Januar 2002.

[289] Boris MIRONOW ist Mitglied der Duma, des russischen Parlaments.

schen Trick praktisch gestohlen. Ganz ähnlich verlief übrigens die Privatisierung in der Tschechei nach der ›Wende‹.

Die sogenannten russischen Oligarchen haben sich mittlerweile zu ehrenwerten Geschäftspartnern gewandelt. »*Pecunia non olet!*« (Geld stinkt nicht!), antwortete der römische Kaiser, als einer seiner Ratgeber die Steuer auf die stinkende Kloake als unfein empfand. Wie wahr. Allerdings ist dies nicht allen geglückt. Der ursprüngliche - richtiger: angebliche - Eigentümer des Ölkonzerns Yukos, Michail CHODURKOWSKI, wurde wegen Betrugs und Steuerhinterziehung für mehrere Jahre ins Gefängnis gesteckt. Die Aufregung im Westen war und ist darüber besonders groß, wollte doch dieser aufgeschlossene, modernem Management zugewandte Oligarch die Yukos westlichen Investoren zugänglich machen. Manche vermuten, daß der clevere Jungkommunist CHODURKOWSKI das nötige Kleingeld zum Aufkaufen der *Vouchers* von einem Londoner Bankhaus vorgestreckt bekam, gewissermaßen eigentlich nur stellvertretend für diese Bank die Aktien hielt. Das sollte vielleicht mit der Öffnung - also dem Verkauf von Yukos-Aktien - an den Westen nun ›offiziell‹ gemacht werden. Wenn es so war, muß das für die Londoner Bank sehr ärgerlich gewesen sein, und der, der diesen Deal verhindert hatte, der russische Präsident W. PUTIN, wird sich den unverzeihlichen Zorn *jener* wohl zugezogen haben.

Daß die ›Privatisierung‹ der *Vouchers* ein Unsinn ist - wenn man das Allgemeinwohl im Auge hat -, belegt das Beispiel hinreichend. Es ist ein krimineller Trick, das gigantische Realvermögen mit einem sozial aussehenden Mäntelchen bestimmten Leuten zuzuschanzen. Aber selbst ökonomisch ist es ein Unfug, weil damit kein Kapital ins Unternehmen kommt und in Zukunft diese Aktionäre nicht dafür in Betracht kommen, je für Investitionen auch nur irgendein Kapital aufbringen zu können. Das weiß man aber von vornherein, womit auch ohne die praktische Erfahrung klar gewesen sein mußte, was der eigentliche Zweck solcher ›Privatisierung‹ nur sein konnte.

5 Mittelständische Wirtschaft gefährdet

Die Umleitung der Finanzströme in die spekulativen Anlagen hat zu unerfreulichen Aussichten für die Finanzierung der Realwirtschaft, insbesondere der mittelständischen, geführt. Die Finanzierung der mittelständischen Wirtschaft in Deutschland ist gefährdet.[290] So warnte

[290] Gerhoch REISEGGER, »Neuer Anschlag auf die deutsche Volkswirtschaft«, in: *Staatsbriefe*. Die Internet-Seiten sind leider nicht mehr zugänglich.

der Vizepräsident des Verbandes Deutscher Maschinen- und Anlagenbauer, Dieter KLINGENBERG, in Berlin[291] schon vor etlichen Jahren davor, daß die starken Veränderungen im Bankenbereich die Lebensfähigkeit der deutschen Investitionsgüter-Industrie untergraben könne.

Es gibt natürlich auch keine Alternativen der Mittelbeschaffung für die KMUs zur Finanzierung durch die Banken. Der Gang an die Börse oder die Aufnahme von Beteiligungen ist nur scheinbar ein Ausweg. Die meisten Firmen wären zu klein, und die langfristigen Produktentwicklungen können niemals mit den kurzfristigen Gewinnerwartungen und virtuellen Geschäftsentwicklungen wie in der ›*New Economy*‹ Schritt halten. Sie würden dadurch nur einem Finanzmanagement (von Anlagemanagern) unterworfen, das nichts von der langfristigen Führung eines Technologie-Unternehmens versteht.

Wie ernst die Lage ist, zeigen die Trends in der Unternehmensfinanzierung durch deutsche Privatbanken. Diese ging, wie die Kreditanstalt für Wiederaufbau (KfW)[292] berichtete, massiv zurück. Von den 27 Mrd. DM Förderzusagen, die die KfW über die Geschäftsbanken an die deutschen mittelständischen Unternehmen im Jahre 2000 vergaben, wurden um *50 Prozent weniger* durch die (privaten) Großbanken durchgeleitet, nämlich nur 15 Prozent gegenüber 32 Prozent noch zu Beginn der neunziger Jahre. Bei Kleinkrediten ist der Anteil gegenüber früher überhaupt auf ein Drittel gesunken. Die Funktion der Hausbanken wird in steigendem Maß von den Sparkassen und Genossenschaftsbanken wahrgenommen. H. REICH führte dazu aus: »Diese Entwicklung kann dazu führen, daß mittelständische Unternehmen bald Schwierigkeiten bekommen, überhaupt ein Kreditinstitut für die Finanzierung ihrer Investitionsvorhaben zu finden.«

Das Problem dabei ist, daß sich *diese* Institute, die eine tragende und die eigene Volkswirtschaft fördernde Rolle seit dem Wiederaufbau gespielt haben, sich inzwischen existentiellen Angriffen ausgesetzt sehen. Diese kommen aus drei Richtungen:

- von der Kommission der Europäischen Union,
- von den privaten Großbanken des In- und Auslandes und
- von den Statthaltern des Weltfinanzsystems.

Der frühere EU-Wettbewerbskommissar Mario MONTI hatte neue Leitlinien über die Bürgschaften (öffentlich rechtlicher Institute) vorlie-

---

[291] 18. Oktober 2000.

[292] Vorstandssprecher Hans W. REICH auf der Pressekonferenz in Frankfurt am 28. Oktober 1999.

gen. Das Ziel ist klar: Unter dem Vorwand der wettbewerbsverzerrenden ›Gewährträgerhaftung‹ für öffentliche Banken durch staatliche Garantien soll wegen ›unzulässiger Beihilfen‹ über das Wettbewerbs-›Recht‹ der Hebel angesetzt werden. Der Umstand, daß damit günstige Kredite für private und unternehmerische Investitionen – und damit nicht zuletzt der Wiederaufbau und das deutsche Wirtschaftswunder – möglich wurden, interessiert nicht.

6 Gefährliche Entwicklungen in der Landwirtschaft

Die Lebensmittelbranche startete ein Wettrennen um höhere Preise[293] – so die Schlagzeile der *Oberösterreichischen Nachrichten*,[294] begleitet von einem Kommentar von Josef Lehner (»Gegenrevolution«), der scheinbar Positives ankündigt: die Kürzung der Agrarsubventionen der EU, weil »die Bauern ihr Geld wieder auf dem Markt verdienten«. Das wird selbstverständlich auch in Zukunft nicht der Fall sein. Warum das so ist, werden wir gleich sehen.

Auffällig an dieser groß aufgemachten ›Story‹ ist der Umstand, daß zu diesem Zeitpunkt kaum noch in irgendwelchen Statistiken oder in den Lebensmittelpreisen diese »größte Preissteigerung seit 25 Jahren« sichtbar geworden ist. Woher also dieses Vorauswissen der Presse? Denn ähnliche Titel oder Artikel erscheinen ›zufällig‹ jetzt und gehäuft. »Die Rallye um höhere Lebensmittelpreise kommt in eine entscheidende Phase.«

Was als Gründe dafür diskutiert wird, sind Geschichtchen, Gerüchte und etwas Lärm über ›Trittbrettfahrer‹.

Es wäre freilich interessant zu erfahren, *was* denn diese ›Rallye‹ verursacht hat, von der man immerhin zu berichten weiß, daß so etwas noch nie da gewesen sei. Sehen wir uns das näher an.

Wir befinden uns am Beginn des größten nachhaltigen Anstiegs der Getreidepreise seit drei Jahrzehnten für alle wichtigen Getreidesorten: Mais, Weizen, Reis. Diese drei Nutzpflanzen machen etwa 90 Prozent des gesamten in der Welt angebauten Getreides aus. Daß etwa drei Viertel der Welt-Getreideernten an der Chicagoer Warenbörse verschachert werden, sei nur nebenbei erwähnt; es hängt aber mit den Preisentwicklungen mittelbar zusammen. Die US-Regierung hat ›überraschend‹ beschlossen, trotz der ungebremsten Energiever-

---

[293] Titel im Wirtschaftsteil der *Oberösterreichischen Nachrichten* vom 4. August 2007. Als ›Aufmacher‹ auch auf Seite 1.

[294] Ebenda, S. 9.

schwendung in den USA, trotz der Ignorierung jeglicher Empfehlungen irgendwelcher Umweltbeschlüsse, wann immer solche in den vergangenen dreißig Jahren verkündet wurden, wie der Wolf im Märchen Kreide zu fressen, um sich als ›besseren Hüter der Umwelt‹ öffentlich darzustellen. Wie geschah das?

Präsident BUSH kündigte in seiner »*State-of-the-Union*«-Rede im Januar 2007 – mit dem »20 bis 10« etikettierten Programm – an, den Benzinverbrauch in den USA bis 2010 um 20 Prozent zu senken. Offizieller Grund war, »die Abhängigkeit von importiertem Öl« sowie die unerwünschten Emissionen von »Treibhausgasen« zu verringern. Das stimmt zwar nicht, aber es macht einen guten Eindruck, und wenn man die Lüge nur oft genug wiederholt, wandelt sie sich bekanntlich zur ›Wahrheit‹. Mittelpunkt dieses Plans ist die Absicht einer großangelegten und vom Steuerzahler bezahlten Ausweitung des Einsatzes von Bio-Ethanol als Treibstoff für den Straßenverkehr. BUSH forderte die Produktion von 35 Milliarden Gallonen (etwa 133 Milliarden Liter) Ethanol je Jahr. Dieses Ziel soll bis 2017 erreicht werden.

Der Kongreß hat mit dem »*Energy Policy Act*« im Jahre 2005 bereits beschlossen, daß die Produktion von Ethanol aus Mais von 15,2 Milliarden Liter im Jahre 2006 auf 27,5 Milliarden Liter im Jahre 2012 ansteigen muß.

Damit dies auch geschieht, erhalten Farmer und die Agrar-Großindustrie wie ADM oder David ROCKEFELLER großzügige Subventionen, um Mais zur Ethanolgewinnung anstatt als Nahrungsmittel anzubauen. Ethanolproduzenten – das sind diejenigen, die das Ethanol für den Verkauf mit Benzin mischen – erhalten zur Zeit in den USA einen Zuschuß von 51 Cent je Gallone Ethanol. In der Regel sind die Begünstigten Ölfirmen.

Die Nachfrage nach Bio-Ethanol wird somit nicht nur in den USA steigen. Im März 2008 unterschrieben BUSH und der brasilianische Präsident einen bilateralen »Ethanol-Pakt« zur Zusammenarbeit in der Forschung und der Entwicklung von Technologien zur Herstellung von Bio-Treibstoffen der ›nächsten Generation‹, wie etwa der Produktion von Zellulose (zur Gewinnung von Ethanol aus Holz). Man kooperiert auch, um den Einsatz von Bio-Treibstoffen in Entwicklungsländern, vor allem in Südamerika, zu ›stimulieren‹ und ein OPEC-ähnliches Kartell für Bio-Treibstoffe zu schaffen, das den Aufbau eines Ethanolmarktes für die westliche Hemisphäre zum Ziel hat.

Mit einem Wort: Das Ziel ist die weltweite Nutzung von Anbauflächen für Bio-Ethanol und andere Bio-Treibstoffe – *die Verbrennung von Nahrungsmitteln,* anstatt sie für die Ernährung von Menschen oder als Tierfutter zu verwenden – in Washington, Brasilien und anderen Wirtschaftszentren, darunter auch in der EU. Damit soll eine bedeutende neue Wachstumsindustrie geschaffen werden.

Das damit verbundene *existentielle* Problem ist die Verringerung von Anbauflächen für die Ernährung der Weltbevölkerung, die anscheinend ohnedies schon knapp geworden sind. Die Umstellung auf Ethanol-Produkte in den USA ging rasant voran, ohne daß neue Flächen für Nahrungs- und Futtermittel geschaffen worden wären. Die Verschlechterung der Böden durch derartige Monokulturen, also das Gegenteil angeblicher ökologischer Ziele, ist absehbar, ebenso das blühende Geschäft der Giftmischer mit ihren Kunstdüngemitteln und Herbiziden.

Jene, die dies ausheckten – unter anderen das CFR-Mitglied KISSINGER[295] –, merkten schon 1970 treffend an: »Mit Öl beherrscht man Nationen, mit Nahrung die Menschen, mit Geld die Welt.« Nun ist der Griff auf die Nahrung an der Reihe. Die Industriekonzerne des Agrigeschäfts wie Cargill, ADM, Montsanto und Syngenta reiben sich die Hände, aber auch die Öl-Konzerne, BP, ExxonMobil, Chevron, die alle massiv ins Bio-Geschäft eingestiegen sind. Die Mengen an Bio-Sprit sind, was ihr eigentliches Geschäft betrifft, nicht der Rede wert, aber sie behübschen sich nun auch mit einem Öko-Mäntelchen. Am schlimmsten jedoch ist, daß mit der Umstellung von gewaltigen Nahrungs- und Futtermittel-Flächen für Energiegewinnung[296] ein Wettbewerb zwischen Hunderten Millionen Automobilen und dem Hunger von ein paar Milliarden Menschen entfacht wurde. Mit anderen Worten: Es ist erfolgreich gelungen, die Nahrungsmittelpreise an den Ölpreis zu koppeln. Was das bedeutet, kann sich kaum jemand in seinen schlimmsten Alpträumen vorstellen.

---

[295] CFR – *Council on Foreign Relations*, einer der mächtigsten ›*Think-Tanks*‹, der die One World-Bewegung ideologisch und politisch vorantreibt und der sich im Einflußbereich der ROCKEFELLER-Dynastie befindet.

[296] Globalisierung der Bio-Treibstoffe. »Der Pakt zwischen BUSH und LULA ist nur der Beginn eines globalen Programms, Feldfrüchte zur Gewinnung von Bio-Treibstoff anzubauen. Wiesenland und Wälder in Brasilien, Argentinien, Kolumbien, Ekuador und Paraguay weichen riesigen Plantagen von Zuckerrohr, Palmenöl und Soja für die Herstellung von Bio-Treibstoff. Der Anbau von Soja hat die Entwaldung von 21 Mio. Hektar in Brasilien und von 14 Mio. Hektar in Argentinien verursacht, und ein Ende ist nicht in Sicht. Gleichzeitig steigen die Getreidepreise. Soja wird zur Herstellung von Bio-Treibstoff verwendet.« Aus dem ins Deutsche übersetzten Artikel »Die heimliche Absicht hinter den Bio-Sprit-Plänen der BUSH-Administration« von William ENGDAHL. Zu finden unter: www.trueten.de und http://www.tlaxcala.gob.mx/

Gewiß ist, daß diese Entwicklung kein ›Betriebsunfall‹, bedingt durch unbedachte Gesetzgebung, gewesen ist. Die USA forschen und entwickeln auf dem Gebiet der Bio-Treibstoffe seit den siebziger Jahren. Es ist so sicher wie das Amen in der Kirche, daß die ›Erfinder‹ des Bio-Ethanols genau wußten, was sie taten. Die Ähnlichkeit mit der selbst erzeugten Inflation der Ölpreise und der jetzt auch absichtlich herbeigeführten entsprechenden Inflation der Nahrungsmittelpreise ist offensichtlich. Seit Ende 2000, seitdem Erdöl die US-Außenpolitik beherrschte, stiegen die durchschnittlichen Preise für Erdöl nominell um 300 Prozent an. Als die Produktion von Bio-Ethanol erstmals ein Faktor am Markt wurde – im Jahre 2006 –, stiegen die Preise für Mais an der Chicagoer Waren-Börse innerhalb von 14 Monaten um 130 Prozent. Der Kongreß und die BUSH-Regierung stellten 2005 die Weichen für den Boom von Bio-Ethanol, obwohl längst bekannt war, daß die Welt-Getreidereserven in alarmierendem Maß im Schwinden begriffen waren und die weltweite Nachfrage vor allem wegen des steigenden Wohlstands und der wachsenden Nachfrage aus China anstieg.

In der EU soll der Anteil am Bio-Sprit auf 10 Prozent gesteigert werden, was nach den Plänen der unverantwortlichen Bürokraten *Nahrungsmittel-Anbauflächen von 18 Prozent* zum ›Verbrennen‹ erfordert. Noch um die Mitte des 20. Jahrhunderts war Deutschland *nicht* in der Lage, die Ernährung seiner Bevölkerung ohne Importe zu gewährleisten. Wir gehen offenbar solchen Zeiten wieder mit Riesenschritten entgegen.

Die angeblichen ökologischen Vorteile sind überdies erlogen: einerseits, weil die Energiebilanz zur Herstellung von Ethanol bestenfalls ausgeglichen ist, andererseits, weil Ethanol selbst beim Verbrennen eine Reihe von hochgiftigen Sekundärstoffen erzeugt. Wir wollen hier auf den Unsinn der CO_2-›Treibhaus-Gas‹-Diskussion nicht eingehen, dies wurde an anderer Stelle schon erörtert.[297] Aber auch die Vorstellung, daß die ›exhalierte‹ CO_2-Menge geringer würde, ist Illusion, weil für die durch die Monokultur bedingte Erzeugung zusätzlicher Mengen an Herbiziden und Kunstdünger der Verbrauch von Kohle und Kohlenwasserstoff-Produkten dementsprechend steigt.

Den ›grünen‹ Etikettenschwindel könnte man noch als ein von Provinz-Politikern inszeniertes Ärgernis übergehen. Wirklich ernst ist die durch die Ethanol-Produktion bedingte Verknappung der Weltnahrungsmittel, was sich in Hungersnöten in den armen Regionen und in gewaltigen Preissteigerungen mit der dadurch bewirkten Verarmung breiter Schichten des Volkes bei uns auswirken wird.

[297] *Aula*, Juni 2007, *Staatsbriefe*, www.staatsbriefe.de (nicht mehr verfügbar).

SECHSTES KAPITEL

Soziale Folgen

1 Arbeit ein Subjekt des ›Arbeitsmarktes‹?

Wenn man sich mit *der Arbeit* und *Beschäftigung* befaßt, dann ist es unvermeidlich, sich auch dem ›Arbeitsmarkt‹ zu widmen. Was ist das? Ist der Arbeitsmarkt dem ›freien Markt‹ vergleichbar? Gelten entsprechend dieselben ›Gesetze‹, wie sie die neoklassische Theorie so *genau*, einem Naturgesetz vergleichbar, aufgestellt hat?[298] Das ruft verschiedene Fragen hervor: unter anderen die, ob Arbeiter außer ›Human-Ressourcen‹ auch noch Menschen sind oder sein dürfen.

Die nächste Frage betrifft den Preis der Arbeit. Es werden ja immer Arbeitskosten und Arbeitslosigkeit in einen unmittelbaren Zusammenhang gebracht. Zu hohe Arbeitskosten verursachen angeblich und notwendigerweise Arbeitslosigkeit. Es ist jedoch fraglich, ob dieser einfache Zusammenhang besteht – und wenn, ob da nicht die Zielvorstellungen und die zugrunde liegende Wirtschaftsdogmatik die richtige sind. Was inzwischen auch sichtbar wurde: Es gibt Menschen *mit* und solche *ohne* Arbeitsplatz. Das ist aber nicht das Ergebnis von überzogenen Schutzbestimmungen oder zu hoher Arbeitskosten, wie ›die Industrie‹ behauptet, sondern eher eine Folge einer mangelhaften Vertretung der ›Arbeit‹, die vor allem die Arbeit*habenden* vertritt, aber nicht die Arbeits-*losen*, neben der grundsätzlichen *ideologischen Fehlsteuerung*, die in den Dogmen des Neoliberalismus begründet ist.

Die vom Wiederaufbau verursachte Vollbeschäftigung ließ vergessen, daß es meist wunschvolles Denken war, daß *alle* Arbeit *haben würden*. Die heutigen Probleme haben dies wieder zum zentralen Thema gemacht: den Zugang zur und den Erhalt der Arbeit. Eine Gewerkschaft oder ein Betriebsrat, die nur *arbeitende* Mitglieder ›vertreten‹, werden vielleicht unfreiwillig, aber unausweichlich zum Verbündeten des Kapitals, weil es *Habende* gegen den *›Rest der Welt‹* zu verteidigen gilt.

1.1 Der Arbeitsschutz als Kostenfaktor

Ist eine Brücke mit Geländer und ausreichend dimensionierter Statik ein Luxus? Wo wäre die *›vernünftige‹* Grenze, wenn man hier *sparen* wollte? Wäre das überhaupt vernünftig? Das sind aber genau auch die Fragen, die die Arbeit betreffen, wenn die sogenannten ›Lohnnebenkosten‹ angegriffen werden. Es sind dies Arbeitssicherheits- und

---

[298] Zum Beispiel der Nobelpreisträger für Wirtschaftswissenschaften Paul Anthony SAMUELSON.

-schutzbestimmungen. Die diesbezüglichen ILO[299]-Verträge hinsichtlich der Arbeitsnormen sind nur der kleinste gemeinsame Nenner, und nicht einmal der ist von allen Industriestaaten im vollen Umfang ratifiziert - von den USA und Japan überhaupt nicht. Diese Verträge betreffen die tägliche Arbeitszeit, den Mindesturlaub, die Nacht- oder Frauenarbeit und gewisse Sicherheits-(Mindest-)Anforderungen. Mit Bezug auf Österreich oder Deutschland sei gefragt: Was und aus welchem Grund sollte hier ›dereguliert‹ werden?

Ob es in einer vielgestaltigen Welt je einen globalen ›Ausgleich‹ geben wird - auch unter Berücksichtigung der Arbeitsbedingungen -, darf bezweifelt werden. Das Leben ist Vielfalt und Vielschichtigkeit, die nicht erlauben, es nur in ›einfachen Modellen‹ abzubilden. Diese müssen notwendigerweise *egalisierend* sein - und damit gehen sie an der Wirklichkeit und damit an der Vielfalt der Völker vorbei. Das Problem der Arbeit und der Beschäftigung ist demnach nicht *global*, sondern nur *lokal* zu lösen. Es ist eine Illusion, dies von einer ›*global governance*‹ oder einem ›*global social contract*‹ zu erwarten. Das Gegenteil ist richtig.

1.2 Die Arbeit als Quelle der Lebenserfüllung

Die Arbeit ist eine Quelle der Lebenserfüllung. Heute mehr denn je ist doch der Besitz einer Arbeitsstelle das Kennzeichen für wirtschaftliches und gesellschaftliches Überleben. In der Bibel wird die Arbeit als Strafe nach der Vertreibung aus dem Paradies beschrieben.[300] Dies könnte eine der Ursachen sein, daß heute noch der Ersatz der Arbeit durch Automaten ein positives Ansehen hat. Es werden nach wie vor tayloristische Konzepte verfolgt, sofern sich dies nicht ohnedies aus der Theorie der Marktwirtschaft zwingend ergibt: Arbeitsteilung als Vehikel zu höherem nationalen Wohlstand.

Die heute oft angepriesenen Maßnahmen zum ›*job enrichment*‹ durch ›antropozentrische‹, also auf den Menschen bezogene Organisation der Arbeitsprozesse haben natürlich vor allem die Wettbewerbsfähigkeit des Unternehmens im Auge, und keineswegs die ›Selbstbestimmung des Arbeiters‹. Das wird vorgeschoben, wenn es dem ökonomischen Kalkül nicht widerspricht. Man weiß inzwischen, daß Motivation und Gruppenkontrolle bessere Ergebnisse erbringen

---

[299] ILO - International Labor Organisation.

[300] Die neueste ›*Social Doctrine*‹ des Vatikans legt dies allerdings heute anders aus: nämlich positiv und nur im Hinblick auf die Anmaßung und den Ungehorsam gegenüber Gott als ein sich selbst strafendes Übel.

als eine hierarchische Kontrollstruktur, und man kann sich auf die Gruppendynamik verlassen. Die Überhöhung als glückhafte Sinnerfüllung ist eine maßlose Übertreibung – aber es kostet nichts. Es fragt sich, ob diese Art der ›Motivation‹ nicht schon längst im Kalkül der Konditionierungssysteme des Kapitals einen festen Platz hat.

Das Problem hier ist: Was für den Einzelnen vorteilhaft sein mag, kann eine tödliche Gefahr für die Gemeinschaft sein.[301] Der vordergründige Vorteil – Arbeitszufriedenheit, gewisse Flexibilität bei den Arbeitszeiten usw. für den Einzelnen – führt letzten Endes zum Abbau der Arbeitsverfassung und damit zu einer nachhaltigen Verschlechterung der Stellung der Arbeitnehmer und ihrer Rechte. Die Folge ist die Auflösung der Gemeinschaft. Es hat mehr als ein Jahrhundert gebraucht, bis die heutigen ILO-Konventionen kodifiziert wurden. Wenn sie einmal in Frage gestellt oder *entschwunden* sind, sind sie es für immer.

Von den KMUs wird gesagt, daß es hier nie zu solcher Entfremdung der Arbeit kam als in Großkonzernen mit tayloristischer Organisation. Das ist leider nur *relativ* richtig. Sie werden nämlich in den ›*blue prints*‹ (Blaubüchern) für die schöne neue Welt, beispielseise im DELORSschen Weißbuch, als nicht besonders überlebensfähig eingestuft. Man würde sich zwar wünschen, daß sie der Arbeit wieder die *besondere Würde* und *Kraft* gäben, aber wenn wir das wollen, müssen wir erst dafür sorgen, daß sie ›überleben‹ können. Nur sind heute die Politik und alle ›Programme‹ auf Globalisierung gerichtet, und das ist der Tod der KMUs. Das gilt auch für ›Basel II‹. Da tröstet auch nicht der Befund des Karl MARX, *daß der Arbeiter bei der Arbeit außer sich sei, aber außerhalb der Arbeit bei sich sei.* An meinem Elternhaus ist ein alter Bauernspruch in einen Dachbalken eingeschnitzt: »Schaffen und Streben ist Gottes Gebot, Arbeit ist Leben, Nichtstun der Tod.« Freizeit ist nicht die Alternative zur Arbeit. Auch wäre eine Gesellschaft, die sich in ihrer Freizeit nicht mehr zu beschäftigen weiß und dann Animateure zum Totschlagen der Zeit braucht, ein Alptraum.

---

[301] Konrad LORENZ, in: *Die Acht Todsünden der zivilisierten Menschheit*: »Alle Gaben die dem Menschen aus seinen tiefen Einsichten in die umgebende Natur erwachsen, die Fortschritte seiner Technologie, seiner chemischen und medizinischen Wissenschaften, alles, was dazu angetan scheint, menschliches Leiden zu mindern, wirkt sich in entsetzlicher und paradoxer Weise zum Verderben der Menschheit aus... Das Entsetzlichste aber ist, daß bei diesem apokalyptischen Vorgange die höchsten und edelsten Eigenschaften und Fähigkeiten des Menschen, gerade jene, die wir mit Recht als spezifisch menschlich empfinden, dem Anschein nach die ersten sind, die untergehen.«

Wir müssen darum heute die Voraussetzungen dafür schaffen, daß wir *bei der Arbeit* bei uns sein können, *indem wir eine haben.*

Der Trost der Hannah Arendt aus den fünfziger Jahren: *Daß uns die Arbeit nicht ausginge*, bezog sich auf die damalige Zeit des Wiederaufbaus. Diese Frage ist auch nicht in der Weise zu beantworten, daß es immer genügend gäbe, »um in befriedigender Weise tätig zu sein«, sondern, ob dafür ein *entsprechendes Entgelt* auch zu bekommen ist. Die zunehmende Monetarisierung hat die Abhängigkeit von einer ›Erwerbs‹-Arbeit *zusätzlich* viel kritischer werden lassen, als dies noch in den fünfziger Jahren gewesen sein mag.

In einer vor Jahren im Österreichischen Rundfunk (ORF) geführten Diskussion um Wachstum, Arbeit, Zinsen usw. wurde eine Perspektive der »unlimitierten Wachstumsmöglichkeiten« im *Geistigen* und, völlig unzutreffend, auch für den Bereich der Dienstleistungen behauptet. Das ist aber eine Verschiebung der Argumentationsebene, ein dialektischer Trick. Man braucht sich nicht den Kopf zu zerbrechen, ob im geistigen »grenzenloses Wachstum« möglich ist oder nicht. Aber in unserem Zusammenhang geht es um ein in monetären Größen gemessenes Wachstum. Was hilft es, täglich 15 Stunden zu ›arbeiten‹, das Wissen zu ›vermehren‹,[302] wenn es eine Arbeit ohne Entgelt ist? Von ähnlicher Art ist auch die Diskussion, daß wir nicht an einem Mangel an Arbeit, sondern an Arbeitswillen litten. Nur ist das Sophisterei, wenn eben die physische (=*wirtschaftliche) Existenz* mit *dieser Art* von Arbeit nicht zu sichern ist. Auch die Dienstleistungen müssen mit einer ›produktiven Tätigkeit‹ verdient und bezahlt werden. Die Obergrenze der verfügbaren Arbeit ist in unserem gegenwärtigen System also durch die *vorhandenen Mittel* bestimmt.

1.3 Lohn und Leistung

Wohlstandsunterschiede werden nach der herrschenden marktwirtschaftlichen Dogmatik in einer unterschiedlichen Arbeitsleistung erblickt. Das mag innerhalb von einigermaßen homogenen Kleingrup-

[302] Eine der untauglichen ›Beschäftigungstherapien‹ für Arbeitslose, denen vorgegaukelt wird, daß ihre Arbeitslosigkeit ein persönlicher Mangel sei, nämlich eine unzureichende Befähigung. In Wirklichkeit fehlt es an einem Job. Die Doppelbödigkeit dieser Behauptung liegt auf der Hand: Bestausgebildete und erfahrene Menschen bekommen keine Arbeit mehr, wenn sie über 50 Jahre alt sind. Zugleich werden untertarifliche Lohngruppen gefordert, um die offenbar doch benötigten einfachen ›Jobs‹, für die selbstredend keine besonderen Kenntnisse benötigt werden, zu schaffen. *Hier* liegt auch das US-Beschäftigungs*wunder.*

pen der Fall sein. Global ist das aber eine Frage der Macht und der Verfügungsgewalt über Ressourcen, vor allem über Kapital! Die durch das Zinssystem bedingte Anhäufung des Großkapitals hat *nichts* mehr mit der *Arbeitsleistung* zu tun. Im Gegenteil: In einem geschlossenen Kreislauf der Geld- und Produktionswirtschaft erzwingt der exponentielle Zuwachs des Kapitals ein Wachstum der Produktion, und diese wiederum eine Steigerung der ›Produktivität‹ der Arbeit. Die Folge: Der einzelne Arbeiter muß immer mehr leisten, um seinen Stand nur zu halten.

1.4 Nichts Neues vom angeblichen Arbeitsplatzwunder

Die *Frankfurter Allgemeine Zeitung* widmete sich schon 1997[303] ausführlich der Beschäftigungs- und Arbeitsproblematik. Der Beitrag »Komplimente für das niederländische Modell« untersucht, was schon andere liberale Gemeindeblätter (etwa die *NZZ*) in ähnlicher Weise berichteten. Zusätzlich gab es allerdings ein paar informative Zahlen: 37,4 Prozent der Niederländer waren zum Berichtszeitpunkt nur teilbeschäftigt, zum Vergleich Deutschland: 16,3 Prozent, 32 von 100 Niederländern erhielten Lohnersatzleistungen in Form von Arbeitslosen- oder Invalidengeld - eine »Schattenseite des bisher Erreichten«, wie vermerkt wurde. Der Wendepunkt wäre 1982 mit dem Abkommen von Wassenaar erreicht worden: Lohnzurückhaltung, oft Lohnvereinbarungen unter der Inflationsrate, Änderung des Arbeitsunfähigkeitsgesetzes und ein Defizit samt Aufzehrung der Reserven der paritätischen Sozialkassen, weil die Beiträge aus »lohnpolitischen Gründen« auf viel zu niedrigem Stand gehalten wurden. Was noch vor Jahren als ›*Dutch Disease*‹ (›holländische Krankheit‹)bezeichnet wurde, sah der damalige NRW-Wirtschaftsminister inzwischen als »Vorbild für Deutschland«. Worin es bestünde, fragt man sich allerdings angesichts dieser Nebenbedingungen! Heute ist das aber ohnedies Schnee von gestern: Hartz IV ist die Parole.

Was die angebliche 6,5 *(NZZ)* oder 7% *(FAZ)* Arbeitslosenrate der Holländer wirklich ist, wurde in der *Jungen Freiheit*[304] dargelegt. Der Vergleich von Äpfeln mit Birnen - *Vollerwerbs*arbeitsplätze und *Teilzeit*beschäftigung in *einer* Statistik - verfälscht den Sachverhalt in der Weise, daß auf der Grundlage der üblichen statistischen Berechnung - Vollerwerbsjobs - die tatsächliche Unterbeschäftigung in den Niederlanden eine errechnete Arbeitslosenrate von rund 24% ergeben hätte!

[303] Am 6. Mai 1997.

[304] Vom 4. Juli 1997.

Das Skandalöse an diesen Halbwahrheiten und direkten Fälschungen ist weniger der betrübliche Zustand oder die Verschleierung an sich, sondern sind die daran geknüpften Folgerungen. Diese sind ausschließlich Angriffe auf Arbeitsverfassungen und -rechte und Vorwand, mit einer größeren ›Flexibilität‹ die Misere im eigenen Land bessern zu können. Freilich besteht die ›Verbesserung‹ in einer ziemlich schnell gehenden Abdrängung unter oder an die Armutsgrenze und in der Aushöhlung der sozialen Sicherungen. Sie liegt nicht in der Eindämmung des Mißbrauchs bei der Kranken- und der Pensionsvorsorge, die mangels ausreichender Einnahmen selbst in den Bankrott treiben, und nicht bei dem schleichenden ›Aussteuern‹ von so-genannten Selbständigen (›Ich-AGs‹) überhaupt aus jeder Sozialversicherung, weil der gesetzliche Zwang zur ausreichenden Versicherung wegfällt oder die finanzielle Situation derartiger ›Selbständiger‹ eine freiwillige Beitragsleistung oft nicht mehr ermöglicht. Die Folgen werden freilich erst, wie wir heute ja wissen, in ein paar Jahren in furchtbarer Weise, und für die Gesellschaft zerstörend, sichtbar werden.

Die Graphiken der OECD und der verschiedenen Wirtschaftsforschungsinstitute über Wirtschaftswachstum, Beschäftigung (Arbeitslosigkeit) und Bevölkerungszuwachs zeigen vor allem eines: daß BIP-Zuwächse und Beschäftigung einander *überhaupt nicht* bedingen. In den dargestellten europäischen Ländern sind steile Zuwächse der BIP-Kurve, aber eine davon völlig unberührte Beschäftigungsentwicklung abzulesen. Wo ein geringer und schwankender Zuwachs sichtbar ist, scheint dieser am ehesten durch den Anstieg der Erwerbsbevölkerung bedingt, aber nicht einmal das läßt sich als echte Abhängigkeit aus dem Verlauf der Kurven unzweifelhaft behaupten.

Die zweite gewaltige Fälschung ist aber die Behauptung, daß nur das Wirtschaftswachstum Beschäftigung zu schaffen imstande sei. Die Kurven über einen Zeitraum von über 35 Jahren (1960–1997) bestätigen – rein empirisch – diesen Befund nicht. Sie zeigen vielmehr, daß die Produktivität, vor allem in Deutschland, mit dem BIP-Zuwachs in gleicher Weise gestiegen ist. In den USA ist aber gerade das *nicht* der Fall. Das erstaunt, weil meist die Ansicht – mit ›behauptetem Wahrheitsanspruch‹ – verbreitet wird, daß nur eine Steigerung der Produktivität die Wettbewerbsfähigkeit und damit die ›Standortssicherung‹ bewirke. Aber das ist in Deutschland seit vielen Jahren nicht mehr der Fall: Die deutschen Auslandsinvestitionen *eines* Jahres waren höher als *alle ausländischen* Investitionen in Deutschland in den vergangenen zehn Jahren! Also die empirisch festgestellten Fakten stehen im Widerspruch zu den marktwirtschaftlichen Theorien. Trotz gewaltiger Steigerung der Arbeitsproduktivität schreitet die ›Entindustrialisierung‹ Deutschlands weiter fort, die Arbeitsplätze gehen also weiter verloren.

Der frühere Vorstand der Daimler Benz AG, Edzard Reuter, meinte schon vor vielen Jahren, daß die Talsohle erst mit *6 Millionen* Arbeitslosen erreicht sein werde! Er hatte nicht recht, die im Jahre 2005 erreichte Talsohle lag in Deutschland bereits bei 7,2 Millionen Arbeitslosen. Heute (Januar 2009) haben wir etwa 5,5 Millionen Arbeitslose bei steigender Tendenz.

Wenn das aber so ist, warum sollten wir dann den Schalmeientönen und Gesundbetereien glauben? Handelt es sich nicht vielmehr um die Rückgängigmachung von begrüßenswerten zivilisatorischen Errungenschaften wie Arbeitsrecht, Arbeitssicherheitsgesetze, Regeln über den Interessenausgleich, Recht zur gewerkschaftlichen Organisation, Beteiligung am Zuwachs der Produktivität usw.? Der offensichtliche Versuch, dies alles unter der Drohung eines möglichen Verlustes des Arbeitsplatzes wieder einzukassieren, schafft nicht nur keine neuen Arbeitsplätze, sondern bewirkt die nachhaltige Destabilisierung, ja, die Zerstörung der Gesellschaft: Habende gegen Nicht- oder nichts mehr Habende.

Wenn offensichtlich die angepriesenen Beschäftigungsstrategien mit den vorgeblichen Begründungen nichts zu tun haben, so sind selbstverständlich auch die Erfolgsaussichten unbegründet und fraglich. Wir stehen am Ende mit demolierten europäischen Arbeits- und Rechtsnormen da, aber *ohne* die mit diesem Abbau begründeten neuen ›Jobs‹. Was nötig erscheint, ist das Durchbrechen der behaupteten, aber so mechanistischen ›Sachzwänge‹. Ohne diesen Sprung heraus aus dem Teufelskreis wird sich die Spirale weiter drehen. Das Mehr und Schneller vom Gleichen löst nicht unser so entstandenes Problem der Massenproduktionswirtschaft mit ihrer sinkenden Beschäftigung, es verschärft es bloß. Eine Änderung *innerhalb* des herrschenden Paradigmas ist ganz undenkbar. Wie sollte sie auch kommen? Unter den gleichen ›wirtschaftlichen Gesetzen‹ wie bisher kann sich die BIP- und Beschäftigungskurve nur in gleicher Weise weiter fortsetzen, der Abstand zwischen BIP – Maß des scheinbaren Wohlstands der Nationen – und stagnierender oder sinkender Beschäftigung wird nur noch größer.

Das holländische, britische oder amerikanische ›Beschäftigungswunder‹ ist nur fauler Zauber gefälschter Statistiken. Ein Drittel bis die Hälfte der ›Daten‹ sind mangels Durchsetzbarkeit einer vollständigen Berichterstattung ›Schätzungen‹, und deren Auslegung ist wunscherfülltes Denken und die Verkündigung falscher Dogmen einer überholten Wirtschaftstheorie, gemischt mit glatten Lügen.

1.5 Aktuelle Daten zur Arbeitslosigkeit in Deutschland

Nach der eben beschriebenen Methode wird inzwischen – ob des ›Erfolges‹, Jobs zu schaffen – auch in Deutschland gefälscht. Man sieht es allerdings den offiziellen Daten selbst bereits an.

Nach dem Höchststand im Jahre 2005 mit rund 7,2 Mio. Arbeitsloser sieht die Bilanz der Arbeitslosigkeit und Unterbeschäftigung in Deutschland so aus:

~ 6,5 Millionen Menschen arbeiten zu Hungerlöhnen,
3,5 Millionen Menschen sind offiziell arbeitslos,
~ 3,2 Millionen Menschen stecken in Ein-Euro-Jobs usw.,
~ 2,2 Millionen arbeitslose Bürger sind gar nicht erfaßt.

15,4 Millionen Familien leben bereits in Armut. Dazu kommen 2,2 Millionen Kinder und rund 3.7 Millionen Rentner, die völlig verarmt sind. Nicht zu vergessen sind rund 1,1 Millionen Arbeitsplätze, die fast ausschließlich mit Steuergeldern (mit bis zu 80 Prozent Lohnzuschuß) subventioniert werden.

	Berichtsmonat September 2008	Berichtsmonat Januar 2009
Arbeitslose	3.080.899	3,5 Mio.
Ein-Euro-Jobs (EEJ)	?	
Arbeitslose inkl. EEJ	?	
zum Vergleich:	*›gezählt‹*	
Arbeitslose	37% weniger	
Leistungsberechtigte	(vorläufige Werte)	
ALG I	807.222	
ALG II	4.897.843	
Sozialgeld	1.872.730	
Summe Leistungsberechtigte	7.577.795	
zum Vergleich	*›gezählt‹*	
Leistungsberechtigte	85 %mehr	

Im Monat September 2008 befanden sich 1,51 Millionen Personen in einer von Bund oder Bundesagentur für Arbeit geförderten arbeitsmarktpolitischen Maßnahme.[305]

Für 2009 werden weitere 500 000 Arbeitslose erwartet, zusätzlich zu 400 000 Kurzarbeitern.[306]

Dr. Hilmar SCHNEIDER vom Institut für die Zukunft der Arbeit sagte 2008, daß zwar 1,5 Millionen neue Arbeitsplätze seit 2005 geschaffen worden seien, es aber auch zu viel mehr Billigjobs und 58er-Regelungen gekommen sei und daß für Vollbeschäftigung (mindestens) 3 Millionen Arbeitsplätze fehlten. Freilich ist das inzwischen überholt.

Rechnet man nämlich zu den 3,5 Millionen Arbeitslosen jene mit MacJobs dazu, so ergibt das zum Januar 2009 eine Horrorzahl von 7,5 Millionen Arbeitslosen. Miteingeschlossen sind hier die Ein-Euro-›Jobs‹, jene, die unter die 58er-Regel fallen, ferner die sogenannte ›stille Reserve‹, die ›in Ausbildung befindlichen Personen‹ und jene, die in den vorzeitigen Ruhestand geschickt wurden.

Ein-Euro-Jobs sind nichts weiter als Sklavenarbeit. Die ›58er-Regel‹ besagt, daß jene Langzeitarbeitslosen, die über 58 Jahre alt sind und ein Jahr keinen Job fanden, automatisch aus der Statistik fallen. Deutschland steckt in einer tiefen Krise.

Die Wahrheit wird vertuscht, um weiter an der Macht bleiben zu können.[307] – »*Quo usque tandem abutere, CATILINA, patientia nostra?*«[308] »Wie lange noch, Frau MERKEL ...«, würde ein CICERO fragen, hätten wir heute wenigstens Zustände wie im dekadenten Imperium Romanum.

2 Demontage des Wohlfahrtsstaates

In den zurückliegenden Jahren wurde mit feinen oder auch derben Mitteln der positive Begriff des ›Wohlfahrtsstaates‹ unterminiert: Er führe zu einer Versorgungsmentalität, hemme die Eigeninitiative und -verantwortung, sei überhaupt nur Sozialschmarotzertum usw. Man tat so, als käme es nur auf einen selbst an, für das Alter oder die Krankheit vorzusorgen. Das mag theoretisch so sein, aber in der Wirklichkeit und im Durchschnitt des Volkes gibt es beträchtliche Anteile

---

[305] Seite 24 BA Bericht September 2008.

[306] www. Volksprotest.de
Januar 2009.

[307] Macht? – Lakaien und Bedienstete der Anonyma haben keine Macht, sie dürfen nur privilegierte Plätze an der Futterkrippe einnehmen.

[308] Wie lange, CATILINA, willst du unsere Geduld noch mißbrauchen?

der Mitmenschen, die das aus unterschiedlichen – sehr oft *nicht* aus selbstverschuldeten – Gründen das nicht können. Über die wichtigsten Parameter einer Zukunftsvorsorge hat überdies der Einzelne keine Kontrolle: etwa über die Stabilität des Geldes, das tatsächliche Blühen der Volkswirtschaft, politische Entscheide, wie öffentliche Gelder ausgegeben werden, usw. Die großen Kriege im 20. Jahrhundert haben überdies vieles vernichtet, was die davon betroffenen Menschen einmal aufgebaut und gespart hatten.

Der Wohlfahrtsstaat ist also kein nur notwendiges Übel, sondern eines der zentralen Ziele eines Gemeinwesens, vor allem, wenn man dies vom Staatsziel des ›sittlichen Staates‹ aus betrachtet. Aber sogar unter den Voraussetzungen des herrschenden Dogmas ist dies eine Notwendigkeit, weil die nach individualistischer Gesellschaftsordnung lebende atomisierte ›Gesellschaft‹ überhaupt nur deshalb noch besteht, weil sie vom ›Guthaben‹ eines auf Gemeinwohl beruhenden Staates zehrt. Wenn dieses Guthaben aufgezehrt ist, ist dies das Ende der heute gültigen staatserhaltenden Prinzipien, und jene Allherrschaft, die im Eigennutz das einzige moralische Prinzip erkennt, wird mit *diesem* Prinzip den Staat nicht halten und aufrechterhalten können.

Eben aus diesem Grund sind die Renten nunmehr gefährdet, wie die seit Jahren andauernden ›Reform‹-Diskussionen zeigen.

2.1 Rentenreform und ihre öffentliche Darstellung[309]

»Grundlegende Veränderungen stehen auch für die Altersvorsorge an. Zwar bleibt die gesetzliche Rentenversicherung auch weiterhin die wichtigste Säule des Alterseinkommens als Teil des Generationenvertrags. Betrieblicher und privater Vorsorge wächst daneben eine immer höhere Bedeutung zu. Mit der sogenannten ›Riester-Rente‹, benannt nach dem früheren Sozialminister Walter Riester, ist hier bereits ein Modell vorhanden, das, steuerlich begünstigt, private kapitalgedeckte Altersvorsorge möglich macht. Aus Gründen der Generationen*gerechtigkeit* erhält die derzeitige Rentnergeneration aktuell keine Rentensteigerungen. Von den Regierungsparteien ist die Erhöhung des gesetzlichen Renteneintrittsalters von 65 auf 67 Jahre beschlossen: Zwischen 2012 und 2035 wird das Renteneintrittsalter schrittweise um je einen Monat erhöht. Gleichzeitig soll die ›Initiative 50 Plus‹ die Beschäftigungschancen für ältere Arbeitnehmerinnen und Arbeitnehmer verbessern.«

[309] T-online (2007), Prof. Rürup in einem großen Wirtschaftsinterview. Siehe: www.softwareload.de/c/30/15/87/3015872,tid=print,pt=print.htm

Das hat verschiedene Gründe, die aber nicht durch neue Rentenberechnungsformeln behoben werden können. Die Lebenserwartung ist gestiegen, so daß inzwischen die durchschnittliche Dauer des Rentenbezugs der Männer zwölf, die der Frauen zwanzig Jahre beträgt. Der Geburtenrückgang führte zu einer geringeren Zahl von arbeitenden jungen Menschen, und die verheerende Wirtschaftslage mit einem nach Millionen zählenden Heer an Arbeitslosen wirkt in dieselbe Richtung, daß einer steigenden Zahl von Rentnern eine kleiner werdende Zahl von Zahlern gegenübersteht.

Die sogenannten Reformen der angeblich ›Weisen‹, darunter die von Prof. Bernd Rürup, versuchen, dies mit Rechenkunststückchen zu lösen. Aber nicht nur solche werden herangezogen, denn Rürup bemüht dafür auch Wunder, wie gute Christen auch auf solche zählen, nämlich das ›Achte Weltwunder‹, *den Zins*, der bei den kapitalgedeckten Rentenfonds als Teil der heute wohlfeilen Drei-Säulen-Theorie ihm beim Rechnen behilflich ist.

2.2 Die neue Rentenformel

Mit der Rentenformel wird die monatliche Rente eines Rentenberechtigten errechnet. Sie bestand bisher aus vier Faktoren und ist nun um einen weiteren Faktor (NF) ergänzt worden.

Rente – EP × RW × ZF × RF × **NF**

– EP ist die Summe der Entgeltpunkte (EP): Jeder Beschäftigte erhält pro Jahr eine bestimmte Punktzahl. Sie hängt davon ab, ob er mehr oder weniger als das Durchschnittseinkommen (brutto) verdient hat. Der Durchschnittsverdiener erhält 1,0 EP. Dieser Wert erhöht oder verringert sich: Wer beispielsweise 10 Prozent mehr als der Durchschnitt verdient, erhält 1,1 EP, wer 5 Prozent weniger verdient, nur 0,95 EP. Die EP werden für jedes Jahr ermittelt, addiert und ergeben so in der Formel den Wert EP.

– RW ist der aktuelle Rentenwert in Euro. Er wird vom Gesetzgeber festgelegt, jährlich neu angepaßt (bisher gekoppelt an die Lohnentwicklung) und beträgt zur Zeit für das Jahr 200? 26,13 € (BRD-West) und 22,97 € (BRD-Ost).

– ZF bezeichnet den Zugangsfaktor und hat normalerweise den Wert 1. Dieser Wert ändert sich nur dann, wenn die Rente früher oder später als üblich ausgezahlt werden soll.

– RF ist der Rentenart-Faktor und beträgt bei der Altersrente 1. Bei der Witwenrente beträgt er 0,6 und bei der Berufsunfähigkeitsrente 0,6667.

– **NF** ist der durch die Rürup-Kommission neu aufgenommene Nachhaltigkeitsfaktor, der dem demographischen Wandel Rechnung tragen soll und wie folgt aufgebaut ist: NF = (Anzahl Arbeitnehmer : Anzahl Rentner) × 0,25. Das Verhältnis von Arbeitnehmern zu Rentnern wird auch der ›Rentnerquotient‹ genannt und beträgt nun etwa 4, so daß sich zur Zeit insgesamt ein NF von 1 ergibt.

Die Standard- oder Eckrente ergibt sich nun für einen Versicherten, der 45 Jahre lang jeweils durchschnittlich verdient hat: Das Durchschnittseinkommen (brutto) betrug für das Jahr 2002: 28 626 €. Er würde damit folgende Rente beziehen:

Rente = 45 × 26,13 € × 1 × 1 × **1** = 1176 €.

Steigt die Zahl der Rentner im Verhältnis zur Arbeitnehmerzahl an – so das Szenario der Demographen und der Rürup-Kommission –, wird der Rentnerquotient kleiner, der NF nimmt ab, und damit sinkt die Rente.

Das beweist eindeutig, daß der Herr Professor multiplizieren kann. Aber wird damit etwa das Problem gelöst? Wird damit erreicht, daß die Alterspyramide des deutschen Volkes wieder ins Lot käme oder die Arbeitslosigkeit verschwände? Selbstverständlich nicht.

Der Zynismus dieser ›Reform‹ besteht darin, daß sie die Rentner nicht als Menschen betrachtet, die in einer Solidargemeinschaft auch ein Recht auf menschenwürdiges Leben haben, sondern nur als einen Kostenfaktor, den man halt – mit dieser Formel – einfach verringern kann, und zwar bis unter die Grenze der Notstandshilfe. Ein anderer, nicht minder bösartiger Zynismus ist die Forderung der Heraufsetzung des Rentenalters. Abgesehen davon, daß es eine Reihe von Berufen gibt, deren schwere gesundheitliche Belastung dies kaum erlauben,[310] ist das viel größere Problem, daß die ›Wirtschaft‹ ältere Menschen nicht nur nicht einstellt, sondern sie – bevor sie von Kündigungsschutzgesetzen davor bewahrt werden – noch schnell ›entsorgt‹, sprich kündigt.

---

[310] Die erhebliche Zahl krankheitsbedingter Frührentner zeigt, daß sehr viele nicht einmal das gesetzliche Rentenalter erreichen. Die pauschale Verunglimpfung dieser bedauernswerten Menschen als Sozialschmarotzer ist weitgehend nur bösartige Propaganda und zeigt nur, wie weit der Zerfall des solidarischen Gemeinwesens schon fortgeschritten ist. Daß sich hier – je nach Parteifarbe – auch die Politiker beteiligen, ist Ausdruck eines Lobbyistentums für jene, die in den ›Lohnnebenkosten‹ nur überflüssige Kosten sehen: die Vertreter des Kapitals und der Konzerne.

Wie gehabt, verschanzt man sich wieder hinter den neoliberalen Dogmen, daß die ›Lohnnebenkosten‹ gesenkt werden müßten, damit der ›Standort‹ im Wettbewerb bestehen und damit die Arbeitsplätze geschaffen und gesichert werden können.

Was sich hinter dem abstrakten, sinnentleerten Wort ›Lohnnebenkosten‹ verbirgt, ist der in Jahrhunderten mühsam aufgebaute und unter Kämpfen errungene Wohlfahrtsstaat: Rente, Krankenversicherung, Arbeitslosenversicherung, Lohnfortzahlung im Krankheitsfall, geregelte Arbeits- und Ruhezeiten, Verbot der Frauen-Nacht- und Kinderarbeit, Urlaub usw. Würde man das beim Namen nennen, würde die Zustimmung zur Senkung der ›Lohnnebenkosten‹ nicht allzu groß sein. Daß trotz ihres Abbaus die De-Industrialisierung Deutschlands fortschreitet, Arbeitsplätze nicht nur nicht geschaffen, sondern abgebaut werden, sieht man sogar noch an den gefälschten Arbeitslosenstatistiken. Die nach Ansicht der Wirtschaftsexperten nötigen 3 Prozent Wachstum, die für neue Arbeitsplätze nötig sein sollen, werden in der Regel nicht erreicht und sind, wie dies Gegenstand dieses Buches ist, ohnehin ein wirtschaftpolitischer Unsinn ersten Ranges.

Um es mit einem Wort zusammenzufassen: Die sogenannten Reformen der Regierung sind ein Nachgeben gegenüber den Forderungen der Konzerne, ein am ökonomischen Kalkül allein orientiertes Handeln. Der Zweck der ›Reform‹ besteht darin, die Unternehmen nicht mit steigenden Rentenbeiträgen als Teil der Lohn(neben)kosten zu belasten. Woher aber sollen die Beiträge kommen, wenn nicht aus der Wertschöpfung der Volkswirtschaft, also *auch* und *vor allem* aus den Erträgen der Unternehmen?[311] Anstatt sich um das Auskommen der älteren Generation zu kümmern, macht sich der Staat zum Erfüllungsgehilfen des unternehmerischen Interesses, dem *aus Gründen der Gewinnmaximierung grundsätzlich die Versorgung der Beschäftigten im Alter zuwiderläuft.* Die erhoffte und propagierte Wirkung, die mit dieser ›Kostendeckelung‹ hervorgerufen werden sollte, ist, das Wirtschaftswachstum zu fördern, um – so die angebliche, aber vergebliche Hoffnung – die Schaffung neuer Arbeitsplätze zu ermöglichen.

---

[311] Diesen selbstverständlichen Gedanken hatte der frühere österreichische Sozialminister A. DALLINGER, der bei einem Flugzeugunglück über dem Bodensee umkam, schon vor Jahrzehnten verfochten. Sozialleistungen müßten aus der gesamten Wertschöpfung einer Volkswirtschaft aufgebracht werden, also auch dort, wo sie insbesondere entsteht: in den Unternehmen. Die Idee wurde nicht diskutiert, sondern als ›Maschinensteuer‹ diffamiert und abgewürgt.

Da die Rentenversicherung (RV) nun in die Krise geraten ist, wurden neue ›Modelle‹ der Rentenfinanzierung erfunden, etwa das sogenannte ›Drei-Säulen-Modell‹: Neben die sinkenden und aufgrund der RÜRUPschen Formel automatisch schwer beschnittenen Rentenansprüchen aus der Rentenversicherung, der sogenannten ›staatlichen‹ Rente, sollen eine private Eigenvorsorge und eine solche über eine Firmenpension hinzutreten.

Die aus politischen Gründen gedeckelten Beitragssätze ersparen den heutigen Beitragszahlern zwar Geld für die ›staatliche‹ Rentenversicherung. Da sie aber absehen können, daß sie von dieser Rente nicht werden leben können, müssen sie mehr als das Eingesparte für eine private Versicherung dennoch ausgeben. Dies wurde durch gesetzliche Rahmenbedingungen – steuerliche Begünstigung – unterstützt, so daß große Geldströme in die Kassen der Versicherungen flossen und fließen. Diese großen ›institutionellen Anleger‹ haben allerdings in den letzten Jahren ihre treuhänderisch zu verwaltenden Versicherungsprämien ins Casino getragen, das heißt in Finanzspekulationen mit Derivaten verpulvert und benötigten dringend Nachschub in diesem Pyramidenspiel, damit die Blase nicht platzt.

Die heute überwiegend in ›fondsgebundenen Lebensversicherungen‹ angelegten Gelder könnten, wie dies in den USA schon mit mehreren Billionen Dollar-Verlusten vorgeführt wurde, sich in Nichts aufgelöst haben, wenn die Betreffenden in Rente gehen möchten. Die Versicherungen ›garantieren‹ ja auch keine Auszahlungsbeträge mehr, wie dies bei älteren Lebensversicherungen noch der Fall war. Dieser Teil der ›Reformen‹ firmiert in Deutschland unter dem Etikett ›Riester-Rente‹. Nach anfänglichem Zögern hat hier ein gewaltiger Zuspruch eingesetzt, zuletzt wurden es um rund 2,5 Millionen Verträge mehr, so daß es heute etwa 8,6 Millionen derartiger privater Vorsorgeverträge gibt.

Ganz ähnlich ist es mit den Betriebspensionen. Einerseits bietet nicht jede Firma diese an, andererseits gibt es keine Gewähr, daß ein Unternehmen bei Pensionsantritt noch existiert. Es muß dabei nicht einmal bankrott gemacht haben, es genügt, daß es fusioniert, umfirmiert, umstrukturiert wird usw., indem auch auf diese Weise der Verpflichtete seine Rechtspersönlichkeit wechselt oder nach den Bahamas verlegt und somit nicht mehr greifbar ist. Das hatten übrigens ehemalige österreichische Staatsbetriebe so gehandhabt, die die von der Vorgängerfirma gemachten Zusagen für Firmenpensionen nicht anerkannten mit der Begründung, daß diese Firma nicht mehr existiere und die Nachfolgefirma eine ganz andere Rechtspersönlichkeit sei.

Dies geschah, obwohl der Zusammenhang erkennbar war: Standort, Betriebseinrichtungen, Unternehmenszweck und ein gewisser Teil der Mitarbeiter, die man nicht über die ›Frühpension‹ entsorgte, waren ja gleich geblieben.

Da schon aus den genannten Gründen die künftigen Renten für die heute Beschäftigten weder kostengünstiger als nach der alten Form, dem Umlage-Verfahren, sind und auch die Sicherheit im sogenannten ›Kapitaldeckungsverfahren‹ keineswegs gewährleistet ist, muß man fragen, worin die ›Reform‹ denn besteht, außer eben darin, die Renten gekürzt und die Gelder ins Casino umgeleitet zu haben.

Man sollte auch eines bedenken: Wenn vermeintlich das Geld auf die ›hohe Kante‹ gelegt, also gespart, in Aktien oder staatlichen Schuldscheinen ›angelegt‹ wurde, so liegt am Ende doch nichts dort, wenn man einmal hingreifen wollte. Was passiert denn mit dem Geld ›auf der hohen Kante‹? Es wird als Kredit von den Banken ausgegeben, beim Kauf von Staatsobligationen ist man selbst Kreditgeber des Staates. Wie wir aber gesehen haben, ist die Aussicht, daß der Staat bankrott anmelden muß, ziemlich realistisch, und bei den Firmen und Privatpersonen erleben wir es tagtäglich. Das sauer ersparte Geld ist eine Buchungszeile oder ein Eintrag in einem vom Computer geführten elektronischen Konto. Geld ist keines dort. Das bedeutet nicht mehr und nicht weniger, als daß bei einem Wirtschaftszusammenbruch oder nur dramatischen Einbruch – so drückt sich eine Depression nämlich aus – die Spareinlagen vernichtet wurden. Mit dem Kapitaldeckungsverfahren ist also nichts gewonnen, weder Sicherheit noch die zum Leben ausreichende Höhe der Rente.

Die einzige Form, die daher nach wie vor angemessen erscheint, ist das Umlageverfahren, das heißt die Bezahlung der Rentner oder nicht mehr Arbeitsfähigen aus den Erträgnissen einer funktionierenden Wirtschaft. Liegt diese am Boden, geht so oder so nichts mehr.

Was bei allen Diskussionen auch nicht bemerkt wurde und wird, ist der begriffliche Etikettenschwindel mit Renten-›*Versicherung*‹. So ist etwa die Krankenversicherung eine solidarische Haftungsgemeinschaft, bei der jeder die gleichen Leistungen bekommt, auch die, die weniger eingezahlt haben. Bei den Renten hängt das vor allem von den Beitragsleistungen ab. Die logische Folge ist, daß ein ganz erheblicher Teil der Rentner eine Rente erhält, von der er nicht leben kann. Auch dies ist ein unhaltbarer und ganz asozialer Zustand.

Man bedenke nur zum Beispiel die kindererziehenden Frauen, die keine Chance hatten, ausreichend Beiträge zu entrichten, deren Mutterschaft aber die eigentliche Voraussetzung dafür ist, daß unter anderen die cleveren berufstätigen Singles später eine Rente bekommen können. Oder man denke an die Bauern, die ja Selbständige waren, aber im Zuge der Agrarreformen aus ihrem Beruf vertrieben, ›dezimiert‹ wurden: Im eigentlichen Sinn des Wortes fiel nicht jeder Zehnte der ›Reform‹ zum Opfer, sondern nur einer von zehn überlebte. Mit dem Wegfall ihrer traditionellen Altersversorgung – dem Ausgedinge –, das der Hoferbe zu besorgen hatte, waren sie überhaupt ohne jede Versorgung.

Wir wollten hier aufzeigen, daß die Lage bei den Renten im argen liegt, aber die heute umgesetzten und in kürzeren Abständen sich verschärfenden Bedingungen dieses Problem nicht lösen können: Was heute geschieh, ist allein Ideologie unter dem Blickwinkel des ökonomischen Kalküls.

Als abschließende Bemerkung sei noch etwas bezüglich der ›Finanzierbarkeit‹ der Renten angemerkt. Wenn die Leistung der Volkswirtschaft alljährlich, wie uns die Statistiker sagen, um einen gewissen Prozentsatz – etwa 2 bis 3 Prozent – steigt, das BIP also zunimmt, andererseits die Bevölkerung wegen der niedrigen Geburtenrate seit Jahren zahlenmäßig abnimmt, ist doch die Frage, warum bei weniger ›Essern‹, aber einem größer werdenden ›Kuchen‹ nicht alle mehr sollen satt werden können. Es kann dies offensichtlich kein Problem der zu verteilenden Masse sein, sondern nur eines der gerechten Verteilung.

Wenn die Verteilung aber Probleme macht, sollte man doch sehen, *wohin* das Geld fließt, das der Fleiß der Nation erwirtschaftet hat, ob also hier – in einer unsinnigen Zuteilung – die Engpässe einer gerechten Verteilung liegen. Dann müßte hier in erster Linie angesetzt werden. Um deutlich zu machen, was wir damit meinen, sei folgende kleine Anekdote wiedergegeben.

Wir standen vor kurzem mit dem Abtprimas des Benediktiner-Ordens, Dr. Notker WOLF, wegen seines sehr lesenswertes Buchs[312] im Briefwechsel und hatten unter anderem einen Punkt kritisiert: »Ihr habt eine kombinierte Zahl genannt und kommentiert: *Zinsen und Soziales* würden 86% des Budget (der BRD) ausmachen. (S. 93) Es sind dies in der Tat die beiden größten Einzelposten. Ihr kommentiert aber nur den einen: *Soziales*. Der eigentliche Grund für die Staatsverschuldung liegt aber beim (Wucher-)Zins, einer gänzlich unberechtigten, ewig steigenden Schuld, für die es *keine* Gegenleistung

[312] Notker WOLF, *Worauf warten wir? Ketzerische Gedanken zu Deutschland*, Rohwolt, Reinbek 2007.

gibt. Wenn heute in allen Bereichen ›gekürzt‹, d. h. auch in Verträge eingegriffen wird, warum werden die Zinsen – als einzige Ausnahme – davon nie betroffen? Hier herrscht ein strikteres Tabu, als es in früheren, gläubigeren Zeiten etwa für den Abfall vom rechten Glauben galt. Warum? Weil der Tanz ums Goldene Kalb die heute gültige ›Religion‹ ist. Die Kirche hatte den Zins immer als Wucher und daher als Sünde gebrandmarkt, zuletzt Papst BENEDIKT XIV. in seiner Enzyklika ›*Vix pervenit*‹ vom 1. Nov. 1745. Warum tut sie es heute nicht mehr?

Ist es richtig, was mein sehr katholischer Freund, Sixtus Graf PLETTENBERG, mir öfter schrieb, daß der Vatikan 1870 einen ›Vertrag‹ mit der ›Atlantischen Allianz‹ geschlossen habe?[313] »Verzicht auf die Verdammung des Zinses als Wucher – und somit Todsünde – von der Kanzel herab, dafür ›Schonung‹ der Kirche vor den illuminierten, freimaurerischen, die Kirche in ihrer Existenz bedrohenden Angriffen. Sozusagen Koexistenz auf Kosten der Verkündigung? Ersatzweise dürfen Almosen und Caritas die *Symptome* der Pest des Kreditgeldes – erfolglos – behandeln.«

Von einem Interview mit Prof. Bert RÜRUP[314] erfahren wir – neben Sprechblasen – folgendes:

»Der Generationenvertrag wankt. – Eine Reform jagt die andere. Da ist die Rede von Nachhaltigkeitsfaktor, Rentensteuer und Versorgungslücke, und der Eindruck verfestigt sich, daß unterm Strich das Einkommen im Alter immer schmaler wird. Skeptiker sehen bereits den so genannten Generationenvertrag wanken.«

Und es endet mit der Frage: »Wie sicher ist die Rente überhaupt?« Dazu zitieren wir nachfolgend den Punkt IX., die Schlußbemerkungen, aus dem

2.3 Gutachten des Sozialbeirats zum Rentenversicherungsbericht 2004

»... 137. Der Rentenversicherungsbericht 2004 kommt zu dem Ergebnis, daß im kommenden Jahr und im Mittelfristzeitraum bis 2008 der Beitragssatz zur Rentenversicherung konstant bleibt. Zudem wird

---

313 Atlantische Allianz. Es wurden immer wieder Vorwürfe laut, daß Papst JOHANNES XXIII. und PAUL VI. der Freimaurerei angehörten. Diesen Behauptungen kommen sowohl von freimaurerischen als auch von katholischen Quellen. Der Großmeister des Hohen Rates des Schottischen Ritus von Mexiko deutete dies 1933 und in der Zeitschrift *Proceso* (www.biblebelievers.org.au) an.

314 www.2onwirtschaft.t-online.de

ab 2006 davon ausgegangen, daß die Nachhaltigkeitsreserve aufgefüllt wird. Den Berechnungen liegen jedoch nach Ansicht des Sozialbeirats sehr optimistische Annahmen bezüglich der zukünftigen Wirtschaftsentwicklung zugrunde.

138. Mit dem Einstieg in den Aufbau einer zusätzlichen kapitalgedeckten Altersvorsorge wurde mit der Rentenreform 2001 und mit der Rentenpolitik der letzten Jahre eine richtige Weichenstellung für die langfristige Stabilisierung der Alterssicherung vollzogen.

139. Ungeachtet dessen lassen die langfristigen Berechnungen Konflikte zwischen Beitragsatz- und Rentenniveauziel erkennen und einen zukünftigen Handlungsbedarf erwarten. Daraus ergibt sich auch künftig Reformbedarf. Der Sozialbeirat wird sich an der Diskussion über die Weiterentwicklung der Rentenversicherung beteiligen.

140. Die Renditeberechnungen weisen aus, daß die Beitragsrendite auch in Zukunft positiv bleiben wird. Auch dürfte die notwendige private Altersvorsorge zu einer Stabilisierung der Entwicklung der Gesamtrendite beitragen. Ohne die grundsätzliche Tendenz der Rechenergebnisse in Frage zu stellen, variieren diese allerdings stark mit den zugrunde gelegten Annahmen.

141. Der langfristigen Stabilität der Rentenversicherung und dem Wiedergewinnen von Vertrauen bei den gegenwärtigen und künftigen Beitragszahlern und Rentnern für die Gesetzliche Rentenversicherung als zentralem System der Alterssicherung in Deutschland würde es nach Ansicht des Sozialbeirats dienen, wenn bei Maßnahmen zur weiteren Anpassung der Rentenversicherung an sich ändernde demographische, ökonomische und gesellschaftliche Bedingungen wieder – wie bei dem 1989 verabschiedeten Rentenreformgesetz 1992 – ein breiter politischer Konsens erreicht werden würde.

Berlin, den 25. November 2004
Universitätsprofessor Dr. Dr. h.c. Bert Rürup«

Wir möchten diesen Bericht noch kurz kommentieren.

- Den Berechnungen liegen optimistische, ja utopische Annahmen zugrunde, das heißt, sie sind reines Wunschdenken, also eine Schönfärberei, um im Augenblick mit ein paar ›warmen Umschlägen‹ zu beruhigen.
- Die Beiträge sind gemessen an den – in Zukunft stark gekürzten – Leistungen zu hoch, was mangelnde Annahme schon jetzt erwarten läßt. Ein künftiger ›Reformbedarf‹ kann bei leeren Kassen nur

noch weitere Kürzungen bedeuten, was ›Reform‹ ja ohnedies bedeutet.

- Die Modellrechnungen und deren stark streuende Ergebnisse sind über die manipulierten und zu optimistischen Annahmen beliebig zu steuern. Für die öffentliche Diskussion wird das gerade noch vertretbare Ergebnis hingetürkt. Man hätte ebenso gut würfeln können.
- Prof. RÜRUP scheint die Erfolglosigkeit seiner Ratschläge bereits zu ahnen, weil er den »künftigen Reformbedarf« gleich anspricht, auch daß er an die Substanz gehen wird, weswegen er eine politische Packelei für nötig erachtet, also ein faktisches Diktat der ›*classe politique*‹ bei einem Zustand des Staatsbankrotts.
- Die Möglichkeit, daß bei drohender Zahlungsunfähigkeit des Staates und der Versicherungen zusätzlich noch betrügerische oder pseudo-legale Bilanzfälschungen stattfinden, hatte RÜRUP noch nicht einmal in Erwägung gezogen. Das ist aber nicht nur in den USA der Fall, sondern auch bei uns, und auch nicht erst in einer fernen Zukunft, sondern bereits jetzt. Ein Beispiel soll dies nur veranschaulichen.

2.3.1 Der Trick mit den Pensionsfonds

»... zur Qualität der Schuldner: Die USA, die ein Budget unter Ausklammerung der Kosten für die Kriegführung am Hindukusch und zwischen Euphrat und Tigris erstellen, die Einzahlungen der Bürger auf die Sozialversicherung als Budget*einnahme* verbuchen, aber *keine Rückstellungen* für künftige Verpflichtungen aus eben dieser Sozialversicherung machen, sind kein Stück besser als das Enron-Management. Bitte verurteilen Sie nicht die Politik in den USA; sie ist kein Stück schlechter oder besser als die unsrige. Beispiel gefällig? Ich [SIEBHOLZ] schrieb darüber schon vor einigen Monaten, als ich die Veröffentlichung im *Handelsblatt* über eine Anleihe einer neugegründeten deutschen Institution mit einem englischen Titel las, nämlich des auf deutsch ›Deutschen Postangestellten-Rentenfonds‹...

Als die Post privatisiert wurde, war eine Bilanz nach üblichen Regeln aufzustellen, vorher war die Post ja ein Staatsbetrieb mit abweichenden Bilanzmerkmalen. Jetzt aber mußten die Verbindlichkeiten der Post für ihre Pensionäre passiviert werden. Diese wären bei privatwirtschaftlicher Berechnung (Höhe, Laufzeit, Beihilfen usw.) so hoch gewesen, daß der Bund als Verkäufer keine Käufer mit der Verpflichtung zur Übernahme der Verbindlichkeiten gefunden hätte.

Aber: Man brauchte das Geld aus der Privatisierung, um die leeren Kassen zu füllen. Was war die Lösung? Der Bund übernahm die Lasten aus den Pensionen der Postbeamten und der Altersversorgung für die Angestellten und legte den drei Post-Nachfolgern (Post AG, Postbank und Telekom) die Verpflichtung auf, einen Teil der jährlichen Versorgungsleistungen – man schätzt etwa ein Drittel der jährlichen Lasten aus deren Überschüssen – an den Bund abzuführen. Kurz gesagt: *Für eine begrenzte Sofortliquidität aus der Privatisierung der Post-Nachfolgeunternehmen übernahm der Bund unübersehbare Lasten für die Zukunft.*

Das war aber nicht alles: Als es Herrn Eichel besonders schlecht ging – das war kurz vor seiner Abwahl –, fiel ihm eine noch bessere Variante ein, für die sich unsere Kinder und Enkel noch bei ihm bedanken sollten. . . Eichel ließ diese englischnamige Gesellschaft gründen, an die die drei Nachfolgeunternehmen der Post ihre künftigen Zahlungsverpflichtungen abzutreten hatten. Diese – mit den Abtretungen ausgestattet – war aber im internationalen Kontext immer noch nicht besonders bonitätsfähig. Nun gab der Bund auch noch eine Garantie ab, und siehe da: Die obskure Anleihe belief sich auf an die 5 Milliarden Dollar und hatte Qualität AAA und wurde ihm förmlich aus der Hand gerissen.

Was ist wirklich geschehen? Die Schulden vom Bund sind nicht gestiegen, weil Garantien ja nicht zählen. Der Bund zahlt jetzt alle Pensions- und Altersversorgungslasten ›*from here to the eternity*‹ (von jetzt bis in alle Ewigkeit), er erhält keine Zuschüsse der drei Post-Nachfolgeunternehmen mehr, und das Geld aus der Anleihe half, die fatale Liquiditätsklemme des Bundes *kurzfristig* zu überbrücken. Es ist wohl anscheinend wirklich kurz vor zwölf. . .«[315]

Wenn das keine betrügerischen Manöver sind, was dann?

2.3.2 Statistik über die Rentenhöhe (2002)

Man ersieht daraus zweierlei:

1. Die Renten für Frauen befinden sich überwiegend an oder unter der Armutsgrenze. Was daran sozial oder gerecht sein soll, wissen die Götter und Prof. Rürup allenfalls noch.

2. Die Durchschnittsrente bei Männern liegt im Bereich von 900 bis 1500 Euro. Über einen Zeitraum von rund 15 Jahren, solange etwa

[315] Zitiert aus: *Zeitfragen* Nr. 18 vom 2. 5. 2006; Dietmar Siebholz. US-M3-Daten und Bond-Märkte.

Rente empfangen wird, halbiert sich bei einem jährlichen Kaufkraftverlust von 5 Prozent der reale Wert der Rente. Die ›Anpassungen‹ sind entweder so gering, daß sie nicht ins Gewicht fallen, oder es fallen nach der RÜRUPschen Formel überhaupt zusätzliche Kürzungen an.

Mit anderen Worten: Ein Ehepaar kann von einer Rente in Wirklichkleit kaum das Leben fristen, und je älter – und hilfloser – man wird, desto einschneidender sind die finanziellen Sorgen. Das Absinken in die programmierte Armut ist abzusehen.

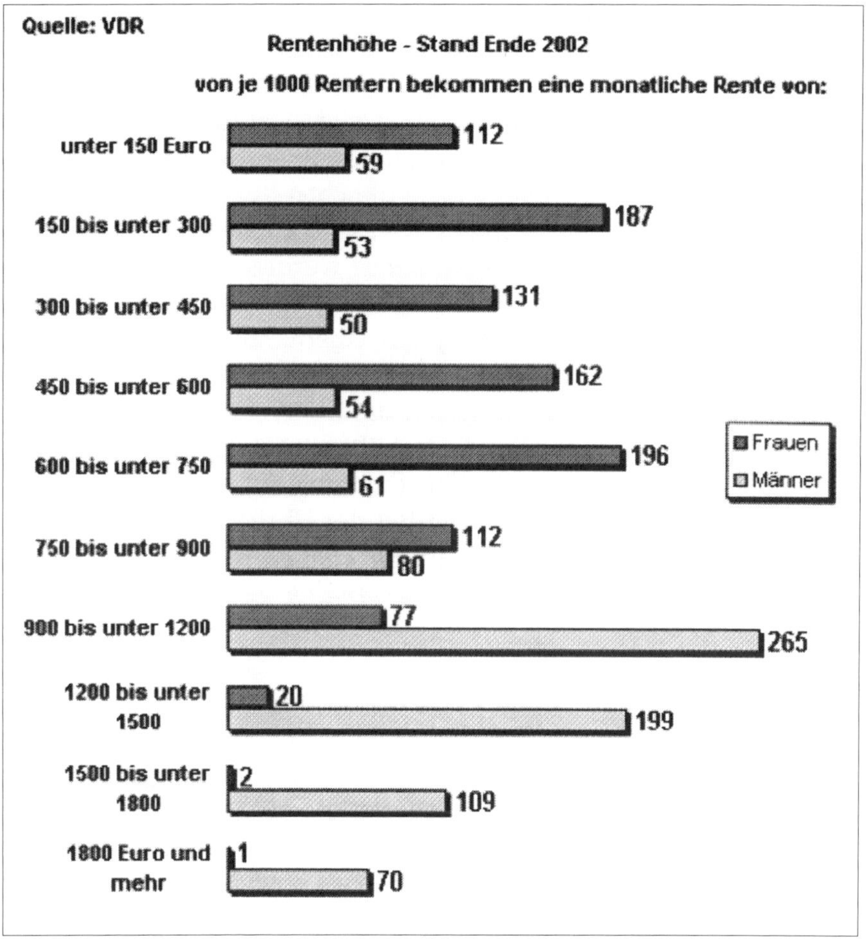

Graphik: Rentenhöhe

Nachdem wir die Lage im allgemeinen und in den für unsere Aufgabe wesentlichen Teilbereichen beschrieben haben, kommen wir zu der Frage, was die grundsätzlichen und die Übelstände im einzelnen betreffenden konkreten Ziele und Aufgaben sind, um eine Neue Ordnung zu erreichen.

SIEBTES KAPITEL

Ziele und Strategien

1 Das Ziel: Ordnung

Was stünde dem von uns so gekennzeichneten globalistischen Chaos entgegen? Dies ist, wir sagten es bereits zu Beginn klar: die Nation, die Volksgemeinschaft, die sich im Nationalstaat konkretisiert.

Das wissen auch die Herrschenden, darum ist den Mächten des heutigen Chaos der (National-)Staat ganz offensichtlich das durch die Globalisierung ›Zu-Überwindende‹. Er steht dem letzten Erfolg der Globalisierung entgegen, vor allem die deutsche Nation mit ihrem idealistischen Geist und ihrer Tüchtigkeit *sowie* ihrer Ausstrahlung auf die anderen Völker und Nationen. In der erwähnten Diskussion des Buches des Abtprimas der Benediktiner, Notker WOLF,[316] machten wir einen Einwand, als er an einer Stelle seines Buches zitiert: »Am deutschen Wesen soll die Welt genesen«,[317] und WOLF anmerkt, daß dies – Gottseidank – heute nicht mehr gelte. Unsere briefliche Entgegnung lautete unter anderem:

»Man kann solche Sprüche so oder so lesen. Als überhebliche Arroganz, dann ist Euch recht zu geben, oder als Summe historischer Erfahrung: Tüchtigkeit, Fleiß, Zielstrebigkeit, Mut, Ordnungssinn, Sitte und nicht zuletzt Gläubigkeit, u. a. m. als Charakteristikum der Deutschen – vor allem in der Wahrnehmung *anderer* Völker. Deutsche wurden darum als Kolonisatoren von fremden Herrschern immer wieder ins Land geholt, um es *aufzubauen* usw. Nur aus obigen Gründen – und zu einem positiven Zweck. . .

Wir haben uns daher oft gefragt, was denn diesen apokalyptischen Haß auf die Deutschen bedingte – und fanden keine Gründe oder rationale Erklärung. Außer jener, daß Deutsche wie überhaupt die Völker Europas im großen und ganzen das *metaphysische Prinzip der Ordnung* in besonderer Weise verkörpern und vertreten, das mit jenem des *Chaos* (dessen Verursacher DIABOLOS, der Durcheinanderwirbler, ist) in *unversöhnlichem* Widerstreit steht.[318] Wenn der Schein uns

---

[316] Notker WOLF, *Worauf warten wir?* aaO.

[317] Im übrigen ist dieses Zitat aus dem Zusammenhang gerissen. Es stammt vom national-konservativen Dichter Emanuel GEIBEL, der dies im Zusammenhang mit der Reichsgründung 1870/71 schrieb: ein Ereignis, das die Folge eines von Frankreich vom Zaun gebrochenen Präventivkrieges war, bei dem die Franzosen freilich besiegt wurden. GEIBELS Lyrik war – laut *Brockhaus* – von romantisch-deutscher Empfindung getragen. Mit späteren politischen Ideologien hatte sie nichts zu tun.

[318] Diesen Gedanken haben wir im Zusammenhang mit der Vertreibung und Ermordung der Sudetendeutschen in unserem Buch *Die Benesch-Dekrete müssen weg!* (Grabert, Tübingen 2005) auch ausgeführt.

die heutige globale ›Ordnung‹ als Ordnung vorgaukelt und somit meine Argumentation ins Leere laufen ließe, so ist das ein Mißverständnis: Es ist nur eine Pseudo-Ordnung, die aber nichts als das Chaos ist, wie dies Wladimir SOLOWJOW in seiner *Kleinen Erzählung vom Antichrist* (wie für heute geschrieben) so vortrefflich dargestellt hat.

Man kann die Gegensatzpaare: Ordnung-Chaos, Gut-Böse, Hell-Dunkel, Gott-›Fürst der Welt‹ fast synonym verwenden; der unauflösliche Widerspruch läßt keine Versöhnung zu, auch nicht mit der HEGELschen Dialektik. In diesen gegensätzlichen Prinzipien oder, besser gesagt, Geist- und dämonischen Mächten sehen wir die inneren Antriebskräfte heutiger politischer Prozesse. Deutsche, die als das Volk der Ordnung, der Organisation, der Zielstrebigkeit, der Tugend, ... charakterisiert werden, auch wenn das im Augenblick verschüttet erscheint, stehen somit auf einer eindeutigen Seite. Ihre bloße Anwesenheit/Existenz ist für Mächte des Chaos bereits eine existentielle Herausforderung.

Wir wissen, solche Abkürzungen und Sprüche – ›Am deutschen Wesen...‹ – geben immer Anlaß zu oft absichtlichen Mißverständnissen. Darum würden wir sie auch meiden, aber in der Sache, so wie wir sie verstanden haben, ändert es nichts: Rückkehr zu den alten (deutschen) Tugenden, dann hätten – zumindest – wir eine Chance, wieder zum Heil zu gelangen, wie Ihr (Abt NOTKER) selbst auch auf S. 177 schreibt. (Und anderen Gesellschaften würden sie gewiß auch nicht schaden. Darum wäre – so verstanden – dieser Spruch sogar in der Sache richtig.)«[319]

Die Deutschen hatten schon einmal mit dem Deutschen Idealismus die materialistische Philosophie der Aufklärung und den *terreur* der Französischen Revolution geistig überwunden. Sie hatten in einem existentiellen Kampf unter unvorstellbaren eigenen Opfern Europa vor dem Überrollen des sowjetischen Kommunismus und Materialismus bewahrt. Die wirtschaftliche Aufbauleistung unter dem Motto »Gemeinnutz geht vor Eigennutz« – das Ganze hatte Vorrang vor den individuellen, egoistischen Bedürfnissen – hatte, wie schon erwähnt, eine Strahlkraft auf die Nachbarn, und selbst die alten und späteren Feinde gaben bewunderndes Zeugnis davon.

Diese fundamental andere Auffassung des Staates,[320] der auf diese Weise bereits das Volk mit einschloß, faßten bedeutende Philosophen

---

[319] Man sollte dazu vielleicht auch manche Schriften J. G. FICHTES lesen, um den Sinn von den heutigen, zeitgeistigen Verfälschungen freizulegen.

[320] Als die individualistische, atomistische des Liberalismus.

(G. F. HERDER, J. G. FICHTE usw.), aber auch die Kirche in zahlreichen Enzykliken mit einem Wort zusammen, indem sie von den Nationen als »Gedanken Gottes« sprachen. Der (National-)Staat scheint uns das einzig Feste, Sichere zu sein, wenn er jene Bedingungen erfüllt, die wir gleich behandeln werden. Damit ist selbstverständlich kein überspitzter Chauvinismus, der nur die eigene Nation sieht und auf andere herabsieht, gemeint, sondern jene unverzichtbaren Bausteine einer die Souveränität dieser elementaren Bausteine achtenden Ordnung sind betrachtet. Der höchst eigene Charakter und das Wesen der Nation in seiner Besonderheit sind zu schützen und zu bewahren.

Wie muß nun der Versuch einer Lösung aussehen, was kann zur Strategie-Findung beigetragen werden?

Das Problem besteht unter anderem - aber hier befinden wir uns in bester Gesellschaft, die dies in ähnlicher Weise sieht - in einem Verlust an *Orientierung* und damit an *Ordnung* - nicht irgendeiner, sondern der wahren, der einzigen, also der natürlichen, organischen Ordnung. Man könnte auch anders dazu sagen: Es ist die Entfremdung und Abwendung von Gott. Einer aktuellen Studie zufolge, die Italien, Frankreich und Deutschland betrachtet, liegen die Anteile der Bevölkerung, die mit Gott noch etwas anzufangen wissen, bei jeweils 16, 15 und 14 Prozent. Friedrich ROMIG, ein Wirtschaftswissenschaftler und ehemals Top-Manager in der Industrie, sagte einmal in einem öffentlichen Vortrag: »Das Wohlergehen eines Staates bzw. Volkes hängt unmittelbar vom Grad der Gottesverehrung des Volkes ab.« Das klingt für rationale, aufgeklärte Ohren reichlich abseits der zeitgeistigen ›Wahrheiten‹, aber ist es nicht gerade so?

Als die Wissenschaftler unseres Jahrhunderts Gott als nicht wissenschaftlich beweisbar erklärten, mußten sie, um ihn abzuschaffen, auch seine Attribute den unendlichen Raum und die ewige Zeit - durch Begrenztheiten ersetzen, indem sie Raum und Zeit einen Anfang zuwiesen. Als sie dann auch noch die unendlichen Zahlen und die imaginären oder transzendenten Konstanten zu menschlichen Erfindungen erklärten, war PLATOS Ideenlehre, nach der das Universum auf Zahl und Geometrie aufgebaut ist, endgültig durch menschliche Dogmatik ersetzt.

Die in der Welt existierende Ordnung wurde als von der Natur ohne jeden höheren Zweck hervorgebracht verstanden. Die Ordnung war unbewußt, das Universum selbst besaß keine bewußte Intelligenz, nur der Mensch war mit dieser ausgestattet. Die Naturgesetze wurden nicht mehr als übernatürlich (göttlich) verstanden, sondern als natürlich. Die mathematischen Muster, in denen die materielle Welt angelegt ist, wurden nicht etwa weggeleugnet, sondern eifrig bejaht, aber einfach der unerforschlichen Natur der Dinge oder auch der Natur des menschlichen Geistes zugeschrieben. So entstand über Gottfried Wilhelm LEIBNIZ, Immanuel KANT und Physiker dieses Jahrhunderts unser modernes Weltbild.

Wir – die Nachfahren des indogermanischen Urvolkes im nördlichen Europa – werden mit der in unserem Lebensraum entdeckten, er-*sehenen* Ordnung und Orientierung gewissermaßen identifiziert. Zu den hervorstechendsten Eigenschaften unseres Volkes zählen sein Ordnungssinn, die innere Ruhe und Sicherheit, die aus der Gewißheit und damit Geborgenheit in einer solchen ewigen Ordnung kommen, was dann auch Zielstrebigkeit, Mut, Energie und schließlich Erfolg zur Folge hatte. Deswegen wurden Deutsche immer geholt, wenn es aufzubauen galt. Solche geradezu eingeprägten Eigenschaften sind natürlich aber auch die Herausforderung und der implizite ewige ›Vorwurf‹ an das gegenteilige Prinzip: das Chaos. Allein hierin sehen wir den Grund für tödliche, unversöhnliche Feindschaft beider Prinzipien, die wir, unser Volk, oft – gewissermaßen als personifiziertes Prinzip der Ordnung – zu spüren bekamen.

Welche Weltsicht – oder Gesellschafts-Philosophie und -Ordnung – dem bisher Gesagten zugrunde liegt, haben wir bereits an den Beginn, bei der Frage nach der Lage, ihren geistigen Grundlagen gesagt, gewissermaßen als Gegensatz zur individualistischen Ideologie. Es ist die ganzheitliche oder organische Gesellschaftsphilosophie, die auch im Transzendenten verankert ist. Sie ist im Einklang mit der Philosophie des Idealismus, der *philosophia perennis,* wie sie zum geistigen Besitz des Abendlandes seit den griechischen Klassikern gehört.

Wir möchten hier noch einen Gedanken Carl SCHMITTS erwähnen, sozusagen vorbeugend, um jenen Kritikern gleich zu begegnen, die sich an ›zu vielen religiösen oder theologischen Bezügen‹ stoßen.

1.1 Carl Schmitts politische Theologie[321]

Theologie ist – wir hören das oft – fast jedem verdächtig, wenn sie im Zusammenhang mit ›rationalen‹, ›politischen‹ oder ›Sachfragen‹ ins Spiel gebracht wird. Obendrein sind wir – ›aufgeklärt‹ – der Über-

---

[321] Carl SCHMITT, *Politische Theologie: Vier Kapitel zur Lehre von der Souveränität,* 3. Aufl., unveränd. Nachdr. d. 1934 erschienenen 2. Aufl. Berlin, Duncker und Humblot, Berlin 1979.

zeugung, daß sie Privatangelegenheit sei und daher in doppelter Weise nichts mit öffentlichen, gesellschaftlichen Fragen zu tun haben solle. Der herrschende Auf-*kläricht* kann noch Tausende weitere Gründe liefern, aber *politische* Theologie ist nicht *politisierende* Theologie. Carl SCHMITT zeigte, daß Entscheidungen, welche auf der Grundlage politischer Philosophien getroffen sein wollen, tatsächlich einer *religiösen* Entscheidung entsprechen und hier ihren Ursprung haben. Auch der Atheismus ist eine *religiöse* Entscheidung, wenngleich eine negative und daher wenig kluge.[322]

In *Der Begriff des Politischen* legt SCHMITT dar, was seiner Ansicht nach das wahre Kriterium des Politischen ist: »Die eigentlich politische Unterscheidung ist die Unterscheidung von Freund und Feind.« Dazu bietet er gewichtige Zeugnisse auf: »Ich will Feindschaft setzen zwischen Deinem Samen und ihrem Samen.« (*Genesis*) Dies mit humanitären Phrasen - Frieden, Demokratie, Menschenrechte und, was es der Ewigen Wahrworte sonst noch gibt, abzulehnen und den Analytiker und Staatsmann, der dies sagt und zur Entscheidungsgrundlage politischen Handelns macht, moralisch zu verdammen ist zwar heute politisch korrekte Mode, aber nichtsdestoweniger falsch und eher *eine Auflehnung gegen die ewige göttliche Ordnung*. Ihre Nicht-Anerkennung hatte seit der Aufklärung zur Zerstörung dieser Ordnung geführt, aber an ihrer Stelle doch nur eine Pseudo-Ordnung hervorgebracht. Im konkreten Fall führte dies zur Vernichtung des *ius publicum Europaeum* mit dem ihm eigenen ›gehegten Krieg‹, dem ›*justis hostis*‹, der durch einen diskriminierenden Kriegsbegriff ersetzt wurde, der aus dem Feind ein zu vernichtendes Ungeziefer machte, das auszutilgen ein Akt der Hygiene sei.

Aber nicht die Feindschaft ist wegen der angeblichen Aufklärung und ihrer Dogmen aus der Welt verschwunden, sondern höchstens jene Völker, die dies nicht begriffen haben. Die Empörung gegen die göttliche Ordnung hatte und hat also weitreichende Folgen - nicht nur im Politischen, sondern auch selbstverständlich im Wirtschaftlichen. Wir finden, was nicht weiter erstaunlich ist, in anderen Bereichen ebenfalls die Bestätigung, daß die wirkliche Ordnung im Transzendenten begründet ist, wie wir dies mit HEGELS Philosophie, dem Deutschen Idealismus, an entsprechender Stelle gezeigt haben.

---

[322] »Über die Klugheit« hat Josef PIEPER ein vorzügliches Büchlein geschrieben und sie als die *erste* Tugend vorgestellt, die allen andern - den vier Kardinal-Tugenden, aber auch den drei »Göttlichen Tugenden« - vorangestellt ist, diese gewissermaßen immer begleiten muß.

Carl SCHMITT (rechts) 1941 zusammen mit Ernst JÜNGER in der Nähe von Rambouillet bei Paris.

Wir sind also mit SCHMITTS eindeutigem Satz über die Freund-Feind-Unterscheidung in die Lage versetzt zu erkennen, daß die beiden Möglichkeiten, gesellschaftliche und damit wirtschaftliche – Fragen zu erklären oder überhaupt zu behandeln, nicht bloß gleichwertige akademische Alternativen, sondern unversöhnliche und sich gegenseitig ausschließende sind. Wenn wir uns für die ganzheitliche, universalistische Auffassung entscheiden, und dies zu tun läßt uns die erste Kardinaltugend – die Klugheit – eigentlich keine Wahl, so bedeutet dies gleichzeitig, daß alle jene, die die individualistische (Pseudo-)Ordnung ob ihrer Privilegien verfechten, der wirkliche Feind sind.

Zwischen beiden Alternativen gibt es keinen Kompromiß, keine ›Versöhnung‹. Wo dies so scheint, wäre es ein *fauler* Kompromiß, für den gilt, wie auch für ›*Halb*wahrheiten‹: Er ist eine *ganze* Lüge. Der Aufbau grundsätzlicher Betrachtung und Ordnung ist aber auch nicht nach dem Geschmack Einzelner abänderbar, etwa in dem Sinne, daß einem zwar der Begriff der Volksgemeinschaft gefällt, nicht aber die Rückbindung im Transzendenten, Göttlichen. Ebenso ist es auch nicht möglich, für die *res publica* den Idealismus für richtig zu halten, aber ›privat‹ nach materialistischen und hedonistischen Grundsätzen zu leben. Dies hatte Carl SCHMITT mit harten Worten gegeißelt. Da der bürgerliche Idealismus das wegen seiner unsauberen Natur nicht eingestehen will, ist sein *praktischer Materialismus* mit einem bloß *theoretischen* Theismus oder Idealismus verknüpft und läßt diesen nach dem Prinzip der ›doppelten Wahrheit‹ ungestört. So ist er letztlich dieselbe geistige Mißgeburt wie der philosophische Materialismus, die man nicht widerlegt, sondern *verachtet*.

Um es deutlich zu sagen: Der bürgerliche ›Sowohl-als-auch-Idealismus‹ ist nur verlogener Materialismus, verbrämt als Liberalismus des *schlechten* Gewissens, eine Geschäftemacherei, die dem derben, proletarischen Materialismus des *guten* Gewissens letzten Endes nicht standhalten wird: so wie auch der aristokratische Humanismus der Renaissance aus der Sicherheit des überlegenen Gefühls heraus auf die idealistischen *Verbrämungen* des dritten Standes verzichtete und etwa in MACHIAVELLIS *Il principe* (*Der Fürst*) direkt zur Sache kam.

Mit dem scheinbaren Triumph des Kapitalismus ist es wie mit dem Tag, den man nicht vor dem Abend loben soll. Der Kampf ist auch erst mit der letzten Schlacht entschieden. Die entrechteten Völker werden sich wieder der Gemeinschaft entsinnen – »Wir sind das Volk!« – und werden eine kaum mehr zurückzuhaltende Sturmflut auslösen. Die Zeit scheint mit der ›Kernschmelze‹ des herrschenden Finanzsystems gekommen, und die Stürme werden apokalyptisch losbrechen.

Es ist dann aber notwendig zu wissen, wo man steht: auf der Grundlage einer organischen, ganzheitlichen Gesellschaftsordnung, die allein das Fundament eines sittlichen Staates sein kann, der wiederum den Rahmen und die Vorgabe der Wirtschaft bedeutet.

Den Zusammenhang hat vor einigen Jahren Prof. Wolfgang PESENDORFER bei einem Symposium in Thyrnau hergestellt unter dem Titel:

1.2 Der sittliche Staat: Kann der Markt den Staat ersetzen?[323]

Mit diesen Gedanken wird die Brücke von der Sphäre der Wirtschaft zum philosophischen Teil, dem »sittlichen Staat« nach HEGEL, und umgekehrt dargelegt. Die Konsequenz aus diesen Betrachtungen ist: *Wenn der Liberalismus den Einzelstaat als Nationalstaat beseitigt, dann beseitigt er auch die Freiheit des Einzelnen.*

(1) Der Mensch ist Denken, Freiheit: Denken heißt *allgemein machen*. Das Ich als Tätigkeit. Der Mensch denkt sich und sein Anderes, auch das Nichtwissen. Somit umfaßt das Denken alles. Denken gibt sich Dasein im Willen, der die Momente der Unbestimmtheit und der Bestimmtheit in sich faßt. Ihre Einheit als Selbstbestimmung ist die Freiheit.

(2) Freiheit gibt sich Wirklichkeit:

- Das geschieht *im Recht* auf objektive Weise über die dingliche äußerliche Sphäre der Freiheit: das Eigentum. Die Einheit der

[323] Nach Notizen eines Vortrags von Wolfgang PESENDORFER beim Symposium »Mitteleuropa, die Europäische Union und die Globalisierung« an der Universität der Hl. Cyrill und Method in Thyrnau 23./24. November 2000.

Menschen besteht in der gegenseitigen Anerkennung als Rechtspersonen, die einander ausschließen. Damit aber Recht wirklich wird, bedarf es der Moralität.

- Das erfolgt ebenso *in der Moralität* subjektiv als der Freiheit des Menschen in seiner Besonderheit, inneren Überzeugung, Gesinnung, Absicht und Handlung. Die Einheit der Menschen besteht in der gegenseitigen Anerkennung als moralische Subjekte, die sich zwischen Gut und Böse entscheiden. Es geht um die Gesinnung, und diese verwirklicht sich in den Handlungen. Der Mensch ist in der Moralität *Subjekt*: *ich* entscheide mich für Gut oder Böse. Aber in dieser zweiten Stufe ist ein Mensch noch abstrakt. Diese Subjekte wirken zusammen zum Wohl aller. Dieses ist noch nicht das allgemeine Wohl (*bonum commune*), das dem Begriff der Freiheit ganz entspricht. Ausgangspunkt des Wohles aller ist der Egoismus des Einzelnen, der seine Inhalte aus seinem natürlichen Dasein nimmt.

Das Wohl aller ist *nicht* das Allgemeinwohl,[324] das ›*bonum commune*‹. Erst in der dritten Stufe geht es nicht nur um Bedürfnisse oder das Subjekt, sondern *der Mensch ist Mitglied in der Gemeinschaft*, und *erst in dieser ist er frei.*

(3) Freiheit gibt sich konkretes Dasein in der Sittlichkeit (Gemeinschaft): subjektiv-objektiv, konkret-allgemein, ihrem Begriff adäquat. Sie ist das substantielle, dem Menschen wesentliche Gute und verwirklicht sich in der Gemeinschaft, in der der Einzelne Mitglied ist, *zoon politikon. Der Einzelne ist etwas nur von der Gemeinschaft her*. Die Einheit der Menschen liegt darin, daß es eine Freiheit ist, die in der Gemeinschaft und ihren Mitgliedern wirkt.

(4) Dem Wirtschaftsstaat und dem Staat der Sittlichkeit und ihren Momenten Recht und Moralität entspricht jeweils ein Begriff des Staates:

- Auf der Ebene des abstrakten Rechts ist *kein eigentlicher Staatsbegriff* vorhanden. Es geht um die objektive Verwirklichung des Rechts, die äußere Sphäre der Freiheit, die Legalität; die Individuen sind gleichgültig.
- Auf der Ebene der Moralität befindet sich die *bürgerliche Gesellschaft, Ökonomie*: der Verstandes- oder Wirtschaftsstaat.

---

[324] Dies ist eben die falsche Ansicht der Vertreter des Liberalismus, unter anderem auch des österreichischen Nobelpreisträgers A. F. von Hayek, die meinen, das Wohl *der Meisten* sei bereits das Allgemeinwohl.

Die erste Stufe ist definiert durch das Recht: »Störe mich nicht!« Hier gibt es noch keinen Staat im eigentlichen Sinne. Auf der 1. Stufe finden sich diese Elemente: Hier ist jeder Mensch auf sich selbst angewiesen, selbständig.

Die zweite Stufe ist durch die Moralität bestimmt. Hier findet sich die ›Ökonomie‹, ein Verstandes- und Wirtschaftsstaat. Der Mensch ist ein Wirtschaftsbürger, es gibt eine abstrakte Gemeinschaft in einem System von allseitiger Abhängigkeit. Eine Einheit ist das zwar, aber sie ist nicht freiwillig, sondern ›erzwungen‹.

Erst auf der dritten Stufe treffen wir den sittlichen Staat an, und dieser ist die *Wirklichkeit der Freiheit. Einzelfreiheit* gibt es nur von der *Gemeinschaft* her.

Der Begriff der ›Gesellschaft‹ beinhaltet folgendes:

(1) die reale Privatperson: den Wirtschaftsbürger – den *bourgeois* – als das Ganze seiner Bedürfnisse (Bedürfniswesen),

(2) die Gemeinsamkeit (formelle, d. h. inhaltsleere Allgemeinheit): Jeder verfolgt seine Ziele und Interessen in Konkurrenz und Zusammenarbeit mit den anderen. Die Allgemeinheit ist nur Mittel. Es gibt *keinen allgemeinen Willen*, nur die Beziehung der eigensüchtigen Einzelnen zwecks Bedürfnisbefriedigung. Die bürgerliche Gesellschaft setzt den sittlichen Staat voraus.

(3) Die Einheit besteht hier in einem System der allseitigen Abhängigkeit. Ich bin in meiner Bedürfnisbefriedigung dem Zwang und der Notwendigkeit unterworfen, auf andere einzugehen. Der Wirtschaftsstaat wird also als notwendiges Übel angesehen, als Mittel für den Einzelegoismus: so viel Willkürfreiheit wie möglich, so wenig (Zwangs-)Staat wie nötig. Das Ziel des Staates ist das Angenehme: der Wohlfahrtsstaat, der sittliche Atomismus, die Zwangsbeglückung in Unfreiheit.

- *Der sittliche Staat* ist die Wirklichkeit der Freiheit in der allgemeinen Handlungsweise der Sitte und in den wissentlich-sittlichen Handlungen seiner Mitglieder. Seine objektive, allgemeingültige Seite liegt in den Organisationen der Freiheit, den Institutionen, seine subjektive in der politischen Gesinnung der Mitglieder, die im Staat ihr eigenes Wesen, ihre Freiheit anschauen. Die Einzelnen sind im Staat unselbständig, das heißt Mitglieder. Sie sind etwas nur von dem System der Bestimmungen des Guten her. Dieser Staat ist die Versöhnung des Einzelnen mit seinem allgemeinen Wesen, indem der Einzelne am allgemeinen Leben des Staates teilnimmt. Nur in seiner objektiven Organisation der Freiheit kann sich subjektive Freiheit entfalten, weil der sittliche Staat die in Gemeinschaft verwirklichte und immer sich verwirklichende Freiheit ist, geistiger Organismus.

- Das Verhältnis von Wirtschaftsstaat und sittlichem Staat ist das folgende: Der sittliche Staat ist Wahrheit wie Voraussetzung der Gesellschaft und ihres (Wirtschafts-)Staates. Er muß daher die Gesellschaft (Wirtschaft) regulieren und überformen zum Zweck der Freiheitssicherung und Gerechtigkeit. Das Wirtschaften hat sein Kriterium im sittlichen Handeln. Der sittliche Staat ist die Voraussetzung der Gesellschaft, weil er der Grund der Einigkeit aller ist. Das Bewußtsein der Einigkeit aller und seine Verwirklichung in Gerechtigkeit hat seine objektive Gestalt nicht im Markt, sondern im Staat.

Wir müssen also den sittlichen Staat gegen die Vorherrschaft der Ökonomie (Globalisierung) verteidigen. Denn nur der sittliche Staat nimmt den Bürger als Freien. Die Gesellschaft hingegen emanzipiert ihn aus aller Geschichte, streift alles ab, was nicht gesellschaftliche Bestimmung ist. Sie setzt sich somit absolut, wird totalitär. Der Mensch gilt nur als *animal social,* als gesellschaftliches Tier: Alles ist gesellschaftlich.

Zusammenfassung des Gesagten:

Der sittliche Staat schützt die Familie.
Der sittliche Staat schützt die Religion.
Der sittliche Staat schützt die Kunst und wahre Wissenschaft.
Der sittliche Staat schützt die Armen und Schwachen.
Der sittliche Staat sichert den Frieden.
Der sittliche Staat bewahrt die Tradition, die notwendige Voraussetzung für sittliches Leben.

Warum ist dies nötig? Mit dieser Frage berühren wir die anfangs aufgeworfenen Frage: nach dem

1.3 Ziel und Zweck des Staates – seine Fundamentalstruktur[325]

Staat ist kein Selbstzweck, wie etwa die ›Demokratie‹ auch kein Ziel, sondern bestenfalls ein Mittel – zum Beispiel eine Regierungsform –

[325] Zweiter Teil unseres Vortrags bei einer Tagung des Konstanzer Kreises, 30./31. Juli 2005.

ist. Über die Ziele des Staates gibt J. J KINDT-KIEFER[326] sehr konkrete Auskunft, ebenso, wie erwähnt, G. W. F. HEGEL mit dem »sittlichen Staat«, oder J. G. FICHTE mit seiner Philosophie und dem Anhang *Der Geschloßne Handelsstaat* (1800). Ein paar Gedanken KINDT-KIEFERS möchten wir in bezug auf unser Thema aufnehmen und vor diesem Hintergrund untersuchen.

Ein Staat beruht auf einer Vielheit konstituierender Prinzipien – den »obersten Werten« –, ohne die weder sein Verstehen noch die Existenz des Staates möglich ist.

(1) Das Prinzip, auf das der Staat in erster Linie hinzielt, ist der *Friede,* und zwar sowohl innerhalb als auch im Verhältnis zu anderen Staaten.

(2) Wo *Krieg* wütet, herrscht das *Chaos,* die Vernichtung der *Ordnung,* die aber dem obersten Prinzip, dem *Frieden,* erst seine nähere Bestimmung gibt. Sie ist die Grenze, die die Tätigkeiten Einzelner wie auch von Gruppen begrenzt und regelt.

(3) Wo Krieg und Chaos herrschen, also Leidenschaften und Triebe sich austoben, herrscht *Illusion.* Das Prinzip, das ihr entgegentritt, ist die *Legitimität* der Macht.

(4) Wo Krieg zwischen Einzelnen, Gruppen oder Mächten geführt, die Ordnung vernichtet wird, stellt sich als Folge die *Armut* ein. Mit dem Frieden wird daher die materielle Ordnung des Staatsganzen und damit die *Wohlfahrt* beabsichtigt. Diese ist nicht von der Einzelexistenz des Bürgers losgelöst, weil eine Wohlfahrt, in der der Einzelne auf Dauer der äußersten Not ausgesetzt ist, eine Fiktion wäre. Allgemeines und des Einzelnen Wohl stehen so in einem dialektischen Verhältnis, und ohne identisch zu sein, hat das eine *Sinn* und *Möglichkeit* nur durch das andere.[327]

---

[326] J. J. KINDT-KIEFER, *Über die Fundamentalstruktur des Staates,* Haupt, Bern 1941; heute noch über Internet, ZVAB, Zentralverzeichnis antiquarischer Bücher, erhältlich.

[327] Georg Wilhelm Friederich HEGEL, *Grundlinien der Phil. d. Rechts* § 130. Hier liegt das Mißverständnis im extremen Kollektivismus jeder Prägung: Das Gesamtwohl wird stets verabsolutiert, wobei das Einzelwohl notwendig geopfert (negiert) wird. Desgleichen verhält es sich mit dem extremen Individualismus: Dieser verabsolutiert die Selbstsucht und das Glücksstreben des Einzelnen, indem er der Kollektivität oder gar dem Nächsten gegenüber keine ›Bindungen‹ anerkennt. Dadurch untergräbt er aber die Voraussetzung seiner eigenen ›Wohlfahrt‹: Denn durch den bindungslosen Libertinismus jeder Prägung wird das allgemeine Wohl vernichtet.

Diese Überlegungen erinnern weitgehend an identische Grundsätze der Staatsphilosophie des österreichischen Staatskanzlers Clemens Wenzel Fürst METTERNICH, die er in seinem *Politischen Testament* (Karolinger Verlag, Wien) dargelegt hatte:

Er sei ein Mann der *wahren* Freiheit (im Gegensatz zu jener, die als Parole für andere politische Absichten vorangetragen würde), aber diese sei nicht ein Ausgangspunkt, sondern der *End-* (oder *Ankunfts-)punkt*. Der Ausgangspunkt sei die *Ordnung*, die die Voraussetzung für einen ruhigen, gleichmäßigen Gang der Dinge und der Entwicklung des Staates sei, auf der allein der Kredit beruhe; mit anderen Worten, die allein zu wirtschaftlichem Wohlstand führe und so *Wohlfahrt* bedinge.

»Eine Erwägung, welche (man) gewöhnlich außer acht läßt und die in ihren Folgen dennoch zu den gewichtigsten gehört, ist die des Unterschiedes, welcher sich praktisch in Staaten wie im Leben der Individuen zwischen dem *Vorschreiten der Dinge in gemessenem Gange* und *in Sprüngen* ergibt. In ersteren entwickeln sich die Bedingungen in einer logischen naturgerechten Konsequenz, während *letztere* den Zusammenhang unter diesen Bedingungen *zerreißen*. Alles in der Natur verfolgt den Weg der *Entwicklung*, des Aneinanderreihens der Sachen; bei solchem Gange allein ist das Ausscheiden der schlechten Stoffe und die Ausbildung der guten denkbar. Sprungweise Übergänge bedingen stets neue *Schöpfungen*, und *schaffen* können die Menschen – *Nichts*.« (Hervorhebungen, G. R.)[328]

Für unsere Überlegungen benötigen wir noch einige von KINDT-KIEFER dargelegte Gedanken, um zur Quintessenz einer Neuen Ordnung zu gelangen. Die Diskussion über das *Wesen* des Staates unterscheidet unter anderem die »Beziehung von Materialgrund (*woraus* etwas wird) und dem Zielgrund«. »*Was* mit der Materie rezipiert wird, wird nicht vom Material, sondern vom Ziel her sinnvoll.« Das Ziel macht das Wesen des Staates aus, so, wie auch ein Kunstwerk nicht von dem Material, mit dem es gemacht wurde, verständlich wird – oder man redete von etwas anderem als von der Kunst. Ebenso wenig kann man das Wesen des Staates von seiner Materialität – zum Beispiel von der Wirtschaft – her erschließen. Dieses wird erst vom Sinn des Ganzen her verstehbar. Dies ist ein wichtiger Gesichtspunkt, unter dem es als selbstverständlich erscheint, daß die Wirtschaft von

[328] Clemens Wenzel Fürst METTERNICH, *Ordnung und Gleichgewicht. Ausgewählte Schriften*, Karolinger, Wien 1995. Hier: *Mein politisches Testament* (niedergeschrieben in den Jahren 1849 bis 1855).

der über ihr stehenden Ganzheit, dem sittlichen Staat, Rahmen und Auftrag, also sein Ziel, gesetzt bekommt.

Es hat jedoch nicht nur den Anschein, als ob heute die Politik vorwiegend aus dem Ökonomischen bestünde. Sie ist eigentlich darauf beschränkt. Der vor allem von den USA getriebene Globalismus hat die ganze ›westliche Welt‹ damit infiziert.

Die logische Folge dieses rein materialistischen Denkens wirkt sich auch in den sogenannten Wirtschafts*wissenschaften* aus: Sie sind, weil sie ausschließlich materialistisch ausgerichtet sind, schon dadurch mit einem grundlegenden und damit gänzlich in die Irre führenden Irrtum behaftet. Sie wenden weitgehend Methoden der *Naturwissenschaften* auf ihren doch eigentlich *geisteswissenschaftlichen* Gegenstand an.[329] Es sind mathematisch-physikalische Methoden, die gegenüber ihrem Gegenstand – der Wirtschaft – ähnlich wie in der Physik Vorrang beanspruchen, so wie dies Immanuel KANT in seiner *Kritik der reinen Vernunft* bestimmt hat. Aber die Methoden werden *von ihrem Ziel* her bestimmt, und die Kantischen Ansichten lassen sich *nicht* von *seinem* ›Gegenstand‹ auf geisteswissenschaftliche übertragen. Hier – im Staat also – ist das Ziel und dessen Erreichung das Ergebnis des freien Willens, wohingegen die Natur von Notwendigkeit und Unabwendbarkeit bestimmt ist: Der Wille hat keinen Einfluß darauf, was naturgesetzlich abläuft, außer, daß man gemäß *ihren* ›Gesetzen‹, den Naturgesetzen, die Natur in seinen Dienst nehmen kann.

Indem also heute die Ökonomie vor der Politik den Vorrang hat, ist die Wesensbestimmung des Staates schon rein philosophisch nicht möglich. Dies spiegelt sich auch in der Umkehrung der Hierarchie der ›Werte‹ wider, wie nachfolgend gezeigt.

Die gegenwärtige – ›verkehrte‹ – Welt ist durch eine auf den Kopf gestellte Rangordnung der gesellschaftlichen Ebenen und Bereiche gekennzeichnet, die um der richtigen Ordnung willen wieder auf ›die Füße gestellt‹ werden muß.

Die linke Spalte entspricht der organischen (= richtigen) Ordnung und Rangfolge, die rechte entspricht der heute faktisch geltenden, auf den Kopf gestellten. Daß sich bei einer derartigen Umkehrung aller Werte eine ›verkehrte Welt‹ ergeben muß, kann somit nicht mehr verwundern. Heilung besteht somit darin, alles wieder auf die Füße zu stellen.

---

[329] Siehe Gotthard GÜNTHER über die Sozialwissenschaften (»Kritische Bemerkungen«. Aus Anlaß des Buches von Jürgen HABERMAS, *Zur Logik der Sozialwissenschaften*, wegen der ungeklärten Methodenfrage. In *vordenker* 2004, bzw. Anmerkungen im Nachwort.

Kultur	→ Kultus, Gottesverehrung	Wirtschaft	→ Enron, Parmalat, Preussag/TUI, West-LB, Mannesmann. . .
Politik	→ bonum commune	sogen. ›Politik‹	→ Korruption, Delegitimation, Räuberhöhle
Wirtschaft	→ Autarkie	»*panem et circenses*«	→ anstelle von Kultur und Gottesverehrung

Bei einer solchen grundlegenden Umkehr der Rangordnung käme es zwar fast nicht mehr darauf an, daß die Ökonomie, das heißt die Volks- und Weltwirtschaft, die in unserer Vorstellung ein organisches, lebendiges Teilganzes ist, mit mathematisch-physikalischen, also *an*organischen Methoden auch von diesen her *grundsätzlich* falsch ›betrachtet‹ wird, wenn nicht heute die Pseudo-Wissenschaft wie ehedem religiöse Offenbarungen als Garant für letzte Wahrheiten angesehen würde. Die Folge sind ökonometrische Modelle, die die Wirklichkeit *nicht richtig* wiedergeben, wie beispielsweise die ›exakte Berechnung des Wertes von Derivaten‹ durch die Nobelpreisträger Myron SCHOLES und Robert MERTON, mit anderen Worten: die Berechnung des Wertes jenes ›Goldes‹, das Aschenbuttel auf Geheiß des Königs aus Stroh zu spinnen hatte, oder die Quantifizierung des Nicht-Quantifizierbaren (und Nicht-Wißbaren) usw.

Ein Staat *muß* gewisse, insbesondere die schon genannten[330] Kriterien erfüllen, um in europäischer Vorstellung und Tradition überhaupt als Staat zu gelten. Wenn wir beispielsweise die USA betrachten, müssen wir zu unserem Bedauern feststellen, daß diese Supermacht – Synonym für Globalisierung, *One-World* und ›*Global Governance*‹ – alle diese Kriterien nicht erfüllt. Die Vereinigten Staaten sind die Antithese zum Nationalstaat und zu dem sittlichen Staat. Die USA sind gleichbedeutend mit Globalisierung, sie sind ein despotisches Imperium, in dem sie Macht ausüben und jene bedrohen, die sich ihrer Macht widersetzen. Die jüngste Veröffentlichung der USA über die Methoden des CIA, die offiziell auf 11 000 Seiten(!) dokumentiert, daß Spionage, Mordversuche und Überwachung des

[330] Diese sind unter anderem: Sittlichkeit, Rechtsstaatlichkeit, Gewährleistung der Ordnung, Bewahrung des inneren und äußeren Friedens, Förderung der allgemeinen Wohlfahrt, Schutz der Freiheit *zu* sittlichem Handeln.

privaten Briefverkehrs usw. übliche Praxis sind, lassen die Staatsgrundsätze und Regierungspraxis der USA eher als zynische Rechtsverhöhnung erscheinen. Die sind das eigentliche *Reich des Todes.*[331]

Wir haben uns aber um ein *Reich der Wahrheit, der Ordnung und des Lebens* zu bemühen. In diesem Bemühen sind Rußland und Deutschland aufeinander angewiesen. Der deutsche Philosoph Johannes BARNICK schrieb in seinem Buch über die *Deutsch-Russische Nachbarschaft:* Waren die Beziehungen gut, ging es Deutschland gut, waren sie schlecht, ging es Deutschland schlecht. Gute Beziehungen zwischen diesen beiden Nationen, die – wie symbolisch – beide als Schutzpatron den Heiligen Erzengel MICHAEL haben, würden wohl das Ende jenes Reiches des Todes, des (Staats-)Terrors, der Atombomben einläuten. Dies fürchtend, trachten die USA darum, Rußland, ihren immer noch mächtigsten Gegenspieler, der auch den Ausnahmezustand beherrscht, weil es auch über Nuklearwaffen verfügt, als ›Reich des Bösen‹ zu stigmatisieren,[332] und, um Deutschland von einer seinen Interessen dienenden Politik fernzuhalten, wird es seit über einem

---

[331] Der CIA stellt alte ›Geheimnisse‹ ins Netz. Spionage, Attentatsversuche und privater Briefverkehr – all das wird akribisch vom US-Geheimdienst CIA festgehalten und soll nun teilweise im Internet veröffentlicht werden.

Dokumente mit insgesamt 11 000 Seiten aus der Zeit zwischen 1953 und 1973 sind für die Allgemeinheit einsehbar.

Die ›Familienjuwelen‹ des Geheimdienstes dokumentierten Inhalte privater Briefe, die an Adressen in der ehemaligen Sowjetunion und China gerichtet waren und von Agenten geöffnet wurden.

Die *Krone* und die *Oberösterreichischen Nachrichten* berichteten darüber am 29. Juni 2007. Konkret erwähnt wurde der Mordversuch an Fidel CASTRO.

Auf der Internetseite des CIA wurde am 26. 6. 2007 dieses Dokument vom CIA-Direktor Michael V. HAYDEN vorgestellt, mit der Bemerkung, daß der CIA die Geheimnisse des Staates zu schützen habe, aber auch die Verpflichtung habe, so offen als möglich zu sein. Die Veröffentlichung geht auf eine Anfrage im Jahre 1992 unter Berufung auf das »*Freedom of Information*«-Gesetz zurück. Man hat einige Zeit gebraucht, um eine Ausgabe zu kompilieren, die auf vielen Seiten nur das sagt, was ohnedies die Spatzen von den Dächern pfiffen!

Immerhin ist es nun ›amtlich‹, daß die USA mit allen kriminellen Mitteln Politik betreiben. Aber das sagte schon Zbigniew BRZEZINSKI in seinem Buch *Amerika die einzige Weltmacht* oder Robert MAGGINIS beim 11. Kongreß »Mut zur Ethik« vom 5. bis 7. September 2003 in Feldkirch, als er zum Thema »Der Krieg als Mittel der US-Politik« sprach.

Die Dokumente sind unter www.foia.cia.gov verfügbar.

[332] US-Präsident Ronald REAGAN. Die gleichen Töne erklingen auch heute wieder im amerikanischen Wahlkampf.

halben Jahrhundert erpreßt, niedergehalten und seiner Souveränität beraubt. Norman Finkelstein nannte es »Holocaust-Industrie«. Das erkennbare Motiv: »Haltet den Dieb!«

Dies hätte ein Ende, wenn wie im Märchen vom Rumpelstielzchen das erlösende Wort gesprochen würde. Wenn darüber hinaus Deutschland und Rußland gemeinsam den neuen – im Grunde aber alten, rechten – Weg beschritten, die Neue – eigentlich alte, uns gemäße – Ordnung wiedererrichteten, wäre dies der Anfang vom Ende der ›One-World‹-Utopie und der Beginn einer wohl gedeihlicheren Zukunft.

Was sind die – geistigen – Mittel, dieses chaotische System zu überwinden?[333] Dies soll in den folgenden Kapiteln unser Thema sein.

Zuvor möchten wir noch einmal ein paar wesentliche Unterschiede in der deutschen, also kontinentalen, und in der angelsächsischen Auffassung der Wirtschaft in Erinnerung rufen. An diesen wird deutlich, warum der herrschende anglo-amerikanische Geist zu dem führte, was wir heute erleben: Globalisierung und Raubtierkapitalismus, und wie andererseits der kontinentale deutsche Geist – Carl Schmitt unterschied zwischen der maritimen und der terranen Bestimmung der jeweiligen Völker – die großen Aufbauleistungen vollbrachte. In diesem Rahmen werden auch die ›Lösungsvorschläge‹, die geistigen, idellen Mittel angesiedelt sein.

1.4 Die Ökonomie: Der Unterschied zwischen angelsächsischer und deutscher Auffassung

Warum haben wir uns nicht längst die Frage vorgelegt, warum in Deutschland und Österreich nach größten Katastrophen eine Wiedergeburt möglich war, was denn der tiefste Grund für die bewunderten, leider auch noch mehr beneideten Leistungen unseres Volkes war und ist? Liegt es daran, daß auch bei uns die meisten nicht in der Lage sind, das eigentliche Konzept des deutschen Wirtschaftsdenkens und der deutschen Wirtschaftsschule zu erfassen, weil sie nur noch mit dem liberalen angelsächsischen Kapitalismus und seinen Dogmen befaßt werden?

Das Grundkonzept für eine ›gesunde‹ Wirtschaft scheint ihnen heute zu sein: Kapital zu finden und dafür jede Bedingung zu erfüllen. Sie glauben damit, durch Investitionen ein weiteres ›nachhalti-

---

[333] Sixtus Graf von Plettenberg behandelte zwei wichtige Aspekte beim Kongreß »Die christliche Welt im 3. Jahrtausend« in St. Petersburg, Sommerpalais Pawlowsk, am 1. Oktober 2004.

ges‹ Wachstum zu sichern. Es werden nur noch die liberalen Dogmen nachgeplappert.

Ganz im Gegensatz zum neoliberalen Dogma, daß Kapital (›*direct investments*‹) gleichbedeutend mit Aufschwung der (nationalen) Wirtschaft sei, was zu der merkwürdigen Ansicht führt, Kapital schaffe Arbeit, ist der Satz, umgekehrt gelesen, tatsächlich wahr: »Arbeit schafft Kapital!« Man muß daher auf die reale Wirtschaft, und nicht auf die ›virtuelle‹, jene der sogenannten Finanzmärkte, blicken, das Funktionieren der realen *Volks*wirtschaft unter allen Umständen als wirtschaftspolitisches Ziel anstreben und, wenn wir heute wieder vor einem Zusammenbruch des Finanzsystems stehen, die Realwirtschaft, also die produzierende und hier insbesondere die mittelständische Wirtschaft, wieder an die erste Stelle stellen und sie in Ordnung bringen. Das bedeutet nicht mehr und nicht weniger, als die Entwicklung zur Globalisierung umzukehren. Die Wiederbeschäftigung mit der *Volks*wirtschaft setzt Wirtschaftsziele voraus, die sich von *nationalen* Prioritäten ableiten. Diese ergeben sich aus dem Staatsziel und dem Staatszweck, aus der Forderung nach dem ›sittlichen Staat‹.

Die Ökonomie ist ein Mittel, und kein Zweck des Nationalstaates und seiner Menschen in ihrer Gesamtheit. Deutschland selbst war in der jüngeren Geschichte Beispiel für eine solche Auffassung. Obwohl Hjalmar SCHACHT im Grunde ein Vertreter der freien Marktwirtschaft war, mußte er unter den Bedingungen der Weltwirtschaftskrise jener Zeit, vor allem der massiven Arbeitslosigkeit in Deutschland, den drückenden Auflagen des Versailler Diktates und der unerhörten Knappheit an Devisen bei gleichzeitig dringendem Bedarf an Grundstoffen für die deutsche Industrie, die striktesten Kontrollen über den Devisenverkehr und Außenhandel verhängen.

Um ausländische Währungen zu bekommen – eine Kreditausweitung war in der damaligen Zeit nicht möglich –, verkündete er den »Neuen Plan«, um die Ex- und Importströme nach jenen Ländern zu lenken, mit denen ein Ausgleich der nötigen Einfuhren mit deutschen Gütern möglich war. Die deutschen Außenhandelsstellen hatten den Auftrag, weniger Fertigprodukte, sondern Rohstoffe oder Halbfertigerzeugnisse, einschließlich Nahrungsmittel,[334] zu kaufen, um die deutsche Wertschöpfung zu erhöhen und Devisen zu sparen.

Der komplexe Außenhandel wurde, wo immer es möglich war, als Tauschgeschäft – engl. ›*Barter*‹ – abgewickelt. Damit gelang es

[334] Deutschland war nicht in der Lage, das Volk allein aus den Erzeugnissen der deutschen Landwirtschaft zu ernähren.

Deutschland, die negative Handels- und Zahlungsbilanz umzukehren und sogar auf niedrigem Niveau einen Ausfuhr-Überschuß zu erzielen.

Eine andere wirtschaftlich begründete Maßnahme war der Ersatz von Rohstoffen, wo dies technisch möglich war, um die deutsche Knappheit an Grundstoffen sowie die davon herrührende Abhängigkeit von Importen zu lindern und damit auch die knappen Devisen zu sparen.

Um die Einkaufs- und Produktionsgewohnheiten der verschiedenen Industriezweige, die mit Ersatzstoffen arbeiten sollten, zu verändern, wurden eine Reihe weiterer Maßnahmen ergriffen: unter anderen die Förderung der Anwendungsforschung, wie mit diesen neuen Materialien umzugehen ist, die Errichtung neuer darauf hin orientierter Fertigungsstätten, die Vermeidung von Monopolen, um gesunden Wettbewerb zu erhalten. Solche Maßnahmen kann man einer auf *Autarkie* gerichteten Wirtschaftspolitik zurechnen.

Das Ziel dieser Autarkie und der Ersatz von Grundstoffen kam aus theoretischen Ideen über die Autarkie, war somit keines, das als ideologische Forderung einer Partei erhoben wurde. Es wurde vielmehr notwendig wegen des Ungleichgewichts im Außenhandel bei Gütern und Dienstleistungen – und daher der Devisenknappheit – und der unbedingten Notwendigkeit, für Einfuhren mit Devisen zahlen zu müssen.[335]

Jenes Wirtschaftssystem zwischen 1933 und dem Beginn des Zweiten Weltkrieges, das noch *keine* Kriegswirtschaft[336] unter zentraler Steuerung war, wurde nicht nur von Hjalmar SCHACHT verkörpert, sondern es war allgemein und wurde von vielen anderen mitgetragen. Es war zu jener Zeit ein Vorbild für die meisten europäischen

---

[335] Hans KEHRL war Krisenmanager im Dritten Reich.

[336] Das ist unmittelbar ersichtlich, wenn man den Haushalt für Verteidigung und militärische Zwecke in Prozent des BIP betrachtet:

Aufwendungen für den Militärhaushalt:

1933/34	1,9 Mrd. RM = 4% BIP	***Vergleich für 1934:***	
1934/35	1,9 Mrd. RM = 4% BIP	Frankreich	8,1% BIP
1935/36	4,0 Mrd. RM = 7% BIP	Japan	8,4% BIP
1936/37	5,8 Mrd. RM = 9% BIP	Sowjetunion	9,0% BIP
1937/38	8,2 Mrd. RM = 11% BIP	England	3,0% BIP
1938/39	8,4 Mrd. RM = 22% BIP		

Erst nach Beginn der Wiederaufrüstung stiegen die deutschen Armee- und Rüstungsausgaben auf vergleichbare Größenordnungen wie bei den anderen Mächten.

Staaten, weswegen darüber nach Kriegsende ein Tabu verhängt wurde: Es darf diese Wirtschaftspolitik nicht neuerlich ins Bewußtsein der Menschen dringen. Dabei hätten wir gerade in dieser Wirtschaftsordnung das Vorbild und die praktische Erfahrung gegenwärtig, mit der die heutige apokalyptische Entwicklung überwunden werden könnte.

Es gibt keinen Zweifel, daß Europa die Kraft hat, den angelsächsischen Weg der Wirtschaftspolitik aufzuhalten und in neue Bahnen zu lenken. Die eine Voraussetzung dafür ist, daß Europa seinem Status als Protektorat der USA ein Ende macht.[337] Die zweite wird der Zusammenbruch der Weltwirtschaft sein, der die USA ins Chaos stürzen und entmachten wird. Unglücklicherweise sind auch wir auf diesen Katastrophenfall nicht vorbereitet, weil wir keine politische Elite haben, die sich um das Wohl und die Sicherung der Existenz unseres Volkes gekümmert hätte. Aber dieser Notfall ist dennoch der Beginn einer neuen Zeit, der die virtuelle, von den USA angeführte Wirtschaftsform mit ihren Tributleistungen beenden wird.[338] Es gibt keinen anderen Weg.

Die sogenannte ›Demokratisierung‹, gefolgt von der neuen unheiligen Dreifaltigkeit der ›Privatisierung, Liberalisierung und Deregulierung‹, hat im Rahmen der Abwicklung des kommunistischen Systems und anschließend der Osterweiterung der EU eine massive Zerstörung der Produktionskapazitäten zur Folge gehabt, begleitet von schlimmster Arbeitslosigkeit und in den noch viel stärker agra-

---

[337] In einem Abdruck eines Interviews H.-D. SANDERS in den *Staatsbriefen* (www.staatsbriefe.de) sagte SANDER über die Möglichkeit einer deutschen Wiedergeburt, daß dies erst der Fall sein würde, wenn der US-Hegemon weggebrochen sein wird.

[338] Vor etlichen Jahren berichtete das australische Finanzjournal *Australian Financial Review* über den Rücktritt von Japans Vize-Finanzminister Eisuke SAKAKIBARA (›Mr. Yen‹), verantwortlich für ›*international finance*‹, und gab die wahren Gründe dafür mit den *Crash*-Aussichten der US-Wirtschaft an: »Er sagte zu einem Freund, er wolle nicht darauf bestehen, weiter seinen Job zu behalten, da er glaube, Wall Street würde binnen kurzem zusammenbrechen, und er wolle nicht für die Lösung jener Probleme verantwortlich sein, die Japan als Folge des Crashs zu bewältigen habe.«

Die Zeitung berichtete ferner: »Nicht nur die US-Ökonomie wird einen Niedergang erleben, sondern das ganze System des globalen Kapitalismus ist gefährdet.« Es ist ziemlich ungewöhnlich, daß ein Minister solche Gedanken ausspricht. SAKAKIBARA erfand übrigens den bezeichnenden Namen für die US-Wirtschaft: ›*bubble.com*.‹ »Die USA befinden sich in größter Gefahr, wenn die überdehnte Internet-Blase platzt.«

risch geprägten Ländern Osteuropas sogar Lebensmittelknappheit, weil sie ihre Landwirtschaft damit vernichteten. Der Fehlschlag dieses ganzen Experiments war aber nicht auf eine ungenügende ›Demokratisierung‹ zurückzuführen, sondern lag in der Übernahme des neoliberalen Wirtschaftssystems.

Es lag auch *nicht* an einem Mangel an ›nötigen Rahmenbedingungen‹ (an institutionellen, gesetzlichen oder die Ausbildung betreffenden), um dies zu vermeiden: Der ganze Prozeß war eine feindliche Übernahme durch Spekulanten, nämlich durch das internationale Kapital.

1.5 Tiefere Ursache des Unterschieds: Land und Meer

Folgt man den erhellenden Gedanken Carl SCHMITTS, liegt der grundlegende Unterschied des Wirtschaftens anglo-amerikanischer und deutscher Volkswirtschaften in der Verschiedenheit des Charakters, im Lebenstakt der Völker begründet. SCHMITT führt dies auf den Gegensatz zwischen »Land und Meer« zurück, wie er ihn in einem gleichnamigen Werk[339] beschrieben hat. Später vertiefte SCHMITT diese Idee in *Nomos der Erde*.[340] Dafür verantwortlich sind die grundlegenden Unterschiede zwischen einem Volk, das sich für eine *maritime* Existenz ›entschieden‹ hat, wohl geopolitisch dazu vorbestimmt ist, wie England, später gefolgt von den USA, und einem Volk, das eine *terrane* Lebensform bevorzugt oder geopolitisch dafür bestimmt ist, wie Deutschland, Rußland oder China.

Will man die inneren bewegenden Kräfte verstehen, die die grundlegenden Unterschiede zwischen einer maritimen und einer terranen Existenz ausmachen, sei das Studium von Carl SCHMITTS Werk empfohlen. Die erste, die maritime, gründet ihre Wirtschaft auf dem *unbegrenzten Welthandel* und kontrolliert daher die Meere an jedem Punkt

---

[339] Carl SCHMITT, *Land und Meer. Eine weltgeschichtliche Betrachtung*, Reclam, 1954. Land und Meer – diese elementaren Gegebenheiten menschlichen Daseins – bestimmen auch den Charakter der völkerrechtlichen Ordnungen und der Kriege. Die bei den Völkern und Nationen unterschiedlichen Begriffe von Politik, Krieg, Feind, Recht und Humanität wurzeln in einem je eigenen Verhältnis zum Raum. Diese kleinere Schrift wurde von SCHMITT später zum Hauptwerk *Nomos der Erde im Völkerrecht des Jus Publicum Europaeum* ausgebaut, Greven, Köln 1950.
Siehe auch: Carl SCHMITT, *Staat, Großraum, Nomos. Arbeiten aus den Jahren 1916–1969*, hg. mit einem Vorwort und mit Anmerkungen versehen von Günter MASCHKE, Duncker & Humblot, Berlin 1995.

[340] Carl SCHMITT, *Nomos der Erde*, aaO.

des Globus. Diese Mächte unterhalten Brückenköpfe an geostrategisch wichtigen Angelpunkten auf der ganzen Welt: Gibraltar (GB), Panama (USA), Suez (GB/USA) usw.[341]

Kennzeichnend für deren Weltpolitik ist der unbeschränkte Wettbewerb, der ›freie‹ Markt, der unbegrenzte weltweite Handel, die von der WTO dafür geltenden Regeln, die Existenz von Organisationen wie GATT, GATS sowie anderer internationaler Einrichtungen wie Mercosur, Nafta und EU, die jeweils für den globalen Handel geschaffene internationale Organisationen sind. Wird eine Volkswirtschaft als zahlungskräftiger Markt angesehen, auf dem die Überproduktion abgeladen werden könnte, wird sie ins Visier genommen. Sollte sich diese aber dem Freimarktprinzip verschließen, dann ist eine brutale Strategie am Werk, etwa der USA zur Zeit Theodore ROOSEVELTS im ersten Jahrzehnt des 20. Jahrhunderts: »Wenn sie uns die Türen nicht aufmachen, dann treten wir sie ihnen ein. . .«, oder bei der Blockade Japans im 19. Jahrhundert durch die US-Navy unter Commodore PERRY, welche die Japaner wegen ihrer Abhängigkeit von Rohstoffen zwang, ihre Häfen für amerikanische Schiffe zu öffnen.[342]

Heute sind ihre Methoden spitzfindiger. Nicht die ›Realwirtschaft‹ – Investitionen in Produktionsstätten – beherrscht das wirtschaftliche Geschehen, sondern die sogenannten ›*financial markets*‹. Letztere muß man richtigerweise *virtuelle* Märkte nennen, denn sie sind von der Realwirtschaft gänzlich abgekoppelt, ihre Transaktionen beruhen auf Computerspielen hochspekulativen Charakters; im Grunde sind es Casino-Wetten. Die hierin liegende zerstörerische Gewalt *ist* die neue Form des (Wirtschafts-)Krieges gegen jede unbotmäßige Volkswirtschaft: Lateinamerika, Südostasien, Rußland/GUS, inzwischen aber auch Europa – man denke an die wirtschaftliche Destabilisierung des ganzen Balkans und als aktuelles Beispiel an die »Abwicklung Deutschlands«.[343]

---

[341] In *The Grand Chessboard* (dt. *Amerika die einzige Weltmacht*; siehe auch die ausführliche Besprechung in den *Staatsbriefen* (10-99) beschreibt Zbigniew BRZEZINSKI alle archimedischen Angelpunkte und wichtige geopolitische (= strategisch bedeutsame) Gebiete.

[342] Vertrag von Kanagawa, 31. 3. 1854. Die Japaner, die damals nur Holzschiffe besaßen, mußten sich der Gewalt der USA beugen – diese hatten bereits Eisenschiffe –, um der Vernichtung ihrer Flotte zu entgehen.

[343] Am 1. März 2005 berichteten die *Oberösterreichischen Nachrichten* von 5,2 Mio. Arbeitslosen in Deutschland und weiteren 1,5 Mio., die sich – ohne Arbeit – in Umschulungen befanden, in einer Ich-AG eine Pseudo-Selbständigkeit hatten oder nach HARTZ IV eine kaum zum Überleben ausreichende Sozialhilfe erhielten.

Der Grund für dieses aggressive Verhalten hängt mit dem Zwang zu einem unbegrenzten Wachstum zusammen. Die Ursachen und inneren Antriebskräfte dieses Wachstums gehören zum Thema dieses Buches, und wir kamen schon und kommen noch ausführlich auf sie zu sprechen. Für den Augenblick sei es als Tatsache genommen. Wenn schließlich die nationalen Grenzen – also die eigene Volkswirtschaft – eine Grenze für die weitere Ausdehnung von Produktion und Handel darstellen, sinnt man auf deren Überwindung, das heißt, man vergrößert den Raum: zuerst grenzüberschreitend, indem die Nachbarländer als ›offener‹ Markt betrachtet werden, und schließlich weltweit. Anfangs erscheint dies auch wie ein überhaupt grenzenloser Raum, aber es liegt in der Natur der Sache, daß exponentielles Wachstum in gewissen Perioden jeweils eine Verdopplung des Waren- und Geldverkehrs mit sich bringt und am Ende schließlich die Begrenzung der Erde wirksam wird.

Jedenfalls ist exponentielles – unbegrenztes – Wachstum kennzeichnend für die maritime Lebensweise. In einer terranen, ans Land gebundenen und damit auf natürliche Art begrenzten Lebensweise ist die Nachhaltigkeit, eine *Kreislaufwirtschaft,* vorherrschend. Man stieße ja innerhalb kürzester Zeit an Grenzen, insbesondere in dichtbesiedelten Gebieten etwa Europas, die im unbegenzten Welthandel nur scheinbar nicht existierten, dessen Begrenzung heute aber ebenfalls sicht- und spürbar geworden ist.

Obwohl Nordamerika eine große Landmasse, ein Kontinent, ist, schien dieser seinen Menschen, Auswanderern aus Europa, lange Zeit grenzenlos und leer, weil die Ureinwohner nach ihrem Verständnis als ›Wilde kein Recht auf dieses Land‹ hatten und dementsprechend, bis auf ein paar in Reservaten dahinvegetierende Indianer, ausgerottet wurden. Heute existiert Amerika, von zwei Ozeanen begrenzt, ähnlich wie England wie eine Insel und hat sich der maritimen Existenz zugewandt.

1.6 Neue Sachlichkeit: Geld, Kredit, Medien[344]

»Ohne Schlagworte geht wenig im Leben und gar nichts in der Politik. Was halten Sie davon, wenn wir uns als ›Christen im 3. Jahrtausend‹ entschlossen für eine *Neue Sachlichkeit* einsetzen und Moslems, Nichtgläubige und Juden dafür gewinnen? Bei der Neuen Sachlichkeit geht es um unser Verständnis von Geld und Kredit, also um das,

---

[344] Vortrag Sixtus Graf von Plettenberg anläßlich der St. Petersburg Konferenz über die »Christliche Welt im 3. Jahrtausend«, 1. Oktober 2004.

was unseren Beruf, unser Geschäft, unsere Zukunft, unser Leben letztlich bestimmt. KEYNES, der in Bretton Woods entscheidend mithalf, die Reservewährung auszuhecken, meinte zwar, daß dies ›nicht einer unter einer Million versteht‹, aber wir wollen jetzt wissen, warum wir pausenlos durch die Medien mit den Ideologien von links bis rechts, mit Sprüchen von Demokratie, Freiheit, sogenannter Religion und Menschenrechten und gelegentlich auch wirklich bombardiert werden. Wir wollen diese Dinge nun ernst nehmen.

Aber wie können Medien und Kredit dem Rechtsstaat unterstellt werden? Dafür gibt es keine bessere Grundlage als die christliche Botschaft, aber wir müssen sie *sachlich* anzubringen verstehen, um zu überzeugen. Nur so können unsere weitgehend ungläubigen Mitmenschen für die gottgewollte *organische Ordnung* gewonnen werden und die *tatsächliche* – das Wort ›tatsächlich‹ hat es, weiß Gott, in sich –, die tatsächliche Achse des Bösen lahmlegen.

Als katholischer Christ, der in Westfalen im Krieg aufgewachsen, in England zur Schule und in der Schweiz, Frankreich sowie Spanien auf die Universität gegangen ist und sein ganzes Berufsleben in Wall Street zugebracht hat, werde ich [PLETTENBERG] versuchen, Ihnen dies in einer halben Stunde darzulegen, angefangen mit der Frage: Was steht eigentlich dem ›*Weg, der Wahrheit und dem Leben*‹ zurück ins Paradies entgegen? Woran ist das irdische Paradies, das in unserer Vorstellung mit seiner ausgeglichenen Konjunktur für ein friedliches Zusammenleben unter Menschen und ihrer Umwelt steht, eigentlich verlorengegangen?

Heute können wir die Welt aufgrund der Globalisierung über Fernruf, Rundfunk, Fernsehen und vor allem das Internet täglich besser verstehen. Und daher wird es uns täglich klarer, daß sich an der Ursache seit dem *Sündenfall*, der den paradiesischen Zustand für eine geschichtlich kurze Zeit beendete, nichts geändert hat: Die *Ur-Sache* war und ist die *Lüge*.

Ihr Wesen und Zweck hat sich nicht verändert, nur wirkt sie mit Hilfe der *Medien* global viel zerstörerischer als damals mit der Schlange. Adam fing damit an und wurde aus dem Paradies vertrieben, aber der Betrug geht seit einigen Jahrtausenden weiter. Es ist das Privileg des Kapitalismus – vom Lateinischen *privare* (rauben, stehlen) und *lex* (mit Hilfe des Gesetzes) –, sich durch die verbotene, *maßlose Kreditschöpfung* an der sich laufend erneuernden Schöpfung zu bereichern, und zwar auf Kosten der Allgemeinheit, der *Res publica*, was noch weniger Mühe kostet als damals dem Adam, den Apfel von dem dem Schöpfergott vorbehaltenen Baum zu pflücken. Wir alle wissen inzwischen, daß die sich daraus ergebende *Verschuldung* heute alles aus dem Gleichgewicht gebracht hat und trotz des technischen Fortschritts zu immer größerem Elend führt und damit zum *Terrorismus*, der dem US-Präsidenten als Vorwand für den *Universalkrieg* dient.

Diese Dinge werden uns täglich klarer, nicht zuletzt dank solcher Staatsmänner wie Dr. Mohamad MAHATHIR, bis 2003 Premier von Malaysien, der sich nicht als Statthalter der *Synagoge Satans*, wie CHRISTUS sie nannte, von Wahl zu Wahl einspannen ließ, sondern zum Wohl seines Landes regierte, wie schließlich sogar der Weltwährungsfonds zugeben mußte, dessen Weisungen er *nicht* befolgt hatte. Den Parteigängern des Systems wird inzwischen wegen der Sozialfolgen der Verschuldung besonders in Europa angst und bange vor ihren Wählern, die der Terrorismus in Schach halten soll. Einen Ausweg gibt es für sie nur, wenn sie diesem Terrorismus mit einem *gemeinsamen Nenner* begegnen könnten. Mit Mut allein ist es nicht getan, Opfer sind zu bringen – LINCOLN, STOLYPIN, KENNEDY, Aldo MORO, Alfred HERRHAUSEN, Präsident der Deutschen Bank, der Rußland 1989 40 Mrd. DM Schulden erlassen wollte, MÖLLEMANN fallen einem ein. Als Christen haben wir diesen *gemeinsamen Nenner*, wenn wir der ideologiemüden Menschheit statt des frommen Getues, des theologischen Gezänkes und Besserwissens ein n eues Programm vorlegen und den *Zinnober* ablegen, um gemeinsam mit unseren *Nächsten* noch viel größeres Unheil abzuwenden oder wenigstens zu verkürzen.

Zinnober? Ein Beispiel mag helfen: Vor drei Jahrhunderten hatten Jesuiten, die ja auch in Rußland und bis Paraguay heilsam gewirkt haben, bevor sie jeweils von den Beauftragten der Hochfinanz zur Strecke gebracht wurden, den Kaiser von China vom Christentum überzeugt. Dann aber kam die Konkurrenz in Gestalt der Dominikaner. Als der Kaiser sah, daß sich auch diese Heilsbringer uneins waren, entzog er ihnen sein Wohlwollen und verbot das Christentum.

Im übrigen wundert sich mancher, was so alles unter einen Hut, zum Beispiel die Tiara, geht und heiliggesprochen wird, wie der berühmte Kirchenlehrer Dr. Thomas AQUIN. Er war es, der das Zinsgeschäft guthieß, sofern es von ›Berufs wegen‹ ausgeübt und einem ›guten Zweck‹ diene. Daraufhin umgingen viele geistliche und weltliche Autoritäten im Eigeninteresse seit dem ausgehenden Mittelalter das Zinsverbot, indem sie ihrem Hofjuden gestatteten, den Geldverleih auszuüben. Verständlicherweise, eben um das Geschäft im engsten Kreis zu behalten, wurde es für die Allgemeinheit weiter als *die* Todsünde überhaupt geahndet, was ungeachtet von Kathedralen, Burgen und vorbildhaften Städten zur Propagandalüge vom ›finsteren‹ Mittelalter führte.

Seit 1870 aber, als Pius IX. die offene Kirchenverfolgung von seiten der zur offenen Revolution gewordenen Freimaurerei durch den Schweigepakt mit ihrer *Atlantischen Allianz*, also der Hochfinanz, beenden konnte, schweigt die Kirche dazu. Pius XII. deutete gelegentlich sein Mißfallen darüber an, was dazu beitrug, ihm zu seinem schlechten öffentlichen Ruf zu verhelfen. Hier und jetzt kann die orthodoxe Christenheit Pionier sein, das ›Heilige Rußland‹ kann als erster Staat diese neue Idee verwirklichen.

Nun aber genug auch der Kritik, die nichts bewirkt, wenn ihr nicht die Lösung folgt. Was hat es also mit der Neuen Sachlichkeit auf sich?

Die Neue Sachlichkeit ist eine gewaltlose Idee, deren Zeit gekommen ist. Sie ist daher unaufhaltsam. Sie beruht letztlich darauf, die zerstörerische Macht des Angreifers gegen ihn selbst zu wenden, wie im Judo. Rußlands Präsident, Wladimir Putin, ist Inhaber des Schwarzen Gürtels, der höchsten Auszeichnung in der Selbstverteidigung. Wäre er nicht – die Judo-Technik anwendend – derjenige, der in und mit Rußland dieser Neuen Sachlichkeit zum Durchbruch verhelfen könnte?

Die Neue Sachlichkeit besteht aus einem Zwillingsgesetz, das als die höchste Stufe wirklicher Demokratie in die Geschichte eingehen könnte. Wer sich offen gegen eines dieser Gesetze wendet, entlarvt sich als Volksfeind und Terrorist.«

1.6.1 Das Mediengesetz

Das Mediengsetz legt die Lüge trocken oder, besser gesagt, entlarvt sie, indem es alle werbefinanzierten Medien verpflichtet, bis zu 33 Prozent vom redaktionellen Raum und von der Zeit *kostenlos* denjenigen Institutionen und zivilen Einrichtungen zur Verfügung zu stellen, deren Interessensbereiche und Themen durch diese Medien behandelt werden. Mit dem hiervon für Regierungen vorgesehenen prozentualen Anteil wird es erstmalig möglich, daß die Herrschenden ihre Ziele und Maßnahmen den Wählern *aller* Richtungen gegenüber der Kritik erklären können.

1.6.2 Der Währungsstandard

Der Rechtsstaat legt den Währungsstandard als den Bruchteil der Einheit fest, die der Gebietsansässige in seinem Geltungsbereich täglich oder monatlich zum Leben benötigt und die in seinem Leistungsbereich erwirtschaftet wird.

Die Währung, das Geld, wird von der *Res publica*, also von einer *öffentlichen* Agentur des Staates oder Staatenverbundes, wie etwa der EU, *kostenlos* in Umlauf gesetzt und von den Banken als Sparguthaben oder als Beteiligungen – Wagniskapital – über Fonds, Pensionskassen, Versicherungen und anderes verwaltet, sofern der Einzelne es nicht selbst tut.

Aber wie ist die organische Ordnung von der *Res publica* einzuführen, wenn die beiden Machtmittel, die Kredit›schöpfung‹ und die Medien (d. h. die *Meinungsmache*) heute noch in fast allen Staaten uneingeschränkt in der Hand einer Clique von Mammonisten, ihren Nutznießern und daher Mitläufern liegen? Die *sachliche* Antwort liegt auf der Hand. In unserer von jüdischen Vordenkern und Leitsprüchen geprägten Welt ist es einfacher, diese Gesetze durch Berufung auf das Gesetz Moses durchzubringen, als wenn wir von urchristlichen, islamischen oder einfach organisch-rechtlichen Vorstellungen ausgehen.

Warum Moses? Wir würden diesen Gesetzesgelehrten heute rein sachlich weniger als unmittelbaren Gesprächspartner Gottes ansehen denn als ›Sinaiberger‹, also als Vordenker unserer Bilderberger, Trilateralen, des *Council of Foreign Relations* oder des Sanhedrin. Er war offensichtlich ein sehr gebildeter Mann, der die Gesetze des assyrischen Königs Hammurabi übernahm. Im Geschäftsinteresse änderte er das *Geldgesetz* ab unter Berufung auf *seinen* Stammesgott – als welcher eben Gott in seiner Zeit von allen Völkern verstanden wurde. Er verbot *unter Volksgenossen* den Zins, also einen festen laufenden Gewinn unabhängig von Erfolg, Risiko und Arbeit und machte Verstöße dagegen durch periodischen Schulderlaß sinnlos. ›Fremde‹ dagegen gab er frei zwecks ›Inbesitznahme des Landes, das Dein Gott Dir zeigen wird‹. Der globale Erfolg seither gibt ihm zwar recht, aber eine solche Bevorteilung der Volksgenossen und Benachteiligung der *Fremden* entspricht einfach nicht mehr unserem Verständnis vom Menschenrecht, von der christlichen Lehre vom Nächsten ganz abgesehen.

Seit einigen Jahren ist Japan auf diesem Gebiet der Finanz- und Weltwirtschaft vorangegangen und hat so den aufgrund seiner hohen Inlandsverschuldung drohenden Kollaps vermieden oder auf die lange Bank geschoben. Es ist hier nicht der Augenblick, darauf näher einzugehen. Es sei nur festgehalten, daß in unseren Ländern und ganz besonders in Rußland, weil es noch am Neuanfang steht, die Abgeordneten *aller* Parteien die erste Voraussetzung einer dauerhaften Lösung der Währungs- und Schuldfrage dadurch herbeiführen könnten, daß sie erst einmal den Rubel unter einen *Recht*-schaffenden

Währungsstandard stellen. Dafür brauchen sie nur Kapitel 23, Vers 20 des *Deuteronomium* oder den Vers 19 in der anglo-amerikanischen Fassung, in dem MOSES eben das Zinsgeschäft zugunsten des Risikokapitals – *venture capital* – verbietet, *allgemeingültig* zu übernehmen und Vers 21, der Fremde von diesem Verbot ausnimmt, *ersatzlos* zu streichen. Es ist zweifellos damit zu rechnen, daß die große Mehrheit gläubiger und säkularer Juden heute eben aus menschenrechtlichen Gründen dafür eintritt. Damit entfiele auch ein für allemal der Grund für den Antisemitismus, der seit der Austreibung aus Ägypten, der die aus England, Frankreich, Spanien und Deutschland folgten, immer mit den wirtschaftlichen Folgen des Zinsgeschäftes begründet wurde. Mit dem *zeitgemäß erweiterten* MOSES-Gesetz wird niemand in Zukunft dieses Geschäft wieder betreiben können, ohne sich als Volksfeind zu entlarven.

Soweit die rein *sachliche* Seite. Für Christen ist es im 3. Jahrtausend die letzte Gelegenheit, nicht nur selbst endlich wieder zu verstehen – wie es die Moslems schon lange tun –, daß der Rabbiner CHRISTUS nach der Tempelaustreibung nur und ausschließlich hierfür gekreuzigt wurde. Jedenfalls bestätigen es so wörtlich LUKAS (19, 47) und MARKUS (11, 18). »Die Hohenpriester aber und die Schriftgelehrten suchten ihn zu vernichten, ebenso auch die Führer des Volkes.« Ist es nicht aufschlußreich, daß das einzige Mal, da er *gewalttätig* wurde, es im Zusammenhang mit dem Mißbrauch des Geldes stand? Geht es vielleicht letztlich nicht anders?

Die Christen im 3. Jahrtausend haben es allerding schwer. Von den Protestanten ganz abgesehen, tut der Vatikan unserer Zeit alles, um zu verschleiern, daß niemand Gott und Mammon zugleich dienen kann. In der Sprache unserer Zeit könnte man statt Gott und Mammon, dem assyrischen Gott des Geldes, rein *sachlich* sagen, daß niemand der Volks- *und* der Finanzwirtschaft dienen kann. Doch ist es erst einige Jahre her, daß der Vatikan die Gläubigen dadurch irreführte, daß er die vieldeutige Aussage von ›*Schulden*‹ und der ›*Vergebung der Schuld*‹ auch im spanischen Vaterunser in ›Beleidigungen‹ des Nächsten und ihrer Verzeihung verfälschte, genau wie vor 300 Jahren die Church of England es kurz nach der Gründung der Bank of England zur Zeit der ebenfalls vom Ausland finanzierten CROMWELLschen Revolution vormachte. Im Französischen sind die ›*Schulden*‹ auch irgendwann der Revolution zum Opfer gefallen. Nur im Russischen und im Deutschen ist es im Vaterunser bei der ›*Vergebung* der Schuld, wie auch wir vergeben unseren Schuldigern‹ geblieben!

Inzwischen gehen die Völker an der Utopie der Einweltler zugrunde, die jene in einer Welt erstaunlichen technischen Fortschrittes zum ›*growth*‹, *zum Wachstum,* wegen des wuchernden Schuldkapitals zwingen müssen – wie wenn es in der Natur ewiges Wachstum gäbe außer beim Krebs! Und diese Zwangsjacke wird den Menschen noch als Ideal vorgehalten, als der ›*American Way of Life*‹. Instinktiv erfüllt er immer mehr Menschen mit Abscheu und Schrecken. Selbst der UNO-Chef ermannte sich, die Dinge beim Namen zu nennen. Wer aber kann dem Spuk Einhalt gebieten, wenn nicht Rußland, indem es der Welt mit den zwei *demokratischsten* Gesetzen, über die Abgeordnete je abzustimmen hätten, den *sachlichen* Ausweg aus dieser Sackgasse von dieser Utopie weist? Utopie bedeutet ja ›Nichtort‹, also ›Nichtsein‹. Sie erinnert an das Gedicht des von CHRISTUS enttäuschten jungen Karl MARX, in dem jener dem auf einem Eisberg thronenden LUZIFER die tote Schöpfung zu übergeben versprach.

Ist das eine Verschwörungstheorie abergläubischer Ewiggestriger? Nein! Der *Fürst dieser Welt* wurde von beiden US-Präsidentschaftskandidaten (vor der vorletzten Wahl) in der seit Generationen an der Yale-Universität bestehenden ›Skull & Bones‹-, also Totenkopf- und Gebeine-Loge, angebetet. Läßt der Terrorismus den leisesten Zweifel daran, daß wir auf dem Weg zur Schau des jungen MARX sind? Und zwar mit dem Terrorismus, der 1898 mit dem In-die-Luft-Jagen des eigenen Schlachtschiffes, der *Maine,* im Hafen von Havanna begonnen wurde, um den Vorwand für den Krieg mit Spanien zu schaffen? War es auch ein 11., wie der auf den 11. 11. 1918 um 11 Uhr verzögerte Waffenstillstand, die 11 Gehenkten von Nürnberg, obwohl GÖRING schon tot war, der 11. 9. in New York und 11. 3. in Madrid, um nur einige zu nennen?

Gibt es aber einen anderen Ausweg für Europa, als mit Rußland das Gleichgewicht des Schreckens wiederherzustellen, das den Kalten nicht zum Heißen Krieg werden ließ? Wer sonst als Rußland hat die Abschreckungswaffen, um Schirmherr nicht nur des Irans, sondern auch Kontinentaleuropas zu sein, damit es nicht schließlich, wie geplant, selbst Opfer wird? Partner in Allianzen wie der NATO wechseln oft in der Geschichte. Erinnern wir uns an Italien in beiden Weltkriegen oder an Finnland. Rußland hat übrigens eine solche Schirmherrschaft schon einmal übernommen. Im 19. Jahrhundert schützte es die noch schwachen Vereinigten Staaten vor den Machenschaften europäischer Finanzmächte mit seinen Kriegsschiffen, die vor der amerikanischen Ost- und Westküste aufkreuzten.

Das Thema, unsere Aufgabe heute lautete demnach: Hat die christliche Welt das Potential, geopolitischer Mittelpunkt und Garant globaler Sicherheit zu sein?

Die Antwort ist ein nachdrückliches Ja. Aber die Voraussetzung dafür ist, daß jeder Konfessionalismus durch die *Neue Sachlichkeit* ersetzt wird. Diese geht für die Nachdenklichen von der *Essenz* des Christentums aus, das nichts anderes ist als die in die Schöpfung gelegte Organische Ordnung. Sie zu verkünden und zu schützen ist die Rolle des *Heiligen Rußlands.* Seine Allianz ab 1815 mit den beiden deutschen Reichshälften war segensreich für Europa. Dieses Mal stoßen auch notgedrungen das sich zum Überleben auf seine Kultur besinnende Frankreich und einige andere Länder der EU dazu, um gemeinsam den immer offenkundigeren Bösen auszumachen, bevor er uns erledigt. Der Urheber des Terrorismus, der seinem Ziel nach immer schrecklicher werden muß, schrecklicher noch als in Beslan, ist offenkundig. Kein Mensch glaubt mehr an BIN LADEN, außer, daß man weiß, wer ihn ausgebildet hat - die USA -, als es darum ging, Rußland aus Afghanistan zu vertreiben. Und da der Terrorismus keine Genfer Konvention kennt, wie Hiroshima und Nagasaki bewiesen haben, braucht unsere Allianz eine straffe Führung - ganz gleich, was die internationalen *Medien* dazu Einseitiges vermelden, weil das Mediengesetz mit seiner Auflage zu laufenden Gegendarstellungen von der UNO noch nicht beschlossen ist.

Aber nicht nur die Christen haben verstanden, warum als erstes der *Lüge* sachlich beigekommen, sie unschädlich gemacht werden muß. Heilig oder nicht, wird Rußland den Anfang mit diesem demokratischsten aller Gesetze machen und damit die erste Runde im Kampf gegen die Achse des Bösen gewinnen und der Welt ein leuchtendes Beispiel geben.

1.7 Ein neues Medien-Gesetz: Warum? Wozu?[345]

Was in PLETTENBERGS Darstellung angedeutet wurde, bedarf einer etwas ausführlicheren Erklärung. Man bezeichnet meist die Medien als vierte Gewalt, in Anlehnung an die drei Gewalten des Staates: Legislative, Exekutive und Judikative. Das ist, wie heute jeder weiß, eine Untertreibung, denn die Medien sind praktisch die erste Gewalt, von der die anderen längst abhängig geworden sind. Sie sind obendrein eine Gewalt, die anders als die konstitutionellen Gewalten *keiner,* wie im Falle der staatlichen, doch recht umfangreichen verfas-

---

[345] Abgefaßt in Zusammenarbeit mit Sixtus Graf VON PLETTENBERG.

sungsrechtlich geregelten Kontrolle und Balance – eben durch die Gewaltenteilung – unterliegen. Die ›freiwillige Selbstkontrolle‹ oder irgendwelche ›Medien-Räte‹ sind angesichts der unbeschränkten und in der Regel auch *nicht verantworteten* Macht nicht einmal als Feigenblatt anzusehen.

Von einer Gewalt haben wir noch gar nicht gesprochen, der Macht des Geldes, die als anonyme, indirekte Macht alles beherrscht und die sich der von ihr abhängigen Medien in einer gänzlich undurchsichtigen Weise bedient. KISSINGER sagte zu Recht: »Mit Nahrung beherrscht man Menschen, mit dem Öl die Nationen, mit Geld die Welt«. Das immaterielle Finanzkapital tritt gewissermaßen über die Medien in Erscheinung, die sozusagen nur als *ein anderer Modus* des ersteren anzusehen sind.

Die *res publica*, das ›*bonum commune*‹, erfordert aber, daß die Bürger jeder Gemeinschaft nicht nur die bekannten Menschenrechte – Freiheit, Unverletzlichkeit usw. – unveräußerlich besitzen, sondern auch ein umfassendes Recht auf Information und Beteiligung im Umgang mit Information und Kommunikation. Wegen des an sich monopolistischen Charakters der Medien müssen diese, mehr als alle anderen staatlichen Gewalten, einer solchen gesetzlich festgelegten Verpflichtung unterworfen werden, die es allen *legitimierten* Gruppen der Volks- oder staatlichen Gemeinschaft erlaubt, in einem angemessenen Umfang an der Meinungsbildung teilzunehmen.

Diese Teilnahme ist selbstverständlich nicht durch den kindischen Hinweis erledigt, daß jeder ›sein eigenes Medium‹ begründen könne oder einem bei strafgesetzlich bedeutsamen ›Persönlichkeitsverletzungen‹ die presserechtliche ›Erwiderung‹ möglich sei. Das ist lächerlich und stellt auch keine ›Öffentlichkeit‹ oder ›Meinungsvielfalt‹ her. Es ist, als ob ›Samisdat‹-Literatur gegen Times-Warner oder Bertelsmann anzutreten hätte.

Da in fast allen Ländern der Welt auch eine Regierung meist keinen beherrschenden Einfluß auf die Medien ausübt, sie aber nicht gegen feindselig eingestellte Medien ihre legitimen Anliegen verwirklichen könnte, muß ihr natürlich in gleicher Weise wie *allen anderen Gruppen* der gesetzlich garantierte, kostenlose und geregelte Zugang zu allen organisierten Medien zwecks offener und öffentlicher Diskussion ermöglicht werden.

Was die oben skizzierte Idee betrifft, so darf diese aber *nicht* mißverstanden werden. Es wäre ja eine irrige Vorstellung, daß mit diesem ›Gesetzes‹-Vorschlag der Regierung der ›Zugriff‹ auf die Medien durch Gesetz garantiert werden solle. Manchmal wird das auch –

ebenso fälschlich – als Legitimierung einer Regierungszensur oder als Maulkorb für die Pressefreiheit ausgelegt. Das ist selbstverständlich nicht so.

Medien sind nicht nur ›Geschäft‹, sondern stehen in existentieller Wechselbeziehung mit der Kultur und den Lebensnotwendigkeiten der Gesellschaft. Wenn man schon beim materiellen Eigentum von dessen ›Sozialverpflichtung‹ spricht, um wieviel mehr muß das bei jenen mit dem geistigen Leben der Menschen am engsten verbundenen und wechselwirkenden Medien gelten? »Der Mensch lebt nicht von Brot allein«, heißt es – wie überhaupt das Menschsein erst durch das Geistige bedingt ist. Dann ist es aber unerträglich, wenn es von wenigen manipuliert und ausschließlich dem ökonomischen Kalkül unterworfen werden kann. Es wäre dies die ›*Brave New World*‹ – die letzte und unmenschlichste Diktatur!

Der eingangs vorgestellte Gesetzesentwurf will also gerade das Gegenteil bezwecken: nicht Herrschaft der Regierung über die Medien, sondern dieser soll – unterstellt wird, daß Staat und Regierung nicht bereits in die Hände von Verbrechern gefallen sind – die Möglichkeit der Artikulation, der authentischen Darstellung gegeben werden, vor allem, wenn die Intendanten, Journalisten und Macher als bezahlte ›Beauftragte‹ in erster Linie einseitige Propaganda verbreiten.

Soweit wir also sehen, ist unserem Entwurf für ein ›Medien-Gesetz‹ die erste Annahme zugrunde gelegt, daß Medien heute *keine* öffentliche allgemeine und ausgewogene Information betreiben, sondern ›parteiisch‹ sind und überdies weltweit sich in wenigen Händen befinden und unerwünschte Meinungen völlig totschweigen. Der vielgelästerte ›Index‹ der katholischen Kirche ist im Vergleich zur heutigen Manipulation und dem Ausgrenzen mißliebiger Ansichten geradezu ein Kinderspiel gewesen.

Die zweite Annahme ist, wie oben mit Beispielen belegt, daß eine Regierung oft nicht in der Lage ist, über die Medien ihre Politik ›gerecht‹ und in ihrem Sinne darzustellen, wozu sie aber eigentlich die Möglichkeit haben sollte, wenn man der Überzeugung ist, daß eine Regierung das ›*bonum commune*‹ tatsächlich im Auge hat.

Die dritte Annahme geht davon aus, daß es legitimierte gesellschaftliche Gruppen gibt – Familienorganisationen, Bauernverbände, Gewerbetreibende, kirchliche Gruppen usw. –, deren Anliegen wohl oft von Medienberichten berührt werden, die aber selbst nicht die geringste Chance haben, ihre Sicht der Dinge stellvertretend öffentlich zu machen.

Aus dieser Beurteilung heraus folgt, daß nur noch gänzlich einseitig informiert, also manipuliert, wird, was jede Gesellschaft letztlich in die Sklaverei führen kann. Die *wirkliche* Meinungsfreiheit und damit Vielfalt *muß* gesetzlich geschützt und *wirksam* gefördert werden. Bei vernünftiger und rationaler Beurteilung dieser dann vielen Meinungen, selbst allfällige Irrtümer und ›Ismen‹ mit eingeschlossen, würde sich schließlich eine richtigere und gewiß auch breiter anerkannte Sicht gesellschaftlich bedeutsamer Fragen von selbst einstellen.

Unser Vorschlag fordert daher, es solle gesetzliche Pflicht werden, daß *allgemeine, freie Information* zur *Aufgabe aller öffentlichen Medien* gemacht werde – unbeschadet von den Eigentumsverhältnissen – und daß die Träger der Informationsverbreitung den vorgenannten interessierten *und* legitimierten Gruppen, einschließlich der Regierung, in angemessenem Umfang ebenfalls kostenlos Raum geben *müssen*.

Widrigenfalls sollten die (Haupt-)Einnahmequellen – also die Werbung – so massiv, ja strafweise, besteuert werden, daß es klüger wäre, der allgemeinen gesetzlichen Informationspflicht lieber doch nachzukommen.

Die letzte Forderung, finanzielle Sanktionen, mag willkürlich erscheinen. Aber sehen wir uns als Beispiel die heutige Medien-Finanzierung an. In der *International Herald Tribune* vom 6. November 2000 erschien eine doppelseitige, farbige Anzeige der *Frankfurter Allgemeinen Zeitung* mit großen Initialen von »Billy WILDER, Direktor«, darauf ein in den meisten europäischen Ländern verbotenes Schafott, gezeichnet mit »Frankfurter Allgemeine Zeitung« und versichernd – so wahrhaftig wie zynisch –, daß »immer ein kluger Kopf dahinter steckt«. Was sollte mit dieser Werbung erreicht werden, außer daß die ›großen‹ – offensichtlich abhängigen – Medien ihren Anteil an Finanzierungsmitteln für allerlei globale, aber dubiose Zwecke beizusteuern haben? Denn:

1. 90 Prozent der *International Herald Tribune*-Leser sprechen wahrscheinlich kein Deutsch. Kann man glauben, daß die *FAZ* ihre Zielgruppe so wenig kennt?

2. Wer immer die *International Herald Tribune,* einschließlich der deutschsprechenden Leser, liest, ist höchtunwahrscheinlich an einer Überdeckung ***des provinziellen Teils*** der Welt interessiert; am wenigsten an Deutschland, bar jeder leichten Theater, musikalischer und literarischer Attraktionen, wie in London oder Paris, wie sie typisch für die Interessenslage des kaufkräftigen *IHT*-Geschäftsmannes sind.

Die ›Botschaft‹ richtet sich also an die falschen Leute, also an niemanden, und die horrenden Inseratkosten sind also offensichtlich nur eine ›*Schutzgeld*-Zahlung‹.

3. Die Anzeige selbst versucht nicht einmal, eine Botschaft zu übermitteln, und zeigt damit, daß es Pflicht der *FAZ* ist, ihren Anteil unter den ›Leitmedien‹ der Welt beizusteuern. Sie alle sind, wie eben auch die *FAZ*, Ableger der *Washington Post* und *New York Times*, die mit ihren Tentakeln überall, einschließlich GUSINSKIS Most-Imperium, vertreten sind – gerade so, wie Hunderte von anderen Anzeigen der großen Werbeagenturen – ohne erkennbare ›*message*‹ (Botschaft) – über das Jahr erscheinen, die damit nur *einen Beitrag gemäß ihrer Quote beizusteuern* haben.

Das wird besonders offensichtlich, wenn durch neue Zeitungsprojekte eine *Revolution* in jeglichem Bereich, einschließlich des pornographischen, von seiten derartiger neuer und ›anderer‹ Zersetzungsmedien gestartet werden soll. Durch solche regelmäßig wiederkehrenden Mega-Anzeigen von seiten der bekannten Konzern-Giganten werden diese Projekte angestoßen und finanziert.

1.7.1 Die Folgerung

Aus dem oben Ausgeführten folgt die unbedingte Notwendigkeit eines neuen ›Medien-Gesetzes‹, das in seiner Zielsetzung eine tatsächliche ›öffentliche‹ und nicht wie heute nur ›veröffentlichte‹ Meinung zu bilden erlaubt. Die Absichten, die einem solchen Gesetz zugrunde liegen, seien nochmals knapp aus dem besonderen Charakter der Medien heraus begründet, und in einer Welt, die vom Geld regiert wird, seien auch die Sanktionen bei Nichtbefolgung umrissen.

a. Die Medien haben von sich aus einen monopolistischen Charakter, und zwar sowohl für die Produzenten als auch für die Konsumenten von Informationen

- wegen deren Begrenzungen in Zeit, Platz und Kanälen oder Frequenzen einerseits und wegen einer Begrenzung der Aufnahmefähigkeit der Menschen andererseits.

b. Die Medien stehen in völliger Abhängigkeit von äußerer Finanzierung:

- durch PR und Werbung von Konzernen,

c. wegen ihrer Konzentration, denn die damit verbundene quasimonopolistische Stellung führt logischerweise zur Verfolgung eigennütziger Interessen.

Das *bonum commune* erfordert eine multipolare Sicht und Debatte sowie eine breite Abschätzung der Folgen von Entscheidungen, die die *res publica* betreffen, und keine lobbyistische Einseitigkeit. Dies ist zu sichern, indem der Reichtum an Informationen und die Vielfalt der Meinungen allgemein verfügbar gemacht werden. Ein derartiges *Bürgerrecht auf vielfältige Information an einem Ort und zu einer Zeit* ist in einer funktionierenden Demokratie unverzichtbar.

d. Presse, Radio und Fernsehen sowie jegliches andere organisierte Medium sind verpflichtet, Zeit und Platz jeglichem Thema zu widmen, das von ihnen aufgegriffen wurde,

- der Regierung und staatlichen Organen im Umfang von x Prozent, und
- jeder anderen registrierten politischen, kulturellen oder Familien-Organisation usw., die diese Themen zu kommentieren wünscht, im Umfang von mindestens y, aber nicht mehr als höchstens z, und im Gesamtausmaß von 33 Prozent der Kapazität je Jahr frei und unentgeltlich zur Verfügung zu stellen.

Die Nichteinhaltung dieser Verpflichtungen wird mit Geldstrafen in Form einer 75%igen Steuer auf alle Webeeinkünfte für eine gewisse Periode bestraft, die abhängig von der Schwere des Verstoßes gegen diese Bürgerrechte festzulegen ist, die aber in keinem Fall unter drei Monaten Haft liegt.

1.8 Von der Krise

Anbetung der Hure Babylon

Eine Vorstellung der Apokalypse war, daß die Mächtigen die Hure Babylon anbeten, jenes Sinnbild der Hurerei und des Pfründenhandels, reitend auf dem Drachen mit den sieben Häuptern.

1.8.1 Die Erkenntnis

(1) Die Welt treibt durch die wachsende Verschuldung einem Zusammenbruch des Geldsystems und damit der Weltwirtschaft entgegen.

(2) Das derzeitige Geldsystem ist nicht, wie die Mehrheit noch glaubt, ein natürliches und unabänderliches, sondern ein widernatürliches: Es will glauben machen, daß Geld allein ewig Gewinn, genannt Zins, ›erarbeiten‹ könne.

(3) Geld aber kann nicht unabhängig vom Mehrwert oder Verlust, der seinen wirtschaftlichen Gegenwert ausmacht, Zins abwerfen; es kann keine ›Jungen‹ kriegen!

(4) Verschuldung ist widernatürlich, weil sie das Gesetz von Werden, Gedeihen und Vergehen durch die unablässig willkürlich ›geschöpfte‹ und durch Zinseszins geometrisch wuchernde Kreditschuld scheinbar aufhebt, eine Schuld, die heute bereits für viele Länder weit über 100 Prozent des Bruttosozialproduktes ausmacht und untilgbar geworden ist. Indem Vermögen und Arbeitskraft, wie unter Joseph von Ägypten, im Kommunismus und in den überbesteuerten Staaten restlos unter die Kontrolle der Kreditgeber geraten und untertan werden, verelenden die Völker inmitten einer unvorstellbar reichen Schöpfung.

(5) Unter den Weltreligionen verdammen Christentum und Islam den Zins grundsätzlich, das Judentum nur innerhalb des eigenen Volkes. Der Vatikan schweigt allerdings hierzu seit Mitte des 19. Jahrhunderts über das, was bis dahin ›Todsünde‹ war, während die Aufklärung[346] den Zins nach der Erkenntnis ›Geld regiert die Welt‹ bejaht. Die drei ersteren Religionen stufen das ›*Fiat*-Geld‹ (»Es werde« – Geld) theologisch als gotteslästerlichen Hochmut ein, die Schöpfung zu mißbrauchen. Der Dienst am ›Mammon‹ wird dagegen in der *Geheimen Religion der ›Vernunft‹* als unabdingbar für den Fortschritt angesehen. Seine periodisch eintretenden zerstörerischen Folgen für die Mehrheit versucht man in übernationalen Gremien zu mildern.

(6) Zu guter Letzt mußten Kriege dazu dienen, den Grund des Zusammenbruchs dieses ›Erfolgssystems‹ vor den Menschen zu ver-

---

[346] Die Aufklärung, jene geistige Strömung, die mit der Französischen Revolution auch dem Individualismus zum Durchbruch verhalf, hat die früher in der abendländischen Kultur geltende Hochschätzung des universalistischen Weltbildes (Gemeinnutz wurde als über dem Eigennutz stehend betrachtet) abgelöst.

schleiern, um die Anonyma – eine aus der Regenbogenpresse nur teilweise bekannte Elite – vor Enttarnung zu bewahren und auch zu verhindern, daß die dafür Verantwortlichen zur Verantwortung gezogen werden, die nach dem jeweiligen Zusammenbruch das Spiel, den ›Wiederaufbau‹ mit neuer Währung und Kreditgewährung, von vorn beginnen können.

(7) Das Mittelalter wird als ›finster‹ verleumdet, weil es das Zinsgeschäft in Acht und Bann verwiesen hatte. Dem Zins stellte es das naturgemäße Gegenteil entgegen, den ›Geldverruf‹, einen jährlichen Wertverlust des Geldes, der Steuern ersetzte und das Geld im Kreislauf der Wirtschaft hielt. Mit den einfachsten technischen Hilfsmitteln konnten aus dem Denk- und Finanzierungsansatz der Dome, also der ›Gotteshäuser‹, zahllose blühende Städte in ganz Europa aufgebaut werden, die Bevölkerung wachsen und weite Teile im Osten besiedelt werden, in welche die Baumeister des Reiches von fremden Fürsten gerufen wurden. War es damals der Kirchen- und Städtebau, so ist heute die Rüstung, die freilich der Zerstörung dient, der Motor der Wirtschaft.

(8) Auch andere Jahrhunderte kannten Staaten, die sich gegen das nun global zusammenbrechende Geldsystem zur Wehr setzten, für einige Zeit bestechende Wirtschaftsmodelle schufen und dann unter falschen Vorwänden von der Geldmacht vernichtet wurden.

(9) Und dies ist das wahre Wesen des Geldes: Es entsteht als ein allgemeingültiger Gutschein für erbrachte Leistung und ist im Austausch für zukünftige ein Anrechtsschein, kann also nicht selbst Arbeitsplätze schaffen. Das *falsche Geld* behauptet in irreführender Weise, begünstigt durch seine *Nicht*-Normierung (seine Normierung ist aber überfällig, so wie sie weltweit für viele Bereiche wie Zeit, Raum, Gewicht, Energie usw. in Form von DIN-Normen etwa gilt), die Mutter der Arbeit zu sein. Das *echte Geld* ist ein Kind der Leistung und Arbeit. Nicht Kapital schafft Arbeit, sondern Arbeit schafft das Kapital.

(10) Der bereits vor unseren Augen beginnende, diesmal weltweite Zusammenbruch zwingt die schweigende Mehrheit, sich tauglicher Mittel zu bedienen, um sich von diesem alles niederreißenden Betrug zu befreien, der durch die alles umgarnende Lüge in den Medien beschönigt wird.[347]

---

[347] Aus diesem Grund ist es auch für eine auf die Wirtschaftsordnung fokussierte Betrachtung nötig, sich dem Problem der Lüge zuzuwenden, und zwar den Medien, die durch die ständige Verbreitung die Lüge zur kanonisierten ›Wahrheit‹ machen.

Wechsel- und Bargeldverkehr in einem Florentiner Bankhaus Holzschnitt aus dem Jahre 1490, erschienen in: Rolf SCHNEIDER, *Alltag im Mittelalter*, *Augsburg* *²2007*.

Geldverleih gegen Zins war Wucher. Matthäus PARISIENSIS, ein GeschichtsSchreiber des 13. Jahrhunderts, schreibt: »Die Lombarden sind sehr gewandte Menschen. Verräter sind sie und Betrüger... Sie verschlingen nicht nur die Menschen und Haustiere, sondern auch Mühlen, Schlösser, Bauernhöfe, Wiesen, Gehölze und Wälder... In einer Hand halten sie ein Blatt Pergament und in der andern eine Feder, mit deren Hilfe sie den Einheimischen das Letzte wegnehmen, um mit deren Silber ihre Beutel zu füllen... Sie mästen sich mit der Not der anderen und sind wie die Wölfe, weil sie Menschen verschlingen.«

1.8.2 Die organische Reform

(1) Nachdem sich die Regierungen der zivilisierten Staaten gleichzeitig untereinander abgestimmt haben, verbünden sie sich mit ihren Völkern, indem sie diese über das betrügerische Reservewährungssystem aufklären, und bilden mit dem sich abzeichnenden Schulterschluß Deutschlands, Frankreichs und Rußlands den Kern einer Gemeinschaft, die das verlorene Gleichgewicht in der Welt wiederherstellt (Europäisch-Russische Union - EURU).

(2) Die Parlamente der zivilisierten Staaten beschließen gleichartige Gesetze, die der Lüge weltweit durch eine ausgewogene Meinungsbildung den Boden entziehen, indem die Medien zukünftig gesetzlich verpflichtet werden, ein Drittel ihrer Flächen und Zeiten allen Kräften der Gesellschaft kostenlos zur Verfügung zu stellen. Dies ist zur Zeit, insbesondere aus finanziellen Gründen, nicht gewährleistet. Das Gesetz verpflichtet alle *aus Werbung* finanzierten Medien.

(3) Die in ihrem Bewußtsein geeinten Nationen - nicht notwendigerweise eine UNO heutigen Zuschnitts -, wenn sie allmählich und gewaltlos ihre Freiheit wiedererlangt haben oder genötigt sind, um die Folgen des drohenden Zusammenbruchs abzuwenden, beschließen eine weltweite Normierung des Geldes, ähnlich, wie sie für die internationalen Maße für Zeit, Raum, Gewicht und Energie verbindlich ist.

Die Einheit der jeweils von den *staatlichen* Zentralbanken der zivilisierten Nationen ausgegebenen Währung soll beispielsweise einem Tausendstel der monatlichen Lebenshaltungskosten innerhalb der betreffenden Volkswirtschaft oder des Geltungsgebietes entsprechen und damit den Rückfall in den Reservewährungsbetrug verhindern.

Diese Währungseinheit ist an der (Wirtschafts-)Leistung ihres Geltungsgebietes ausgerichtet. Dieser Standard gilt als Vorläufer der schlußendlich mit *multilateralen Völkerrechtsverträgen* zu vereinbarenden Weltwährungsordnung. Damit werden alle angeschlossenen Währungen vergleichbar. Sie werden *nicht gleich*, das heißt, es bestehen zwischen ihnen langfristig feste Wechselkurse, die sich nur im Rahmen der Leistungsfähigkeit der jeweiligen Volkswirtschaft – langsam und in langen Zeiträumen – verändern können.

Das Geld stammt entweder aus den Steuereinnahmen oder wird von der Währungsbehörde der *res publica* als (zins-)freier Kredit ›geschöpft‹ und von ihr wieder oder zusätzlich in Umlauf gebracht. Die Einheit ist das ›Talent‹ oder ›Om‹, genannt nach dem aus Asien stammenden Synonym für die ursprüngliche schöpferische Energie. Aus Gründen der Tradition können jedoch die bisherigen Bezeichnungen: Mark, Schilling, Franken usw. auch weiter verwendet werden.

Wo es für ihren Außenwert erforderlich ist, kann eine Währung zeitweilig durch Rohstoffe zu ihren jeweiligen Marktpreisen (teil-)gedeckt sein, beispielweise mit Öl (etwa für Arabien, Venezuela, Kolumbien), Gas (Rußland), Silber (Indien), Gummi (Malaysien), Gold, Platin (Rußland, Brasilien, Südafrika, Drittweltstaaten), Kupfer (Chile).

Damit erhalten die Währungen jener Regionen und Staaten, die dem Weltwährungsstandard beitreten und ihn erfüllen, einen gemeinsamen Nenner, der vergleichbar, aber nicht gleich im Wert ist. Es wird ermöglicht, (Handels-) Überschüsse zu neutralisieren, statt den Geldumlauf der Gläubigerstaaten durch die politisch seit 1945 erzwungene Dollaranhäufung als ›Währungsreserve‹ zu inflationieren, was zu den bekannten Auswüchsen, angefangen mit den Börsen, geführt hat.

(4) Risiko- oder Wagniskapital tritt an die Stelle von Zins- oder Schuldkapital. Letzteres genießt – ähnlich wie Spielschulden – keinen gesetzlichen Schutz mehr. Die Entschuldung der Welt erfordert, daß

Schulden gegen die während ihrer Laufzeit bezahlten Zinsen, in besonderen Fällen auch Rückgabe des Realvermögens, aufgerechnet werden. Nach dem Grundsatz, daß wirtschaftliches Risiko von der Sache her von Gläubigern *und* Schuldnern entsprechend ihrem Kapitaleinsatz eingegangen wird, errechnen sich Fremdwährungsschulden nach dem Wert der einheimischen Währung zum Zeitpunkt der Verschuldung, unabhängig davon, wie sich der Devisenkurs inzwischen entwickelt hat.

(5) Die Länder- und Gemeindeschulden werden weiter in den Büchern geführt, um über 33, 66 oder 99 Jahre zinslos in der Landes- oder Regionalwährung zurückgezahlt zu werden. Diese nicht nur in Japan gegen den laufenden Protest der USA, der Weltbank und des IMF angewandte Lösung hat sich bewährt. Denn damit bleibt das Fremdkapital der Wirtschaft praktisch als gewinnloses Eigenkapital erhalten, statt über die Bankrotterklärung unternehmenszerstörend zu wirken und damit die Übernahme/Privatisierung (lat. *privare,* ›rauben, stehlen‹) zu Ausverkaufsbedingungen von seiten der Reservewährungsprivilegierten zu ermöglichen.

Schuldenmachen wird nicht mehr mit Steuernachlässen – Abschreibungsposten – gefördert, und neue Schulden der öffentlichen Hand sind mittels Gesetz zu verbieten. An deren Stelle tritt vorrangig gesichertes und gewinnabhängiges stimmloses Risikokapital.

Auslandsschulden sind in ›souveräne‹, also inländische Schuld zu jenem Kurs, der zum Zeitpunkt des Vertragsabschlusses gültig war, umzuwandeln.

Bankkredite, Unternehmens- und private Schulden mit längerer als sechsmonatiger Laufzeit sind zu 1 Prozent ›Bearbeitungsgebühr‹ entweder in Schulden mit 50jähriger Laufzeit oder in Grund- oder Eigenkapital nach Wahl des Schuldners umzuwandeln, außer ursprünglich mittels Kredit finanziertem Unternehmenskapital, also Kauf von Firmenanteilen.

Für Schulden des Auslands bei der eigenen Volkswirtschaft – besonders die sogenannten Dollarwährungsreserven der Zentralbanken – muß eine internationale Lösung gefunden werden, die unter anderem verhindert, daß diese (amerikanischen) (Schuld-) Verpflichtungen in den Euro geschleust werden.[348]

---

[348] Siehe den Artikel Eberhard HAMERS, »Der Welt-Geldbetrug. Artikel 1«, in: *Zeit-Fragen,* Nr. 45 vom 22. 11. 2004. Auf zahlreichen Internetseiten online abrufbar.
Z. B.: http://www.realvalueconcept.de/download/Weltgeldbetrug.pdf

Schulden in *anderer* als der Währung des Schuldners, also *nicht* in seiner eigenen Währung, und zinsbehaftete Schuldverpflichtungen genießen keinen rechtlichen Schutz, weil sie nicht der ihnen verpflichteten Realwirtschaft entsprechen und die währungs- als auch innen- und außenpolitische Steuerung verzerren oder weil im Falle von zinsbehafteten Schuldtiteln diese ohnedies ungesetzlich sind.

Bestehende Schulden sind daher in Währungen des Schuldners zu wandeln und, soweit nicht erlassen, nach dem Muster Japans stillzulegen, und zwar zu jenem Kurs, der zum Zeitpunkt der Kreditvereinbarung gültig war, unabhängig von inzwischen eingetretenen Kursveränderungen und in – den Schulden entsprechenden – Beteiligungswerten zu tilgen.

(6) Direkte Steuern sind zugunsten indirekter, aus wirtschaftlicher Tätigkeit anfallender Gemeinde-Grundsteuern (einschließlich Mehrwertsteuer) abzuschaffen, und eine 75%-Steuer auf jegliche Firmenwerbung, die gemäß dem »Gesetz über Meinungsfreiheit und Medien« bei dessen Nichtbeachtung vorgeschrieben wird, ist zu schaffen.

(7) Schuldenmachen darf nicht durch Steuerabschreibungen begünstigt werden.

(8) Grund und Boden sind Lehen im Besitz der Berechtigten.

(9) Indirekte Vergemeinschaftung (›Sozialisierung‹, Verstaatlichung) ist wegen übermäßiger Anhäufung von Kapital (mit der Folge: Übernahmezwang des Managements, um Unternehmens- und persönliche Steuern zu vermeiden) oder wegen des Größenwahns der Manager zu verhindern, indem mittels Gesetz der Netto-Gewinn als obligatorische, *auszuzahlende* Dividende festgelegt wird.

Damit fällt der durch den Kapitalüberhang geförderte Zwang zur Übernahme anderer Unternehmen zu unwirtschaftlichen Preisen und die Förderung des Manager-Größenwahns[349] fort. Die Aktionäre können dann wieder (oder müssen) über die Weiterverwendung dieses Kapitals für eigenen Bedarf und Konsum, zur Anlage in dem eigenen, anderen oder neuen Unternehmen entscheiden: Dieses Kapital wird somit zu Wagniskapital.

(10) Es ist eine nationale oder regionale (z. B. innerhalb der EU) Grundrente für jeden niedergelassenen (*inländischen*) Einwohner un-

[349] »Im Fall Aron Sommer/Deutsche Telekom kommen offensichtlich noch ganz andere, wohl im Verborgenen abgesprochene Ziele in Betracht: durch betrügerische Machinationen und glatte Untreue die Telekom erst auszuschlachten und dann als Privatisierungsobjekt internationalen ›Finanzinvestoren‹ zur billigen Beute anzubieten.« (E. Hamer).

ter 21 Jahren oder Nicht(mehr)-Beschäftigten in Form eines zinsfreien Kreditgeldes in der Höhe von 80 Prozent der Lebenshaltungskosten gemäß einem regionalen offiziellen Warenkorb zu schaffen, anstelle von Arbeitslosengeld oder jeglicher anderer staatlicher Transferleistungen, die in der Parteienwirtschaft meist unabhängig von den Möglichkeiten der Realwirtschaft, also der langfristigen Finanzierbarkeit, nur aus den Erfordernissen der Partitokratie regelmäßig als Begünstigungen (Wählergeschenke, Wähler-›bestechung‹) beschlossen werden.

(11) Öffentliche Ausgaben werden aus dem im Wirtschaftsablauf anfallenden Mehrwert und aus Gemeindeabgaben sowie von der staatlichen Währungsbehörde als unbelastetes Kreditgeld zinsfrei ›geschöpft‹ und damit wieder oder zusätzlich in Umlauf gebracht.

(12) Durch den Verkauf staatlicher Goldhorte zu einem Preis, der den öffentlichen Schulden entspricht, werden diese getilgt. Damit würde das Gold eine volkswirtschaftlich sinnvolle Rolle erfüllen und dem Staatsbürger als letzte Sicherheit gegenüber allfälligen Notfällen dienen.

An die Stelle von Renten, Pensionen, Mutter- und Arbeitslosengeld tritt ein einheitliches Grundeinkommen für alle Staatsbürger. An die Stelle personenbezogener Steuern treten sachbezogene Steuern, wie die Mehrwertsteuer, die dem Wirtschaftsprozeß entnommen werden.

Nach japanischem Vorbild[350] wird die Verzinsung von Schulden faktisch beendet. Durch die seit über 16 Jahren praktizierte Senkung der ›Zinsen‹ durch die Bank von Japan auf 0,1% je Jahr können diese als Bearbeitungsgebühr betrachtet werden. Mit dem Ersatz des zinsbehafteten Geldes und Kredites durch ein zinsfreies entfällt auch der eigentliche Grund *zur Erklärung des Universalkriegs durch die USA*. Ein Teil der öffentlichen Schulden kann durch den *Verkauf* der staatlichen Goldhorte getilgt werden. Das aus *angeblichen* Sicherheitsgründen während des Kalten Krieges in USA gelagerte Gold Deutschlands

[350] Japan ist mit 150% des BIP verschuldet, die Zinsen sind auf Null gesenkt, um so die ›Bedienung‹, d. h. Tilgung ohne Zinszahlungen, des bestehenden Schuldkapitals so lange zu sichern, bis es statt durch allgemeinen Bankrott über Jahre hinaus getilgt oder abgeschrieben worden ist. Das westliche Schlagwort vom negativen Wachstum, also sieche Realwirtschaft, bei beschleunigt wachsendem und zu bedienendem Fremdkapital wegen des Zinseszinseffektes, kann einem nur ein Lächeln hervorlocken, denn der Wohlstand der Japaner ist seit Jahrzehnten der höchste der Welt geblieben.

wird seinem *Eigentümer* unverzüglich ausgehändigt. Gold wird damit gemäß den Worten Alan GREENSPANS, des ehemaligen Präsidenten des US-Federal Reserve-Systems, wieder zur ›letzten Sicherheit‹ der Sparer, wenn und wo immer das regionale Kreditsystem oder das Geldsystem zusammenbrächen. Spätestens dann müßten sich die Regierungen mit ihren Völkern verbinden und sie über das Betrügerische des bisherigen privaten Geld- und Notenbanksystems aufklären und die Rechtsstaatlichkeit - die Souveränität über das Geld - wiederherstellen (siehe Pkt. 1).

Durch eine solche neue ›Organische Ordnung‹ würde eine unvorstellbare Entlastung der öffentlichen und privaten Haushalte sowie der Unternehmen in Europa stattfinden, die allein den friedlichen Wiederaufbau der heute daniederliegenden Volkswirtschaften ermöglicht.

2 Normierung des Geldes?

Abbildung von Räumen - Eine Analogie für Währungsparitäten und die Normierung des Geldes.

In *Raum und Zeit*[351] stellt Pawel FLORENSKI seine Gedanken zur Perspektive dar. Selbst für einen naturwissenschaftlich ausgebildeten Interessierten und Hobbyzeichner waren diese Darlegungen sehr überraschend. Aber die Gedanken sind bestechend und sehr folgenreich. Man kann zwar Räume aufeinander abbilden, aber mit meist kaum bedachten Folgen. FLORENSKIS Überlegungen scheinen uns als Allegorie sehr nützlich in bezug auf die ›Abbildung‹ von Wirtschaftsräumen, also des jeweiligen nationalen Geldes, aufeinander. Wir überspringen hier die komplexen Beweise wie mehrdimensionale Räume - zum Beispiel der dreidimensionale, der aber ohne die Zeit als vierter Dimension noch nicht die ganze Wirklichkeit ist - auf einer zweidimensionalen Fläche - der Leinwand eines Kunstwerkes - abgebildet werden können. Es ist schon erstaunlich genug, die Begrenzungs*flächen* von Volumina auf eine Fläche abzubilden, was wegen der gleichen Dimension - Fläche auf Fläche - eigentlich einfach erscheint, und doch unendlich viele Möglichkeiten umfaßt. *Was* dabei nach FLORENSKI herauskommt, sehen wir gleich:

»... Gewiß, beide Räume, der abzubildende wie der abbildende, sind zweidimensional und in dieser Hinsicht verwandt; ihre Krümmung ist jedoch unterschiedlich, zudem ist sie bei dem abzubilden-

[351] Pawel FLORENSKI, *Raum und Zeit,* 1997, S. 77 f.

den Raum inkonstant, sie wechselt von Punkt zu Punkt; es ist unmöglich, den einen Raum auf den anderen zu legen, selbst wenn man einen von ihnen biegt – der Versuch eines solchen Auflegens führt unweigerlich zu Zerklüftungen und Falten einer der Oberflächen. Eine Eierschale – oder auch nur ein Stück davon – läßt sich in keiner Weise an die Oberfläche eines Marmortischs anlegen – dafür müßte man sie entformen, d. h. zu feinstem Staub zerdrücken; aus demselben Grund ist es unmöglich, ein Ei auf einem Blatt Papier oder auf der Leinwand im exakten Sinn des Worts abzubilden. . .

Die Entsprechung von Punkten in Räumen unterschiedlicher Krümmung setzt zwingend voraus, daß bestimmte Eigenschaften des Abzubildenden geopfert werden. Selbstverständlich ist hier nur die Rede von geometrischen Eigenschaften (sofern es um die Wiedergabe bestimmter Eigenschaften auf der Abbildung geht): Die Gesamtheit der geometrischen Merkmale des Abzubildenden kann in der Abbildung auf keine Weise anwesend sein, und die Abbildung ist zwar in der einen oder anderen Hinsicht ihrem Original ähnlich, differiert jedoch notwendigerweise in vielen anderen Punkten. *Die Abbildung ist stets dem Original eher unähnlich als ähnlich.* Selbst der einfachste Fall, die Abbildung einer Kugel auf eine Fläche – das geometrische Schema der Kartographie –, erweist sich als äußerst komplex und hat zur Erfindung Dutzender unterschiedlichster Verfahren geführt, sowohl projektiver mit Hilfe geradliniger Strahlen, die von einem bestimmten Punkt ausgehen, als auch nichtprojektiver, die durch komplexere Konstruktionen realisiert werden oder sich auf zahlenmäßige Berechnungen stützen. Und doch übergeht jedes dieser Verfahren, das darauf abzielt, eine bestimmte Eigenschaft des erfaßten Territoriums mit seinen Umrissen geographischer Objekte auf der Karte wiederzugeben, viele andere, die keineswegs weniger wichtig sind, und entstellt sie. Jedes Verfahren ist gut hinsichtlich eines streng definierten Ziels und untauglich, sobald andere Aufgaben gestellt werden. Mit anderen Worten, eine geographische Karte ist eine Abbildung und ist keine, sie ersetzt nicht die ursprüngliche Gestalt der Erde, und sei es in geometrischer Abstraktion, sondern dient lediglich als Hinweis auf ein bestimmtes Merkmal dieser Gestalt. Sie bildet ab, sofern wir uns geistig dem Abzubildenden selbst zuwenden, und sie bildet nicht ab, wenn sie uns nicht über sich selbst hinausführt, sondern uns auf sich selbst fixiert als auf eine Pseudo-Realität, ein Scheinbild der Wirklichkeit, und den Anspruch erhebt, eine sich selbst genügende Bedeutung zu haben. . .

Hier war die Rede vom einfachsten Fall. Die Formen der Wirklichkeit sind jedoch unendlich vielfältiger und komplexer als eine Kugel, und dementsprechend vielgestaltig können die Abbildungsverfahren jeder dieser Formen sein. Wenn man die Komplexität und Vielgestaltigkeit der Organisation dieses oder jenes räumlichen Bereichs in der wirklichen Welt in Betracht zieht, verliert sich der Verstand gänzlich in den zahllosen Möglichkeiten der Wiedergabe eines solchen Bereichs durch eine Abbildung - er verliert sich in der eigenen Freiheit. *Die Verfahren der Abbildung der Welt mathematisch zu normieren ist das Ansinnen einer wahnhaften Selbstüberschätzung.* Und wenn eine solche Normierung, die zudem mathematische Beweiskraft für sich in Anspruch nimmt, ja, mehr noch - Einzigartigkeit und Ausschließlichkeit -, ohne weitere Erwägungen mit einem einzigen, und zwar dem allerspeziellsten Fall einer Entsprechung in Verbindung gebracht wird, so scheint es, als mache man sich über uns lustig. *Das perspektivische Bild der Welt ist nicht mehr als ein technisches Zeichenverfahren.* Wenn jemand wünscht, es aus kompositorischen oder irgendwelchen anderen rein ästhetischen Überlegungen zu verteidigen, so wäre das ein anderes Thema; obwohl, nebenbei gesagt, von Versuchen, die Perspektive namentlich in dieser Richtung zu verteidigen, nichts zu vernehmen ist. . .

Es hat jedoch keinen Zweck, sich bei dieser Verteidigung auf die Geometrie oder die Psychophysiologie zu berufen; außer der Widerlegung der Perspektive wird man hier nichts finden. . .«

Als wir das lasen, kam ein Gedanke aus einem ganz anderen Bereich hoch. Ein Freund stellte die Frage, ob denn eine Währung - das Kredit-Geld - ohne die ›ordnende Oberhoheit‹ eines genormten Maßes für das Geld möglich sei. Wir meinten daraufhin: Was die Einheit der Währung betrifft, so ist das doch eine Frage des praktischen Lebens. Ohne Maß ist Verwirrung unvermeidlich. Ob es freilich ein einziges universelles Maß geben kann, ist unter anderem nicht beantwortbar, also eher unwahrscheinlich. Es hängt doch sehr von der Kultur ab. Wer als Volk kontemplativ lebt, wird eine andere Einstellung zum Geld und zum Gold haben als Händler.

Wir glauben nicht, daß die Globalisierung die letzte Antwort auf unsere Probleme ist. Im Gegenteil: Wir neigen dazu, multipolare Großräume - mit Interventionsverbot für raumfremde Mächte - als Lösung zu sehen. Innerhalb dieser Räume[352] wird es ob ihrer Ähnlich-

---

[352] Mit Großraum meinen wir hier nicht die ›Europäische Union‹ (wiewohl natürlich ein Europa der Nationen der Prototyp eines solchen Großraumes

keit eine Norm geben können, zwischen diesen – Leviathanen[353] – ist es eine Frage des Völkerrechts, wie man die zwischenräumlichen Wechselbeziehungen löst. Eine lokale Oberhoheit über das Geld wird es in jedem Fall geben, wie es früher auch nie anders war. Die Utopie ›Demokratie‹ – die ›*égalité*‹ – als Grundlage für ein ›demokratisches‹ Geld ist dafür zu lächerlich; ihr Zweck ist die absolute Diktatur.[354] Und da der Staat das Geld ist, ist es *hierarchisch,* wie es einer organischen Ganzheit geziemt.

---

wäre). Die EU jedoch strebt ihrem Charakter nach einen Zentralstaat an, dem jegliche Legitimität fehlt, in dem die ›Brüssler Doktrin‹ Recht, Souveränität und organische Ordnung aufgehoben hat. Hier handelt es sich nur um einen Mosaikstein auf dem Weg zur ›*global governance*‹ in einer ›*One World*‹! Wenn wir noch auf FICHTES *Geschloßnen Handelsstaat* zu sprechen kommen, so ist dies kein Widerspruch zum Großraum-Gedanken, der ja grundsätzlich die souveränen Entitäten eines Großraumes anerkennt, die auf freiwilliger Basis auch zu einer Norm des Geldes finden würden, weil sie sich ja zusammengehörig fühlen und fühlen wollen.

353 Der Begriff ist in unserem Zusammenhang nicht ganz richtig, weil wir ja von einem ganzheitlichen Gesellschaftsbild ausgehen, in dem die Gesellschaft eine eigene über-individuelle Ganzheit ist, wohingegen der HOBBESsche Leviathan ein aus den individuellen Einzelnen durch ›Gesellschaftsvertrag‹ konstruierter Über-Mensch/bzw. -maschine ist. Da natürlich nicht wißbar ist, ob und inwieweit andere Großräume nach unseren universalistischen oder den individualistischen Vorstellungen ihre Gesellschaft organisiert haben werden, mag es angehen, von einem Verhältnis der Leviathane untereinander zu sprechen.

354 Diese verkürzte Feststellung drückt im Grunde die Summe der Kritik an der Demokratie aus, wie sie der vor einigen Jahren verstorbene Universalgelehrte Erik VON KÜHNELT-LEDDIHN in *Demokratie eine Analyse* (Stocker, Graz) feststellte –, eine Regierungsform, von der heute oft gesagt wird, sie sei zwar mangelhaft, aber die beste aller denkbaren Möglichkeiten. Das ist natürlich nichts anderes als ein Sedativum, das von der schauerlichen Wirklichkeit ablenkt. Demokratie kann zur Ochlokratie, der Herrschaft der Schlechtesten, führen, wobei die auf der Bühne sichtbaren Figuren nur die willfährigen Lakaien der wirklich – aus dem Verborgenen – herrschenden Anonyma sind. William PFAFF schrieb in *IHT* vom 24. Januar 2002, »The American Problem is Domination of Politics by Money«, über den »gekauften Präsidenten« und wies auf den Umstand hin, daß die in Milliarden Dollar gehenden Wahlkampfkosten ja nicht bei Wohltätigkeitsparties eingesammelt werden, sondern von den Besitzern jener allesbeherrschenden Finanzvermögen kommen, einer Anonyma also, die als indirekte Macht Politik, Wirtschaft und Gesellschaft beherrscht. Ihre Unterstützung entscheidet allein, wer Präsident werden kann. Es sind ›Investments‹ der Finanz-Oligarchie. Und ein ›Investment‹ muß ja schließlich Zinsen abwerfen.

Aber es kommt nicht darauf an, was jemand sich wünscht.

Nach der Lektüre der Überlegungen FLORENSKIS zu diesem ganz anderen Thema »Raum und Zeit« war es die ins Auge springende Ähnlichkeit des Abbildungsproblems, also der Wechselkurse der Währungen, die uns auffiel, nämlich, daß es wohl auch beim Geld ›unendlich‹ viele Möglichkeiten geben müsse. Die je anderen Völker – ethnisch, sprachlich, historisch, religiös, in den Bräuchen, den Lebensräumen, dem Klima usw. – werden natürlich auch jeweils andere Wirtschaftssysteme hervorgebracht haben und damit andere Definitionen für den Warenkorb, der die Lebensbedürfnisse widerspiegelt. Diese Warenkörbe sind es aber, die einer ›normierten Währung‹ ihren Wert zuweisen. Sie müssen notwendigerweise für alle Völker verschieden sein, nicht gerade unendlich, wie beim Beispiel der Abbildung von unendlich vielgestaltigen Flächen auf eine andere, aber es handelt sich doch immerhin um sehr, sehr vielfältige Austauschverhältnisse.

Was bedeutet diese Analogie? Erstens, daß eine globale Weltwährung – zum Beispiel der Dollar – nur eine gewaltsame Festsetzung sein kann, die keine Rücksicht auf die je anderen Wirtschaftsverhältnisse nimmt. Zweitens, daß es also sehr viele – nationenbezogene – Normen für das Geld geben muß, und das bedeutet, daß das jeweils zu verhandelnde und für eine gewisse Zeit geltende Austauschverhältnis eine Sache der Völker und Großräume *ist*, über die sie sich in periodischen Abständen einigen müssen.

Die Normierung des Geldes, der Währung, kann also nur innerhalb einigermaßen *homogener Volkswirtschaften* durchgeführt werden, weil sonst ja Äpfel mit Birnen verglichen würden.[355] Und selbst hier zeigen sich schon Probleme, weil der Warenkorb der Reichen ein ganz anderer als der der Armen ist und weil der typische Warenkorb für private Haushalte nichts mit dem produzierender Unternehmen zu tun hat. So gibt es in den USA einen CPI – den Preisindex für Konsumenten – und den PPI – für Produzenten –, und sie ändern sich natürlich nicht in gleicher Weise.

Es läuft schließlich darauf hinaus, daß wir tendenziell wieder zum »Geschloßnen Handelsstaat« Johann Gottlieb FICHTES zurückkehren müssen oder den Vorstellungen über die Autarkie politischen Raum geben, wie sie mit Bezug auf Ferdinand FRIED[356] ausgebreitet wurden.

---

[355] Oder gegen Glasperlen Land und Schätze eingetauscht würden, wie dies ja der Brauch der Kolonisatoren gewesen ist.

[356] Ein Wiederabdruck erfolgte in den *Staatsbriefen*, 3, 1993.

Jedenfalls *ist der Staat das Geld.* Wie wir es auch drehen und wenden, es handelt sich jedenfalls immer um eine organische, sprich ganzheitliche Sicht der Dinge, die wir wieder erlangen müssen, »wenn wir weiterleben wollen«.[357]

3 Verstaatlichung und Sozialisierung

Das Problem des Streites zwischen ›Kapital und Arbeit‹ in der Industrie wurde früher immer vom Standpunkt eines als unversöhnlich angesehenen Gegensatzes der Interessen betrachtet. Eine ›direkte Sozialisierung‹ durch Übernahme von Unternehmungen seitens der Arbeiter[358] wie auch eine Verstaatlichung sind aber aus verschiedenen Gründen keine Lösung. Eine ›direkte Sozialisierung‹ ist auf lange Sicht unpraktisch, insbesondere in bezug auf Investitionen. Die Verstaatlichung setzt auch einfach den Staat an die Stelle des privaten Unternehmers und beläßt den Arbeiter in einem Dienstverhältnis zum Kapital. Dadurch kommt der Staat im Kampf zwischen Kapital und Arbeit ›zwischen die Fronten‹, was nur unerwünschte politische

[357] Der Titel eines bemerkenswerten Buches, *Wenn wir weiterleben wollen*, von Richard NEUTRA, einem großen Architekten, der in seinem Wirkungsbereich ebenfalls wieder menschliches Maß forderte.

[358] Diese Form von ›Privatisierung‹ erfolgte z. B. in der Tschechoslowakei unter Ministerpräsident Vaclav KLAUS mittels ›Vouchern‹: Jeder Bürger bekam eine gewisse Zahl an Anrechtsscheinen für bis dahin verstaatlichte Betriebe. Von diesen neuen, breit gestreuten ›Eigentümern‹ kam aber kein neues Kapital für Investitionen für den Betrieb des Unternehmens. Die Lage der Unternehmen verschlechterte sich dann oft bis hin zum Bankrott. Viele verkauften auch diese ›Voucher‹ billigst an gerissene Aufkäufer oder Banken, die sich somit mehrheitlich in den Besitz von an sich guten und lebensfähigen Unternehmen setzten, was letzten Endes darauf hinauslief, daß Volksvermögen an anonyme Kapitalisten verschoben wurde, die dafür aber keinen annähernd angemessenen Preis bezahlten. Dabei kam dieser Preis obendrein weder den Unternehmen noch dem Staat zugute.
In Rußland erfolgte die ›Privatisierung‹ auf eben dieselbe Weise, was zur Folge hatte, daß 80 Prozent des industriellen Vermögens in die Hand von wenigen Oligarchen kam, die eben auf diese Weise auch die Anteilsscheine einfach einsammelten und meist mit Krediten – eine wild expandierende Papiergeldmenge ohne wirklichen Wert – den neuen Besitzern ›abkauften‹. Nach dieser Eigentumsübernahme erfolgte – nach einer Hyperinflation, künstlich ausgelöst durch die Handlanger dieses Raubzuges in der korrupten Regierung – die völlige Entwertung des Rubels, womit auch das bißchen Geld für die ›Übertragung‹ von Volksvermögen in den Händen vieler einfacher Arbeiter schließlich auch noch *in nichts aufgelöst* wurde. Ein unerhörter Raubzug, wie er einmalig in der Geschichte wohl war.

Folgen haben kann. Die Verstaatlichung läßt außerdem die Frage unbeantwortet: Wer ist der Staat? Schließlich resultiert dies in der Herrschaft jener Funktionäre, die den Staat beherrschen, mit der Folge eines ›Futtertrog-Neides‹. Es geht außerdem die ›automatische Gesunderhaltung‹ im ›gesunden Konkurrenzkampf‹ verlustig.

Von einer Verstaatlichung jener Unternehmungen, die der Staat nicht unbedingt in der Hand haben muß, ist also abzusehen.

Kollektivistische Lösungen können nicht zum Ziel führen. Die spartanische Verfassung war in der Antike die einzige, die eine gesunde Auslese gefördert und erzwungen hat. Wenn man die Idee des Kollektivismus betrachtet, muß man erkennen, daß er eine Gleichmacherei[359] in sich schließt und mit sich bringen muß, die für ein ganzes Volk nichts anderes bedeutet als das Prokrustesbett in der antiken Sage. Insofern ist der ganze Gedanke der Sozialisierung in der bisherigen Form falsch gewesen.

GOETHES Ausspruch: »Was du ererbt von deinen Vätern, erwirb es um es zu besitzen«, zeigt an, daß man Besitz immer neu begründen muß. Dies setzt gleichsam ein Ausleseverfahren voraus, das in allen

---

[359] Dies richtet sich gegen die ›*égalité*‹ der Französischen Revolution, die ja die eigentliche Grundlage des Sozialismus – und damit eine Bekämpferin jeglicher *organischen* Ordnung eines Staates – ist. Nahum GOLDMANN, der erste Präsident des Jüdischen Weltkongresses, sagte dazu 1915: »Deutsche Kultur bedeutet soziale Kultur, bedeutet die Höherstellung der Gesamtheit über die Einzelnen, bedeutet die Fundierung aller Ethik und Moral, allen Rechts und aller Konvention auf dem Primat des Kollektiven. Wie die Idee des Organismus den tiefsten Gehalt des deutschen Denkens bildet, so stellt der soziale Gedanke das beherrschende Prinzip der deutschen Gesellschaftsordnung, der deutschen Kultur dar. Der Gang der europäischen Kulturentwicklung erhält, von diesem Gesichtspunkt betrachtet, innersten Sinn und tiefe Folgerichtigkeit. Das Mittelalter war die Epoche völliger Unterdrückung des Einzelnen zugunsten der Gesamtheit; das Individuum existierte als solches gar nicht, die Genossenschaft war alles. Die Renaissance und die Reformation proklamierten die Entdeckung des Individuums; es beginnt das individualistische Zeitalter, die völlig Befreiung des Einzelmenschen, die Proklamierung seiner Autonomie. Dies vollbracht zu haben, macht die weltgeschichtliche Bedeutung Englands und Frankreichs aus. Der Individualismus aber in seiner maßlosen Übertreibung führte zur Krisis: es entstand das große soziale Problem unserer Zeit, das in erster Reihe aus dem extrem individualistischen Grundprinzip unserer heutigen Wirtschaftsordnung geboren wurde. Der wirtschaftliche Egoismus des Einzelnen kannte schließlich keine sittliche Schranke mehr; eine innere Wandlung ward notwendig; dieser Krieg leitet sie ein.« (in: *Von der weltkulturellen Bedeutung und Aufgabe des Judentums*, F. Bruckmann, München 1916, S. 31 f.)

gesellschaftlichen Institutionen bei Führungsfragen zur Maxime gemacht werden muß, wenn man zu einer natürlichen, gesunden und auch befriedigenden Lösung des Problems kommen will – ein Ausleseverfahren für diejenigen also, die

- den *Anspruch,*
- das *Recht* auf Besitz und die Betriebsführung

überhaupt haben sollen und dürfen.

Dieser Gedanke bedeutet, daß nicht alle Menschen, die in einem Betrieb arbeiten, einen Besitzanspruch an diesem Betrieb erwerben können, sondern nur die Besten, die Tüchtigsten. Und daß andererseits ein Inhaber eines Betriebes seinen Besitz nur dann auf die Dauer behalten kann, wenn er den Anspruch darauf durch Können und Leistung sozusagen immer wieder erwirbt. Das wäre dann also keine Sozialisierung, sondern ein dauernder, allmählicher, aber sich immer wieder fortsetzender Übergang des Besitzes eines Unternehmens in die Hände der Tüchtigsten, der Besten, gegebenenfalls in die Hand *des* Besten. Dies entspräche auch dem Gedanken, »daß Eigentum verpflichtet«.

Bedenkt man, welche erheblichen Leistungen der Gemeinschaft – des Staates – nötig sind, damit ein Unternehmen überhaupt wirtschaften kann: Erschließung der Grundstücke, Bereitstellung der Infrastruktur, flächendeckende Ausbildung, Investitionsförderungen und steuerliche Begünstigungen usw., wird deutlich, daß die Gemeinschaft aber, der Staat, zu Recht an den Belangen des Unternehmens Mitbestimmung fordert. Wenn darüber hinaus ein erheblicher Teil der Menschen eines Ortes oder einer ganzen Region in einem Unternehmen das tägliche Brot erwirbt, so ist allein dieser Umstand Grund genug, Mitbestimmung zu begründen, weil die Wirkungen von Unternehmensentscheiden weit über die inneren Angelegenheiten des Unternehmens hinausreichen. Man denke nur an Massenentlassungen bei gleichzeitiger Verlagerung von Produktionsstandorten in Billiglohnländer, wie dies heute so oft der Fall ist und zu ›De-Investitionen‹ der Industrie geführt hat.

Dieser zweifellos neue Gedanke erscheint tatsächlich durchführbar. Wie ein unverdächtiger Zeuge, Nahum GOLDMANN, ausführte, entspricht er auch dem Wesen deutschen Denkens und deutscher Kultur. Er scheint auch in völligem Einklang mit Überlegungen bezüglich des Geld- und Kapitalwesens zu stehen.

Um praktisch an diese Frage heranzugehen, muß man zunächst festzulegen versuchen, welche Betriebe überhaupt im Besitz wandern können, und welche nicht. Maßgebend hierfür ist einerseits die *Teilbarkeit des Besitzes* an einem Betrieb und andererseits die *wirtschaftliche Zweckmäßigkeit* der Teilung. Eine Aktiengesellschaft ist zum Beispiel ein Unternehmen, dessen Besitz ohnehin geteilt ist. Der Gedanken liegt nahe, daß die Besitzteilung und die gedachte Besitzwanderung bei all jenen Betrieben möglich sind, die man auch in Aktiengesellschaften umwandeln könnte. Aber das ist noch nicht das eigentliche Kriterium.

Es gibt zweifellos eine untere Grenze der Unternehmen, *unter* der eine Aufteilung überhaupt nicht in Frage kommt. Dazu gehören in erster Linie alle handwerklichen Betriebe, etwa Metzgereien, Bäckereien usw., die in der Hand eines einzelnen Meisters sind, mit einer beschränkten Anzahl von Gesellen und Lehrlingen.

Bei unteilbaren Unternehmen würde also eine automatische Besitzwanderung nicht in Frage kommen. Arbeitnehmer oder Gesellen in einem solchen Betrieb müßten dafür in geeigneter Weise am Gewinn beteiligt sein.

Beim alten Handwerk war das auch wirklich der Fall. Denn Gesellen und Lehrlinge wohnten und lebten im Hause und mit der Familie des Meisters. Ging es dem Meister gut, dann ging es auch den Gesellen gut, denn sie aßen und tranken am selben Tisch. Heutzutage müßten dafür bestimmte Richtlinien gegeben werden, die am zweckmäßigsten von den Innungen und den Berufsverbänden auszuarbeiten wären.

Bei teilbaren Unternehmen müssen nun folgende Erwägungen angestellt werden:

(1) In welcher Weise wäre eine solche Besitzwanderung durchführbar?

(2) In welchem Umfang, zeitlich und effektiv, sollte sie erfolgen?

(3) Wie sollte die Auswahl der Tüchtigsten und Besten stattfinden?

Zu (1): Grundsätzlich ergibt sich zwingend aus dem Gesamtgedankengang, daß ein Unternehmen nur einem Menschen gehören kann, der darin arbeitet. Bisher konnte jemand ein Unternehmen besitzen, das er durch einen Geschäftsführer oder Direktor leiten ließ, während er selbst irgendwo in Berlin oder in Monte Carlo saß, um dort von den Gewinnen seines Betriebes zu leben. Wenn wir den Besitzwanderungsgedanken durchführen, so muß erreicht werden, daß ein solcher Fall unmöglich ist.

Von jedem Besitz – betrachten wir zunächst nur Industriebetriebe – müßte jährlich ein gewisser Anteil abgesetzt, also dem bisherigen Besitzer enteignet werden. Nehmen wir als Beispiel eine jährliche Besitzschrumpfung von 5%. Wenn ein Besitz mit 100000 Mark zu Buche steht, dann würden beim Jahresabschluß 5000 auf ein Sonderkonto zu buchen sein, während dem Besitzer nur 95000 Mark verbleiben.

Nun müßten, um beim bisherigen Ausdruck zu bleiben, die tüchtigsten und besten Arbeiter in diesem Unternehmen, zu denen natürlich auch der Betriebsinhaber gehören kann, sofern er im Unternehmen mitarbeitet, die Möglichkeit haben, diesen Eigentumsanteil von 5000 Mark zu erwerben. Sie sollten ihn nicht umsonst erhalten. Denken wir an GOETHES Wort: »Erwirb es, um es zu besitzen!« Dadurch ergibt sich bereits eine gewisse Selektion, eine Selbstauslese. Der Nichtinteressierte, derjenige also, der in diesem Unternehmen seinen Lebensinhalt nicht sehen will, der Leichtsinnige und der Faule, die nichts gespart haben oder nicht bereit sind, ihre Ersparnisse in einem Anteil an dem Unternehmen, in dem sie arbeiten, anzulegen, scheiden aus. Nur der Fleißige, der Unternehmungslustige, der Zielbewußte, der Könner wird sich planmäßig *das* zurücklegen, was er benötigt, um Anteile zu erwerben.

Auch der bisherige Eigentümer kann an der Erwerbung, für ihn also eine *Rück*erwerbung, teilnehmen, aber nur dann, wenn er tatsächlich im Betrieb an leitender Stelle oder als einer der Tüchtigsten mitarbeitet. Arbeitet er nicht mit, so wird er also bei dem als Beispiel genommenen Fall der fünfprozentigen Besitzschrumpfung nach 20 Jahren das von ihm besessene Unternehmen vollständig verloren haben, und es wird sich in der Hand von Angestellten und Arbeitern des Unternehmens befinden, die tüchtig, fleißig und sparsam waren.

Aber diese Schrumpfung tritt laufend auch bei jedem neuen Besitzer ein. Also jeder, der nicht dauernd neu erwirbt oder wiedererwirbt, geht bei unserem Beispiel in 20 Jahren seines Besitzanteils verlustig, und immer die Zielbewußtesten und Tüchtigsten wachsen jeweils als Besitzer nach.

Wenn die neuen Besitzanwärter die Anteile kaufen sollen, dann würde man zweckmäßig den Staat dazwischenschalten oder eine vom Staat besonders einzurichtende Dienststelle, nennen wir sie einmal die ›Intendanz‹, der die jährlichen Schrumpfungsbeträge, also in unserem Fall die 5000 Mark, gutgebracht werden. Die Intendanz wird also am Ende eines Jahres Inhaber dieses Besitzanteils. Wenn sie dann die Anteile an die Interessenten weiterverkauft, so erhält sie Barmittel, die zur Weiterleitung an die Staatskasse zur Verfügung stehen. Dies hat natürlich unmittelbare Auswirkungen auf das gesamte Steuerwesen des Staates.

Juristisch ist die Intendanz und nach dem Verkauf der neue Erwerber eine Art Kommanditist des Unternehmens. Er ist also entsprechend seinem Kapitalanteil am Gewinn beteiligt, haftet aber nur bis zur Höhe seines Anteils und prozentual am Verlust.

Da es ja meistens mehrere sein werden, die Anteile erwerben, so würden sie am einfachsten eine Genossenschaft bilden, die durch einen der Genossen aufgrund einer Wahl vertreten wird. Er oder die Genossenschaft sind dann die Kommanditisten des bisherigen Alleininhabers.

Bei einer Aktiengesellschaft würde sich die Besitzschrumpfung bei den Aktien auswirken. Jede einzelne Aktie würde bei unserem Beispiel jährlich um 5 Prozent schrumpfen. Es könnten Teilaktien von beispielsweise 200 und 500 Mark[360] geschaffen werden, um den Erwerb durch Arbeiter zu ermöglichen. Um eine weitere Unterteilung zu vermeiden, könnte die Schrumpfung dieser Teilaktien späterhin durch Gewinnabzüge erfolgen. Diese Einzelheiten müßten noch untersucht und ausgearbeitet werden. Hier kommt es nur darauf an, das Ausleseverfahren auch in bezug auf das Sozialisierungsproblem anzuwenden, einmal durchzudenken und Folgerungen daraus zu ziehen.

Zu (2)*:* Die zweite Frage war die, in welchem Umfang, zeitlich und effektiv, die Besitzwanderung erfolgen soll.

Als Beispiel wurden, um die Idee überhaupt darlegen zu können, 5 Prozent jährlich angenommen. Es erscheint aber notwendig, daß dieser Prozentsatz sich je nach der Eigenart des betreffenden Betriebes richtet. Man müßte da erst genauere Prüfungen vornehmen, um Grundsätze für diese Frage zu finden. Man kann sich hier an der Vorarbeit der Finanzbehörden orientieren. Es ist nämlich bis ins einzelne festgelegt, in welchem Umfang Abschreibungen erfolgen dürfen: beispielsweise für Hausgrundstücke 1 ½ Prozent, für Industriegebäude 2 ½ bis 4 Prozent, für Maschinen, für Kraftfahrzeuge, für Vorräte usw., für alle vorkommenden Einzelheiten gibt es solche Vorschriften oder haben sich Gebrauchssätze eingeführt. Diese Abschreibungswerte kann man auch als Maß der Besitzschrumpfung heranziehen.

Diese Besitzschrumpfungen stehen in tatsächlichem Zusammenhang mit den natürlichen Abschreibungen. Bei einem landwirtschaftlichen Unternehmen liegt der Prozentsatz vielleicht bei nur ½ Pro-

---

[360] Alle diese Überlegungen beruhen auf einer nationalen, wiederhergestellten Volkswirtschaft, das heißt auf der Wiederherstellung der eigenen Währung.

zent, bei einem Bergwerk vielleicht bei 1 bis 2 Prozent, bei einem Industriewerk bei 3 bis 5 Prozent, bei einem Handelsunternehmen vielleicht sogar bei bis zu 10 Prozent. Die Besitzschrumpfung würde auch im Verhältnis zur Gewinnchance stehen.

Zu (3): Nun kommt noch die Frage, wie die Auswahl der Tüchtigsten und Besten erfolgen soll.

Zum Teil ist diese Frage ja bereits beantwortet, nämlich, soweit ganz automatisch eine Selbstauslese eintritt. Dann wäre aber zum Beispiel ein kinderreicher Vater einem Junggesellen gegenüber im Nachteil. Denn der Kinderreiche kann vielleicht einfach keine Ersparnisse zurücklegen, so gern er möchte, während es dem Junggesellen leichtfällt. Also die Selbstauslese ist meistens unsozial.

Deshalb ist außer der Selektion eben noch die organisierte Auslese erforderlich. Die Innungen und Berufsorganisationen müßten für diese Aufgabe herangezogen werden. Es ist eine Aufgabe von Gremien, die von der Wirtschaft selbst zusammenzustellen sind.

Die Umgestaltung von der liberalistischen Wirtschaft zu einer Sozialwirtschaft, die dem Ganzen verpflichtet ist, macht es notwendig, der Wirtschaft und ihren beruflichen und wirtschaftlichen Vereinigungen Aufgaben zu übertragen, zu deren Lösung es einer besonderen Selbstverwaltungsorganisation bedarf, etwa ähnlich, wie die politische Selbstverwaltung der Gemeinden nach oben aufgebaut werden kann und muß, über Kreis und Regierungsbezirk und Land bis zum Staat. In diesem wirtschaftlichen Selbstverwaltungsaufbau müssen Unternehmer, Angestellte und Arbeiter vertreten sein, und zwar in einem Umfang und Verhältnis, daß keiner den anderen überstimmen und vergewaltigen kann, so daß eben dieser Aufbau der Träger und Garant des wirtschaftlichen und sozialen Friedens wird.

Damit würde das Gemeinsame in den Wirtschaftsunternehmen betont, und nicht der klassenkämpferische Gegensatz, der die Energien und Kräfte wegen ihrer Polarisierung weitgehend aufhebt, statt sie zum Wohl des Ganzen zu bündeln und zu sammeln.

Das kennzeichnet die Geburtsstunde eines völlig neuen Wirtschaftsdenkens, das die gewaltigen Fragen der Umstellung vom Individualismus zum Universalismus – der ganzheitlich-organischen Ordnung – zu lösen in der Lage sein wird. Die großen Fragen der wirtschaftlichen Zusammenhänge werden heute immer aus den Vorstellungen des herrschenden Systems betrachtet; man muß sich in die neue Betrachtungsweise aber hineindenken, um die Folgerichtigkeit zu erkennen.

Die heutigen Mächtigen, die Systemerhalter und Begünstigten werden unsere Logik nicht verstehen, sie werden unsere Gedanken verdammen oder totschweigen, sie werden die neue Ethik verurteilen und eine solche Wende mit allen ihnen zu Gebote stehenden Mitteln zu verhindern trachten. Eine dem Untergang geweihte Ideologie ist gefährlich, und es ist zu befürchten, daß sie eher bereit ist, die erwachende, alles bisherige umstürzende Neue Ordnung mit in den Abgrund zu reißen, als die Macht abzutreten. Es wird den kommenden Generationen vorbehalten sein, diese große Wende zu vollziehen. Es wird dem herrschenden System aber nicht gelingen, dies zu verhindern, der Zusammenbruch steht als Menetekel längst an die Wand geschrieben. Ein Sodom und Gomorrha wird entstehen, wie es Rußland unter dem Bolschewismus schon erlitten hat, wie es die Millionen Arbeitslosen bei uns ankündigen. Nach jahrzehntelangem Leiden wird das Neue aber entstehen und sich aus den Trümmern jener zusammengebrochenen Ideologie und Welt erheben, das Neue, das hier skizziert wurde, das, wenn es erst die Vielen klarer erkennen, unsere Hoffnung ist.

Die Frage des Geldes wurde schon an anderer Stelle behandelt. Geld ist nur eine Anweisung auf den Erwerb von Sachwerten, und nicht die Erfüllung selbst bei einem ›Tausch‹. Es ist ein Hilfsmittel zur zeitlich und örtlichen Entzerrung des Tausches, und es gibt keinen Grund für eine feste Verzinsung von Kapital und Leihgeld. Geld bekommt keine Jungen. Nur eine Beteiligung an Gewinn und Verlust kommt bei investiertem oder verliehenem Geld in Frage.

Diese grundlegende Forderung macht die Einführung eines ›angemessenen Gewinns‹ nötig, um zu entscheiden, welcher Anteil des Gewinns dem Wagniskapital und welcher der Mehrwert erzeugenden Arbeit zuzurechnen ist. Als Grundlage dafür ist mit Hilfe einer einheitlichen Form der Buchführung das ›angemessene Kapital‹ für Betriebe gleicher oder verwandter Art festzustellen. Ebenso möglich ist dann die Feststellung eines ›angemessenen prozentualen Gewinnsatzes‹ für die verschiedenen Wirtschaftszweige. Damit wird klar, wo ein darüber hinausgehender ›Mehrgewinn‹ erzielt worden ist. Wenn das Prinzip des ›angemessenen Kapitals‹ in Kraft ist, kann der ›Mehrgewinn‹ nur ein Verdienst der Arbeit – nicht des Kapitals – sein. Ein ›Mehrgewinn‹ muß dann zu einer Gewinnbeteiligung der Arbeiter führen. Das ganze System ist von einem ›Selbstverwaltungsaufbau der Wirtschaft‹ durchzuführen.

Die positiven und erwünschten Folgen sind: Das Geldverleihen ist nicht mehr risikolos, sondern eine Beteiligung mit höherer Gewinnchance, aber auch mit Verlustrisiko. Hier hört das arbeits- und mühelose Einkommen auf. Die Landwirtschaft bekommt wieder Gelddarlehen, weil das Risiko dort am geringsten ist. Hypotheken auf landwirtschaftlichen Besitz können geradezu mündelsicher sein. Bisher war das umgekehrt. Erbschaftssteuer ist nicht mehr nötig. Besitz und Kapitalvermögen schrumpfen sowieso, das GOETHE-Zitat wird wahr.

In der Festlegung des angemessenen Kapitals hat man auch die Möglichkeit, Grundlagen für den Kaufpreis eines Unternehmens zu schaffen. Denn eigentlich müßte das angemessene Kapital der normale Kaufwert sein, selbst wenn das tatsächlich investierte Kapital höher oder niedriger ist. Heute werden die Gewinnmöglichkeiten als ›ewige Rente‹ zum Barwert betrachtet, und es werden, da die Zukunft unsicher ist, davon ›Risikoabschläge‹ gemacht. Im Grunde ist eine ›exakte‹ Formel zur Berechnung des Nicht-Wißbaren eine Art Zauberei.

Diese Überlegungen bedürfen einer langen, gründlichen und genauesten Prüfung und Beratung durch Persönlichkeiten, die in der Wissenschaft und in der Praxis führend sind und durch ihr Können und ihre Erfahrungen die Gewähr geben, daß das Ergebnis ihrer Arbeit richtig und in die Praxis übertragbar ist. Man kann nicht eine alte Anschauung, die sich so fest in die Köpfe und in die Rechtsauffassung aller Menschen und Staaten verfestigt hat, daß schon niemand mehr auf den Gedanken kommt, daß sie vielleicht falsch sein könnte, einfach beseitigen, ohne das, was man als Neues an ihre Stelle setzen will, hundertmal geprüft, erwogen, durchgedacht und in der Praxis schon erprobt zu haben.

Auch wenn die Einzelheiten noch nicht klar sind und es Probleme bei der Lösung geben mag, so ist die Richtung klar. Marxismus und Kommunismus haben die wirtschaftlichen und sozialen Fragen vergeblich zu lösen versucht. Die Französische Revolution stellte das individualistische Weltbild als herrschendes auf den Thron, das die Welt mit ihrer kapitalistischen, neoliberalen Doktrin an den Abgrund brachte.

Kriege entbrannten, innenpolitische Kämpfe sind ausgefochten worden, Revolutionen haben das Unterste zuoberst gekehrt, um das eine Großproblem der Gegenwart zu lösen: an die Stelle der ›Herrschaft des Kapitals über die Arbeit‹ die ›Herrschaft der Arbeit über das Kapital‹ zu setzen.

Glaubt man den Ausführungen James BURNHAMS in seiner *Revolution der Manager* (Wien 1949) dann wird die Erbschaft am Ende des

Kapitalismus aus vielen Gründen nicht vom ›Arbeiter‹ – im Sinne der sozialistischen Ideologie – angetreten. Den wichtigsten Grund sieht BURNHAM in der tatsächlichen Herrschaft jener in den Betrieben, die für die wirkliche Leitung dieser hochkomplexen technischen Unternehmen unverzichtbar sind.

4 Überlegungen zur Landwirtschaft

Der Boden bildet die Ernährungsgrundlage für ein Volk und damit die Lebensgrundlage. Als die Erde noch nicht so dicht bevölkert war, nahm sich der Mensch, ein Stamm, so viel Boden, wie er brauchte, um darauf mit seinem Vieh und seiner Nachkommenschaft zu leben. Wuchs der Stamm, so schritt er zur ›Landnahme‹. Kam man dabei mit einem Nachbarn in Kollision, dann gab es Krieg. Der Sieger erweiterte seine Grenzen. Carl SCHMITT nimmt diesen natürlichen Vorgang zum Ausgangspunkt allen sich später entwickelnden Rechts, das nach der Formel entstanden ist: nehmen – teilen – weiden.

So war es bei allen seßhaften Völkern, die Ackerbau und Viehzucht trieben. Ähnlich war es auch bei den Nomaden, bei denen sich allmählich ein ganz bestimmter Turnus im Wechsel der Weidegründe eingespielt hatte, auf den jeder andere Rücksicht nahm. Das Anwachsen eines Stammes, der Herden, aber auch ungünstiges Wachstum oder klimatische Verschlechterungen im Laufe der Zeit erzwangen bisweilen Änderungen, die den ganzen Umtrieb in Unordnung brachten und zu Kriegen führten. In Asien riefen diese Vorgänge Völkerwanderungen hervor, die wir in Europa auch mehrfach zu spüren bekamen: die Züge der Hunnen, Magyaren und Tartaren.

Allmählich wurde diesen Bewegungen immer größerer Widerstand entgegengesetzt, diese primitive Form der Raumweiterungen wurde immer unmöglicher, je dichter der Raum besiedelt war. Anstelle der Landnahme trat eine *Intensivierung der Landwirtschaft*. Aber die Kriege hörten damit nicht auf! Gerade in jüngster Zeit werden Kriege wieder als Folge wirtschaftlicher Interessen geführt. Momentan steht das Erdöl im Vordergrund, demnächst das Wasser, wohl bald aber auch wieder der Ackerboden als Ernährungsgrundlage.

Die Steigerung der industriellen Produktion und des Außenhandels während des Kaiserreiches wurde und wird meist als ›Erfolg‹ Deutschlands betrachtet, als ein ›Aufholen‹ gegenüber vor allem England und den USA. Übersehen wird freilich, daß

a. der Erste Weltkrieg nicht zuletzt wegen dieser Störung der ›*balance of power*‹-Politik Englands seine tiefe Ursache hatte,[361] das heißt, daß Neid und Angst vor der mächtig aufkommenden Konkurrenz die Feindschaft in offenen Krieg ausbrechen ließen, und daß

b. damit auch der deutschen Landwirtschaft ›ein vernichtender Stoß versetzt‹ worden ist.

Für den Export ist wesentlich mehr erzeugt worden, als notwendig gewesen wäre, um jene Grundstoffe für die industrialisierte deutsche Wirtschaft zu erwerben, die sie benötigte. Im Ersten Weltkrieges gingen dann auch mehr als 50 Milliarden Goldmark deutscher Forderungen gegenüber dem Ausland durch Konfiszierung[362] verloren, mit anderen Worten: Durch diese Politik des übertriebenen Exports ist das Volk letztlich um die Früchte seiner Arbeit gebracht worden.

In der Zukunft muß die Politik der starken Industrialisierung und Ausfuhr als Folge des Wachstumsdogmas überdacht werden. Die Ressourcenknappheit vor allem im Energiebereich wird dies schneller, als uns lieb ist, unerbittlich fordern.

Die Leistungsfähigkeit der heimischen Landwirtschaft ist inzwischen sehr gesteigert worden: durch Mechanisierung, Großbewirtschaftung beim Getreidebau sowie durch Spezialisierung der anderen Agrarbereiche, aber dies hatte zugleich den Bauernstand gewaltig dezimiert. Unter dem ökonomischen Kalkül ist das ›logisch‹. Damit wurde aber die Anzahl jener, die das nötige Wissen und Können in der Urproduktion – die von Wetter und Natureinflüssen abhängige Produktion der Nahrungsgrundlagen – seit Jahrhunderten erworben und weitergegeben haben, so stark verringert, daß dies zur existentiellen Gefahr geworden ist.

Wer dies für unbegründete Schwarzseherei hält, sei nur an die Folgen der ›Transformation‹ in den ehemaligen Ostblockstaaten erinnert. Diese waren noch stärker als der Westen agrarisch ausgerichtet, eine erheblich größere Zahl an Menschen als bei uns lebte in und von der Landwirtschaft. Der Umbruch führte aber dazu, daß aus Gründen, die hier nicht im einzelnen erörtert werden können, die Zahl

---

[361] Man lese hierzu das großartige Werk von Hans GRIMM, *Woher, Warum, aber Wohin?*, in dem diese Ursachen schon Ende des 19. Jahrhunderts genau belegt werden.

[362] Siehe die nach wie vor übliche, seit dem Ersten Weltkrieg vor allem von seiten der USA praktizierte Methode, sich durch Aneignung von ›*enemy-property*‹ zu sanieren. Heute sind es die Ölvorräte der Araber, die kalt enteignet werden.

der landwirtschaftlichen und die der nachgeordneten Verarbeitungsbetriebe sowie die Zahl der Bauern drastisch zurückgingen, mit dem Einbruchs des BIP und dem Verlust der Fähigkeit, die Ernährung der eigenen Völker zu sichern, als Folgen. Eine Erholung der früheren agrarischen Exportländer hat bis heute nicht stattgefunden, was immer die schönfärberischen Statistiken von Weltbank oder IWF auch erzählen.

Da sich nur ein Viertel bis ein Drittel der landwirtschaftlichen Gesamtfläche Deutschlands für eine Großbewirtschaftung eignet und die kleineren Bauern vor allem wegen des ›Gemeinsamen Agrarmarktes‹ der EU auf der Strecke geblieben sind, war eine Landflucht die Folge – und damit auch die Aufgabe früher für die Ernährung genutzter Flächen in weniger günstigen Lagen. Das wird sich dann rächen, wenn die fehlende eigene Nahrungsmittelerzeugung nicht mehr durch Einfuhren ausgeglichen werden kann – entweder, weil Welternährungskrisen dies verhindern oder weil die heutigen Exportüberschüsse der Industrie nicht mehr zu halten sind und damit die Devisen zum Einkaufen fehlen. Was jedoch viel gefährlicher ist, drückt Henry KISSINGER aus: »Mit Nahrung beherrscht man die Menschen.« Das ist nichts anderes, als die ausdrückliche Drohung, mit Hungerblockaden eine erpresserische Politik durchzusetzen. Daß dies keine Hirngespinste sind, belegt der MORGENTHAU-Plan, mit dem Deutschlands Bevölkerung 1945 dezimiert werden sollte und in den ersten beiden Nachkriegsjahren auch wurde. Die seinerzeitige Zustimmung Winston CHURCHILLS zu diesem Völkermordplan wurde damit erpreßt, daß die nötige Kreditgewährung an England von der Unterschrift unter diese Pläne abhängig gemacht wurde.

Um überhaupt noch souveräne Politik machen zu können, muß die Abhängigkeit von Nahrungsmitteleinfuhren beendet werden. Es kann dies keine Frage des ökonomischen Kalküls, des billigsten Preises, der kulinarischer Vielfalt oder desgleichen sein, sondern die eines Überlebens als Volk in der existentiellen Krise.

Die Ausdehnung des Systems der ›Besitzwanderung‹ durch jährliche ›Schrumpfung‹ auch der landwirtschaftlichen Betriebe oberhalb einer bestimmten Mindestgröße soll die Förderung der tüchtigen Bauern auf Kosten der unfähigen garantieren. Durch die zu planende Umsiedlung[363] der verarbeitenden Industrie aufs Land werden in-

[363] Dies erscheint aus der gegenwärtigen Situation heraus ›unmöglich‹. Sie wird aber nötig sein, um die Todeszonen der Städte zu entschärfen. Auch wenn dies ein langdauernder Prozeß sein wird, so muß damit dennoch *sofort* begonnen werden.

dustrielle Betriebe in mittleren und kleinen Werken auf dem Land verteilt. Die Arbeiter könnten Gemüse- und Obstgärten haben und sich Hühner, Ziegen oder Schweine, sogar Milchkühe, halten. So überleben heute noch die Russen mit ihren Datschas, nachdem 1998 eine Hyperinflation die Löhne so entwertet hatte, daß davon das physische Überleben – vor allem in den Städten – nicht mehr möglich gewesen wäre. Dadurch allein würden sie in der Lage sein, sich zum Teil selbst zu ernähren.[364]

Um eine solche Umsiedlung der Industrie aufs Land zu ermöglichen, müßte der Staat den ›Egoismus der Großindustrie‹ überwinden, indem er die von der Industrie künstlich hoch gehaltenen Preise für Maschinen, Strom, Treibstoffe, Düngemittel usw. durch Lenkungsmaßnahmen auf ein natürliches Niveau bringt. Damit gäbe es keine ökonomischen Vorteile mehr dafür, Fabriken in den Industriezentren zu behalten. Eine solche Politik wäre auch eine nötige Gegensteuerung zur EU-Politik, wie sie auch Ricardo PETRELLA erwähnte: Das ›*business-reengineering*‹ – die Neu-Organisation der Wirtschaft – findet in den *städtischen* Regionen statt. So vorteilhaft dies betriebswirtschaftlich erscheint, so tödlich ist es für die Volkswirtschaft als Ganzes.

Anders gesagt: Führung und Planung in der Wirtschaft sind eine Überlebensnotwendigkeit. Bisher fehlten sogar die Überlegung dazu und der Wille, darüber nachzudenken. Wie läßt sich das ändern? Kann man sich es leisten, die Industriezentren abzubauen und die Werke aufs Land zu verteilen? Die Neugründungen kann man steuern. Aber bei dem wirtschaftlichen Abschwung der Gegenwart scheint es unmöglich, die bestehenden Produktionsstätten umzusiedeln. Da sich Maschinen und Gebäude der Industrie aber sehr schnell abnutzen, wird es trotzdem gehen. Wenn der Um- oder Rückzug auf die Dörfer und die Suche nach geeigneten Niederlassungen beginnen, würde dies sogar eine ungeheure Welle neuer Arbeitsplätze schaffen. Der Staat kann mit steuerlichen Vergünstigungen dies fördern, die Zahl der Arbeitslosen verschwände in kürzester Frist, eine *innere* Konjunktur gäbe den Auftrieb.

Die EU-Agrarmarkt-Ordnung muß rückschauend als ein tödliches Experiment angesehen werden. Die schon in ihrer Zahl stark dezi-

---

[364] Anläßlich eines Vortrages auf Einladung der Agrar-Akademie in Breslau über »die österreichischen Erfahrungen in der Landwirtschaft nach dem EU-Beitritt« vor etwa 10 Jahren erwähnten unsere Gastgeber, daß die durchschnittliche Größe landwirtschaftlicher Betriebe in Polen bei 3 bis 5 ha liege, was den Polen das Überleben im Krieg und später – unter viel härteren Bedingungen – das Überdauern der kommunistischen Sowjetdiktatur ermöglicht habe.

Durch die Biosprit-Förderung ist die Nahrung
an die Ölpreise angekoppelt worden.

mierten Landwirte können derzeit nur noch mit gewaltigen staatlichen Transferleistungen am Leben gehalten werden. Das kann man aber nicht als ›Ordnung‹ bezeichnen, sondern es ist schlechthin *Chaos*. Die Folgen bei den geringsten Störungen wären: Notstand und Zusammenbruch. Die Notwendigkeit einer Anpassung an neue Verhältnisse ist also offensichtlich, auch wenn es schmerzliche Opfer fordert.

Auch die landwirtschaftliche Einfuhrpolitik ist problematisch: einerseits, weil die Lieferländer trotz eigenen Bedarfs mit Monokulturen nur auf den Export zielen und damit auch zu einer sinnlosen, ruinösen Konkurrenz der lokalen Betriebe geworden sind. Zum andern wurden unglaubliche Abhängigkeiten aufgebaut: Bei den Tierfuttermitteln ist die deutsche Viehwirtschaft in unvorstellbarer Weise von US-Importen abhängig. Stocken die Importe nur für wenige Wochen, müßten die Tiere massenhaft notgeschlachtet werden. Eine wirtschaftliche Selbstverwaltung der Landwirtschaft würde in der Zukunft solche Fehlplanungen verhindern.

Zusammenfassend heißt das: Erhaltung der Leistungsfähigkeit der Landwirtschaft *und* des Bauernstandes, Rücksiedlung der Industrie aufs Land, faire Preise für die Landwirte bei ihren Einkäufen und Investitionen sowie für ihre Produkte und eine planmäßige Boden- und Landreform sind die Mittel, die notwendig sind, um das deutsche Volk aus eigener Scholle zu ernähren. Ein Erfolg ist möglich, wenn hier die oben empfohlene konsequente Politik verfolgt wird.

Heute werden Ungunstlagen – die früher bis in hohe Gebirgslagen der Natur abgerungen wurden – als landwirtschaftliche Nutzflächen aufgegeben. Das sollte und dürfte künftig nicht der Fall sein, wenn die deutsche Eigenproduktion die Volksernährung sichern soll.

Jedes Mittel konstruktiver Art ist richtig und notwendig, vor allem schöpferische, die den Boden weitgehend nutzbar machen und jene neuen Siedlungsmöglichkeiten für die Verringerung der städtischen Ballungen schaffen. Man wird auch die Wiesen- und Weideflächen, die umgebrochen werden könnten, als Ackerland nutzen müssen, um die hohen ›Energiekosten‹ für die Fleischproduktion direkter in pflanzliche Lebensmittel umzusetzen.

Saatzucht und Vermehrungszucht müssen kultiviert und in der Hand des eigenen Bauernstandes verbleiben und auch in Zukunft gesichert werden.

Diese Forderungen sind höchst aktuell, denn die von der EU uns aufgezwungene Agrarpolitik fördert unter dem Vorwand der ›Nicht-Diskriminierung‹ und des ›offenen Marktes‹ – also der sogenannten »Vier Freiheiten« der EU – die Verwendung genetisch veränderten, patentierten Saatgutes von US-Monopolkonzernen. Sie fördert mit Prämien die Brache von landwirtschaftlichen Anbauflächen und – über politische Entscheide der USA – die massive Umwidmung von Anbauflächen für Nahrungs- und Futtermittel zur Erzeugung von Bio-Sprit. Die Folgen sind beängstigend: Eine gewaltige Verminderung der Ernten bei den wichtigsten Getreidesorten – Weizen, Mais, Reis –, begleitet von schweren Hungesnöten und starken Preissteigerungen für Lebensmittel. Da mit der Bio-Sprit-Förderung auch ein Konkurrenzkampf gewissermaßen zwischen Hunderten Millionen Automobilen um knapper werdenden Treibstoff und dem Nahrungsbedarf von Milliarden Menschen ausbrechen wird, ist erstmals in der Geschichte der Menschheit die Nahrung an die Ölpreise angekoppelt worden. Diese werden bekanntlich von wenigen globalen, mächtigen Konzernen, von der Spekulation an der Warenbörse und inzwischen von der absehbaren Verknappung bestimmt und haben in den vergangenen Jahren über 300prozentige Steigerungen erfahren.

Mit einem Vers von SCHILLER ist die Aufgabe umrissen: »Mit dem Genius steht die Natur im ewigen Bunde, was der eine verspricht, hält die andre gewiß!«

Es wird, um die Frage der Ernährung in die rechte Perspektive zu setzen, nötig sein, sich die Ein- und Ausfuhren der verschiedenen Wirtschaftsbereiche anzusehen, ebenfalls die Bilanz im Landwirtschafts- und Ernährungsbereich. Dabei ist aber zu bedenken, daß manche Industrieerzeugnisse, zum Beispiel Maschinen, chemische und pharmazeutische Produkte, Saatgut, Düngemittel, Energie hochpreisig, die Erzeugerpreise der Landwirtschaft durch die GAP der EU politisch auf Tiefstpreise gedrückt sind, die nicht einmal die Produktionskosten hereinspielen. Anders ist ja die Notwendigkeit der Transferleistungen in Höhe von der Hälfte bis zwei Dritteln der bäuerlichen Gesamteinkommen nicht zu erklären. Mit einer kalkulatorischen Korrektur der landwirtschaftlichen Produktpreise auf der Grundlage von zumindest Kosten-Preisen müßte man einmal die Relation zum Beispiel mit der Stahl- oder Maschinenbauindustrie ansehen, um die wirtschaftliche Bedeutung der Landwirtschaft auch aus nur ökonomischer Sicht richtiger zu beurteilen.[365]

Hier ist also vieles in Ordnung zu bringen. Das Ärgernis wird um so größer, je mehr man die Preise für lebensnotwendige Dinge – Nahrung – mit den modischen und Luxusartikeln vergleicht. Es ist auch der Warenstrom gleichartiger Produkte zu beurteilen: Welchen Sinn hat es Obst, Feldfrüchte oder Gemüse einzuführen, die man selbst in ausreichender Menge erzeugen kann, oder welcher Automobilwunsch – ob groß oder klein, PKW oder gewerbliche Fahrzeuge – kann nicht von der eigenen Erzeugung abgedeckt werden? Wie viele deutsche Produkte werden exportiert, um als praktisch identische ausländische wieder importiert zu werden? Ein gänzlich sinnloses Herumgeschiebe von Waren und Gütern.

Der wirtschaftliche Selbstverwaltungsaufbau, der solches vermeiden soll, erfordert eine staatliche *wirtschaftspolitische Lenkung*, als Globalsteuerung, um diese Dinge schließlich in Ordnung bringen. Die globalisierte, vertrustete Großindustrie wird gegen diesen Aufbau Sturm laufen und dies als Planwirtschaft mit dem Anathema stigmatisieren, obwohl sie selbst, wie gezeigt, alles andere als ›marktwirtschaftlich‹ handelt, sondern nur über langfristige strategische Planung – hier allerdings ausschließlich unter dem Gesichtspunkt des ökonomischen Kalküls und der privaten Gewinnmaximierung, nicht aber zur Förderung des Gesamtwohls.

Der Blick fürs Ganze darf nur oberstes Prinzip sein. Interessenklüngel, die alle Dinge zu *ihrem* Vorteil und nach *ihren* Gewinnchancen auslegen, können nicht Maßstab sein.

Mancher Einwand gegen die Boden-Reformvorschläge kommt aus der Überzeugung, Privateigentum unter keinen Umständen anzutasten; es sei dies die Grundlage persönlicher Freiheit der Menschen.

---

[365] Wir kommen im nächsten Kapitel noch auf eine weitere, sehr grundsätzliche Bedeutung der landwirtschaftlichen Produktion und ihrer Preise im volkswirtschaftlichen Zusammenhang.

Auch die mit Volk und Heimat verbundenen Menschen sehen hier oft ein Problem und weisen darauf hin, daß sich ein Volk immer wieder vom Lande, das heißt vom Bodenbesitz, her neu ergänzt. Nur auf dem Lande würde die schöpferische Kraft immer wieder neu geboren. Diese Kraftquelle ginge verloren, wenn man den Menschen den Boden wegnähme. Das ist gerade nicht der Fall, wenn eine Umkehrung der Verstädterung erfolgte, es kämen sogar wieder mehr Menschen auf den Boden des Landes zurück. Dazu bedarf es aber nicht des Eigentums am Boden, wie immer behauptet wird. Im übrigen kam das frische Blut vom Land auch dann, als die Bauern noch nicht die mit ihrer Befreiung einhergehende Besitzübertragung erlebt hatten.

Sind denn ein SCHILLER oder ein GOETHE, ein LISZT oder BEETHOVEN, ein KANT oder SCHOPENHAUER, ein NAPOLEON oder MOLTKE oder auch ein LIEBIG oder der Erfinder der Dampfmaschine Söhne von Großgrundbesitzern oder von Großbauern gewesen? Machen wir uns doch nichts vor. Großgrundbesitzer mag es einige Tausend in Deutschland geben, gesunde Großbauern vielleicht einige Zehntausend. Aber Deutsche gibt es um 70 Millionen. Glaubt jemand, daß nur von diesen vielleicht fünfzig- bis einhunderttausend Familien die Kraft des deutschen Volkes ausginge?

4.1 Der Mensch schuldet, die Natur kreditiert

Wir möchten einen bemerkenswerten Artikel, »The Short-sellers Nightmare«,[366] im Zusammenhang mit der Landwirtschaft aufgreifen, der von einem heute anscheinend vergessenen Blickwinkel das Wirtschaftsgeschehen beleuchtet. Er ist deshalb bemerkenswert, weil diese Analyse auf jene Realitäten hinweist, deren Beachtung für eine mögliche Lösung der gegenwärtigen Finanz- und Weltwirtschaftsmisere zwingend erscheint. Nachfolgend sind - meist weitgehend im ungeänderten Wortlaut - die Überlegungen von NICHOLS und WILKEN wiedergegeben und einige zentrale Gedanken kritisch beleuchtet.

Thomas NICHOLS bezieht sich in seinem Artikel auf Forschungen und die wirtschaftliche Analyse der USA, die Carl H. WILKEN vom

---

[366] »The Short-sellers Nightmare«, 2001–2002 Northern Lights Research, von Thomas Q. NICHOLS, Research Analyst, nichols@nemontel.net vom 12. März 2000. Wir zitieren daraus und möchten auf die Internetseite des Autors hinweisen: http://www.northernlightsresearch.com
Der Artikel wurde von uns ins Deutsche übersetzt. Hier wurden - mit Genehmigung des Autors - ein Auszug und zum Teil gekürzte Textstellen des ins Deutsche übersetzten Artikels übernommen.

Nationalen Rat für Grundstoffe in Sioux City in Iowa von 1930 bis in die siebziger Jahre machte. »Die Forschungen von Wilken und seinen Mitarbeitern waren die Grundlage des ›*Steagall Amandment*‹ zum ›*War Stabilisation Act*‹ von 1942, mit dem der Kongreß für 10 Jahre die Kontrolle – also den Wert des Geldes festzusetzen – wieder selbst in die Hand und von der Federal Reserve *weg*-nahm. Mit seinem systematischen Ansatz konnte Wilken eine Voraussage über den Grad des Wohlstandes der US-Volkswirtschaft mit 100%iger Zuverlässigkeit machen (womit ein fabriziertes Ereignis wie ›9/11‹ als vorgeschobener Krisen- und Kriegsgrund unnötig wurde) und vorhersagen, inwieweit Schuldenmachen beim Handel der USA mit Gütern und Dienstleistungen nötig sein werde. Diese Vorhersagen waren immer vollkommen zuverlässig. Das Vertrauen in sie war so groß, daß über viele Jahre ein Preis in Höhe von 10 000 Dollar ausgelobt wurde, falls jemand nachweisen könne, daß diese Erkenntnisse falsch seien.

Wilken betonte, daß seine Untersuchungen der vergangenen Ereignisse eine Analyse, und keine neue Wirtschaftstheorie seien. Die USA haben ihre gesunde Geldpolitik aufgegeben und besitzen keine Daten mehr, mit denen wir das heutige Umfeld mit aktuelleren Werten als jenen von 1945 bis 1950 vergleichen könnten. Der Leser wird aber sehen, daß es nicht auf das Alter der Bezugsgröße ankommt, da die grundlegenden Prinzipien dieser Analyse auf die Zeit der Gründung dieses Landes zurückgehen. Wir können die Grundbedürfnisse der Menschen *nicht* mit Bankkrediten befriedigen. Denn die Wirtschaft besteht aus den Scheffeln Weizen, den Tonnen Eisenerz oder Kohle, dem Holz, den Pfunden Fleisch, den Fässern Öls usw., mit denen die Menschen Handel treiben. Hier gilt immer: *Der Mensch schuldet, die Natur kreditiert*. Diese Mengen an Rohstoffen – *sie* bilden den neuen Reichtum – werden von der Industrie in *andere Formen* des Reichtums verwandelt und damit zu festen Werten der Gesellschaft.

Das ›Gold und Silber‹ (also *das Geld*) ist in Wirklichkeit das Getreide, der Weizen, das Holz, das Öl, die Kohle usw., die den Reichtum der Nationen ausmachen. Wenn Gold (das *internationale* Geld oder Währung) in einer unruhigen Welt stabil bleiben soll, bedarf es einer ständigen politischen Anstrengung, den Preis von Weizen, Baumwolle und allen Grundstoffen in eine vernünftige Beziehung zum Preis des Goldes zu bringen.[367]

Unter normalen Bedingungen kommen 70 Prozent des Wertes der

---

[367] Siehe auch die Überlegungen zu einer Reform des Währungswesens an anderer Stelle, die dies ebenfalls thematisiert.

Grundstoffproduktion aus der Land- und Forstwirtschaft. Der entscheidende Faktor wirtschaftlicher Stabilität und des wirtschaftlichen Wachstums ist demnach ein konstanter und sogar wachsender Strom an landwirtschaftlichen Produkten, von denen die meisten in einem jährlichen Zyklus erzeugt werden. Da dieser in nicht unwesentlichem Maße von saisonalen und klimatischen Bedingungen abhängt, muß immer ein Überschuß vorhanden sein, um die Schwankungen auszugleichen. Jeder Versuch, die Urproduktion (also jene der Landwirtschaft) an die unmittelbaren Bedürfnisse anzugleichen, kann ganz leicht zu einer wirtschaftlichen Katastrophe führen, wie sie die USA 1970 als unmittelbare Folge der Farm-Programme von 1960 erlebt haben. Es muß auch daran erinnert werden, daß die Landwirtschaft wegen ihrer saisonalen Natur zwölf Monate im voraus produziert.

Primär-Produktion – also die Entnahme von Rohmaterial von der Mutter Erde – ist die Grundlage für eine wachsende und blühende Gesellschaft. Der Mensch nimmt sich Nahrung und Rohstoffe von der Natur, und die Bilanz im Sinne der Buchhaltung war und ist: *der Mensch ist Schuldner, die Natur Gläubiger.*

Es ist bemerkenswert, daß WILKEN den entscheidenden Punkt darin sieht, daß »die Feststellung der Einheit der Währung korrekterweise immer wieder als politische Aufgabe über das Wohl und Wehe der Nationen entscheidet«.

Friedrich ROMIG formulierte es in seinem Widerstand gegen die Aufgabe der eigenen, souveränen Währung zugunsten des Euro so: »Der Staat ist das Geld und umgekehrt: Das Geld ist der Staat.« Insofern war die Einführung des Euro auch *kein* ›technisches‹ Problem, sondern in Wirklichkeit die Aufgabe der staatlichen Souveränität, ein ›Weg in die Knechtschaft‹ unter dem Diktat einer Brüsseler Bürokratie, die ihrerseits zum willfähriger Handlanger der internationalen Finanzoligarchie wurde. Kennt man die Umstände der Gründung der US Federal Reserve Bank (FED), dann ahnt man,

a. wer die USA regiert und

b. warum wahrscheinlich John F. KENNEDY ermordet wurde.[368]

[368] Unter anderem versuchte er, die FED wieder der Kontrolle des Kongresses zu unterstellen und damit den von der Verfassung gebotenen Zustand der Kontrolle über die Währung durch den Gesetzgeber wiederherzustellen. Andere Motive für seine Ermordung zeigen das Buch von Michael PIPER, *Final Judgement* auf: JFKs Widerstand gegen die atomare Aufrüstung Israels, die nach seiner Ermordung von seinem Nachfolger Lyndon B. JOHNSON und einer 180 Grad-Wende der US-Politik stattfand, wie auch die die FED betreffenden Entscheidungen JFKs noch im Flugzeug von JOHNSON revidiert wurden.

WILKENS Analyse verdient es, besonders hervorgehoben zu werden, weil sie nicht nur die *Rolle der Landwirtschaft* als Ernährerin einer Nation, sondern auch und vor allem ihre *volkswirtschaftliche* Bedeutung hervorhob, die für die EU, insbesondere seit der Osterweiterung, lebenswichtig ist: Die Zerstörung der europäischen Landwirtschaft (die Zerstörung der osteuropäischen ging mit dem gewünschten Beitritt der entsprechenden Staaten zur EU einher) hat viel weiter reichende Folgen als nur den Verlust von Arbeitsplätzen und die Abhängigkeit von ausländischen Erzeugnissen, weil die eigenen Kapazitäten sehr stark vermindert wurden, die, wenn verloren, nicht mehr aufgebaut werden können.[369]

Johann Heinrich VON THÜNEN hatte unter anderem den Wohlstand (den Reichtum) von Nationen nicht in der Angabe irgendwelcher Kennziffern oder monetärer Werte gesehen, sondern in einer unmittelbar für jeden leicht *sichtbaren* und in seiner Bedeutung auch rational und emotional erkennbaren Größe, nämlich in dem Umfang des agrarisch genutzten, unter dem Pflug stehenden Landes. Bei unseren Reisen nach Rußland konnten wir sehen, wie viel Land heute brach liegt, daß manche Industriestädte eigentlich Ruinen sind. Das gibt einen viel eindringlicheren Hinweis auf die ökonomische Lage als Prozentwerte des Wirtschaftswachstums. Letztere sind abstrakte Ziffern, deren Größe oder Bedeutung obendrein meist nicht erfaßt werden kann.

WILKEN sagt: »Die Arbeitsteilung brachte eine größere Leistungsfähigkeit, aber die fabrikmäßige Fertigung, der Handel und die Dienstleistungen erhöhten nur den Preis, sie brachten jedoch nichts Zusätzliches auf seiten der Grundstoffe zum Endprodukt dazu. Außer in der Land- und der Forstwirtschaft, dem Bergbau, der Fischerei lauten heute alle Gleichungen in der Wirtschaft: Der *Mensch* schuldet, der *Mensch* kreditiert – was leider zu dem Wahn führt, daß der Mensch in gleicher Weise wie die Natur kreditieren könne. Darum hat es nie einen Gewinn in einer Wirtschaft gegeben und wird es auch nie einen geben, wo es nicht heißt: Der Mensch schuldet, die *Natur* gibt,

---

[369] Man muß sich nur die Statistiken ansehen, wie sich die Landwirtschaft und ihre Produktivität seit Beginn der beschönigend so genannten ›Reformen‹ in den osteuropäischen Ländern entwickelt und zu einer dauernden Vernichtung an Produktionskapazität geführt haben. Wenn dann gar von einem »Einstand« mit dem »Vor-Zustand« von 1989/91 berichtet wird, man aber die wirklichen Zustände in diesen Ländern mit eigenen Augen gesehen hat, weiß man, daß die Statistik nichts mit der Wirklichkeit zu tun hat und reine Propaganda ist.

denn der Natur muß ganz einfach nichts zurückbezahlt werden. *Nur* dieses Verfahren bringt wirtschaftlichen Gewinn, bei dem sich Kapital bildet, um die Wirtschaft auszudehnen, um damit für eine wachsende Bevölkerung und einen höheren Lebensstandard vorzusorgen.

Das einzig Neue, was in die ökonomische Gleichung einging, war die Arbeitsteilung, aber die Gleichung enthielt *immer noch* Grundstoffe, landwirtschaftliche Produkte, Eisenerz, Holz, Kohle, Wolle oder Baumwolle für den Mantel eines Arbeiters und damit die Formel: der Mensch ist Schuldner, die Natur Gläubiger.«

Das ist gewiß eine sehr nützliche und richtige Überlegung, aber was den Multiplikator betrifft, erscheint uns die Folgerung freilich etwas übertrieben zu sein. Innovationen, Erfindungen, neue Arbeits- und Organisationsmethoden erlauben doch wohl, einen bedeutsamen Zusatznutzen (Wert) zu schaffen, wenn man dies mit dem Ausgangspunkt – einer weniger arbeitsteiligen Grundstoffverarbeitung – vergleicht oder mit jener ›Effizienz‹, die in den dreißiger Jahren mit dem Multiplikatorfaktor 1 : 5 erreicht wurde. Es ist auch eine Frage, ob es grundsätzlich richtig (also vollständig) ist, nur den materiellen Fluß bei der Erzeugung von Gütern zu betrachten. Es heißt ja auch: »Der Mensch lebt nicht von Brot allein«, also ist er auch und vielleicht sogar wesentlich ein *geistiges* Wesen. Von diesem Geist gehen in Form von Erfindungsgabe, Organisation, Geschick, Talent, neuen Fertigungsmethoden, Substitutionsprodukten usw. viele Anteile in einem parallelen, aber immateriellen Fluß ebenfalls in die ›Fertigwaren‹ ein. Gerade die Übernahme dieser neuen Betrachtungsweise der deutschen (im Gegensatz zur anglo-amerikanischen) Volkswirtschaftslehre (F. LIST, O. SPANN) dürfte wohl Grund für den steilen Aufstieg Deutschlands als Wirtschaftsmacht gewesen sein, ja selbst für den der USA, die auch die Lehren LISTS zeitweise umsetzten und dadurch gediehen.

Nichtsdestoweniger sind NICHOLS' und WILKENS Untersuchungen und Gedanken berechtigt und – vor dem Hintergrund heutiger *»virtual economy«* – wichtig und richtig, weil sie die Verzerrung der Preisparität vor allem bei den Grundstoffen und der Nahrung – der von der Witterung abhängigen Urproduktion – deutlich machen.

Individuen oder betriebswirtschaftlich wirkende Firmen können einen Gewinn auf Kosten anderer machen, aber diese Transaktionen sind ein Nullsummenspiel. Es sind das nur Geschäftsgewinne – im Gegensatz zu einem *»added value‹*, den eine Volkswirtschaft als Ganzes erwirtschaftet –, wobei in der Gewinn- und Verlustrechnung die laufenden Kosten (Ausgaben) mit den Einnahmen verglichen werden. Es ist ein »geschlossenes« System, wenn man so will. Bei einem Mangel an Einkommen erfordert dies den Zustrom geborgten Geldes (Kredit).

»Geld dient dazu,[370] den relativen Wert von Gütern und Leistungen zu messen. Das durchschnittliche Preisniveau aller Konsumgüter und Dienstleistungen macht unser Konsumenten-Preisniveau aus. Daher bestimmt die Zahl der produzierten Einheiten an Waren und Dienstleistungen mal dem Preisniveau, zu dem sie verkauft werden, unser National-Einkommen (Brutto-Inlandsprodukt). Das BIP entsteht aus der Produktion von Waren und Dienstleistungen und stellt den Bedarf oder, anders betrachtet, die Fähigkeit dar, die jährliche Produktion kaufen zu können. Ohne Produktion gäbe es kein Angebot, das man mit dem Preis multiplizieren könnte (um ein BIP zu errechnen!). Die Produktion ist also immer von gleicher Bedeutung wie der Preis pro erzeugter Einheit. Darum ist es auch nicht nur wichtig, ›daß der Strom aus der Steckdose kommt‹, sondern auch, daß er auch *bei uns* erzeugt wird, wie dies für die meisten Produkte ja auch gilt. Die Absiedlung ganzer Industriebereiche ins ›billigere‹ Ausland ist daher nichts anderes als die Zerstörung der eigenen Lebensgrundlagen. Ein Rückgang des Preisniveaus um 10 Prozent oder der Produktion bedeutet ein Schrumpfen des BIP um 10 Prozent. Falls beides zugleich stattfindet, ist der Rückgang des BIP fast doppelt so hoch, wie wenn nur das eine der beiden Elemente, Produktion oder Preisniveau, einen Rückgang verzeichnet.«

Daran erkennt man das Dilemma der heutigen Wirtschaftsdoktrin: Die Preise sollen stabil bleiben, also möglichst nicht steigen. Darum fälscht man ja so massiv die Inflationswerte – den CPI, PPI –, zwei Werte, die in den USA tatsächlich weit über den offiziellen Angaben liegen, oder die umlaufende Geldmenge M-3, die man seit 2006 überhaupt nicht mehr bekanntgibt. Dafür sollte die Produktion möglichst stark steigen. In den USA ist nur der reale ›*Output*‹ längst und seit

[370] Unter anderem; aber es ist auch Wertaufbewahrungsmittel, und Geld kann als Mittler den Tauschvorgang zeitlich und örtlich entkoppeln. Wenn ich eine Kuh verkaufen will, aber gerade keine anderen gleichwertigen Tauschobjekte brauche, kann ich sie gegen Geld verkaufen und damit später und anderswo meine Bedürfnisse decken. Soweit die Theorie. Aber heute hat Geld diesen ›neutralen‹ Charakter verloren, weil es als *ein Wert an sich* gilt und somit selbst Handelsobjekt wurde und scheinbar ›*added value*‹ erzeugt. In den vergangenen Jahrzehnten haben ›Finanzanlagen‹ weit mehr als das Real-Kapital in der produzierenden Wirtschaft Ertrag oder Zinsen gebracht! Nur das ist in der realen Welt eben nicht auf Dauer möglich.

Jahren rückläufig. Um dies zu verdecken, rechnet man die gestiegenen Preis-Leistungsverhältnisse im Bereich der Computer- und Kommunikationsindustrie in hypothetische Einheiten um.

Hier liegt auch eine gewisse Schwäche in NICHOLS' Argumentation, wenn er nämlich den »Reichtum der Nation« im wesentlichen in »Preisen« ausdrückt, die ja kein Maß für Lebensqualität, Gesundheit und alles das darstellen, was O. SPANN als »Kapital höherer Ordnung« bezeichnet hat.[371]

Aber NICHOLS zeigt auch, »wie die Grundstofferzeugung mit den Fertigprodukten verknüpft ist. Für alle Erzeuger von Grundstoffen – Viehzüchter, Bergbauunternehmer, Fischer, Förster usw. – gilt, daß keiner von diesen die Arbeit selbst macht; sie haben alle Hilfskräfte. Der große Unterschied ist, daß die Rohstofferzeuger das Geld zuerst bekommen. Sie müssen genug erwirtschaften, nicht nur für sich selbst, sondern genug, um ihre Leute zu bezahlen, damit sie ihren gerechten Anteil von dem, was sie anderen zu produzieren halfen, kaufen können.

Sehen wir uns nun die praktische Konsequenz dieser Tatsache an einem einfachen Beispiel an. Ein Scheffel Weizen (ein Grundstoff) ermöglicht es, 70 Laibbrote von je 500 Gramm (ein Fertigprodukt) zu machen. Ein Scheffel (*bushel*) Weizen möge 3 Dollar kosten und ein Pfund Brot wird für 1 Dollar verkauft werden. Wir – die Volkswirtschaft – müssen mit anderen Worten ein Einkommen von 70 Dollar erzeugen, um all das Brot kaufen zu können, das wir von einem Scheffel Weizen backen können. 70 Laibe mal 1 Dollar = 70 Dollar. Der Preis für Weizen beträgt 3 Dollar; diesen mal dem Handelsmultiplikator sieben (gemäß den Forschungen des Grundstoff-Rates) genommen, ergibt 21. Das heißt, das BIP, das von einem Scheffel Weizen erzeugt wird, beträgt 21 Dollar, mit dem wir das Brot im Wert von 70 Dollar kaufen müssen. Woher kommen aber die anderen 49 Dollar?

Hier kamen Mr. GREENSPAN und seine Gruppe privater Banken, die Federal Reserve, zur Rettung. In den vergangenen Jahren hatten sie Hunderte Milliarden Dollar in öffentliche und private Schulden gepumpt, so daß wir die Produktion aus den Grundstoffen konsumieren und unsere alten Schulden für Kolonialwaren (Einfuhren) bedienen konnten, die wir zwar verbraucht, aber nicht bezahlt hatten.

---

[371] Hier kann darauf nicht weiter eingegangen werden, aber in F. ROMIG, *Ideologische Elemente der neoklassischen Theorie* (aaO.) finden sich die Kritikpunkte (siehe S. 54 ff.): »Volkseinkommen – der Maßstab des irrationalen Anti-Humanismus«.

Washington erklärt zwar, wie ›billig‹ die Nahrung in den USA doch sei. Aber die Verbraucher haben noch andere Bedürfnisse, darunter Wohnung, Auto, Einrichtung, Möbel usw., die bezahlt werden müssen. Die Einkommen reichen aber oft nicht aus, so daß die große Lükke im Einkommen mit Krediten gestopft wurde. Die Sicherheit dafür waren in der Vergangenheit die oft überbewerteten Eigenheime, die in der nun akut gewordenen Immobilienkrise die Konsumkredite nicht mehr ausreichend besichern und abdecken können. Das hatte den Verlust des Hauses und die Verelendung zur Folge.

Die Bankiers sind auf der ›sicheren Seite‹, weil sie sich mit Hilfe der gewählten Vertreter des Kongresses die abenteuerlichen Finanzierungsmodelle legalisierten und bald alle Besitztümer der Menschen angeeignet haben werden.

»Bleiben wir beim gegenwärtigen Preisniveau eines Scheffels Weizen, der bei 14,46 Dollar liegt (je nachdem, welchen Index wir anwenden). Dann entsprechen 14,46 Dollar mal dem Handelsmultiplikator 7 = 101,22 Dollar BIP, um Brot für 70 Dollar zu kaufen, das von einem Scheffel Weizen stammt. Natürlich würde unter Preis-Parität auch der Preis für das Brot leicht steigen, um die Preissteigerung des Weizens, der Löhne, des Treibstoffes usw. zu berücksichtigen, aber der Paritätspreis eines Scheffels Weizen würde das alles abdecken und einen Überschuß für ›nationale Ersparnisse‹ überlassen. Das war manchmal auch der Fall, und aus diesem Grund sanken die öffentlichen Schulden in den Jahren 1925–1929 und 1945–1950, als mit *paritätischen Preisen*[372] gearbeitet wurde.

Oft hört und liest man von verschiedenen Wirtschaftsbegriffen, und wir wollen ihre Einflüsse in den ökonomischen Rechnungen untersuchen. Zwei Begriffe, die der *Inflation* und *Deflation*, sind zwar alltäglich, aber sie sind dem durchschnittlichen Leser nicht wirklich ver-

---

[372] Nach dem Krieg gab es in Österreich eine ›Paritätische Lohn- und Preiskommission‹. Sie existiert zwar noch immer, aber es ist sehr ruhig um sie geworden. Erinnern können wir uns aber, daß sie immer – von Liberalen – angegriffen wurde, weil so eine Einrichtung angeblich ›grundsätzlich‹ gegen die ›Gesetze des freien Marktes‹ verstoße. Tatsächlich aber wachte sie über ein gerechtes Verhältnis von Preisen für die Arbeitskraft und den in Österreich verfügbaren Grundgütern. Offensichtlich war das eines der Geheimnisse des Wirtschaftswunders und Wiederaufbaus, während der heutige Raubtierkapitalismus – vor allem auch unter der ›bürgerlichen Wende-Regierung‹, die inzwischen abgewählt wurde – sich als neoliberale Abrißbirne entwickelte, die Institutionen und das ›Kapital höherer Ordnung‹ – nach Othmar Spann – vernichtete, dies aber als ›schlanken Staat‹, Markt ›für die Fleißigen und Tüchtigen‹ usw. ausgibt.

traut. Wenn wir zum Beispiel eine 10%ige Erhöhung unserer Produktion bei stabilen (paritätischen) Preisen haben, erzeugen wir damit einen 10%igen Zuwachs des (nationalen) Einkommens. Er steht in unmittelbarem Verhältnis zum Produktionszuwachs. 110% Produktion x 100% Preis = 110% Wachstum unserer Wirtschaft.

Oder wenn wir einen 10%igen Anstieg der Produktion *und* einen 10%-igen Preisanstieg zur selben Zeit hätten, ergäbe dies ein Wachstum unseres BIP (dem nationalen Wohlstand) um 21 % bei nur 10 %-iger Produktionsausweitung. Das bedeutet aber Inflation und erklärt sich wie folgt: 110% Produktion x 110% Preis = 121% Einkommensniveau, um nur 110 % Produktion zu kaufen.

Umgekehrt, falls wir einen 10%igen Rückgang in der Produktion haben, erleiden wir einen 10%igen Verlust unseres Einkommens. Wenn die Preise zur selben Zeit um 10% fallen, sinkt das nationale Einkommen um 19%, und wir haben eine ernste Deflation. 90% Produktion x 90% Preis = 81% Einkommen, um diese Produkte zu kaufen. In einer Deflationsspirale muß mit dem Rückgang des Einkommens die Produktion zurückgeschraubt werden, um den Verlust an (kaufkräftigen, liquiden) Märkten wettzumachen, was praktisch bedeutet, daß das Tempo des Einkommensverlustes sich verdoppelt. Die USA hatten gegenwärtig (zum Zeitpunkt, als diese Gedanken niedergeschrieben wurden) folgendes Agrar-Szenario: *75% Produktion x 20% Preisniveau = 15% Einkommen,* um die Produkte der Volkswirtschaft zu erwerben. Heute sind alle Grundstoff erzeugenden Branchen ›*short-changed*‹, also deflationär. Das Wirtschaftsdenken ist: ›billiger ist besser‹, wobei sich aber ein Preisrückgang als Fluch, und nicht als Segen für die Konsumenten auswirkt. Der Einkommensverlust wird durch gewaltige anwachsende Krediteinschüsse (Schulden) ausgeglichen.«

In Österreich ist es ganz ähnlich: Mit dem EU-Beitritt hat sich das Bauernsterben nochmals beschleunigt. Die bäuerlichen Einkommen bestehen heute zumeist weit über der Hälfte, manchmal bis zu 90 Prozent, aus Transferleistungen des Staates, weil die landwirtschaftlichen Produkte mit regulierten Niedrigstpreisen die eben beschriebene US-Situation auch bei uns widerspiegeln. Die prämierten Flächenstillegungen tun ein übriges, die mögliche Leistungsfähigkeit künstlich zu begrenzen.

»Wilkens Arbeit beruht auf einer ökonomischen Formel, die das Grundgesetz des Tausches ist. Die Menschen produzieren Rohstoffe, bringen diese in die Fabrik, verwandeln sie in Fertigprodukte, verteilen sie und vollbringen verschiedenste Dienstleistungen, die ihr Lebensstandard erfordert. Die Menschen stellen auch den Markt dar für jene zu Hause verkauften Güter und für Importe, die man im Austausch für allfällige Überschüsse eigener Güter bekommt. Der Umfang des nationalen Handels und des Außenhandels hängt von der Kaufkraft der eigenen Bevölkerung ab. – Die Gesetze der Arithmetik sind sehr genau, und zwei mal zwei ergibt vier. US-Handelsdefizite von weit über einer Milliarde Dollar pro Tag sind ein Hinweis, daß etwas sicher falsch sein muß, und das Ungeheuerliche liegt in der Aufrechterhaltung des Mythos vom ›freien Handel‹ von Konsumgütern für den ›gleich(wertig)en Austausch‹ von Rohstoffen.«

Das ist eine jener teuflischen Lügen, mit denen die neoliberale Ideologie – ›wissenschaftlich‹ gestützt – zur Räuberleiter des US-Imperialismus wird, um die Völker der Welt zu plündern.

»Schon immer gab es die Entwicklung, daß eine Person für den Bedarf einer anderen diesen schuf, und diese Relation wurde in den späten dreißiger Jahren um *eins zu fünf* effektiver. Von der gesamten Arbeitskraft zu jener Zeit war etwa ein Fünftel mit der Erzeugung von Rohstoffen befaßt. Das bedeutet, daß es einer Einheit von fünf Menschen bedurfte, um die Rohstofferzeugung eines Menschen mit den verschiedensten Dienstleistungen durch Wirtschaftskreislauf zu schleusen. Dies stellte die Arbeitseffizienz dar.

Als Ergebnis der Verwendung von Geld tauschten die Rohstofferzeuger ihre Rohstoffe gegen Geld, und die Anzahl von produzierten Einheiten mal dem Preis pro Einheit bestimmte ihr Einkommen, und dieses wiederum machte ihre Kaufkraft für Güter und Dienstleistungen aus, die *von den anderen vier Fünfteln der Arbeiterschaft* erzeugt wurden. Die Arithmetik diktiert wiederum, daß der Preis für diese Rohstoffe mit dem Preis für die Güter und Dienstleistungen der vier Fünftel im Gleichgewicht sein muß, wenn die Erzeuger der Rohstoffe den ihnen zustehenden Anteil konsumieren sollen und wollen. Das Einkommen aus den Rohstoffen ist *das neue Geld*, das durch die Produktion geschaffen wird. Jedes *andere* Geld ist nur vorübergehend von unserer Kapitalstruktur geborgtes und wird rückerstattet, wenn die (Fertig-)Waren verkauft worden sind.

Daher ist es nötig, daß das Einkommen aus den Rohstoffen fünfmal von Hand zu Hand geht, um Güter, die aus den Rohstoffen von eines Menschen Produktion kommen und die von insgesamt fünf Leuten erzeugt wurden, zu tauschen und durch den Wirtschaftskreislauf zu tragen. Das Nationaleinkommen errechnet sich daher aus der Anzahl aller Arbeitskräfte, dividiert durch die Zahl jener, die Rohstoffe erzeugen, mal dem Einkommen aus den Rohstoffen. Heute jedoch werden die Rohstofferzeuger in ihrem Einkommen verkürzt (*short-changed*), und das (dennoch erforderliche) Geld wird von unserem Finanzsystem ausgeliehen, aber es wird nicht zurückbezahlt, wie auch die Schulden weiter *geometrisch* anwachsen. Bei Anwendung dieser Formel auf die amerikanische Wirtschaft der Jahre 1929–1953, zeigen die Ergebnisse, daß für jeden Dollar Einkommen aus den in der Volkswirtschaft genutzten Rohstoffen 5 Dollar an Nationaleinkommen erzeugt wurden.

Die Ergebnisse zeigen auch, daß etwa 80 Prozent des Nationaleinkommens benötigt werden, um unter normalen Umständen für die Grundbedürfnisse aufkommen zu können. Das dafür verwendete Geld kann daher als für operative Kosten aufgewendet betrachtet werden, die aber völlig aufgezehrt werden. Mit anderen Worten: 4 von 5 Dollar des Nationaleinkommens benötigt man für den Umsatz der Produktion und die Verteilung der Güter und Dienstleistungen. Der bleibende *eine* Dollar aus den fünf des Nationaleinkommens – das sind 20 Prozent – ist der operative Gewinn, und es ist dies der ursprüngliche eine Dollar, der aus der Produktion des Rohstoffes – durch Entnahme aus der Natur – gewonnen wurde, also *der neu geschaffene Reichtum*. Um es nochmals zu unterstreichen: Es gab nie und wird nie einen Gewinn aus irgendeiner Wirtschaft geben, die nicht darauf beruht, daß der Mensch schuldet, die Natur gibt (kreditiert), einfach aus dem Grund, weil der Natur nicht zurückgezahlt zu werden braucht.

Es ist aber sehr wichtig, sich zu erinnern, daß *nur diese* 20 Prozent des Nationaleinkommens verfügbar sind, um Kapitalgüter anzuschaffen: gleich, ob von Einzelpersonen oder von allen anderen Wirtschaftseinheiten, wie auch immer. Die 20 Prozent des Nationaleinkommens, die in Ersparnisse oder ›Gewinn‹ verwandelt werden, stellen das neue, nutzbare Kapital dar. Alles andere ist virtuelles Geld oder, anders gesagt: legales Falschgeld.

Einzelpersonen und geschäftliche Einheiten in unserem Kreditsystem leihen Mittel von unserer Kapitalstruktur aus, um ihre eigenen Ersparnisse zu ergänzen, die sie selbst für Kapitalgüter verfügbar haben. Das geliehene Geld ist ein Darlehen auf unsere künftigen Ersparnisse oder Gewinne. Kapitaldarlehen, wie Rückzahlungskredite oder Hypothekar-Darlehen, müssen also aus den Gewinnen, die im jährlichen Produktionszyklus erwirtschaftet werden, bedient und rückgezahlt werden.

Nehmen wir zum Beispiel an, daß wir (die USA) im Jahre 2000 eine Rohstoffproduktion (Landwirtschaft, Forstwesen, Fischerei und Bergbau) für neuen Reichtum im Wert von 414 Mrd. Dollar hatten und die Nutzung dieses Reichtums eine Erwirtschaftung von 2075 Mrd. Dollar an Nationaleinkommen erlauben würde (415 mal 5 = 2075). Nach Anwendung der 80%-Formel (oder vier Fünftel) für operative Ausgaben haben wir 415 Mrd. Dollar an Gewinn oder Ersparnissen. Zusätzlich zur fast gänzlichen Nutzung dieses Betrages borgte die Nation 920 Mrd. Dollar an weiteren Krediten, um die Wirtschaft in Gang zuhalten.

Diese Ausweitung der Schulden ist beträchtlich, sie ist aber nichts Einmaliges, da sich dieser Vorgang von Jahr zu Jahr wiederholt, mit dem Ergebnis, daß seither - Ende 2000 - 18,3 Billionen Dollar Schulden angehäuft wurden oder 17,6 Billionen Dollar seit 1959. (Quelle: Table B-69, *Economic Report of the President*)

INDUSTRIE	(Mrd. US-Dollar)
Landwirtschaft	201,9
Fischerei	3,6
Forsten (gesch.)	20,0
Bergbau	40,1
Energie	149,1
Gesamt	414,7

Quelle: BEA, USGS, EIA, *Survey of Current Business, and Economic Report of the President for year 2000.*

		Prozent des Nationaleinkommens		
Art	**1929**	**1933**	**1946–1950**	**2000**
Löhne und Gehälter	59,7%	71,1%	68,8%	70,2%
Kleine Unternehmer, Facharbeiter, Selbständige	10,4	8,2	10,9	8,6
Nettoeinkommen Landwirtschaft	**7,1**	**6,5**	**6,9**	**0,4**
Nettoerträge aus Zinsen, Private	4,1	9,5	1,0	7,1
Mieteinkommen, Private	6,2	4,9	2,8	2,4
Unternehmensgewinne nach Steuern	9,9	0,1	9,8	8,1
Zunahme der Schulden (Mrd. Dollar)	0,673	3,0	- 12,1	919,9

Hier wird der Schuldenfaktor sozusagen pervers. Um 1,25 Billionen Schulden nur aus einem Jahr zurückzuzahlen, sind 6,25 Billionen Dollar an Nationaleinkommen nötig: 1,25 x 6 = 6,25 Billionen Dollar künftigen Nationaleinkommens, um eine durchschnittliche Verzinsung von 5 Prozent auf die zusätzlichen Schulden vom Jahr 2000 zahlen zu können.[373]

Folglich sind Schulden für Kapitalgüter leicht zu machen, aber sehr mühsam zurückzuzahlen. Eine übergroße Ausweitung der Schulden durch Einzelpersonen und Unternehmen führt zur Liquidation, indem derjenige, der die Sicherheiten (für den Kredit) hält, die Vermögenswerte (die als Pfand hingegeben wurden) vom bisherigen Eigentümer übernimmt.

In dem Maße, wie die Grundstoffpreise weiter fallen, fällt auch die Sparrate der Nation. In den USA ist sie ja schon länger negativ: Es werden Kredite bereits zur Bezahlung der Zinsen (!) aufgenommen! Es gab kürzlich einige Diskussionen über die ›Überkapazitäten‹ der Industrie und die Notwendigkeit, sie zu verringern. Die Multis haben ihr Kapital nach Übersee verschoben und dort Fabriken gebaut, wo sie billige Arbeitskräfte beschäftigen und billige Rohstoffe einsetzen können. Aber es muß gefragt werden, wo sie einen Markt für ihre Waren finden wollen. Im Rahmen unserer Freimarkt-Politik werden wir Deflation ernten, den Bankrott der Grundstoffindustrie, den Verlust gut bezahlter Arbeitsplätze, mehr als eine Mrd. Dollar Handelbilanzdefizit täglich und einen möglichen Zusammenbruch der Wirtschaft in den fremden Ländern, wo die ›billigen‹ Produkte erzeugt wurden.

Unsere Wirtschaftsplaner haben nicht genug darüber nachgedacht. Das taten sie noch bei der letzten Depression (1929). Auf den Punkt gebracht, sind die USA ein großes Unternehmen, und wir sind die Aktionäre. Obwohl unsere persönlichen Finanzen nicht im argen sein

---

[373] Dem Autor Th. Nichols kam es auf die Darstellung der grundsätzlichen Prozesse an. In den dreißiger Jahren war der Multiplikator 5, für heute nahm er einen von 7, im Beispiel mit den Brotlaiben, an. Hier verwendet er einen Multiplikator von 6. Dieser hat aber, wie man wegen des Hinweises auf »fünf Prozent Verzinsung« vielleicht glauben könnte, nichts mit einer Zins- oder Gesamtwertrechnung der Schulden zu tun, sondern damit, daß nur ein Teil des BIP – jener Gewinn, der aus der Grundstoffproduktion stammt – neuer Reichtum ist, der für Anschaffung von Kapitalgütern oder Tilgung, wenn sie auf Kredit gekauft wurden, verwendet werden kann. Mit anderen Worten: Es ist ein dementsprechend vielfacher Betrag des BIP nötig, diese Schulden überhaupt abbauen zu können. Hier hat er offenbar mit einem Faktor 6 gerechnet, was erst die wirkliche Dimension des Problems zeigt.

mögen, sind jene des Unternehmens Amerika es aber, und das wird sich schließlich auch auf unseren finanziellen Wohlstand auswirken. Um diesen Wahnsinn zu stoppen, genügte es allein, die oben genannten Rohstoffe, die die wichtigsten Bausteine unserer Wirtschaft sind, entsprechend zu bepreisen.

In einer anderen Abhandlung zeigte NICHOLS, daß die *Landwirtschaftsprodukte nur mit 20 Prozent eines paritätischen Preises bezahlt* werden, und dasselbe gilt mit verschiedenen Abstufungen auch für die anderen Rohstoffe. Korrekt bepreist, würde das so verdiente Einkommen zur Aufrechterhaltung der Wirtschaft und zur Rückzahlung der gegenwärtigen Schulden verfügbar sein.

Ein Zyniker könnte schlußfolgern, daß das, was wir sehen, keine Abirrung ist, sondern eine geplante systematische Zerstörung unseres Wirtschaftssystems, *um Kapitalgüter von der Allgemeinheit an die Finanzwirtschaft zu übertragen*. Er könnte weiter schlußfolgern, daß die Abgeordneten in Washington genau wissen, was geschieht, und daß sie den wirtschaftlichen Tod dieses Landes noch beschleunigen.

4.1.1 Schlußfolgerung

Nach unseren Quellen für 2000 betrug das BIP im 3. Quartal 8,1 Billionen US-Dollar und die Einkommen aus Rohstoffen, von denen hier die Rede war, etwa 2,1 Billionen. Die *Neu*verschuldung von rund 1 Billion wandert auch in die Wirtschaft und trägt zum Nationaleinkommen bei, aber nicht in derselben Weise wie Rohstoffe. Schließlich diskutierten wir einen 20%igen ökonomischen Gewinn. Ein solcher ist heute eine reine Wahnvorstellung. Die USA werden einen weiteren Anstieg bei illegalen Einwanderern sehen, in dem Maße, wie die Unternehmen versuchen, hieraus Profite zu schlagen. Arbeit wirft aber keinen 20%igen Gewinn aus diesen Bemühungen ab, wie aus der ungebrochenen öffentlichen und privaten Schuldenzunahme ersichtlich ist.

»In der Analyse der Schuldenstruktur muß man keinen Unterschied zwischen öffentlichen und privaten Schulden machen. Die Regierung hat kein Einkommen, und die Bürger mit ihren Ersparnissen müssen für beide Arten der Schulden aufkommen. Die Vergabe von Krediten – und damit die Ausweitung der privaten Verschuldung – beruht auf Einkommensfaktoren und dem Reichtum der Nation in Form von Häusern, Fabriken zur Produktion, Transporteinrichtungen, Lagerhäusern und anderen Dienst-Einrichtungen sowie auf den produktiven Ressourcen.

Die Ausdehnung der öffentlichen Schulden – Gemeinden, Land, Nation – ist eine *Blanko-Hypothek auf alle Kapitalwerte in den USA und alle verdienten Einkommen seiner Bürger.* Nach 60 Jahren ›*lend and spend*‹ (borgen und ausgeben) bei beiden, der Öffentlichen Hand und den Privaten, wird die amerikanische Öffentlichkeit entdecken, daß Schulden wirtschaftliche Versklavung bedeuten.«

Das ist eine Erfahrung, die Osteuropa gerade macht und die Lateinamerika bereits ruiniert hat.

Die hier dargelegten Gedanken sind sicher wegweisend für eine Reform der heutigen Mißstände. Die Auswüchse mit dem ›*fiat money*‹ der FED ließen sich stoppen, wenn die einzelnen Währungen wieder zu einer Golddeckung zurückkehrten, einfach deshalb, weil die Geldmenge dann von selbst begrenzt wäre. Andererseits ist klar, daß der Wert des Geldes – seine Deckung und das Vertrauen in seine Stabilität – nur von dem Fleiß, dem Talent, der Organisation und dem Können der Wirtschaftssubjekte und damit von dem abhängt, was sie schaffen, also von der Leistung dieser Volkswirtschaft. Dafür ist Gold ohne Belang. Dieses hat ja gerade Deutschland zwischen den beiden Weltkriegen der Welt beweisbar vorgeführt. Hier hatte ›Arbeit Kapital geschaffen‹, und offensichtlich war der wirtschaftspolitische Wille derart – wie dies WILKEN ja als Aufgabe einer Währungspolitik auch definierte –, daß die Preise wohl ›paritätisch‹ waren und sich auf eine Realwirtschaft bezogen, nicht wie heute auf eine ›*virtual economy*‹.

Von besonderer Bedeutung für das gegenwärtige wirtschaftspolitische Handeln wäre daher die stärkere Betonung der Grundstoff-Industrie oder der Landwirtschaft. Es kommt nicht darauf an, ob nun die WILKENschen Formeln exakt sind, oder gar ökonomische ›Gesetze‹ darstellen, oder ob es genau 20 % des BIP sind, die für Kapitalgüter-Erzeugung zur Verfügung stehen. Jedenfalls ist durch die gegenwärtige Finanzkrise bewiesen und deutlich geworden, daß das ganze Gerede von der ›*new economy*‹ oder vom ›grenzenlosen Wachstum‹ im Dienstleistungsbereich Utopie ist. Es ist auch klar geworden, daß jene Wirtschaftsbereiche, die nach der Formel ›der Mensch schuldet, die Natur gibt‹ und nach NICHOLS das »neue Kapital« schaffen, einer unerhörten Plünderung ausgesetzt sind, wie ja der Faktor für den »Paritäts-Preis« für landwirtschaftliche Produkte in den USA mit 0,15 (15%) zeigt.

Wenn aber die Rechnung mit den 20% des BIP für Kapitalgüter und Investitionen und 80% für »das Leben«, also die Primärbedürfnisse, annähernd stimmt, dann erhebt sich die Frage, wie sich das mit einer Staatsquote von 47 % (zum Beispiel derzeit in Österreich) verträgt. Von Nichols wurden die Probleme der Zinsen gar nicht berührt, was, wie wir gezeigt haben, von einer anderen Seite unlösbare Probleme heutigen Wirtschaftens bereitet.

Wir haben die Unmöglichkeit des exponentiellen Wachstums schon angesprochen, aber wir können es auch von einer anderen Seite betrachten. Ein Beispiel soll die Problematik beleuchten.

Wenn für einen Kredit 6% Zinsen zu bezahlen sind – meist sind es mehr – und die volkswirtschaftliche Leistung (Gütererzeugung, Erbringung von Dienstleistungen usw.), also das BIP, nur zur Hälfte (= 50%) Kredit-finanziert ist, dann muß bei einem Wirtschaftswachstum von 3 Prozent – einer als ›gut‹ und ›gesund‹ angesehenen Wachstumsrate des BIP – dieser 3 Prozent Zuwachs des nationalen Wohlstandes *vollständig* zur Bedienung der Kreditzinsen aufgewendet werden. Dabei ist die Fremdfinanzierung wegen niedriger Eigenkapitalquote meist viel höher. Für reale Lohnerhöhungen, bessere Sozialleistungen, Anpassung der Renten usw. bleibt gar nichts mehr. Da, wie angedeutet, die Sache aber weit ungünstiger liegt, vollzieht sich auch hier schon eine unsichtbare Umverteilung von den Arbeitenden zu den Kapitalbesitzern und damit eine schleichende Enteignung.

Man wird also mehrere Dinge zugleich berücksichtigen müssen, wenn man eine Änderung des gegenwärtigen Zustands herbeiführen möchte. Wie dieser auszusehen hat, wurde schon an verschiedenen Stellen ausgeführt.

Manches mag darüber hinaus wünschenswert und nötig sein. Hier gilt, daß mehr Augen mehr sehen. So ist jeder eingeladen, eigene Überlegungen anzustellen, wobei sie freilich mit der Richtung der hier beschriebenen übereinstimmen sollten. Ideen aus grundsätzlich anderen ›Ideologien‹ – zum Beispiel dem ›freien Welthandel‹ gegenüber der Autarkie – würden sich nicht vertragen. Mit anderen Worten: Die Beurteilung, was eine sinnvolle Ergänzung ist und was aber diesen Vorschlägen zuwiderläuft, ist nötig.

5 Fünf Bereiche der Wirtschaftspolitik

Wir haben bisher vor allem die geistigen, grundsätzlichen und funktionalen Fragen, also jene allgemeingültigen Grundsätze behandelt und keine Gliederung nach Branchen- oder politischen Gesichtspunkten gemacht. Wegen ihrer besonderen Bedeutung, die aber bei Betrachtung der wirtschaftlichen Kennzahlen der Landwirtschaft nicht ›angesehen‹ wird, wurde diese herausgehoben. Wir wollten aber keine Einzelbehandlung etwa nach Industie- oder Branchencode vornehmen. Die Gefahr wäre zu groß, daß man ›vor lauter Bäumen den Wald nicht mehr sähe‹. Auf jene allgemein politischen Fragen, die die Wirtschaftspolitik auch wieder unter anderen Blickwinkeln betrachtet, sei nun noch hingewiesen. Es handelt sich um:

- die (Wirtschafts-)*Ausbau-Politik,*
- die *Dezentralisationspolitik* (KMUs), also die Auflockerung der Großstadt,
- die *Selbstverwaltung,*
- die *Stabilitätspolitik,* um mit Konjunktur und Krisen umgehen zu können, und
- die *Innovationspolitik.*

Es gibt keine anderen Möglichkeiten der Wirtschaftspolitik.[374]
Abschließend seien dazu die drei zentralen Bestandteile der katholischen Soziallehre - auch in ihrer Rangfolge - erwähnt:

1. Gemeinwohlwahrung → das *bonum commune;*
2. Selbsthilfe,
3. Selbstverwaltung.

Es ist jedenfalls *nicht* die Zerstörung der Gemeinschaft, wie sie durch Entgrenzung und Liberalisierung bewirkt wird.

Ausbaupolitik meint nicht undifferenziertes Wachstum, sondern die planvolle Verbesserung etwa der Infrastruktur, die Erschließung notwendiger und alternativer Energiequellen, den Ausgleich zwischen wirtschaftlich schwachen und starken Regionen, die Stimulierung und/oder die Förderung lebensnotwendiger Industrie-, Gewerbe-, Dienstleistungsbereiche, wo diese nicht ausreichend vorhanden oder entwickelt sind.

Um hierüber eine anschauliche Vorstellung zu bekommen, sei an das deutsche und österreichische Wirtschaftswunder nach dem Zweiten Weltkrieg erinnert. Aufgrund der unerhörten Zerstörungen und Demontagen im und nach dem Krieg mangelte es praktisch an allem und jedem. Wo sollte man anfangen und mit welcher ›Intensität‹?

Um die physischen und finanziellen Erfordernisse beim Wiederaufbau im rechten Maß zuzuteilen, ergab sich die Notwendigkeit, einen *gesetzlich-organisatorischen Rahmen* zu schaffen, um vor allem die *privaten* Investitionen in die richtige Richtung zu lenken. Dies könnte in Zukunft in ähnlicher Weise geschehen, wie dies in Ludwig ERHARDS Wiederaufbauprogramm der Fall war, also mittels steuer-

---

[374] Friedrich ROMIG beim schon erwähnten Symposium in Thyrnau.

licher Begünstigung des Wiederaufbaues, der Re-Investition von Gewinnen statt deren Konsum und *die (Zins-) Begünstigung von Anleihen für den Wiederaufbau,* geschöpft aus Gewinnen einer boomenden Konsumindustrie,[375] die damit als Refinanzierungsmittel einer Bank für Wiederaufbau zur Verfügung stünden.

Das große Problem ist die heute herrschende ›Wirtschaftsverfassung‹, die *keine* echte ist, weil sie nur den ›*shareholder value*‹ kennt, und die es ›normalen‹ Geschäftsbanken unmöglich macht, in riskante oder nicht rentable Vorhaben zu investieren, also dafür Kredite bereitzustellen. Heute geht das Kapital der Banken in ›Finanzinvestitionen‹, vornehmlich ins Casino. Niedrigverzinste Mittel sind und waren zur Zeit des Wiederaufbaus aber notwendig, um volkswirtschaftlich wichtige Vorhaben überhaupt zu starten: Modernisierung der Industrie, Siedlungsbau, Brücken, Infrastruktur und Landwirtschaft. Sie wären also unter allen Umständen mit den erforderlichen Mitteln auszustatten, da sonst auch die anderen Vorhaben scheiterten.

Das bedeutet aber auch, diese Vorhaben vor dem Raubtierkapitalismus zu schützen und *andere* als die heute geltenden Regeln der internationalen Buchhaltung anzuwenden. Sie bringen ohnedies keinen Schutz vor dem Verludern der finanziellen Mittel, und sie taugen nicht für die ›Feinsteuerung‹ von wirtschaftlichen Entscheidungen – im modernen Ökonomen-Kauderwelsch: ›optimale Ressourcen-Allokation‹ –, sondern sie sind die eigentliche Quelle für Plünderung und Betrug größten Stils.

---

[375] Der Vollständigkeit halber sei auch die Marshallplan-Hilfe erwähnt. Ihre Wirkung wird allerdings – politisch korrekt – maßlos übertrieben. Die Gesamtmittel, die Deutschland erhielt, betrugen rund 1,3 Mrd. US-Dollar, deren vorzeitige Rückzahlung nicht gestattet wurde. Mit Zinsen zahlte Deutschland – als einziger Empfänger – etwa 6,5 Mrd. US-Dollar bis 1962 zurück, also ein Vielfaches. Übrigens waren die Mittel im Verhältnis zur Größe der deutschen Volkswirtschaft etwa nur ein halbes Prozent, womit sich die ›Wirkung‹ selbst relativiert. Entscheidend waren der planvolle und revolvierende Mitteleinsatz und die heute als ›Sekundärtugenden‹ verhöhnten deutschen Charaktereigenschaften: Fleiß, Ausdauer, Zielstrebigkeit, Können, Talent usw.
In einem Artikel über den »Marshallplan-Schwindel« rechnet Karl BASSLER vor, was Raub, Zerstörung, Demontage usw. der Besatzungsmächte nach einer – niedrigen – Schätzung ausmachte, und kommt zum Schuß, daß sich dies – ohne den Landraub im Osten – auf eine vielhundertfache Summe der im Vergleich dazu *lächerlich geringen* Marshallplan-Mittel summierte.
Quelle: www.wintersonnenwende.com/scriptorium/deutsch/archiv/artikel/marshallschwindel.html

Konkret heißt das auch *Investitionslenkung unter dem Gesichtspunkt staatlicher und nationaler Prioritäten* und unter weitgehendem Absehen von (kurzfristiger) Ertragsoptimierung. *Die Realwirtschaft in Gang zu setzen wäre das wahre Ziel.* Dies sollten auch die Grundsätze für die Erneuerung veralteter Produktionseinrichtungen, den Siedlungsbau oder den Ausbau nachhinkender Wirtschaftsbereiche sein. Mit ›normalen‹[376] Zinserträgen geht dies nicht, es bedarf eines niedrigen und *fixierten Zinses*[377] sowie der staatlich gestützten Finanzierung und der Lenkung, solange schwerwiegende Schwächen und Mangel herrschen oder Hunderttausende keine Arbeit haben.

In welcher Weise die Prioritäten beim Wiederaufbau Deutschlands nach dem Krieg gesetzt wurden, geht aus der relativen Zuteilung der Mittel der deutschen Kreditanstalt für Wiederaufbau (KfW) klar hervor (siehe Übersicht nächste Seite). Das wird natürlich von Land zu Land und in verschiedenen Zeiten unterschiedlich sein, jedoch unterstreicht es das *Prinzip* und die *Schwerpunktbildung*.

Es kann angenommen werden, daß der Erfolg ähnlicher Programme nicht auf den Wiederaufbau Deutschlands allein beschränkt ist, sondern sich in analoger Weise zeitlich und räumlich übertragen lassen müßte.

---

[376]Was bei Banken heute als ›normale‹ Erträge gilt, ist in der Realwirtschaft (d.h. der produzierenden) nur in den seltensten Fällen zu erwirtschaften, wenn überhaupt. 18 Prozent auf das eingesetzte Kapital galten vor kurzem dafür als ›Standard‹, den deutsche Banken aber selten erreichten.

[377] Dieses Beispiel ist Realität innerhalb des geltenden Paradigmas: daß nämlich Kreditgeld grundsätzlich nur gegen Zinsen verliehen wird. – Wir kommen bei dem von uns geforderten Paradigmenwechsel auf zinsfreies Geld noch zu sprechen. Die Wirkung geringfügiger Zinsen, wie dies zum Beispiel die japanische Notenbank über ein Jahrzehnt zum Schutz der eigenen Wirtschaft praktizierte, entsprach faktisch dem zinsfreien Geld. Diese wäre in der Krise der neunziger Jahre zu einer billigen Beute ausländischer ›Investoren‹ geworden, als die Unternehmen nicht mehr in der Lage waren, die Zinsen zu bezahlen, und vor dem Bankrott gestanden wären. Mit dieser von den USA heftigst bekämpften Maßnahme rettete die japanische Regierung die produzierende Wirtschaft des Landes vor Übernahme und Plünderung.

Investitionskredite der KfW in den Jahren 1949–1953 in Mio. DM

Kohlenbergbau	531,0
Elektrizität	835,3
Gas/Wasser	86,0
Eisen und Stahl	167,7
sonstige Industrien	495,2
Landwirtschaft	66,3
Flüchtlingssiedlungen	20,0
Fischdampfer	5,0
Bergarbeiterwohnungen	145,0
Seeschiffahrt	169,3
Binnenschiffahrt	9,4
See- u. Binnenhäfen	14,6
Straßenbahnen	24,7
Fremdenverkehr	22,4
Kleinkredite	0,2
Forschung	30,9
Deutsche Bundesbahn	45,0
Deutsche Bundespost	20,0
Vertriebenenbetriebe	95,0
Exportförderung	2,3
Gesamt	**3,514,1**

6 Bausteine der Neuen Ordnung – Vom Freihandel zur Autarkie[378]

Das bisherige heilige und grundsätzlich unangetastete Instrument der Austauschbeziehungen der Länder untereinander bildete der Handelsvertrag mit der Meistbegünstigungsklausel. Das bedeutete zwar eine grundsätzliche Festlegung auf einen Zolltarif, auf gewisse Zoll-

[378] Gekürzt und etwas an gegenwärtige Gegebenheiten angepaßt nach einem Text von Ferdinand FRIED. Er war ein Genosse Hans ZEHRERS als Wirtschaftsschriftsteller für *Die Tat* bis 1933 und nach 1945 für die Zeitung *Die Welt*. Der Originaltext stammt aus seinem Buch *Autarkie* aus dem Jahre 1932, das er in den *Tat-Schriften* von Eugen DIEDERICHS in Jena publizierte. Es wurde geschrieben, als die westlichen Mächte gegen das Deutsche Reich einen Handelskrieg führten, der sich zu Weltkriegen steigerte, erst von 1914 bis 1918 und dann von 1939 bis 1945, aber die Analysen sind nach wie vor gültig und höchst aktuell.

sätze, aber auch eine Anerkennung: Jeden besonderen Vorteil, den ich einem anderen Lande einräume, lasse ich für jeden Vertragspartner gelten, mit dem Meistbegünstigungsverträge abgeschlossen wurden. Man ging von einem Handelsvertrag mit Zolltarif aus, um ihn im Laufe der Zeit und der Beziehungen systematisch durch die Meistbegünstigung abzubauen und im Sinne der allgemeinen Handelsfreiheit zu durchlöchern. Der Zolltarif war zwar vorhanden, bildete aber nur eine ›Verhandlungsbasis‹, von der man heruntersteigen konnte.

Sinn und Richtung dieses ganzen Vertragsnetzes war der Freihandel, und darauf kommt es an, nicht etwa darauf, ob dieser Freihandel je praktisch hundertprozentig wirksam gewesen ist. Wie alles, so ist auch die Handelspolitik dauernd im Fluß, und es kommt grundsätzlich immer darauf an, *wohin* der Handel floß, worauf sich die Handelspolitik konzentrierte, welches Ziel sie sich gesetzt hatte. Zölle hatten nur noch die Funktion, sie mehr oder weniger schnell abzubauen. Und daraus ergab sich die Politik der offenen Tür gegen jedermann, wie sie die Meistbegünstigungsklausel hervorbringt.

Der *geschlossene Raum* ist gegeben, ist an sich vorhanden. Unter dem Freihandelsgedanken ging es aber darum, allmählich eine Tür nach der anderen zu öffnen, allmählich sogar sämtliche Türen zu öffnen, so daß damit praktisch der ›geschlossene Raum‹ in den ›freien Raum‹ übergeht: in die Welt.

Man muß sich diesen Grundgedanken des Freihandels vor Augen halten - und nicht etwa seine praktische Gestaltung -, wenn man die grundsätzliche, neue Wendung verstehen will, über die hier gesprochen werden soll. Vom Freihandel nicht zum Schutzzoll - denn der Zoll ist eine Funktion der Handelspolitik, auch des Freihandels -, sondern *vom Freihandel zur Autarkie.*

Die anzuwendenden Mittel waren unter anderen: Vorrechte innerhalb gewisser Räume, Zölle - direkt oder indirekt durch Währungsentwertung - und Kontingente und Einfuhrverbote, ebenfalls wieder direkt oder indirekt durch Währungsentwertung.

Grundsätzlich bedeutet das die Abwendung von der ›Weltwirtschaft‹ zu dem an sich gegebenen natürlichen Raum. Mit anderen Worten: Eine Tür nach der anderen, die in der Zeit des Freihandels geöffnet wurde, wird wieder geschlossen. Es wird hier ein Wunschbild hingestellt, das schon einmal stattgefunden hat,[379] das eine Ent-

---

[379] Nach dem Ersten Weltkrieg, als Deutschland unter dem Versailler Diktat, der Weltwirtschaftskrise und dem Boykott der Siegermächte keine andere Option hatte, als den Weg der Autarkie zu gehen.

wicklung *in allen Ländern* war und die Politik der offenen Tür durch die Politik der geschlossenen Tür abgelöst hat.

Die nebeneinander liegenden natürlichen Wirtschaftsräume haben eine gemeinsame Verbindungstür. Schlägt ein Land diese Tür zu, so ist dem Nachbarn damit schon der Zustand und seine Handlung aufgezwungen. Es wäre ganz sinnlos, diese Tür von sich aus wieder öffnen zu wollen. Man kann nicht den Gedanken des Freihandels und der Meistbegünstigung in einer Welt vertreten, die sich entweder von ihm losgesagt hat oder, wie es heute der Fall ist, mit der Globalisierung die nationale Volkswirtschaft zerstört. Dieser bleibt , nur noch die Änderung der bisherigen Politik der ›offenen Türe‹ als Schutz.

Praktisch bedeutet es, daß wir heute gezwungen sind, den ›großen Rückwärtsgang‹ einzulegen, und daß wir in unserer Handelspolitik von dem Grundgedanken der Autarkie auszugehen haben. Genau, wie es beim Freihandel darauf ankam, *auf welches Ziel* die Politik lossteuerte, also auf *Sinn und Richtung auf eine Idee,* so kommt es entsprechend bei der Autarkie auf den Grundgedanken, auf die Grundhaltung an, von der man ausgeht.

Autarkie ist ebenso wie Freihandel eine Idee, die die Wirklichkeit nie ganz erreicht; ihre Erscheinungsformen sind immer Abwandlungen der Idee. Genau so, wie es Freihandel im eigentlichen Sinne nie wirklich gegeben hat, wird es auch Autarkie an sich nicht geben. Man darf hier nicht über Begriffe streiten, die sich leicht zerreden lassen. Vielmehr ist das eine wie das andere *eine Haltung*. Die äußeren Handlungen und Maßnahmen sind nur aus dieser Haltung heraus grundverschieden.

6.1 Was bedeutet ›Autarkie‹?

Der Begriff ›Autarkie‹ ist in der heute dem Dogma der Globalisierung verpflichteten Welt tabu, aber um keinen Begriff wurde so heiß gestritten wie um den Begriff ›Autarkie‹. Aber man spürt es instinktiv: Es steckt mehr hinter diesem Begriff, als die einfache Übersetzung des Wortes vermuten läßt, weit mehr, als man rein wirtschaftlich in diesen Begriff hineindefinieren kann. Und man spürt es auch, daß das Wort ›Autarkie‹ eigentlich nicht ausreicht und sich zur ›Autarchie‹ wandelt, um damit noch mehr an Bedeutung herauszuholen. Keines unserer Wörter gibt die Umfassendheit der *Weltanschauung* wieder, die eigentlich dahinter steht: Selbstgenügsamkeit, Selbstversorgung, Selbstherrschaft, Selbsthilfe, Selbstschutz, Selbstbesinnung.

Selbstbesinnung – das umspannt die neue Haltung vielleicht am weitesten, weil es zugleich ausdrückt, daß es sich nicht um eine rein wirtschaftliche oder politische Frage handelt, sondern um eine *Weltanschauung*, um einen Umbruch im Denken. Hier liegt der Schlüssel zu all den notwendigen Änderungen unserer Zeit, die vor uns stehen und schließlich nichts anderes bedeuten als eine Wandlung des Menschen selbst, als eine Besinnung auf sich selbst.

Der gewaltige und schließlich fluchbeladene Rausch der unbegrenzten, entgrenzten Freiheit ist ausgelebt, der Mensch muß seine Grenzen erkennen, und er wird sich von dem Gaukelspiel wieder enttäuscht zurückziehen; er bescheidet sich selbst, er beginnt wieder, nach innen zu leben und zu denken, er findet in das ihm beschiedene Maß zurück, oder er geht mit der entgrenzten und entorteten Welt von heute zugrunde.

Der Mensch erkennt, daß er allein in dieser Welt steht, ganz auf sich selbst gestellt. Er wird demütig, er will wieder glauben können, er wird religiös. Er besinnt sich auf den Boden, auf den er gestellt ist, auf die *Gemeinschaft*, in die er hineingestellt wurde, auf die Familie, auf den Stamm, auf das Volk. Er findet nach diesem himmelstürmenden Ausflug in die Freiheit den Weg zu den naturgegebenen Bindungen zurück. Er bindet sich an eine religiöse Gemeinschaft, an eine Gemeinschaft seines Standes, an einen kameradschaftlichen Bund. Und er findet aus der Selbstbesinnung und Selbstbescheidung wieder zum *Selbstbewußtsein*, findet den Mut zur *Selbsthilfe*, zum *Selbstvertrauen*. Und aus diesem großen Rückzug von der wilden Freizügigkeit in die Bindung, in die Selbstzucht erwächst damit ein ganz neues, tieferes Gefühl für die Freiheit, das sich nämlich ihrer Bindungen bewußt ist. Nur wer um seine Bindungen weiß, kann wirklich frei sein. »Und das Gesetz nur kann uns Freiheit geben.«

Das wird zu einem großen Umbruch im Menschen und in der Zeit führen, daß jener nur mit der Französischen Revolution verglichen werden kann, die uns eben jenen gewaltigen *Taumel* zur Freiheit und Gleichheit bescherte, aus dem wir jetzt zu uns selbst zurückfinden. Was sich heute vollziehen muß, ist daher eigentlich die *Reaktion* auf jene (Französische) Revolution – und damit ist auch wieder der gewaltige Unterschied zwischen den beiden Geistesbewegungen gekennzeichnet:

Die Revolution war äußerliche ›Befreiung‹, war von innen nach außen getragen, war expansiv, ließ unter dem Motto der Freiheit, Gleichheit, Brüderlichkeit die Guillotine exakt und mit vernünftiger Überlegung arbeiten, trug unter ihrer Flagge die Kriegsfackel über die ganze Welt. Sie wurde geboren in diesem Blutrausch, und sie ging mit den Weltkriegen in einem Blutrausch unter. *Sie war französisch.* Die *Reaktion wird deutsch sein.* Diese geht von außen nach innen, sie ist intensiv. Sie nimmt alle Positionen der äußeren Befreiung, aber inneren Knechtung allmählich zurück, um sich äußerlich zu binden, aber innerlich sich zu befreien. Sie ist daher kein gewaltiger eruptiver Ausbruch, sondern ein langsamer, aber um so sicherer Rückbildungsprozeß. Und alles, was damals als fortschrittliche Errungenschaft gepriesen wurde, muß heute wieder, allerdings auf höherer Ebene, aufgehoben, gebunden, auf das ihm Angemessene zurückgeführt werden.

Wie die bis zur ›Revolution des Stimmzettels‹ entfesselte politische Freiheit des Menschen sich von selbst heute langsam zurückbildet und der Mensch auf eine engere Gemeinschaft zurückgeworfen wird, die er erfassen kann, in der er wurzelt und aus der er hervorwächst,[380] so folgt der zum Kapitalismus entfesselten wirtschaftlichen Freiheit von selbst die wirtschaftliche Bindung im weitesten Sinne: die Ablösung des freien und wagenden Unternehmergeistes durch freiwillige Verbände, Syndikate, Kartelle, Konzerne, Trusts,[381] die Ablösung des Unternehmers selbst durch industrielle und Verbandsbürokratie[382] usw. Allerorten läuft die Entwicklung auf das Ende der wirtschaftlichen Freizügigkeit aus, die vor über einem Jahrhundert ihren vollendeten Ausdruck in der Einführung der Gewerbefreiheit gefunden hatte. Die Reaktion darauf bedeutet also das Ende der Gewerbefreiheit, aber auch das Ende der wirtschaftlichen Freizügigkeit des Menschen, die ja den Menschen zu Millionen von Arbeitslosen in den großen Industriestätten angespült hat.

Verzerrt und in Ansätzen findet dieser Übergang schon im Kartellwesen und im Gewerkschaftswesen seinen Ausdruck; dort für den Unternehmer, hier für den Arbeitnehmer. Der zu einem Kartell gehörende Unternehmer, der an sich wirtschaftlich vernichtet wäre, wird von den anderen Kartellmitgliedern wie von einer Haftungsgemein-

---

[380] Darum sind der Brüsseler Zentralismus und die Hybris der anonymen Bürokratie, die Arroganz der Pseudo-Elite – wie an den Sanktionen der EU-14 gegen Österreich nur zu deutlich erkennbar –, genau der Umkehrpunkt einer falschen Entwicklung. Die inzwischen erfolgten Steigerungen: klammheimliche Einführung des europäischen Haftbefehls, der sogenannten EU-›Verfassung‹, die Geheimverhandlungen über GATS oder die faktische Hereinnahme der Türkei in die EU gegen den erbitterten Widerstand der jeweiligen Völker, haben das Faß bereits zum Überlaufen gebracht.

[381] Was sind die Mega-Fusionen anderes als das Abstecken von Claims für wenige übrig gebliebene Konzerne?

[382] Diese sichtbaren Strukturen werden von viel wirksameren unsichtbaren ergänzt, ja überlagert: WEF, ERT, Bilderberger, CFR usw.

schaft von Genossen mit durchgeschleppt, ob durch Quotenkauf oder Quotenrente. Der einer Gewerkschaft angehörende Arbeitnehmer, der arbeitslos wird, wird ebenfalls von seinen ›Genossen‹ oder Gewerken unterstützt. In beiden Fällen ist der Grundgedanke der Selbsthilfe oder Selbstverantwortung in Ansätzen schon vorhanden. Die Rückbildung zur Bindung bedeutet nicht nur Verstärkung dieses Gedankens der Selbstverwaltung - ebenso wie stärkere Selbstverantwortung einer Gemeinschaft auch stärkere Bindungen der Glieder an diese Gemeinschaft zur Voraussetzung hat –, sondern läuft gleichzeitig auf eine immer stärkere Verwurzelung der Gemeinschaft und ihrer Bindung an den Boden, ihre Verhaftung an den Boden hinaus: an den Boden als Idee, als Begriff für Landschaft, Heimat, Vaterland, und an den konkreten Boden, die Siedlung, Zurückführung der in den Großstädten angespülten Menschenmassen auf das Land,[383] damit aber auch ihre dauernde Bindung an den Boden.

Wie die revolutionäre Entfesselung der Freiheit mit Bauernbefreiung, Gewerbefreiheit zu jenem Gegensatz zwischen Stadt und Land in allen seinen Variationen geführt hat, so werden wir die Rückbildung dieses Vorganges, die heute als große nationale Aufgabe allen Völkern bevorsteht, den Ausgleich dieses Gegensatzes auf allen Gebieten herbeizuführen haben. Das bedeutet gegenüber dem gegenwärtigen Zustand Stärkung des Landes, im engeren wirtschaftlichen Sinne, Stärkung der Landwirtschaft und allmähliche Minderung des Einflusses der Stadt, besser: der Großstädte.

Es ist daher verständlich, wenn sich der besondere geistige Ausdruck der Großstädte, nämlich die *großstädtische Intelligenz,* mit größter Erbitterung gegen alles zur Wehr setzt, was mit dem Gedanken der ›Autarkie‹ zusammenhängt, weil man wohl weiß, daß mehr dahinter steht als nur die wirtschaftliche Abschließung. Wenn diese großstädtische Intelligenz in ihrem Kampf gegen die ›Autarkie‹ oft geradezu verstiegene Behauptungen aufstellt, so muß man bedenken, daß sie sich tatsächlich in einem verzweifelten Kampf nicht nur um ihren Einfluß, sondern um ihre Existenz befindet. Denn alles, was wirtschaftlich von den Großstädten als Exponent herausgestellt wurde, ist durch den geforderten Umbruch in Frage gestellt: *der Handel, das*

---

[383] Die Mega-Städte sind keiner Krise gewachsen: Zusammenbruch des Verkehrs oder Stromnetzes, und nichts geht mehr. In wirklichen Notlagen, etwa durch Krieg oder eine Weltwirtschaftskrise ausgelöst, sind weder die Ernährung noch sonst wichtige Leistungen für Millionen mehr gesichert. Der urbane Dschungel, wie in manchen apokalyptischen Filmen, ist fast so etwas wie die mentale Vorbereitung auf dieses Chaos.

Geld- und Kreditgeschäft, die Vermittlertätigkeit überhaupt (auch in geistigen Werten), die aus einem Mittel zum Zweck allmählich zum *Selbstzweck* geworden war, wie er in der Börse und Börsenspekulation seinen vollendeten Ausdruck findet.

Die Freizügigkeit und Wurzellosigkeit, die wir in der Zusammenballung zu Großstädten noch sinnenhaft spüren, die wir politisch in der *formellen* Stimmzetteldemokratie mit anonymer Parteienherrschaft erleben, drückt sich wirtschaftlich in den beziehungslosen Handels- und Kreditgeschäften aus, die sich in den Großstädten konzentriert haben und die um ihrer selbst willen vorgenommen werden. Ob es sich um den Ankauf und Verkauf einer Weizenladung handelt, die man nie gesehen hat und auch nie sehen wird, weil der Weizen noch auf den Feldern steht, nur um eine ›Marge‹ zu verdienen; um den Ankauf und Verkauf einer Aktie, die in irgendeinem dunklen Safe ruht und die die Beteiligung an einer Fabrik darstellt, von der man nicht weiß, wo sie liegt und was sie eigentlich herstellt; um die Vergabe eines Millionenkredites, von dem man nicht weiß, ob er zum Brauen von Bier oder zu papiernen Spekulationen verwendet wird, den man aber nur deswegen gibt, weil irgendwelche *fiktiven Papiere* hinterlegt werden und weil man *anständige Zinsen* verdienen will – dies ist alles keine eigentliche ›Wirtschaft‹ mehr, sondern abstrakte und wurzellose Spekulation, die sich nur in den Großstädten sammeln konnte und von der die ›Großstadt‹ schließlich nur noch leben konnte.

Dieses Handels- und Kreditgeschäft mit seinem abstrakten Zahlenrechnen und Buchwissen mußte sich schließlich genau so in den großstädtischen Zentren sammeln und von dort aus ›*zentralistisch*‹ verwaltet werden, wie sich die Menschenmassen hier stauten und mit Hilfe des Stimmzettels den politischen Zentralismus und die geistige Uniformierung hervorbrachten. Und genau wie diese Menschenmassen heute arbeitslos geworden sind und ein Parasitenleben an der Gesamtheit führen müssen, so irren die in den großstädtischen Zentren gestauten Gelder beschäftigungslos und beziehungslos hin und her, suchen einen, wenn auch noch so geringen Zins, der in jedem Falle der äußere Ausdruck für das Parasitendasein dieser Gelder darstellt. Aber auch diese ›Revolution des Geldes‹ hat heute längst durch den tatsächlich schon erfolgten Zusammenbruch des Weltkredits ihren Abschluß gefunden.[384]

---

[384] Man erinnere sich, daß dies von Ferdinand FRIED Mitte der dreißiger Jahre festgestellt wurde. Die heutige Krise ist in ihrem Ausmaß weit größer und entsprechend bedrohlicher. Die USA haben rund 5200 Mrd. Dollar Außen-

Diese *Revolution* in ihrer ganzen Breite und mit allen ihren Folgeerscheinungen war, wie gesagt, französisch, war richtiger noch: *westlich*. Die Reaktion darauf wird, wir sagten es, *deutsch* sein, wenn sich Deutschland als fähig erweist, sich aus der bisherigen ›Einbindung‹ (= Fesselung) zu befreien. Gegenüber dem westlichen Gedanken der mißverstandenen Freiheit um ihrer selbst willen, ihrer Freizügigkeit und kalt berechnenden Erbarmungslosigkeit steht *der Gedanke des Dienens:* Dienst an einer *gemeinsamen Sache*, an einer *Gemeinschaft*, Einfügung in eine Bindung, aber dafür auch Eintreten der Gemeinschaft für den Einzelnen. Gegenüber dem westlichen Gedanken, daß gerade das hemmungslose Sich-Austoben des Einzelnen schließlich und insgesamt zu einer Harmonie führt, steht *der Gedanke der Ordnung*. Westlich ist der ›Kapitalismus‹, deutsch die ›Solidarität‹ der Volksgemeinschaft, man könnte es vielleicht ›Sozialismus‹ nennen; westlich ist der Gedanke der zivilisierten Menschheit, deutsch, also mitteleuropäisch, das Gefühl für die Nation, für das Volk. So, wie dort der Rausch der Freiheit bis an die Sterne und über alle Räume und Grenzen hinweggeführt hat, so wird man sich hier wieder auf sich selbst, auf seine Heimat, auf seinen Boden besinnen. Alles das liegt in dem fremdartigen Begriff der ›Autarkie‹ eingeschlossen, der eine Haltung, eine Weltanschauung umspannen soll: Selbstbewußtsein, Selbstverantwortung, Selbsthilfe und Selbstzucht.

Und die in dem Begriff der ›Autarchie‹ enthaltene ›Selbstherrschaft‹ bedeutet schließlich nichts anderes als *Souveränität* und *Unabhängigkeit*. Das rüttelt an die Grundfesten unserer imaginär immer noch geltenden Wirtschaftsordnung, die *keine Ordnung* ist, sondern *Chaos*, auch wenn sie sich den Anschein einer Ordnung zu geben scheint und als ›Neue Weltordnung‹ auftritt. Eine Ordnung muß erst werden. Die bewußte, ordnende und souveräne Gestaltung der wirtschaftlichen Struktur führt zur großen nationalen Aufgabe der *Siedlung* (eigentlich Rücksiedlung). Dieselbe souveräne Gestaltung der wirtschaftlichen Verhältnisse führt zur *Planwirtschaft*, sie führt bei unseren Geld- und Kreditverhältnissen zur *Binnenwährung*, bei unseren Austauschbezie-

---

handelsschulden, die sich als Dollar-Devisen oder ähnlich wertloses Papier in Händen der ausländischen Kreditoren befinden. Das Maastricht-Kriterium – 60 Prozent des BIP als höchstzulässige Verschuldung der öffentlichen Haushalte – ist an sich eine Katastrophe, aber es ist von keinem (wesentlichen) Staat erfüllt, manche liegen bei weit über 120 Prozent. Hinzu kommen die Verpflichtungen des Staates – Pensionen, Sozialsystem –, die bei uns, wie in den USA, zu unbedeckten Ausgaben in Höhe von 300 bis 400% des BIP sich angehäuft haben.

hungen zum Ausland zur *Autarkie* im engeren Sinne und damit schließlich zu *nationaler Unabhängigkeit.* Diese Ordnung schließt ein, daß ein solcher Organismus begrenzt ist, konkrete Identität besitz, *verortet* ist.

Die Autarkie ist damit keine vorübergehende, taktische Notstandsmaßnahme, sondern der bewußte Ausdruck eines nationalen Wollens, das in seiner Ganzheit eine wirtschaftliche, soziale und politische Neuordnung umfaßt. Aber auch rein ökonomisch ist Autarkie unmöglich ohne gleichzeitige Planwirtschaft, Stärkung der Landwirtschaft durch Rücksiedlung und eigene, ›autarke‹ Ausgestaltung des Kreditwesens, also Binnenwährung. Die Autarkie bedeutet damit *die bewußte Herauslösung* aus der Weltwirtschaft als einer rein gedanklichen Einheit und Uniformität, es ist die Herauskehrung der Vielfalt und Buntheit der natürlich gewachsenen oder geschichtlich gewordenen Gebiete, Völker, Nationen – ohne damit das Bestehen einer Weltwirtschaft als *eine auch den nationalen Volkswirtschaften übergeordnete Ganzheit* dieser vielfältigen und bunten Gebiete leugnen zu wollen. Im Sinne Othmar SPANNS sind die Volkswirtschaften Glieder mit ihrem eigenen Wesen und Charakter, ohne die die Weltwirtschaft überhaupt nicht konkret existieren würde.

Aus der *fiktiven* Weltwirtschaft löst sich der autarke Staat dadurch heraus, daß er *ihre Spielregeln* – die, wie an anderer Stelle ausgeführt, jene des atomistischen Individualismus sind – *nicht mehr anerkennt.* Bei den Spielregeln des Geldes und Kredits, dem Mechanismus der Weltwährung ›Dollar‹, den Sonderziehungsrechten des IMF usw. führt das zur Binnenwährung, bei den Spielregeln der allgemeinen Wirtschaft (kapitalistischer Mechanismus) zur Planwirtschaft und bei den Spielregeln des Warenhandels zur eigentlichen Autarkie.

Der hier vorgetragene Grundgedanke ist dementsprechend: größtmögliche wirtschaftliche Unabhängigkeit. Die ›Weltwirtschaft‹ war auf dem mechanistischen Grundsatz aufgebaut, daß man nur jeden gewähren lassen solle und sich damit schließlich alles von selbst regeln werde (Automatismus). Man nahm also als Glied dieser Weltwirtschaft[385] unbekümmert Waren herein und vertraute blind dar-

---

[385] Der hier von F. FRIED verwendetet Begriff »Glied dieser Weltwirtschaft« ist nicht glücklich gewählt, weil er mit dem SPANNschen Begriff der ›Gliedhaftigkeit‹ *nichts* zu tun hat. Hier ist die ›Gesellschaft‹ eine Summe von unabhängigen Einzelnen, sie existiert als eigenes Wesen ja gar nicht, und – wie heute unmittelbar erkennbar – sind die individualistisch aufgefaßten Staaten inzwischen zum Spielball der Konzerne, also mächtigster Einzelinteressen, geworden.

auf, daß man sie durch Warenausfuhr oder Dienstleistungen schon *irgendwie* bezahlen werde. Und da man soviel hereinließ, wie es Laune oder Zufall gerade fügten, so entstand allmählich ein immer stärkerer Zwang zur Ausfuhr, der sich immer mehr von der Quantität zur Qualität steigerte und damit zu einem *Vorrang der Ausfuhr* wurde, schon um die sogenannten Exportindustrien zu beschäftigen.

Diese völlige Verlagerung des wirtschaftlichen Schwergewichts und der wirtschaftlichen, natürlichen Grundeinstellung, die schließlich zu der *Ausfuhr um jeden Preis* führte, zu einer ganz widernatürlichen Verschleuderung von eigenem Volksvermögen, gilt es, durch die Autarkie wieder auf die naturgegebenen Verhältnisse zurückzuführen. Es handelt sich also darum, die Wirtschaft aus ihrer Verkrampfung zu lösen. Eine unvoreingenommene, durch keine verstiegenen und vom eigentlichen Stoff immer entfernteren Theorien belastete Betrachtung der Wirtschaft als Funktion des Gemeinschaftslebens muß davon ausgehen, *welcher Zwang zur Einfuhr besteht,* um daraus die Notwendigkeiten der Ausfuhr abzuleiten. Es muß also festgestellt werden, welche ausländischen Nahrungsmittel, Rohstoffe oder Erzeugnisse man unbedingt braucht, um die gegenwärtige durchschnittliche Lebensführung aufrechtzuerhalten, aber unter Einsetzung allerletzter Möglichkeiten, die der eigene Boden und die eigene Arbeit bieten.

Der Ausgangspunkt ist grundsätzlich immer die eigene Versorgung, die Möglichkeit der eigenen Versorgung, und erst wenn diese erschöpft ist, kann ein noch vorhandener Bedarf zusätzlich durch Auslandswaren gedeckt werden. Oder es handelt sich überhaupt um die Deckung eines notwendigen Bedarfs aus dem Ausland, weil der eigene Boden keine Möglichkeiten dazu bietet. In der Autarkie werden zunächst also die ›Bedarfsspitzen‹ festgestellt, die durch Einfuhr gedeckt werden müssen, und das führt zur *Aufteilung eines vollständigen Einfuhrplanes* mit genau festgesetzten jährlichen Einfuhrmengen. Danach muß untersucht werden, wie und wo diese notwendigen Einfuhrmengen bezogen werden sollen. *Wie sie bezogen werden sollen, bedeutet, wie sie bezahlt werden sollen.* Das kann natürlich nur durch die Ausfuhr eigener Erzeugnisse geschehen. Es muß also darauf geachtet werden, daß man die notwendigen Einfuhrmengen nur bezieht, wenn gleichzeitig und gewissermaßen als Bezahlung die Abnahme einer entsprechenden Menge eigener Erzeugnisse gewährleistet ist.

Das führt praktisch zu einem Austausch von bestimmten Warenmengen zwischen zwei Ländern, also zu festen Kontingentsverträgen. Die Frage, woher die notwendige Einfuhr bezogen werden soll, ist damit beantwortet: grundsätzlich aus den Ländern, die bereit sind, mit einem derartige feste Tauschverträge abzuschließen; praktisch aus den Ländern, mit denen sich der Tausch am billigsten bewerkstelligen läßt, also mit den benachbarten Gebieten, soweit sie die fehlenden Bedarfsspitzen liefern können und auch bereit sind, eigene Erzeugnisse dafür aufzunehmen, also dort, wo dieser Tausch naturgegeben ist. Besteht irgendwo keine Bereitwilligkeit, die eigenen Erzeugnisse als Bezahlung anzunehmen, so muß folgerichtig auf die Deckung dieses Einführbedarfs verzichtet werden.

Autarkie bedeutet also die Aufstellung eines Ein- und Ausfuhrplanes, der von dem notwendigen Einfuhrbedarf ausgeht und ihn durch planmäßigen Warentausch zu decken sucht. Das läuft auf den Ausgleich zwischen Einfuhr und Ausfuhr hinaus. Nun muß jedoch berücksichtigt werden, daß die Ausfuhr eigener Erzeugnisse, eigener Arbeit im weitesten Sinne anzusetzen ist: Was zahlungsbilanzmäßig als Dienstleistung angesehen wird, Schiffsfrachten, Durchgangsverkehr, Fremdenverkehr usw., ist also bereits einbezogen. In grundsätzlichem Unterschied zu der bisherigen Betrachtung der Verflechtung mit dem Ausland ist aber der gesamte ›Kapitalverkehr‹ außer acht geblieben.

Hat man bisher einen Überschuß an Einfuhr und Dienstleistungen des Auslandes gehabt, so wurden diese Leistungen nicht bezahlt: Sie wurden gestundet, und als Ausgleich erschien in der Zahlungsbilanz eine Kapitaleinfuhr in Form von ausländischen Anleihen oder Krediten. Gab es umgekehrt einen Überschuß der Ausfuhr und Dienstleistungen an das Ausland, so hat das Ausland diese Leistungen nicht bezahlt: Sie wurden auf die Auslandsschulden angerechnet und erschienen in der Zahlungsbilanz als Rückzahlung von Krediten oder Tilgung und Verzinsung von Anleihen.

Dieser ganze *Kapitalverkehr* ist erst der eigentliche Ausdruck jener weltwirtschaftlichen Verflechtung, aus der man sich durch die Autarkie *herauslösen* muß, weil er einen entweder durch Anleihen und Kredite zur Annahme einer Einfuhr zwingt, die man nicht bezahlen und verdauen kann und die den Zwang zur Ausfuhr um jeden Preis erhöht, oder weil er einen durch die wachsende Verschuldung zu einem Zinsen- und Tilgungsdienst zwingt und bis hin zu sofortiger Gesamtrückzahlung bedrohen kann, die zu einer Verschleuderung des Volksvermögens führen würde.

Diese Befürchtungen sind heute bei weitem übertroffen worden. Die Verschuldung hat zum völligen Ausverkauf aller lebenswichtigen Aktiva geführt: in den Kommunen der Wasserwerke, des Kanalsystems, der Versorgungssysteme, bei Bund und Ländern der Post, Telekom, der Autobahnen, der Bahn, der Energiewirtschaft usw. Indem man kriminelle ›*Sale und Lease-Back*‹-Verträge und ›*Cross-Border-Leasing*‹-Verträge nach US-Recht mit unverstandenen Klauseln und Hunderten Seiten ›Kleingedrucktem‹ abschloß, hat man für wertloses Papiergeld das Realvermögen des Volkes aus der Hand gegeben und kann es zukünftig zu Monopolpreisen weiter nutzen. Oder man wird, wenn dies nicht mehr leistbar ist, ausgeschlossen, was in den Großstädten nur die existentielle Vernichtung bedeuten kann.

Der Übergang zur Autarkie hat also die Voraussetzung einer sofortigen Beendigung oder Bereinigung der gesamten Kapital- und Kreditverflechtungen mit dem Ausland, und er hat die Folge, daß man keine Kapital- und Kreditverflechtungen mit dem Ausland mehr eingehen darf und will. Beides ist durch die tatsächliche Entwicklung und den jederzeit offen zutage tretenden Zusammenbruch des Weltkreditsystems schon weitgehend vorbereitet. Bisher halten wir an der Fiktion der Weltwirtschaft und deswegen noch an der Fiktion unserer privaten Verschuldung fest, um mit dem Vertrauen auch wieder einmal Kredit und Anleihen zu bekommen. Es handelt sich aber nicht allein darum, bei nüchterner Betrachtung der wirklichen Verhältnisse festzustellen und sich darauf einzustellen, *daß man keine Kredite und Anleihen mehr bekommen könne* und würde, weil man etwa nicht mehr vertrauenswürdig sei, die anderen aber nicht mehr zahlungsfähig sind – es handelt sich vielmehr darum, durch den Übergang zur Autarkie darzulegen, daß man keine Kredite und Anleihen mehr gebrauchen kann!

Selbst wenn das Ausland Milliardenanleihen anbieten könnte und wollte, so müßte man dankend feststellen, daß man keine Verwendung dafür hat: Die Lebenshaltung ist durch Binnenwirtschaft und Ein- und Ausfuhrplan auf Tauschgrundlage sichergestellt, große Investitionen sind unerwünscht, überhaupt wenn die Fabrik- und Maschinenanlagen wegen des Verlustes der Märkte stilliegen. Die Investitionen, die jetzt notwendig sind, können im Rahmen eines Siedlungswerkes mit den eigenen, herumstehenden Mitteln und feiernden Arbeitern durchgeführt werden, wenn man nur gleichzeitig mit der Autarkie auch die eigene, unabhängige Kreditwirtschaft aufgebaut hat.[386] Wozu brauchte man also ausländische Milliarden –,

[386] Es hat den Anschein, daß Slobodan MILOSEVIC in Serbien nicht wegen diktatorischer Herrschaft oder ›Menschenrechtsverletzungen‹ zum ›Schurken‹

selbst Millionenkredite, die doch nur in Form unfruchtbarer und einzukellernder Devisenreserven kommen –, wenn sie, wie in den letzten Jahren üblich, nur der Abdeckung von Auslandsschulden bei amerikanischen Banken dienten und gar nicht erst in das Land hereinkamen – oder in Form höchst überflüssiger, unerwünschter ausländischer Waren?

Man muß sich bewußt sein, daß man in dieser Beziehung mit der Autarkie gegenüber dem gesamten Ausland einen Trumpf ausspielen könnte, der unbedingt sticht, und daß somit die Autarkie auf anderer Ebene ein ähnliches nationales Befreiungswerk bedeutet wie zwischen 1807 und 1812 die STEIN-HARDENBERGschen Reformen in Preußen. Man braucht nur, anstatt würdelos um das Vertrauen der anderen zu werben, *endlich das Vertrauen zu sich selbst zu fassen.*

6.2 Autarkie als Befreiung

Gegenüber derartigen Maßnahmen hat das davon betroffene Ausland eigentlich nur noch eine wirksame Waffe: die Blockade des Landes, der man dann allerdings mit einer völligen Autarkie begegnen könnte. Die völlige Autarkie ist einmal eine letzte Möglichkeit im politischen und handelspolitischen Kampf, dann aber auch Verteidigungsposition bei einer erneuten Blockierung. Beide Möglichkeiten müssen ins Auge gefaßt und geprüft werden, beide greifen auch stark ineinander.

Es handelt sich bei der geschilderten denkbaren handelspolitischen Einkreisung gewissermaßen sowohl um die passive als auch um die aktive Blockade. Die passive Blockade arbeitet mit Einfuhrdrosselung gegenüber den eigenen Erzeugnissen, sie weigert sich also, Erzeugnisse, die man selbst herstellt, zu kaufen. Dieser ›Repudiation der Ware‹ (Verweigerung der Annahme) kann man das gleiche Mittel entgegensetzen, aber viel wirksamer, indem man es systematisch macht. Das ergäbe die hier umrissene ›Autarkie‹. Daraufhin kann aber die Repudiation der eigenen Ware weitergehen, so weit gehen, daß es nicht mehr möglich ist, die immer noch vorgesehene Einfuhr zu bezahlen. Damit stünde man vor der Notwendigkeit einer noch wei-

[386 Forts.] wurde, wie es die US-Diplomatie fein zu umschreiben versteht, sondern weil er die ökonomischen Rezepte der USA und des IWF – die Unterwerfung der serbischen Nationalbank unter deren Kontrolle – nicht zu akzeptieren bereit war. Viel mehr noch setzte er auf ähnliche ›Rezepte‹, wie Hjalmar SCHACHT dies seinerzeit in Deutschland zur Aufrechterhaltung der Binnenwirtschaft tat.

teren Einfuhreinschränkung, die sich sofort als möglich erweist. Sowohl im Verzehr ausländischer Lebensmittel als auch in der Bemessung des Eigenbedarfs an ausländischen Rohstoffen gibt es noch große Möglichkeiten einer wirksamen Gestaltung der Abwehr, ebenfalls in Form einer passiven Blockade.

Man muß sich dann bewußt sein, daß man in den einfachsten Lebensformen, in dem, was man ißt und trinkt und womit man sich kleidet, gegenüber dem Ausland noch eine Waffe besitzt, die sich auf die Dauer als wirksamer erweisen kann als die komplizierten technischen Kriegsmittel. Jede Apfelsine oder Banane, auf die man dann verzichtet, jeder Ballen Baumwolle oder Sack Kaffee, der dann nicht gekauft wird, ist für die Außenwelt nach der gegenwärtigen Lage ein schwerer und wirksamer Schlag: Nur mit Essen, Trinken und Bekleidung hat man gegenüber dem gesamten Ausland ein politisches Kampfmittel, das einen über die bisherige politische Methode des Abwartens, der Beteuerungen und der vielen schönen Reden hinaushebt.

Bei einem Übergang aus dem gegenwärtigen Zustand zum offenen (Handels-)Krieg – als gedankliches Sandkastenspiel – würde ein Gegner solcher Politik auch aus der passiven Blockade zur aktiven Blockade überzugehen versuchen, um ein Land nicht nur einzukreisen, sondern es auch ›auszuhungern‹. Es ist also praktisch möglich, daß man die Lieferungen an Lebensmitteln und Rohstoffen sperrt, wenn man den ›Irrweg der Autarkie‹ beschreiten, man sich aus der weltwirtschaftlichen Verflechtung lösen und gleichzeitig sämtliche Zahlungen an das Ausland einstellen sollte – denn eines bedingt ja das andere. Dann wird das, was soeben als ein freiwilliges, bewußtes Kampfmittel hingestellt wurde, zu einem notwendigen Kampfmittel. Es kommt nur auf die Entscheidung in der Frage an: ›*kapitulieren oder kämpfen?*‹ Will oder kann man nicht kapitulieren, so muß das letzte, beinahe vegetative Kampfmittel ausgespielt, und Essen und Trinken müssen derart auf die Blockade eingestellt werden, daß diese praktisch unwirksam wird.

Reine Ernährungsschwierigkeiten gibt es heute im Großteil der Welt – im Gegensatz zu früheren Zeiten – nicht wirklich, weder in der Versorgung mit Getreide noch in der Deckung des Bedarfes an Fleisch, Eiern und Milcherzeugnissen.

Also auch die völlige absolute Autarkie – die hier nicht als erstrebenswert, sondern als möglich und zu politischen Zwecken verwertbar hingestellt wird – darf und kann, wie es in der billigen Demagogie vielfach geschieht, nicht mit der Kriegsblockade verglichen werden.

Wenn ein Volk um seine Freiheit und Unabhängigkeit kämpft, dann muß es auch auf den Bohnenkaffee, auf die Bananen oder auf die Schokolade verzichten können.

Im Hinblick auf alle diese Möglichkeiten mußte darauf hingewiesen werden, daß ›Autarkie‹ als leitender Gedanke nicht nur wirtschaftlicher Zwang und Notwendigkeit ist, sondern auch in höherem politischen Sinne ein nationales Befreiungswerk. Es geht eigentlich nur um die *innere Bejahung*. Wer den Zwang nicht als lästig, sondern als Notwendigkeit und daher als ›Gesetz‹ spürt, gewinnt die innere Freiheit zum Handeln.

Es kommt bei diesem Ringen unter den Völkern, das mit Waffen, Blut, goldenen Kugeln, Waren und Gütern ausgetragen wird, darauf an, welches Volk zuerst die Idee, die an sich in der Luft liegt, aufgreift, innerlich freudig bejaht, ausspricht und verbreitet. Mit der Idee der ›*Culture*‹, der Zivilisation, der Demokratie und den demokratisch-liberalen Freiheitsvorstellungen ist die Welt vor und nach den beiden Kriegen angetreten. Heute ist die neue Idee noch von niemandem ausgesprochen worden, obwohl sie in der Luft liegt – die Idee der Autarkie oder Autarchie, der (kantischen) Freiheit, die sich Gesetzen und Notwendigkeiten beugt.

Ist der leitende Gedanke der Autarkie in diesem Sinne gegeben, so ergibt sich der strategische Gesamtplan mit seinen weiteren Folgerungen. Man muß erst einmal von der Fiktion der Weltwirtschaft in einer autarkisch handelnden Welt heruntergekommen sein, um selbst planmäßig und bewußt eine Politik der Autarkie treiben zu können. Man hat dann die Möglichkeit, mit ganz anderen, modernen Waffen zu kämpfen, die alten, abgewirtschafteten Waffen also einzuschmelzen.

Zu diesen veralteten Waffen gehören unter anderem auch die Zölle, um eines der größten Mißverständnisse vorwegzunehmen. Gestalten wir unseren Warenaustausch mit dem Ausland planvoll und souverän, bauen wir also auf den Grundlagen unserer eigenen Nationalwirtschaft die notwendigen Kontingente und Tauschverträge auf, so bedürfen wir nicht mehr der Zölle als Schutzmaßnahme zur Bremsung der Einfuhr, sondern die Zölle behielten dann nur noch ihren Finanzcharakter. Sie sind dann *kein Schutz* der heimischen Wirtschaft mehr, *sondern eine Belastung des Verbrauchs* und könnten, ja, müßten sogar verschwinden.

Dieser eigentliche Sinn der Autarkie kommt ja auch in den Präferenzverträgen schon andeutungsweise zum Ausdruck, wie sie innerhalb der natürlichen Wirtschaftsräume abgeschlossen werden, also

England gegenüber den Dominions und Deutschland gegenüber den Ost- und Südoststaaten. Der Zoll, an sich ein liberales Instrument, wird durchbrochen für Waren, die man braucht, die aber nicht oder nicht ausreichend im eigenen Lande erzeugt werden können – und für Länder, die organisch zum selben Wirtschaftsraum gehören oder selbst die grundsätzliche Schwenkung zur neuen Handelspolitik vollzogen haben.

Der wirtschaftliche Zwang der Autarkie wurde bereits ausführlich untersucht. *Die Fiktion der Weltwirtschaft hat uns eine nie gekannte Zerstörung und Auflösung aller Dinge gebracht,* nicht mehr beherrschbare Probleme der Beschäftigung usw. Wir befinden uns heute am Scheideweg und an einem Übergang zur Autarkie, allerdings einer *›wilden Autarkie‹* – wildgewachsen, planlos, systemlos, haltlos und ziellos.

Einen wirklichen volkswirtschaftlichen Wert kann man darin nicht mehr erblicken, zumal Fertigwarenausfuhr oder die von Nahrungsmitteln, agrarischen Produkten oft zum größten Teil zu Verlustpreisen vorgenommen wird und der Binnenmarkt dafür entsprechend belastet wird.

Der volkswirtschaftliche Nutzen der Ausfuhr darf nicht immer nur unter dem Gesichtspunkt der industriellen Beschäftigung gesehen werden, sondern sollte vor allem unter dem des Wertes oder Nutzens selbst betrachtet werden – im gesamtwirtschaftlichen Sinne. Es bringt keinen volkswirtschaftlichen Wert, wenn ich mit einem Auslandsauftrag zu Verlustpreisen tausend Arbeiter beschäftige, wenn das Ausland auch die Verlustpreise nicht bezahlt, weil es die Kaufsumme auf unser Schuldkonto anrechnet oder wie die USA auf Pump kauft, ohne je daran zu denken, diese Schulden zu bezahlen. Die USA etwa inflationieren ganz einfach ihre Schulden, indem sie den Wechselkurs – wie schon einmal – drastisch verändern. Jene tausend Arbeiter müssen also so oder so von der Gesamtheit der wirtschaftlich Tätigen erhalten werden. Die Werte, die sie hervorbringen, kommen weder direkt der Binnenwirtschaft zugute, noch bringen sie indirekt die Gegenwerte aus dem Ausland herein, derer der Binnenmarkt bedarf.

Im Gegensatz zu dieser ›wilden Autarkie‹, die außerordentlich teuer ist, gibt eine bewußt geregelte Autarkie die Möglichkeit, *große gesamtwirtschaftliche Werte* zu erhalten, zu sparen. Sie gibt weiterhin die Möglichkeit, handelspolitisch ganz souverän zu operieren, wobei man auch die Rückzugslinien strategisch ausbauen kann. Das bedeutet: Die einmal festgestellten notwendigen Mengen des Warenaustausches mit dem Ausland bilden nur eine Grundlage, einen festen Ausgangspunkt, auf den man sich immer wieder zurückziehen kann, um so mehr, als man dahinter noch eine letzte starke Verteidigungsstellung, die völlige Autarkie, hat.

Auf dieser Grundlage läßt sich aber ein weiterer Warenaustausch mit dem Ausland jederzeit aufbauen, sobald man nur grundsätzlich mit der Autarkie zum Tauschverkehr mit dem Ausland übergegangen ist. Hat man beispielsweise mit Deutschland ein Kontingent an Chemikalien, Eisenwaren oder Maschinen im Werte von 10 Millionen Mark vereinbart unter der Voraussetzung, daß Deutschland ein entsprechendes für eigene, etwa für landwirtschaftliche, Produkte einräumt und sich zur Abnahme verpflichtet, so kann man darüber hinaus mit Deutschland jedes weitere Produktkontingent vereinbaren, sofern nur Deutschland sich verpflichtet, entsprechende Agrarprodukte abzunehmen.

Der systematische Ausbau solcher Verträge birgt größere Entwicklungsmöglichkeiten in sich, als wenn man den gegenwärtigen Zustand des Freihandels aus Prinzip beibehält und darüber den eigentlichen Warenaustausch der Völker niedergehen und zusammenbrechen läßt. Autarkie bedeutet also nicht ›Verarmung‹, wie es in der Debatte oft hingestellt wird, sondern: *Freihandel bedeutet Verarmung, Autarkie bedeutet Bereicherung.*

Aber immer wieder muß betont werden: Autarkie kann nur bewußt gestaltet werden. Das bedeutet: *Sie kann nur im Rahmen einer Planwirtschaft durchgeführt werden* (Gestaltung), und sie kann mit der Planwirtschaft nur vom *Staat* gestaltet werden (Bewußtheit, Souveränität des Handelns). Und das bedeutet weiter: Autarkie ist nicht der Rahmen, um den eigenen Binnenmarkt für irgendwelche Interessenten auszuschlachten. Eine Autarkie der Interessenten verlängert nur innerhalb des alten Systems den Schutzzoll, den jeder für sich braucht, ins Unendliche und gelangt damit zum Einfuhrverbot, um dieses, genau so wie bisher den Schutzzoll, nur dazu zu benutzen, eine Preisdiktatur im Inland zu errichten. Dieses zu verhindern soll auch der Sinn staatlicher Planung sein. Und schließlich: Autarkie bedeutet nicht Vernichtung des Groß- und Überseehandels – das besorgt die gegenwärtige kapitalistische Krise viel gründlicher –, sondern die *Zurückführung des Handels auf seine eigentlichen Aufgaben,* die er in den letzten Jahrzehnten immer mehr verlassen hat.

Im Sinne des Handels liegt es, den Warentausch mit dem Ausland durchzuführen, und zwar den wirklichen, einfachen Warentausch, nicht aber das Spekulieren mit der Ware an sich, aus Selbstzweck und in beziehungslosen Papieren,[387] die sich immer weiter von der greifbaren Ware entfernt, verabsolutiert haben und heute im Reiche der Gedanken hin- und herschweben, während der Weizen verbrannt wird, die Menschen aber hungern. Es ist bezeichnend, daß viele Kaufleute, diese Entwicklung spürend, die Tauschwirtschaft organisieren wollen oder haben,[388] sich also wirklich auf ihre eigentliche Aufgabe wieder besonnen haben. Ist aber eine solche Tauschwirtschaft ein Rückfall in die ›Primitivität‹, die zu verachten ist? Nein! Es geht doch darum, daß man nicht mehr den Weizen verbrennen sollte, sondern jene abstrakten, verabsolutierten, zum Selbstzweck gewordenen Papiere, die sich zwischen Ware und Mensch geschoben haben.

6.3 Grundlagen und Methoden der Betrachtung

Wenn hier nun versucht wurde, einen Gesamtplan für eine bewußte Gestaltung des Warenaustausches mit dem Ausland aufzustellen, so kann es sich unter all den bisher beleuchteten Verhältnissen nicht

[387] Der damalige OPEC-Vorsitzende, Hugo CHAVES aus Venezuela, hatte anläßlich der Erdölpreiskrise, als die Preise noch zwischen 25 und 30 $/barrel im Jahresdurchschnitt lagen (etwa 2002/3), unwidersprochen bekanntgegeben, daß wegen der spekulativen, virtuellen Transaktionen mit dem Erdöl 8 Dollar allein darauf zurückzuführen sind. Bevor das in Tankern auf den Meeren transportierte Rohöl bei einer Raffinerie physisch ankommt, wurde es durchschnittlich 15mal spekulativ ver- und gekauft.

[388] Die Bartergeschäfte, wie Österreich sie schon lange mit Rußland und Osteuropa durchführte, oder die alternativen ›Geldsysteme‹, zum Beispiel das 1934 von Werner ZIMMERMANN, Paul ENZ und Otto STUDER gegründete WIR-System der Schweiz. Es ist heute das älteste und größte System außerhalb Japans.

Entwicklung:

Jahr	Anz. der Mitglieder	Umsatz
1934	16	
1935	2940	
1945	624	Anm: Nachkriegszeit
1960	12564	196 Mio. SFr
1980	24227	1000 Mio. SFr
1998	80000	1500 Mio. SFr

Wie funktioniert es? Mitglieder verkaufen ihre Dienstleistungen im WIR oder beantragen einen Kredit im WIR-System. Normale Kredite wie bei einer Bank sind üblich, aber die Zinsen sind geringer: 1,75% für Verwaltung und Risiko, jedoch keine Zinsen. Jedes Jahr kommt ein Katalog der Dienstleistungen heraus, der monatlich ergänzt wird. WIR ist für kleine und mittlere Unternehmen verfügbar und hat als Ziel, die KMUs zu entwickeln. Einzelmitgliedschaft ist möglich, aber wenig sinnvoll. Mit der ›Außenwelt‹ wechselwirkt es in der sonst üblichen Weise.

allein um die Festsetzung eines einmaligen, dauernden und unverrückbaren Planes handeln, sondern zunächst nur um einen Grundriß, von dem man nach beiden Seiten ausgehen kann: sowohl in der Richtung eines weiteren Ausbaus unserer Austauschbeziehungen als auch nach einem etwa notwendigen völligen Abbau dieser Beziehungen.

Der Grundriß der Autarkie hat davon auszugehen, was sofort, zu jedem gegebenen Augenblick und ohne weitere Umstände geschehen kann - das wäre der sogenannte Übergang. Daraufhin ist festzustellen, was innerhalb kurzer Zeit nach diesem ersten Übergang noch ausgebaut werden kann - das wäre die vorläufige normale Grundlage der Autarkie. Auf dieser Grundlage kann dann der weitere Warenaustausch mit dem Ausland beliebig aufgebaut, es kann also beliebig viel an beliebigen Gütern eingeführt werden, sofern nur das liefernde Land bereit ist, eine im Wert entsprechende Menge an eigenen Erzeugnissen im Tausch als Bezahlung anzunehmen. Dieser Ausbau des Warenaustausches auf der normalen Grundlage der Autarkie kann und braucht ziffernmäßig nicht mehr erfaßt zu werden, weil ihm theoretisch nach oben keine Grenzen gesetzt sind. Wichtiger ist dagegen die andere Richtung: der Rückzug von dieser normalen Grundlage der Autarkie auf die völlige Autarkie, also auf die Möglichkeiten vollständiger Selbstversorgung im Falle einer Blockierung - dies wäre ausgesprochen als ›Notstand‹ zu bezeichnen.

In allen Fällen ist von der *Entwicklung der Einfuhr* in den letzten Jahren auszugehen und die *Möglichkeit der Versorgung aus eigener Erzeugung* zu untersuchen. Bei der Betrachtung der Einfuhr ist bei jedem Einzelposten die Ausfuhr abzusetzen, um den wirklich aus dem Ausland gedeckten Bedarf festzustellen. Dann ist zu scheiden zwischen notwendigem und überflüssigem Bedarf, und dann ist zu prüfen, inwieweit der notwendige Bedarf aus der eigenen Wirtschaft gedeckt werden kann, wenn man alle in der Wirtschaft vorhandenen, aber noch nicht ausgenutzten Möglichkeiten heranzieht.

Die Frage, ob nötige eigene industrielle Erzeugnisse den heimischen Bedarf decken können, ist abhängig von der Frage, inwieweit man der eigenen Industrie die Möglichkeit gibt, diesen Bedarf dekken zu können.[389] Solange ausländische Erzeugnisse importiert werden dürfen - ob mit hohem oder niedrigem Zoll -, haben und behalten sie ihren Vorsprung gegenüber heimischen Erzeugnissen, einfach

---

[389] Dies waren ja die Kernüberlegungen der Vorschläge F. LISTS, nämlich die eigene Wirtschaft so lange vor der entwickelten Konkurrenz zu schützen, bis sie ihren Entwicklungsnachteil aufholen konnte.

weil damit alle Modernisierungsversuche der Industrie im Keime erstickt werden. Nach dem jeweils ›gegenwärtigen‹ Erzeugungsstand, also nach den tatsächlichen Ziffern, läßt sich jederzeit darauf hinweisen, daß die eigene Industrie nicht in der Lage wäre, den Bedarf zu decken - einfach weil der Bedarf von vornherein aus dem Ausland bezogen wird.

Sie kommt gar nicht erst in die Möglichkeit, ihre Kräfte anspannen zu müssen. Es muß daher ganz grundsätzlich zwischen aktueller, statistischer Erzeugung und potentieller Erzeugungsfähigkeit unterschieden werden. Es gilt, die Warengebiete zu beachten, für die bei völliger Unterbindung der ausländischen Einfuhr man alsbald in der Lage wäre, den heimischen Bedarf zu decken.[390] Wohlgemerkt, es handelt sich hier nicht um preislichen Schutz, also um Zölle, sondern nur um die *Sicherstellung des Absatzes*, bei der die Preisfrage sofort in ein anderes Licht gerückt wird.

Bei der *Rohstoffeinfuhr* muß man von anderen Voraussetzungen ausgehen als etwa bei der Lebensmitteleinfuhr. Hier handelte es sich einfach um die Frage, welche Lebensmittel man zur eigenen Ernährung direkt und indirekt braucht; dort gilt es festzustellen, welche Rohstoffe man nicht nur zum eigenen Bedarf (im weitesten Sinne) gebraucht, sondern auch zur Herstellung derjenigen Erzeugnisse, mit denen man den Eigenbedarf an Industrieprodukten und Rohstoffen zu bezahlen haben wird. Man wird daher grundsätzlich an der Zusammensetzung der Rohstoffeinfuhr, wie sie sich im letzten Jahr herausgebildet hat, zunächst nichts ändern, wobei der Rohstoffbedarf des letzten Jahres eine Grundlage bietet für die Beurteilung eines Zustandes größtmöglicher Einschränkung bei einigermaßen behaupteter Ausfuhr.

Tatsächlich könnte der Rohstoffbedarf in kommenden Jahren schon deswegen wertmäßig geringer sein, weil sich die Tendenz der fallenden Weltmarktpreise - wegen der deflatorischen Tendenzen - noch weiter durchsetzen wird.

---

[390] In der früheren Republik Südafrika - die keine eigene Automobilproduktion hatte - wurde der ›*local content*‹ jedes Jahr durch Gesetz in die Höhe geschraubt. Die Autoimporteure waren also gezwungen, in der RSA Fertigungsstätten zu errichten, wenn sie weiter am Markt vertreten bleiben wollten. Jene, die das nicht wollten oder aus wirtschaftlichen Gründen nicht konnten, verschwanden zwangsläufig, was eine zweckmäßige Typenbereinigung nach sich zog. Die anderen bauten aber damit lokale Kompetenz auf und damit auch sichere Arbeitsplätze.

6.4 Zusammenfassung

Hilfe von außen ist ein unsicheres Fundament, wenn es um die Existenzsicherung des eigenen Volkes und Landes geht. Oft sind angebliche Hilfen eher die Unterwerfungsauflagen, zum Beispiel die ›*economic adjustment policies*‹ des Internationalen Währungsfonds oder die heute bereits fast weltweit durchgesetzten des *Washington Consensus.*

Unsere Gliederung und Vorgehensweise unterscheidet sich von einer nach Wirtschaftssektoren oder solchen, die in der Art und Weise wie die Ressorts einer Regierung oder nach Interessen-Gruppen aufgeteilt sind: ›Frauen‹-, Sozial- (= Pensionisten-) Ministerium, Beamten-Staatsekretariat und desgleichen. Dies liegt an der angestrebten ganzheitlichen Betrachtung. Eine ›Ausnahme‹ von dieser Regel ist scheinbar die Landwirtschaft. Ihr kommt nicht nur aus Gründen der Versorgungssicherheit des Staates eine besondere Bedeutung zu, sondern, wie gezeigt wurde, ist es gerade diese – und nur diese – Urproduktion (und die Förderung der natürlichen, vorhandenen Rohstoffe), die tatsächlich *neues* Kapital schafft, jenes, das für Investitionen in den anderen Wirtschaftsbereichen zur Verfügung steht. Hier ›kreditiert‹ gleichsam die Natur, und wir sind in der glücklichen Lage, dafür aber keine ›Rückzahlungen‹ machen zu müssen. Hierin liegt auch das Geheimnis echten Wirtschaftswachstums. Leider liegt hierin aber auch ein verhängnisvolles Problem begründet, nämlich, daß die von der Landwirtschaft erzielten monetären Erträge in einem die gesamte Wirtschaftsordnung störenden Mißverhältnis stehen, das heißt, daß sie faktisch nur rund 20 Prozent dessen erlöst, was sie selbst benötigte, was aber auch für ein Funktionieren der Gesamtwirtschaft erforderlich wäre.

Eine andere anscheinend von der gewählten Systematik abweichende Betrachtung wurde mit den fünf Feldern der Wirtschaftspolitik gewählt. Dies ist aber ein nur anderer – nichtsdestoweniger allgemeiner – Blickwinkel, weil etwa ›Ausbau‹ oder ›Innovation‹ *alle* Wirtschaftssektoren betrifft und weil es um Regeln, Rahmenbedingungen und eine grundsätzliche Einstellung (z. B. Dezentralisation, Selbstverwaltung, Geld- wie allgemeine Wirtschaftsstabilität) geht.

Die große Linie war einerseits die wirtschafts- und staatspolitische Betrachtung, die sich im 2. Kapitel 1 bis 4 mit Grundsätzlichem und dem 7. Kapitel 2 bis 6, die den Zielen und Lösungsansätzen gewidmet waren, niedergeschlagen hat, und die *Beurteilung der gegenwärtigen Lage* aus unserer ganzheitlichen, organischen Sichtweise in den

Kapiteln 3 bis 6, wobei hier eine gewisse Auswahl nötig war, die von existentiellen Problembereichen und ihren kritischen inneren Antriebskräften bestimmt wurde. Wir versuchten dabei, VON CLAUSEWITZ' Vorgehen vor Augen – Lage, Mittel, Ziele/Strategien –, in den gebührenden Zusammenhang zu stellen.

Man wird also mehrere Dinge zugleich berücksichtigen müssen, wenn man eine Änderung des derzeitigen Zustands herbeiführen möchte. Es sei nochmals kurz zusammengefaßt, was zu tun nötig erscheint:

(1) Eine Umkehrung der Hierarchie unserer Werte-Ordnung ist erforderlich: Der politische Wille – die Umsetzung des Staatszwecks oder -ziels – soll die Wirtschaftspolitik bestimmen, und nicht umgekehrt wie heute, die Wirtschaft der Politik, die hier als Gesellschaftswillen verstanden wird, diktieren. Maßstab dafür wäre beispielsweise HEGELS »sittlicher Staat«, und die praktische Gestaltung der Politik könnte sich nach den großartigen Entwürfen von O. SPANN, J. J. KINDT-KIEFER und anderen ausrichten.

(2) Die Wirtschaftspolitik selbst muß wieder auf die Realwirtschaft bezogen werden, und keine Casino-Party sein. Die Wirtschafts- und Währungspolitik muß wieder ein paritätisches Preisgefüge schaffen, mit anderen Worten den richtigen und gerechten Preis für die Urproduktion der Landwirtschaft, was ja das zentrale Anliegen von WILKEN und NICHOLS war.

(3) Kredit und Zinsen müssen im Sinne der sittlichen Normen, unter anderem auch der Religionen, geordnet werden. Erträge aus in die Realwirtschaft investiertem Kapital sind sofern zulässig, als es echtem ›Wagniskapital‹ entstammt. Es wird am Gewinn eines Unternehmens beteiligt, aber es trägt auch die Verluste, wenn ein Unternehmen Mißerfolge hat.

(4) Für den Staat muß ein Schuldenverbot gelten. Der Umfang der Staatsfinanzen ist im Grunde groß genug, um jedes Vorhaben aus den Steuereinnahmen finanzieren zu können. Überdies wurde empirisch festgestellt,[391] daß ab einem gewissen Zeitpunkt die Summe der

[391] 1965 und 2002 überstieg die Summe der Zinsausgaben die Summe der Neuverschuldung. Die Neuverschuldung deckte also nicht einmal die Zinsausgaben. Prof. Reimut JOCHIMSEN, Landeszentralbank-Direktor von Nordrhein-Westfalen, erklärte 1999: »Für die Gesamtheit der elf EWU-Länder gilt, daß die Neuverschuldung gerade ausgereicht hat, die Zinslast aus der Verschuldung zu decken. Im Zeitraum 1970 bis 1998 war die Defizitquote mit 3,57 Prozent des BIP praktisch genauso hoch wie die Zinslastquote mit 3,63 Prozent.«

Kredite gleich der bezahlten Zinsen oder gar die Zinslast unter Umständen größer als die Netto-Kreditaufnahme ist, mit anderen Worten, daß die Schulden gar keine zusätzliche Liquidität schaffen. Nach diesem Zeitpunkt aber wachsen die Schulden wegen der Zinsen in der Regel noch weiter an. Die anfängliche, kurzfristige – und nur sehr kurz dauernde – zusätzliche Liquidität ist nur am Anfang gegeben. Heute ist in keinem europäischen Staat mehr über die Verschuldung Liquidität zu schaffen.

(5) Da die Wirtschaft in einer grenzenlosen, nicht verorteten Welt nicht organisierbar ist, sind die Dogmen vom ›freien Markt‹, von der Liberalisierung und der Deregulierung usw. einfach hinfällig. Die Rückkehr zur begrenzten, verorteten, nationalen und in ihrer Grundtendenz autarkischen Volkswirtschaft ist geboten. Eine Öffnung für den internationalen Handel ist selbstverständlich auf der Grundlage der Gegenseitigkeit, der ›*Balance-of-Trade*‹, also bei einem ausgeglichenen und sinnvoll kontingentierten Handel usw., möglich und durchaus erwünscht.

(6) Der vorige Punkt 5 erfordert eine internationale Vereinbarung über die Normierung eines Währungsstandards, der gleichwertige Warenkontingente zu gerechten Bedingungen zu tauschen erlaubt. Wie im 3. Kapitel, 10: »Die Lage in der Welt«, dargelegt, haben die niedrigen, jedoch nicht angemessenen Preise für Rohstoffe einerseits und die faktische Nichtbezahlung aufgrund des Reserve-Währungs-Privilegs des US-Dollars andererseits dazu geführt, daß eine Umverteilung von armen zu reichen, das heißt politisch-militärisch mächtigen Ländern stattfand. Das ist weder ethisch zu vertreten noch politisch-praktisch klug, weil es unvermeidlich zu Verteilungskriegen führen muß.

Solange mit dem heutigen legalen Falschgeld hochwertige Güter und Leistungen billig ›gekauft‹ werden können, sind wir über jenen Status – ähnlich wie zu Beginn der Kolonialisierung – nicht hinausgekommen, als man sich mit Glasperlen in den Besitz wertvoller Res-

---

[[391] Forts.] Im Jahre 2002 betrugen die Schulden privater Haushalte 1535 Mrd. Euro, die Schulden der Unternehmen 3142 Mrd. Euro. Das Nettogeldvermögen aller Unternehmen lag im negativen Bereich bei –1241 Mrd. Euro, das des Staates bei –1061 Mrd. Euro. Spiegelbildlich dazu lag das Nettogeldvermögen privater Haushalte und der Versicherungen und Banken bei 2380 Mrd. Euro. Quelle: Deutsche Bundesbank
Quelle: http://de.wikipedia.org/wiki/Staatsverschuldung#Wirtschaftliche_Grenzen

sourcen setzen konnte. Man muß dies faktisch als Plünderung ansehen. Als man etwa vor dem Beitritt der Tschechei zur EU mit Schillingen oder Euro beim Wechseln in Kronen fast die dreifache Kaufkraft erhielt und man für ein Mittagessen anstatt 150 öS nur ein Drittel davon in Kronen zu bezahlen brauchte, lag dem eine falsche und eigentlich ungerechte Parität zugrunde. Es ist, als hätten wir irgendwo im Überfluß ›Muscheln‹ gefunden, die einem dann *dort* alles erschließen. Mit dem US-Dollar ist es ja nicht anders, und das *ist* das Wesen des ›*American Way of Life*‹: Die USA bezahlen praktisch für Leistungen nicht oder jedenfalls nicht den realen und reellen Gegenwert.

(7) Alles, was diesen oben genannten Zielen und Grundsätzen entgegensteht, muß unserem Bestreben nach einer ›Neuen Ordnung‹ als hinderlich und feindlich angesehen werden. Wir müssen mit Zielstrebigkeit, Energie und Ausdauer aber den als richtig erkannten, in diesem Buch beschriebenen Weg verfolgen und das Hinderliche, Falsche und mit einer organisch-ganzheitlichen Ordnung im Widerspruch Stehende beiseite räumen: etwa die Schöpfung von ›*fiat money*‹ durch private Banken, wie die US-Federal Reserve Bank, den gesetzlichen, nichtsdestoweniger unsittlichen Schutz von Spekulations- und Derivatgeschäften.

Beginnen sollte, nein, muß man dort, wo der tatsächliche ›*strategische Engpaß*‹ liegt. Das ist jenes größte Hindernis, das uns am Vorwärtskommen gänzlich oder am meisten hindert und daher zuerst beseitigt werden muß, damit man sich überhaupt seinem Ziel nähern kann. Ist dieses beseitigt, so rückt das nächste Hindernis oder Problem an die erste Stelle, und wir verfahren so weiter, bis uns nichts mehr behindert. Erst dann, wenn der Bauplatz hergerichtet ist, kann mit dem Neubau begonnen werden.

Geopolitischer Hintergrund und Energiefrage

Um zu überleben, *muß* die Weltbevölkerung nach US-Ansicht um mindestens 4 Milliarden verringert werden. Diese Erkenntnis ist ein US-Staatsgeheimnis und bestimmt die US-Weltpolitik. Und das Wirtschaftswachstum ist getrieben:

- Kreditausweitung in gigantischer Dimension,
- ›*fractional banking*‹ (= ungedeckte Kreditvergabe durch die Banken),
- Derivate als ›finanzielle MVW‹,
- Geldschöpfung aus dünner Luft – *fiat money*.

Dieses scheinbare ›ewige‹ Wachstum hängt von der unbegrenzten und billigen Verfügbarkeit der Energie (Öl, Gas) ab.

In unserem Fall ist es die geistige Desorientierung, die den meisten Menschen nicht erkennen läßt, daß innerhalb des individualistischen Paradigmas Reparaturen, beschönigend ›Reformen‹ genannt, gar nicht möglich sind. Diesen Reparaturen müssen wir uns zuerst zuwenden.

ACHTES KAPITEL

Übergang

1 Nationaler Notstand[392]

Unmittelbar nach dem Anschlag auf die babylonischen Türme von New York, das WTC, und das Pentagon in Washington wurden wir darauf hingewiesen, welche Notstandsverordnungen in den USA möglich sind. Es handelt sich um Vorkehrungen für Notstands-maßnahmen, die die einzelnen US-Präsidenten seit NIXON bis CLINTON durch Präsidenten-Erlasse (*Executive Orders* - EOs) veranlaßt haben, um einem wie immer gearteten ›Nationalen Notstand‹ zu begegnen. Diese EOs ziehen klarerweise dramatische Folgen nach sich: Sie geben dem Präsidenten und der ›Notstandsbehörde‹ F.E.M.A.[393] absolute Macht über sämtliche Lebensbereiche, und solange der ›Nationale Notstand‹ nicht widerrufen wurde, sind die Verfassung und alle mit ihr geschaffenen Rechte, wie Gewaltenteilung oder Gesetzgebungsfunktion des Kongresses, natürlich aufgehoben. Die Demokratie hat sich zur Diktatur gewandelt.

Bei den sogenannten Demokraten löste dies blankes Entsetzen aus, was natürlich nicht anders zu erwarten war.

Carl SCHMITT hat über diese Problematik geschrieben und dargelegt, daß in einem Notstand eine Regierung *genau das* zu tun hat: nämlich ihre Handlungs- und Entscheidungsfähigkeit im Ausnahmezustand herzustellen. Es ist auch klar, daß darüber keine ›demokratische‹ Abstimmung möglich ist, weil genau diese zur Bewältigung des Notstandes nötigen Maßnahmen niemals von einer Parteien-›Demokratie‹ beschlossen würden. All das ist offensichtlich und liegt in der Natur eines Notstandes. Wir finden auch andere berühmte Namen, die sich hierzu geäußert haben: Donoso CORTÉS etwa oder Friedrich EBERT. Wir sind natürlich auch an die ›Ermächtigungs-Gesetze‹ erinnert, mit deren Hilfe Adolf HITLER - wie heute immer betont wird - die Diktatur in Deutschland errichtet habe. Daß aber nach dem Ersten Weltkrieg in Deutschland und verschärft durch das Versailler Diktat ein Notstand herrschte, ist kaum zu bestreiten.

Die Maßnahmen, die der US-Präsident per EOs übrigens formal verfassungskonform treffen kann, unterscheiden sich aber *nicht* von denjenigen, die HITLER im Dritten Reich ergreifen konnte, und gehen unseres Erachtens sogar - jedenfalls in den Wirkungen - noch weit

---

[392] Diese - etwas grundsätzlicheren - Betrachtungen entstanden nach einem Gespräch und kritischen Bemerkungen sowie Hinweisen H.-D. SANDERS, als wir ihm von jenen US-Präsidenten-Erlassen erzählten.

[393] *Federal Emergency Management Agency* - Bundesbehörde zur Beherrschung des Notstandes

über diese hinaus, weil die technischen Möglichkeiten und die Dimension der Machtmittel inzwischen apokalyptische Ausmaße erreicht haben.[394] Wenn also diese Notstandsmaßnahmen in *Gods own Country* rechtens sind, sollten sie eigentlich für Deutschland - und alle anderen Länder - auch billig sein. Mehrere Fragen erheben sich nun.

- Welchen Wert hat die Demokratie überhaupt, wenn sie den nationalen Notstand ganz offensichtlich nicht zu beherrschen erlaubt?
- Kann man überhaupt von ›Demokratie‹ reden, wenn es per Erklärung und Federstrich möglich ist, sie jederzeit ganz legal abzuschaffen?
- Und leben wir nicht immer schon in einer Fiktion, nämlich in dem Glauben, in einem ›demokratischen‹ Staat zu sein?

Angesichts der tatsächlich delegitimierten politischen Clique, die die Macht usurpiert hat, ist die Aufregung freilich begründet, aber sie ist andererseits auch Heuchelei, weil in Wirklichkeit ohnedies auch zuvor ein despotischer Zustand bestand, auch wenn die Fesseln manchem nicht aufgefallen sind. Was nun die USA betrifft, sieht man, daß zwar mit großem Pathos allerlei beschworen wird, alle Augenblicke sogar Gott, aber in Wirklichkeit eine Finanz-Plutokratie alle Fäden der Macht in Händen hält. »Die Freiheit war ja schon lange tot, seitdem der Mensch sich entschlossen hatte, nicht länger Knecht Gottes und damit in der frei machenden Wahrheit zu sein, sondern Sklave illusorischen Glücks auf Erden zu werden und damit zuerst als Agent der Selbstbestimmung, danach als Agent der Selbstbehauptung und endlich als Agent der Selbstvernichtung zu leben und zugrunde zu gehen; die Selbstvernichtung kennt bekanntlich viele, oft verlockende Modi.«[395]

Wir wollen hier nicht mehr auf die dubiose Rolle des Federal Reserve-• Systems eingehen, sondern nur ein Symptom aus dem letzten US-Wahlkampf betrachten. Es wurde öfters diskutiert, wie sich denn die Tatsache auf die ›Demokratie‹ auswirke, daß Präsidenten-

---

394 Aus diesem wichtigen, bisher für die Ethik ***nicht*** bedeutsamen Grund forderte der - übrigens nach der Machtergreifung HITLERS in die USA emigrierte - Philosoph Hans JONAS in seinem Buch *Das Prinzip Verantwortung* eine neue Ethik, die die apokalyptischen Möglichkeiten der neuen Technik in Rechnung stellt.

395 Juan DONOSO CORTÈS, *Über die Diktatur. Drei Reden 1849/50*, Karolinger, Wien 1996, Vorwort von Günter MASCHKE, S. 19 f.

Wahlkämpfe Kosten in Höhe von Milliarden Dollar verursachen. Diese gigantischen Summen werden ja nicht bei Wahl- und Wohltätigkeitsparties gesammelt, sondern kommen von den Besitzern jener allesbeherrschenden Finanzvermögen, einer Anonyma also, die als indirekte Macht Politik, Wirtschaft und Gesellschaft beherrscht. Ihre Unterstützung entscheidet allein, wer Präsident werden kann.

Der Umstand, daß es sich die Anonyma ›leistet‹, Milliarden für *Schaukämpfe* auszugeben, um den *Popanz* von Demokratie zum Schein aufrechtzuerhalten, muß wohl das Ergebnis einer Kosten-Nutzen-Rechnung sein. Es ist offenbar praktischer und erleichtert die Führung atomisierter, anonymer Massen, wenn Ventile – regelmäßige Wahlen, *panem et circenses* – vorgesehen sind, als mit blanker Gewalt zu regieren. Der *vorläufig* bessere Erfolg gibt den USA ja scheinbar recht, denn das mit offener Gewalt herrschende sowjetische Regime ist früher zusammengebrochen als jenes mit Psychologie, Brot und Spielen und systematischer Auflösung der natürlichen Gemeinschaften – unter der Parole des Liberalismus – weiter operierende des ›demokratischen‹ Westens. Daß freilich die Machtelite im Ernstfall hier keinen Spaß versteht, versteht sich von selbst: Tritt nämlich dieser Ernst- oder Notfall ein, schaltet sie selbstverständlich jederzeit auf absolute Diktatur um und behält die Macht weiter in ihren Händen.

Der Kommentar über diese Notstand-Gesetze[396] führt zu Recht aus, daß die Anlässe zur Ausrufung des Nationalen Notstandes heute praktisch täglich in den Zeitungen zu lesen sind: weltwirtschaftliche Katastrophen – man denke nur an die immer häufigeren Zusammenbrüche zahlreicher Länder, zuletzt Türkei oder Argentinien, oder an die Abhängigkeit der westlichen Industrienationen von Rohstoffen, vor allem Energie (Erdöl und -gas), an die unbeherrschbar gewordene Arbeitslosigkeit inzwischen auch in den Ländern der ›Ersten Welt‹ – alle einschlägigen Beschäftigungs- und Arbeitslosenstatistiken sind zudem massiv gefälscht. Von den sogenannten ›Sicherheitsrisiken‹ und der ›Bedrohung des Weltfriedens‹ reden wir nicht, denn diese ›Notstände‹ sind fast immer von den USA oder Israel ›*fabricated*‹, also künstliche und mit allen Mitteln der Desinformation erst geschaffene. Man könnte zusammenfassend sagen, daß der heutige ›Normal-Zustand‹ eigentlich der Notstand in Permanenz ist.

Das ist gewiß keine Übertreibung, weil ja kein einziges Problem auch nur zeitweilig gelöst wird, man muß sogar davon ausgehen,

---

[396] Gerhoch REISEGGER, *Wir werden schamlos irregeführt*, Hohenrain, Tübingen 2004. Im Kapitel »Anlässe zur Ausrufung des nationalen Notstands«.

daß nicht einmal hinsichtlich der Lagebeurteilung Einigkeit herrscht. Das wurde ganz deutlich, als die USA in jüngster Zeit – als sie die psychologische Kriegführung zur Vorbereitung der ›Vergeltungsmaßnahmen‹ für ›9-11‹ anwarfen – nur vom »Recht des *American way of life*« sprachen, aber jegliche Ursachenanalyse für diese Anschläge nicht nur weit von sich wiesen, sondern überhaupt den Zusammenhang mit der von ihnen mit aller Gewalt vorangetriebenen Globalisierung rundweg abstritten.

1.1 Zusammenfassung

Gegen die Ausrufung des Notstandes durch eine *legitimierte* Regierung kann man nichts einwenden. Im übrigen ist der englische Staatsphilosoph Thomas Hobbes der Ansicht: »*Autoritas non veritas fecit legem.*« Das heißt, daß die Autorität, also die Macht, und nicht die Wahrheit – in der Demokratie meist fälschlich als Meinung der Mehrheit ausgelegt – die Gesetze und das Recht schafft. Und vor 150 Jahren behauptete Juan Donoso Cortés:[397] »Wenn die Legalität genügt, die Gesellschaft zu retten, dann die Legalität; wenn sie nicht genügt, bleibt nur die Diktatur.« Und ein großer deutscher Sozialdemokrat, Friedrich Ebert, meinte in der Krise Deutschlands nach dem Ersten Weltkrieg etwa: »Wenn wir vor die Wahl gestellt sind, entweder die Verfassung oder Deutschland, dann werden wir uns selbstverständlich für Deutschland entscheiden.«

Wir müssen hier aber klar feststellen, daß in den sogenannten Demokratien die wenigsten Regierungen legitimiert sind. Sie können sich bestenfalls auf eine scheinbare Legalität berufen, weswegen sie auch keinen Unterschied mehr zwischen Legitimität – etwa eines Herrschers von Gottes Gnaden oder eines wirklichen Führers des Volkes, der von einer das ganze Volk umfassenden Bewegung getragen wird – und Legalität machen, die sich dann auf gewisse, fragwürdige formale Regeln der Gesetzwerdung reduziert. Die USA sind längst eine Gewaltherrschaft ohne irgendwelche tragfähigen Grundlagen, wie sie der »Sittliche Staat« Hegels wäre.

Die Gegnerschaft gegenüber dem US-*System* ist eine viel fundamentalere, als es eine scheinbar naheliegende Kritik an den – tatsächlich – sehr weitreichenden *Executive Orders* vordergründig und in pseudo-demokratischer Aufgeregtheit zu gebieten scheint. Die Politik der Globalisierung, also der US-Imperialismus, der *American way of life*, also die Plünderung der Weltressourcen, die von den USA

[397] AaO., Rede über die Diktatur vom 4. Januar 1849.

ausgehende terroristische Gewalt – man hat über zweihundert Kriege oder kriegsähnliche Verwicklungen der USA seit der Unabhängigkeitserklärung gezählt, die von den USA ihren Ausgang nahmen –, der ganze Nihilismus, der sich in den USA verkörpert hat, sind Ziel und Grund unserer Kritik und erbitterten Feindschaft – nicht das amerikanische Volk, das wie wir darunter zu leiden hat.

Wir geißeln auch den Zynismus, der sich in jenen scheinbar legalen Einkleidungen der Notstandsmaßnahmen ausdrückt, weil an der hegemonialen Herrschaft der USA ohnedies nie auch nur irgendein Körnchen Legalität oder Legitimität daran war.

Das *régime de canaille* – so noch VOLTAIRE[398] über die Demokratie – herrscht. »HUXLEY hat ORWELL besiegt, das völlig glaubenslose, ideologiefreie, einzig vom Erwerb, vom rücksichtslosen Genuß her geprägte Dasein[399] triumphierte über das politisch kontrollierte, totalitäre, militarisierte Massendasein; der soziale Wärmetod über die Arbeits- und Vernichtungslager. Aber auch hier gilt, daß der eine Abgrund den anderen ruft, ja, hervorrufen muß, und in jedem Fall wird Babylon, die Große Hure, die an vielen Wassern thront und trunken ist vom Blut der Heiligen, singen, daß sie keine Witwe ist und Trauer kennt.«[400]

War die Diagnose DONOSO CORTÉS' vor 150 Jahren schon die Ausstellung eines Totenscheins, so stellt sich heute die Frage: Hat sich daran etwas geändert? Es scheint uns nur schlimmer geworden zu sein. »Deshalb«, sieht DONOSO CORTÉS schon hellsichtig voraus, »wird die herannahende Katastrophe alles übertreffen, was im Laufe der Geschichte über die Menschheit hereingebrochen ist.« Und ist nicht alles grenzenlos vernichtet worden? Sind die apokalyptischen Vernichtungsmittel nicht erfunden worden, und wurden sie nicht auch eingesetzt? Ja, galten sie nicht unter der Losung vom »Gleichgewicht des Schreckens« sogar als »friedenssichernd«?

Für DONOSO CORTÉS war also die Lage so, daß es »keine Rettung mehr für die irdisch-politische Welt gibt, mag diese noch politisch und politiktheoretisch kritisierbar sein«, und es würde »eine durch politisches Handeln herzustellende Wiederverbindung der Gesellschaft mit ihrem Fundament, *dem Glauben*, chimärisch«.[401] Deshalb,

---

[398] François Marie AROUET, genannt VOLTAIRE (1694–1778).

[399] Phillip DESSAUER, *Die Politik des Antichrist, Wort und Wahrheit*, 1951, S. 405–415, hier S. 411.

[400] DONOSO CORTÈS, *Diktatur*, aaO., Einleitung von G. MASCHKE, S. 19

[401] DONOSO CORTÈS, *Diktatur*, ebenda, S. 128 (FN) über Franz Ritter VON BUSS (1803–1878)

so schreibt Günter Maschke in der Einleitung zur *Diktatur* »ertönt im gesamten Essay,[402] der doch eine so reiche Polemik gegen den Liberalismus und den Sozialismus enthält, nirgends die Forderung nach der Diktatur [als der einzig verbleibenden und möglichen irdischen Eingriffsmöglichkeit, G. R.]; obgleich doch in keinem Werk der Weltliteratur das *Reich des Absurden*, d. h. das Reich der Diskussion, schärfer ausgeleuchtet wurde«.[403]

2 Notmaßnahmen für die Zeit des Übergangs

Was passiert, wenn der *Crash* kommt? Wenn die Geldausgabe-Automaten und Banken keine Gelder mehr auszahlen, weder die eingelegten Sparguthaben herausgeben, noch neue Kredite gewähren? Nun, dann werden die Massen ziemlich schnell nichts mehr einkaufen können. Die Firmen bekommen ihre offenen Rechnungen nicht bezahlt und können binnen kürzester Frist weder ihre Rohstoffe, Halbfertigprodukte, Energie usw. noch ihre Mitarbeiter bezahlen. Die Unternehmen stehen still, die Menschen sind ohne Arbeit.

Was passiert, wenn das nicht mehr beliebig vermehrbare und billige Öl bei steigendem Bedarf als Energieträger des Transportsystems heutiger Massenproduktion zu teuer geworden ist? Wenn die Energie auf den doppelten, dreifachen Preis steigt? Dann sind die Massenartikel nicht mehr auf die globalen Märkte zu bringen, denn die ganze Logistik bricht schlagartig zusammen. Der Absatz stockt, die Produktion muß noch weiter heruntergefahren werden, als das heute schon in manchen Bereichen der Fall ist. Die Mitarbeiter werden in Massenentlassungen dem ›Arbeitsmarkt zur Verfügung gestellt‹.

In beiden Fällen, die höchst reale Möglichkeiten sind, wird dies einen Domino-Effekt haben: *Alles steht still auf der ganzen Welt*, jedenfalls der industrialisierten.

Wer aber nichts mehr zu essen hat – und damit auch nichts mehr zu verlieren –, wird sich das Nötige holen: Mundraub sozusagen. Wenn sehr viele betroffen sind, wird jedoch bald auch nichts mehr zu ›rauben‹ oder zu stehlen sein. Allerdings wird diese Einsicht das dann ausbrechende Chaos nicht beruhigen, sondern es erst richtig losbrechen lassen.

---

[402] Juan Donoso Cortès, *Essay über den Katholizismus, den Liberalismus und den Sozialismus und andere Schriften aus den Jahren 1851–1853*, Sonderausgabe, herausgegeben, übersetzt und kommentiert von Günter Maschke. 2. A. Akademie Verlag Berlin.

[403] Donoso Cortès, *Diktatur*, S. 24.

Da diese Situation *jeden* Augenblick eintreten kann, wir aber feststellen müssen, daß kein Mensch das ernsthaft in Erwägung zieht, die ›Politik‹, wie wenn nichts uns warnte, munter drauf los schwadroniert und keinerlei Notmaßnahmen vorbereitet hat, müssen wir auch feststellen, daß wir weder geistig noch materiell auf die kommenden Notzeiten vorbereitet sind. Das ist aber tödlich.

Es gilt daher drei wichtige Aufgabenbereiche zu organisieren:

(1) die öffentliche Ordnung und Sicherheit mit loyalen Kräften zu gewährleisten,

(2) die Grundversorgung mit Lebensmitteln und anderen unabdingbaren Notwendigkeiten (Waren, Dienstleistungen) sicherzustellen, und

(3) die für die staatliche Existenz nötigen Wirtschaftszweige (öffentlicher Verkehr, Energieversorgung, Gesundheitswesen usw.) und die Verwaltung (kommunale Versorgung usw.) nach einem Notstandsplan aufrechtzuerhalten.[404]

[404] Das hat inzwischen stattgefunden, was die Gesetze dazu betrifft. Inwieweit auch logistische und materielle Vorbereitungen getroffen wurden, ist nicht bekannt. Siehe die Wirtschaftssicherstellungsverordnung:

Das Wirtschaftssicherstellungs-, das Verkehrssicherstellungs-, das Ernährungssicherstellungs- und das Wassersicherstellungsgesetz kennen wohl nur die wenigsten; sie stammen noch aus den sechziger und siebziger Jahren und waren einst für die staatliche Lenkung der Wirtschaft im Kriegsfalle bestimmt. Das Wirtschaftssicherstellungsgesetz, die Wirtschaftssicherstellungsverordnung (WiSiV) sind im *Bundesgesetzblatt* veröffentlicht worden. Das ist der Inhalt des Verordnungswerkes:

Die Unternehmer der gewerblichen Wirtschaft (§1 Abs. 1 WiSiV) müssen Verträge vorrangig erfüllen (§2 WiSiV), für die ihnen eine ›Vorrangerklärung‹ vorgelegt wird. Diese Vorrangerklärung kann nur vom Bund, den Ländern, Gemeinden und sonstigen juristischen Personen des öffentlichen Rechtes beantragt werden (§3 Abs. 1 und 2 WiSiV). Faktisch haben diese Körperschaften damit Vorrang in der Wirtschaft.

Auch ohne ›Vorrangerklärung‹ kann einem Unternehmer eine bestimmte Erfüllungszeit befohlen werden, und die Erfüllung anderer Verträge durch den Unternehmer darf verboten werden (§6 WiSiV). Schließlich regelt §7 WiSiV Möglichkeiten zur umfassenden Warenbewirtschaftung. Hierzu dürfen auch ›Bezugsscheine‹ und ›Zuteilungsnachweise‹ erteilt werden (§9 WiSiV) – die Wiedereinführung der Lebensmittelkarten.

Es ist bitterer Ernst, denn das Bundesgesetzblatt ist kein Witzblatt. Was bedeutet es, daß Rot-Grün solche Notstands-Instrumente einführen?

Vor ein paar Jahren (2003) hat die EU-Kommissarin Loyola DE PALACIO Energierationierungen ab 2007 angekündigt. Mit 2005 wurde der Emissionshandel beschlossen, *de facto* eine drastische Rationalisierungsmaßnahme und zu-

Angesichts der heutigen Massen an nichtintegrierten Ausländern – vor allem in den Städten – muß mit gewaltsamen Zusammenstößen gerechnet werden. Das Volk ist in den Städten nicht mehr sicher, es muß beim Ausbruch des Chaos damit rechnen, als Geiseln genommen zu werden. Damit wird versucht, bei allgemein stockendem Nachschub an lebensnotwendigen Dingen, deren Herausgabe trotzdem zu erpressen. Es ist auch klar, daß die Millionen Ausländer wohlorganisiert sind, und es ist zu befürchten, daß sie auch gewaltbereit sind. Man darf wohl auch annehmen, daß sie über Waffen verfügen. Die schamhaft verschwiegenen Kriminal- und Gefängnisstatistiken sprechen jedenfalls eine eindeutige Sprache.

Wer also die Möglichkeit hat, aufs Land zu ziehen, sollte dies zum ehesten Zeitpunkt tun.

Da die Sicherheitskräfte einerseits der Zahl nach nicht ausreichend, aber auch wegen der jahrzehntelangen politischen Indoktrinierung kaum voll einsatzfähig sind, wird man darüber nachdenken müssen, Bürgermilizen zu bilden, am besten mit Hilfe erfahrener Personen aus dem Kreis der abgemusterten Soldaten, der Feuerwehr und des Rettungsdienstes oder anderer gemeinnütziger Vereine und Organisationen.

Jeder, der sich der Problematik bewußt ist, *muß* auf eigene Verantwortung und Initiative hin Bürgermeister, Stadträte, Polizei- und Armeeoffiziere mit der Lage konfrontieren und deren Bewußtsein schärfen, daß sie bald mehr, als ihnen lieb ist, gefordert sein könnten.

Das besondere Problem in Deutschland und in ähnlicher Weise in Österreich liegt darin, daß hier eine politische Clique am Ruder ist, die als Statthalter fremder und feindlicher Interessen an den Schalthebeln der Macht sitzt. Es ist leider zu befürchten, daß die nach einem *Crash* ganz sicher losbrechenden Unruhen als Aufruhr gegen die öffentliche Ordnung und die ›legale Regierungsgewalt‹, als

---

sätzlich eine ›Bonanza‹ für Abzocker, ohne etwas Reales für die Wirtschaft geleistet zu haben. Die gesamte Güterproduktion steht und fällt mit einer zuverlässigen Energieversorgung. Wenn, wie angekündigt, der elektrische Strom bald nur noch auf Bezugsschein kommt, ist unschwer zu erraten, daß damit auch alle anderen Güter schlagartig knapp werden. Beispiele, was dies bedeutet, gibt es längst: die Energie-Krise in Kalifornien, verschärft durch den Enron-Schwindel.

In den sechziger Jahren wurde gegen die damaligen Notstandsgesetze protestiert. Die jetzt vorliegenden Gesetzeswerke ähneln ehemaligen wirtschaftlichen Ermächtigungsgesetzen, z. B. Teilen des Reichsleistungsgesetzes (1933) unter HITLER.

»Landfriedensbruch« denunziert und von diesen Geßler-Hüten das staatliche Gewaltmonopol und die Gewaltmittel *gegen die eigenen Bürger* eingesetzt werden. Beim Zusammenbruch der DDR wurde dies auch befürchtet, aber die Führung der NVA dachte Gott sei dank offensichtlich keinen Augenblick daran, die Waffen gegen das eigene Volk zu richten, so daß der Kollaps der DDR ohne Blutvergießen verlief. Ob dies im ›Westen‹ mit US-Besatzungstruppen im Rücken auch so zivilisiert ablaufen wird, ist mehr als fraglich. Es ist daher wichtig, den Offizieren – je höher der Rang um so besser – klar zu machen, daß sie unter Umständen bald vor eine Entscheidung gestellt sind: sich für oder gegen das Volk zu stellen. Je mehr diese Experten für die öffentliche Sicherheit begreifen, daß im Volk dazu auch ein Bewußtsein – und für sie Rückendeckung – vorhanden ist, desto geringer ist die Gefahr, daß sich wesentliche Teile der Ordnungskräfte auf die falsche Seite, also gegen das Volk, stellen. Um aber dieses Bewußtsein zu erzeugen, müssen *zuvor* die tieferen Ursachen und die Verantwortung für den wirtschaftlichen und damit auch politischen Zusammenbruch argumentativ klar gemacht werden.

Der zweite Punkt ist besonders schwierig zu lösen, gerade weil heute jedermann gewöhnt ist, alles, was benötigt wird, in beliebiger Menge im Supermarkt zu bekommen. Als erste Notmaßnahme sollte aber daher jede Familie beginnen, einen Notvorrat an haltbaren Lebensmitteln und Wasser für mindestens sechs bis acht Wochen anzulegen. Da dies ja mit einigen Kosten verbunden ist, wird sich der Aufbau solcher Notvorräte über einen längeren Zeitraum verteilen (müssen). Das ist auch notwendig, damit nicht schlagartig erhöhte Käufe zu Nachschubschwierigkeiten und Panik führen. Das Chaos in den ersten Tagen und Wochen ist immer am schlimmsten – und gefährlichsten. Dabei ist zu bedenken, daß Tiefkühlnahrung als Notvorrat *nicht* geeignet ist, weil die Stromversorgung nicht sicher sein wird. Bei Ausfall verderben diese Nahrungsmittel dann sehr schnell. Damit die bevorrateten Nahrungsmittel nicht durch zu lange Lagerung verderben, sind sie immer wieder planmäßig aufzubrauchen und entsprechend durch neue zu ergänzen. Daneben sind die nötigsten Medikamente, und Kleidung für kaltes Wetter, elementare Werkzeuge vorzuhalten. Es ist auch wichtig, diese Vorräte dort anzulegen, wo man einen einigermaßen *sicheren* Unterschlupf haben wird, also nicht unbedingt in der Stadtwohnung, da die Städte insgesamt am gefährdetsten sind. Sicherheit ist hier *aktiv* und *passiv* gemeint: Man muß in der Lage sein, sich und die Angehörigen schützen zu können, und einen Ort wählen, der nicht im Zentrum der drohenden Zusammenstöße oder Plünderungen gelegen ist.

Es ist leider zu erwarten, daß diese Vorsorgemaßnahme nur sehr wenige Menschen treffen werden, vor allem, weil dazu auch kein öffentliches Bewußtsein aufgebaut wurde. Es wird ja immer noch ›heile Welt‹ vorgeheuchelt.

Um aber die eigentlichen Notstandsmaßnahmen zu organisieren, ist die Feststellung der landesweiten Vorräte und Beschaffungswege nötig. Diese Erhebung muß auf der Grundlage der *Ist-Stände* erfolgen. Soweit es rudimentäre Notstandspläne gibt, sind diese als Grundlage zur systematischen Anlage von Vorräten zu nehmen. Die Lager müssen über das Land verteilt sein und gesichert werden. Soweit Tiefkühlhäuser dafür genutzt werden, ist eine Notstromversorgung mit ausreichendem Vorrat an Treibstoff anzulegen.

In den Gemeinden sind nach Familienstand Lebensmittelrationen in Form von Berechtigungskarten vorzubereiten, die sich nach den mindestens nötigen Kalorien, den tatsächlichen Vorräten und dem sicher zu beschaffenden oder ergänzenden Nachschub ausrichten. Hamsterkäufe sind verboten und streng zu bestrafen, über die eigene Notversorgung hinausgehende Vorräte müßten beschlagnahmt werden.

In den industrialisierten und sehr vielschichtigen Staaten wie Deutschland ist die Aufrechterhaltung dieses integrierten Gemeinwesens von existentieller Bedeutung. Jede Änderung und Anpassung an Engpaß-Situationen muß nach einer hierarchischen Rangfolge vorgenommen werden. Der jeweils schwerwiegendste Engpaß[405] ist vorrangig vor dem nachgeordneten zu beheben, wobei auch im Sinne der ganzheitlichen Betrachtung Gemeinnutz vor Eigennutz geht. Die Energie steht als Grundvoraussetzung für alle anderen Dinge an oberster Stelle. Die Energieerzeugung (Strom) ist somit selbst ein potentieller Engpaß-Bereich, andererseits eben unverzichtbare Notwendigkeit für alles andere. Somit ist die Zuteilung von Strom konkret zu regeln, wenn Einschränkungen unvermeidlich sind. Mit anderen Worten: Die Energieversorgung muß vorrangig der Aufrechterhaltung der lebensnotwendigen wirtschaftlichen Tätigkeiten und den öffentlichen Dienstleistungen und Notfallsdienste zur Verfügung stehen, also etwa dem öffentlichen Verkehr, Krankenhäusern usw.

Der private motorisierte Verkehr ist dementsprechend einzuschränken. Im kommunalen Bereich sind die nötigen Dienste – Müllabfuhr,

---

[405] Der Engpaß muß nicht aktuell auftreten, es genügt, daß ein möglicher Ausfall einer wichtigen Ressource zu einem strategischen Engpaß führt.

Wasser, Feuerwehr, soziale Dienste, Hilfswerke – aufrechtzuerhalten, zu organisieren und auszubauen, letzteres vor allem, weil beim Zusammenbruch der Wirtschaft das soziale Elend sprunghaft ansteigen wird.

2.1 Wie wird die Abstimmung und Koordination funktionieren?

In den großen Konzernen gibt es den ›*corporate man*‹, der wie ein Legosteinchen an jeder beliebigen Stelle eingesetzt werden kann. Das Geheimnis ist die ständige Einübung jener Prozesse, die in einer komplexen Organisation einfach funktionieren müssen. Es hat dies durchaus Ähnlichkeit mit dem Drill beim Militär, wo aus ›Bürgern‹ Soldaten geformt werden, die – wenn es kracht – auch noch Befehlen folgen oder wo bei Ausfällen von Offizieren gemäß dem Prinzip der Auftragstaktik der nachgeordnete Rang in die höhere Stelle einrükken *kann*.

Die heutigen ›internationalen‹ Organisationen, ob OSCE oder irgendeine Gruppe der UNO, sind auf diese Fälle insofern vorbereitet, als sie – nach deren Lagebeurteilung und Zielsetzungen – die dafür geeigneten Leute verfügbar haben, und über einen langandauenden Ausleseprozeß auch sichergestellt ist, daß diese Personen in der *richtigen* Weise ›funktionieren‹. Es bedarf hier keiner Erklärungen darüber, was oder wie etwas zu tun ist. Die Globalisten haben jene Methoden vervollkommnet, die Dinge in einer dem Normalbürger vertrauten Weise zu benennen, und zwar so, wie dieser sie auch verstehen soll, aber etwas ganz anderes zu meinen, wie *sie es tatsächlich* verstehen. Es bedarf hier also keiner weiteren Erklärungen, was oder wie etwas gemeint ist. Diese Meta-Sprache funktioniert zuverlässig und ohne jedes Mißverständnis. Das kommt daher, weil diese Leute jahrelang darin eingeübt wurden und auf ihre ›Jobs‹ vorbereitet sind. Die Zauberworte heißen ›Demokratie‹ oder ›Menschenrechte‹ und ähnliches, mit denen jegliche Einmischung in die Angelegenheiten fremder Staaten begründet wird. Ein ganzes Begriffsgebäude steht zur Verfügung, das jede denkbare Situation in Meta-Sprache zu erklären erlaubt.

Wir haben hier die größten Defizite. Obwohl wir uns *ungefähr* verstehen, sind wir nicht zur Zusammenarbeit im Sinne des ›*corporate man*‹ oder Soldaten befähigt. Wir müssen immer erst ›erklären‹, was wir *wirklich* gemeint haben, es mangelt vor allem an einer gesamthaften Strategie, an einer ›*Grand Strategy*‹, in der alle Bereiche wohlgeordnet und aufeinander abgestimmt sind, das heißt ihren Platz und Rang haben. Daher ist nie klar, was wichtig und was unwichtig, was dringend und was nicht dringend ist und welche Priorität eine Sache hat. Wir mixen strategische und taktisch-operative Dinge, das heißt, wir haben keine Ordnung in den Dingen und machen Nebensächliches zuerst, verzetteln uns mit Unwichtigem, erscheinen auf ›Nebenkriegsschauplätzen‹ und glauben, dort die Entscheidungsschlacht zu schlagen.

Es ist daher eine der dringendsten Aufgaben, dies zu erkennen und Abhilfe zu schaffen.

Wenn man weiß, daß keine Revolution je spontan ausgebrochen ist, sondern dies gelenkte Ereignisse sind und die aus dem Hintergrund wirkenden, eigentlichen Drahtzieher einen wohldurchdachten Plan verfolgen, wundert es nicht mehr, warum scheinbar aus dem Nichts ganze Seilschaften auftauchen und die Fäden in der Hand halten. Ein typisches Beispiel ist der Kollaps der Sowjetunion: Es war gewiß kein Zufall, daß sich die Oligarchen *im Augenblick* des Zusammenbruchs in den Besitz des gesamten Volksvermögens setzen konnten. Ohne bereits exististierende Strukturen und ohne die nur scheinbar hermetische Grenzen durchdringende Verbindung ins Ausland und zu den internationalen Banken wäre dieser *coup d'état* (Staatsstreich) nicht möglich gewesen. Daß dies keine wilden Phantasien sind, zeigt ein Bericht aus dem Jahre 1981 über die »Wirtschaft zur linken Hand«.[406]

---

[406] *Spotlight*, 28. September 1981. Die Zeitschrift *Time* veröffentlichte dies am 23. Juni 1980 in ihrer gründlichen 45-Seiten Studie »Im Innern der UdSSR«. Westlichen Medien berichteten nicht darüber.

Glossar

- Allokation:
  Zuordnung, Nutzung.

- amity lines:
  Freundschaftslinien; jene Grenzen, innerhalb derer ein friedliches Miteinander der konkurrierenden Staaten gewährleistet ist, wohingegen außerhalb derer die ›Große Freiheit‹, das heißt Willkür und Rechtlosigkeit, herrscht. Sie kennzeichnen die Grenzen des englischen Weltreiches. Der Begriff ist historisch der Raya, der Ab- und Aufteilung der Welt durch den Papst, gefolgt und bedeutete ursprünglich die Zuständigkeit für die Missionierung (und damit auch Ausbeutung) der neu entdeckten Gebiete durch Spanien und Portugal.

- Anonyma:
  kennzeichnet jene Machthaber, die aus dem Hintergrund, ohne zur Verantwortung gezogen werden zu können, die Weltereignisse steuern oder beeinflussen.

- Arbitrage:
  frz. Wechsel, wirtschaftlich: ein Geschäft, bei dem Preisunterschiede, die zum selben Zeitpunkt, aber an verschiedenen Orten bestehen, durch möglichst gleichzeitigen An- und Verkauf ausgenutzt werden sollen.
  Da es praktisch nicht immer möglich ist, An- und Verkaufsgeschäft zum selben Zeitpunkt durchzuführen, entsteht bei der im Idealfall risikolosen Arbitrage in aller Regel eine Verlustgefahr, nämlich dann, wenn sich die der Kalkulation zugrunde liegende Preisdifferenz in der Zeit zwischen An- und Verkaufsgeschäft verringert oder umkehrt. Die Arbitrage ist deshalb häufig mit *freiwilliger Spekulation* verbunden.
  Man unterscheidet zwischen Devisen-, Gold-, Zins- und Effekten-Arbitrage. Die Devisen-A. besteht in der Ausnutzung von Kursunterschieden für dieselbe Devise an verschiedenen Plätzen zum gleichen Zeitpunkt. Man unterscheidet nach dem Zweck: a) *Ausgleichs-A.*, bei der der niedrigste Kurs zum Ausgleich einer Fremdwährungsverbindlichkeit oder zur Schaffung eines Fremdwährungsbestandes gesucht wird, b) *Differenz-A.*, bei der durch gleichzeitigen An- und Verkauf Kursgewinne angestrebt werden; nach der Art der Durch-

führung: c) *direkte A.*, bei der die benötigte Devise am Platz mit der niedrigsten Notierung gekauft und d) indirekte (Dreiecks-)A., bei der die benötigte Devise über Ankauf einer dritten Devise und deren Verkauf gegen die benötigte Devise beschafft wird. Gold-A. ist Ausgleichs- und Differenz-A. in Barrengold zwischen Weltgoldhandelsplätzen (z. B. London, Zürich). In den Zeiten des Goldstandards (Gold-Währung) fand Gold-A. statt, wenn die Wechselkurse die Goldpunkte erreichten.
Die Zins-A. ist eng verbunden mit der Devisen-A. Sie versucht, zwischen den Ländern bestehende Zinsunterschiede durch Finanzmittelbewegungen auszunutzen, und ist nur bei freiem Devisenverkehr möglich.
Die Effekten-A. nutzt die Kursdifferenzen an den einzelnen Börsen aus. Der Arbitrageur kauft an der Börse mit dem niedrigeren Kurs und verkauft unmittelbar anschließend an einer anderen Börse mit höherem Kurs. A.-Geschäfte werden in der Regel zwischen Banken an verschiedenen Börsenplätzen abgewickelt und verhindern größere Kursdifferenzen zwischen den einzelnen Börsen. Neben der Differenz-A. spielt bei der Effekten-A. die Ausgleichs-A. eine große Rolle.

➢ Asset:
Aktivposten, Aktivum, Anlagegut, Anlagegegenstand, Gewinn, Posten, Vermögen, Vermögensgegenstand, Vermögenswert, Wirtschaftsgut.

➢ Bail-out:
›aus der Klemme helfen‹. Schuldenübernahme und Tilgung oder Haftungsübernahme durch Dritte, insbesondere durch den Staat, im Fall einer Wirtschafts-/Finanzkrise.

➢ BIZ:
Bank für Internationalen Zahlungsausgleich mit Sitz in Basel.

➢ Bonität:
Kreditwürdigkeit.

➢ *B*usiness re-engineering:
ein modischer Begriff, mit dem die ingenieurmäßige Neugestaltung (insbesondere mit Hilfe der I&K-Technik) des industriellen, geschäftlichen und logistischen Bereiches umschrieben wird.

- Containment:
  Begrenzung: im politischen Sinne, die Auswirkungen und den politischen Einfluß eines Gegners unter Kontrolle zu halten.

- Credit-crunch:
  Kreditklemme.
- Defizit-Spending:
  Bezeichnung eines wirtschaftspolitischen Kurses, bei sich abschwächender Wirtschaft mittels Staatsausgaben – unter Inkaufnahme eines Haushaltsdefizits – die Wirtschaft anzukurbeln. Die meist nicht genannte zweite Komponente dieser Politik wäre, die Kredite in der dann folgenden Aufschwungphase wieder abzubauen, was aber seither nie stattgefunden hat. Daher ist diese Politik eine unverantwortliche Schuldenpolitik, die in den Staatsbankrott führen muß.

- Derivate, derivative ›Produkte‹
  sind sehr komplexe Finanzinstrumente, die ihren Wert von anderen, ihnen zugrunde liegenden ›*Assets*‹ ableiten (engl. ›derive‹ → *derivates* → Derivate, derivative ›Produkte‹). Was sind Derivate und was ist ihr Nutzen? Unter den Wall Street-Spielern und privaten Spekulanten sind Derivate eine wunderbare Innovation zwecks finanziellen Risikomanagements *und* wegen der riesigen Gewinnmöglichkeiten für Wall Street.
  Derivate sind also Finanzinstrumente, die ihren Wert von anderen zugrunde liegenden Assets herleiten. Der Bezugspunkt z. B. bei Zins-Derivaten ist der sogenannten ›*notional value*‹, d. h. die Summe des Kreditbetrages, über dessen Zinshöhe eine ›Wette‹ abgeschlossen wird. (Siehe dazu ›*notional value*‹.) Der Begriff ›*Asset*‹ wird hier nur sehr ungenau verwendet; es kann sich auch um Zinssatz, Wechselkurse, Aktien-Indizes oder andere Markt-Indizes handeln. Beispiele für Derivate sind: Optionen, *Futures*, *Forwards*, *Swaps* und Kombinationen aller dieser Formen.
  Die *Option* ist ein einfaches Beispiel eines Finanzinstruments. Es ist das Recht, ein bestimmtes (Finanz-)Investment zu einem vertraglich fixierten Preis in einem begrenzten Zeitfenster in der Zukunft zu kaufen (*call*) oder zu verkaufen (*put*). Optionen werden als Bausteine gebraucht, um komplexere, oft sehr undurchschaubare derivative Instrumente zu bauen. Optionen eignen sich zur Erklärung, um zu verstehen, welche unerhörte Übersetzung (*leverage*) den Derivaten innewohnt, und um die hohen Risiken zu erkennen.
  Ähnlich, wie man etwa bei einer spezifischen Versicherung, einer bestimmten Sparform usw. von einem ›Produkt‹ spricht, ist es auch

hier: Dem *derivativen Produkt* haftet nichts Körperliches oder Angreifbares an. Es ist eine nahezu *virtuelle* (d. h. scheinbare) Leistung, hinter der aber auch keineswegs eine Leistung im Sinne einer *Dienst*leistung, etwa dem Bau einer Mauer oder der Montage eines PC-Netzwerkes, steht.

Es handelt sich hier um *Casino-Wetten* – mit allerdings beträchtlich höheren Einsätzen. Und wie im Casino kann man auch alles verlieren, wenn man auf ›19‹ gesetzt hat, die Kugel aber bei ›18‹ liegen bleibt.

Man begründet diese Vabanque-Spiele damit, daß sich zum Beispiel die Wechselkurse ändern können, also eine heute in Euro kalkulierte Leistung einen bestimmten Rechnungsbetrag, z. B. in Yen, ausmacht, der, wenn der Yen zum Zeitpunkt der Fälligkeit der Rechnung z. B. um 30% abwerten würde, dem Produzenten/Lieferanten einen um 30% geringeren Gegenwert in Schillingen einbrächte.

Nun gibt es an den Börsen und in den Banken Leute, die auf die Kursentwicklung Wetten annehmen, wie beim Pferderennen, z. B. auf *Sieg*, oder *Platz*, oder *Einlauf* usw., bei denen man eine Wette (hier nennt man sie ›Option‹) abschließen (d. h. eine Option kaufen) kann, derart, daß man beispielsweise auf ›fallenden Yen-Kurs‹ setzt. Fällt er tatsächlich, hat man die Wette ›gewonnen‹ und macht sozusagen das Geschäft, das man durch den Kursverlust ansonsten verloren hätte. Steigt er aber oder bleibt der Kurs gleich, hat man zwar die Wette verloren (d. h. den Einsatz für den Erwerb der ›Option‹, der als Versicherung gegen einen Kursverlust angesehen werden könnte), aber das eigentliche Geschäft ist wenigstens nicht schlechter als kalkuliert gelaufen.

Das liegt also den Wetten zugrunde; *sagt man!* – Nur ist der Umfang der Geldtransaktionen, denen *wirkliche Geschäftsfälle* mit Lieferung von Produkten oder der Erbringung von Dienstleistungen zugrunde liegen, nur bestenfalls ein halbes Prozent jenes Transaktions-Umfanges, den die ›Finanzmärkte‹ mit diesen Derivaten weltweit machen! Mit anderen Worten: Diese Transaktionen sind faktisch *nur* reine Spekulationen. Da beim Verlieren wie auch bei einem Glücksspiel echtes Geld verloren wird, hat sich das heute zu gigantischen Verlustmöglichkeiten entwickelt, die jenseits der Leistungsfähigkeit der jeweiligen Volkswirtschaften stehen.

Damit sind diese *Vabanque-Spiele* der ›Wertpapier- und Optionen-Händler‹ nicht nur ihr privates Spielervergnügen oder das einer (hierzulande *de facto* ohnedies von der Öffentlichen Hand garantierten) Bank, sondern ein Spiel mit dem ›Kredit‹ der ganzen Volkswirtschaft. Im privaten oder unternehmerischen Handeln würde man derartige Handlungsweisen nur als ›schwerste Kriminalität‹ bezeichnen.

- Entrepreneurship:
  Unternehmertum.

- Entropie:
  eine statistische Größe in der Physik, die den Ordnungszustand eines Systems anzeigt. Steigende Entropie bedeutet eine Zunahme des Chaos, das heißt schließlich die statistische Gleichverteilung aller Energie, was mit ›Wärme-Tod‹ des Universums auch bezeichnet wird.

- Future:
  Termingeschäft.

- Forwards:
  auf Zeit oder Termin abgeschlossenes Geschäft; Termingeschäft.

- GATS:
  allgemeines Übereinkommen über den (Frei-)Handel mit Dienstleistungen. Der Text (104 Seiten) ist von der untenstehenden Adresse zu beziehen: OECD PUBLICATIONS, 2, rue André-Pascal, F-75775 PARIS CEDEX 16 (ISBN 92-64-59725-5 – No. 52541 2002)

- GATT:
  allgemeines Übereinkommen über (Frei-)Handel und Zolltarife.

- Global Society:
  Die Fiktion einer Weltgemeinschaft in den Utopien der ›Einen Welt‹.

- Giralgeld:
  Buchgeld, z. B. Kontostände nach Bereitstellung eines Kredites, der gar nicht in Bargeld ausbezahlt wird.

- Going-public:
  ein Unternehmen an die Börse bringen, das heißt in eine Aktiengesellschaft umwandeln.

- Hedge-Funds:
  Fonds, die mit geliehenem Geld (Krediten) massiv in Aktien – eigentlich Optionen – und Derivat-Geschäften befaßt sind.

- Hedonic Approach (hedonische Vorgehensweise):
  engl. Bezeichnung für jene Methode zur Berechnung von Wirtschaftskennziffern, mit denen zum Beispiel in den USA gestiegene Leistungen eines neuen Produktes (etwa PCs) willkürlich in ›vergleichbare‹ Leistung der Vorgängerprodukte ›umgerechnet‹ werden. Dies wird dann – bei gleich gebliebener Arbeitszeit – gewissermaßen in einen hypothetisch höheren Output ›übersetzt‹ und damit eine angeblich gestiegene Produktivität errechnet.
  Mit der so gewonnenen Produktivitäts-Kennzahl wird der virtuell höhere Output mit dem aktuellen, meist gleich gebliebenen Preis multipliziert, was zu scheinbar höheren Umsatzzahlen und somit einem gestiegenen BIP führt.

- hire and fire:
  ›mieten‹ und ›feuern‹ – beschreibt eine Personalwirtschaft, die durch kurzfristiges Einstellen und Entlassen von Mitarbeitern gekennzeichnet ist.

- I&K-Technik:
  (Technik der) Informations- und Kommunikationssysteme.

- Incentives:
  Belohnungen. Im Politischen: aus Steuergeldern (und -befreiungen) finanzierte Transferleistungen des Staates beispielsweise an Unternehmen für – erhofftes – wirtschaftliches ›Wohlverhalten‹.

- IT-Systeme:
  Informationstechnologische Systeme (Computer im weitesten Sinne).

- Jobless Growth:
  Wirtschaftswachstum, ohne daß dabei neue Arbeitsplätze entstehen.

- Job-Sharing:
  Idee, einen vollen Arbeitsplatz auf zwei oder mehrere Personen aufzusplitten.

- Kalkül:
  vom lat. *calculus* → Rechenstein; System von Zeichen und Regeln zur formalen Ausführung mathematischer Operationen oder logischer Ableitungen.

➢ Kapitalvorschriften (für Banken) – Capital Requirement:
Die standardisierten Anforderungen für Banken und andere Finanzeinrichtungen, die Kundengelder verwalten, sind von der Höhe der nötigen Liquidität bedingt, die bei einem bestimmten Umfang der Assets (Kundeneinlagen) vorhanden sein muß, wie dies Aufsichtsbehörden wie BIZ, ›Federal Deposit Insurance Corporation‹ oder der ›Federal Reserve Board‹ vorschreiben. Diese Anforderungen wurden deshalb erlassen, um sicherzustellen, daß diese Institutionen nicht an Investments teilhaben oder solche halten, die ein Pleite-Risiko tragen, und daß sie genug Kapital besitzen, um operative Verluste auszugleichen und dennoch Behebungen honorieren zu können.
In den USA beruhen diese Kapital-Anforderungen auf bestimmten Faktoren, wobei hauptsächlich auf das *gewichtete* Risiko fokussiert wird, das mit den verschiedenen Arten an Assets, die die Bank hält, verbunden ist. Diese Richtlinien werden auch herangezogen, um bestimmte Kapital-Relationen zu schaffen, die man dann zum Vergleich oder zur Bewertung verschiedener Institutionen heranzieht.

➢ Laisser-faire:
französische Bezeichnung für eine lose, wenig Regelungen unterworfene Wirtschaftspolitik.

➢ legal, Legalität:
gesetzmäßig, Gesetzes-Konformität. Es wird dies unterschieden von der Legitimität, da in einem positivistischen, demokratischen Rechtsstaat sehr wohl Gesetze beschlossen werden können, die alles andere als rechtens (billig) sind, denen – gemessen an einer transzendenten Ordnung (z.B. Dekalog – den göttlichen Geboten) – die Legitimität fehlt, also die Rechtfertigung durch höhere Werte und Grundsätze fehlt.

➢ legitim, Legitimität:
Rechtfertigung des Staates und seiner Herrschergewalt und Handlungen durch höhere Werte und Grundsätze gegenüber der nur *formalen* Gesetzmäßigkeit.

➢ Leviathan:
Bild in Thomas HOBBES' Schrift des übermächtigen Mensch-›Maschine‹-Wesens/-Organismus, dem die Macht von den Bürgern abgetreten wurde – im Gegenzug zu dessen Schutzfunktion.

➢ Libintern:
In Anlehnung an die kommunistische Komintern – die kommunistische Internationale – als Pendant gebildet, um den weltweit identischen Charakter und organisatorischen Rahmen für alle liberalen Gruppen, Bestrebungen usw. zu kennzeichen.

➢ local global Governance:
Auf Großräume – wie die EU – bezogene Utopie der Welt-›Regierung‹, die etwa im Falle der EU-Behörden, des -Rats, -Gerichtshofs. . . bereits alle Merkmale einer despotischen, zentralistischen Herrschaftsform angenommen hat.

➢ M1-Geldmenge:
Die physisch im Umlauf befindlichen Noten (Geldscheine); im Fall des US-Dollars trügt das aber, denn die Bezeichnung des Dollars umfaßt u. a. Stücke mit 1000- bis hin zu 10 000-Dollarnoten, von denen die Tausend-Dollarnoten zwei Drittel der ›zirkulierenden‹ Dollar ausmachen. Doch kein Amerikaner trägt Tausend-Dollarscheine mit sich herum. Diese dienen demnach als ›Währungsdeckung‹ der Notenbanken aller Welt!

➢ MZM:
Money of Zero Maturity; das ist alles Geld, das auf keinem zeitlich gebundenen Konto liegt, also jederzeit verfügbar ist.

➢ M3-Geldmenge:
die gesamte Geldmenge im weitesten Sinn, die von der Notenbank bereitgestellt wird.

➢ major Players:
die ›eigentlichen‹ Mitspieler, also Macher im globalen Markt.

➢ Management-buy-out:
Übernahme von Unternehmen durch das Management, meist mit Krediten finanziert (*leveraged* B. O).

➢ MaK:
Mindestanforderungen an das Kreditgeschäft der Kreditinstitute.

➢ Mercosur:
eine Freihandelszone, ähnlich der EWG/EG, für Südamerika.

➢ notional Value:
Die Wertangaben der offenen Derivat-Geschäfte, die den Berichten beispielsweise an die Aufsichtsbehörden oder die BIZ zugrunde liegen, beziehen sich auf den Wert der den Derivaten zugrunde liegenden ›*assets*‹ zu ihrem Handelspreis (*spot price*). Im Falle von Options- oder Futures-Kontrakten ist dies die Anzahl der Einheiten eines Postens (*asset*), die solch ein Handels-Kontrakt umfaßt, multipliziert mit dem jeweiligen Preis der Posten (*assets*).

➢ Novus Ordo Saeclorum:
Neue Weltordnung (nach Vorstellungen der USA).

➢ Obligo, Obligationen:
Verpflichtung.

➢ OECD:
Organisation für wirtschaftliche Zusammenarbeit und Entwicklung.

➢ Oligopol:
gr. *oligo*, ›wenig‹. Eine Marktform, bei der wenige mächtige Anbieter vielen kleinen gegenüberstehen und den Großteil des Angebotes abdecken, mit anderen Worten die Geschäftschancen der kleinen stark begrenzen.

➢ Ordo-liberal:
liberale Ordnung, die mittels Rahmen-›Gesetzen‹, Marktordnung usw. die (relative) Freiheit des Marktes gewährleistet.

➢Outsourcing:
›Auslagerung‹, bezeichnet die Abgabe von Unternehmensaufgaben und -strukturen an Drittunternehmen.

➢ Paradigma:
Summe der Überzeugungen einer Epoche, die deren Geistigkeit prägt und damit zur Grundlage alles politischen und persönlichen Handelns wird.

➢ Peace-keeping, Peace-making:
Frieden erhalten, Frieden schaffen. US-amerikanische ›Wahrwörter‹, mit denen der Einsatz von militärischer Gewalt verbrämt und ›gerechtfertigt‹ (›legitimiert‹) wird.

- pre-emptive Strikes:
  Präventiv-Angriffe.

- Protego ergo obligo:
  Formel für die Abhängigkeit: »Ich beschütze dich, daher hast du zu gehorchen.« Als staatliches Prinzip bedeutet es, daß der Staatsbürger die Gesetze zu beachten hat, weil der Staat als Gegenleistung ihn beschützt. Im internationalen Zusammenhang bedeutet es die Gefolgschaftspflicht der Trabanten gegenüber dem Hegemon oder Imperium (konkret: die angemaßte Herrschaft der USA über die ›westliche Welt‹.)

- Reserve-Währung:
  Mit dem 1944 vereinbarten Bretton Woods-Abkommen wurde die feste und unwiderrufliche Anbindung des US-Dollars an das Gold beschlossen: Der Goldpreis pro Unze wurde mit 35 Dollar festgelegt. Dem Dollar wurde zugleich die ›Fähigkeit‹ zugeschrieben, Gold gleichsam zu ersetzen, weil auf der Ebene der Staaten im internationalen Warenverkehr Überschüsse gegen die entsprechende Menge Gold umgetauscht und negative Salden mit Gold ausgeglichen wurden. Damit wurde der Dollar in gleicher Weise wie vordem Gold als ›Deckung‹ der jeweiligen Landeswährung – die ja längst als Papiergeld keinen eigenen, inneren Wert besaß – verwendet. Die Fiktion, jederzeit das an sich wertlose Papiergeld gegen Vorlage der US-Dollar-Banknoten bei der US-Federal Reserve Bank in eine entsprechend fixierte Menge Goldes umtauschen zu können, wurde Grundlage für die ›Reserve-Währungs‹-Eigenschaft des Dollars. Als 1971 US-Präsident NIXON aufgrund des steigenden Handelsdefizits der USA – und damit die Unfähigkeit entstand, die Dollarguthaben in Gold einzulösen – dieses Abkommen kündigte, wäre es nur natürlich gewesen, daß die ›Reserve-Währungs-Funktion‹ des Dollars damit auch weggefallen wäre.
  Da dies nicht der Fall war, sammelten sich inzwischen weltweit einige Billionen US-Dollar in den Tresoren der jeweiligen Notenbanken, die bei einem latent drohenden Zusammenbruch der US-Währung zu wertlosem Altpapier werden, also zu schweren Verlusten der die USA alimentierenden Volkswirtschaften.

- Return on equity (RoE):
  Gewinn auf das eingesetzte Kapital.

- Shareholer-value:
  Marktwert des Eigenkapitals, entspricht vereinfacht dem Unternehmenswert und dem davon abhängigen Wert der Anteile.

- Spot Price:
  Bezeichnung für den jeweils aktuellen Kurs eines börsengehandelten Wertpapiers oder Rohstoffs.

- Start-up-Companies:
  neu gegründete Unternehmen.

- Subordinated Debt:
  Nachrangige Fremdmittel. Die Nachrangigkeit bezieht sich auf die Rangfolge der Fremdkapitalgeber untereinander, insbesondere für den Vergleichs- und Liquidationsfall.

- Swaps:
  Tauschgeschäft.

- ›Tier 1‹-Kapital:
  Eine ausreichende kapitalisierte Institution – beruhend auf dem *Federal Deposit Insurance* Gesetz – fordert im *›Tier 1‹-Kapital* (erstrangiges Kapital) ein ›Kapital zu gewichteten Risk-Assets‹ von mindestens 4 Prozent. Institutionen unter 4 Prozent werden als unterkapitalisiert und jene unter 3 Prozent als deutlich unterkapitalisiert betrachtet.

- ›Tier 2‹-Kapital (nachrangiges Kapital):
  Dieser Begriff beschreibt die Adäquatheit des Kapitals einer Bank. Tier-2-Kapital ist nachrangiges Bankenkapital, das unter anderem solche Positionen umfaßt wie: stille Reserven, allgemeine Rückstellungen gegen Verluste, nachrangige Schuldtitel, d.h. wenigstens mittelfristige unbesicherte Kredite (siehe *›subordinated debt‹*), die gegenüber anderen Gläubigern im Falle einer Insolvenz nachrangig sind, und dgl.

- Triade:
  Dreiheit der drei großen Wirtschaftsblöcke: USA, EU, Japan. Heute etwas überholt, weil China und die asiatischen Tigerstaaten wie auch wieder Rußland wesentliche Mitgestalter des Weltmarktes sind.

- Tobinsteuer:
  Eine von dem US-Professor James Tobin vorgeschlagene Steuer von wenigen Prozent auf Spekulationstransaktionen.

- Voucher:
  Vor allem bei den Privatisierungen angewandter Gutschein, um mit diesem Trick Volksvermögen billig den Aufkäufern in die Hände zu spielen.

- Währungsparitäten:
  Wechselkurse von Währungen. Diese werden oft an sogenannten Leitwährungen, z. B. dem US-Dollar, dem Euro oder dem japanischen Yen, ausgerichtet, mit denen der Großteil des internationalen Handels abgewickelt wird.

- WTO:
  Welt-Handels-Organisation.

- zero Bonds:
  sogenannte ›Null-Kupon‹-Anleihen, bei denen sich die Verzinsung bis zum festgelegten Rückzahlungstermin aus dem jeweiligen Unterschiedsbetrag zwischen dem Kaufkurs und der *Tilgung* zum *Nominalwert* errechnet.

Personenverzeichnis

GERHOCH REISEGGER

Selbständiger Unternehmensberater, zuvor Geschäftsführer eines Informatik-Unternehmens, Marketing-Direktor der österreichischen Tochter eines US-Computer-Konzerns. Reserveoffizier des österreichischen Bundesheeres. Studium der Physik an der Technischen Universität Wien. Langjährige Auslandstätigkeit in der Informatik-Branche.

Seit Jahren publizistische und Vortragstätigkeit zu wirtschafts- und geopolitischen Themen, u.a. internationaler Kongreß der Russischen Akademie der Wissenschaften über die »geopolitische Lage 10 Jahre nach dem Zusammenbruch der Sowjetunion« (2001), internationaler Kongreß über »Globalisierung und Probleme der neueren Geschichte« in Moskau (2002), und anläßlich verschiedener, von Synergon veranstalteter Sommer-Universitäten. Mitgestaltung eines Symposiums an der Universität der heiligen Cyrill und Method in Thyrnau, »Mitteleuropa, die Europäische Union und die Globalisierung«, November 2000.

Gründung der Johann Heinrich von Thünen Gesellschaft Österreich zur Förderung neuer Ansätze in Land- und Forstwirtschaft und der Nationalökonomie, Obmann der Gesellschaft seit 1996.

In den vergangenen Jahren mehrere Studienreisen nach Mazedonien, Serbien, Kroatien, Bosnien-Herzegowina, Slowakei, Ungarn, Griechenland. Beschäftigung mit den politischen und ökonomischen Fragen des Balkans und Osteuropas.

Veröffentlichungen: *Wir werden schamlos irregeführt*, Hohenrain, Tübingen 2002; *11. September. Die Bildbeweise*, Hohenrain, Tübingen 2003; *Weg mit den Benesch-Dekreten!*, Grabert, Tübingen 2004; *Die Türken kommen!*, Hohenrain, Tübingen 2005.